NOTICE
DE
L'ANCIENNE GAULE,
TIRÉE
DES MONUMENS ROMAINS,
DÉDIÉE A S. A. S.
MONSEIGNEUR LE DUC DE CHARTRES,
PAR M. D'ANVILLE,

De l'Académie Royale des Inscriptions & Belles-Lettres, & de celle
des Sciences de Pétersbourg, Secrétaire de S. A. S.
Monseigneur le Duc d'Orléans.

---

*Suite des Mémoires de l'Académie Royale des Inscriptions
& Belles-Lettres.*

A PARIS;

Chez DESAINT & SAILLANT, rue Saint Jean de Beauvais,
& DURAND, rue du Foin.

M. DCC. LX.
Sous le Privilége de l'Académie.

A SON ALTESSE SERENISSIME

MONSEIGNEUR

LE DUC DE CHARTRES.

ONSEIGNEUR,

J'ai dû successivement aux Princes de Votre Auguste Maison des témoignages publics de reconnoissance, pour les bienfaits dont ils ont encouragé une Science, qui a toujours fait le principal objet de mes études.

Les morceaux de Géographie, qui ont paru sous

les auspices du PERE & de l'AIEUL de VOTRE ALTESSE SÉRÉNISSIME, embrassent les quatre Parties du Monde. Je VOUS dois, MONSEIGNEUR, l'hommage de ce nouvel ouvrage, qui intéresse en particulier la Nation Françoise, dont vous faites déja les délices.

Je suis avec le plus profond respect,

MONSEIGNEUR,

de VOTRE ALTESSE SÉRÉNISSIME,

Le très-humble, très-obéissant
& très-dévoué serviteur
D'ANVILLE.

PRÉFACE.

PRÉFACE.

'AI regardé depuis longtems comme un devoir que j'avois à remplir, de travailler sur la Gaule dans tout ce qu'elle embrasse d'étendue. Un historien célèbre de l'antiquité, après avoir recueilli les faits des nations étrangères, *totiùs propemodùm orbis rebus explicitis;* revient comme d'un long voyage dans le lieu de sa demeure, *velut post longam peregrinationem domum revertitur.* Il se croiroit coupable d'ingratitude envers sa patrie, s'il ne faisoit pas pour elle ce qu'il a fait pour tous les autres peuples: *ingrati civis officium existimans, si, cùm omnium gentium res gestas illustraverit, de solâ tantum patriâ taceat.* Ce sentiment de Trogue-Pompée peut s'étendre à un objet différent du sien, sans qu'un mérite égal dans l'exécution y réponde. J'ai craint qu'on ne me reproche d'avoir donné par préférence mon application à tout autre pays qu'à celui auquel je dois le plus d'attachement.

Justin. lib. XLIII.

PREFACE.

Lorsque j'ai formé le dessein de dresser une carte de l'ancienne Gaule, j'ai pensé que le désir de la plûpart de ceux qui l'auroient sous les yeux, seroit d'y voir des noms actuellement d'usage, selon qu'ils correspondent à ceux des lieux anciens, ou qu'ils les remplacent. Mais, j'ose dire, que c'est par le défaut d'une connoissance bien distincte de la Géographie des tems fort antérieurs à notre siècle, qu'on croira la chose plus praticable qu'elle ne l'est en effet. Il n'y a que cette connoissance, qui par un grand détail de circonstances particulières, puisse faire voir l'impossibilité d'exprimer avec quelque exactitude la correspondance de l'état moderne avec l'ancien, dans une carte où l'on se proposera de représenter l'un de ces états plutôt que l'autre. Entre nos provinces, celles qui en conservant des noms anciens paroissent avoir le plus de rapport à l'antiquité, ne sont plus contenues dans les mêmes limites. Je pense que personne n'ignore, que la Provence n'est qu'une petite partie de ce qui a porté le nom de *Provincia*. La Guienne ne ressemblant que très-imparfaitement à l'ancienne Aquitaine, son nom qui en dérive, ne sçauroit figurer avec celui d'*Aquitania*. On ne connoît point de nom actuel de pays qui réponde au territoire des *Ædui*, des *Remi*, & de beaucoup d'autres peuples. Les *Cenomani*, qui ont donné le nom au Maine, ne remplissent point cette pro-

PREFACE.

vince, les *Atrebates* l'Artois. Les *Lemovices*, au contraire, sortent des limites du Limousin. Les *Nervii* ont habité dans le Hainau & dans une partie de la Flandre, les *Menapii* dans le nord du Brabant : mais, quel rapport entre ce qui compose ces provinces nouvelles, & le pays que l'on présume avoir été occupé par les peuples que je viens de nommer ? Je crois qu'il est inutile d'accumuler ici un plus grand nombre d'articles qui sont dans le même cas.

Mais, en supposant qu'on ait sous les yeux une carte, où par une bigarrure assez étrange, il y ait un mélange de noms modernes avec les anciens; donnera-t-on sa confiance à cette espece d'alliance, sans être instruit des moyens plus ou moins solides sur lesquels elle peut être fondée, & que chaque position exige en particulier ? Il semble qu'à l'égard du pays que nous habitons, cette condition soit plus exigible, que s'il s'agissoit des contrées, sur lesquelles par leur éloignement on est excusable d'être moins éclairé. Ce n'est donc qu'en écrivant, que l'auteur d'une carte de la Gaule peut en développer tout le détail, relativement à ce que l'on connoît d'existant ; & le devoir de ceux qui veulent être instruits de cette manière, est de lire, & de ne pas se contenter du simple coup-d'œil sur une carte, qui ne rend point raison de ce qu'elle représente.

J'expose ainsi le motif qui m'a engagé à écrire,

& à vouloir même que l'ouvrage fût en entier par écrit, avant que de dreſſer la carte, parce que l'obligation d'examiner les choſes d'aſſez près pour qu'elles paroiſſent démontrées en écrivant, y met plus de ſévérité que dans ce qu'on pourroit hazarder ſur une carte. Mais, c'eſt avec le plus de briéveté qu'il étoit poſſible que j'ai voulu écrire. J'aurois même tranché plus court ſur des articles aſſez connus, & qui concernent preſque toujours les lieux qui ont ſubſiſté dans un état plus conſidérable, ſi en les omettant, je n'avois craint le reproche d'être incomplet, & de mettre le lecteur dans l'obligation de recourir à d'autres ouvrages ſur le même ſujet. Cependant, s'il m'a paru indiſpenſable de ne pas me taire abſolument ſur les articles dont je parle, je m'y ſuis renfermé dans ce qui eſt purement géographique, & convenable à l'objet de cet ouvrage en général, ſans m'en écarter par des ornemens étrangers à cet objet. On remarquera que les lieux obſcurs ſont communément ceux qui tiennent plus de place dans l'étendue de l'ouvrage, par l'étude & les recherches qu'il falloit employer pour les tirer de leur obſcurité, & je m'y ſuis appliqué comme s'ils m'avoient été réſervés.

Comme il s'agiſſoit d'entrer en explication ſur chacune des poſitions qui devoient ſe placer dans la carte, il en a réſulté des articles diſtincts & ſéparés, qui n'ont pû être raſſemblés que dans

PREFACE.

l'ordre alphabétique, pour qu'il fût plus aifé de les confulter chacun en particulier, felon le befoin ou la curiofité qui naîtroient de l'infpection du détail de la carte. Un ouvrage complet fur la Gaule pouvoit prendre une autre forme, par une defcription fuivie. Mais, en travaillant féparément des articles détachés, je n'ai point perdu de vue le rapport ou la liaifon des pofitions les unes avec les autres; & ces articles font traités de manière, qu'en raffemblant ce que donne la carte fur une partie quelconque de ce qu'elle contient, fi l'on confulte de fuite les articles concernans cette partie, il en réfultera le même effet, ou à peu près, que d'une autre méthode dans cet ouvrage. Je fuppofe, par exemple, que fur ce qu'on eft prévenu que les rives du Rhin étoient défendues par un grand nombre de poftes, dont le premier établiffement fe rapporte à Drufus, pour mettre cette frontière à couvert des entreprifes des nations Germaniques, on veuille connoître cette fuite de places dans l'ordre du local : il peut fuffire pour jouir de cet avantage, de recourir à l'article de chacun des lieux placés fucceffivement dans la carte, depuis *Augufta* des *Rauraci* jufqu'à *Lugdunum* des *Batavi*. Dans un autre cas, & en s'intéreffant à ce qui regarde une province de la Gaule en particulier; parcourez les cités ou peuples que la carte renferme dans cette province; rangez fous chaque peuple la ville qui y paroît dominante; paſſez enſuite aux poſitions de moindre conſidération, dont le plus grand nombre étant attaché aux voies romaines, ſuivez-en la trace en partant des villes principales. Comme il pourroit arriver, qu'à l'ouverture du livre, il ſe préſentât quelque article, dont on eût la curioſité de voir l'objet fixé dans la carte; j'ai ſongé à un moyen propre à faire trouver facilement des poſitions réparties dans des eſpaces aſſez peu étendus, pour qu'il n'y ait pas beaucoup à chercher en jettant les yeux ſur la carte. C'eſt ce qui m'a fait mettre au-deſſus de chaque article le degré de latitude, & celui de longitude, où le ſujet dont il eſt queſtion ſe trouve renfermé, du moins en partie, ſi c'eſt un territoire, ou le cours d'une rivière, plutôt qu'une ſimple poſition de lieu.

On peut dire, que ce n'eſt pas ſur la Gaule qu'on eſt le plus ſatisfait des Géographes de l'antiquité. Strabon eſt à la vérité ſur ce ſujet, comme ſur tout autre, celui de tous les anciens auteurs de Géographie dont la lecture a le plus d'agrément, étant moins ſéche dans une deſcription accompagnée de circonſtances hiſtoriques. Mais, il n'eſt pas exempt de fautes, & il copie en divers endroits Céſar ſur des points, qui avoient éprouvé du changement depuis la conquête de la Gaule. On connoît la briéveté de Méla: deux chapitres aſſez reſſerrés, & écartés l'un de l'autre en deux livres différens, renferment un grand

PREFACE.

pays; & il faut pourtant avouer qu'il y a dans le détail quelques articles particuliers qu'on ne doit qu'à lui. La Géographie dans Pline ne présente le plus souvent qu'un catalogue, & Pline ne s'étoit pas proposé d'en traiter autrement : *locorum nuda nomina*, selon qu'il s'en explique, *& quantâ dabitur brevitate, ponentur*. Mais, on ne peut se dispenser de dire, sur ce qui concerne la Gaule en particulier, que Pline y est extrêmement inégal. Abondant par sa nomenclature dans la Narbonoise, on est surpris dans d'autres parties de n'y point voir des lieux de la plus grande considération; comme *Augustodunum* chez les *Ædui*, *Avaricum* chez les *Bituriges*, *Durocortorum* chez les *Remi*, *Augusta* chez les *Treveri*; pour n'en pas citer un plus grand nombre, qui méritoient bien qu'on en fît mention, sans supprimer ailleurs les noms de quelques peuples assez obscurs, & dont plusieurs n'ont laissé aucune trace de leur existence. Aussi trouveroit-on, qu'une carte de la Gaule dressée pour représenter Pline uniquement, seroit d'une étrange disproportion dans le détail.

Ce qui distingue & fait le mérite particulier de Ptolémée sur la Gaule, c'est d'avoir assigné une ville principale, & quelquefois plus d'une, à chaque peuple; sans quoi il faut convenir que les noms propres des capitales nous seroient moins connus, par la raison qu'aux noms primitifs de ces villes, ceux des peuples où elles étoient domi-

Lib. III, ineunte.

nantes ont succédé depuis Ptolémée. Mais, en considérant le désordre qui se trouve dans les positions données par Ptolémée, désordre que la connoissance positive du local actuel nous rend évident; on sent avec déplaisir le risque qu'il y a de ne voir les objets de l'ancienne Géographie que d'une manière imparfaite, si l'on est dépourvu d'une pareille connoissance, & qu'on seroit mal instruit sur la Gaule, si la Gaule n'étoit pas la France.

Quant aux historiens qui fournissent quelque détail sur la Gaule; après avoir nommé César, qui sur ce sujet est *summus auctorum*, selon l'expression de Tacite; on peut citer Tacite lui-même, Dion-Cassius, Ammien-Marcellin. Les lettres & les poésies d'Ausone, de Sidoine-Apollinaire, la description du rivage de la Méditerranée par Festus-Avienus, quelques inscriptions trouvées sur les lieux, ajoutent quelques articles à ce que donnent les géographes & les historiens. Ce que l'on trouve au surplus dans la Notice des Dignités de l'Empire, que l'on juge avoir été dressée vers la fin du quatrième siècle, paroît d'autant plus intéressant, que l'on voit divers départemens établis pour la sûreté des frontières & du pays maritime, & une énumération des places dans ces départemens. Le partage de la Gaule en dix-sept provinces, le nom des villes qui dans chacune de ces provinces tient la place des anciennes

PREFACE

ciennes cités ou des peuples, sont renfermés dans une Notice rendue publique par le P. Sirmond, & qui est exempte des altérations ou interpolations, que plusieurs autres pareilles Notices paroissent avoir souffert dans un siècle postérieur à la domination romaine.

Mais, ce qui enrichit particulièrement l'ancienne Géographie, ce sont les Itinéraires Romains. Celui qui porte le nom d'Antonin, & la Table qu'on nomme Théodosienne, pénétrent dans toutes les parties de la Gaule. Une route décrite plus en détail qu'aucune autre dans l'Itinéraire de Bourdeaux à Jérusalem, traverse les provinces méridionales jusqu'aux Alpes. Par le grand nombre d'articles que la Notice de la Gaule ne doit qu'à ces Itinéraires, on peut juger combien l'étude de ces monumens est importante, pour remplir l'objet de cette Notice. Dans la recherche des positions que donnent les anciens Itinéraires, les distances qui y sont marquées paroissent souvent d'accord avec un rapport dans la dénomination des lieux, ou avec d'autres notions particulières.

L'usage établi par les Romains dans toutes les provinces de l'Empire, de fixer les distances & de les compter, par des colomnes élevées sur les voies principales & militaires, n'est, je pense, ignoré de personne. Il est également constant, que dans la partie des Gaules qui fut la première

PREFACE.

foumife à la domination romaine, & diftinguée par le nom de *Provincia*, la mefure du Mille qui étoit propre au peuple dominant fut employée dans les diftances itinéraires. C'eft par une forte de complaifance pour une nation puiffante, & long-tems la plus redoutée des Romains, que ce qui étoit hors des limites de cette Province, & dont la conquête fembloit réfervée à Céfar, conferva l'ufage d'une mefure établie chez la nation, & défignée par le terme de *Leuca*, ou de Lieue.

La connoiffance du Mille romain dans une jufte évaluation de fa longueur, eft trop utile à la Géographie, en ce qu'elle peut fuppléer au défaut de quelque autre détermination pofitive fur bien des efpaces, pour que cette connoiffance n'ait pas été pour moi l'objet d'une étude particulière & fcrupuleufe. Dans un Mémoire donné à l'Académie au mois de Février 1755, j'ai raffemblé divers moyens également propres à fixer le terme convenable au Mille romain. Plufieurs efpaces plus ou moins étendus, & mefurés fur des voies romaines en Italie, entre des pofitions déterminées la plûpart en rigueur géométrique, ont donné lieu d'évaluer le Mille par des réfultats particuliers, depuis 752 jufqu'à 757 toifes. Le total de ces différens efpaces renfermant jufqu'à 249 milles, & répondant à environ 188250 toifes par la mefure actuelle du local; il réfulte d'une fomme de milles affez confidérable pour que les variétés en plus

PREFACE.

ou en moins soient compensées, que la mesure commune du Mille est de 756 toises. Le Mémoire dont je viens de parler, fournit un détail de circonstances sur ce que je me borne à exposer ici sommairement. Il est naturel que ce qu'on trouve d'intervalle d'une colomne milliaire encore debout & sur pied, à une autre pareille colomne qui la suit immédiatement, soit regardé comme une indication existante de l'espace que contenoit le Mille romain. Plusieurs de ces intervalles ayant été mesurés en Languedoc, qui faisoit partie de la Province romaine ; la plus forte de ces mesures est donnée de 756 toises. M. Manfredi nous a appris, que de pareils espaces sur la voie Appienne entre Rome & Albano, mesurés à la chaîne, *actis funiculo mensuris*, c'est-à-dire sur la surface même du terrain, par M. Bianchini, lui ont paru répondre exactement à ce que devoit valoir le Mille romain par la mesure élémentaire du Pied romain, conformément à celle du Pied capitolin, qui est le fruit des recherches de Lucas Pœtus sur la longueur du Pied en particulier. Ce Pied, qui comparé au Pied de Paris divisé en 1440 parties, ou dixièmes de ligne, est borné à 1306 de ces parties, selon une mesure moyenne entre des comparaisons qui ne diffèrent que d'un dixième de ligne en plus ou en moins, fait évaluer les mille pas romains à 756 toises. Je sçai que par des hypothèses fondées sur des rapports

PREFACE.

entre des mesures de capacité, ou des valeurs monétaires, & le Pied romain ; on a cherché à donner plus de longueur à ce Pied, & conséquemment plus d'espace au Mille romain. Quant au Pied, il paroît moins équivoque de le considérer étroitement en lui-même. M. l'abbé Barthélemi, dans le séjour qu'il a fait à Rome, a tiré de la mesure la plus scrupuleuse de plusieurs Pieds antiques, suivant le compte qu'il en a rendu à l'Académie, & de concert avec le P. Jacquier, une évaluation du Pied romain à 1306 ou 1307 parties du Pied de Paris. Et pour ce qui concerne le Mille, il seroit difficile d'y faire entrer 16 ou 17 toises de plus que ce que prescrivent les espaces sur le local, & que ce qui est limité spécialement par l'intervalle des colomnes milliaires.

La longueur du Mille romain détermine celle de la Lieue gauloise, qui étoit de 1500 pas, selon le témoignage de Jornandés : *Leuga gallica mille & quingentorum passuum quantitate metitur.* On trouve dans un ancien traité d'arpentage, *Milliarius & dimidius apud Gallos Leuvam facit, habentem passus mille quingentos :* & dans l'auteur de la vie de Saint Rémacle ; *dicitur autem Leuca apud Gallos spatium mille quingentorum passuum ;* & par ce qui suit immédiatement, *id est duodecim stadiorum,* c'est la même définition que celle du *Dolichos* des Grecs dans Héron le méchanicien. Un passage d'Ammien-Marcellin, auteur plus an-

Cap. 36.

PRÉFACE.

cien que ceux qui ont ainſi défini la Lieue gauloiſe, témoigne qu'ils ont accuſé juſte : *quarta Leuca ſignificatur & decima, id eſt unum & viginti millia paſſuum*. Enfin, quelques routes dans l'Itinéraire d'Antonin, où les diſtances ſe trouvent marquées doublement, & en Milles comme en Lieues, dans la partie de la Gaule où l'uſage de la Lieue paroît prévaloir ſur le Mille, concourent à indiquer la même proportion entre les deux meſures itinéraires. Or, l'évalution du Mille à 756 toiſes, donne celle de la Lieue à 1134.

Lib. XVI.

Indépendamment du Mille romain & de la Lieue gauloiſe, on trouve l'emploi des Stades dans quelques diſtances qui paroiſſent concerner la marine, & rélatives aux poſitions qui bordent les rivages de la mer. Que le Stade ſoit une meſure eſſentiellement Grèque, c'eſt ce qui eſt connu de tout le monde. On eſt même prévenu communément que huit Stades font l'équivalent d'un Mille romain. Mais, il faut qu'une étude profonde de la Géographie ait fait ſentir le beſoin de connoître des diſtinctions, dans des meſures itinéraires de l'antiquité confondues ſous le même terme, ſi l'on veut en découvrir la convenance avec les eſpaces correſpondans du local actuel, pour être bien aſſuré qu'on a fait uſage d'un Stade plus court d'un cinquième que le Stade olympique, ou ordinaire, c'eſt-à-dire réduit au dixième du Mille romain. J'ai eu occaſion de produire la notion particulière que j'avois de ce Stade, dans plusieurs écrits qui ont précédé celui-ci. Quoique j'en croye l'usage plutôt antérieur à l'autre Stade que plus récent, je l'ai néanmoins trouvé subsistant dans un siècle où la Grande-Bretagne étoit comme la Gaule rangée sous la domination romaine, ce Stade étant spécialement propre à la mesure du trajet alors établi entre la Gaule & l'isle Britannique. On n'est point embarrassé de sçavoir d'où est venu cet usage du Stade. Les Marseillois sur un rivage de la Gaule, où ils étoient arrivés long-tems avant que les Romains connussent de Stade en portant leurs armes dans la Grèce, se sont servis d'un Stade sur les côtes de la Méditerranée. Les progrès de leur commerce en pénétrant dans l'Océan, où l'on sçait qu'un de leurs citoyens, Pytheas, avoit poussé les découvertes du côté du nord, ont transporté la même mesure pour l'estime de la navigation, dans des parages où aucune espece de Stade n'étoit connue d'ailleurs.

Il ne paroîtra peut-être pas naturel, que dans des recherches qui concernent l'ancienne Géographie, des sçavans d'un mérite très-distingué ayent fait entrer les anciens Itinéraires, sans une détermination préalable des mesures qui devoient y être propres. Il n'étoit pas pratiquable à Nicolas Sanson, le premier qui ait défriché dans l'étendue de la Gaule un champ presque inculte avant lui,

Voyez l'article Gesoriacum, vel Bononia.

PRÉFACE.

de concilier les distances qu'indiquent ces Itinéraires avec les espaces qui y correspondent sur le local. Un vice radical dans l'évaluation du degré terrestre à 60 milles romains, & à 40 lieues gauloises, lorsque la mesure du degré en France renferme 75 milles & demi, à peu de chose près, ou 50 lieues & environ un tiers, détruisoit toute convenance. Quoique Sanson dans ses cartes fît la France un peu plus grande qu'elle ne l'est en effet, il lui auroit fallu l'aggrandir d'un cinquième en tout sens, pour que sa carte de la Gaule pût fournir sur la trace des voies romaines, les nombres de milles ou de lieues propres aux distances.

Bergier, dans son traité des Grands-Chemins de l'Empire, après avoir recherché des définitions de la Lieue dans différens auteurs, & voulant terminer cette recherche par une comparaison de la Lieue actuelle & françoise avec la Lieue gauloise, fixe cette Lieue françoise à 2000 pas, en ajoutant 500 pas aux 1500 qui composoient la Lieue antérieure & gauloise. Il ne seroit pas surprenant qu'en conséquence de cette définition, il eût trouvé bien peu de convenance entre les distances qu'indiquent les Itinéraires, & le compte actuel des Lieues, comme il le remarque particulièrement dans la distance qui sépare la ville de Reims qu'il habitoit d'avec celle de Troies. Car, des 2000 pas auxquels s'arrête Bergier, il ne ré-

Liv. III., ch. 12.

sulte en rigueur que 1512 toises, ce qui ne suffit pas certainement à ce qu'il est d'usage parmi nous d'appeller une Lieue.

On estime communément les Lieues de France sur le pied de 25 au degré, sans qu'on soit informé de ce qui peut servir de fondement à cette mesure des lieues. Il faut remarquer, que par cette évaluation de 25 au degré, elles doublent précisément la Lieue gauloise, puisque 50 lieues gauloises conviennent à l'espace d'un degré. Or, nous apprenons de S. Jérôme, que les peuples de la Germanie se servoient d'une mesure itinéraire appellée *Rasta* : & selon un traité des Mesures, publié par Rigaut, *duæ Leucæ, sive Milliarii tres, apud Germanos unam Rastam efficiunt*. J'ai rapporté dans un autre ouvrage divers autres témoignages d'une même définition. *Rast* est un terme qui subsiste dans la langue Tudesque, pour signifier proprement *repos*, & il peut avoir été employé pour désigner une pose, & le but d'une traite en cheminant. Or, rien de plus naturel, que la nation Françoise sortie de la Germanie, & en établissant sa domination dans la Gaule, y ait introduit la mesure qui lui étoit propre. Si le terme de *Leuva* a pris la place de celui de *Rasta*, c'est que l'usage de la Lieue proprement dite ou gauloise, n'a pas cessé subitement, & que je l'ai vue se soutenir en quelques cantons de la France dans les neuf, dix, & onzième siècles. Pour être convaincu

PRÉFACE.

vaincu que le mot appellatif ne tire point à conséquence, il suffit de considérer combien peu le terme de Mille convient à ce qu'on appelle communément Mille d'Alemagne.

En voulant donc connoître quelque rapport entre la Lieue actuelle & l'ancienne Lieue gauloise, il falloit le chercher dans la Raste germanique, doubler la mesure première de Lieue, & tripler celle du Mille romain. Il en résultoit rigoureusement parlant 2268 toises. Mais, comme le Pied françois est plus grand que le Pied romain, & que l'on peut vouloir que la Lieue françoise soit remplie de 3000 pas géométriques sur la mesure du Pied actuel ; en ce cas, une définition stricte & mathématique de cette Lieue la fixe à 2500 toises de compte rond. Quant à l'estime que l'on fait des lieues dans quelques provinces du royaume, & particulièrement dans celles du midi, le terme le plus commun d'étendue auquel il paroisse convenable de s'arrêter, autant que j'ai pu le conclure, en faisant ces lieues plus grandes que ne sont les autres, c'est de les comparer à quatre milles romains, en enchérissant d'un tiers en sus, sur ce qui compose la mesure de Raste qui est propre à notre nation. Quelques articles de détail dans cet ouvrage fourniront des exemples d'une évaluation de lieue qui répond à quatre milles.

Ce que j'ai rapporté précédemment de l'emploi de la Lieüe gauloise dans la Gaule, séparément de la province qui avoit la première obéi aux Romains, est attesté d'une manière claire & distincte par un passage d'Ammien-Marcellin. En parlant de la jonction du Rhône & de la Saône, qu'il appelle *exordium Galliarum*, & qui l'est en effet à l'égard de cette province, il ajoute : *exindè non millenis passibus, sed Leucis, itinera metiuntur*. C'est par-là qu'on explique la Table Théodosienne, qui dans un ordre contraire, & après avoir traversé la Gaule jusqu'au point d'arriver à Lion, *Lugduno, caput Galliarum*, ajoute : *usque hîc Legas* (ou *Leugas.*) Ces témoignages qui pourroient ne concerner étroitement que les provinces Lionoises, sont confirmées à l'égard des provinces Aquitaniques par l'Itinéraire de Jérusalem, où entre Bourdeaux & Toulouse les distances sont formellement qualifiées LEVG. à la distinction de celles qui en passant dans la Province romaine prennent la qualification de MIL. Des inscriptions de colomnes milliaires, dont le numéro est précédé d'une ou de plusieurs lettres qui désignent la Lieüe, sont bien une preuve positive de cette mesure sur les voies auxquelles tenoient ces colomnes. Mais, comme on ne connoît guère de loi si générale qu'elle n'ait souffert quelque exception, il faut convenir que dans la province qui a été appellée *Maxima Sequanorum*, des colomnes milliaires sur plusieurs voies se rap-

Lib. XV.

PREFACE.

portent à des Milles, & non pas à des Lieues : & ce qui me furprend moins à cet égard dans les environs d'*Aventicum* & d'*Equeſtris* chez les *Helvetii*, c'eſt de confidérer que ces villes étoient colonies romaines. Il y a un autre canton à l'extrémité la plus reculée vers le nord dans la Gaule, qui eſt la Batavie, où l'application des diſtances au local actuel m'a fait connoître avec évidence, que c'eſt la meſure du Mille, non celle de la Lieue, qui peut y convenir. Cette Lieue n'appartenoit point aux *Batavi*, portion tranſplantée de la nation Germanique des Cattes, comme elle appartenoit aux nations Celtiques. On pourroit même ſoupçonner, que dans l'établiſſement d'une chaîne de places le long du Rhin, & dont une longue voie militaire faiſoit la communication, les Romains dans le compte des diſtances y auroient employé le Mille qui leur étoit propre, préférablement à la Lieue. Mais, cette conjecture ne ſeroit point favoriſée par l'indication de ces diſtances, ſelon qu'elle exiſte dans les Itinéraires.

Par le numéro des colomnes milliaires, & même par la poſition de quelques lieux, qui ont tiré leur dénomination de l'éloignement, ſoit en milles, ſoit en lieues gauloiſes, où ils ſe ſont rencontrés à l'égard d'une ville principale ; on voit que les diſtances ſe comptoient en partant des villes qui dominoient ſur un territoire. Il s'enfuit de-là, que chaque cité ou peuple de la Gaule ayant son diſtrict ou domaine particulier, ſe faiſoit dans l'étendue de ce diſtrict des routes convenables à ſa ſituation. Les communications établies entre un auſſi grand nombre de cités que la Gaule en contenoit, avoient ainſi multiplié les grandes voies, & il s'en faut beaucoup que la trace de toutes ces voies ſe retrouve dans les anciens Itinéraires. Des interruptions de routes que la carte de la Gaule peut faire remarquer, lorſqu'il y a lieu de croire qu'elles avoient une continuation qui rempliſſoit ces vuides, & qui faiſoit qu'une trace de route qui ſemble être détournée ſur la carte, aboutiſſoit à un terme d'alignement plus direct & ſuivi, procédent de ce défaut d'une connoiſſance complette des grandes voies, dont la Gaule étoit également traverſée dans toutes ſes parties.

Il m'étoit indiſpenſable, en parlant des Itinéraires comme des monumens qui fourniſſent le plus de détail ſur la Gaule, de bien diſtinguer les meſures qui y ſont employées, & d'en faire une juſte analyſe. Je me ſuis fait un devoir ſpécial de ſuivre ces Itinéraires dans toutes les routes qu'ils décrivent. Un goût particulier pour la recherche des circonſtances du local, m'a ſervi de guide dans cette eſpece de Labyrinthe. Des ſçavans remplis d'une érudition qui ſemble leur être réſervée, n'ont pas toujours eu le compas à la main,

PRÉFACE.

dans un examen qui demande précisément qu'on en fasse usage. En tombant d'accord qu'il se rencontre des nombres fautifs, par l'inattention des copistes, dans les indications des anciens Itinéraires ; combien d'accusations sur cet article, qui ne paroissent fondées que sur le défaut de connoître la valeur de la mesure itinéraire, ou parce qu'on a voulu rapporter l'emplacement des lieux à des positions étrangères, ou différentes de celles qui conviennent ?

Je terminerai cette Préface par prévenir le Lecteur, que la Notice de la Gaule qui lui est présentée, n'est point le même ouvrage que celui du célèbre Adrien de Valois. Je me borne ici à l'*âge Romain*, c'est-à-dire au tems de la domination romaine dans la Gaule. Je n'y emploie les auteurs, ou les ecrits quelconques d'un tems postérieur, qu'autant qu'ils servent à éclaircir un âge précédent & fort distinct, & je ne le fais même que le plus succintement qu'il est possible. C'est ce *Moyen-âge* au contraire, qui fait la partie principale & dominante de la Notice dont on est redevable à M. de Valois. La France, selon qu'elle a existé dans les tems qui ont suivi immédiatement l'âge Romain de la Gaule, & en descendant jusque vers le douzième siècle, fournissant même plus de détail que n'en donne M. de Valois; il est à désirer, que quelque personne moins distraite que je ne le suis par d'autres occupations, entreprenne de suppléer à ce qui manque en cette partie. Si l'entreprise paroît considérable par une abondance de matière, elle paroît en général moins épineuse, en donnant moins d'exercice à la critique. Ce que la Notice actuelle, & purement Romaine, a de commun avec celle de M. de Valois, est rempli de bien des articles, qui ont échappé à ce sçavant du premier ordre, dans un ouvrage composé sur un autre plan, & moins resserré dans son objet. On me trouvera même d'opinion différente sur bien des points, parce qu'une étude plus rigoureuse de ce qui convenoit à la Géographie positive, l'exigeoit. Sans perdre le fond d'estime & de respect qui sont dûs au mérite des grands hommes, il est de l'utilité générale que les fautes qu'ils ont pu commettre soient relevées.

EXTRAIT DES REGISTRES
DE L'ACADEMIE ROYALE DES INSCRIPTIONS ET BELLES - LETTRES.

Du vendredi 5. Septembre 1760.

CE JOURD'HUI M. l'Abbé BELLEY & M. l'Abbé BARTHELEMI, Commissaires nommés par l'Académie pour l'examen d'un manuscrit qui a pour titre, *Notice de l'ancienne Gaule*, ont fait leur rapport, & ont dit, » que cet ouvrage leur avoit paru réunir » la plus exacte critique à la plus profonde érudition ; qu'il ne pou- » voit que répandre un très-grand jour sur l'ancienne géographie » de la Gaule, & justifier de plus en plus la réputation de l'au- » teur. «

En conséquence de ce rapport, enregistré sur le champ, la Compagnie a cédé à M. d'ANVILLE son Privilége pour l'impression de cet ouvrage, suivant le droit qu'elle a de l'étendre, quand elle le juge à propos, aux ouvrages particuliers des Académiciens. En foi de quoi j'ai signé le présent certificat. Fait à Paris, au Louvre, le 5. Septembre 1760.

Signé, LE BEAU, Secrétaire perpétuel de l'Académie Royale des Inscriptions & Belles-Lettres.

PRIVILEGE EN COMMANDEMENT,
pour l'impression des Ouvrages de l'Académie Royale des Inscriptions & Belles-Lettres.

LOUIS, par la grace de Dieu, Roi de France & de Navarre : à nos amés & féaux Conseillers les Gens tenans nos Cours de Parlement, Maîtres des Requêtes ordinaires de notre Hôtel, Baillifs, Sénéchaux, Prevôts, Juges, leurs Lieutenans, & tous autres nos Justiciers qu'il appartiendra, SALUT. Notre ACADÉMIE ROYALE DES INSCRIPTIONS ET BELLES-LETTRES nous a très-humblement fait remontrer, qu'en conformité du Réglement ordonné par le feu Roi notre bisayeul, pour la forme de ses exercices, & pour l'impression de divers Ouvrages, Remarques & Observations journalieres, Relations annuelles, Mémoires, Livres & Traités faits par les Académiciens qui la composent, elle en a déja donné un grand nombre au Public, en vertu des Lettres de Priviléges qui lui furent expédiées en Commandement au mois de Décembre 1701 ; mais que ces Lettres étant devenues caduques, elle nous supplie très-humblement de lui en accorder de nouvelles. A ces causes, & notre intention étant de procurer à l'Académie en Corps, & à chaque Académicien en particulier, toutes les facilités & moyens qui peuvent de plus en plus rendre leur travail utile au public, nous lui avons permis & accordé, permettons & accordons par ces Présentes signées de notre main, de faire imprimer, vendre & débiter en tous les lieux de notre Royaume, par tel Libraire qu'elle jugera à propos de choisir, les Remarques, ou Observations journalieres, & les Relations annuelles de tout ce qui aura été fait dans les Assemblées de ladite Académie, & généralement tout ce qu'elle voudra faire paroître en son nom : comme aussi les Ouvrages, Mémoires, Traités ou Livres des particuliers qui la composent, lorsqu'après les avoir examinés & approuvés, aux termes de l'Article XLIV dudit Réglement, elle les jugera dignes d'être imprimés ; pour jouir de ladite permission par le Libraire que l'Académie aura choisi, pendant le tems & espace de trente ans, à compter du jour de la date des présentes. Faisons très-expresses inhibitions & défenses à toute sorte de personnes de quelque qualité & condition qu'elles soient, & nommément à tous autres Libraires & Imprimeurs, que celui ou ceux que l'Académie aura choisis, d'imprimer, vendre & débiter aucun desdits Ouvrages, en tout ou en partie, & sous quelque prétexte que ce puisse être, à peine contre les contrevenans de confiscation au profit dudit Libraire, & de trois mille livres d'amende, applicable un tiers à nous, l'autre tiers à l'Hôpital du lieu où la contravention aura été faite, & l'autre tiers au dénonciateur : à la charge qu'il sera mis deux exemplaires de chacun desdits Ouvrages dans notre Bibliotheque publique, un dans celle de notre Château du Louvre, & un dans celle de notre très-cher & féal Chevalier, Garde des Sceaux de France, le Sieur Chauvelin, avant que de les exposer en vente ; & à la charge aussi, que lesdits Ouvrages seront imprimés sur beau & bon papier, & en beaux caracteres, suivant les derniers Réglemens de la Librairie & Imprimerie, & de faire registrer ces présentes sur le Registre de la Communauté des Libraires & Imprimeurs de Paris ; le tout à peine de nullité des présentes : du contenu desquelles vous mandons & enjoignons de faire jouir & user ladite Académie & ses ayans cause, pleinement & paisiblement, cessant & faisant cesser tous troubles & empêchemens. Voulons que la copie desdites présentes, qui sera imprimée tout au long au commencement ou à la fin desdits Livres, soit tenue pour dûement signifiée, & qu'aux copies collationnées par l'un de nos amés & féaux Conseillers-Secrétaires, foi soit ajoutée comme à l'original. Commandons au premier notre Huissier ou Sergent sur ce requis, de faire pour l'exécution des présentes tous exploits, saisies & autres actes nécessaires, sans autre permission : Car tel est notre bon plaisir. Donné à Marly, le quinziéme jour de Février, l'an de Grace mil sept cens trente-cinq, & de notre Regne le vingtiéme. Signé, LOUIS. Et plus bas ; Par le Roi, Phélypeaux.

Registré sur le Registre IX de la Chambre Royale & Syndicale des Libraires & Imprimeurs de Paris, N°. 66, fol. 57, conformément au Réglement de 1723, qui fait défenses, Art. IV, à toutes personnes, de quelque qualité qu'elles soient, autres que les Libraires & Imprimeurs, de vendre, débiter & faire afficher aucuns Livres, pour les vendre en leurs noms, soit qu'ils s'en disent les Auteurs, ou autrement, à la charge de fournir les exemplaires prescrits par l'Art. CVIII du même Réglement. A Paris, le 5 Mars 1735. *Signé*, G. Martin, *Syndic.*

NOTICE

ERRATA.

Préf. xii. *ligne* 11. 1305. ou 1306. *corrigez* 1306. ou 1307.
P. 18. *l.* 25. *Ventium*, lis. *Vintium*.
P. 31. *l.* 34. *Acanum*, lis. *Acunum*.
P. 49. *l. dern.* Poliænus, *écr.* Polyœnus.
P. 133. *l.* 10. près, *lis.* pris.
P. 145. *l.* 7. *Bodardus*, lis. *Bobardus*.
P. 163. *l.* 32. Martianus, *écr.* Marcianus.
P. 267. *l.* 22—23. potions, *lis.* positions.
P. 273. *l.* 2. *Durentiam*, lis. *Druentiam*.
P. 289. *l.* 12. septième, *lis.* huitième.
   l. 13. huitième, *lis.* neuvième.
P. 313. *l.* 16. *nodum*, lis. *modum*.
P. 339. *l.* 32. Adrien, *corr.* Antonin.
P. 341. *l.* 13. *Garumnam*, lis. *Garunnam*.
P. 345. *l. prem. Geminiasences*, écr. *Geminiacenses*.
P. 353. *l.* 7. en-effet xviii. *corr.* xviii ou xviiii.
P. 366. *l.* 6. *pœne*, écr. *pene*.
P. 387. *l.* 11. le Guerin, *lis.* le Guevin.
P. 400. *l.* 11. & 14. Xilander, *écr.* Xylander.
P. 429. *l.* 22. *Lutevensii*, lis. *Lutevensis*.
P. 468. *l.* 29. *Tuncteri*, lis. *Tencteri*.
P. 536. *l.* 25. *antiquiæ*, lis. *antiqua*.
P. 547. *l.* 25. *misceatum*, lis. *misceatur*.
P. 560. *l.* 27. qu'il, *lis.* qu'elle.
P. 567. *l.* 32. la, *lis.* l'a.
P. 579. *l.* 9. *primæ Sapaudiæ Flaviæ*, lis. *primæ Flaviæ Sapaudiæ*.
P. 586. *l.* 7. aucune, *lis.* aucun.
P. 596. *l.* 11. Ouessant, *lis.* Ouessant.
   l. 20. qu'ils nomment, *lis.* qu'il nomme.
P. 615. *l.* 30. Aigue-morte, *écr.* Aigues-mortes.
P. 620. *l.* 4. Santon, *lis.* Sanson.
P. 625. *l.* 22. *Barclos*, lis. *Basclos*.
   l. 36. qui est, 40. *lis.* qui est 40.
P. 642. *l.* 20. la Tech, *lis.* le Tech.
P. 653. *l.* 7. de, *lis.* du.
P. 654. *l.* 28. des, *lis.* de.

P. 680. l. 30. qaod, liſ. quod.
P. 703. l. 5. & 11. Arægeus, liſ. Arægenus.
P. 710. l. 7. celle, liſ. celles.
P. 721. l. 27. artticles, liſ. articles.

Quoique pluſieurs de ces fautes aient été corrigées par des cartons, on a cru devoir en laiſſer l'indication dans cet Errata. S'il en eſt échappé d'autres à la recherche qu'on en a faite, le Public voudra bien les excuſer, & ſur-tout celles de l'Auteur.

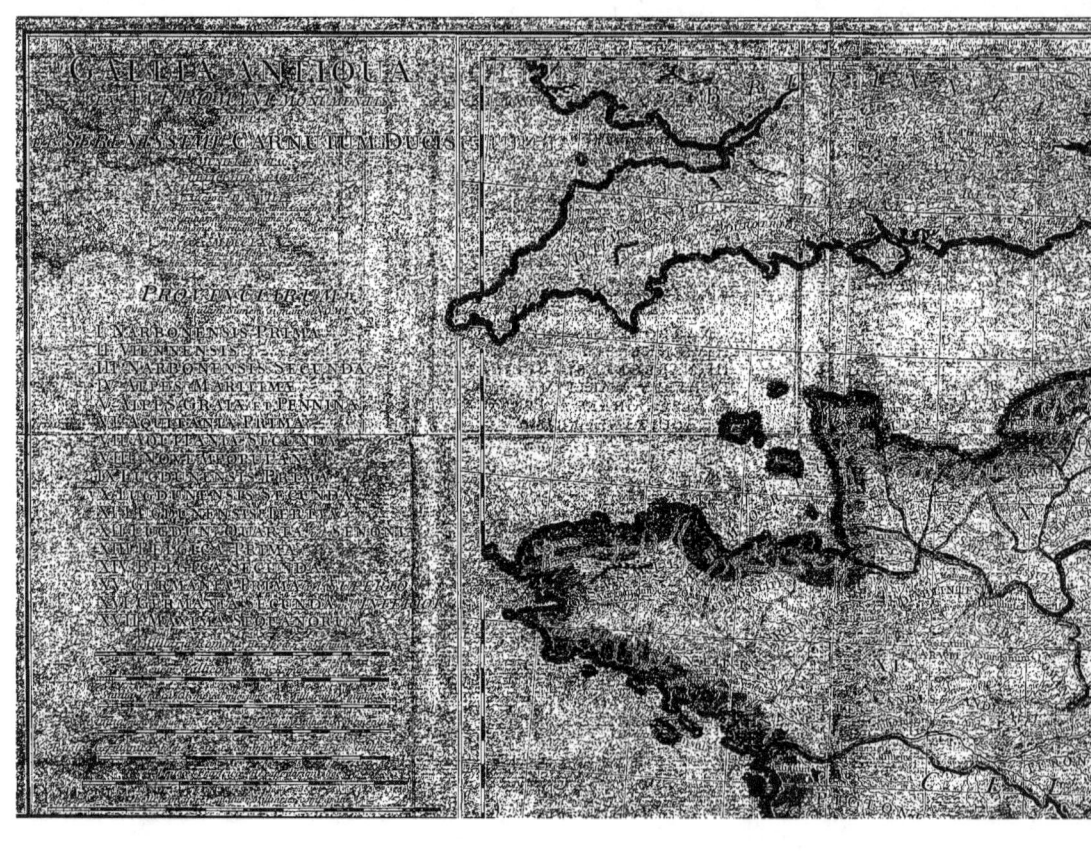

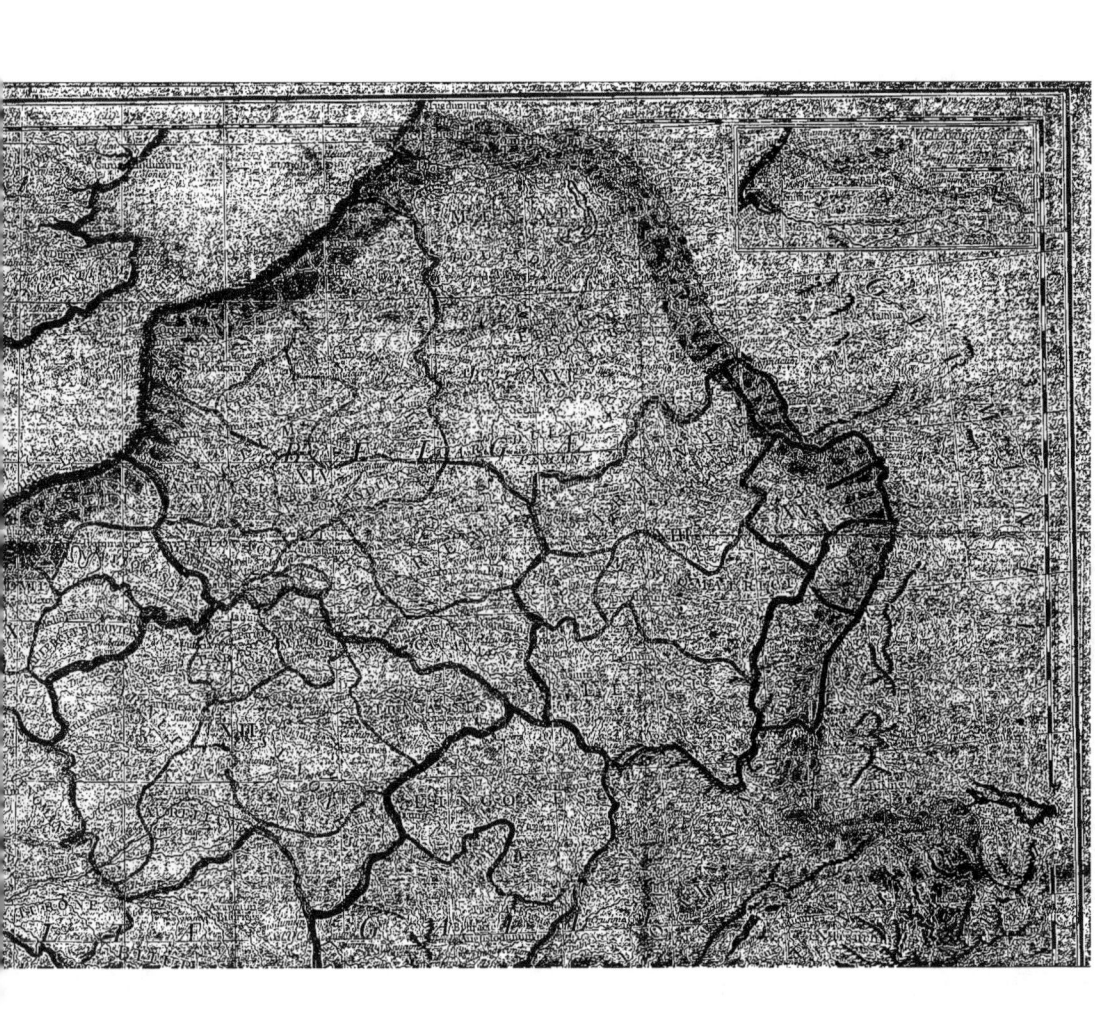

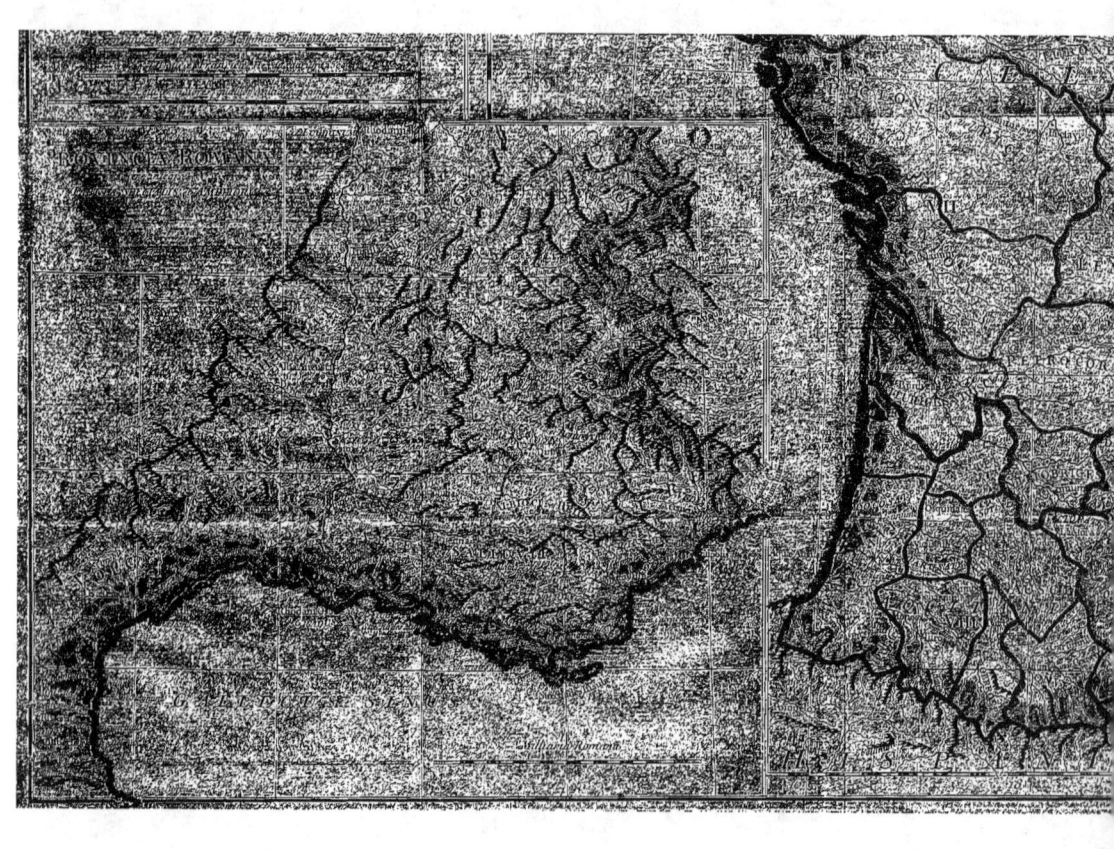

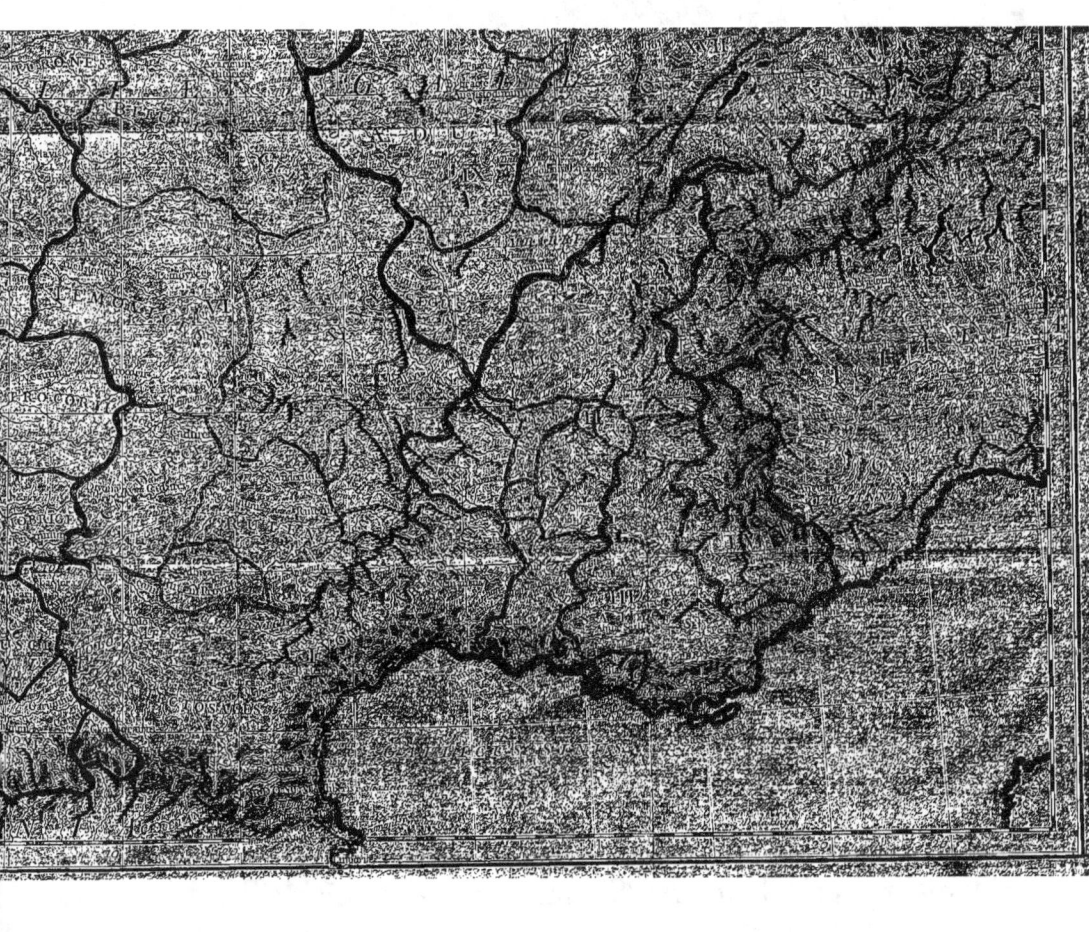

NOTICE
DE
L'ANCIENNE GAULE,
TIRÉE
DES MONUMENS ROMAINS.

L paroîtroit presque inutile de dire, que la Gaule ne reconnoît d'autres limites, au défaut des deux mers, que le sommet des Alpes & des Pyrénées, & le cours du Rhin. Ce que les Romains appelloient Gaule Cisalpine, comme étant situé en deçà des Alpes à leur égard, autrement *Gallia Togata*, parce que les peuples y ayant été déclarés citoyens Romains après la guerre Sociale, avoient pris la Toge, ou l'habillement romain, n'est point compris dans notre sujet, qui ne regarde que la Gaule proprement dite. Les Gaulois avoient rendu leur nom célèbre, avant que la Gaule fût connue. Leurs conquêtes, & des établissemens formés au delà des Alpes, & au delà du Rhin, sous la conduite de Bellovèse & de Sigovèse, neveux

d'Ambigat, roi des *Bituriges*, remontent jusqu'au tems du regne de Tarquin-l'ancien à Rome, selon le témoignage de Tite-Live, ce qui devance l'Ere Chrétienne d'environ 600 ans. Hérodote, qui est postérieur de plus d'un siècle, a connu le nom des Celtes, que l'on sçait avoir été celui que les Gaulois se donnoient eux-mêmes. Mais, cette connoissance étoit très-superficielle; à en juger par ce qui fournit à cet ancien historien l'occasion de citer les Celtes, qui est de dire que l'*Ister*, ou le Danube, prend sa source dans leur pays, près d'une ville du nom de *Pyrene*, qui est plutôt une montagne, comme le dit Aristote. Scymnus de Chios, dont on ne sçauroit déterminer le tems, parle de la Celtique comme d'un pays situé sur la mer qui renferme la Sardeigne, & dont la nation est la plus puissante vers le couchant. La mention qui est faite des Celtes dans le Périple, qui porte le nom de Scylax de Caryande, les place en Italie vers la mer Adriatique, ce qui ne peut convenir qu'à une portion transplantée de la nation : & dans cet ouvrage fort succint, c'est aux Ligures qu'appartient le rivage de la Gaule, depuis la frontière de l'Ibérie, sur la mer Intérieure, ou Méditerranée. Les Marseillois, établis sur cette côte, avoient pu faire connoître les Celtes aux Grecs. Car, les Celtes proprement dits, & distingués des Aquitains comme des Belges, renfermés également dans la Gaule, s'étendoient jusque dans cette partie maritime, Strabon leur attribuant Narbone & Marseille jusqu'aux Alpes. Nous ignorons ce qui a fait donner aux Celtes le nom de Gaulois par les Romains : *qui ipsorum linguâ*, Celtæ, *nostrâ, Galli appellantur*, dit César. Plusieurs historiens Grecs, Polybe, Diodore de Sicile, désignent les Gaulois par le nom de Galates. Pausanias reconnoît que ce nom est moins propre à la nation que celui de Celtes, & lui est postérieur. Ptolémée réunit ces dénominations, en appliquant aux diverses parties de la Gaule le nom

NOTICE DE LA GAULE.

de Celto-Galatie. Strabon eſt conſtant à donner au pays le nom de Κελτική.

On commence à voir les noms de pluſieurs nations Gauloiſes en particulier, dans ce que l'hiſtoire rapporte de leurs migrations en Italie & en Germanie. Le paſſage d'Annibal par la Gaule, en ſortant de l'Eſpagne, pour arriver aux Alpes, fait connoître quelques autres nations. Mais, ce ſont les conquêtes des Romains, qui ont étendu la connoiſſance du pays à la totalité de ce qu'il renferme. L'alliance de Marſeille, & celle des *Ædui*, avec Rome, fut pour les Romains un prétexte de porter leurs armes dans la Gaule, & donna lieu aux commencemens de la domination qu'ils y établirent; ayant vaincu les *Salyes*, énemis de Marſeille, les *Allobroges* & les *Arverni*, dont les *Ædui* avoient eu à ſe plaindre, ſelon le rapport de Florus. Ces premiers avantages des Romains dans la Gaule Tranſalpine, comme ils l'appelloient, ne ſont guère antérieurs que de ſix-vingt ans à l'époque de l'Ere Chrétienne, & ne précèdent que de ſoixante & quelques années l'entrée de Céſar dans ſon gouvernement de la Gaule. *Lib. III, cap. 21*

Ce que les Romains poſſédoient alors en Gaule, y étoit diſtingué ſimplement par le nom de *Provincia*: Céſar dit quelquefois, *Provincia noſtra*, ou *Gallia provincia*. L'uſage d'un vétement, appellé *Bracca*, qui habilloit les cuiſſes, lui fit auſſi donner d'abord le nom de *Gallia Braccata*: & à cette dénomination ſuccéda celle de *Narbonenſis*. Méla fait voir une diſtinction de tems dans l'uſage de ces noms : *pars (Galliæ) noſtro mari appoſita, fuit aliquandò Braccata, nunc Narbonenſis*. Pline : *Narbonenſis provincia... Braccata antea dicta*. Quoique l'établiſſement d'une colonie Romaine à Narbone ait devancé l'Ere Chrétienne d'environ cent-ſeize ans, il eſt vraiſemblable que le nom de Narbonoiſe n'a eu lieu que ſous l'empire d'Auguſte, & en même tems que la Celtique a été déſignée d'une même ma-

Lib. II, cap. 5

Lib. III, cap. 4

nière par le nom de *Lionoife*. Cette partie de la Gaule s'étant, plutôt qu'aucune autre, façonnée aux manières des Romains, & à leur gouvernement, Pline en parle dans les termes les plus avantageux : *agrorum cultu, virorum, morumque dignatione, amplitudine opum, nulli provinciarum poftferenda, breviterque Italia veriùs, quam provincia.* Les principaux peuples de cette province entre le Rhône & les Alpes, étoient les *Salyes* & *Albiæci*, les *Cavares*, les *Vocontii*, & les *Allobroges*, qui s'étendoient le long du Rhône depuis l'Isère, en remontant jufqu'au lac Léman. Ces peuples étoient foumis, avant que plufieurs autres qu'ils avoient derrière eux dans les Alpes, & dont les plus confidérables étoient les *Centrones* & les *Caturiges*, fuffent dans la même dépendance. Céfar témoigne de ceux qui occupoient la vallée Pennine, qu'ils voyoient les Romains dans le deffein de s'emparer des lieux les plus élevés dans les Alpes, pour les joindre à leur province : *ea loca finitimæ provinciæ adjungere.* Ce fut Augufte, qui réduifit un grand nombre de petits peuples renfermés dans les montagnes, & qui avoient confervé leur liberté. Une partie de ces peuples demeura même fous le gouvernement d'un prince particulier, nommé Cottius, qui rechercha les bonnes-graces d'Augufte, & dont l'Etat ne fut réuni à l'Empire que fous Néron. Lorfque Ptolémée, qui vivoit fous les Antonins, comprend dans l'Italie des pofitions qui ont fait partie de la Gaule, il peut n'être répréhenfible qu'en ce qu'il les croit enveloppées par les Alpes, & fituées au delà à notre égard. L'autre partie de la province Romaine entre le Rhône & les Pyrénées, contenoit les *Helvii*, les *Volcæ Arecomici*, que le mont *Cebenna* féparoit du refte de la Gaule en général, & des *Ruteni* en particulier. Un démembrement des *Ruteni*, que l'on doit eftimer répondre à l'Albigeois, étoit annexé à la Province. Les *Volcæ Tectofages*, aux environs de la Garonne, remontoient

Ubi fuprà.

Comment. III.

Lib. III. cap. 1.

NOTICE DE LA GAULE.

vers les Pyrénées. Les *Sardones* étoient au pied des montagnes près de la mer : & il y a encore lieu de croire que les *Consoranni*, qui ont été rangés dans l'Aquitaine, étoient antérieurement enveloppés dans la province Romaine, vu que l'emplacement que Pompée donna aux *Convenæ*, à son retour de la guerre d'Espagne, les y renferme.

Il étoit réservé à César de faire connoître la Gaule entière jusqu'à l'Océan, & jusqu'au Rhin vers ses embouchures. Cette grande partie de la Gaule, où les armes Romaines n'avoient point pénétré avant lui, étoit distinguée par le nom de *Comata*, parceque les peuples y portoient leur chevelure dans toute sa longueur. Cicéron faisant parler Antoine : *Galliam, inquit, Togatam remitto, Comatam postulo*. César trouva la Gaule partagée en trois nations principales ; les Celtes, les Belges, & les Aquitains : on sçait que c'est par cette division qu'il débute dans ses Commentaires. Ces nations différoient entr'elles par le langage, comme par la manière de vivre & de se gouverner : *hi omnes, linguâ, institutis, legibus, inter se differunt*. Les Belges, dans le nord de la Gaule, paroissent tenir des Germains leurs voisins, & dont ils sont la plupart sortis : *reperiebat*, dit César, en parlant de lui-même, *plerosque Belgas esse ortos à Germanis*. Ils tiroient vanité de cette origine, comme Tacite le rapporte des *Treveri* en particulier, & des *Nervii*. Les Aquitains pouvoient avoir quelque affinité avec les nations Ibériennes ou Espagnoles, auxquelles Strabon remarque qu'ils ressembloient, & dont ils n'étoient séparés que par les Pyrénées. Ainsi, les Celtes étoient en quelque manière plus Gaulois que les autres ; & César leur applique plus particulièrement le nom de *Galli*, en parlant de ce qu'ils occupoient de pays séparément des autres : *eorum una pars, quam Gallos obtinere dictum est*. Cette partie de la Gaule prévaloit en même tems par son étendue,

Philipp. VIII.

Comment. I.

Comment. II.

Lib. de Germ. sect. 37.

Lib. IV, p. 189.

Comment. I.

Les Celtes atteignoient d'un côté le bord de la Garonne, qui les séparoit des Aquitains ; de l'autre, la Seine & la Marne, sur la frontière des Belges : *Gallos ab Aquitanis Garumna flumen, à Belgis Matrona & Sequana dividit.* Ce qu'ils embrassoient de pays tenoit au Rhône, *initium capit à flumine Rhodano* : & touchoit pareillement au Rhin, *attingit à Sequanis & Helvetiis flumen Rhenum.* Si par dessus cela on se rappelle, que l'étendue de la province Romaine étoit un démembrement de ce qui avoit été compris sous le nom des Celtes, on voit leur grande supériorité sur les autres nations dont ils sont distingués dans la Gaule.

Auguste, qui tint les Etats de la Gaule à Narbone l'an 27 avant l'Ere Chrétienne, paroît avoir apporté une attention particulière au gouvernement du pays, dont il fit faire un cens ou dénombrement, selon l'ancien usage des Romains. Il dut donc connoître qu'il y avoit une grande inégalité entre les provinces qui partageoient la Gaule. César n'avoit point connu l'Aquitaine par lui-même, comme la Celtique & la Belgique : & ce n'est que sur le rapport du jeune Crassus, son lieutenant, qu'il a pu dire, *quæ pars, & regionum latitudine, & multitudine hominum, ex tertiâ parte Galliæ est æstimanda.* Les Aquitains, qu'une expédition passagère sous le gouvernement de César n'avoit pas accoutumés à l'obéissance, ne furent réduits que sous l'empire d'Auguste, par Messala. Leur pays resserré entre la Garonne, les Pyrénées, & l'Océan ; *à Garumnâ flumine ad Pyrenæos montes, & eam partem Oceani quæ ad Hispaniam pertinet,* ne paroissant pas d'une étendue comparable aux autres parties de la Gaule, & sur-tout à la Celtique ; Auguste enleva à celle-ci de quoi aggrandir l'Aquitaine, qui fut ainsi prolongée depuis la Garonne jusqu'à la Loire. Selon Strabon, quatorze peuples furent détachés de la Celtique, pour être incorporés à l'Aquitaine. On a peine à retrouver précisément ce nombre de quatorze peuples : & Strabon lui-même, dans leur dénombrement n'en fait compter que douze, encore qu'il y joigne les *Helvii*, qu'il enleve à la province Romaine ou Narbonoise, & à tort vraisemblablement ; car, Pline & Ptolémée les y maintiennent, dans un tems où l'on ignore qu'il eût été fait du changement dans les limites respectives de la province Aquitanique d'Auguste, & de la Narbonoise. En ôtant les *Helvii* dans Strabon, on peut leur substituer les *Bituriges Vivisci*, qu'il a omis, & qui, de son aveu, étoient étrangers à l'égard des Aquitains. Les peuples que nous connoissons avec certitude avoir été joints à l'Aquitaine par Auguste, sont, les *Pictones* & *Santones*, les *Bituriges Cubi* & *Vivisci*, les *Lemovices*, *Petrocorii*, *Nitiobriges*, *Cadurci*, les *Arverni*, *Vellavi* & *Gabali*, les *Ruteni*, dont une portion étoit renfermée dans la Narbonoise. Du reste, nous voyons bien par la Notice des Provinces, lorsque la Gaule en comptoit dix-sept, que l'Aquitaine première & seconde renferment le nombre de quatorze cités : mais, dans ce nombre il s'en trouve deux, *civitas Albiensium*, & *civitas Ecolismensium*, qui ne tirent point leur nom de quelque ancien peuple, qui soit connu dans les tems plus voisins du siècle d'Auguste que cette Notice.

Ibid.

Pour ce qui est de l'ancienne Aquitaine, on ne peut guère s'en expliquer avec quelque détail, que selon qu'elle a composé une province distincte & séparée sous le nom de Novempopulane, dont je remets à parler lorsqu'il sera question de la division de l'Aquitaine en plusieurs provinces. Pline attribue le nom d'Aquitaine à un peuple particulier : *Aquitani, undè nomen provinciæ*. Ce pays paroissant recommandable par ses Eaux minérales dans la partie voisine des Pyrénées, plusieurs ont pensé qu'il en pouvoit tirer sa dénomination. Si nous en croyons Pline, il étoit antérieurement appellé *Aremorica* ; & sa situation près de la mer répond au sens qui

Lib. IV, cap. 19.

Lib. IV, cap. 17.

est propre à cette dénomination purement Celtique, & qui n'a rien de commun avec le langage Romain, comme le nom d'*Aquitania*, en le dérivant d'un terme latin. Quoique l'Aquitaine eût changé de limites, Méla qui écrit dans un tems postérieur à Auguste, borne encore cette partie de la Gaule à la Garonne : *à Pyrenæo ad Garumnam Aquitania*. Pline, qui dans le dénombrement des peuples de l'Aquitaine comprend ceux qu'Auguste y avoit fait entrer, n'est point d'accord avec ce qu'il avoit dit auparavant, en étendant la Celtique jusqu'à la Garonne : *ad Garumnam Celtica, eademque Lugdunensis*. Car, ce qui pouvoit convenir à l'extension des Celtes du tems de César, ne convient point à la Celtique, en tant que Lionoise. Ammien-Marcellin voulant orner son histoire d'un détail géographique sur la Gaule, qui souffre quelque critique en plusieurs points, répète encore, quoique postérieurement à César de 400 ans, que la Garonne borne les Aquitains : *ab Aquitanis (Celtas) Garumna disterminat flumen*. Il semble qu'on voie subsister une distinction des Aquitains d'avec les Gaulois dans le cinquiéme siècle, en lisant dans Sulpice-Sévère : *dùm cogito me hominem Gallum inter Aquitanos verba facturum, vereor ne offendat vestras nimiùm urbanas aures sermo rusticior*. Au-reste, cette délicatesse de langage dont parle Sulpice-Sévère, pouvoit avoir lieu à l'égard des parties méridionales de la Gaule en général, comme étant en plus grande liaison avec l'Italie, qui avoit communiqué à la Gaule la langue Romaine, dont la pureté étoit vraisemblablement moins connue dans les parties plus reculées vers le nord.

Ce ne fut pas seulement du côté de l'Aquitaine que la Celtique perdit de son étendue dans l'arrangement des provinces de la Gaule par Auguste. Les *Sequani* & les *Helvetii* en furent séparés, pour faire partie de la Belgique. Il est constant que ces peuples étoient réputés du

Lib. II, cap. 2.

Lib. IV, cap. 19.

Cap. 17.

Lib. XV.

Dial. I, cap. 20.

NOTICE DE LA GAULE.

du corps des Celtes lorsque César entra dans la Gaule, puisqu'en parlant du pays qu'occupoient les Celtes, *attingit*, dit-il, *à Sequanis & Helvetiis flumen Rhenum*: & si les Belges joignent le Rhin, selon César, ce n'est pas vers le haut de son cours; *pertinent ad inferiorem partem fluminis Rheni*. D'ailleurs, le nom de *Galli* dans César convenant spécialement aux Celtes, c'est ranger parmi eux les *Helvetii* que de dire, *reliquos Gallos virtute (Helvetii) præcedunt*. Strabon n'étend la partie de la Gaule soumise à Lion, jusque vers les sources du Rhin, que parce qu'il parle d'après César sans le nommer, comme on le remarque en plusieurs endroits. Mais, il se trompe, en ce qu'il paroît confondre la partie de la Gaule qui avoit pris le nom de Lionoise, avec l'ancienne Celtique. Car, les *Sequani* & les *Helvetii*, qui touchoient au Rhin, sont placés dans la Belgique par Pline, & par Ptolémée. Ils y ajoutent même les *Lingones*, qui dans un tems postérieur, & lorsque la Lionoise a composé quatre provinces, ont fait partie de la Lionoise première, qui, sans cette accession, auroit été fort limitée. Le pays des *Sequani* & des *Helvetii* ayant formé une province, sous le nom de *Maxima Sequanorum*, Papire Masson en se fondant sur l'autorité du faux Isidore, Josias Simler, & Joseph Scaliger, sur des Notices peu anciennes & interpolées, font de cette province une cinquième Lionoise, que Nicolas Sanson a inscrite dans sa carte de la Gaule. Mais, c'est à la suite des provinces Belgiques & Germaniques, & non à la suite des Lionoises, qu'est placée la grande Séquanoise, dans la Notice de la Gaule que l'on juge avoir été dressée du tems d'Honorius, & que le P. Sirmond a le premier publiée dans sa collection des Conciles de la Gaule. Sextus-Rufus rassemble pareillement la *Maxima Sequanorum* avec les deux Germanies & les deux Belgiques. On trouve de suite dans Ammien-Marcellin, les deux Germanies, la Belgique première &

Comment. I.

Lib. IV, p. 191.

Pl. lib. IV, c. 17.
Ptol. lib. II, c. 9.

Not. Episc. Franc.

Tom. I. Breviar. rer. Rom. lib. XV.

B

seconde, les *Sequani*. Cette grande Séquanoife est même intitulée *Germania tertia*, dans une Notice tirée de la bibliotheque de Thou par André Duchesne.

Quant au détail de ce qui est renfermé dans la Celtique, ou Lionoife d'Auguste, je pense qu'il se développera lorsqu'il sera question de voir cette province divisée d'abord en deux, puis en quatre provinces particulières. Je passe actuellement à la Belgique. Les Belges, qui selon Céfar, étoient séparés des Gaulois, ou des Celtes, par la Seine comme par la Marne, perdirent vraisemblablement sous Auguste deux cités, par lesquelles ils touchoient à la Seine, les *Caleti*, & les *Veliocasses*. Ces deux peuples, que dans Céfar on trouve unis d'intérêt avec les Belges, sont compris dans la Lionoife par Pline, & par Ptolémée. Quant à l'extenfion des Belges vers la partie inférieure du cours du Rhin, comme Céfar s'en explique, il paroît que le plus reculé des peuples qu'il ait foumis de ce côté-là, est celui des *Menapii*. Il nomme pourtant les *Batavi*, comme occupant l'ifle que forment les bras du Vahal & du Rhin ; mais, on est informé qu'Auguste entretenoit un corps de cavalerie Batave. Quelques efforts que fasse Hadrianus Junius, pour enlever la Batavie à la Gaule, & pour la donner à la Germanie, il ne détruira point le témoignage de Pline & de Ptolémée ; ni ce que dit formellement Tacite ; *Caninefates, Batavique, exigua Galliarum portio*. C'est le cours du bras du Rhin qui en a confervé le nom, qu'il convient de regarder comme la féparation de la Gaule d'avec la Germanie ; & je crois qu'Erafme vouloit être *Gallus*, plutôt que *Germanus*, parce que le lieu de fa naiffance étoit renfermé dans l'Ifle des Bataves.

Des quatre principales provinces de la Gaule, la Belgique est la première qu'on ait démembrée, pour compofer de nouvelles provinces. Sa frontière le long du Rhin, exposée aux entreprifes des Germains, étoit

Batav. cap. 4.

Hist. lib. IV, sect. 32.

gardée par deux corps de troupes, l'un vers la partie supérieure, l'autre vers l'inférieure. Dion-Cassius, parlant du partage que fit Auguste des provinces de l'Empire entre lui & le Sénat, fait mention de la haute & basse Germanie, occupées en deçà du Rhin par des peuples qui avoient passé ce fleuve ; comme on le sçait des *Triboci*, des *Nemetes* & *Vangiones*, dans la partie supérieure ; des *Ubii* & *Gugerni*, qui furent établis dans l'inférieure du tems d'Auguste. Quand l'historien Dion n'auroit parlé qu'en conséquence de ce qui étoit bien établi depuis Auguste, on voit toutefois deux provinces de Germanie sous Tibère, désignées par Tacite, en disant, qu'Apronius, *inferioris Germaniæ proprætor, vexilla legionum è superiore provinciâ accivit*. Quoique Pline ne parle point des provinces de Germanie, & que dans un dénombrement il mêle indistinctement avec les peuples qui étoient restés à la Belgique, ceux qui composent l'une & l'autre Germanie : cependant, il est remarquable qu'il prend l'Escaut pour un des termes de la Belgique ; la renfermant entre cette rivière & la Seine : *à Scalde ad Sequanam Belgica*. Ptolémée a connu deux Germanies, la supérieure & l'inférieure, qu'on a distinguées depuis, comme les autres provinces de la Gaule, par l'adjectif *prima* & *secunda*. Selon des inscriptions du recueil de Gruter, les deux Germanies réunies avec la Belgique, paroissent régies par le même officier, dont le titre & l'emploi sont ainsi désignés par une de ces inscriptions : *Proc (urator) à rationib. provinciarum Belgicæ & duarum Germaniar*. Dans une autre inscription donnée par Spon : *Proc. ration. privatar. per Belgic. & duas Germ.*

Lib. LIII.

Annal. lib. IV. sect. 73.

Lib. IV, cap. 17.

P. 375. n. 1.

Miscell. Erud. Antiq. p. 148.

Nous avons ainsi jusqu'à présent six provinces dans la Gaule : la Narbonoise, l'Aquitanique, la Lionoise, la Belgique, & deux Germanies. Mais, c'est une question que de sçavoir à quel tems précisément on doit rapporter la division de la Gaule en un plus grand nombre de provinces. Saumaise, & Adrien de Valois, reculent cette division jusqu'à Constantin. Cependant, une inscription dans Gruter, qui est au nom de Dioclétien & de son collégue Maximien, fait mention de la grande Séquanoise comme d'une province : P R O V. M A X. S E Q. Les changemens qu'apporta Dioclétien dans le gouvernement de l'Empire, & dans l'usage de la puissance impériale, peuvent faire juger qu'il aura disposé des provinces, & de leur administration, autrement que les empereurs qui avoient regné moins despotiquement. On peut même le conclure de ce que dit Lactance, ou l'auteur du livre *de mortibus persecutorum*, qui cherchant à blâmer ce qui a été fait par Dioclétien, s'exprime ainsi : *provinciæ in frusta concisæ*. Au reste, c'est par degrés, & successivement, qu'est arrivée la plus grande multiplication des provinces. Sextus-Rufus écrivant sous Valentinien I, qui tint l'empire d'Occident jusqu'en 375, fait mention de deux Aquitaines : & toutefois S. Hilaire, dans une lettre écrite en 358 aux évêques de la Gaule, dont il détaille les provinces, ne cite qu'une Aquitanique. Il en est de même d'une inscription de l'an 362, rapportée par Gruter, en l'honneur d'un gouverneur de la province : *Saturnino secundo præsidi provinciæ Aquitanicæ*.

Le dénombrement que donne Sextus-Rufus des provinces de la Gaule, en fait compter quatorze, de la manière qui suit : *Alpes Maritimæ, provincia Viennensis, Narbonensis, Novempopulana, Aquitaniæ duæ, Alpes Graiæ, Maxima Sequanorum, Germaniæ duæ, Belgicæ duæ, Lugdunenses duæ*. Cependant, Ammien-Marcellin, en continuant son histoire jusqu'à la mort de Valens en 378, ne paroît indiquer que douze provinces : les deux Germanies, les deux Belgiques, les *Sequani* ou la Séquanoise, les deux Lionoises, les Alpes Gréques & Pennines, l'Aquitanique, les *Novempopuli*, la Narbonoise, & la Viennoise. Il donne donc

NOTICE DE LA GAULE.

l'Aquitaine pour une seule province, quoique déja divisée en deux, selon Rufus, & il omet les Alpes Maritimes. M. de la Barre, dans un Mémoire inséré au Tome VIII de l'Académie royale des Belles-lettres, veut disculper Ammien-Marcellin sur ce sujet, en alléguant, que cet historien peut avoir écrit ainsi sur la Gaule dans un tems antérieur à celui qui termine son histoire : & en effet, il n'y a pas une grande différence de date, entre le tems où l'on ne voit encore qu'une seule Aquitaine, & celui où l'on en compte deux. Mais, Ammien ne paroît pas excusable sur des fautes qui sautent aux yeux dans sa description de la Gaule : comme de dire, qu'étant divisée en quatre parties du tems de César, *uti crebritate bellorum urgenti cessere (Galliæ) Julio dictatori, potestate in partes divisâ quatuor ;* la Narbonoise contenoit la Lionoise, ainsi que la Viennoise, *quarum Narbonensis una, Viennensem intra se continebat, & Lugdunensem.* Ne comptant point ainsi la Celtique pour une des quatre parties de la Gaule, il établit dès-lors une division entre les Germanies & la Belgique. Car, après avoir dit que la seconde de ces parties étoit celle qu'occupoient les Aquitains, *altera Aquitanis præerat universis ;* il ajoute, *superiorem & inferiorem Germaniam, Belgasque, duæ jurisdictiones iisdem rexere temporibus.* On n'est pas plus satisfait d'Ammien en diverses circonstances de détail : comme de placer *Elusa*, à côté de Narbone & de Toulouse, dans la Narbonoise ; *Tricasini*, ou Troies, dans la Lionoise seconde, après avoir nommé dans la première *Senones*, ou Sens, dont la position & le district ferment toute communication entre Troies & les cités qui pouvoient completter la seconde Lionoise, & nous ne voyons point que les provinces de la Gaule fussent composées de morceaux détachés. Ces déplacemens manifestes justifient plusieurs doctes critiques, en ce qu'ils ont trouvé à redire que *Biturigæ*, ou Bourges, soit une ville de la

P. 403.
Voyez p. 411.

Lib. XV, cap. 11.

première Lionoife dans Ammien ; & toutefois M. de la Barre croit qu'il fuffit de déclarer, qu'elle fut rendue à l'Aquitaine lors du partage de cette province en deux. Que doit-on penfer de ce qu'*Aventicum*, capitale des *Helvetii*, qui font compris fous le nom de *Sequani* par Eutrope du tems de Valens, foit rangée dans les Alpes Gréques par Ammien ?

Lib. VI.

Ce qui fait monter le nombre des provinces de la Gaule de quatorze à dix-fept, c'eft que la Lionoife, au lieu de deux provinces, en a formé quatre, & qu'on a fait une feconde Narbonoife. Il eft mention de deux Narbonoifes au concile d'Aquilée en 381, dans une lettre adreffée aux évêques de la Viennoife, *& Narbonenfium, primæ & fecundæ*. Cette multiplication de provinces dans une partie de la Gaule affez refferrée, fait préfumer au P. Pagi, qu'on n'aura pas laiffé dans le même tems aux deux Lionoifes toute leur étendue : & cette opinion, qui établit une plus jufte proportion entre les différentes parties d'un même corps, me paroît très-vraifemblable. Mais, après avoir fuivi de cette manière le progrès fucceffif du nombre des provinces de la Gaule jufqu'à dix-fept, il eft à propos de voir en quoi elles confiftoient chacune en particulier ; & je crois devoir y procéder felon l'ordre dans lequel j'ai parlé des quatre premières & principales provinces du fiécle d'Augufte.

Hift. crit. in Ann. Baronii ad an. 374.

De la Narbonoife font forties trois provinces : la Narbonoife proprement dite, ou première lorfqu'il y en a eu deux, la Viennoife, & la feconde Narbonoife ; & à ces provinces fe joignent les Alpes Maritimes, & les Alpes Gréques. Plufieurs fçavans, du nombre defquels eft Jofeph Scaliger, appliquent aux cinq provinces qu'on vient de nommer la dénomination de Viennoifes ; fe fondant fur l'autorité du faux Ifidore, qui a fabriqué des décrétales, & fur une Notice fort fufpecte de nouveauté, & qu'on ne fçauroit mettre en oppofition à des monumens tels que la Notice des Provinces, qui paroît avoir été dreſſée ſous Honorius, & que la Notice des Dignités de l'Empire, que l'on croit être du tems de Valentinien III. Comment a-t-on pu ſe perſuader, que le nom de Viennoiſe ſeconde pût convenir à la Narbonoiſe première, ſans conſidérer que ce qui a compoſé la Viennoiſe étoit antérieurement compris ſous le nom même de Narbonoiſe ? C'eſt pourtant ainſi que Sanſon intitule les provinces dont il eſt queſtion. Mais, quand on voit dans Scaliger, que la diviſion de la Gaule en dix-ſept provinces eſt d'Auguſte, quelques autres mépriſes ne doivent plus étonner. Le partage de l'ancienne Narbonoiſe en pluſieurs provinces, a limité la Narbonoiſe première entre le Rhône & les Pyrénées : & ſous ſa métropole *Narbo*, la Notice des Provinces ne compte d'autres cités que *Toloſa*, *Bæterræ*, *Nemauſus* & *Luteva*, & *Ucetia* n'y paroît que ſous le titre de *caſtrum*, inférieur à celui de *civitas*, qu'*Ucetia* n'a eu que poſtérieurement. On ſçait que cette province Narbonoiſe comprend deux provinces Eccléſiaſtiques, depuis que Jean XXII, en 1317, a érigé Toulouſe en métropole, lui donnant pour ſuffragans ſept nouveaux ſiéges, qu'il établiſſoit en même tems.

Il eſt néceſſaire de s'expliquer ſur la Narbonoiſe ſeconde, avant que de paſſer à la Viennoiſe, par la difficulté qu'il y a de ſçavoir comment a été formée cette ſeconde Narbonoiſe. Comme elle ne tient point à la première, & qu'elle en eſt ſéparée par des cités annexées à la Viennoiſe, on l'en croiroit un démembrement, ſi l'on ne penſoit en même tems que dans ce cas, le nom de Viennoiſe ſeconde lui étoit dû plutôt que celui de ſeconde Narbonoiſe. Ce qu'il y a de plus vraiſemblable, c'eſt que la formation de cette ſeconde Narbonoiſe apporta du changement à l'une & à l'autre des provinces, Narbonoiſe & Viennoiſe ; & M. de la Barre eſt dans la même opinion. Le P. Pagi remarque judicieusement, qu'en joignant à la Viennoise ce qui a composé la Narbonoise seconde, c'est lui attribuer jusqu'au nombre de vingt cités, lorsque la Narbonoise est réduite à six, y compris la métropole, & même à cinq seulement en rigueur, ce qu'on doit avoir peine à se persuader d'une province de plus ancienne date, & dans laquelle la Viennoise elle-même avoit été comprise. Il y a toute apparence que la nouvelle province n'a été appellée Narbonoise, que parce que sa métropole *Aquæ sextiæ*, Aix, étoit tirée de la précédente Narbonoise. D'un autre côté, si l'on s'en rapporte à Ammien-Marcellin, la Viennoise renfermoit *Antipolis*; & comme cette ville est entrée dans la Narbonoise seconde, il résulte que c'est en prenant sur l'une & sur l'autre province, Narbonoise & Viennoise, que la seconde Narbonoise a été composée. Ce qui faisoit antérieurement une continuité de la Narbonoise jusqu'au district d'*Aquæ sextiæ*, avant que la dignité de métropole en détachât cette ville, peut avoir été cédé à la Viennoise, en dédommagement de ce qu'elle donnoit à une autre province. Quoi-qu'il en soit, les cités que la Notice des Provinces range sous *Aquæ sextiæ* la métropole, sont *Apta, Reii, Forum-Julii, Vapincum, Segustero, & Antipolis*, dont le diocèse, qui est celui de Grasse depuis la translation du siége épiscopal en 1250, est néanmoins renfermé dans la province Ecclésiastique d'Embrun, métropole des Alpes Maritimes.

La première mention expresse qui soit faite de la Viennoise, se tire des souscriptions du concile d'Arles en 314. Les PP. Bénédictins, auteurs de l'histoire de Languedoc, présument que cette province étoit formée dès l'an 280, qui fut celui de la révolte des tyrans Procule & Bonose, sur ce que Vopisque en parlant de cette révolte, désigne au pluriel les provinces de la Gaule, qui avoit porté le nom de *Braccata; Braccatæ Galliæ, provincias*. Le nombre des cités que renferme cette province

NOTICE DE LA GAULE.

province sous *Vienna* la métropole, est plus grand que dans aucune autre : sçavoir, *Geneva* & *Gratianopolis*, villes des *Allobroges* ainsi que Vienne, *Alba* des *Helvii*, *Dea* & *Vasio* des *Vocontii*, *Valentia*, & *Tricastini*, *Arausio*, *Cabellio*, & *Avenio*, qui ont appartenu aux *Cavares*, *Arelate*, & *Massilia*. On sçait que le rang où s'est élevé *Arelate*, a donné lieu aux évêques de cette ville de s'ériger en métropolitains, avec un plus grand nombre de suffragans que Vienne même, lequel est néanmoins diminué, sur tout depuis que Sixte IV, en 1475, a formé une province Ecclésiastique d'Avignon.

Je passe aux provinces des Alpes Maritimes, & des Alpes Gréques. Quoique la nature semble avoir posé des bornes entre la Gaule & l'Italie, par la chaîne des Alpes, comme entre la Gaule & l'Espagne par les Pyrénées, & que cette séparation ait donné lieu chez les Romains à la distinction qu'ils ont faite de la Gaule cis-Alpine & de la trans-Alpine : cependant, le gouvernement civil des provinces ne s'est pas assujetti rigoureusement à des limites décidées par la cime des montagnes. On a remarqué plus haut, que les Romains s'étoient formé une province dans la Gaule, avant que les peuples des Alpes fussent réduits. Ceux qui obéissoient à Cottius du tems d'Auguste, & dont les noms sont inscrits sur l'Arc de Suse, n'ont été sujets immédiats de l'Empire que sous Néron. On voit dans Pline, que Galba ajouta au rôle de la Narbonoise, *adjecit formulæ ex Inalpinis*, des peuples dont *Dinia*, Digne, étoit la ville principale. Aussi est-elle de la Narbonoise dans Ptolémée ; & c'est une des cités des Alpes Maritimes dans la Notice des Provinces. Mais, il est évident, en lisant Pline, que ce qui a composé la province des Alpes Maritimes, & celle des Alpes Gréques & Pennines, fut antérieurement joint à l'Italie. Pline nomme comme faisant partie de l'Italie, *Octodurenses* dans la Vallée Pennine, *Centrones*, & *Caturiges*, les peuples de l'Etat de

Lib. III, cap. 4.

Lib. III, cap. 5. & 20.

Cottius; sur la côte, *Nicæa*, & *portus Herculis Monœci*; & enfin les *Vediantii*, *Deciates*, & *Oxybii*: & après avoir rapporté l'inscription du Trophée des Alpes, qui est un dénombrement des peuples de ces montagnes soumis par Auguste; il finit par dire: *Hæc est Italia, diis sacra; hæ gentes ejus, hæc oppida populorum*. C'est par la même raison que Ptolémée comprend dans l'Italie, les *Centrones*, & *Caturiges*, *Brigantium* en l'attribuant aux *Segusini*, les *Nerusii*, *Suetri*, *Vediantii*, & les villes de la côte, qu'il donne aux Marseillois.

<small>*Lib. III, cap. 1.*</small>

En formant les provinces des Alpes Maritimes, & des Alpes Gréques, & en les incorporant à la Gaule, on n'a fait que lui restituer ce qui lui appartenoit comme de droit naturel. La supériorité que les métropolitains d'Arles se sont arrogée sur l'église d'Embrun, & qui n'a cessé d'avoir lieu que dans le neuviéme siècle, celle des métropolitains de Vienne sur l'église de Tarentaise, sont des indices que ces églises dès leur fondation tenoient à la Gaule. La première est celle de la métropole des Alpes Maritimes, la seconde des Alpes Gréques. Les cités qu'indique la Notice dans la première de ces provinces, sous *Ebrodunum*, ville des *Caturiges*, sont, *Dinia*, *Rigomagus*, ou plutôt *Caturigomagus*, *Sollinienses*, ou plutôt *Salinæ*, comme on peut le conjecturer; *Sanitium*, *Glannativa*, *Cemenelium*, & *Ventium*. Quant à la province des Alpes Gréques, au nom de laquelle est joint celui des Alpes Pennines, la Notice n'y fait mention que de deux cités, *Darantasia* des *Centrones*, & *Octodurus* des *Vallenses*, ou des habitans de *Vallis Pennina*, dont le siége épiscopal est aujourd'hui à *Sedunum*, ou Sion. On ne trouve point dans la Notice *Augusta Prætoria* des *Salassi*. Cette ville, située au delà de l'*Alpis Graia*, est demeurée à l'Italie, quoique le siége d'Aouste soit suffragant du métropolitain de Monstier en Tarentaise.

Passons aux provinces Aquitaniques. On ne sçauroit

dire précisément ce que comprenoit la province d'Aquitaine, lorsqu'il n'y en avoit qu'une qui fût distincte de la Novempopulane. Si l'on suppose qu'elle embrassoit dans son étendue tout ce que contiennent l'Aquitaine première & seconde, on la trouve bien vaste vis-à-vis de la Novempopulane. Ammien-Marcellin, qui ne connoît qu'une Aquitaine, y fait mention de *Burdigala*, *Arverni*, *Santones*, & *Pictavi*. On a vu ci-dessus, que *Biturigæ*, selon lui, étoit de la Lionoise première : sur quoi on peut observer, que dans la division de l'Aquitaine en deux provinces, celle qui a été intitulée *prima* ayant Bourges pour métropole, il semble que si Bourdeaux avoit occupé le premier rang dans l'Aquitaine lorsqu'elle étoit unique, le titre d'Aquitaine première étoit dévolu à la province dont elle étoit métropole. Mais, en passant par-dessus ces considérations, la Notice des Provinces indique pour cités sous la métropole de Bourges, *Arverni*, *Ruteni*, *Cadurci*, *Lemovices*, *Gabali*, *Vellavi*, & celle d'*Albiga*. Cette dernière, comme l'on sçait, a été élevée à la dignité de métropole en 1680, ayant pour siéges suffragans les anciennes cités de Rodez & de Cahors, Vabre & Castres, qui ne sont évêchés que depuis le quatorzième siècle : & parce que c'est un démembrement de l'Aquitaine première, le métropolitain de Bourges prétend le droit de primatie sur cette nouvelle province Ecclésiastique Quant à la seconde Aquitaine, on voit sous sa métropole *Burdigala*, la cité des *Nitiobriges* ou *Aginnum*, celle des *Santones*, *Pictavi*, *Petrocorii*, & *Ecolisma* ou *Iculisna*.

On est prévenu en général que la Novempopulane répond à l'Aquitaine dont parle César. Plusieurs des peuples Aquitains, qui sont nommés dans le troisième livre des Commentaires, ne paroissent point du nombre de ceux qui ont donné lieu à ce nom de *Novem-*

populana, ou simplement de *Novempopuli*, comme plusieurs auteurs l'ont employé. On lit *Novempopulania* dans une ordonnance d'Honorius au Préfet du Prétoire des Gaules. Il est difficile de sçavoir, comment on doit distinguer neuf peuples dans le nombre de douze cités que la Notice des Provinces donne à la Novempopulane. Cependant, en remarquant que la cité des *Ausci* s'y trouve rejettée au dernier rang, je suis tenté de croire que ce ne peut être que par addition, vu que séparément cette place inférieure ne convient point à ceux que Méla appelle *Aquitanorum clarissimos :* qu'ainsi, & lorsqu'on a fait état de *novem populi* dans l'ancienne Aquitaine, les *Ausci* étoient liés & ne faisoient qu'un avec les *Elusates*, comme il est arrivé que leur nom les a remplacés dans le premier rang. Du-reste, nous devons regarder sans difficulté comme des cités d'anciens peuples, celle d'*Aquensis*, capitale des *Tarbelli*, de *Vasates*, de *Turba* chez les *Bigerrones*, de *Convenæ*, de *Consoranni*. Jusque-là nous en comptons six. Il y en a quatre autres dans la Notice, qui sont à préférer à une cinquième, qu'elle admet dans la Novempopulane sous le nom de *Boates*. Ces quatre cités sont, *Lactora*, *Beneharnum*, *Aturus*, & *Iluro*. M. de Valois ne veut point des trois dernières, alléguant pour raison que ce sont des noms de villes, & non pas des noms de peuples qui soient connus des Géographes. Mais, cette même raison auroit dû l'empêcher d'adopter, comme il fait, les *Lactorates*. Outre le silence des mêmes Géographes sur *Lactora*, il est évident que le nom de *Lactorates* est formé sur celui de *Lactora*; comme ceux de *Benarnenses*, d'*Aturenses*, d'*Elloronenses*, qu'on trouve dans la Notice, sont tirés de *Benarnum*, ou *Beneharnum*, d'*Aturus*, d'*Elloro*, ou *Iluro*. En excluant ces trois cités, M. de Valois, pour y suppléer, sépare non-seulement les *Elusates* &

Not. Galliar. p. 380.

NOTICE DE LA GAULE.

les *Aufci*, mais il coupe en deux les *Tarbelli*, en les distinguant de la cité d'*Aquæ Tarbellicæ*, désignée par le nom d'*Aquitani*. Mais, pour qu'*Aquæ Tarbellicæ* ne soit pas la capitale des *Tarbelli*, & ne les repréfente point, M. de Valois auroit dû, ce femble, nous indiquer celle qui en prend la place. Il faut convenir que des quatre cités dont il eft queftion, on ne peut en adopter que trois, pour ajouter aux fix antérieurement reconnues, & s'en tenir au nombre de neuf. Je penfe qu'il eft indifpenfable d'admettre avec *Lactora* la cité de *Beneharnum*, qui, toute ruinée qu'elle eft depuis environ mille ans, conferve fon nom dans celui d'une province : & comme les dépendances du peuple de cette cité dans les premiers tems pouvoient bien s'étendre, ainfi que cette province, jufqu'au pied des Pyrénées, & renfermer *Iluro*; la cité d'*Aturus*, appellée autrement *Vicus Juli*, paroît tenir lieu d'un neuvième peuple dans cette province.

Il faut en venir aux Lionoifes. On a vu par Ammien-Marcellin, comme par Sextus-Rufus, que la première divifion de la Lionoife a été d'en faire deux au lieu d'une. Ammien faifant mention de *Turoni*, ainfi que *Lib. XV. cap. 11.* de *Rotomagus* dans la feconde Lionoife, fournit une preuve de ce qu'on jugeroit avoir été naturel, qui eft que cette feconde, lorfqu'il n'y en avoit que deux, ne confiftoit pas feulement dans ce qui eft refté à la feconde lorfque le nombre des Lionoifes a été de quatre. Et puifque la cité de *Turoni*, ou *Turones*, qui eft devenue métropole de la troifième Lionoife, étoit antérieurement comprife dans la feconde, il faut croire que cette feconde embraffoit la troifième, avant que cette troifième eût fon exiftence. C'eft par la même raifon, que *Senones*, qui a été métropole de la quatrième Lionoife, eft de la première dans Ammien : & il réfulte de cette obfervation, que c'eft la divifion de chacune des

Lionoifes en deux, qui de deux en a fait quatre. C'eſt auſſi dans cet état de quatre provinces Lionoiſes qu'il faut donner le détail de ce qui les compoſoit, d'après la Notice des Provinces.

 La Lionoiſe première ſous ſa métropole *Lugdunum*, qui devoit cette dignité de métropole à Auguſte, lorſque la Lionoiſe formoit une des quatre grandes parties de la Gaule, contient la cité des *Ædui*, ou *Auguſtodunum*, celle des *Lingones*, repriſe ſur la Belgique, ſelon ce que j'ai antérieurement obſervé ; & les villes de *Cabillonum* & de *Matiſco*, qui ne ſont point qualifiées du titre de *civitas*, mais ſimplement de *caſtrum*. La Lionoiſe ſeconde renferme ſous *Rotomagus* ſa métropole, les cités des *Bajocaſſes*, *Abrincatui*, *Ebroici* ou *Ebarovices*, *Sagii*, *Lexovii*, & celle de *Conſtantia*, qui repréſente les *Unelli*. La Lionoiſe troiſième, ayant *Turones* pour métropole, contient les cités des *Cenomani*, *Redones*, *Andes* ou *Andecavi*, *Namnetes*, *Coriſopiti*, *Veneti*, *Oſiſmii*, & *Diablintes*. Enfin, la Lionoiſe quatrième, qui de *Senones* ſa métropole a été appellée *Senonia*, a compris la cité des *Carnutes*, d'*Aureliani* & d'*Autiſſiodurum*, des *Pariſii*, & des *Meldi*. Cette province a ſouffert un démembrement comme province Eccléſiaſtique, lorſque Paris eſt devenu une métropole en 1622, & lui a enlevé Chartres, Orléans, & Meaux.

 Il ſuffira de dire ſur la Belgique première, qu'on la retrouve dans la province Eccléſiaſtique de Trèves, ou d'*Auguſta Treverorum* ſa métropole, comprenant les cités des *Mediomatrici*, *Leuci*, & *Verodunenſes*. La Belgique ſeconde, ayant la capitale des *Remi* pour métropole, renferme un plus grand nombre de cités ; ſçavoir, des *Sueſſiones*, *Catalauni*, *Veromandui*, & *Atrebates*, de *Camaracum* & *Turnacum*, qui repréſentent la nation des *Nervii* ; enfin, celles des *Bellovaci*, *Silvanectes*, *Ambiani*, *Morini*, & *Bononia*. L'érection de Cambrai

& de Malines en métropoles l'an 1559, a enlevé à la province Ecclésiastique de Reims une grande partie de ce qui composoit la seconde Belgique. Car, elle y a perdu les diocèses de Cambrai & de Tournay, d'Arras, ceux de S. Omer & d'Ipre, qui sont du territoire des anciens *Morini*, ceux de Bruges & de Gand, sur lesquels les *Nervii* ont autrefois dominé, & qui étoient sous la jurisdiction des évêques de Tournai, avant que ces évêchés, & celui d'Ipre, fussent rangés sous la métropole de Malines.

La Germanie première renferme sous *Mogontiacum* sa métropole, les *Vangiones*, les *Nemetes*, & les *Triboci*, le territoire de ceux-ci étant désigné par la cité d'*Argentoratum* dans la Notice des Provinces. Celle des Dignités de l'Empire fait mention même dans cette province d'un district particulier sous le nom de *Tractus Argentoratensis*. Le détail qu'elle donne des postes établis le long du Rhin sous le commandement d'un Général résidant à Maïence, *sub dispositione viri spectabilis Ducis Mogontiacensis*, fait connoître que ce département s'étendoit depuis *Saletio*, ou Seltz, inclusivement, jusque & compris *Antunnacum*, ou Andernach : & Ptolémée sépare les deux Germanies par une rivière qu'il appelle *Obringa*. La Notice des Provinces ne donne d'autre détail de la seconde Germanie, que d'y nommer la métropole *Agrippina*, & la cité des *Tungri*. Mais, les dépendances de cette cité contribuent beaucoup à donner de l'extension à la province dont elle fait partie. C'est ce que les anciennes limites de la jurisdiction spirituelle des évêques de Liège, dont le siège est celui de Tongres, nous indiquent. Car, cette jurisdiction s'est étendue jusque sur Malines ; & on sçait que le diocèse de Namur n'est séparé de celui de Liége que depuis environ 200 ans. Il faut se rappeller que la Belgique commence à l'Escaut, *à Scalde*, selon Pline ; qui dit encore ailleurs, que les nations Germaniques s'étendent jusqu'à cette rivière : *ad Scaldim usque fluvium Germanicæ accolunt gentes.*

Lib. IV, cap. 13.

Il ne nous reste de province que *Maxima Sequanorum,* dont *Vesontio*, capitale des *Sequani*, étoit la métropole. La Notice y fait mention de trois cités, *Noiodunum* ou *Equestris*, *Aventicum* des *Helvetii*, & *Basilia,* celle-ci ayant succédé à la dignité d'*Augusta* des *Rauraci*, qui ne paroît dans cette Notice qu'en la même qualité de *castrum*, que *Vindonissa* & *Ebredunum* ; & le *castrum Rauracense* y est suivi de *Portus Abucini.* Il est à remarquer, que quoique le Rhin soit désigné en général comme servant de limite à la Gaule ; cependant ce n'est pas précisément dans cette partie de son cours qui tient à ses sources, que les dépendances de la Séquanoise ont bordé étroitement la rive du Rhin. Les nations Rhétiques l'occupoient ; & de leur nombre est celle des *Sarunetes*, dont on connoît la ville principale en deçà du Rhin à l'égard de la Gaule. Une position de *Fines,* placée sur une voie Romaine en descendant plus bas, désigne indubitablement la séparation de la Séquanoise d'avec la Rhétie.

On trouve vers la fin du quatrième siècle, & le commencement du cinquième, que dans la Gaule il y avoit des provinces qui étoient distinguées par le nom de *Galliæ*, séparément de plusieurs autres, qui sont désignées par leur nombre de *quinque provinciæ*, ou bien de *septem provinciæ*. La première notion qu'on ait de cette distinction entre les Gaules & les cinq provinces, est dans la lettre synodique du concile tenu à Valence en 374. Elle est répétée en d'autres actes ; & je me borne à dire qu'elle subsiste dans la Notice des Dignités de l'Empire, qui paroît postérieure, & où les officiers chargés de la direction des finances dans chacun des deux départemens, sont appellés *Rationales summarum,*

autrement ;

autrement, *rei privatæ*, ou du domaine, l'un *per Gallias*, l'autre *per quinque provincias*. Les fçavans sont fort partagés sur le choix des cinq provinces. Blondel, M. de Marca, & M. de Valois, les restraignent aux deux Narbonoises, à la Viennoise, & aux Alpes Maritimes & Gréques. Mais, on doit remarquer, qu'il n'y auroit eu aucune proportion entre un département borné à cette partie de la Gaule, & ce que la Gaule occupoit d'étendue dans le reste de ses provinces. Cette remarque mérite d'autant plus de considération, qu'on ne voit pas le même défaut dans la distinction formelle que fait la Notice des Provinces, de celles qui y sont appellées *Gallicanæ*, d'avec les *septem provinciæ*. Les premières au nombre de dix, sont, les quatre Lionoises, les deux Belgiques, les deux Germanies, la Séquanoise, & les Alpes Gréques. Les *septem provinciæ*, en ne comprenant point cette dernière, trouvent dans les deux Aquitaines & la Novempopulane, une accession considérable aux deux Narbonoises, à la Viennoise, & aux Alpes Maritimes : de sorte que l'on voit la balance plus égale dans le partage de la Gaule. Aussi plusieurs fçavans sont-ils dans l'opinion, que ce qui est appellé les cinq provinces est le même département que celui des sept provinces. Le P. Lacarri paroît le premier qu'on doive citer, & il faut y joindre M. de la Barre, & D. Bouquet dans la préface du premier tome de la collection des historiens François. On doit croire que l'Aquitaine avoit part aux cinq provinces, sur ce que Philastre parlant de l'héréfie des Priscillianistes, comme s'étant introduite dans les cinq provinces, Sulpice-Sévère, son contemporain, témoigne, qu'elle avoit infecté *interiorem Aquitaniam*, & sur tout *Elusanam plebem*, dans la Novempopulane. Il faut se souvenir que l'Aquitaine & la Narbonoise sont citées comme étant uniques, peu avant qu'on les voie divisées cha-

Prim. de l'Egl. p. 704.
De Prim. Lugd. n. 65.
Not. Galliar. p. 301.

Hist. Gall. sub Præf. Prær. p. 20.

cune en deux provinces ; & la formule établie alors de dire les cinq provinces, a pu être employée par une continuité d'usage, lors même que le nombre étoit monté à sept. Pancirol, qui a commenté la Notice de l'Empire, est tombé dans une étrange méprise, en prenant ce que désignent les *septem provinciæ* pour la Gaule entière ; & il a entraîné Bergier dans son opinion. Scaliger, qui croit que le nom de Septimanie, dont on n'a connoissance qu'après un tems écoulé dans le cinquième siècle, peut dériver des sept provinces, confond des choses très-différentes & fort disproportionnées. Quand Sidoine-Apollinaire dit que les Gots, *Septimaniam suam fastidiunt,* cela peut s'entendre de quelques districts, dont la jouissance leur avoit d'abord été accordée, & qui depuis Toulouse s'étendoient dans la seconde Aquitaine jusqu'à l'Océan, selon les chroniques d'Idace & de Prosper, sous l'an 419, & selon Isidore de Séville. Ainsi, ce seroit par translation que le nom de Septimanie s'est renfermé depuis dans la Narbonoise, qui étant demeurée aux Visigots d'Espagne, a porté le nom de Gothie en même tems que celui de Septimanie. Mais, cette Septimanie, dans laquelle sous le regne de Reccarède, vers la fin du sixième siècle, on distingue le nombre de sept cités sous la métropole de Narbone, est postérieure à la domination Romaine dans la Gaule.

Je crois avoir rempli l'objet que je m'étois proposé dans ce préliminaire, de faire connoître les provinces qui ont partagé la Gaule, depuis les premières notions qu'on a eues de cette grande & célèbre contrée, jusqu'à la chute de l'Empire Romain en Occident. Ce que l'invasion des nations étrangeres y a apporté de changement n'est point de mon sujet. On sçait que la Gaule étoit d'ancienneté divisée en beaucoup de peuples, indépendans généralement parlant les uns des

Lib. II. cap. 68.

Liv. III. ch. 38.

Ep. I, libri III.

NOTICE DE LA GAULE.

autres, si ce n'est que les plus puissants formoient des factions, entre lesquelles les autres se partageoient. Dans César, le territoire de chacun de ces peuples est désigné par le terme de *Civitas*. Tacite & Pline l'emploient dans le même sens, & les inscriptions servent à le confirmer. Les plus étendus de ces territoires pouvoient être composés de plusieurs cantons. Je me contenterai de rapporter pour exemple ce qui concerne les *Helvetii* dans César : *omnis civitas Helvetia in quatuor pagos divisa est.* Comme le nombre de trois ou quatre cent peuples, que quelques auteurs de l'antiquité, Plutarque, Appien, attribuent à la Gaule, est fort au-dessus de ce que nous en connoissons de principaux, il est à présumer que les *Pagi* répondoient à des peuples subordonnés & d'un rang inférieur. On est prévenu, que le gouvernement civil a beaucoup influé sur l'établissement, & sur le rang des églises ; & dans la description qui a été faite des provinces de la Gaule, on a pu observer, que les provinces Ecclésiastiques, dans leur état primitif, y ont un grand rapport. Indépendamment de cette considération générale, le local fournit des indices particuliers, que les limites des anciens diocèses répondent communément à ce qui bornoit les cités, dont les provinces étoient composées. On est même en quelques endroits instruit des circonstances qui y ont apporté du changement, comme on démêle dans les révolutions arrivées en quelques-unes de nos provinces, celles où la conformité des diocèses avec les cités a dû moins subsister qu'ailleurs. La suite de cet ouvrage fournira des preuves de ce qu'il suffit ici d'exposer sommairement. Il faut remarquer, au-reste, que ce n'est plus dans la même signification que la Notice des Provinces fait usage du terme de *Civitas*. Il se réduit précisément aux villes capitales des peuples qui avoient formé les cités ; & c'est d'après cet usage posté-

Comment. I.

D ij

rieur au premier, que dans plusieurs de nos anciennes villes, le quartier principal est distingué par le nom de *Cité*. Ces capitales désignent d'une manière d'autant plus marquée les peuples qui composoient les provinces, qu'elles en avoient la plupart pris les noms, en cessant de porter ceux qui leur étoient propres antérieurement, & selon lesquels néanmoins chacune de ces villes sera rangée dans l'ordre alphabétique des lieux que renferme notre Gaule. On verra que ces notions générales ont leur application à un très-grand nombre d'articles particuliers, dans le détail de positions qui succède à ce préliminaire.

A.

Dans le D. de Lat. 48, & de Long. 22.

ABALLO. L'Itinéraire d'Antonin & la Table Théodosienne en font mention entre *Autissiodurum*, ou Auxerre, & *Sidolocum*, ou Saulieu. La distance à l'égard d'*Autissiodurum* est marquée dans l'Itinéraire M. P. XXXIII, *Leugas* XXII, comme il convient à la correspondance de ces mesures ; & le même nombre XXII, qui se rapporte à des lieues gauloises, paroît aussi dans la Table. Ce qu'il y a d'espace entre la position actuelle d'Avalon, qui est *Aballo*, & celle d'Auxerre, paroît en droite-ligne d'environ 22000 toises : mais il m'a paru en même tems, que des détours dans la route par les replis des rivières qui s'y rencontrent, allongeoient assez la mesure itinéraire pour la faire estimer d'environ 24000 toises, dont il résulte plus de 21 lieues gauloises. Une position sous le nom de *Chora*, dans cet intervalle d'*Aballo* à *Autissiodurum*, & sur la même route, est connue par d'autres endroits que par les Itinéraires, & il en est question dans un article particulier. Mais, en se tournant vers *Sidolocum*, la distance marquée par l'Itinéraire est XXIV milles, autrement XVI lieues, & la Table indique pareillement XVI. Or, l'espace correspondant vaut environ 17500 toises, conséquemment 15 à 16 lieues gauloises, & par la topographie du pays, la voie en circulant donne au moins 19000 toises, ce qui excède le calcul des 16 lieues gauloises. Ainsi, par une compensation que l'on trouve quelquefois d'un intervalle à l'autre en les rassemblant, la somme ici donnée d'environ 43000 toises, est très-convenable au calcul des 38 lieues gauloises entre Auxerre & Saulieu, en passant par Avalon, puisque ce calcul est en rigueur de

43092 toises. Cependant, il est à propos de remarquer qu'on a découvert des vestiges d'une ancienne voie, qui, en partant de Saulieu, tendoit plus directement vers Auxerre, laissant la position d'*Aballo*, par laquelle nous conduisent les Itinéraires, & celle de *Chora*, à quelque distance sur la gauche. La trace de cette voie près d'un lieu qui porte le nom de Sainte-Maixence, se rapporte précisément à ce que dit Erric, moine d'Auxerre, qui écrivoit dans le neuvième siècle, en parlant de cette sainte & de ses compagnes, *quæ in publico aggere nobilem accepere sepulturam*. Le terme d'*agger publicus* n'est point équivoque pour désigner une chaussée romaine.

49°, 17°.

ABRINCATUI. Ils sont cités dans Pline comme étant de la Gaule Lionoise, & dans Ptolémée pareillement, quoiqu'il les ait étrangement déplacés, en les établissant sur la Seine, loin de la mer & de l'Avranchin. Sanson ne rencontrant point le nom d'*Abrincatui* dans César, croit que celui d'*Ambibarii* en tient la place. Mais, on peut être dans l'incertitude sur ce nom même d'*Ambibarii*, en déférant au témoignage de Cluvier, qui dit qu'au lieu d'*Ambibarii*, on lit *Ambiliates* ou *Ambialites* dans les manuscrits des Commentaires. Il y a des positions sur lesquelles il faut convenir ingénuement que les lumières nous manquent ; & les *Ambiliates*, de quelque manière qu'ils soient écrits, me paroissent de ce nombre.

German. lib. II.

47°, 20°.

ACITODUNUM. La Table Théodosienne en fait mention sur la route d'*Augustoritum*, ou de Limoges, à *Augustonemetum*, ou Clermont en Auvergne : *Ausrito* (lisez *Augustorito*) XIV, *Prætorio* XVIII, *Acitodunum*, &c. Cette position convient précisément à celle d'Ahun ; & je trouve que sa distance de Limoges revient en droite ligne à 31 lieues gauloises, ou à peu

NOTICE DE LA GAULE. 31

près. La position intermédiaire du *Prætorium* doit rompre un peu la direction, parce qu'en considérant la Table, on voit que ce même lieu de *Prætorium* est commun à une autre route, qui conduisoit de Bourges à Limoges par Argenton. Au moyen de ce coude, j'observe que les 32 lieues marquées dans la Table entre Limoges & Ahun, se retrouvent complettement. Il ne paroît pas que M. de Valois ait connu *Acitodunum*, puisqu'il ne parle qu'en passant d'Ahu ou Ahun, sous le nom d'*Agedunum*. Avant que l'ancien nom d'*Acitodunum* fût altéré au point qu'on le trouve dans celui d'Ahun, il avoit déja souffert quelque contraction, lorsque Boson, comte de la Marche, fonda en 997 une abbaye, que l'on nomme le Moutier d'Ahun, près de la Creuse : car, dans le titre de fondation, le bourg d'Ahun, *vicus*, distingué de l'église, est nommé *Agidunum*. Article *Crosa fl.* p. 163.

48°, 27°.
ACRONIUS LACUS. Selon Méla, le Rhin descendu des Alpes, forme deux lacs, *Venetum* & *Acronium*, que l'on ne connoît point sous ces noms par d'autres endroits. Voyez l'article *Venetus lacus*, *vel Brigantinus*. Il faut prendre l'*Acronius* pour celui, qui beaucoup moins étendu que le Boden-sée, & au-dessous de Constance, se nomme Unter-sée, ou le Lac inférieur. Lib. III, cap. 2.

45°, 23°.
ACUNUM. On trouve ce nom dans la Table Théodosienne, & plus distinctement encore dans l'Itinéraire de Bourdeaux à Jérusalem, entre *Arausio*, ou Orange, & *Valentia*, Valence ; pour ne point parler de quelques lieux plus obscurs, qui y ont un rapport plus immédiat, ce qui est discuté dans les articles qui concernent ces lieux en particulier. Il suffit ici de dire, que la position d'*Acanum* se fait connoître dans celle qui conserve le nom d'Ancone. La situation qui distingue ce lieu sur une pointe avancée dans le Rhône, paroît nous rendre

raison de la dénomination d'*Acunum* : elle est foncièrement la même que celle d'*Ancona*, & tient du terme de *cuneus*, qui pour être du langage Romain, n'en est pas moins propre à l'idiome Celtique. Ceux qui ont pris Montélimar, *Montilium Adhemari*, pour *Acunum*, ne se sont déterminés que par la considération que c'est le lieu qui prévaut sur tout autre dans ce canton, fondement peu solide, & qui ne sert que trop généralement d'appui dans l'application qu'on veut faire des positions que donnent les anciens Itinéraires. Mais, il doit être question d'une autre circonstance à l'égard d'*Acunum*, qui est de sçavoir s'il faut y rapporter *Acusion*, que cite Ptolémée comme une colonie, & comme étant du district des *Cavares*. Lucas Holstenius est de cette opinion, dans ses annotations sur le Trésor géographique d'Ortelius ; & j'avoue que n'ayant d'ailleurs aucune connoissance de cette ville indiquée par Ptolémée, j'incline vers le même sentiment. Si la position d'*Acunum* ne paroît qualifiée que *mansio* dans l'Itinéraire de Jérusalem, elle n'est point déprisée par cet endroit, puisque plusieurs autres (comme on peut citer *Hebridunum* ou *Ebrodunum*) que l'on voit dans un rang égal à celles qui sont qualifiées du titre de *civitas*, ne paroissent qu'avec la même qualification de *mansio* dans cet Itinéraire. Et si l'on veut encore objecter qu'*Acunum* n'est point renfermé précisément dans le territoire des *Cavares*, étant plutôt de celui des *Segalauni*, séparés des *Cavares* par les *Tricastini* ; Strabon fournit un moyen de réponse, en disant que les anciens habitans de cette contrée d'au-delà du Rhône à l'égard des *Arecomici*, sont compris en général sous le nom de *Cavares*. Or, cette dénomination peut s'étendre ainsi à d'autres districts que celui qui appartenoit proprement aux *Cavares*. Strabon dit même formellement un peu plus haut, que les *Cavares* s'étendent jusqu'à la jonction de l'Isère avec le Rhône. Ce n'est que par ces allégations qu'on

pourroit

NOTICE DE LA GAULE. 33

pourroit fauver Pline du reproche de fe méprendre, *Lib. III, cap. 4.*
felon la manière dont on lit dans les éditions, *in agro Cavarum Valentia*. Mais, on ne doit attribuer qu'à un défaut de ponctuation, de voir ainfi Valence donnée aux *Cavares*, comme je le remarque en parlant de *Valentia*.

51°, 20°.

ADLULLIA. J'écris ce nom comme on le trouve dans la Table Théodofienne, fur la route de *Geforiacum*, ou de Boulogne, à *Samarobriva*, ou Amiens. Voyez l'article *Duroicoregum*. J'ajoute feulement, que par la correction qu'il convient de faire aux nombres de la Table, ce lieu doit fe rencontrer aux environs du paffage de la Canche.

51°, 23°.

ADUATICI. Céfar, après avoir remporté une grande victoire au bord de la Sambre fur les *Nervii* & leurs confédérés, marcha contre les *Aduatici*, ou *Atuatici*;
& Dion-Caffius dit précifément qu'ils étoient limitro- *Lib. XXXIX.*
phes des *Nervii*. Ils confinoient d'un autre côté aux *Eburones*, puifqu'on lit au cinquième livre des Commentaires, qu'Ambiorix, roi des *Eburones*, ayant détruit une légion romaine, qui avoit fon quartier dans le lieu où eft Tongres, entra chez les *Aduatici*, & le jour fuivant chez les *Nervii*. On peut donc juger, qu'ils habitoient vers le bas de la Sambre fur la gauche de fon cours, fur la frontière de l'évêché de Liége, & dans le Comté de Namur. Sanfon veut même que le château de Namur foit l'*Oppidum Aduaticorum*, dont parle Céfar. Cette ville étoit fituée fur des rochers, & environnée de précipices, à un feul endroit près, qui n'avoit que 200 pieds d'étendue. Mais, on a peine à croire, qu'une ville, dont Céfar fit fortir près de 60000 ames, fût contenue dans un efpace qui n'occupe en longueur qu'environ 300 toifes, fur 100 dans fa plus grande largeur. On ne conçoit point d'ailleurs que des lignes de

E

contrevallation qui avoient xv milles, ou cinq lieues françoises de circuit, puissent convenir aux environs du château de Namur, serré entre la Meuse & la Sambre, dont César n'auroit pas manqué de faire mention en parlant de ces lignes, lesquelles auroient été coupées & interrompues par le cours de ces rivieres. En faisant ainsi difficulté d'adopter la situation du château de Namur pour la ville des *Aduatici*, ce n'est pas qu'on soit assuré d'une autre position. En se livrant à la conjecture, on voit sur la Mehaigne, qui traverse le pays qu'ont occupé les *Aduatici*, que l'emplacement élevé du lieu dont le nom est Falais, & qui est presque entouré par cette rivière, & par des ravines profondes, selon la topographie du pays que j'ai devant les yeux, pourroit représenter l'assiette de la ville dont il s'agit. Au-reste, il n'est plus fait mention des *Aduatici* depuis la conquête des Gaules par César. Il nous apprend, qu'une troupe de Cimbres & de Teutons, qui n'avoit point accompagné le gros de ces nations, avoit formé celle qui existoit de son tems sous le nom d'*Aduatici*.

47°, 23°.

ÆDUI. Ils étoient les plus célèbres des Celtes, se-

Lib. III, cap. 2. lon l'expression de Méla ; *clarissimi Celtarum*. César témoigne, qu'ils avoient joui en tout tems de la plus

Comment. I. grande autorité dans la Gaule ; *omni tempore totius Galliæ principatum Ædui tenuissent*: & qu'ils mériterent le titre de frères & d'alliés du peuple Romain ; *Æduos fratres consanguineosque sæpe numero ab Senatu appellatos*. Ils furent les premiers admis dans le Sénat, en considération de l'ancienneté de leur alliance, & de cette prérogative de fraternité avec le peuple Romain, qui les distinguoit entre tous les autres peuples de la

Annal. II. Gaule. Tacite s'en explique ainsi : *primi Ædui senatorum in urbe jus adepti sunt. Datum id fœderi antiquo, & quia soli Gallorum fraternitatis nomen cum populo Romano usurpant*. Pline les qualifie du titre de confédérés,

Hedui fœderati. La puissance des *Ædui* répondoit au rang qu'ils tenoient. Leur territoire comprenoit, avec le diocèse d'Autun, ceux de Challon, de Mâcon, & de Nevers, qui en sont autant de démembremens. Ils avoient dans leur dépendance, *inter clientes*, les *Segusiani*, les *Insubres*, les *Ambarri*, les *Aulerci Brannovices*, les *Mandubii*; & après la défaite des *Helvetii* par César, ils reçurent chez eux les *Boii*, & les incorporerent à leur cité. On peut encore remarquer, que les *Ædui* sont distingués par leur richesse : Tacite parlant de la révolte de Sacrovir ; *apud Æduos major moles exorta, quantò civitas opulentior*. Dans Tite-Live, comme dans Pline, le nom des *Ædui* se lit *Hedui* : mais, il faut en croire le rhêteur Eumène, qui professoit l'éloquence à Autun, sur la manière dont ce nom doit être écrit : & on peut citer en même-tems une inscription rapportée par Reinesius, sur laquelle on lit *apud Æduos & Lingonas*. Strabon auroit dû placer les *Ædui* entre l'*Arar*, ou la Saône & la Loire, au lieu de les placer entre la Saône & le Doux.

Lib. IV, cap. 18.

Annal. III.

Class. I.

44°, 25°.

ÆGITNA. Polybe cite la ville des *Oxybii* sous le nom d'*Ægitna*, à laquelle on abordoit par mer ; & comme Strabon fait mention du port *Oxybius*, il y a toute apparence que ces lieux ont entr'eux une liaison mutuelle. On peut voir dans l'article *Oxybii*, quel est le canton qu'il convient de leur attribuer ; & quoiqu'on ne soit pas assez instruit pour pouvoir déterminer une position qui soit précisément celle d'*Ægitna*, on ne sçauroit presque douter qu'elle ne convienne aux environs de la plage de Canes, & de ce qu'on appelle communément Goulfe-Jan, ou Gourjan, vis-à-vis des isles de Sainte-Marguerite. En parlant de l'expédition de Q. Opimius contre les *Oxybii*, la rivière dont Polybe fait mention sous le nom d'*Apros*, sur le bord de laquelle ce général romain s'arrêta, avant que de s'a-

Excerp. legati sect. 14.

Lib. IV, p. 185.

vancer à *Ægitna*, pourroit être celle qui coule en-deçà du Var, & au-delà d'Antibe, & qu'on appelle le Loup. On ne manqueroit pas d'allufion entre la fignification du terme Grec, qui viendroit des Marfeillois, fondateurs d'Antibe, & le nom actuel de ce torrent.

44°, 24°.

ÆMINES PORTUS. J'ai trouvé beaucoup de difficulté à fçavoir quelles peuvent être les pofitions citées dans l'Itinéraire maritime entre Toulon & Marfeille. L'étude que j'y ai employée me perfuade, qu'il y a du défordre dans cette partie de l'Itinéraire; & c'eft la matière d'une difcuffion, dont cet article fera chargé, quoique fon réfultat doive influer fur plufieurs autres. Il m'a paru d'abord, que les dénominations locales fe faifoient connoître fi diftinctement, qu'on ne pouvoit douter d'acquérir par ce moyen la pofition des lieux repréfentés par ces dénominations. Comment méconnoître *Carfici*, ou comme une infcription veut qu'on écrive *Carcici*, dans le nom de *Caffis*; *Tauroëntum* dans *Taurenti*. Cependant, l'ordre des lieux dans l'Itinéraire ne répond point à ces pofitions. Car, le lieu qui fuit immédiatement *Telo Martius*, felon l'Itinéraire, & dont la diftance n'eft marquée que XII, ne peut convenir aux veftiges de *Tauroëntum*, fous le nom de *Taurenti*, dans la baye de la Ciotat. En féparant *Carcici*, qui fuccède à *Tauroëntum*, d'avec *Immadra*, par les ports de *Citharifta* & d'*Æmines*, & la fomme des diftances que ces pofitions intermédiaires produifent fe montant jufqu'à 36; ces diverfes circonftances de pofitions & de diftances ne conviennent aucunement à Caffis. L'infpection du local me fait voir, que depuis l'enfoncement du port de Caffis jufqu'à l'ifle de Maire, qui eft inconteftablement *Immadra*, on ne peut admettre que 11 à 12 milles: & j'en prends occafion de remarquer, que la diftance qui précède *Immadra*, ou qui fépare cette pofition d'un autre lieu antérieur quelconque, eft marquée XII

NOTICE DE LA GAULE. 37

dans l'Itinéraire. Or, cette indication de diftance étant auffi analogue qu'on le voit, à ce qu'il y a de route dans la réalité entre *Carcici* & *Immadra* ; il faut en conféquence reconnoître que *Carcici* eft la pofition immédiate à l'égard d'*Immadra*, & que ce n'eft point *portus Æmines*, comme il paroît dans l'Itinéraire. Donc, ce port *Æmines*, & pareillement *Citharifta*, font hors de place, & doivent être tranfportés ailleurs. En examinant fort en détail tout ce qui eft connu fur la côte, je crois retrouver le nom d'*Æmines* dans celui que porte l'ifle d'Embiez, qui fe préfente devant la rade du Bruc ou des Embiez, après avoir tourné le cap Cicier, en partant de Toulon. Je reconnois dans cette pofition, qu'elle peut quadrer à la diftance marquée XII dans l'Itinéraire entre *Telo Martius*, & le lieu qui lui fuccède, lequel ne fçauroit être *Tauroëntum*, parce que *Taurenti* eft dans un plus grand éloignement de Toulon. En revenant d'Embiez vers Toulon, je trouve que 12 milles de route conduifent au goulet qui fépare la grande rade de Toulon d'avec la rade intérieure. C'eft une circonftance tirée du local, qui fe concilie avec le rapport qui paroît entre le nom actuel d'Embiez, & l'ancienne dénomination d'*Æmines*.

45°, 23°.

AËRIA. Strabon nomme cette ville entre celles des *Cavares*, fçavoir *Avenio* & *Araufio*. Pline en fait auffi mention. Étienne de Byzance cite pareillement *Aëria* comme une ville de la Gaule, d'après Apollodore. Selon Artémidore, au rapport de Strabon, le nom que portoit cette ville étoit très-convenable à fa pofition en lieu extrêmement élevé. Le P. Briet, en prenant Vaifon pour *Aëria*, n'a pas fait attention que *Vafio*, capitale des *Vocontii*, & qui n'appartient point aux *Cavares*, eft citée féparément d'*Aëria* dans Pline ; & Cellarius l'a déja remarqué. Je ne vois dans le canton de pays où il convient de fe renfermer, de fituation qui repréfente

Lib. IV, p. 185.
Lib. III, cap. 4.

mieux *Aëria*, que le mont Ventoux, à l'extrémité du diocèse de Carpentras. Et cette situation répond encore à ce qu'ajoute Strabon, sçavoir, que d'*Aëria* à la Durance, dont le nom se lit *Duriona* pour *Druentia* en cet endroit, le pays est montueux & sauvage. Car, telle est en-effet la disposition du local, qui forme une chaîne de montagnes sans interruption, depuis le mont Ventoux jusqu'au bord de la Durance entre Sisteron & Forcalquier.

44°, 22°.

Orbis desc.
Lib. IV, p. 182.

AGATHA. Selon Scymnus de Chios, cette ville doit sa fondation aux Phocéens ; selon Strabon, aux Marseillois, ce qui revient au même. Denys Périégete s'explique sans équivoque, en disant, que les Phocéens qui ont bâti Marseille, ont occupé *Agatha*. Etienne de Byzance, en donnant les Liguriens pour fondateurs de cette Ville, est contredit par la dénomination purement Gréque d'*Agatha*, & qui, selon Timosthene cité par Etienne, étoit Ἀγαθὴ τύχη, ou bonne fortune. César ayant privé les Marseillois de leurs établissemens, on trouve dans Pline, *Agatha, quondam Massiliensium*. Ptolémée fait mention d'*Agathê polis*, & même d'une isle en mer sous le nom d'*Agatha*; mais qu'on ne retrouve point, comme on peut voir dans l'article *Blascon insula*. Il y a un endroit dans Strabon, où nommant *Rhoen-Agathan*, les critiques l'accusent de confondre *Agatha* avec une autre ville, dont il est parlé dans l'antiquité sous le nom de *Rhodé*, autrement *Rhodanusia*, & dont la situation est inconnue. La plus ancienne des Notices de la Gaule ne fait point mention d'*Agatha* ; & on n'a point connoissance que ce fût un siége épiscopal avant le concile qui y fut assemblé en 506.

Lib. III, cap. 4.

P. 180.

49°, 21°.

AGEDINCUM, *posteà* SENONES. Il est fait plus d'une fois mention dans les Commentaires de cette capitale d'un peuple, qui étoit puissant dans la Gaule.

Quoique selon les éditions des Commentaires, le nom soit *Agendicum*, M. de Valois veut qu'on préfère la leçon d'*Agedincum*, sur le témoignage de Surita qu'elle est plus conforme aux manuscrits, & sur ce que dans quelques écrivains du moyen âge, & entr'autres l'auteur des Annales de S. Bertin, qui affecte d'employer les anciens noms des villes, on lit *Agedincum*. Le même nom écrit *Agetincum* dans la Table Théodosienne, favorise encore cette leçon. On lit dans Ptolémée Αγηδικον. Au-reste, le nom du peuple a pris la place du nom primitif, comme il est arrivé à la plupart des capitales. On trouve le nom de *Senones* pour celui d'une ville dans Ammien-Marcellin. Il cite cette ville comme une des plus considérables de la Lionoise première, dans un tems où il n'y avoit encore que deux provinces Lionoises. Mais, lorsque le nombre fut de quatre, la quatrième étant distinguée des autres par le nom de *Senonia*; Sens, capitale des *Senones*, parvint au rang de métropole, & c'est ainsi qu'il en est mention dans la Notice des Provinces de la Gaule : *metropolis* (*Lugdunensis Senoniæ*) *civitas Senonum*. On a dit *Senonæ* également comme *Senones*.

N. G. p. 6.

Lib. XV, cap. 11.

47°, 16°.

AGESINATES. Leur nom est tiré de Pline, dans l'énumération des peuples de l'Aquitaine; & il nous donne un moyen de les connoître plus particulièrement, en ajoutant *Pictonibus juncti*. Mais, le nom de *Cambolectri*, qui précède celui d'*Agesinates*, n'en est point séparé par une virgule dans l'édition du P. Hardouin, comme il l'est dans quelques autres : & le sçavant éditeur a pensé, que Pline citant dans la Narbonoise des *Cambolectri*, distingués par un surnom, *qui Atlantici cognominantur*; d'autres *Cambolectri* qu'indique le même auteur dans une autre partie de la Gaule, sont de même distingués par le surnom d'*Agesinates*. Il semble que c'est s'épargner une conjecture, que de s'en tenir au nom

Lib. IV, cap. 19.

Lib. III, cap. 4.

d'*Agesinates*. Je crois du moins que ce nom peut suffire, pour trouver l'emplacement qu'il convient de lui donner dans la carte de la Gaule, ne connoissant rien au contraire qui montre quelque rapport à celui de *Cambolectri*, que l'on n'a point tiré de l'obscurité où plusieurs noms de peuples qu'on lit dans Pline sont restés. Personne n'ignore, que Luçon, ainsi que Maillezais ou la Rochelle, est un nouveau diocèse dans l'ancien territoire des *Pictones*. Or, je retrouve le nom des *Agesinates* dans celui d'Aisenai, qui est un des trois Archidiaconés qui composent le diocèse de Luçon, & en même tems un doyéné particulier. On ne sçauroit disconvenir, que l'ancienne dénomination ne subsiste dans la dénomination actuelle d'une manière plus distincte, & avec moins d'altération qu'en beaucoup d'autres, sur le rapport desquelles on ne forme néanmoins aucun doute. Ceux qui sont à portée de consulter les titres particuliers du pays, doivent être invités par cette découverte, à rechercher le nom que porte Aisenai dans ces titres. Il est à présumer, qu'on le trouvera employé dans des actes de plus ancienne date que la bulle du pape Jean XXII, de l'an 1317, pour l'érection de Luçon en siége épiscopal. Dans le dénombrement des doyénés, qui sont distraits du diocèse de Poitiers, pour composer celui de Luçon, le doyéné d'Aisenai est appellé *Asianensis*. Mais, ce n'est pas d'une pièce aussi récente que le quatorzième siècle, qu'on doit attendre la vraie nomenclature d'Aisenai. On croiroit devoir la trouver dans les titres de Marmoutier, parce qu'à Aisenai on connoît un prieuré dépendant de cette célèbre abbaye, sous le nom de S. Benoît. Mais, les Huguenots n'épargnerent point les archives de Marmoutier, en pillant le trésor de l'église l'an 1562. Je suis néanmoins redevable au R. P. Prieur D. Rouaud, de sçavoir que dans quelques donations particulières, il est mention du prieuré d'*Azenais*; & dans cette dénomination

NOTICE DE LA GAULE. 41

on ne sçauroit méconnoître celle des *Agesinates* presque toute pure. L'emplacement que Sanson, & plusieurs autres, ont donné aux *Agesinates* dans le diocèse d'Angoulême, n'est appuyé sur aucun indice qui serve de fondement à cette opinion.

45°, 19°.

AGINNUM. Ptolémée nous indique cette ville comme capitale des *Nitiobriges*. L'Itinéraire d'Antonin, & la Table Théodosienne, font également mention d'*Aginnum*; & dans la Table c'est une position distinguée par la figure qui désigne la plupart des capitales. On lit de même *Aginnum* dans Ausone: mais, dans la Notice des Provinces de la Gaule, *civitas Agennensium*; & ce qui est remarquable, le siège d'Agen y suit immédiatement la métropole de la seconde Aquitaine.

49°, 13°.

AGNOTES. Artémidore, dans Etienne de Byzance, nomme ainsi un peuple de la Celtique, sur le rivage de l'Océan. On pourroit, ce semble, reconnoître le même nom dans celui du *pagus Agnensis*, dont il est mention dans la vie de S. Paul de Léon, où il est dit, que le roi Childebert I. donna à ce prélat, *Agnensem, Leonensemque pagos*. Quoi-qu'il en soit de cette donation, ce qu'il y a de certain, c'est que la partie occidentale du diocèse de Léon, enveloppée par la mer de trois côtés, conserve le nom d'*Ack* dans un des districts ecclésiastiques de ce diocèse: & un des ports de la côte en tire son nom, qui est Aber-ack. Cette position des *Agnotes* ne permettra pas de les confondre avec les *Anagnutes* de Pline, si l'on ne se croit pas autorisé de l'accuser d'erreur, pour avoir placé dans l'Aquitaine un peuple qu'il auroit dû nommer dans la Lionoise.

45°, 24°.

ALAMONS. L'Itinéraire d'Antonin conduit de *Vapincum* à *Segustero*, par un lieu dont le nom se lit *Alaboute*. On lit *Alarante* dans la Table Théodosienne,

F

avec une répétition superflue du même nom, & d'une distance qui y a rapport. Cette distance est xvi, également dans l'Itinéraire comme dans la Table, à l'égard de *Segustero* : & à l'égard de *Vapincum*, la Table & l'Itinéraire sont aussi d'accord à marquer xviii. Ce qu'il y a d'espace en droite ligne de Sistéron à Gap n'est que de 22 à 23000 toises, dont il ne résulte que 30 milles romains. Mais, le coude de la Durance au-dessus de Sistéron, & l'inégalité du pays entre la Durance & Gap, doivent allonger sensiblement la mesure itinéraire. Or, le nom de ce lieu paroît devoir s'écrire *Alamons*, & il subsiste dans celui du Monestier d'Alamont, sur le bord de la Durance. On trouve *Monasterium Alamonis* dans Léon d'Ostie, qui le dit situé également à quatre lieues de Gap comme de Sistéron, ce qui convient aux indications précédentes, à une fraction de lieue près, & quadre généralement parlant à l'estime qu'on doit faire de la lieue de ce pays sur le pied d'environ 4 milles romains. Honoré Bouche cite des lettres d'un comte de Forcalquier, en date de l'an 1193, qui font mention de *castrum Alamonis*. Il est surprenant que ce judicieux historien veuille après cela distinguer *Alamons* de la position nommée *Alarante* dans la Table, & qu'il approuve Sanson de la placer à Tallard, comme il l'a fait, séparément d'un autre lieu sous le nom d'*Alabons*. De combien faudra-t-il excéder ce qu'il y a de juste intervalle entre Gap & Sistéron, s'il faut ajouter une troisième distance au-delà des deux précédentes ?

<small>Chorogr. de Prov. liv. III, ch. 3.</small>

50°, 16°.

ALAUNA. On voit dans la Table Théodosienne que ce lieu est le terme d'une route, étant près de la mer; & on reconnoît cette position, ainsi que la dénomination même, dans celle des Moutiers d'Alonne, qui sont deux paroisses contigues, Notre-Dame & S. Pierre, immédiatement au-dessus de Barneville, où est un port de marée, de même que le Port-bail, qui n'en est pas

NOTICE DE LA GAULE.

éloigné. La distance à l'égard de *Crociatonum*, qui est Valognes, quoiqu'elle paroisse marquée vii dans la Table, veut être prise sur le pied de xii ; & dans la nécessité de se conformer à ce qu'exige le local, il est aisé de substituer un x à un v, en croisant les jambages du v. On trouvera la même observation sur cette distance dans l'article *Crociatonum*. Il est aussi fait mention d'*Alauna* dans l'Itinéraire d'Antonin, quoique le sçavant commentateur de cet Itinéraire paroisse douter que ce lieu soit le même dans l'Itinéraire que dans la Table. On peut consulter l'article dont le titre est *Cosedia*, pour connoître ce qui concerne la position d'*Alauna*, relativement à la mention qu'en fait l'Itinéraire, & spécialement à l'égard de la position de *Cosedia*.

45°., 24°.

ALAUNIUM. L'Itinéraire d'Antonin donne une route, qui en la prenant à un lieu connu, comme est *Segustero*, conduit à *Apta Julia*. La même route est tracée dans la Table Théodosienne, & les lieux intermédiaires, à partir de *Segustero*, sont *Alaunium* & *Catuiaca*. La distance de *Ségustero* à *Alaunium* est marquée xxiv dans l'Itinéraire, xiiii dans la Table. Entre *Alaunium* & *Catuiaca* l'Itinéraire & la Table sont d'accord à marquer xvi : de *Catuiaca* à *Apta Julia* xv suivant l'Itinéraire, xii suivant la Table. Le total dans l'Itinéraire est 55, dans la Table 42. Or, ce qu'il y a d'espace absolu & direct entre Apt & Sistéron, selon l'estime qu'il m'est permis d'en faire, est d'environ 29000 toises, dont il ne résulte guère que 38 milles romains. Ainsi, le compte de la Table est préférable à celui de l'Itinéraire, parce qu'il lui est inférieur. Car, quoique la route traverse un pays fort inégal, & particulièrement une chaîne de montagnes, qui s'étend depuis la rive droite de la Durance au-dessous de Sistéron, jusqu'au mont Ventoux, & que l'on nomme les monts de Lurs ; toutefois, il est hors de vraisemblance, que la différence entre la mesure directe & la mesure itinéraire soit autant disproportionnée que de 38 à 55. Cette analyse ne regarde que l'objet général de cette route, & j'avoue qu'elle ne m'instruit point de la position d'*Alaunium* en particulier. Je présume seulement, que la route, en s'éloignant de Sistéron, sortoit des monts de Lurs vers un endroit, dont le nom d'Hospitalet désigne communément le passage d'une grande route, le débouché d'un col de montagne, & l'hospice ou la retraite préparée pour le voyageur dans ce passage. Les Alpes & les Pyrénées en fournissent des exemples. Et la distance à l'égard de Sistéron sur le pied de xiiii, où la duplication de l'x est un excès manifeste dans l'Itinéraire, fait juger qu'*Alaunium* ne doit pas avoir été fort éloigné du lieu désigné ci-dessus. Il coûte peu à Nicolas Sanson d'attribuer plus d'un nom au même lieu ; &, comme si celui de *Forum Neronis* ne suffisoit pas à Forcalquier, il y ajoute celui d'*Alaunium*.

45°, 23°.

ALBA-AUGUSTA. La capitale des *Helvii* est citée dans Pline sous le nom d'*Alba*, entre plusieurs autres villes de la Narbonoise. Dans Ptolémée, son nom est *Albaugusta*, par une élision. Mais ; c'est un étrange déplacement à lui reprocher, que de faire sa position plus orientale de trois degrés que l'entrée de l'Isère & de la Durance dans le Rhône, & de la rejetter au-delà d'*Aquæ-Sextiæ*, en tirant vers les Alpes. Il faut attribuer à cette fausse position la conjecture de Surita, que ce pouroit être celle d'*Augusta*, placée dans les Itinéraires & dans la Table entre Valence & Die, mais qui ne peut se transporter aux *Helvii*, dont il est question dans Ptolémée en citant *Albaugusta*. Quoique M. de Valois paroisse persuadé, qu'*Alba-Augusta* des *Helvii* n'est différente de Viviers que pour avoir changé de nom ; *quæ Alba primùm dicta est, posteà dici cœpit Vivarium, vel Vivaria* ; & qu'il blâme Papire-Masson de

Lib. III, cap. 4.

P. 145.

NOTICE DE LA GAULE. 45

vouloir qu'*Alba* soit un lieu appellé Alps : on ne peut néanmoins se refuser à l'évidence des restes d'une ville, selon l'idée qu'on peut avoir d'une capitale, comme on les voit en ce lieu d'Alps. Il faut sur ce sujet recourir à ce que rapporte M. Lancelot, dans le septième volume de l'Académie. Quand Grégoire de Tours appelle Viviers, *civitatem Vivariensem*, dans un siècle où le siége épiscopal des *Helvii* étoit transféré en cette ville, celle d'*Alba* n'avoit point perdu la prérogative de capitale dans le tems qui convient à la Notice des Provinces de la Gaule, où *civitas Albensium* tient son rang dans la Viennoise.

P. 235.

44°, 20°.

ALBIGA. *Civitas Albiensium* est au nombre des villes de l'Aquitaine première, dans la Notice des Provinces de la Gaule. Il est mention des *Cataphractarii Albigenses* dans la Notice des Dignités de l'Empire, & dans une inscription rapportée par Goltzius. Ainsi, nous n'avons point de notion concernant *Albi*, que l'on sçache positivement être antérieure à la fin du quatrième siècle, ou au commencement du cinquième. La manière d'écrire *Albiga*, plutôt qu'*Albia*, s'est conservée dans le nom de l'Albigeois. Il y a toute apparence que ce territoire avoit dépendu des *Ruteni*, comme on peut voir à l'article *Ruteni provinciales*.

53°, 23°.

ALBINIANA. L'Itinéraire d'Antonin & la Table Théodosienne en font mention. La distance à l'égard de *Lugdunum* des *Batavi*, ou de Leyde, est marquée x. dans l'Itinéraire, & on les compte également dans la Table en trois distances : *Lugduno* II, *Prætorium Agrippinæ* III, *Matilone* V *Albamanis*, c'est ainsi qu'on lit dans la Table. Il existe un indice de cette position dans le nom d'Alfen, sur le bord méridional du bras du Rhin qui se rend à Leyde. En mesurant ce qu'il y a d'espace entre le lieu nommé Alfen, & le point de Leyde qu'on

appelle *den Burght*, petite éminence, qui est l'ancien *dunum*, je trouve 3150 roues ou verges du Rhin en droite-ligne. C'est la mesure que me donne une carte fort circonstanciée, intitulée *Rhenolandia*, dont j'ai pris la précaution de vérifier l'échelle, que j'ai trouvée con-
<small>Eratosthenes Batavus.</small> forme aux triangles de Snellius, revus par M. Muschenbrouk. La verge du Rhin étant composée de 12 pieds du Rhin, & le pied du Rhin, selon la mesure qu'en a donnée M. Picard, d'après l'étalon qui est à Leyde, étant de 1392 parties du pied de Paris divisé en 1440, la longueur de cette verge est de 11 pieds 7 pouces 2 lignes. Ainsi, les 3150 verges font 6088 toises. Mais, cette mesure d'espace de Leyde à Alfen est directe, & il y a grande apparence que la chaussée romaine dans cet intervalle suivoit le cours du fleuve : son élévation pouvoit servir de digue contre les inondations, & former le long de ce canal un rempart qui couvroit cette frontière de l'Empire à l'extrémité de la Gaule. En assujettissant donc la mesure aux circuits du fleuve, je trouve environ 3900 verges, qui valent 7558 toises. Or, le résultat de ce calcul est singulièrement conforme à ce que valent 10 milles romains, & il faut convenir que le compte des Itinéraires, qui est également de 10, doit se rapporter au mille, & que la lieue gauloise y est étrangere. On trouvera à peu près la même chose dans l'article qui concerne *Prætorium Agrippinæ*, dont la distance de *Lugdunum* est marquée 11.

44°, 24°.

<small>Lib. IV, p. 263.</small> ALBIŒCI, *vel* REII. On lit dans Strabon, que près des *Salyes* sont des peuples, qu'il nomme Άλϐιεις ϗ Άλϐιοικοι. Cet endroit a paru suspect à Casaubon : *suspectus mihi locus*, dit-il dans une note : *neque enim Albienses aut Albiœcos ullos reperio*. La suspicion de Casaubon ne devoit tomber que sur la répétition d'un même nom avec une finale différente. A cela près, il falloit reconnoître un peuple, dont le nom se lit *Albici* dans le

premier & le second livre *de Bello civili* ; où il en est parlé comme de montagnards, exercés aux armes : *barbari homines, qui in Massiliensium fide antiquitùs erant, montesque supra Massiliam incolebant* ; & dont la bravoure, presque égale à celle des Romains, fut d'un grand secours aux Marseillois, tant sur mer que sur terre, dans le siége qu'ils soutinrent contre César. On retrouve le même nom dans celui de la capitale, qui est *Alebece* dans Pline ; & que le P. Hardouin témoigne qu'il aimeroit mieux avoir lu *Albiœce* dans les manuscrits, qu'*Alebece* qu'il y a trouvé. On est redevable à ce sçavant éditeur, d'avoir purgé cet endroit d'une fausse leçon dans les éditions antérieures à la sienne, sçavoir *Alebeciorum Apollinarium*, au lieu d'*Alebece Reiorum Apollinarium*. Nous voyons que la nation a porté le nom de *Reii*, ainsi que le nom d'*Albiœci*. Celui-ci a dû même faire place à l'autre, & cesser d'être en usage, puisque la capitale, en prenant le nom du peuple, a été appellée *Reii*. Je remarque qu'à environ deux lieues de cette capitale, ou de Riez, en approchant du Verdon, un lieu nommé Albiosc paroîtroit avoir tiré ce nom des *Albiœci*. On peut être étonné, qu'il ne soit pas plus question des *Reii* que des *Albiœci* dans Ptolémée. Je pense que M. de Valois donne beaucoup à la conjecture, en prenant les *Reii*, qui sont fort écartés de la mer, pour les *Segoregii* (ou *Segobrigii*, selon Bongars) que les Marseillois trouverent en arrivant sur la côte, comme Justin le raconte d'après Trogue-Pompée. Il semble même que le nom de *Reii* soit moins ancien que celui d'*Albiœci*.

Lib. III, cap. 4.

P. 9, & 319.

Lib. XLIII.

44°, 25°.

ALCONIS. L'Itinéraire maritime en fait mention, entre *Heraclea Caccabaria* & *Pomponiana*, marquant la distance à l'égard d'*Heraclea* XII, & XXX à l'égard de *Pomponiana*. Si l'on se guide par ces indications, desquelles uniquement dépend la connoissance de cet endroit de la côte, on se trouve fixé sous le cap Taillat, dans une anse que je vois nommée Aigue-bone sur une grande carte manuscrite de la Provence. L'emplacement au port nommé Cavalaire, que prend Honoré Bouche, ne convient ni à l'une ni à l'autre des distances données, étant trop loin d'*Heraclea*, & trop près de *Pomponiana*. Ces indications paroissent néanmoins convenables au local, comme une carte particulière de la côte, qui a été bien levée, me le fait connoître, en ce qu'elles remplissent exactement la course de mer depuis S. Tropez, qui est *Heraclea*, en doublant le cap nommé ci-dessus, jusqu'à Giens, qui est *Pomponiana*.

Chorogr. de Prov.

47°, 20°.

ALEREA. Ce lieu est placé dans la Table Théodosienne entre *Argantomagus*, ou Argenton en Berri, & *Avaricum*, Bourges. La distance est marquée xiiii à l'égard d'*Argantomagus*, & xxviii à l'égard d'*Avaricum*. L'Itinéraire d'Antonin, où l'on trouve la même route, ne fait point mention d'*Alerea*, indiquant un autre lieu en position différente sous le nom d'*Ernodurum*. Quant à celle d'*Alerea*, elle convient au passage de la rivière d'Indre, à l'endroit où sont deux paroisses sous un même nom, qui est Ardantes. L'Indre est nommée *Angera* par Théodulfe d'Orléans, *Anger* par Grégoire de Tours, *Andra* dans l'acte de fondation de l'abbaye de Deols, au-dessous d'Ardantes, en 917. Comme il y a beaucoup de dénominations altérées dans la Table, on pourroit soupçonner celle d'*Alerea* d'être de ce nombre. Quoi-qu'il en soit, la distance estimée d'environ 15000 toises en droite ligne d'Argenton à Ardantes, peut à peu près admettre la mesure itinéraire de 14 lieues gauloises que marque la Table : & entre Ardantes & Bourges, un intervalle qui passe 31000 toises approche encore plus près par proportion du calcul de 28 lieues gauloises, qui est de 31700 toises ou environ. J'observe dans l'article *Ernodurum*, que l'Itinéraire d'Antonin ne donne

que

que 40, au lieu de 42, entre *Argantomagus* & *Avaricum*; & fi l'on prend le terme moyen, ou 41 plutôt que 42, le calcul de la mefure itinéraire devient plus convenable à la mefure directe.

48°, 23°.

ALESIA. Le fiége d'*Alefia* par Céfar, & dont le fuccès affûra aux Romains la domination dans la Gaule, a rendu cette ville très-célèbre. Les opérations de ce fameux fiége, pendant lequel Céfar fe vit invefti par toute la Gaule confédérée contre le nom Romain, & animée du défir de recouvrer fa liberté, font décrites fort en détail dans les Eclairciffemens géographiques fur l'ancienne Gaule, qui ont paru en 1741. Cette defcription eft accompagnée d'un plan, qui eft la repréfentation pofitive, & non figurée d'imagination, comme on l'avoit hazardée auparavant, du local d'*Alefia*, & des environs; ce plan ayant été levé par D. Jourdain, Bénédictin, qui joint aux qualités effentielles à fon état, beaucoup de connoiffances, & du talent pour les arts. La correfpondance que l'on remarque entre la difpofition du local, & les circonftances du fiége, comme elles font rapportées dans le feptième livre des Commentaires, ne permet pas de douter, qu'Alife, ou plutôt le fommet du mont Auxois, n'ait été l'affiette & l'emplacement d'*Alefia*. Si l'opinion qu'Alife pouvoit être un veftige d'*Alefia* n'étoit pas abfolument nouvelle, cette opinion n'avoit pas acquis le degré d'évidence & de certitude, que la comparaifon la plus exacte du local avec les faits lui a procuré. *Alefia* appartenoit aux *Mandubii*, qui étoient dans la dépendance des *Ædui*, & felon ce que rapporte Diodore de Sicile, Hercule, en revenant de l'Ibérie, avoit jetté les fondemens de cette ville. C'eft une leçon fautive que celle d'*Alexia* dans quelques éditions des Commentaires. On lit *Alefia* dans les plus anciens manufcrits de Céfar, dans Strabon, Pline, Florus, Plutarque, Poliænus, Dion-Caf-

Lib. IV.

fius. Quoique Florus prétende que César détruisit *Alefia*, cependant les vestiges de plusieurs voies romaines qui tendent à cette ville, sont un témoignage qu'elle existoit dans un état florissant sous les empereurs; & Pline nous apprend qu'on y argentoit au feu les ornemens des harnois de chevaux. Mais, Alise étoit ensevelie dans ses ruines au neuvième siècle, selon le moine Erric, qui a écrit en vers la vie de S. Germain d'Auxerre :

Lib. III, cap. 10.

Nunc restant veteris tantum vestigia castri.

Les reliques de Ste Reine, qui étoient vénérées à Alise dès le tems de la première race de nos rois, y ont fait subsister un bourg sous le nom de cette sainte. Ce qui a perpétué l'ancienne dignité d'Alise, c'est que le nom de *pagus Alisiensis*, comme on lit dans la vie de S. Germain de Paris, écrite à la fin du sixième siècle par Fortunat, ou *Alsinsis*, selon les actes postérieurs, est demeuré au canton de pays qui faisoit vraisemblablement le territoire des *Mandubii*, dont *Alesia* étoit la ville principale : & ce canton conserve le même nom dans celui d'Auxois, dérivé de la dénomination primitive, de même que la montagne sur laquelle *Alesia* étoit située, se nomme le mont Auxois.

49°, 16°.

ALETUM. Selon la Notice de l'Empire, *Aletum* étoit le poste d'un commandant particulier, sous les ordres du général dont le district s'étendoit sur toute la région maritime, appellée *Tractus Armoricanus & Nervicanus*. Quoiqu'*Aletum* ne paroisse pas dans les Notices des Provinces de la Gaule au rang des cités, il est devenu un siége épiscopal, qui ne fut transféré dans l'isle d'Aaron, ou de S. Malo, que dans le douzième siècle. L'ancien emplacement de cette ville sur une pointe de terre près du bourg de S. Servan, est appellé par les Bretons *Guich-Alet*, & autrement la Cité, du terme affecté aux villes épiscopales. Mais, dans ce

NOTICE DE LA GAULE.

diocèse, un Archidiaconé que l'on nomme aujourd'hui *Poulet*, tire son nom de *pagus Aletensis*. On a dit *Pou-Alet* ou *Pou-Elet*, parce qu'en Bretagne le terme de *Pagus* est remplacé par celui de *Pou*. Dans des lettres de Josselin, évêque de S. Malo, en date de l'an 1382, le Pouelet est appellé *Pagealatus*.

45°, 18°.

ALINGO. Ce lieu est cité par Sidoine-Apollinaire. En invitant un de ses amis qui étoit à Bazas, de quitter cette ville pour venir à Bourdeaux, il ajoute : *portum Alingonis tam piger calcas ; & cùm nec* XII *millium objectu sic retarderis*. Si cette indication doit se rapporter à celle où se trouve Langon, qui est *Alingo*, à l'égard de Bourdeaux, elle ne doit pas être prise en rigueur. L'Itinéraire de Jérusalem indique 16 lieues gauloises de Bourdeaux à *Sirione*, ou au passage du Siron, & jusqu'à Langon il faudroit y ajouter environ 3 des mêmes lieues. Donc, 19 entre Bourdeaux & Langon. On y compte aujourd'hui 7 lieues communes du pays, & l'évaluation la plus convenable en général aux lieues de France dans les provinces méridionales est de 4 milles romains. Les 7 lieues reviennent ainsi à 28 milles, & le compte de 19 lieues gauloises fournit rigoureusement 28 milles & demi. Quoique Langon soit du diocèse de Bazas, on voit par quelques lettres de S. Paulin, que l'église de ce lieu étoit confiée aux soins des évêques de Bourdeaux.

Lib. VIII ; epist. 12.

47°, 22°.

ALISINCUM. Il en est mention en deux endroits de l'Itinéraire d'Antonin, entre *Augustodunum* & *Decetia*. La distance est marquée XXII à l'égard d'*Augustodunum* ; & comme en tendant à *Decetia*, elle se trouve marquée diversement, sçavoir XIIII & XXIIII, on connoît par le local, que la plus foible indication est préférable à celle où le chiffre x se trouve répété mal-à-propos. Ce lieu est Anizi, entre Autun & Décise, plus près de Décife que d'Autun. Cette route doit circuler plus qu'une autre, en traversant un pays auſſi inégal & montueux que le Morvan. Cependant, ce qu'il y a d'eſpace en droite ligne n'étant que d'environ 35000 toiſes, j'avoue que le compte de 36 lieues gauloiſes que donne l'Itinéraire, & dont le calcul eſt de 40800 toiſes, déborde exceſſivement la meſure directe. Sanſon, & ceux qui le copient, confondent la poſition d'*Aliſincum* avec la poſition d'*Aquæ Niſineii*, donnée par la Table Théodoſienne, & qu'il convient de rapporter à Bourbon-l'Anci.

50°, 24°.

ALISONTIA Fl. Auſone en fait mention dans ſon poëme ſur la Moſelle. C'eſt la rivière d'Alſetz, qui paſſe à Luxembourg, & qui tombe dans celle dont le nom eſt *Sura* dans Auſone, aujourd'hui Sour, laquelle ſe joint à la Moſelle au-deſſus de Trèves. Marquard Freher a mieux aimé l'entendre d'une petite rivière qui ſe rend directement dans la Moſelle ſous le nom d'Eltz, mais beaucoup plus près de Coblentz que de Trèves, ce qui paroît contraire à cette opinion, parce qu'Auſone affecte en quelque manière de ſe renfermer dans les environs de Trèves. D'ailleurs, il eſt décidé qu'*Aliſontia* eſt la rivière qui paſſe à Luxembourg, par des lettres d'un comte Sigifrid de l'an 963 : *caſtellum Luſilinburch, in pago Metingouv, ſuper ripam Alſuntiæ fluminis*. Il n'y a guère moyen de douter, qu'*Alſuntia* & *Aliſontia* ne ſoient le même nom.

46°, 23°.

Lib. XXI;
Sect. 31.
ALLOBROGES. C'eſt une des plus conſidérables nations de la Gaule. Tite-live parlant de la marche d'Annibal, qui en remontant le long du Rhône, étoit arrivé au confluent de l'Iſère, ſur les limites des *Allobroges*, dit de cette nation, *jam indè nullâ Gallicâ gente opibus aut famâ inferior*. La retraite & les ſecours qu'ils donnerent à Teutomalius, roi des *Salyes*, vaincus par

Sextius, & des hostilités commises chez les *Ædui*, alliés du peuple Romain, leur attirerent la guerre de la part de ce peuple, qui vouloit soumettre toutes les nations. Ils furent défaits près de *Vindalium* par Domitius Ahenobarbus, & reçurent un plus grand échec encore près de l'Isère, dans une bataille que leur livra Fabius Maximus, à qui cette victoire valut le surnom d'*Allobrox*. On connoît une inscription qui parle du triomphe de Fabius, *de Galleis & Allobrogib.* : & une autre qui porte, *Q. Fabio Maxum. Allobrog. victor.* Ces inscriptions servent à justifier la manière dont les auteurs Latins, & entre les Grecs Strabon, ont écrit le nom d'*Allobroges*. Dans Polybe, Plutarque, Dion, Appien, on lit *Allobriges* ; dans Ptolémée, & dans Etienne de Byzance, *Allobryges* par *upsilon*. L'idée qu'on doit avoir de l'étendue de pays qu'occupoient les *Allobroges*, embrasse toute la partie septentrionale du Daufiné, depuis le Rhône au-dessus de Lion, jusqu'aux limites des *Segalauni*, & des *Vocontii*, à quoi il faut ajouter la partie de la Savoie qui tient au Rhône, jusqu'à Genève inclusivement.

46°, 24°.

ALLOBROGES *trans Rhodanum*. On lit dans le premier livre des Commentaires, que les *Allobroges* possédoient des terres au delà du Rhône ; *trans Rhodanum vicos, possessionesque habebant* : & pour entendre ce que signifie *trans Rhodanum*, il faut se placer dans le territoire des *Allobroges*, en sorte que ce qui paroît *cis Rhodanum* à l'égard de la plus grande partie de la Gaule, soit vu *trans Rhodanum* à l'égard de ce territoire. Selon le récit de César, les *Helvetii* ayant franchi le passage étroit dont il parle entre le mont Jura & le Rhône, s'étoient avancés vers l'*Arar*, ou la Saône, ravageant chemin faisant le pays qu'ils traversoient. Ainsi, c'est sur cette route que les *Allobroges* situés au delà du Rhône, avoient souffert une telle dévastation, qu'ils se plaignent à César, *præter agri solum nihil esse reliqui*. Or, ce qu'on voit ici être réclamé par les *Allobroges* subsiste encore en partie dans ce que le diocèse de Genève conserve dans le Val-Romei, & dans le district de Châtillon de Michaille. Quoique l'évêché de Bellei soit actuellement suffragant de la métropole de Besançon, on ne sçauroit douter que la partie de ce Diocèse qui s'étend dans la Savoie, à la gauche du Rhône, n'ait été sous la main des *Allobroges*; & il est plus que vraisemblable, que ce qui est sur la droite dans le Bugei leur appartenoit également. M. de Valois entend par ces terres des *Allobroges* que dévasterent les *Helvetii* sur leur passage, la partie du diocèse de Vienne qui est au delà du Rhône sur la frontière des *Helvii*, ou du Vivarez, au dessous du confluent de la Saône avec le Rhône. Mais, on a peine à croire que les *Helvetii*, dont une partie étoit encore en deçà de la Saône, lorsque César les atteignit, se fussent portés jusque-là, & même de ce côté-là, parce que leur marche fut au contraire de remonter dans le pays des *Ædui*, comme on peut s'en convaincre en suivant la narration de César jusqu'à leur défaite.

45°; 25°.

ALPIS COTTIA. Ce passage des Alpes a pris le nom de Cottius, qui s'étoit fait un Etat indépendant, dans cette partie de la chaîne des Alpes, qui tient un milieu entre les Alpes Gréques & les Maritimes. Il fut reçu dans les bonnes-graces d'Auguste; & on apprend d'Ammien-Marcellin, que pour témoigner sa reconnoissance, il rendit par de grands travaux les voies plus praticables dans les montagnes: *in amicitiam Octaviani receptus principis, molibus magnis extruxit, ad vicem memorabilis muneris, compendiarias & viantibus opportunas medias inter alias Alpes vetustas*. Cet Etat formé par Cottius, étoit composé de douze cantons, *civitates Cottianæ* XII, selon Pline; qui donne pour raison de ce que ces cités ne font point comprifes dans l'infcription du Trophée des Alpes, *quæ non fuerunt hoftiles.* Car, l'objet de cette infcription regarde les nations qu'Augufte avoit réduites à l'obéiffance du peuple Romain, *fub imperium Pop. Rom. redactas;* & ce qui compofoit le royaume de Cottius, ou fa préfecture, felon le titre que donne l'infcription de l'Arc de Sufe, ne fut réduit en province que fous Néron, comme plufieurs hiftoriens l'ont écrit. L'Itinéraire de Bourdeaux à Jérufalem marque le commencement des Alpes Cottiennes à Embrun, qu'il convient d'y comprendre, puifque dans l'infcription de Sufe les *Caturiges* font dénommés entre les cités foumifes à Cottius. Mais, le paffage des Alpes, fur la route qui conduit de Briançon à Sufe, eft nommé particulièrement *Alpis Cottia* dans la Table Théodofienne. Cette montagne porte le nom de *Matrona* dans l'Itinéraire de Jérufalem, où on lit à la fuite de *Brigantium, indè afcendis Matronam;* & Ammien-Marcellin donne la raifon de cette dénomination, *cujus (Matronæ verticis) vocabulum cafus fœminæ nobilis dedit.* Le nom que porte aujourd'hui le mont Genèvre, eft *mons Janus* dans des titres du onzième fiècle, & du douzième, notamment dans le partage des terres de Provence entre les comtes de Barcelone & de Touloufe, qui eft de l'an 1125. Ce n'eft pas à beaucoup près une des plus hautes Alpes. Le lieu habité fous le nom de mont Genèvre eft même environné de hauteurs, & voifin d'un vallon du côté du nord, qui fe nomme vallon de l'Alpet. Mais, à environ deux milles au delà, on trouve une gorge très-étroite, où coule la Doria; & un lieu fitué à l'entrée ne femble avoir été appellé les Clavières qu'en y employant le terme de *claves,* comme étant la clef de ce paffage qui conduit à Sezane. La Table marque VI entre *Brigantium* & *Alpis Cottia,* & V au delà jufqu'au lieu dont le nom y eft écrit *Gadao,* & dans l'Itinéraire de Jérufalem *Gefdao.* Cet Itinéraire raffemble

Lib. XV.

les deux distances en une seule indication, qui est x. Une carte manuscrite & topographique que j'ai sous les yeux, me fait connoître que la mesure itinéraire paroît très-convenable sur le pied d'environ 10 milles, quoique la mesure directe de Briançon à Sézane ne soit guère que de 8 : mais, il faut considérer que c'est un chemin dans les Alpes. M. de Valois n'est point entré dans le détail que fournissent l'Itinéraire & la Table. Ce détail le conduisoit au mont Genèvre, & l'auroit empêché de transporter l'*Alpis Cottia* au mont Cenis : *nostri*, dit-il, *Alpem Cottiam, vel Cottianam (vocant) montem Cinisium*, le mont Cenis. Il ne peut être question du mont Cenis en passant de la Gaule en Italie, qu'en sortant de la Maurienne, & non pas en partant de Briançon. Le nom des Alpes Cottiennes n'étoit point encore mis en oubli dans l'onzième siècle. Pierre-Damien écrivant à Adelhaïde, fille de Mainfroi, marquis de Suse, & femme d'Amédée, comte de Maurienne, la qualifie du titre de *ducissa Alpium Cottiarum*.

P. 349.

Epist. 17.

46°, 25°.

ALPIS GRAIA. Elle est marquée dans la Table Théodosienne, sur la trace de la route qui passe par *Darantasia* pour entrer en Italie par *Augusta-Prætoria*. L'Itinéraire d'Antonin n'en fait point mention dans le détail de la même route. Dans Tacite c'est *mons Graius;* dans Cornelius-Nepos (*in Annibale*) *saltus Graius*. Pline s'explique sur la situation d'*Augusta-Prætoria*, dans le pays des *Salassi*, en ces termes : *juxta geminas Alpium fauces, Graias atque Pæninas* : & on voit en effet que les voies romaines en partant de cette ville, traversent l'Alpe Gréque d'un côté, & de l'autre l'Alpe Pennine, c'est-à-dire, le petit & le grand S. Bernard. Ptolémée, qu'il faut approuver d'avoir placé les villes des *Centrones* dans les Alpes Gréques, est à blâmer d'y placer également *Segusium*, Suse, qui est au pied des Alpes Cottiennes, & de plus *Eburodunum*, Embrun,

Hist. lib. IV.

qui

NOTICE DE LA GAULE.

qui est bien éloigné du petit S. Bernard. On sçait que la dénomination d'*Alpis Graia* est attribuée au passage plus fabuleux qu'historique d'Hercule, qui, selon la tradition que Pline rapporte, avoit établi dans ces quartiers une partie des Grecs dont il étoit suivi. Tite-live fait connoître ce qu'il pensoit de ce passage d'Hercule, lorsqu'en disant que les routes pour traverser les Alpes ne paroissoient point frayées aux Gaulois, qui néanmoins pénétrerent en Italie, il ajoute, *nisi de Hercule fabulis credere libet*.

Lib. III, cap. 10.
Lib. V, sect. 34.

44°, 26°.
ALPIS MARITIMA. La Table Théodosienne marque VIII entre *Cemenelium* & *Alpis Maritima*; & l'indication est la même dans l'Itinéraire d'Antonin entre *Alpis summa* & *Cemenelium*, en suivant la voie qui étoit appellée *Aurelia*. C'est sur ce sommet de l'Alpe Maritime qu'étoient élevés les Trophées d'Auguste, & leur position nous est connue dans celle qui existe sous le nom de Turbia, qui est une altération de la dénomination de *Tropæa*. Je suis instruit par des cartes qui ont été levées dans le plus grand détail, & selon la plus parfaite topographie, par ordre du Roi, que ce qu'il y a d'espace entre Cimies, ou les vestiges de *Cemenelium*, & Turbia, est au moins de 5000 toises, & répond à environ 7 milles romains. Mais, il faut croire que la mesure itinéraire sur une route dans les Alpes, doit surpasser sensiblement la ligne aërienne & directe; & la topographie que j'ai sous les yeux me donne tout lieu de juger, que cette mesure ne peut guère différer de ce que l'Itinéraire & la Table indiquent également. Les cartes dont je viens de parler s'étendant jusqu'à Vintimille, l'avantage qu'on en peut tirer m'invite à reconnoître les distances jusqu'à cette position. L'Itinéraire fait mention d'un lieu entre *Albintimilium*, ou plutôt *Albium-Intemelium*, & l'*Alpis summa*, sous le nom de Lumone; & on y trouve d'*Albintemelium* à *Lumone* XVI,

H

& de *Lumone* au sommet de l'Alpe x. La Table est manifestement en faute, parce qu'on n'y voit autre chose que VIIII entre l'Alpe Maritime & *Albintimilium*, ce qui pourroit être attribué à l'omission du lieu intermédiaire indiqué par l'Itinéraire. Or, je remarque, que l'espace en droite ligne de Turbia à Vintimille n'est donné que de 9000 toises au plus, ce qui ne répond qu'à environ 12 milles romains : d'où il faut conclure, que quelque peu directe & unie que soit la route, qui dans presque toute cette étendue borde le pied des montagnes à peu de distance de la mer, elle ne peut cependant consumer 26 milles, comme l'Itinéraire les fait compter. En partant de Vintimille, & mesurant autant qu'il est possible les circuits de la route, je rencontre au terme de 6 milles la position de Menton, que je vois être la seule qui puisse représenter celle de *Lumone*. Ainsi, l'indication de l'Itinéraire, au lieu de XVI, se réduit à VI ; & le compte des distances entre Vintimille & Turbia n'étant plus que de XVI, l'erreur de l'Itinéraire consiste à avoir appliqué à un intervalle particulier, ce qui regarde la distance entière de Vintimille à Turbia. Entre Menton & Turbia, il me paroît que l'indication de VIIII qu'on trouve dans la Table suffiroit à remplir cet intervalle, & que celle de X par conséquent, selon l'Itinéraire, auroit quelque chose de trop. J'ai cru qu'il falloit profiter ainsi du moyen qui m'étoit donné d'analyser ces distances, quoique hors des limites de la Gaule, mais qui tiennent à la position de l'*Alpis Maritima*.

46°, 26°.

ALPIS PENNINA. Dans l'Itinéraire d'Antonin, & dans la Table Théodosienne, le passage que l'on nomme aujourd'hui le grand S. Bernard est appellé *summus Penninus*. Il paroît que dans la prononciation de ce nom *Penn*, on a fait sonner l'*n*, comme dans le mot Latin *pinna*, quoiqu'il soit écrit diversement, & avec l'*n* seule, spécialement dans l'inscription trouvée sur le mont

S. Bernard, DEO PENINO. On lit *Penninus* dans Tite-live, dans Tacite *Pennina juga*, *Penninum iter* : dans la Notice des provinces de la Gaule, *Alpes Penninæ*. Le nom de l'Apennin, qui dérive de *Penn*, s'écrit *Apenninus*. Chez les nations Celtiques, *Penn* désigne une élévation, la cime d'un lieu dominant. Il subsiste dans la dénomination de quelques montagnes & promontoires, chez les Gallois de la Grande-Bretagne, & dans la Bretagne Françoise. La langue Espagnole conserve le terme de *Peña*, pour signifier une roche élevée & qui domine sur les environs. C'est par erreur, quoique cette erreur soit ancienne, qu'on a attribué le nom de l'Alpe Pennine à celui des *Pœni*, ou des Carthaginois, en supposant qu'Annibal étoit descendu en Italie par cette montagne. Tite-live, lorsqu'il réfute cette opinion, fait voir qu'elle avoit cours, & on la trouve pareillement dans Pline, en parlant de la double gorge des Alpes, *Graiarum & Pœninarum faucium : his Pœnos*, ajoute-t-il, *Grais Herculem transisse memorant*. Mais, quand on suit la marche d'Annibal, & que du canton qu'occupoient les *Tricorii*, on le voit descendre chez les *Taurini*, qui lui avoient servi de guides ; on ne sçauroit douter qu'il n'ait traversé les Alpes au mont Genèvre, plutôt que par-tout ailleurs. Tite-live témoigne de l'étonnement, de ce qu'on a pu imaginer que le général Carthaginois eût pris son chemin par l'Alpe Pennine : *miror ambigi, quanam Annibal Alpes transierit, & vulgò credere Pennino, atque indè nomen ei jugo Alpium inditum, transgressum*. Il ajoute, que les *Veragri*, habitans de la contrée, n'ont aucune connoissance que les *Pœni* ayent passé par chez eux ; mais qu'ils reconnoissent, que le nom de la montagne est celui de la divinité révérée sur le sommet de cette montagne : *neque herculè montibus his ab transitu Pœnorum ullo, Veragri incolæ jugi ejus, norunt nomen inditum ; sed ab eo, quem in summo sacratum vertice, Penninum montani adpellant*. L'idole de cette

Lib. XXI, sect. 38.
Hist. lib. I, c. 61 & 70.

Lib. III, cap. 17.

divinité ayant été renversée par S. Bernard, prêtre de l'église d'Aouste, & qui annonça l'Evangile aux habitans de la montagne, son nom a pris la place de celui du dieu Penn. L'Itinéraire & la Table sont d'accord à marquer xxv, entre le *summus Penninus* & *Octodurus*, le chef-lieu des *Veragri*, en descendant dans la Vallée Pennine.

50°, 27°.

ALTA-RIPA. Il en est mention dans la Notice de l'Empire, comme d'un poste établi entre *Nemetes* & *Vangiones*, c'est-à-dire Spire & Wormes, sous les ordres du général résidant à Maïence. Ce lieu conserve le nom d'Altrip, dans le fond très-resserré d'un coude que fait le Rhin, avant que de recevoir le Nekre sous Manheim.

48°, 24°.

AMAGETOBRIA. Dans quelque réserve que l'on veuille se tenir sur ce qui peut paroître trop conjectural, il y a des positions, que le désir de ne les point omettre, parce qu'il y a des circonstances qui les distinguent, fait hazarder plus qu'on ne se propose en général de le faire. Il n'est parlé d'*Amagetobria* que dans le premier livre des Commentaires de César, mais par rapport à un événement dont les suites déterminerent César à faire la guerre à Arioviste. Les querelles entre les *Ædui* & les *Sequani*, ayant armé ces deux puissantes cités l'une contre l'autre, les *Sequani*, voisins du Rhin & des nations Germaniques, appellerent à leur secours Arioviste, par qui les *Ædui* furent défaits avec une très-grande perte : *quod prælium factum sit Amagetobriæ*, comme on lit dans les Commentaires. Chifflet (*in Vesontione*) croit reconnoître l'emplacement d'*Amagetobria* aux envitons d'un lieu nommé Broie, & la Moigte de Broie, près du confluent de la rivière d'Ognon dans la Saône, peu au-dessus de Pontalier. La tradition du pays veut qu'il ait existé une ville en cet endroit ; &

Parte I, cap. 35.

Pierre de S. Julien, dans ſes Antiquités des Bourguignons, avoit parlé de cette tradition avant Chifflet. La ſituation de ce lieu paroît en-effet convenable, en ce que les *Ædui* allant au-devant de l'énemi pour couvrir leur pays, c'eſt en remontant la Saône & dans ſon voiſinage qu'ils ont dû le rencontrer. J'ai donc cru, que ces probabilités pouvoient permettre de donner une place à *Amagetobria* dans la carte de l'ancienne Gaule. L'opinion qui tranſporte ce lieu auprès de Bingen au-deſſous de Maïence, en ſe fondant ſur ce vers d'Auſone, *in Moſellâ*,

Æquavit Latias ubi quondam Gallia Cannas,

eſt inſoutenable, parce qu'il n'y a point de vraiſemblance à mettre aux mains les *Ædui* & les *Sequani* ſi loin de leurs foyers.

48°, 19°.

AMBACIA. Sulpice-Sévere, qui écrivoit au commencement du cinquième ſiècle, fait mention d'*Ambacia*, où les Gaulois dans le paganiſme avoient élevé un temple en forme de pyramide: & Grégoire de Tours parle d'un pont de bateaux, ſur lequel on traverſoit la Loire à Amboiſe. Il eſt remarquable dans l'hiſtoire intitulée *Geſta Conſulum Andegavenſium*, qu'elle indique un lieu dans Amboiſe auquel on donnoit le nom de *Vetus Roma*, ce qu'il faut attribuer à quelque reſte d'édifice romain ſubſiſtant dans le douzième ſiècle. *Dial. III, 9.*

47°, 23°.

AMBARRI. Ils étoient, ſelon l'expreſſion de Céſar, dans le premier livre des Commentaires, *neceſſarii & conſanguinei Æduorum*. Céſar en fait encore mention au ſeptième livre, avec d'autres peuples également dépendans des *Ædui*. On voit diſtinctement par ſon expédition contre les *Helvetii*, qu'ils étoient établis, du moins en partie, ſur la rive gauche ou ultérieure de l'*Arar*, ou de la Saône. Car, ils lui font porter leurs plaintes du ravage de leurs terres, avant que tout le corps de la nation Helvétique ait paſſé cette rivière, puiſque Céſar arrive aſſez à tems pour défaire les *Tigurini*, qui étoient reſtés en arrière. Les *Ambarri* ſont cités bien antérieurement, étant nommés par Tite-live entre les peuples qui paſſerent les Alpes pour s'établir en Italie, ce qui remonte juſqu'au tems que le premier des Tarquins régnoit à Rome.

Lib. V.

50°, 20°.

AMBIANI. Céſar, Strabon, Pline, Ptolémée, font mention des *Ambiani*. Ils tenoient un rang diſtingué entre les peuples de la Belgique. On voit dans Céſar, que ſortant du territoire des *Bellovaci*, il entre dans celui des *Ambiani*, ce qui eſt poſitif, & conforme à la ſituation que ces cités gardent entr'elles. Mais, ce qu'on lit enſuite dans les Commentaires, *eorum (Ambianorum ſcilicet) fines Nervii attingebant*, ne doit pas être entendu d'une manière trop étroite, & ne ſignifie autre choſe, ſinon que les *Ambiani* ne ſont point éloignés des *Nervii*. Car, à moins que de reſſerrer les *Atrebates*, ou les *Veromandui*, juſqu'aux portes de leur capitale, on ne ſçauroit amener les *Nervii* juſque ſur la frontière des *Ambiani* préciſément. Le nom de *civitas Ambianenſium*, au lieu d'*Ambianorum*, dans la Notice des provinces de la Gaule, entre les cités de la ſeconde Belgique, paroît formé ſur celui d'*Ambiani*, devenu propre à la capitale, en prévalant ſur celui de *Samarobriva*. Ce qui eſt appellé proprement *pagus Ambianenſis*, l'Amiénois, ne fait aujourd'hui qu'une partie de l'ancien territoire des *Ambiani*.

51°, 26°.

AMBIATIATINUS VICUS. Suétone (*in Caligulâ*) rapporte, d'après le témoignage de Pline, que cet empereur étoit né *in Treveris, vico Ambiatino, ſupra Confluentes*: & on y voyoit, ſelon Pline, des Autels dreſſés en l'honneur d'Agrippine, mère de Caius ou de Caligula. Cluvier a cru voir cette poſition dans celle d'un

NOTICE DE LA GAULE.

lieu nommé Capelle, au-deſſus de Coblentz. Sa ſituation ſur le bord du Rhin, vis-à-vis de l'embouchure d'une rivière dont le nom eſt *Logana*, *Lohn* ou *Lahn*, peut paroître avantageuſe pour un camp romain, où l'on prétendoit que Caligula avoit pris naiſſance, ſelon ce vers qui couroit du tems de Suétone :

In caſtris natus, patriis nutritus in armis.

Si l'on ne s'attache pas à l'emplacement de Capelle préciſément, & que l'on veuille remonter un peu au-deſſus, on trouve un lieu que les aſſemblées des princes de l'Empire Germanique ont rendu remarquable, comme une lettre écrite au pape Benoît XII en 1339, le témoigne en ces termes : *ubi principes electores ſuper negotiis Imperii tractandis convenire conſueverunt ab antiquo.* Dans un aſſez court eſpace entre Capelle & Renſe ou Reetz, ce lieu d'aſſemblée eſt appelé *Konigſtuhl*, ou thrône royal ; & Marquard-Freher en parle ainſi : *hîc ſedes regni Germanici, & thronus imperialis adhuc viſitur.* Voilà donc un lieu, qui diſtingué de cette manière depuis long-tems, pourroit avoir commencé à l'être par le camp romain qu'avoit choiſi Germanicus.

Marq. Freher. Scriptor. Germ. Tom. I, p. 427.

Origin. Palat. lib. II, cap. 8.

44°, 22°.

AMBRUSSUM. L'Itinéraire d'Antonin, & celui de Bourdeaux à Jéruſalem, conviennent de placer ce lieu à égale diſtance de *Nemauſus* & de *Sextantio*, en marquant xv de *Sextantio* comme de *Nemauſus*. La Table Théodoſienne marque bien xv dans l'une de ces diſtances, & celle qui paroît marquée xx, ne tient pourtant lieu que de xv, conformément aux Itinéraires. Ce qu'il y a d'eſpace entre Nîmes & la poſition de *Sextantio*, dont il ſubſiſte des veſtiges à environ 3 milles de Montpellier, ſur la gauche du Lez, s'eſtime d'environ 22000 toiſes : & il eſt naturel que le calcul de 30 milles romains, repréſentant la meſure itinéraire, & qui eſt rigoureuſement de 22680 toiſes, ait un excédent ſur la meſure directe. Je crois pouvoir juger, que l'emplacement d'*Ambruffum* au paffage du Vidourle, fe rencontre entre 15 & 16 milles de Nîmes, & la pofition d'un lieu dont l'ancienne dénomination *de octavo* (*fubaudi lapide*) aujourd'hui Uchau, fe rapporte à Nîmes, fert de fondement à cette opinion. Mais, en même tems, la diftance d'*Ambruffum* à *Sextantio* ne paroiffant que de 14 à 15, il y a compenfation entre les diftances particulières. Les reftes du pont conftruit par les Romains fur le Vidourle, font à quelques milles au-deffus du pont de Lunel, par lequel paffe le chemin actuel de Montpellier à Nîmes; & ces reftes confervent le nom de pont Ambruis ou Ambrois.

44°, 26°.

Pag. 4.
ANAO PORTUS. Holftenius, dans fes annotations fur l'Italie de Cluvier, ne penfe pas comme lui que ce port doive être confondu avec un autre, que l'Itinéraire Maritime indique également fous le nom d'*Avifia*. Il eft vrai qu'à un peu plus de 2000 toifes du fond de l'anfe d'Eza, qui eft l'*Avifio portus*, entre Sud & Lebeche, une pointe de terre qui porte le nom de Santo-Hofpitio, ou de Sofpiers, forme une autre anfe, que la pêche du ton fait appeller la Tonnara. L'intervalle que je viens d'indiquer, d'après la plus exacte repréfentation du local, répond à peu près à 3 milles: felon l'Itinéraire, *ab Avifione Anaone portus* IV.

44°, 23°.

Lib. III, cap. 4.
ANATILII. Il en eft mention dans Pline; & c'eft après avoir parlé des bouches du Rhône, du canal de Marius, de *Maritima Avaticorum*, & des *Campi lapidei*, qu'il ajoute immédiatement enfuite: *regio Anatiliorum; & intùs Defuviatium, Cavarumque*. Il femble qu'on doive conclure de ces circonftances, que les *Anatilii* étoient placés au-delà du Rhône à notre égard; & que par une diftinction que l'expreffion *intùs* met entre leur emplacement & celui des *Defuviates* & des *Cavares*, ils devoient être voifins de la mer. Et quant à ce

dernier

dernier point, Ptolémée le voudroit de même, parce que ne connoissant point les *Avatici*, il attribue *Maritima* aux *Anatilii*: Ἀνατιλῶν Μαρίτιμα. Mais, vû que les *Avatici* occupoient *Maritima*, selon le témoignage de Méla & de Pline, on ne voit de place aux *Anatilii* que vers le Rhône, & vraisemblablement entre ses embouchures. Si l'on en croit même une inscription, rapportée par Honoré Bouche, & citée par Spon, par M. du Cange, par les PP. Menestrier & Hardouin, & qu'on prétend avoir été trouvée à S. Gilles, les *Anatilii* y auroient eu une ville sous le nom d'*Heraclea*. Il est vrai que M. de Tillemont a formé des doutes sur l'authenticité de cette inscription, & que les sçavans Bénédictins qui ont composé l'histoire de Languedoc, l'ont combattue par des raisons, qui, sans être tout-à-fait convainquantes, font honneur à leur critique. L'inscription fait parler les *Anatilii*, comme ayant voulu par ce monument témoigner leur reconnoissance envers Ataulphe, roi des Visigoths, & Placidie son épouse, qu'on sçait avoir été sœur de l'empereur Honorius, de ce qu'ils ont choisi pour résidence cette ville d'Héraclée. On ne sçauroit douter, sur le rapport de Godefroi de Viterbe, qu'Ataulphe ne se fût établi en ce lieu: *ubi hodie villa S. Ægidii dicitur, in loco qūi usque hodiè palatium Gothorum vocatur, consedit (Ataulphus) supra Rhodanum fluvium.* Les environs de S. Gilles ont porté le nom de *Vallis Flaviana*: & selon les bulles de Jean VIII, dans le neuvième siècle, cette vallée a été donnée à S. Gilles par un roi des Goths: *quam vallem Flavius, quondam Gothorum rex, beato Egydio dedit.* Dans l'inscription, Ataulphe porte le surnom de *Flavius*: & néanmoins on en tire un argument contre cette inscription, sur l'opinion qu'on a que Reccarede, postérieur à Ataulphe d'environ 170 ans, est le premier des Visigots d'Espagne qui ait affecté le nom de *Flavius*. Mais, de ce qu'Ataulphe ne s'est pas soutenu longtems dans ce canton, ayant été

Chorog. de Prov. p. 158.
Miscell. p. 159.
Chron. Pasch. p. 572.

Tom. I, p. 643.

contraint de se retirer en Espagne, comme le marque Godefroi de Viterbe; *à quo loco per Constantinum comitem posteà pulsus, in finibus Hispaniæ cum Gothis resèdit:* il ne s'ensuit pas qu'il n'ait pu y destiner un lieu pour sa demeure, en se flattant de s'y maintenir. Quoi qu'il en soit, m'étant abstenu de placer cette *Heraclea* dans la Carte, je pense que si l'on ne peut affirmer que les *Anatilii* l'ont occupée, ils en étoient néanmoins très-voisins. Pline fait mention d'une ville d'*Anatilia*, quelques lignes plus bas que l'endroit où il cite les *Anatilii*: mais, c'est dans un dénombrement où l'ordre alphabétique qui y est suivi, n'est pas propre à donner quelque indice de position, par un rapport de proximité avec d'autres dont on auroit connoissance. Ainsi, on ne voit point ce qui détermine quelques sçavans à placer cette ville à Mornas, sur une rive du Rhône, qui, étant voisine d'Orange, appartenoit incontestablement aux *Cavares*. Dans un diplôme de l'empereur Louis le Débonnaire en faveur du monastère d'Aniane, il est parlé de Mornas comme d'un lieu du territoire d'Orange: *locus qui est in pago Arausione, vocabulo Morenatus.* D'ailleurs, ce seroit placer les *Anatilii* dans un canton éloigné de la mer, en s'écartant de l'idée que Pline donne de leur situation, par la distinction d'avec des peuples avancés dans les terres, comme j'ai cru devoir le remarquer ci-dessus.

Hist. de Languedoc, T. I, p.560.
Hist. de Nîmes, T.I, notes, p. 28.
Hist. de Lang. T. I, preuv, col. 60.

47°, 19°.

ANDECAMULUM. Dans une inscription rapportée par Gruter, & qui a été trouvée à Rançon, sur le bord de la Gartempe, dans le diocèse de Limoges, on lit le nom d'*Andecamulenses*, ce qui fait connoître qu'il a existé en cet endroit, ou dans les environs, un lieu nommé *Andecamulum*. Je remarque dans Gruter une autre inscription, où Mars est surnommé *Camulus*, à l'occasion d'un temple que lui élèvent les *Remi* pour la conservation de Tibère.

NOTICE DE LA GAULE.

45°, 22°.

ANDERITUM, *posteà* GABALI. La capitale des *Gabali* eſt *Anderidum*, ſelon Ptolémée. On lit *Anderitum* dans la Table Théodoſienne; & cette leçon ſe trouve conforme à celle d'*Anderitiani*, qui eſt une milice Romaine dans la Notice de l'Empire; outre qu'il paroît convenable que la finale d'*Anderitum* ſe liſe comme celle d'*Auguſto-ritum*. Cette ville a quitté, ainſi que la plupart des capitales, le nom qui lui étoit propre, pour prendre celui du peuple. Elle eſt appellée dans la Notice des provinces de la Gaule, *civitas Gabalûm*, en diſant à la première perſonne du pluriel *Gabales*, au lieu de *Gabali*. Cette ville ayant été ruinée par une incurſion des *Alemanni*, & le ſiége épiſcopal transféré à *Mimmate*, ou Mende, dont il n'eſt point fait mention avant Grégoire de Tours; néanmoins on reconnoît le nom de *Gabales* dans celui que porte Javols ou Javoux, ſitué entre Mende & la frontière d'Auvergne. L'inſcription rapportée par le P. Sirmond, & trouvée chez les *Gabali* peu loin de cette frontière des *Arverni*, & qui ſe termine ainſi, M. P. GABALL. V, peut convenir à la diſtance de 5 lieues gauloiſes, en partant de Javols.

48°, 18°.

ANDES, *vel* ANDECAVI. La forme de ce nom la plus ſimple, ſçavoir *Andes*, eſt celle que l'on trouve dans les Commentaires. On lit dans Tacite *Andecavi*, dans Pline *Andegavi*, & communément de même dans les écrits du moyen-âge. Il faut corriger dans Ptolémée le nom d'*Ondicavæ*. En marquant les limites des *Andecavi* dans la carte de l'ancienne Gaule, il faut être prévenu que le canton appellé les Mauges, *Medalgicus* ou *Meldacenſis*, qui eſt actuellement renfermé dans le diocèſe d'Angers, étoit autrefois de la dépendance des *Pictavi*. On en trouve la preuve dans une charte de Charle le Chauve, de l'an 849, en faveur du monaſtère de *Glonna*, ou de S. Florent-le-vieil, ſitué près de la

Annal. III, ſect. 41.

Loire : *hortantibus ven. episcopis*, *Didone Pictav. cujus præsulatui subjacet pagus Medalgicus*, &c. La petite rivière de Laïon, *Ladio*, qui tombe dans la Loire au-dessus de S. Florent, terminoit le *pagus Andegavus*, comme il est marqué dans une Chronique de Nantes, vers le milieu du dixième siècle, laquelle a été publiée par D. Lobineau, ainsi que la charte précédente, dans les preuves de son histoire de Bretagne. Sanson, & ceux qui l'ont copié, n'ont point été informés de ce changement des limites dans le territoire des *Andecavi* ; de même qu'ils ont marqué les limites des *Namnetes* sur le pied que sont aujourd'hui celles du diocèse de Nantes.

50°, 25°.

ANDETHANNA. L'Itinéraire d'Antonin en fait mention sur la route de *Durocortorum*, ou de Reims, à Trèves. La distance est marquée *leugas* XX à l'égard d'*Orolaunum*, qui est Arlon, dans le pays de Luxembourg, & *leugas* XV à l'égard de Trèves. On convient que ce lieu est Epternach, & son nom avoit éprouvé cette altération dès le septième siècle, comme M. Wesseling l'a remarqué. Je trouve que la distance peut paroître convenable entre Arlon & Epternach, l'estimant d'environ 19 lieues gauloises en droite ligne. Mais, il n'en est pas de même entre Epternach & Trèves, n'y trouvant d'intervalle qu'environ 6000 toises, dont il ne résulte guère plus de 5 lieues gauloises. C'est donc le chiffre romain marquant la dixaine dans l'Itinéraire, qui fait l'erreur de l'indication.

Itiner. Ant.

48°, 24°.

ANDOMATUNUM, *posteà* LINGONES. C'est le nom de la ville que cite Ptolémée chez les *Lingones*. L'Itinéraire d'Antonin en fait sortir une route, qui conduit à *Tullum*, Toul ; & la Table Théodosienne représente sa position comme celle des capitales, traçant une route vers *Cabillonum*, ou Challon. Cette ville a quitté le nom qui lui étoit propre, pour prendre celui de la cité, ou du peuple, étant appellée *Lingones* dans Eutrope, *Lingonæ* dans la Notice de l'Empire, qui y place une milice étrangère de Sarmates, *Sarmatarum gentilium*. La situation de Langres sur une montagne invite à croire, que c'est le *dunum* qui termine sa dénomination la plus ancienne. Une inscription qu'on y a trouvée, rapportée par Gruter, & répétée dans le vol. IX de l'Académie, nous apprend que cette ville a été colonie Romaine, & plusieurs vestiges d'antiquité font juger qu'elle existoit avec splendeur. Hist. p. 140.

45°, 22°.

ANDUSIA. Une inscription trouvée à Nîmes depuis quelques années, & publiée par M. Ménard, fait mention d'ANDVSIA. Ainsi, la petite ville d'Anduse, sur la branche du Gardon qu'on nomme le Gardon d'Anduse, & qui étoit du diocèse de Nîmes, avant l'érection de celui d'Alais, existoit sous la domination Romaine. La plus ancienne notion qu'on eût auparavant sur ce lieu, se tiroit d'une charte du neuvième siècle, entre les titres du monastère d'Aniane, diocèse de Maguelone ou de Montpellier, insérée dans les preuves de l'Histoire de Languedoc, & qui s'explique ainsi: *res quæ sunt in territorio Nemausensi, suburbio castro Andusianensi.* Hist. de Nîmes, T. I, notes, p. 22.

Tome I, p. 35.

44°, 25°.

ANTIPOLIS. C'est une des villes bâties par les Marseillois, selon Strabon, & qu'il dit néanmoins avoir été soustraite à leur obéissance. C'est qu'elle avoit acquis le droit de ville Latine ; *latinum Antipolis*, dit Pline. Tacite donne à *Antipolis* la qualité de municipe. Ptolémée place cette ville chez les *Deciatii*; l'Itinéraire maritime, entre *Nicæa* & les isles *Lero* & *Lerina*. Dans la Notice des provinces de la Gaule, *civitas Antipolitana* est une de celles de la seconde Narbonoise. Je crois que dans l'idiome Provençal elle a conservé le nom d'*Antiboul*, quoique l'usage veuille qu'on l'appelle Antibe. Lib. IV, p. 184.

Lib. III, cap. 4.
Histor. II, 15.

46°, 17°.

ANTROS INSULA. Il faut chercher cette iſle dans l'embouchure de la Garonne ; *ubi (Garumna) obvius Oceani exæſtuantis acceſſibus adauctus eſt ;* ce ſont les termes de Méla. On lit enſuite : *in eo eſt inſula, Antros nomine, quam pendere & attolli, aquis increſcentibus, ideò incolæ exiſtimant, quia quùm videantur editiora queis objacet ; ubi fluvius implevit, illa operit ; hæc, ut priùs, tantum ambitur.* L'opinion commune veut qu'il ſoit ici queſtion du récif qui porte la tour de Cordouan : mais, on peut douter que l'emplacement de cette tour, qui n'occupe qu'environ 20 toiſes ſur une roche à fleur d'eau, ait attiré l'attention d'un auteur auſſi ſuccint que Méla dans ſa Géographie ; & il faut même convenir, que s'il en eſt quelque mention actuellement, ce n'eſt que par rapport au phare qu'on voit élevé en cet endroit. En examinant avec attention la diſpoſition du local à l'entrée de la Garonne, que l'uſage eſt d'appeller la Gironde ; il y a tout lieu de ſoupçonner, que la pointe en grande ſaillie, qui reſſerre conſidérablement l'entrée vis-à-vis de Royan, juſqu'à réduire à environ 2400 toiſes un canal qui auparavant s'étend à près de 6000, a été autrefois iſolée. Cette pointe, qui depuis un lieu nommé Soulac s'allonge d'environ 4000 toiſes, ne tient au continent de Médoc que par une langue de terre, laquelle en haute marée ne conſerve qu'un demi quart de lieue de largeur, & qui doit avoir été coupée par la continuation d'une ouverture, dont l'entrée du côté de la Gironde eſt appellée le Chénal de Soulac. Car, le terme de Chénal ne pouvoit être appliqué qu'à une paſſe d'entrée ou de ſortie particulière. Je ſuis inſtruit de ces circonſtances par une carte manuſcrite, levée fort en détail ſur les lieux, & dont l'objet ſpécial eſt de marquer les endroits couverts en haute marée, à la diſtinction des plages que la mer-baſſe laiſſe à découvert. Il eſt conſtant que le tems a apporté quelques changemens ſur ce côté de

Lib. III, cap. 2.

la Gironde précisément. Un autre terrain, situé au-dessus de celui dont je viens de parler, & qui est une isle portant le nom de Jau dans les cartes faites il y a 150 ans, n'est actuellement séparé du continent de Médoc que par quelques fossés, pour l'écoulement des eaux. Or, puisqu'on découvre une isle à l'entrée de la Garonne, on peut être fondé à y reconnoître l'isle d'*Antros*, dont parle Méla. M. de Valois croit que Méla donne à la Garonne une isle qui appartient à la Loire. On ne sçauroit disconvenir que l'auteur de la vie de S. Ansbert de Rouen, ne fasse mention d'une isle de la Loire, sous le nom d'*Antrum*, où S. Hermeland, ou Herblain, comme on dit aujourd'hui, fonda un monastère. Cette isle, qui ne paroît plus séparée du continent, de même que la paroisse du nom de S. Herblain ne l'est point, conserve sa dénomination dans ce qu'on appelle la basse Aindre, sur le rivage droit de la Loire, entre Nantes & Couéron, que l'on croit être l'ancien *Corbilo*. Mais, outre qu'il paroît très-violent de supposer une telle méprise dans Méla, on doit remarquer que ce qu'il dit de l'effet des marées par rapport à l'isle d'*Antros*, est plus vraisemblable à l'égard de l'entrée de la Garonne que du canal de la Loire, dans un endroit qui remonte à environ dix lieues au-dessus de son embouchure, & là où ce canal n'a qu'environ 300 toises de largeur.

P. 25.

51°, 26°.

ANTUNNACUM. L'Itinéraire d'Antonin & la Table Théodosienne s'accordent à marquer IX entre *Confluentes* & *Antunnacum*. Une grande carte manuscrite que j'ai, & qui porte une échelle de toises, me donne lieu de compter du centre de Coblentz à Andernach, en suivant la route, environ 9600 toises, qui font 8 à 9 lieues gauloises. Mais, la fraction de lieue qui manque à cette distance, je crois la retrouver dans celle d'Andernach à Rimagen, où l'espace étant plus grand sur le local qu'entre Coblentz & Andernach, ne tient pourtant lieu que de 9 lieues gauloises également, suivant l'indication qu'en donne la Table, qui fait mention de *Rigomagus*. C'est ainsi que le plus ou le moins peuvent se compenser dans l'application des distances qu'indiquent les anciens Itinéraires. *Antunnacum* étoit un poste des plus considérables sur la frontière du Rhin ; & le général de la Germanie supérieure établi à Maïence, étendoit jusque-là son commandement, selon la Notice de l'Empire. La prononciation Germanique ayant altéré ce nom, on a dit *Anternacum* & *Andernacum* dans le moyen-âge.

44°, 25°.

Excerp. Legat. sect. 134.

APROS FL. Il en est mention dans Polybe, en parlant de l'expédition d'Opimius contre les *Oxybii*. Voyez l'article *Ægitna*.

44°, 24°.

Lib. III, cap. 4.

APTA-JULIA. Dans Pline, *Apta-Julia Vulgientum*. Quoiqu'il la range au nombre des villes Latines, cependant elle étoit Colonie, comme plusieurs inscriptions ne permettent pas d'en douter, & spécialement celle que Spon a publiée, & qui porte COL. IVL. APTA.

Miscell. Erud. Antiq. p. 164.

On trouve sa position dans l'Itinéraire d'Antonin, & dans la Table Théodosienne. Dans la Notice des provinces de la Gaule, *civitas Aptensium*, suit immédiatement la métropole de la seconde Narbonoise. Papire-Masson paroît persuadé que les murs d'Apt sont l'ouvrage des Romains.

44°, 17°.

AQUÆ-AUGUSTÆ TARBELLICÆ. Il est à présumer que cette ville prit le nom d'Auguste après l'expédition de Messala, qui réduisit à l'obéissance les Aquitains, dont il paroît que la soumission ne fut que passagère sous le gouvernement de César. Quoique Pline

Lib. XXXI, c. 2.

fasse mention des Eaux, qui sont *in Tarbellis, Aquitanicâ gente* ; cependant, Ptolémée est le premier, &
même

NOTICE DE LA GAULE.

même le seul, qui nous ait transmis le nom d'*Aquæ Augustæ*. Dans l'Itinéraire d'Antonin, on lit simplement *Aquæ Tarbellicæ*. Une position sous le nom d'*Aquis*, qu'on voit dans la Table Théodosienne, n'est point celle d'*Aquæ Tarbellicæ*, selon l'opinion du sçavant commentateur de l'Itinéraire. C'est plutôt celle d'*Aquæ Convenarum*, d'autant que ce qui nous manque de la Table Théodosienne du côté qui en faisoit le commencement, peut nous dérober la position d'*Aquæ Tarbellicæ*. Si l'on veut, d'après Pline, qu'il y eût un peuple particulier sous le nom d'*Aquitani*, & duquel ce nom eût passé à toute la province, *undè nomen provinciæ*; la ville d'*Aquæ-Augustæ* sera vraisemblablement celle dont on tirera cette dénomination d'*Aquitani*. Dans la Notice des provinces de la Gaule, *civitas Aquensium* occupe le rang immédiat à la métropole de la Novempopulane. On sçait que cette ville conserve le nom d'Aqs. Roger de Hoveden, annaliste Anglois, parlant d'une expédition de Richard, comte de Poitiers, en 1177, dit qu'il assiégea *civitatem Akensem*; ce qui nous indique la forme du nom d'Aqs dans le douzième siècle. Les Basques, selon Oihenart, appellent cette ville *Aquise*. Les Gascons ont corrompu ce nom, en établissant l'usage de dire Daqs, & d'écrire Dax, par la jonction du pronom possessif. C'est néanmoins d'après cette fausse dénomination, que Sanson y trouvant de l'analogie avec le nom de *Datii*, qui dans Ptolémée est celui d'un peuple, dont on ne connoît point la position, transporte celle d'*Aquæ Tarbellicæ* à Baïone, qui est *Lapurdum*, pour placer à Aqs la capitale de ces *Datii*, que Ptolémée nomme *Tasta*.

Lib. IV, cap. 19.

Not. Vasconi p. 467.

47°, 21°.
AQUÆ BORMONIS. Dans la Table Théodosienne ce lieu est figuré par l'édifice quarré, qui distingue les lieux où sont des eaux minérales: & on le voit sur la trace de différentes routes, qui communiquent d'un

côté à *Auguſtodunum*, ou Autun, & de l'autre à *Avaricum*, ou Bourges. Cette poſition eſt celle de Bourbon, ſurnommé l'Archembaut, & qui a donné le nom à la branche régnante de la plus auguſte des maiſons ſouveraines. J'ai cru devoir conſerver la dénomination de *Bormonis*, ſelon qu'elle ſe lit dans la Table, quoiqu'il fût peut-être convenable de lire *Borvonis*. Une inſcription qui eſt à Bourbone-les-Bains, rapportée par M. Dunod, comme il la tenoit de M. le préſident Bouhier, porte *Borvoni & Monæ deo*; & ſi l'on pouvoit ſoupçonner que le nom de *Bormonis* fût un compoſé de *Borvo* & de *Mona*, parce que la même divinité auroit été propre à Bourbon ainſi qu'à Bourbone, on auroit à ſe reprocher d'avoir hazardé d'écrire autrement que dans la Table. Pour en venir aux diſtances qui ont rapport à la poſition d'*Aquæ Bormonis*, je remarque que le compte de 30 lieues gauloiſes que donne la Table en deux diſtances particulières, juſqu'au lieu nommé *Pocrinium* du côté d'Autun, s'accorde à l'emplacement qui m'a paru très-convenable par d'autres circonſtances à *Pocrinium*, aujourd'hui Perrigni, au paſſage de la Loire. Car, eſtimant ce qu'il y a d'intervalle en droite ligne de 32 à 33000 toiſes, le calcul de la meſure itinéraire de 30 lieues gauloiſes, qui eſt 34000 toiſes, n'excède la meſure directe que de ce qu'on peut eſtimer qu'elle doit avoir de plus. La poſition intermédiaire de *Sitillia* dans la Table eſt expliquée dans un article particulier. Quant à la communication d'*Aquæ Bormonis* avec *Avaricum*, ce que repréſente la Table paroît aſſez équivoque, en donnant la trace d'une voie qui tendroit également à *Degena*, ou plutôt *Decetia*, & à *Tincallo*, qui eſt *Tinconcium*. Il faut encore remarquer, que ce qu'on trouve dans la Table entre *Aquæ Bormonis* & *Decetia*, ſçavoir XXX, eſt manifeſtement excefſif: & quoiqu'on puiſſe ſuppoſer un coude dans cette route, pour aller joindre une branche de voie qui

Hiſt. des Séquan. p. 211.

de *Tinconcium* conduit à *Decetia*, en paffant, comme il eft rapporté dans l'article *Tinconcium*, près de Saint Pierre-le-Moutier, on ne fçauroit toutefois admettre que 20 & quelques lieues gauloifes.

48°, 24°.

AQUÆ BORVONIS. J'ai dit dans l'article précédent, qu'on a trouvé à Bourbone-les-Bains une infcription confacrée *Borvoni & Monæ Deo*; & le nom de celui qui a fait graver l'infcription fur la pierre, eft *C. Latinius Romanus*. Je crois même voir ce lieu repréfenté dans la Table Théodofienne par un édifice quarré, femblable à ceux qui y défignent les lieux diftingués par des eaux minérales, quoique le nom de celui-ci foit omis. Mais, il eft lié à la voie romaine qui conduifoit de Langres à Toul, par *Mofa*, Meuvi, & par *Novimagus*, Neuchâteau. La difpofition actuelle des lieux fait même juger, que les *Aquæ Borvonis* tiennent immédiatement à la pofition de *Mofa*, plutôt qu'à celle de *Novimagus*, quoique le contraire paroiffe dans la manière dont ces lieux font rangés par la Table, qui n'eft pas nette à cet égard. De ce que je viens d'expofer concernant Bourbone, il réfulte que ce lieu eft plus ancien que le château qu'Aimoin dit y avoir été conftruit, *Vervona caftrum ædificari cœptum*, du tems que Thierri & Théodebert, l'un & l'autre fils de Childebert II, régnoient en Bourgogne & en Auftrafie.

47°, 22°.

AQUÆ-CALIDÆ. La Table en repréfente la pofition par l'édifice qui y fert de diftinction aux lieux où font des eaux minérales; & celui-ci eft placé fur une route qui part de Clermont, & qui après avoir paffé par *Aquæ-calidæ*, communique à *Rodumna*, ou Rouanne, en circulant par des lieux nommés *Vorogium* & *Ariolica*. On peut confulter l'article *Vorogium*, pour être affûré que ce lieu appellé actuellement Vouroux, eft à l'égard de Vichi, dont les eaux font affez connues,

K ij

dans la distance la plus convenable à l'indication que donne la Table entre *Aquæ-calidæ* & *Vorogium*. L'omission de la distance entre *Augustonemetum* & *Aquæ calidæ* dans la Table, nous met hors d'état de juger également par cet endroit de la convenance d'*Aquæ-calidæ* à la position de Vichi. Mais, elle est assez solidement établie par d'autres circonstances, pour n'avoir pas besoin du concours de celle-là. M. de Valois confond ces *Aquæ-calidæ* de la Table, avec les *Calentes-aquæ*, dont Sidoine-Apollinaire fait mention, & qui se rapportent à Chaudes-aigues dans la haute Auvergne.

P. 47.

44°, 18°.
AQUÆ CONVENARUM. L'Itinéraire d'Antonin en fait mention sur la voie qu'il décrit *ab Aquis Tarbellicis Tolosam*, en deçà de *Lugdunum* des *Convenæ*. L'indication de la distance à l'égard de *Lugdunum*, sçavoir XVI, est trop forte pour ce qu'il y a d'espace entre les eaux de Capbern, & S. Bertrand de Cominge, qui tient la place de *Lugdunum*, cet espace ne pouvant admettre en mesure itinéraire que 11 à 12 lieues gauloises. Je remarque que la distance sur le pied de 16 conviendroit à Bagnères : mais les eaux de Bagnères sont trop dans l'intérieur de la Bigorre, pour avoir appartenu aux *Convenæ* : & quoique Capbern paroisse actuellement du diocèse de Tarbe, sa situation dans un canton séparé de la Bigorre, & qui pénètre dans le pays de Cominge sous le nom de Neboufan, met ce lieu fort à portée des anciens *Convenæ*. Voyez encore sur les *Aquæ Convenarum* l'article *Casinomagus*. Strabon fait mention des bains des *Convenæ* : mais, la leçon du texte, τῶν Ονησιῶν θερμά, a paru suspecte à Casaubon ; & M. de Valois substitue à cette leçon, τὰ Κονυηνῶν θερμά.

Lib. IV, p. 190.

P. 159.

48°, 27°.
AQUÆ HELVETICÆ. On voit par des inscriptions que Baden en Suisse, sur le Limat au-dessous de Zurich, existoit du tems des Romains sous le nom que

NOTICE DE LA GAULE. 77

le terme Tudesque de Baden exprime aujourd'hui. Une de ces inscriptions en l'honneur de Marc-Aurele finit par ces mots, RESP. AQ. (*Respublica Aquensis*). C'est vraisemblablement au même lieu qu'il faut rapporter ce que dit Tacite, en parlant des excès que commirent les troupes de Cécina : *direptus longâ pace in modum municipii locus, amœno salubrium aquarum usu frequens.* *Histor.* I, *sect.* 67.

47°, 21°.

AQUÆ NERÆ. Quoiqu'on life *Aquæ Neri* dans la Table Théodosienne, il paroît plus convenable d'écrire *Aquæ Neræ*. Le nom du lieu est Néris, comme au pluriel, & ce lieu est appellé par Grégoire de Tours *vicus Nereensis*. La Table place *Aquæ Neræ* entre *Mediolanum*, qui est Château-Meillan en Berri, & *Cantilia*, ou Chantelle. La distance de *Mediolanum* marquée XII est trop courte, parce que l'espace entre Château-Meillan & Néris demande au moins 18 lieues gauloises. L'indication de Néris à *Cantilia*, sçavoir XV, peut s'accorder à la position de Chantelle-la-vieille, moins éloignée que Chantelle-le-Châtel. Une inscription qu'on a déterrée à Alichamps sur le Cher, au-dessous de S. Amand, marque la distance de ce lieu à l'égard de Bourges, AVAR (*Avaricum*) L. XIIII, & à l'égard de Néris, NER, L. XXV. Ainsi, c'est 39 entre Bourges & Néris. Or, l'espace intermédiaire peut s'estimer à peu près de 44000 toises, & le calcul de 39 lieues gauloises est de 44226. Comme le montant de ce calcul n'ajoute pas considérablement à la mesure directe, on pourroit soupçonner que dans le compte des lieues que donne l'inscription, quelques fractions ont été négligées.

47°, 22°.

AQUÆ NISINEII. Dans la Table Théodosienne ce lieu se distingue par l'édifice quarré, qui désigne les lieux qui ont des eaux minérales ; & il se trouve placé entre *Degena* (ou *Decetia*) Décise, & *Augustodunum*, Autun. Les bains de Bourbon-l'Anci, & ce qui y a longtemps subsisté des bâtimens romains, qui servoient à les décorer comme à les rendre commodes, ne permettent pas de méconnoître la position d'*Aquæ Nisineii*. Le défaut de la distance à l'égard de Decise, qui demande XVII, au lieu de XIIII que l'on trouve dans la Table, se trouve corrigé par compensation avec une autre distance, comme on peut voir dans l'article *Decetia*. Ce que la Table marque entre *Aquæ Nisineii* & un lieu nommé *Boxum*, en tendant à Autun, sçavoir XXII, quoiqu'un peu fort d'indication, peut néanmoins paroître convenable, vu la disposition du local qui est très-inégal, & le coude que faisoit cette route en joignant la rivière d'Arrou, qui descend d'Autun. On croit qu'il en est du surnom qui sert à distinguer Bourbon-l'Anci, comme de celui qui distingue Bourbon-l'Archembaut, & que c'est le nom d'un seigneur d'un côté comme de l'autre; *Ancellus*, ou Anceau, à Bourbon-l'Anci, de même qu'*Erchenbaldus* à Bourbon, qui est surnommé l'Archembaut.

49°, 21°.

AQUÆ SEGESTE. La Table Théodosienne trace une voie, qui conduit de *Genabum*, ou Orléans, à *Agedincum*, ou Sens, en figurant sur cette voie l'édifice, dont elle distingue les lieux recommendables par des eaux minérales, & le nom de celui-ci est *Aquæ Segeste*. Sa distance de *Genabum* est coupée en deux, par une position de *Fines*; & entre *Genabum* & *Fines* la Table marque XV, de *Fines* à *Aquæ segeste* l'indication paroît XXII, & elle est répétée de même entre *Aquæ Segeste* & *Agedincum*. J'ai eu une première opinion sur cette position, croyant pouvoir la rapporter aux vestiges d'un lieu entre Châtillon-sur-Loin & Montargis, & dont on fit la découverte en creusant le canal de Briare l'an 1608, selon le P. Morin, historien du Gâtinois, qui fait mention entre ces vestiges d'un lavoir en mosaïque, & on sçait que c'étoit un ornement particulier aux bains chez les Romains. Il eſt conſtant que ce que marque la Table, ſçavoir xv, entre *Genabum* & *Fines*, en prenant la direction de la voie d'Orléans à Sens, conduit préciſément aux confins du diocèſe d'Orléans, vers le lieu nommé Suri-aux-bois, limitrophe du diocèſe de Sens : l'eſpace actuel d'environ 17000 toiſes répond au calcul de 15 lieues gauloiſes. Mais, en paſſant au delà, ce qu'il y a de diſtance depuis cette liſière des deux diocèſes juſqu'au lieu nommé Montboui, où les veſtiges d'antiquité dont je viens de parler ont été trouvés, ne remplit pas l'indication de la Table ſur le pied de xxii ; elle n'admet qu'environ xvii, & la mépriſe dans le chiffre romain entre v & x, eſt aſſez fréquente dans les nombres que donnent les Itinéraires. Je vois même qu'à partir de *Fines*, l'eſpace entier juſqu'à Sens n'étant que d'environ 38000 toiſes, le compte de 44 lieues gauloiſes que les indications de la Table paroiſſent donner, doit être réduit à 34, en ſubſtituant xvii à xxii dans l'une & l'autre des deux diſtances qui partagent l'intervalle de *Fines* à *Agedincum*. Je ſuis redevable à M. Dupré de S. Maur, de l'Académie Françoiſe, & qui a beaucoup étudié notre ancienne Gaule, de m'avoir fait jetter les yeux ſur Ferrières, où il y a encore actuellement des eaux minérales, dont la qualité ferrugineuſe a pu donner lieu au nom actuel. En tirant ſur la carte du diocèſe de Sens, levée par M. Outhier, une ligne, qui du point convenable à la poſition de *Fines* tend à Sens, cette ligne paſſe par Ferrières. C'eſt une circonſtance qui n'eſt pas également favorable à un autre lieu, qui dérange conſidérablement la voie de ſa direction. J'ajoute, que Ferrières ſe trouvant à une diſtance égale (à peu de choſe près en rigueur) de *Fines* & d'*Agedincum*, cette ſituation ſe rapporte préciſément au moyen de correction par lequel la Table doit être rectifiée, comme je viens de le remarquer. Donc, la poſition de Ferrières nous repréſente celle d'*Aquæ Segeſtæ*.

46°, 22°.

AQUÆ SEGETE. La Table Théodosienne les repréfente par l'édifice qui y défigne les eaux minérales, & c'eft dans l'intervalle du *Forum Segufianorum* & d'un lieu nommé *Icidmagus*, qui eft Iffinhaux dans le Vellai, que celles-ci font placées. La diftance paroît indiquée VIIII entre *Aquæ Segete* & le *Forum*, & XVII entre *Icidmagus* & *Aquæ Segete*. Or, ce qu'il y a d'efpace en ligne directe de Feur, ou du *Forum Segufianorum*, à Iffinhaux, étant eftimé d'environ 35000 toifes, ce qui renferme 31 lieues gauloifes, il faut conclure qu'il y a quelque défaut dans les nombres de la Table, dont la fomme n'eft que de 26 : & je conjecture qu'il convient de lire XIIII, au lieu de VIIII, entre le *Forum* & *Aquæ Segete*, dont la pofition me paroît tomber fur un lieu nommé Aiffumin, à la rive droite de la Loire. La diftance dont ce lieu s'écarte de Feur peut s'évaluer à environ 16000 toifes, & le calcul rigoureux de 14 lieues gauloifes, fçavoir 15876, eft, à peu de chofe près, conforme à l'indication corrigée par le nombre XIIII.

44°, 24°.

AQUÆ SEXTIÆ. On fçait que C. Sextius Calvinus ayant vaincu les *Salyes*, conftruifit une ville près du lieu où il avoit remporté cette victoire : *victâ Saluviorum gente, coloniam Aquas Sextias condidit, ab aquarum copiâ, & calidis & frigidis fontibus, atque à nomine fuo, ita appellatas ;* comme on lit dans le fommaire du livre LXI de Tite-live. Dans Solin : *Aquas Sextias, quondam hiberna confulis, pofteà excultas mœnibus.* Quoique Sidoine - Apollinaire appelle ces eaux *Sextias Baias*, cependant Solin remarque qu'elles avoient perdu de leur qualité ; *nec jam pares effe famâ priori.* Deux victoires ont illuftré cette ville, felon Sidoine ; *duo confulum tropæa.* Car, à la victoire remportée par Sextius, fuccéda, environ vingt ans après, celle que Marius remporta fur les Ambrons & les Teutons ;

& on croit que le champ de bataille fut près de la rivière de Lar (*Laris*, & non pas l'Arc) fur la droite en remontant, à environ quatre lieues au-deſſus d'Aix. Strabon, Pline, Ptolémée, font mention d'*Aquæ Sextiæ*. Cette colonie a joint un nom emprunté d'Auguſte à celui de ſon fondateur, comme une inſcription donnée par Scaliger, COL. IVL. AQVIS SEXTIS, le témoigne. Pline, qui dans l'énumération des villes de la Narbonoiſe, diſtingue celles qui jouiſſoient du droit Latin, *oppida Latina*, d'avec les colonies, range *Aquæ Sextiæ* dans le nombre des premières; & il en eſt de même de pluſieurs autres villes, que l'on connoît néanmoins avoir été colonies auſſi-bien qu'Aix. La formation d'une ſeconde Narbonoiſe a fait monter *Aquæ Sextiæ* au rang de métropole. Une voie romaine d'Aix à Marſeille, qui n'eſt point marquée dans les Itinéraires, nous eſt indiquée par la dénomination de Septème, que conſerve ſur cette voie un lieu diſtant de Marſeille de 5 à 6000 toiſes, ce qui répond aſſez bien à 7 milles romains, dont le calcul eſt d'environ 5300 toiſes. Cette diſtance étoit donc comptée de Marſeille : & en effet, c'eſt juſqu'à Septème incluſivement que s'étend le diocèſe de Marſeille, en confinant à celui d'Aix. On peut eſtimer, qu'entre Aix & Septème le compte des milles étoit XI. Ainſi, la diſtance d'Aix à Marſeille donnoit lieu de compter 18. Cette diſtance ſe trouve fixée en droite-ligne à 13000 & quelques centaines de toiſes, & le calcul de ce nombre de milles romains eſt de 13600.

Lib. III, cap. 4.

44°, 19°.
AQUÆ SICCÆ. Ce lieu eſt placé dans l'Itinéraire d'Antonin entre *Calagorris* & *Vernoſole*, & ſur une route qui conduit à Toulouſe, de cette manière : *Aquis Siccis* XVI : *Vernoſole* XV : *Toloſa* XV. Dans l'application que pluſieurs ſçavans, M. de Valois, M. Weſſeling, ont faite d'*Aquæ Siccæ* au lieu qui ſe nomme Seichés, on n'a point remarqué que ce lieu, peu diſtant de Tou-

L

louse, est plus près de cette ville que celui dont le nom de Vernose représente *Vernosol*. Ainsi, en supposant qu'*Aquæ Siccæ* est Seiches, il y a une transposition à corriger dans l'Itinéraire. L'une ou l'autre des distances que marque cet Itinéraire entre *Calagorris* & *Aquæ Siccæ*, ou entre *Aquæ Siccæ* & *Vernosol*, suffisant à ce qu'il y a d'espace entre Cazeres, qui est *Calagorris* & Vernose, cet espace n'admet point de position intermédiaire. J'ajoute, que la distance par laquelle l'Itinéraire termine cette route, sçavoir de *Vernosol* à Toulouse, s'adapte à ce qu'il y a d'espace entre Vernose & Toulouse. Or, de ces circonstances locales il résulte, qu'indépendamment de la transposition d'*Aquæ Siccæ*, il y a une distance à supprimer dans l'Itinéraire, & qu'au lieu de trois on n'en peut admettre que deux, sçavoir de *Calagorris* à *Vernosol*, & de *Vernosol* à Toulouse, à moins qu'on n'aime mieux diviser la dernière en deux parties, à compter l'une & l'autre de l'emplacement qui convient à *Aquæ Siccæ* dans cet espace.

44°, 18°.

AQUENSIS VICUS. Plusieurs inscriptions trouvées à Bagnères font connoître que ce lieu existoit sous les Romains, & les habitans sont nommés *Aquenses*. Oihenart rapporte une de ces inscriptions, qui désigne précisément les bains qui ont donné le nom à Bagnères : *Nymphis pro salute suâ.*

Not. Vascon. p. 506.

50°, 17°.

ARÆGENUS, *posteà* BAJOCASSES. Cette position est figurée comme celle de plusieurs capitales dans la Table Théodosienne, & le nom y est écrit *Aræge-nue*. Il y a une affinité si marquée entre la dénomination d'*Aræegenus* & celle d'*Argenus*, qui est propre à une rivière dans Ptolémée, qu'il me paroît indispensable de reconnoître de la liaison entre la position d'*Aræegenus* & la rivière d'*Argenus*. On peut voir dans l'article *Argenus fluvius*, que l'embouchure de cette rivière, qui précède immédiatement celle d'*Olina*, ou la rivière d'Orne, en rangeant la côte d'occident en orient, selon la description de Ptolémée, ne sçauroit être que l'enfoncement de mer qui reçoit la rivière d'Aure unie à la rivière de Vire : & ce n'est point donner trop à la conjecture, que de voir le nom de la rivière d'Aure dans ce qui compose le nom d'*Aræ-genus*. Combien peut-on citer de noms actuels qui conservent moins de ressemblance à ceux dont il est incontestable qu'ils dérivent ? Or, s'il y a quelque ville capitale qui tienne à la rivière d'Aure, c'est celle de Baïeux : d'où il résulte que la position d'*Aragenus* doit être celle de Baïeux. Cette position dans la Table se trouve sur une route, qui vient de l'intérieur du Côtantin ; & le vice d'une indication de distance, qui paroît xxiiii à l'égard du lieu nommé *Augustodurus*, ou du passage de la Vire, est l'unique apparence de difficulté, qui puisse servir de prétexte pour ne pas reconnoître Baïeux dans *Aragenus*. Mais, les indications que donnent les anciens Itinéraires n'étant pas toujours d'accord avec le local, comme on ne sçauroit se dispenser d'en convenir, il est plus aisé de voir le défaut de celle-ci, que de désunir la ville d'*Aragenus* de la rivière qui porte le même nom. La manière dont l'indication est inscrite sur la Table, qui est ainsi x|xiiii, divisée par la trace de la route, donne lieu de soupçonner, que ce trait partageant le nombre, a fait répéter mal-à-propos une dixaine, puisque la distance réelle ne la demande que simple. C'est donc ici un de ces cas, que l'on ne voudroit rencontrer en aucun endroit des Itinéraires, & où il est bien force d'y déroger. Il est arrivé à la capitale des *Bajocasses*, comme à beaucoup d'autres, de perdre son nom primitif, pour que celui du peuple en prît la place. Le nom de *Bajocasses* est employé comme celui d'une ville dans ce vers d'Ausone :

Tu Bajocassis stirpe Druidarum satus.

Et *civitas Bajocassium* se trouve dans la Notice des Provinces de la Gaule. On a dit par contraction *Bajocæ*, & la Notice de l'Empire fait mention de *Bajocas*. Sanson transporte à Baïeux le nom de *Juliobona*, qui appartient à la capitale des *Caleti* ; & il faut que son opinion ait été adoptée par quelques personnes, qui faute d'examen dans ces matières, m'ont dit que Baïeux étoit *Juliobona*. C'est la preuve d'un grand désordre de positions dans l'ancienne Gaule.

46°, 23°.

ARA LUGDUNENSIS. Cet autel fut consacré à Auguste, par le concours de 60 cités de la Gaule, l'an de Rome 742, la dixième année avant l'Ere Chrétienne, sur la pointe de terre formée par le confluent du Rhône & de la Saône, & qui dans les écrits du moyen-âge est appellée *Atanacum*, la pointe d'Ainai. Il faut être prévenu que Lion dans sa fondation bordoit le rivage droit de la Saône, & n'occupoit point comme aujourd'hui l'espace renfermé entre les deux rivières. On lit dans une inscription rapportée par Gruter ; *Romæ & Aug. ad Aram ad confluentes Araris & Rhodani*. Caligula institua des jeux en ce lieu-là, & une dispute d'éloquence Grecque & Latine entre des Rhéteurs. C'est à quoi Juvénal fait allusion :

Aut Lugdunensem Rhetor dicturus ad Aram.

Dion-Cassius dit que de son tems, deux siècles après Auguste, l'autel & les honneurs rendus à cet empereur subsistoient encore.

51°, 25°.

ARA UBIORUM. C'est une position sur laquelle les sçavans sont partagés, les uns voulant la rapporter à Bonn, les autres à Cologne. Il est mention de l'autel des *Ubii* avant la fondation d'*Agrippina* sous l'empire de Claude ; & ceux qui tiennent pour cette colonie prétendent, qu'elle n'a point été fondée ailleurs que dans l'endroit où les *Ubii* pratiquoient leurs cérémonies religieuses. D'un autre côté, on voit en rapprochant divers endroits de Tacite, que la première légion ayant son quartier *apud Aram Ubiorum*, cette même légion *Bonnam obtinebat*; autrement, *Bonnam hiberna legionis primæ*. Ce témoignage fourni par Tacite, me paroît l'emporter sur une simple présomption, quoiqu'elle semble favorisée par un critique habile tel que Juste-Lipse. Car, si les époques ne sont pas les mêmes dans Tacite, vu le tems écoulé depuis Germanicus & le commencement du règne de Tibère jusqu'à Vespasien ; les quartiers des légions paroissent avoir été permanens en quelques lieux , puisqu'ils ont donné des noms, ou des surnoms, à des positions fixes, comme on peut en alléguer des exemples, & spécialement dans la Germanie des Gaules, en citant *Tricesimæ*, lieu adhérant à *Vetera*. Ce que Tacite dit de *Vindonissa*, en y plaçant la vingt & unième légion, une inscription trouvée sur le lieu le dit également. On ne sçauroit ignorer, que *Legio septima gemina*, établie dans l'ancienne contrée des *Astures*, a fait la dénomination que conserve en Espagne la ville de Léon. Un moyen qu'on peut employer à la recherche du lieu en question, se tire de Tacite ; sçavoir, que le camp romain à *Vetera* étoit à l'égard de l'autel des *Ubii*, où résidoit Germanicus, *ad se*▮*imum lapidem*. Si, pour opter ici entre la lieue g▮ise & le mille romain sur cette distance, on s'en rapporte à celles qu'indiquent les Itinéraires, en suivant la voie qui faisoit la communication des places établies sur le Rhin, on donnera sans difficulté la préférence à la lieue gauloise ; & la comparaison qui est faite de ces distances avec le local en plusieurs articles concernant ces différentes places, est propre à le démontrer. Or, en remontant de *Vetera* le long de la voie, dont la trace est connue, on ne compte que 42 en arrivant à Cologne, mais environ 54 jusqu'à Bonn. Il y en aura même 57 en poussant jusqu'à un lieu dont

Annal. I, sect. 39, & Histor. IV, sect. 19 & 25.

Histor. VI, sect. 61 & 70.

il fera mention ci-après, & le *fexagefimus lapis* de Tacite paroît un compte rond, qui ne doit pas être pris en
rigueur. Mais, il eft conftant que par la lieue gauloife,
la pofition de Bonn, ou quelque autre en particulier
dans les environs, conviendra mieux que Cologne. Je
remarque au-deffus de Bonn un lieu éminent, diftingué
par le nom de Gots-berg, comme qui diroit *Divinus
mons* ; & je penfe qu'il en pourroit être de ce lieu de
même que d'un autre qui exifte dans la Souabe fous le
nom de Heiligen-berg, ou de *Sacer mons*. Car, en fuivant la trace d'une voie romaine, j'ai reconnu qu'une
pofition dont le nom eft *Aræ Flaviæ*, convient précifément à ce lieu d'Heiligen-berg ; & il y a dans ce rapport de quoi fortifier la conjecture fur le Gots-berg d'au-

Eberhard Rau. près de Bonn. L'opinion d'un Profeffeur Alemand, qui
a compofé un ouvrage pour tranfporter l'autel des *Ubii*
au delà du Rhin, ne m'a pas paru foutenue de preuves
convainquantes.

48°, 24°.

Comment. I. ARAR FLUV. Céfar parle de cette rivière comme
ayant fon cours entre les *Ædui* & les *Sequani* ; mais
avec tant de lenteur, *ut oculis, in utram partem fluat,*
Lib. III., cap. 4. *judicari non poffit* ; ce qui a fait dire à Pline, en parlant
du Rhône, *fegnem deferens Ararim* On connoît des inf-
criptions qui font mention, *Nautarum Araricorum &
Rhodanicorum*. Le nom de Saône, que porte aujour-
d'hui cette rivière, n'eft pas récent, puifqu'on le trouve
Lib. XV, cap. 11. dans Ammien-Marcellin ; *Ararim, quem Sauconnam appellant*. Que dire de Ptolémée, qui place la fource de
la Saône dans les Alpes proprement dites, à côté de
celles du Doux & du Rhône, & à une hauteur moins
élevée que celle de Lion ? Les pofitions de Ptolémée
dans la Gaule, doivent détromper ceux qui veulent tirer de fes Tables des inductions propres à déterminer la
place qu'on doit affigner à certains lieux.

44°, 22°.

ARAURIS FLUV. Son nom est *Araura* dans Strabon, qui en marque la source dans le mont *Cemmenus* (ou *Cebenna*). On lit dans Méla ; *ex Gebennis demissus Arauris, juxtà Agatham.* Le nom d'*Arauris* se trouve aussi dans Pline. Ptolémée marque l'embouchure de cette rivière entre celle de l'*Orobis*, & la position d'*Agathépolis*, ou d'*Agatha*. Vibius-Sequester désigne par le nom de *Cyrta* la rivière qui coule près d'Agde : *Cyrta Massiliensium, secundùm Agatham urbem* : & M. de Valois conjecture que ce nom peut avoir été donné par les Marseillois, fondateurs d'Agde, & désigner les replis du cours de cette rivière, *quasi incurvum dixère*. Dans le moyen-âge le nom a été altéré en celui d'*Eravus*, & il s'écrit communément Eraut. Je trouve *Fluvius Araur* dans un diplôme de l'empereur Louis le Débonnaire, en faveur du monastère d'Aniane, & dont la date est de l'an 837. Ainsi, l'ancienne dénomination se maintenoit dans le neuvième siècle.

Lib. IV, p. 182.
Lib. II, cap. 5.
Lib. III, cap. 4.
De Fluminib.
P. 35.
Hist. de Lang. Tome I, preuves, col. 71.

45°, 23°.

ARAUSIO. Cette ville est nommée dans Strabon entre *Avenio* & *Aëria*, villes du territoire des *Cavares*. Je crois même qu'il en est mention quelques lignes plus haut, en parlant d'une ville des *Cavares* enveloppée de rivières, comme on peut voir à l'article qui concerne *Cularo*, où M. de Valois transporte ce que renferme cet endroit de Strabon. Méla parlant des villes qui se distinguent par leur opulence dans la Narbonoise, y comprend *Secundanorum Arausio*. Pline cite *Arausio Secundanorum* au nombre des colonies. Ptolémée n'omet point cette ville entre celles des *Cavares*. Sa position se trouve dans l'Itinéraire de Bourdeaux à Jérusalem, & dans la Table Théodosienne, où on lit *Arusione*, ainsi que dans l'anonyme de Ravenne, qui paroît en beaucoup d'endroits ne faire autre chose que copier cette Table. Plusieurs sçavans ont cité une mé-

Lib. IV, p. 185.
Lib. II, cap. 5.
Lib. III, cap. 4.

daille de Néron, rapportée par Goltzius, & qui porte, *Col. Arausio Secundanor.* On fçait que ce furnom de *Secundanorum* défigne une milice romaine, comme celui de *Sextanorum* à Arles, de *Septimanorum* à *Bæterræ*, ou Béziers. Orange conferve de plus grands vestiges de la magnificence de l'âge romain dans la Gaule, que la plupart des villes du même tems, un Arc de triomphe, des Arènes. Dans la Notice des provinces de la Gaule, *civitas Arauficorum* est de la Viennoife. Lorfqu'Arles, devenue métropole, a enlevé à la Viennoife une partie de fon diftrict, la cité d'Orange eft entrée dans la province eccléfiaftique d'Arles, & lui eft même demeurée, nonobftant le démembrement qu'a fouffert cette province, pour en former une nouvelle en faveur d'Avignon.

48°, 28°.

ARBOR FELIX. Quoique ce lieu paroiffe avoir été féparé de l'Helvétie, comme une pofition de *Fines* entre *Vindoniffa* & *Arbor felix*, dans l'Itinéraire & dans la Table le fait connoître; & que la Notice de l'Empire l'adjuge à la Rhétie, par la mention qu'elle fait d'*Arbore, fub difpofitione ducis Rhætiæ primæ & fecundæ*: cependant la fituation d'Arbon, qui eft la dénomination actuelle, fur la rive citérieure du lac de Conftance, m'engage à l'inférer ici. Ammien-Marcellin en parle comme d'un camp romain: *Gratianus digreffus per caftra, quibus Felicis arboris nomen eft.* M. Welfeling cite la vie de S. Magnus, dans laquelle ce lieu eft appellé *caftrum & oppidum Arbonenfe*. Quant à la diftance d'*Arbor-Felix* à l'égard du lieu de *Fines* mentionné ci-deffus, elle eft marquée xx dans l'Itinéraire, xxi dans la Table, & je juge par le local que le mille convient mieux à cette diftance que la lieue gauloife. D'*Arbor* à *Brigantia* xx également dans l'Itinéraire. Si l'on ne trouve que x dans la Table en cet intervalle, je préfume que c'eft par l'omiffion d'une diftance particulière, & il me paroît que le terme de l'indication de x tombe fur Rheinek,

Lib. XXXI.

NOTICE DE LA GAULE. 89
Rheinek, au passage du Rhin, peu au-dessus de son entrée dans le lac de Constance.
51°, 24°.

ARDUENNA SILVA. César en parle comme de la plus vaste des forêts de la Gaule, en s'étendant depuis la frontière des *Remi* & des *Nervii*, au travers du pays des *Treveri*, jusqu'au Rhin : *ingenti magnitudine, per medios fines Treverorum, à flumine Rheno ad initium Remorum (silva Arduenna) pertinet* : & dans un autre endroit ; *per Arduennam silvam, quæ est totius Galliæ maxima, atque ab ripis Rheni, finibusque Treverorum, ad Nervios pertinet, millibusque ampliùs* ɔ *in longitudinem patet*. Quant à cette longueur de la forêt d'Ardenne, comme elle a dû paroître excessive, plusieurs sçavans veulent y substituer le nombre L, ou *quinquaginta*, ainsi qu'on lit dans les anciennes éditions d'Orose, & dans l'*historia miscella*. Mais, cette correction va trop au rabais : & vu que depuis les sources de la Sambre, & la haie d'Avêne sur les confins des *Nervii*, jusque vers le Rhin, en traversant le pays de Luxembourg, & les limites communes des diocèses de Trèves & de Liége, l'espace se trouve au moins de 160 milles ; il y a tout lieu de croire qu'on doit lire dans César, *amplius millibus* CL. Il faut convenir, qu'on ne lit *quinquaginta* dans quelques auteurs, que d'après le dernier des deux chiffres romains ; & puisque ce nombre est évidemment insuffisant, c'est donc par l'omission du premier chiffre qu'on n'a point écrit *centum* avant *quinquaginta*. La partie de cette immense forêt qui est en deçà de la Meuse, a été distinguée par le nom de *Teoracia*, qui s'est communiqué au canton de pays nommé Tiérache. Le nom d'Ardenne a fait celui d'un *pagus*, ou d'un comté dans le moyen-âge, aux environs de la rivière d'Ourte, *Urta*, qui tombe à Liége dans la Meuse : & la partie du diocèse de Liége qui confine à celui de Trèves, compose l'archidiaconé des Ardennes. Au-

Comment. V.

Comment. VI.

M

reſte ; le nom d'Ardenne paroît un terme générique. Il eſt employé dans des diplômes d'Othon III, & de Henri l'Oiſeleur, en date de l'an 1001 & de 1003, à l'égard d'un canton en Weſtphalie, ſur les confins du diocèſe de Paderborn, & qui pourroit être le *Saltus Teutoburgienſis* dont parle Tacite, & funeſte aux légions romaines commandées par Varus. Baxter, dans ſon Gloſſaire des antiquités Britanniques, fait mention d'une forêt d'Ardenne dans Warwick-shire en Angleterre. Les environs de Coventri dans ce comté ſont couverts de bois, & j'y trouve un lieu nommé Hampton *in Arden*. Le nom de *Hercynia*, ou de Hartz, a été pareillement appellatif en Germanie.

48°, 23°.

AREBRIGNUS PAGUS. Dans un diſcours oratoire du rhéteur Eumène au grand Conſtantin (*inter Panegyricos veteres ſeptimo*) il eſt mention de ce *pagus* comme d'un canton de la cité des *Ædui*, ou dépendant d'Autun. On peut même déterminer ſa ſituation, ſur ce qu'il eſt dit qu'une partie de ce canton s'étendoit en plaine juſqu'à la Saône, étant d'un autre côté couvert de rochers & de bois : *ſubjecta & uſque Ararim porrecta planities, cætera ſilvis & rupibus invia* : à quoi il n'eſt pas inutile d'ajouter, que ſon vignoble étoit en réputation ; *uno loco vitium cultura perſpicua eſt*. Or, quoique l'ancien territoire des *Ædui* fût très-étendu le long de la Saône, il eſt aiſé néanmoins de diſtinguer le *pagus Arebrignus* du diſtrict de Challon, & de celui de Mâcon, parce que ces villes qui ſont anciennes, & qui ont formé des diocèſes, ont donné le nom à leur diſtrict. Ainſi, l'*Arebrignus* ne ſçauroit conſiſter que dans les environs de Beaune & de Nui, entre les limites de Challon & ceux des *Lingones*, s'étendant par ſes derrières, où le terrain eſt plus inégal & montueux, du côté d'Arnai-le-Duc.

NOTICE DE LA GAULE.
44°, 23°.

ARELATE. C'est la manière la plus ordinaire d'écrire ce nom dans sa terminaison. On trouve *Arelatæ* avec diphthongue, *Arelatum* plus souvent, quelquefois *Arelas*, sur-tout dans les poètes, & postérieurement *Arelatus*. La première mention qui en soit faite, est dans le premier livre *de bello civili*, César y ayant fait construire des bâtimens, pour s'en servir contre les Marseillois. Strabon en parle comme d'un entrepôt pour le commerce, *emporium*, qui n'étoit pas peu considérable de son tems. Méla met cette ville au nombre des plus riches de la Narbonoise. Pline, Suétone (*in Tiberio*) & Ptolémée, la reconnoissent pour colonie; & elle est placée chez les *Salyes* par Ptolémée. Honoré Bouche rapporte une inscription, qui donne à la colonie d'Arles le prénom de *Julia Paterna*. Elle est surnommée *Mamillaria* dans une autre inscription, ce qui se rapporte littéralement à ce que dit Festus-Avienus (*in orâ maritima*) en parlant d'Arles : *Lib. IV, p. 181. Lib. II, cap. 5. Lib. III, cap. 4. Chorogr. de Prov. liv. IV, ch. 4.*

Theline vocata sub priore seculo,
Graio incolente.

Car, Θηλή en grec, signifie la même chose que *mamilla* en latin. Il y a lieu de croire que Spon n'avoit pas sous les yeux cet endroit d'Avienus, lorsqu'il proposoit de lire dans l'inscription MATRE MILIARIA, sur ce que le surnom dont il s'agit, *Mamillaria*, ou *Mammillaria*, s'y trouvant partagé en deux lignes, dont la première se borne à la première syllabe, il suppose que deux points ajoutés à cette syllabe tiennent la place de trois lettres. Il est vrai que la pierre qui porte l'inscription paroît avoir été colomne milliaire, parce qu'on y voit finalement M. P. I. Mais, outre que le terme de *mater* n'est point connu par d'autres endroits pour signifier, selon l'interprétation arbitraire de Spon, le *lapis milliaris* duquel on est parti pour compter les milles, comme du *milliarium aureum* au centre de Rome, & qui *Miscell. Erud. Antiq. p. 166.*

dans ce cas doit être zéro & fans numéro, cette prétendue qualification ne conviendroit pas à la colomne qui étant écartée de ce point de partance, est chargée du numéro 1. Les habitans d'Arles fe donnent le nom de *Sextani Arelatenfes*, dans une infcription en l'honneur de Fauftine, femme de Marc-Aurele ; & c'est en conformité de ce qu'on trouve dans Méla & dans Pline, *Arelate Sextanorum*. Cette ville étant devenue très-puiffante, Honorius y transféra le fiége de la préfecture du prétoire des Gaules, qui auparavant étoit à Trèves. La Notice de l'Empire fait mention du tréfor dépofé à Arles, & de fon hôtel des monoyes : *præpofiti thefaurorum Arelatenfium ; procuratoris monetæ Arelatenfis*. Conftantin voulut que la ville d'Arles portât fon nom ; & elle eft appellée *Conftantina* dans un réglement émané de l'empereur Honorius. Il eft très-probable, que ce fut Conftantin qui conftruifit une feconde ville vis-à-vis de la première, en joignant ces deux villes par un pont de bateaux. C'eft ce qui a fait dire à Aufone *duplex Arelate*. Cette feconde ville fur la rive droite du Rhône, eft ce qu'on nomme aujourd'hui Trinquetaille, dont le nom eft *Trintatella* dans des écrits d'environ 500 ans. Je ne terminerai point cet article fans remarquer, que felon une infcription rapportée par Honoré Bouche, & par Spon, & qui eft du tems des Antonins, un lieu fort éloigné d'Arles, nommé *locus Gargarius* fur la pierre, aujourd'hui Garguiés, paroiffe de Gemenos, au-delà d'Aubagne à l'égard de Marfeille, eft marqué fitué *in finibus Arelatenfium*. Il faut ajouter, que fur un cippe de pierre au pied du mont de Sainte Victoire, à deux lieues au-delà d'Aix à l'égard de la pofition d'Arles, on a trouvé infcrit fur le côté tourné vers Aix, FIN. AQ. c'eft-à-dire *fines Aquenfium*, & fur le côté contraire, FIN. AREL. ou *fines Arelatenfium*. Or, je ne vois qu'un moyen de concevoir comment les *Fines* d'Arles font portés fi fort au loin, qu'ils dépaffent le travers de Mar-

NOTICE DE LA GAULE.

feille dans l'inscription du *Gargarius locus*, & qu'ils enveloppent Aix, en vertu de l'inscription du mont de Sainte Victoire. C'est de rapporter ces *Fines* à quelque partie de l'ancien domaine des *Salyes*, nation la plus puissante de toute cette contrée, & à laquelle Ptolémée attribue des villes voisines du Rhône, & Arles en particulier, tandis que Strabon la fait dominer jusque vers les Alpes. Dans cette étendue, le territoire concédé à la colonie romaine d'*Aquæ Sextiæ* dans sa fondation, & distrait du domaine des *Salyes*, devoit former une enclave particulière, qu'un district plus vaste renfermoit. Les avantages qui distinguent la ville d'Arles sous différens empereurs font juger, que lorsque le corps de la nation des *Salyes* a pu cesser de figurer sous ce nom, le nom d'Arles aura pris sa place. Ce n'est que de cette manière qu'il est mention de *Provincia Arelatensis* dans une inscription rapportée par Gruter, & antérieure au tems où l'on a distingué une province d'Arles dans le même sens qu'on distingue les Narbonoises & la Viennoise. Quoique *civitas Arelatensium* soit rangée entre celles de la province Viennoise dans la Notice de la Gaule, que l'on juge avoir été dressée du tems d'Honorius ; toutefois, le pape Zozyme, qui occupoit le siége de Rome sous le règne du même empereur, reconnoît l'évêque d'Arles pour métropolitain, & veut que cette ville conserve une prérogative dont elle paroissoit jouir : *Metropolitanæ Arelatensium urbi vetus privilegium minimè derogandum.*

52°, 24°.

ARENATIUM. Il en est mention dans Tacite comme d'un poste situé dans la partie supérieure de l'isle des *Batavi*. Les Itinéraires donnent le moyen d'en fixer la position. Celui d'Antonin & la Table Théodosienne s'accordent à marquer entre un lieu connu près de Cléve, sçavoir *Colonia Trajana*, & *Burginatium* v, & vi entre *Burginatium* & *Arenatium*. Ces lieux sont rangés

Hist. V, sect. 20.

sur une voie qui suivoit le bord du Rhin, en continuant ainsi jusqu'à *Lugdunum* des *Batavi*, ou Leyde. La position qui convient à *Burginatium* conduit à celle qui la suit; en remarquant néanmoins, que les distances indiquées dans les intervalles, ne conviennent au local que selon la mesure du mille romain, non pas sur celle de la lieue gauloise. Dans l'emplacement que prend *Arenatium*, le lieu dont le nom actuel est Aert, conserve évidemment un reste de l'ancienne dénomination. On lit *Arenacum* dans Tacite, *Harenatium* avec aspiration dans l'Itinéraire.

$44°, 24°$.

ARGENTEIS. On trouve dans la Table Théodosienne une branche de voie, qui sort de la trace de la voie Aurélienne à *Forum Voconii*, pour se rendre à *Reii Apollinares*, ou Riez. En position intermédiaire sur cette route on lit *Anteis*; & la distance du lieu quelconque ainsi nommé, est marquée xviiii à l'égard du *Forum*, & xxxii à l'égard de *Reii*; ce qui fait compter 51 entre *Forum* & *Reii*. Mais, ce qu'il y a d'espace depuis la position qui convient à *Forum Voconii*, jusqu'à Riez, ne s'estimant que d'environ 28000 toises, il n'est pas possible d'y faire entrer 51 milles de mesure itinéraire, dont le calcul passe 39500 toises. D'ailleurs, je ne vois point de lieu qui ait aucun rapport à ce nom écrit *Anteis*. Je remarque néanmoins, que le passage de la rivière d'Argents se rencontre sur la route dont il s'agit; ce qui me fait croire que ce nom *Anteis* est une abbréviation d'*Argenteis*. Cette conjecture nous rapproche du local par rapport aux distances. Car, de la position du *Forum* jusqu'au passage de l'Argents, la distance n'étant que de 9 ou de 10 milles, la suppression d'un x surabondant dans l'indication, ne fait plus compter entre *Forum* & *Reii* qu'environ 40 milles, dont le calcul de 30240 toises n'excède la mesure directe qu'autant qu'il convient dans un pays inégal & montueux.

NOTICE DE LA GAULE.

44°, 25°.

ARGENTEUS FLUV. Lépidus écrit à Cicéron : *castra ad flumen Argenteum, contra Antonianos feci.* Pline parlant de *Forum Julii, amnis in eâ (coloniâ) Argenteus* ; ce qu'il ne faut pas entendre avec trop de rigueur, parce que la rivière d'Argens ne passe pas précisément à Fréjus, laissant cette ville à quelque distance sur la gauche de son cours. Ptolémée a connu l'embouchure de l'Argens, entre *Olbia* & *Forum Julium*. *Lib. III, cap. 4.*

47°, 20°.

ARGENTOMAGUS. Je crois devoir écrire ainsi, plutôt qu'*Argantomagus*, par une raison de conformité avec *Argentoratum*, avec *Argentovaria* ; & parce que dans les écrivains postérieurs à l'âge Romain, je vois que cette manière d'écrire a été conservée. On lit *Argentomagus* dans Eginhard sous l'an 766, *Argentomacum* dans le martyrologe d'Usuard, *Argentonus* ou *Argentonum castrum* dans le continuateur de Frédégaire, & dans les Annales de S. Bertin ; aujourd'hui Argenton. L'Itinéraire d'Antonin fait mention de ce lieu sur une route qui conduit de *Limonum*, Poitiers, à *Avaricum*, Bourges ; & la distance du lieu nommé *Finés*, marquée XX par l'Itinéraire, peut convenir à ce qu'il y a d'espace entre les limites du diocèse de Poitiers, & Argenton dans celui de Bourges. D'*Argentomagus* à *Avaricum*, la Table Théodosienne & l'Itinéraire marquent des positions intermédiaires, *Alerea*, & *Ernodurum* ; & on peut recourir aux articles qui concernent ces positions, pour connoître le rapport qu'elles prennent avec celle d'*Argentomagus*. Il y a de plus une route de communication entre *Argentomagus* & *Augustoritum* dans la Table, comme on peut voir à l'article sous le nom de *Prætorium*.

40°, 26°.

ARGENTORATUM. Ptolémée est le premier qui en fasse mention, en déplaçant néanmoins *Argentora-*

tum, parce qu'il l'attribue aux *Vangiones*. La défaite des Alemans & de leur roi Chnodomaire, par Julien, près de cette ville, a fait dire à Ammien-Marcellin, *Argentoratus barbaricis cladibus nota*. Elle paroît sur les voies romaines dans l'Itinéraire d'Antonin, & dans la Table Théodosienne. Dans la Notice des provinces de la Gaule, *civitas Argentoratensium* suit immédiatement la métropole de la Germanie première, qui est Maïence. Comme on ne voit point qu'elle eût changé son nom d'*Argentoratum* en celui des *Triboci*, auxquels elle appartenoit, quoique dans la même province les capitales des *Nemetes* & des *Vangiones* ne paroissent que sous ces noms de peuples dans la Notice; on pourroit soupçonner qu'*Argentoratum* n'étoit pas primitivement la principale ville des *Triboci*. Mais, selon la Notice de l'Empire, elle donnoit le nom à un district appellé *Tractus Argentoratensis*, sous les ordres d'un commandant qui avoit le titre de Comte. La même Notice nous apprend, qu'on y avoit établi un attélier d'armes de toute espece; *fabricam armorum omnium*. Cette ville est quelquefois nommée *Argentora* simplement, ou *Argentina*. Sa situation au passage d'une grande voie romaine, & où plusieurs voies aboutissoient, lui avoit fait donner dans le sixième siècle le nom de *Stratæ-burgus*, moitié Romain, & moitié Barbare. On le trouve dans Grégoire de Tours; & on lit dans Nithard, historien du neuvième siècle, *in civitate quæ olim Argentaria vocabatur, nunc autem Stratzburg vulgò dicitur*.

Lib. IV, p. 11.

• 49°, 26°.

ARGENTOVARIA. Il faut dire, comme de la ville précédente, que Ptolémée est le premier qui en fasse mention. Il l'adjuge aux *Rauraci*, dont le territoire paroît avoir pris autant d'aggrandissement que le diocèse de Basle en a aujourd'hui, quoiqu'il puisse avoir été plus resserré auparavant, comme on peut voir à l'article *Rauraci*. Dans Ptolémée le nom de cette ville est

écrit

écrit Ἀργεντουάρια. Le *castrum Argentariense* de la province Séquanoise, selon quelques Notices de la Gaule, ne peut se rapporter qu'à *Argentovaria*. Une grande victoire que Gratien remporta sur les Alemans en 378, a donné à ce lieu quelque célébrité dans l'histoire. La difficulté est de reconnoître quel a été son emplacement, & je pense que les distances sur la voie romaine qui y passoit, & quelques indices sur le local, nous y conduiront. L'Itinéraire d'Antonin indique la distance depuis *Cambes* jusqu'à *Argentovaria* de cette manière : *Stabulis* VI ; *Argentovaria* XVIII. La position de *Cambes* dans celle qui existe sous le nom de Kembs du côté de Basle, ne souffre point de difficulté. L'espace que demandent strictement 24 lieues gauloises, sur la trace de la voie qui subsiste, s'étend à peu près jusqu'à un lieu qui se nomme Markels-heim, en allant un peu au-delà d'une position dont le nom est Artzen-heim. Je dis que la voie subsiste, parce que je la trouve tracée positivement comme une ancienne chauffée, sur une carte manuscrite tellement circonstanciée, qu'une lieue actuelle de 2500 toises occupe la longueur d'un pied sur cette carte. Cette trace prend évidemment sa direction de la position d'Otmars-heim, qui suit celle de Kembs, & elle tend directement à Artzen-heim, laissant le glacis du Neuf-Brisak sur la gauche, & souffrant même une interruption en approchant de cette place, sans que l'alignement perde rien de son évidence. On ne sçauroit disconvenir, que l'évaluation des distances, & le passage des routes sont les moyens légitimes de retrouver les positions marquées sur ces routes. L'analogie que les dénominations actuelles conservent avec les anciennes, y concourt quelquefois ; & ce ne seroit point trop hazarder que de la trouver dans Artzen-heim à l'égard d'*Argento-varia*. Il y en a de plus éloignées qu'on ne fait point difficulté de reconnoître : & quoique le terme de la distance pris en rigueur, ne tombe pas avec la plus grande précision fur le lieu qu'Artzen-heim occupe aujourd'hui, & qu'elle fe porte affez près de Markels-heim, comme je ne fais point difficulté de l'expofer ; la proximité des pofitions laiffe fubfifter ce qu'il y a de remarquable dans le rapport de la dénomination. Mais, comme la continuation de la même route conduit à *Argentoratum*, il eft effentiel de voir ce que devient *Argentovaria* en partant d'*Argentoratum*, comme de *Cambes*. L'Itinéraire place dans cet intervalle *Helvetus* (autrement *Helcebus*) marquant xII à l'égard d'*Argentoratum*, & vI à l'égard d'*Argentovaria*. La Table, dont je n'ai point fait mention dans l'efpace antérieur, parce qu'elle eft manifeftement fautive, en ne marquant que xII entre *Argentovaria* & *Cambes*; la Table, dis-je, qui fe trouve conforme à l'Itinéraire dans la première des deux diftances dont il s'agit actuellement, marque xII dans la feconde : & je fuis, en effet, perfuadé que le compte de l'Itinéraire ne fuffit pas. Le local, qui décide fouverainement en ces matières, contient un efpace direct entre le point de Strafbourg & la pofition de Kembs, d'environ 52000 toifes, qui font l'équivalent de 46 lieues gauloifes, fans compter que la mefure itinéraire peut avoir quelque chofe de plus que la mefure directe. Or, l'Itinéraire n'ajoutant, par l'indication fur laquelle il diffère de la Table, que 18, aux 24 d'entre *Cambes* & *Argentovaria*, ne donne que 42 entre *Cambes* & *Argentoratum*, quoique l'intervalle en demande au moins 46. De-là concluons, que ce qui paroît vI dans l'Itinéraire entre *Helvetus* & *Argentovaria*, doit par la correction d'un chiffre, tenir lieu de xI ; & ainfi la diftance entre *Argentoratum* & *Argentovaria* fera 23 dans l'Itinéraire, comme elle eft 24 dans la Table. La pofition d'*Helvetus*, eu égard à fa diftance d'*Argentoratum*, répond précifément à l'indication uniforme de l'Itinéraire & de la Table, en donnant à peu près les 13600 toifes que valent 12 lieues gauloifes. Et de cette pofi-

Voyez l'article Helcebus.

tion à *Argentovaria*, la diſtance de 11 à 12 lieues gauloiſes, pour prendre un milieu entre l'Itinéraire & la Table, ſçavoir environ 13000 toiſes, donne préciſément la poſition d'*Argentovaria*, dans ce qu'il y a d'intervalle entre Markels-heim & Artzen-heim. J'ai cru qu'il ne falloit pas moins qu'une analyſe auſſi ſévère des diſtances dont la poſition d'*Argentovaria* doit dépendre, pour être autoriſé à ne pas ſuivre l'opinion qui place cette ville à Horbourg. Rhenanus y a découvert quelques antiquités, & voilà le fondement de cette opinion. Beaucoup d'autres lieux, répandus dans toutes les provinces de l'Empire Romain, pourroient ſe prévaloir de la même choſe, ſans qu'il fût poſſible d'en appliquer ſolidement la poſition à quelque lieu dont il ſoit mention dans les anciens monumens, vu le petit nombre de lieux qui y ſont cités, en comparaiſon de ce qu'il en exiſtoit avec plus ou moins d'avantage ou de dignité. Horbourg eſt écarté de la voie romaine. Sa diſtance de *Cambes* n'égale pas 20 lieues gauloiſes, au lieu de 24 ; & elle eſt de 27 à 28 à l'égard d'*Argentoratum*, au lieu de 23 ou 24. L'antiquité ne nous a pourtant laiſſé d'autre moyen de connoître la poſition d'*Argentovaria*, que celui que fourniſſent les diſtances marquées ſur la voie romaine qui paſſoit par cette ville.

50°, 17°.

ARGENUS FLUV. On ne peut en rigueur s'autoriſer que du texte latin de Ptolémée ſur cet article, pour en faire l'application à une rivière, parce que le texte Grec ne porte autre choſe que le nom d'Ἀργένυς, ce qui paroît néanmoins une faute d'omiſſion, vu que Ptolémée ne manque pas ailleurs de mettre une diſtinction entre les différens objets que préſente ſa géographie ſur le rivage de la Gaule, ſoit port, ſoit promontoire, ſoit rivière. On ne voit point dans le grec de Ptolémée, ce que M. de Valois rapporte à la ſuite du nom de Βιδυκέσιων, ſçavoir, ὧν πόλις Ἀργενυς. Ce à quoi il faut s'arrêter, c'eſt que Ptolémée parcourant la côte de la Lionoife d'occident en orient, cite *Argenus* immédiatement avant l'embouchure d'*Olina*, qui eft la rivière d'Orne. Ainfi, il y a tout lieu de croire, qu'*Argenis fluv. oftia*, felon le texte latin, fe rapporte à cet enfoncement de mer, qui reçoit la rivière d'Aure unie à la rivière de Vire. On peut néanmoins y voir une difficulté, en ce que les *Biducefii*, auxquels Ptolémée adjuge cette embouchure, paroiffent être les *Viducaffes*, qui s'étendoient fur la riviere d'Orne, non pas fur l'Aure, où les *Bajocaffes* étoient placés. Mais, ce qui lève cette difficulté, c'eft le filence de Ptolémée fur les *Bajocaffes*, en forte que pour l'excufer en quelque manière de les avoir oubliés, il faut dire que les *Biducefii*, ou *Viducaffes*, en rempliffent la place, de même que leur propre territoire.

48°, 26°.

ARIALBINNUM. Dans la Table Théodofienne ce lieu eft placé entre *Cambes* & *Augufta Rauracorum*; & la diftance eft marquée VII à l'égard de *Cambes*, & VI à l'égard d'*Augufta*. On retrouve l'ancienne dénomination, quoique tronquée, dans celle de Binning, près de Bafle; & je vois entre Kembs, ou *Cambes*, & la pofition de Binning, quelque chofe de plus que 7 lieues gauloifes, & de Binning à Augft, ou *Augufta*, 5 à 6; au moyen de quoi les 13 lieues que l'on compte dans la Table en raffemblant les deux diftances, paroiffent complettes. L'indication de l'Itinéraire, *Rauracis Arialbinno*, M. P. XXVII, eft manifeftement fautive.

49°, 23°.

ARIOLA. L'Itinéraire d'Antonin indique ce lieu entre *Fanum Minervæ* & *Nafium*, fur la route de *Durocortorum*, ou de Reims, à *Tullum* & *Divodorum*. Je reconnois cette pofition fous le nom actuel de Vroil, en fuivant précifément la direction de la route. L'Itinéraire marquant XVI entre *Fanum Minervæ* & *Ariola*,

NOTICE DE LA GAULE.

& faisant compter 18 en deux distances particulières d'*Ariola* à *Nasium*, la position actuelle de Vroil dans l'intervalle de celles du *Fanum* & de *Nasium*, est la plus convenable, à des fractions de lieue près, que les anciens Itinéraires ne donnent point. Je trouve environ 40000 toises, entre le lieu qui convient au *Fanum* & celui qui représente *Nasium* sous le nom de Nais. Cet espace renferme 35 lieues gauloises, quoique les indications de l'Itinéraire ne fassent compter que 34 en rigueur. Or, je vois que la position de Vroil est placée intermédiairement de manière à partager à peu près l'excédent d'une lieue dans la distance actuelle. Car, Vroil se trouvant écarté du *Fanum* d'environ 19000 toises, & de Nais d'environ 21000, il en résulte moins de 17 lieues d'un côté, & plus de 18 de l'autre.

47°, 25°.

ARIOLICA. Ce lieu est placé dans l'Itinéraire d'Antonin entre *Urba*, qui est Orbe dans la Suisse, & Besançon. La distance à l'égard d'Orbe est marquée XXIIII, à l'égard de Besançon XVI. La position d'*Ariolica* étant indubitablement celle de Pont-Arlier, l'éloignement où elle est de Besançon surpasse l'indication de l'Itinéraire, & sur ce sujet on peut recourir à l'article *Filomusiacum*. D'un autre côté, l'espace qui sépare Pont-Arlier d'avec Orbe, n'admet pas autant de distance qu'en indique l'Itinéraire; & il paroîtroit convenable en transposant les nombres, que le plus foible tînt lieu de la distance d'*Urba* à *Ariolica*, & que le plus fort fût placé entre *Ariolica* & *Vesontio*. La Table Théodosienne, où l'on trouve *Ariolica* comme dans l'Itinéraire, quoique le nom soit écrit *Abiolica*, conduit la route à *Ebredunum*, qui est Iverdun, situé à l'endroit où la rivière d'Orbe tombe dans le lac de Neuchatel. Le nombre VI que l'on voit dans la Table en cet intervalle, ne remplit point l'espace jusqu'à Iverdun. Mais, si on le laisse subsister, la distance, en mesurant la route par le pied du château de Joux, s'arrête un peu en-deçà de Jougne, à l'endroit que l'on nomme Hôpitaux vieux, ce qui représente un des lieux que l'on rencontre en quelques endroits sur les voies romaines, avec le nom de *Stabulum*, que l'on doit prendre dans une même signification qu'*Hospitium*, gîte pour les voyageurs, poste ou relais, que l'empereur Constance voulut être compris dans les ouvrages publics, & sur lesquels le Code Théodosien contient des réglemens de Valentinien I & de Valens. M. Dunod cite des actes du moyen-âge, dans lesquels *Pont-Arcie*, ou *Arecii*, désigne Pont-Arlier, ce qui n'empêche pas de reconnoître dans le nom actuel, moins altéré qu'il n'est dans ces actes, une analogie marquée avec l'ancienne dénomination d'*Ariolica*.

Hist. des Séquan. p. 122.

47°, 22°.

On voit un autre lieu sous le même nom d'*Ariolica* dans la Table, & dont la distance de *Rodumna*, ou de Rouanne, est marquée XII. Mais, comme on retrouve cette position dans celle d'un lieu nommé Avrilli, en suivant le cours de la Loire, sur le même rivage que Rouanne, & que la distance est d'environ 17000 toises, il en résulte que l'indication de la Table tient lieu de XV, puisque le calcul de 15 lieues gauloises est de 17000 toises. Cette route continuoit au-delà d'Avrilli, comme on le reconnoît par le nom d'Estrée, *Strata*, que conserve un lieu situé plus bas, vis-à-vis de la Motte-S. Jean : & cette continuation de route est même exprimée dans la Table par une ligne tirée de la position d'*Ariolica* à celle dont le nom est *Sitillia*, quoique la distance soit omise en cet endroit de la Table comme en plusieurs autres. Une autre branche de voie sort d'*Ariolica*, pour conduire à *Augustonemetum*, ou Clermont, par différentes positions, sur lesquelles on doit recourir aux articles qui les concernent chacune en particulier.

49, 50 & 51°; 14—21°.

ARMORICANUS TRACTUS & NERVICANUS.

Les cités maritimes de la Gaule étoient appellées *Armoricæ civitates*. On lit dans César, au septième livre des Commentaires ; *universis civitatibus quæ Oceanum attingunt, quæque Gallorum consuetudine Armoricæ appellantur* : & dans Hirtius ; *civitates positæ in ultimis Galliæ finibus, Oceano conjunctæ, quæ Armoricæ appellantur*. On sçait, en effet, qu'*Ar-Mor* dans la langue Celtique désigne ce qui est situé sur la mer, *ad Mare* : & dans la langue Sarmatique ou Slavone, *Po-Mor*, d'où est venu le nom de Poméranie, qui borde la Mer Baltique, a la même signification. Cette dénomination générale des cités Armoriques, paroît avoir été appliquée plus particulièrement aux peuples situés depuis les bords de la Seine jusqu'à la Loire ; ce qui a fait dire à Erric, qui a écrit en vers la vie de S. Germain d'Auxerre, que la nation connue antérieurement sous le nom d'Armoriquaine, étoit renfermée *inter duos amnes*. Tout ce qui s'étend ainsi sur cette côte de la Celtique, & même en passant plus loin sur celle de la Belgique, est appellé dans la Notice de l'Empire *Armoricanus tractus & Nervicanus*. Mais, je remarque que nonobstant cette extension dans la Belgique, que le nom des *Nervii* ajouté à celui des Armoriques paroît indiquer ; le détail que donne la Notice, des lieux où le commandant général de ce grand district tenoit des commandans particuliers sous ses ordres, est contenu dans les limites de la seconde & de la troisième Lionoise. Finalement, le nom d'Armorique s'est renfermé dans la Bretagne, après que les Bretons d'outre-mer, fuiant le joug des Saxons & des Anglois, s'y furent établis. Le neuvième canon du concile tenu à Tours en 567, est remarquable par la distinction qu'il fait dans cette Armorique, des nouveaux habitans d'avec les anciens, qui y sont appellés Romains : *adjicimus etenim, ne quis Britannum, aut Romanum, in Armoricâ, &c. ordinare præsumat.*

49°, 22°.

ARTIACA. Ce lieu eft placé dans l'Itinéraire d'Antonin entre *Tricaſſes*, ou Troies, & *Duro-Catalauni*, Châlons. La diſtance à l'égard de *Tricaſſes*, eft marquée *M. P.* XVIII, *Leugas* XII; à l'égard de *Duro-Catalauni*, *M. P.* XXXIII, *Leugas* XXII. Il y a dans ces indications une exacte correſpondance entre les milles & les lieues, à raiſon d'un mille & demi pour une lieue. L'eſpace qui ſépare la poſition d'Arci-ſur-Aube, qui eſt *Artiaca*, d'avec Troies d'un côté, & d'avec Châlons de l'autre, eſt déterminé par des opérations ſur les lieux. Le premier de ces eſpaces étant d'environ 14000 toiſes, & le ſecond de 25 à 26000, le total eſt de 39 à 40000 toiſes. Or, ce que l'Itinéraire fait compter en deux diſtances, ſçavoir 51 milles, ou 34 lieues, fournit par un calcul rigoureux 39556 toiſes.

46°, 21°.

ARVERNI. Ce peuple étoit un des plus puiſſans de la Gaule: &, ſi l'on en croit Strabon, les *Arverni* avoient étendu leur domination juſqu'au territoire de Marſeille, & juſqu'aux Pyrénées, juſqu'à l'Océan, & juſqu'au Rhin. Les plaintes que les *Ædui* porterent à Rome contre les *Arverni*, furent une des cauſes qui attirerent les armes Romaines dans la Gaule, ſous le commandement de Fabius-Maximus, & de Domitius-Ahenobarbus. Lorſque Céſar prit poſſeſſion du gouvernement de la Gaule, deux factions qui la partageoient étoient celles des *Arverni* & des *Ædui*. Céſar range dans la dépendance immédiate des *Arverni*, pluſieurs peuples voiſins, les *Vellavi*, les *Gabali*, les *Cadurci*. Etienne de Byzance cite les *Arverni* comme une des plus belliqueuſes entre les nations Celtiques. Dans Pline ils ſont qualifiés de *liberi*, & ils ne ſont point omis dans Ptolémée. Strabon auroit dû nommer chez les *Arverni* le fleuve *Elaver*, ou l'Allier, plutôt que la Loire. On ne

Lib. IV, p. 191.

devine

NOTICE DE LA GAULE.

devine point par quel endroit les *Arverni* pouvoient se dire du même sang que les Romains, & issus comme eux des Troyens, selon ces vers de Lucain :

Arvernique ausi Latio se dicere fratres,
Sanguine ab Iliaco populi.

Leur territoire est actuellement représenté par le diocèse de Clermont, & par celui de S. Flour, qui est un démembrement du premier, & du nombre des évêchés, qui doivent leur érection au pape Jean XXII, dans le quatorzième siècle.

48°, 18°.

ARVII. C'est un peuple, dont Ptolémée seul fait mention dans la Gaule Lionoise, à la suite des *Diaulitæ*, ou *Diablintes*. On lit *Arubii* dans le texte Latin : mais, la leçon que donne le texte Grec paroît préférable. J'en ai découvert la situation jusqu'à présent ignorée, & c'est le sujet d'un mémoire, que j'ai soumis au jugement de l'Académie en cette année 1757. Ce mémoire est accompagné d'un plan des vestiges de la capitale de ce peuple, & ces vestiges conservent le nom de cité d'Erve ou d'Arve, sur le bord d'une rivière dont le nom dans les titres est *Arva*, & qui se rend dans la Sarte, près de Sablé. Ainsi, les limites actuelles du diocèse du Mans contenoient outre les *Cenomani*, & les *Diablintes*, un troisième peuple, sçavoir les *Arvii*. La conjecture de M. de Valois, que ces *Arvii* pourroient être les mêmes que *Curiosolites*, parce que ceux-ci ne sont point mentionnés dans Ptolémée, est donc détruite par l'existence des *Arvii* dans un autre emplacement que celui que l'on connoît aux *Curiosolites*.

P. 167.

52°, 25°.

ASCIBURGIUM. Ce lieu étoit illustré par une fable, qui attribuoit sa fondation à Ulisse, comme le rapporte Tacite. Un détachement des troupes Romaines qui gardoient la frontière du Rhin, y avoit son quartier, selon cet historien. Il en est mention dans la Table Théodo-

De Mor. Germ.
sect. 3.
Histor. lib. IV,
sect. 33.

sienne entre *Vetera* & *Novesium*. La distance y est marquée XIII à l'égard de *Vetera*, XIIII à l'égard de *Novesium*. On a des indices de l'emplacement de *Vetera* auprès de Santen, & *Novesium* est sans difficulté Neuss ou Nuis. Dans cet intervalle les vestiges d'*Asciburgium* sont connus dans le lieu nommé Asburg, sur la trace même de la voie qui subsiste, & qu'on appelle dans le pays *die Hoghe-Straet*, ou le haut-chemin. En suivant cette trace sur des cartes fort circonstanciées, je retrouve les 14 lieues gauloises entre Neuss & Asburg, & environ 13 entre Asburg & Santen. Il ne sçauroit être question du mille romain dans ces distances, non plus que dans les autres qui remontent le long du fleuve. Car, la mesure de la route entre Neuss & Santen s'évaluant à plus de 30000 toises, il en résulteroit 40 milles romains, au lieu de 27 que l'on compte dans la Table. L'Itinéraire d'Antonin, en omettant *Asciburgium*, indique sur la même route deux autres lieux, *Gelduba* & *Calone*, omis dans la Table. Il n'en faut pas conclure qu'il y eût deux routes différentes pour faire la communication des places établies sur la même frontière.

43°, 17°.

ASPALUCA. L'Itinéraire d'Antonin indique ce lieu sur une route, qui part de *Cæsaraugusta*, ou de Saragoce, pour conduire à *Beneharnum*. La position d'*Aspaluca* précède immédiatement *Iluro*, ou Oloron, en suivant cette route; & la distance est marquée XII. On connoît la vallée d'Aspe, qui du pied des Pyrénées s'étend jusqu'auprès d'Oloron: mais, il n'y a point de ville d'*Aspa*, qui ait donné le nom à la vallée, comme le croit M. de Valois: *oppidum, quod nomen suum dedit valli Aspalucensi*. La grande carte des Pyrénées, levée par ordre du Roi, me fait juger qu'en remontant d'Oloron le long du Gave d'Aspe, jusqu'au village d'Acous, qui doit être *Aspaluca*, la distance en droite ligne ne donne pas complettement les 12 lieues gauloises: mais, on comprend bien qu'une route, qui suit un torrent, dans une vallée fort refferrée par les montagnes qui bordent ce torrent, doit avoir des détours qui mettent de la différence entre la mefure itinéraire & la mefure directe.

46°, 23°.

ASSA PAULINI. Je crois qu'il faut écrire *Affa*, comme à fait Surita, plutôt qu'*Afa*, felon d'autres éditions. Ce nom ayant été écrit *Anfa*, il s'enfuit, pour trouver plus de rapport dans la dénomination, qu'il convient moins de glifler entre les deux voyelles, comme fi la confonne étoit feule, que de prononcer comme la confonne doublée le demande. Ce lieu fubfifte fous le nom d'Anfe, & il eft diftingué par la tenue de plufieurs conciles qui y ont été affemblés. La diftance à l'égard de *Lugdunum*, que marque l'Itinéraire d'Antonin, fçavoir *M. P.* xv, *Leugas* x, eft très-convenable entre Lion & Anfe. L'efpace en ligne directe paffe 11000 toifes, & le calcul de 10 lieues gauloifes eft de 11340 toifes.

44°, 21°.

ATACINI. Les habitans des bords de l'*Atax* étoient nommés *Atacini*. De-là vient que dans Méla, Narbone eft appellée *Atacinorum colonia*. Cette ville devoit fon origine & fa première exiftence, *colonis propriis*, felon Ifidore. Terentius Varro, qui a vécu du tems de la dictature de Céfar, & du Triumvirat, eft appellé *Narbonenfis*, & *Atacinus*, *ab Atace fluvio dictus*, par Porphyrion, commentateur d'Horace. Ce peuple Narbonois, fous le nom d'*Atacini*, me donne lieu de m'expliquer fur les *Bebryces*, que plufieurs auteurs entre les anciens placent dans ce canton, à partir du pied des Pyrénées. Dion, felon un de fes fragmens, & felon Tzetzès, a parlé des *Bebryces* comme du peuple de Narbone. Silius-Italicus les avoit introduits dans fon poëme avant Dion, en parlant du paffage d'Annibal. Marcien d'Héraclée les cite pareillement en même pofition; & Etienne

Lib. II, cap. 2.

Origin. lib. XV, cap. 1.

Sat. X.

In Lycophr. p. 91.

Punic. lib. III.
Per. lib. II.

de Byzance diſtingue les *Bebryces* de la Gaule, d'avec ceux qui avoient habité la Bithynie, ſur le rivage méridional du Pont-Euxin. Mais, cette mention des *Bebryces*, à laquelle ſe joint une fable des amours d'Hercule avec Pyrene, fille de Bebryx, paroît très-ſuſpecte, quoique répétée de cette manière en pluſieurs endroits. Tous les hiſtoriens & les géographes les plus autoriſés, Polybe qui a décrit la marche d'Annibal, Tite-live, Strabon, Méla, Pline, gardent un profond ſilence ſur ces *Bebryces*, dont les ſçavans Bénédictins, qui ont écrit l'hiſtoire de Languedoc, n'ont pas jugé plus favorablement que je penſe qu'on doit le faire.

Tome I, p. 607.

44°, 21°.

Lib. IV, p. 182.

ATAX FLUV. Strabon ſe trompe à l'égard de cette rivière, en la faiſant également ſortir du mont *Cemmenus*, que l'*Obris* & l'*Araura*, qui ont en-effet leur ſource dans la chaîne du mont *Cebenna*. Méla s'en explique plus convenablement; *Atax ex Pyrenæo monte digreſſus*: & en pourſuivant, *niſi ubi Narbonem attingit, nuſquam navigabilis.... lacus accipit eum Rubreſus*. Dans Pline; *flumen Atax è Pyrenæo, Rubrenſem permeans lacum*.

Lib. III, cap. 4.

Ptolémée décrivant la côte, marque l'embouchure de l'*Atagus* entre celles de la rivière de *Ruſcino* & de l'*Orobius*. Il eſt à remarquer, que la rivière d'Aude, ou *Atax*, ſe diviſe en deux bras à environ 5 milles au-deſſus de Narbone. Les anciens conviennent, que c'eſt l'*Atax* qui paſſe à Narbone. Méla & Pline le déſignent, en conduiſant cette rivière dans le lac *Rubreſus*, qui reçoit en-effet le canal paſſant à Narbone. Strabon dit préciſément qu'on remonte de Narbone à la mer par l'*Atax*. Cependant, celui des deux bras qui conſerve aujourd'hui le nom d'Aude, n'eſt point celui de Narbone, qui ſe nomme Robine d'Aude, & dont il eſt parlé dans l'article *Rubreſus lacus*. On trouve dans Etienne de Byzance, que près de Narbone eſt un lac, qu'il nomme *Narbonites*, & un fleuve qu'il nomme *Atacus*.

P. 189.

NOTICE DE LA GAULE. 109

44°, 25°.

ATHENOPOLIS. Méla nomme *Athenopolis*, après avoir fait mention de *Forum-Julii*, en paroissant tendre le long de la côte vers Marseille. Pline, qui paroît suivre une route contraire, nomme *Athenopolis* avant *Forum-Julii* : in orâ autem Athenopolis Massiliensium, Forum-Julii, &c. Selon cet ordre, *Athenopolis* devroit se trouver en deçà de Fréjus ; & Honoré Bouche se fixe à l'emplacement qu'occupe Grimaut, quoiqu'on puisse objecter que cette position n'est point sur la côte, *in orâ*, comme Pline le demande, & comme on doit le présumer d'un établissement des Marseillois. Car, il leur avoit été si peu loisible de s'étendre dans les terres, qu'ayant imploré le secours des Romains contre les habitans naturels du pays, le fruit des avantages que C. Sextius remporta sur les *Salyes*, fut pour les Marseillois, comme on l'apprend de Strabon, de reculer leurs limites à 12 stades, ou un mille & demi de la mer aux environs des ports, & à 8 stades seulement aux autres endroits de la côte. Ne voyant donc point de situation convenable qu'au-delà de Fréjus, on jetteroit les yeux sur la Napoule, si Vincent de Salerne, moine de Lérin, n'avoit écrit, que ce lieu portoit le nom d'*Avenionetum*, avant que de s'appeller *Neapolis*. Il y a une anse remarquable entre Fréjus & la Napoule : & selon un plan particulier de cette baie, elle a environ 400 toises d'ouverture entre deux promontoires, autant de profondeur, & elle est défendue par un ancien fort sur une pointe à la droite en entrant. Cette situation auroit-elle été négligée par les Marseillois, qui étant bornés à la côte en ont occupé les ports ; & celui-ci ne pourroit-il pas nous indiquer *Athenopolis* ? Ce qu'il y a de bien certain, c'est que le nom du port dont il s'agit est purement Grec, en étant fait mention dans le récit du martyre de S. Porcaire, abbé de Lérin, l'an 730, sous le nom d'*Agathon*. Le nom en usage actuellement est Agay. Je remarque que

Lib. II, cap. 5.

Lib. III, cap. 4.

Chorogr. de Prov. liv. III, chap. 6.

Lib. IV, p. 180.

dans les plus anciennes cartes il eſt écrit *Agat*. On trouve les *Athenopolitæ* cités dans Varron, *lib. VII. de linguâ Latinâ*.

51°, 21°.

ATREBATES. Il en eſt parlé en pluſieurs endroits des Commentaires de Céſar, & particulièrement au ſujet de la confédération des Belges contre les Romains. Strabon, Pline, Ptolémée, n'ont point oublié d'en faire mention. Mais, Ptolémée les déplace étrangement, en diſant, qu'ils ſont voiſins de la Seine. Dans la Notice des provinces de la Gaule, *civitas Atrabatum*, ou la capitale de ce peuple, eſt une des cités de la ſeconde Belgique. On connoît des *Atrebates* dans la grande Bretagne, diſtingués d'un autre peuple qui porte le nom de *Belgæ*. Quoique l'Artois ait tiré le nom d'*Adertiſus*, qu'on lit dans les capitulaires de Charle le Chauve, de celui des *Atrebates*, les limites de cette province, dont les *Morini* occupoient une partie, ne répondent point au territoire de la cité d'Arras.

51°, 24°.

Comment. VI. ATUATUCA; *poſteà* TUNGRI. Céſar parle d'*Atuatuca* comme d'un château, ſitué preſque au milieu du territoire des *Eburones: id caſtelli nomen eſt, hic ferè eſt in mediis Eburonum finibus*. La légion romaine que Céſar perdit par le ſoulévement des *Eburones*, avoit ſon quartier à *Atuatuca*. Le nom des *Tungri* ayant ſuccédé à celui des *Eburones*, Ptolémée fait mention d'*Atuacutum* (ou plutôt *Atuatucum*) comme de la ville principale des *Tungri*. L'Itinéraire d'Antonin, & la Table Théodoſienne, placent *Aduaca*, ou *Atuaca*, dans la poſition qui convient à Tongres. Ainſi, cette ville eſt du nombre de celles qui ont perdu leur nom particulier en prenant celui de la nation; & c'eſt ſous le nom de *Tungri* qu'elle eſt citée dans Ammien-Marcellin, dans la Notice de l'Empire, & dans celle des provinces de la Gaule. Mais, la ville de Tongres ayant été ruinée par

NOTICE DE LA GAULE.

Attila l'an 451, le siége épiscopal fut transféré à *Trajectum Mosæ*, Maſtrict; d'où il a paſſé à Liége, Maſtrict ayant éprouvé le même ſort que Tongres, en 881, de la part des Normans.

44°, 18°.

ATUR FLUV. Je crois, avec M. de Valois, qu'il convient d'écrire ainſi, comme *Liger* plutôt que *Ligeris*, *Arar* plutôt qu'*Araris*. On trouve *Aturus* ou *Aturrus* dans Auſone, pour terminer un vers hexamètre. Il lui donne l'épithete de *Tarbellicus*, parce qu'il traverſe le pays des *Tarbelli* : & on lit dans Vibius Sequeſter, *Atur* (ou *Atyr*) *Tarbellæ civitatis Aquitaniæ*. Ptolémée, où le nom eſt *Aturis*, marque ſon embouchure immédiatement à la ſuite du promontoire *Œaſo*, qui termine l'Eſpagne. Il y a environ 300 ans que cette embouchure de l'Adour, près de Baïone, fut bouchée par des monceaux de ſable, qu'une groſſe mer y jetta; de manière que la rivière prit ſon cours le long du rivage de la mer, & s'ouvrit une iſſue à environ ſix lieues au nord de Baïone, dans un endroit que l'on a nommé le vieux Boucau, depuis que la rivière a repris ſa première embouchure. Mais, c'eſt après qu'on eut longtems & en vain travaillé à rouvrir cette embouchure, qu'une autre tempête ayant violemment agité la mer, a débouché le paſſage; & la communication avec le vieux Boucau paroît même interrompue aujourd'hui.

P. 525.

De Fluminib.

45°, 24°.

AVANTICI. Il en eſt mention dans Pline en ces termes : *adjecit formulæ Galba imperator, ex Inalpinis, Avanticos, atque Bodionticos ; quorum oppidum Dineâ.* Il faut être prévenu que Pline traite de la Narbonoiſe, à laquelle par conſéquent ſe rapporte l'expreſſion *adjecit*; & au rôle de laquelle, *formulæ*, furent inſcrits par addition les *Avantici* & les *Bodiontici*, en les détachant des peuples renfermés dans les Alpes, *ex Inalpinis*. La mention qui eſt faite de *Dinia*, détermine le canton des

Lib. III, cap. 4.

Avantici, comme des *Bodiontici*. Car, quand la position de Digne ne leur seroit pas commune, & se rapporteroit particulièrement aux *Bodiontici*, il est à présumer que les *Avantici* leur étoient voisins. Honoré Bouche croit retrouver ceux-ci dans un lieu dont le nom est Avançon, entre Chorges & Gap. Mais, cette position paroît trop voisine de celle de *Caturiges*, pour qu'on se persuade qu'elle eût un district distinct & séparé ; & M. de Valois y répugne par la même raison. La liaison & le voisinage des *Avantici* avec les *Bodiontici* fait présumer, qu'ils occupoient la partie du diocèse de Gap, qui s'allonge au midi de la Durance, & qui est resserrée entre cette rivière & les limites du diocèse de Digne. M. de Valois n'est point d'avis qu'on reconnoisse le nom des *Avantici*, dans celui de la petite rivière de Vançon, qui coule dans ce canton, & qui se rend dans la Durance, un peu au dessous de Sistéron.

48°, 21°.

AVARICUM ; *posteà* BITURIGES. César parle d'*Avaricum*, comme de la plus grande ville, & de la plus forte place des *Bituriges* ; *oppidum maximum, munitissimumque, in finibus Biturigum :* comme d'une des plus belles villes qui fût dans la Gaule ; *pulcherrimam propè totius Galliæ urbem, quæ & præsidio & ornamento sit civitati :* & il décrit l'avantage de sa situation ; *quòd propè ex omnibus partibus flumine & palude circundata ; unum habeat & perangustum aditum.* Elle tiroit le nom d'*Avaricum* de la rivière d'*Avara*, ou *Avera*, selon les tems postérieurs, & dont le nom actuel est Evre. La plûpart des capitales de cités ayant quitté le nom qui leur étoit propre, pour prendre celui du peuple où elles tenoient le premier rang, le nom d'*Avaricum* a fait place à celui de *Bituriges*, qui se lit aussi *Biturigæ*. Dans un vieux roman de chevalerie, le nom de *Biorgas* qui y est employé, semble conduire par son altération à la dénomination actuelle de Bourges. Cette ville peut prétendre

NOTICE DE LA GAULE.

tendre la préféance fur les autres villes de l'Aquitaine, en qualité de métropole de l'Aquitaine première; & dans Adrévald, qui a écrit les miracles de S. Benoît, *Avaricum* eſt qualifié *caput regni Aquitanici*.

44°, 23°.

AVATICI. Ils ne font connus que parce que Méla & Pline leur attribuent *Maritima*, qu'il convient de rapporter à Martigues. Le témoignage de ces auteurs doit prévaloir ſur Ptolémée, qui place les *Anatilii*, plutôt que les *Avatici*, dont il ne fait point mention, à *Maritima*, ce qui ſouffre d'autant plus de difficulté, que l'emplacement des *Anatilii* ſe trouve indiqué dans une autre poſition, comme on peut voir à l'article qui les concerne.

Lib. II, cap. 5.
Lib. III, cap. 4.

44°, 24°.

AUCALO FLUV. Selon Honoré Bouche, une inſcription trouvée près d'Apt, nous apprend que le nom de la rivière de Calaon, qui paſſe ſous cette ville, & qui tombe dans la Durance, eſt *Aucalo*.

Chorog. de Prov. liv. I, ch. 5.

44°, 23°.

AVENIO. Cette ville eſt citée dans Strabon, avec *Arauſio*, l'une & l'autre étant également du territoire des *Cavares*. Méla fait mention d'*Avenio Cavarum*, entre les villes de la Narbonoiſe qui ſe diſtinguent par leur richeſſe. Pline met *Avenio* du nombre des villes Latines, quoique dans Ptolémée elle ſoit qualifiée du titre de Colonie; & on remarque que Pline eſt contredit ſur ce ſujet à l'égard de pluſieurs autres villes de la Narbonoiſe. Si l'on en croit Etienne de Byzance, *Avenio*, ſituée ſur le Rhône, eſt une ville Marſeilloiſe, comme il le dit auſſi de Cavaillon. Dans la Notice des provinces de la Gaule, on trouve *civitas Avennicorum* entre celles de la province Viennoiſe. Le terme ethnique d'*Avennicus* eſt employé par Sidoine-Apollinaire. Avignon n'eſt devenue métropole que par un démembrement de la province eccléſiaſtique d'Arles, qui a même conſervé

Lib. IV, p. 185.
Lib. II, cap. 5.
Lib. III, cap. 4.

comme une marque de son ancienne extension, les diocèses d'Orange & de S. Paul-trois-Châteaux, au-delà de ceux qui composent actuellement la province d'Avignon. Joseph Scaliger ne s'explique pas exactement quand il dit; *Avenionem à Pontificibus Romanis institutam metropolim, cùm anteà suffragaretur Viennæ, ut & tres reliquæ civitates, Carpentoracte, Cabellio, Vasio.*

47°, 25°.

Histor. I, sect. 68.

AVENTICUM. Tacite, qui est le premier qui en fasse mention, qualifie cette ville du titre de capitale chez les *Helvetii; gentis caput.* On lit dans l'Itinéraire d'Antonin, & dans la Table Théodosienne, *Aventicum Helvetiorum.* Elle étoit colonie romaine sous Trajan, comme une inscription en l'honneur d'un des lieutenans de cet empereur, & rapportée par Gruter, le témoigne.

Pag. 427.

Entre les noms que prend cette colonie dans l'inscription, celui de *Flavia* nous fait connoître, que c'est à Vespasien, selon que Frédégaire le dit précisément, ou à l'un de ses enfans, que la colonie d'*Aventicum* a dû son établissement. J'accede volontiers à l'opinion de plusieurs sçavans, que c'est mal-à-propos que Ptolémée comprend *Aventicum*, ainsi que la Colonie Equestre, dans la cité des *Sequani*. Il y a toute apparence que cette ville située au delà du mont Jura, n'avoit rien de commun avec les *Sequani*, avant la formation d'une province sous le nom de *Maxima Sequanorum*, par l'union du pays Helvétique avec l'ancien territoire Séquanois. C'est relativement à ce que renfermoit cette province, que *civitas Helvitiorum Aventicus* se trouve dans la Notice des provinces de la Gaule, à la suite de *civitas Equestrium*, sous la métropole de Besançon. Ammien-Marcellin, qu'on peut accuser de méprise en rangeant

Lib. XV, cap. 11.

Aventicum dans les Alpes Gréques, parle de cette ville dans l'état de désolation où les Germains l'avoient réduite sous l'empire de Gallien; *desertam civitatem, sed non ignobilem quondam.* Elle est du nombre de celles que leurs habitans avoient divinifées ; & *Dea Aventia* eft le fujet de plufieurs infcriptions déterrées dans le voifinage d'Avenche, où l'on fçait qu'exiftoit *Aventicum*. Un château élevé dans fes ruines, par un feigneur qu'on dit avoir été nommé Vivilo, lui a fait donner le nom de Wiflifburg, mais fans faire oublier l'ancien, qui fe conferve dans celui d'Avenche. Je trouve une preuve pofitive du rang fupérieur qu'elle tenoit chez les *Helvetii*, dans le numéro d'une colomne milliaire trouvée à Baden en Suiffe, fur le Limat au-deffous de Zurich. M. Bochat préfume avec raifon, que ce numéro qui eft LXXXV, ne peut fe rapporter qu'à la pofition d'*Aventicum*; & voici ce qui me le perfuade en examinant le local. L'Itinéraire & la Table nous tracent une partie de la route qui pouvoit conduire *ad Aquas Helveticas*, ou à Baden, par celle d'*Aventicum* à *Salodurum*. Le compte, qui eft de 23 ou 24 dans cet intervalle, ne peut convenir à l'efpace actuel, qu'en mefurant par lieues gauloifes, & il en eft de même de l'indication des diftances dans d'autres parties de l'ancienne Helvétie. De *Salodurum*, outre la voie qui conduifoit à *Augufta Rauracorum*, marquée dans l'Itinéraire & dans la Table, il y en avoit une qui tendoit à Baden, & il en refte des veftiges, felon Guilliman, entre Arau & Baden. La mefure itinéraire, plus longue que la mefure directe, parce que le cours de l'Arau la fait circuler en quelques endroits, peut s'eftimer de 32 à 33 lieues gauloifes. Ainfi, depuis *Aventicum* 56 ou 57, & il en faut conclure 85 milles romains, felon le numero de la colomne de Baden. La difficulté qui paroît naître de voir des milles par cette colomne, nonobftant ce que je viens de dire, que les diftances indiquées par les Itinéraires répondent à des lieues, eft précifément la même à l'égard d'une pareille colomne placée à *Epamanduodurum*, comme je le rapporte dans l'article de ce nom : & j'obferve, que par conformité, l'une &

Rer. Helvetic. lib. I, cap. 2.

l'autre de ces colomnes milliaires font du même empereur, qui eſt Trajan. Mais, la poſition d'*Epamanduodurum*, ou de Mandeure, par rapport à Beſançon, étant convenable à la diſtance indiquée en lieues gauloiſes, de même que par la proportion qui eſt entre le mille romain & la lieue gauloiſe elle convient au numéro de la colomne qui marque des milles, & les faits bien avérés ne ſouffrant point de contradiction ; il en doit être de même de Baden par rapport à *Aventicum*. Ce qui dénote particulierement ici une grande prérogative dans *Aventicum*, c'eſt de voir que le diſtrict des diſtances qui partent de ſa poſition comme du centre de la cité Helvétique, comprenne *Vindoniſſa*, dont l'emplacement ſe rencontre au paſſage de la même route, en deçà de Baden à l'égard d'*Aventicum*. C'eſt un indice marqué de la dignité de capitale, qui confirme le témoignage de Tacite, *Aventicum gentis caput*.

45°, 23°.

AUGUSTA. L'Itinéraire d'Antonin, celui de Bourdeaux à Jéruſalem, & la Table Théodoſienne, en font mention. Le nom eſt *Auguſtum* dans la Table, *Auguſton* dans l'anonyme de Ravenne. Mais, dans les titres du Daufiné on trouve *Auguſta*, comme dans les deux Itinéraires ; & ce qui reſte de ce lieu conſerve le nom d'Aouſte. La diſtance à l'égard de Valence eſt marquée XXII dans l'Itinéraire d'Antonin & dans la Table. On compte le même nombre de milles dans l'Itinéraire de Jéruſalem, en deux diſtances, comme on peut voir à l'article *Cerebelliaca*, dont la poſition fait la diviſion de ces diſtances. A l'égard de *Dea Vocontiorum*, la diſtance marquée XXIII dans l'Itinéraire me paroît convenable, nonobſtant que ce qu'il y a d'eſpace direct entre Aouſte & Die ne s'eſtime guère que 13000 toiſes, & que le calcul de 23 milles romains ſoit de 17400 ou environ. C'eſt que la route circule en remontant dans la vallée le long de la Drome, pour éviter les montagnes qui bordent cette vallée. Un lieu nommé Quint sur cette voie, & qui indique le *Quintum milliare* rélativement à Die, donne par analogie cette mesure itinéraire, en la poussant jusqu'à *Augusta*. L'erreur est manifeste dans la Table, par l'omission d'un x, en marquant xiii. L'Itinéraire de Jérusalem, qui fait compter 28 en deux distances, divisées par une position nommée *Darentiaca*, doit souffrir une réduction ; & je pense que la première distance tient lieu de vii, ce qui étant suivi de xvi, la somme sera xxiii comme dans l'Itinéraire, dont l'indication se vérifie par le local. Si l'on en croit le P. Philibert Monet, *Augusta* a été submergée par un lac, & cet accident lui auroit été commun avec le *Lucus Augusti*, dans la même contrée au-dessus de Die. Une grande carte manuscrite du Daufiné, & très-circonstanciée, ne me fait point connoître de lac auprès d'Aouste, comme on sçait qu'il y en a près du Luc.

48°, 26°.

AUGUSTA RAURACORUM. La capitale des *Rauraci* devint colonie romaine sous Auguste, & Munatius-Plancus en fut le fondateur, comme de celle de Lion. On lit sur son monument à Gaïette, dans le royaume de Naples : *in Galliâ colonias deduxit Lugdunum & Rauricam*. Pline & Ptolémée ont écrit le nom des *Rauraci* conformément à cette inscription : *Colonia Raurica*, & *oppidum Rauricum*, dans Pline. Ptolémée est le premier chez lequel on trouve le nom d'*Augusta*, que l'Itinéraire d'Antonin & la Table Théodosienne donnent également à la même ville. Dans Ammien-Marcellin c'est par le nom du peuple qu'elle est désignée : *apud Sequanos, Visontios vidimus, & Rauracos*. Cette ville ayant beaucoup souffert de la part des *Alemanni* dans le quatrième siècle, elle ne paroît dans la Notice des provinces de la Gaule que sous le titre de *castrum Rauracense*. Le lieu dans lequel elle est ensevelie sous ses ruines près du Rhin, a néanmoins conservé

Lib. XV, cap. 11.

le nom d'*Augusta* dans celui d'Augst : & on ne peut sçavoir trop de gré à M. Schœpflin d'en décrire les vestiges, & de les mettre sous les yeux par la représentation du local qu'il a publiée.

Alsatiæ illustr. Tom. I.

50°, 22°.

AUGUSTA SUESSIONUM, *posteà* SUESSIONES, *priùs* NOVIODUNUM. Ptolémée, dans le texte duquel le nom des *Suessiones*, ou *Suessones*, se lit *Ouessones*, fait mention de leur capitale sous le nom d'*Augusta*. La position de Soissons se trouve aussi désignée par le même nom, dans l'Itinéraire d'Antonin, & dans la Table Théodosienne. Cette ville est néanmoins appellée *Suessonæ* en deux endroits de l'Itinéraire, parce que la plûpart des capitales ont quitté le nom qu'elles portoient, pour prendre celui de la cité ou du peuple de leur ressort, & que cet Itinéraire paroît d'ailleurs avoir été compilé sur divers routiers, dressés en des tems différens. Dans la Notice des provinces de la Gaule, *civitas Suessionum* suit immédiatement la métropole de la seconde Belgique, comme le siége épiscopal de Soissons tient encore le premier rang entre les suffragans de Reims. La Notice de l'Empire parlant des attéliers établis dans la Gaule pour fabriquer des armes, sous les ordres du *magister officiorum*, cite entr'autres, *fabricam Suessionensem scutariam, balistariam, & clibanariam*. Quant à ce qui concerne le *Noviodunum*, dont il est fait mention dans César, il y a des raisons de présumer, que cette ville pouvoit être la principale des *Suessiones*. César, en marchant contre les Belges, avoit pris poste sur la rive ultérieure de la rivière d'Aisne, & près de Pont-à-Vère, selon les circonstances les plus convenables au local. Le lendemain du jour qu'il a dissipé & mis en fuite l'armée énemie, il entre dans le territoire des *Suessiones* ; & une longue traite, *magno itinere confecto*, le fait arriver près de *Noviodunum*, où la troupe des fuiards du Soissonois, *omnis ex fugâ Sues-*

Comment. II.

NOTICE DE LA GAULE.

sionum multitudo, se renferme la nuit qui suit son arrivée. Il ne reçoit cette ville à composition, qu'à la prière des *Remi*, & en prenant pour otages les plus considérables de la cité, *primis civitatis*, & entr'autres les enfans de Galba, qui regnoit alors dans le pays. La ville, dont le nom étoit *Noviodunum*, peut avoir été décorée sous Auguste du nom d'*Augusta*, de même que *Bibracte* chez les *Ædui* a pris le nom d'*Augustodunum*. Si l'on objecte, que l'assiette de Soissons ne représente point le *dunum* Celtique, on peut répondre qu'il ne paroît pas davantage dans la position de Tours, qui n'en est pas moins *Cæsarodunum*; & que l'élévation d'une place par la hauteur de ses remparts, *muri altitudo*, comme César le dit précisément du *Noviodunum* des *Suessiones*; a pu faire appliquer à cette place le terme de *dunum*, par la même raison que des forteresses, sans être sur des roches, ont été appellées *Rupes*, ou *Rocca*. Ceux qui ont voulu placer le *Noviodunum* à Noyon, qui appartenoit aux *Veromandui*, & non aux *Suessiones*, ne prennent pas garde que le nom de Noyon, qui leur en a imposé, est *Noviomagus*, & non pas *Noviodunum*.

50°, 25°.

AUGUSTA TREVERORUM, *posteà* TREVERI. Quelque antiquité que des auteurs modernes affectent d'attribuer à la ville de Trèves, qui est assez recommandable par d'autres titres qu'on ne sçauroit lui contester: elle n'est point connue sous une plus ancienne dénomination que celle d'*Augusta*, ayant reçu une colonie romaine sous les auspices d'Auguste. Mèla est le premier des auteurs qui en parlent: *urbs opulentissima in Treveris Augusta*. On la trouve ensuite dans Ptolémée, avec le même nom. Tacite l'appelle simplement *Coloniam Treverorum*. Dans un tems postérieur, c'est sous le nom de *Treveri* qu'elle est désignée. Depuis Constance Chlore, plusieurs empereurs, que le soin de veiller à la frontière du Rhin retint dans la Gaule, choisirent Trèves

Lib. II, cap. 5.

pour leur séjour ; d'où vient qu'Ammien-Marcellin la qualifie de *domicilium principum clarum* ; & qu'Ausone relève la dignité de cette ville en disant, *Trevericæ urbis solium*. La Notice de l'Empire fait mention de plusieurs établissemens faits à Trèves : *Triberorum scutaria, & balistaria, thesauri & moneta Triberorum*. Cette ville étoit devenue métropole de la première Belgique. Tous ces avantages ne servirent qu'à rendre le désastre de Trèves plus considérable dans les incursions des barbares, vers la chute de l'Empire en occident : *Treverorum urbs excellentissima*, dit Salvien, *quadruplici eversione prostrata*. On sçait que les Alemans la nomment *Trier*.

De Gubern. Dei, lib. IV.

45°, 23°.

AUGUSTA (*Tricastinorum*) *vel* NÆOMAGUS. La capitale des *Tricastini* est nommée *Augusta* dans Pline ; & le nom de la ville des mêmes *Tricastini* est *Næomagus*, selon Ptolémée. Joseph Scaliger, Holstenius, le P. Sirmond, le P. Hardouin, distinguent *Næomagus* d'*Augusta*, & veulent que ce soit Nions, qui est une petite ville au nord de Vaison, & comprise dans son diocèse. Je me laisserois volontiers entraîner par l'analogie de la dénomination de Nions avec celle de *Næomagus*, comme par l'autorité des sçavans que je viens de citer, sans les difficultés qui se rencontrent dans cette opinion. Car, Nions par sa situation est enveloppé dans le district des *Vocontii*, qui renferme Vaison, selon le témoignage de Méla & de Pline. On pourroit accuser Ptolémée d'avoir transporté aux *Tricastini* une ville d'un peuple limitrophe, si une observation qui n'a point encore été faite, ne s'y opposoit pas. La Table Théodosienne marque xv, entre le nom qui se lit *Arusione*, & un autre qui se lit *Senomago*. Or, cette distance convient exactement à celle que l'on trouve entre la position d'*Arausio*, ou d'Orange, & celle de la capitale des *Tricastini*, ou de S. Paul-trois-Châteaux. Car, elle s'évalue à environ 11000 toises, & le calcul de 15 milles

Lib. III., cap. 4.

romains

NOTICE DE LA GAULE.

romains est de 11340 toises. Comme on connoît la Table pour être peu correcte dans les dénominations, ce n'est point hazarder que de trouver le nom de *Næomagus* que donne Ptolémée, dans celui de la Table, avec peu de différence. Il faut ajouter, que cette convenance dans la distance ne sçauroit regarder Nions, comme elle regarde la position de S. Paul-trois-Châteaux; parce que Nions paroît éloigné d'Orange de 24 ou de 25 milles; & on peut dire que Cellarius ne connoît pas suffisamment le local, pour être bien fondé à dire, *locus non repugnat*. D'ailleurs, Nions s'écarte de la direction de la voie, puisque la Table fait connoître le lieu qui sur cette voie succède à *Næomagus*, sçavoir *Acunum*, dont la position qui subsiste au bord du Rhône sous le nom d'Ancone, est marquée dans l'Itinéraire de Bourdeaux à Jérusalem, en tendant directement à Valence. J'observe même, que l'indication qu'on trouve dans la Table entre *Acunum* & le lieu dont le nom se prend pour *Næomagus*, sçavoir XVIII, est ce qui convient entre S. Paul-trois-Châteaux & Ancone, & ce qui ne suffiroit pas à beaucoup près dans l'intervalle qui sépare Ancone d'avec Nions. M. de Valois est de même opinion, que *Næomagus* de Ptolémée n'est point une ville différente d'*Augusta*, sans néanmoins s'appuyer sur des considérations aussi positives que celles qu'on vient de voir. Cette ville a quitté ses anciennes dénominations. C'est sous le nom de *civitas Tricastinorum* qu'elle est mise au nombre de celles de la Viennoise, dans la Notice des provinces de la Gaule.

Tom. I, p. 243.

P. 60.

50°, 21°.

AUGUSTA VEROMANDUORUM. Ptolémée fait mention de la ville principale des *Romandues*, qui sont les *Veromandui*, sous le nom d'*Augusta*. L'Itinéraire d'Antonin, & la Table Théodosienne, placent cette ville entre *Camaracum*, ou Cambrai, & *Augusta Suessionum*, ou Soissons. La distance à l'égard de *Cama-*

racum, qui eſt omiſe dans la Table, eſt marquée XVIII dans l'Itinéraire. On ne peut néanmoins conclure qu'environ 17 lieues gauloiſes de ce qu'il y a d'eſpace entre la poſition de S. Quentin, qui eſt celle d'*Auguſta Veromanduorum*, & Cambrai, parce que cet eſpace n'eſt que de 19000 toiſes. Ce qui concerne la voie qui conduiſoit à *Auguſta Sueſſionum*, eſt diſcuté dans l'article *Contraaginnum*. Il y a dans la Table une indication de diſtance, qui eſt XXXI, placée entre le nom de *Samarobriva* & celui d'*Auguſta Veromanduorum*, & on reconnoît encore ſur le local la trace d'une voie romaine entre Amiens & S. Quentin. L'eſpace que cette voie traverſe étant d'environ 37000 toiſes, il en réſulte rigoureuſement plus de 32 lieues gauloiſes. Cette voie venant d'Amiens, paſſoit au-delà d'*Auguſta Veromanduorum*, à *Lugdunum clavatum*, ou Laon, ſelon la relation de la découverte du corps de S. Quentin : *locus, qui dicitur Auguſta Viromandorum, juxtà fluvium qui vocatur Somena, ubi tranſit agger publicus, qui venit de Ambianenſium civitate, & pergit Leodunum clavatum*. Mais, cette continuation de voie n'eſt point exprimée dans les anciens Itinéraires, & on ne ſçauroit nommer *Lugdunum clavatum* dans une carte, qui eſt reſtrainte à ce qui ſe trouve cité dans les monumens Romains, quoiqu'on ne puiſſe douter que cette place ne ſoit véritablement d'antiquité Gauloiſe. La trace d'une ancienne voie qui tendoit de Reims à S. Quentin, en traverſant la rivière d'Aiſne au Bac-à-Berri, de-là paſſant à Corbeni, comme le dit Bergier, devoit ſe joindre aux environs de Laon à cet *agger publicus*, dont la légende fait mention. M. de Valois rapporte les textes de pluſieurs auteurs du moyen-âge, dont il réſulte indubitablement que la ville de S. Quentin eſt la même qu'*Auguſta Veromanduorum*; & il y a des actes particuliers paſſés dans cette ville, par leſquels on voit que le nom d'*Aouſte*, dérivé d'*Auguſta*, s'eſt conſervé au plus ancien des quartiers de la ville. M.

Hiſt. des Gr. Ch. liv. III. ch. 39.

P. 596.

Hemeré Regeſt. Bendier.

l'Abbé Belley, dans une sçavante differtation du Tome XIX. des Mémoires de l'Académie, s'eft attaché particulièrement à combattre l'opinion qui veut, que le lieu qui porte le nom de Vermand, à quelque diftance de S. Quentin, ait été pendant un tems la capitale des *Veromandui*, au préjudice d'*Augufta*.

49°, 22°.

AUGUSTOBONA, *pofteà* TRICASSES. Le nom de la capitale des *Tricaffes*, qui eft *Auguftomana* dans Ptolémée, eft *Auguftobona*, felon l'Itinéraire d'Antonin, & felon la Table Théodofienne. On peut croire que la terminaifon de *bona* ou *mana*, ajoutée au nom d'Augufte, a pu être employée indifféremment, comme ayant la même fignification. Car, on lit dans Varron, *bonum antiqui dixere manum*; & M. de Valois répand l'érudition à pleines mains fur ce fujet dans fa Notice. Cette ville prit enfuite le nom de la cité: *venerat Tricaffas*, dans Ammien-Marcellin: *Tricaffibus degere*, dans Sidoine-Apollinaire. On a dit poftérieurement, & par contraction, *Trecæ*, comme de *Bajocaffes* on a fait *Bajocæ*. Aujourd'hui Troies, en gardant le pluriel, comme il convient.

De ling. Latinâ, cap. 2. p. 562.

47°, 23°.

AUGUSTODUNUM. Voyez BIBRACTE, qui eft le nom primitif de cette ville.

50°, 17°.

AUGUSTODURUS. Ce lieu eft indiqué dans la Table Théodofienne, entre *Crociatonum* & *Arægenus*. Il faut en chercher la pofition entre Baïeux, qui eft *Arægenus*, & Valognes, qui eft *Crociatonum*. La terminaifon *durus* ou *durum* défigne, par la fignification qui lui eft propre, le paffage d'une rivière; & fur cette route, c'eft à la rivière de Vire que convient *Augufto-durus*. La diftance, qui dans la Table paroît marquée XXIIII à l'égard d'*Arægenus*, doit être fautive par l'emploi d'un double x, au lieu de donner fimplement XIIII, comme je l'obferve dans l'article *Arægenus*. En partant de Baïeux, la route alloit traverfer la rivière de Vire au-deffus du paffage appellé la Nef du Pas, à l'endroit où font des veftiges d'un pont fur l'ancien lit de la rivière, entre les paroiffes de Montmartin en Graignes & de S. Fromond; & on diftingue les reftes d'un chemin *perré*, qui conduit au paffage du pont. Ce qu'il y a de diftance en droite ligne depuis Baïeux, felon qu'elle réfulte de la carte levée par l'Abbé Outhier, eft d'environ 15500 toifes ; & il en faut conclure 14 lieues gauloifes de mefure itinéraire, puifqu'à raifon de 1134 toifes par lieue, le calcul de 14 lieues eft de 15876. Entre *Auguftodurus* & *Crociatonum*, l'indication de la Table, qui eft XXI, ne fouffre point de difficulté. La mefure itinéraire depuis la pofition qui convient à *Auguftodurus* jufqu'à Valognes, en traverfant les marais d'Ouve par Carentan, peut s'eftimer de 20 lieues gauloifes, & plus que moins, vu les circuits & l'inégalité du terrain dans l'étendue de cette route.

50°, 21°.

AUGUSTOMAGUS, *poftea* SILVANECTES. Cette ville eft placée dans l'Itinéraire d'Antonin entre *Cæfaromagus*, ou Beauvais, & *Sueffonas*, ou Soiffons : dans la Table Théodofienne, entre *Cæfaromagus* & *Fixtuinum*, ou plutôt *Iatinum*, qui eft Meaux. On peut confulter l'article *Litanobriga*, fur ce qui concerne le rapport de la pofition d'*Auguftomagus* avec *Cæfaromagus*, & l'article *Iatinum*, par la même confidération. Mais, pour n'omettre aucune des diftances qui font liées à *Auguftomagus*, je remarquerai ici, que celle que l'on trouve marquée XXII dans l'Itinéraire, ne remplit pas ce qu'il y a d'efpace entre Senlis, qui eft *Auguftomagus*, & Soiffons. Car, cet efpace qui eft d'environ 29000 toifes en droite-ligne, peut admettre 26 à 27 lieues gauloifes de mefure itinéraire. La voie fe fait remarquer actuellement en fortant de Senlis, fous le nom de

NOTICE DE LA GAULE. 125

Chauffée de Brunehaut. Son alignement la conduit au paffage de la petite rivière d'Autone, près de Bétifi, & elle rafe l'extrémité méridionale de la forêt de Cuife ou de Compiegne. Une carte manufcrite du Soiffonois m'en fait retrouver la trace dans la longueur d'environ 4500 toifes, entre le lieu nommé Haute-Fontaine, & le Pont-Archer, fur le ruiffeau qui defcend de Cœuvre, & où cette trace fe joint au chemin actuel de Compiegne à Soiffons. Je reviens à *Auguftomagus*, pour dire qu'il en eft mention dans Ptolémée, quoique la dénomination y foit altérée, & qu'on y life *Ratomagus*. Le nom du peuple a pris la place du nom propre & primitif, comme il eft arrivé à la plupart des capitales de cités. On trouve dans la Notice de l'Empire, *Silvanectas Belgicæ fecundæ*; dans la Notice des provinces de la Gaule, *civitas Silvanectum*. Il faut être fixé par l'identité de lieu, pour ne pas méconnoître le nom de *Silvanectes* dans celui de Senlis.

46°, 21°.

AUGUSTONEMETUM, *pofteà* ARVERNI. Le nom de la capitale des *Arverni*, qui felon Strabon feroit *Nemoffus*, eft *Auguftonemetum* dans Ptolémée, & de même dans la Table Théodofienne, où par abbréviation ce nom eft écrit *Aug. Nemeto*. Strabon fe trompe doublement en plaçant cette ville fur la Loire, ἐπὶ τῷ Λείγερι. Car, ce n'eft pas la Loire qui paffe chez les *Arverni*, mais l'Allier; & la ville qui repréfente la capitale des *Arverni*, n'eft point fituée fur l'une de ces rivières, non plus que fur l'autre. Le nom du peuple devint enfuite celui de la ville, ce qui a été prefque général aux capitales de cités dans la Gaule. Elle eft nommée *Arverni* par Ammien-Marcellin, par Sidoine-Apollinaire, & dans la Notice de l'Empire, de même que dans celle des provinces de la Gaule, où *civitas Arvernorum* fuit immédiatement la métropole de l'Aquitaine première. Mais, ce qui eft remarquable, comme paroiffant anté-

Lib. IV, p. 191.

rieur au tems où l'ufage a prévalu de défigner les capitales par un autre nom que celui qui leur avoit été propre ; c'eft de trouver le nom d'*Arverni* dans Pline, en parlant d'un coloffe de Mercure, *facto in civitate Galliæ Arvernis* ; & auquel doit fe rapporter une infcription qu'on lit dans le recueil de Gruter, *Mercurio Arverno*. Car, M. de Valois eft dans l'opinion, que fur ce fujet le terme de *civitas* convient plutôt à la ville qu'au territoire des *Arverni*, ce que je laiffe aux critiques à décider. Dans le moyen-âge, un château qui défendoit la ville capitale des *Arverni*, en étoit diftingué par le nom de *Clarus-mons*, comme on le voit dans un Annalifte, contemporain du roi Pépin : *rex Pippinus ufque urbem Arvernam cum exercitu veniens, Claremontem caftrum captum atque fuccenfum bellando cepit* : à quoi fe rapporte ce qui fuit, *Pippinus rex urbem Arvernam cepit*. Ainfi, le *caftrum Claremontis* & l'*urbs Arverna* font la même conquête, dans l'expédition de Pépin contre Guaifre, duc d'Aquitaine. C'eft donc au château de la ville *Arverna*, que cette ville doit le nom de Clermont qu'elle porte aujourd'hui. On lit dans Aimoin, & dans Hugue de Fleuri ; *Arvernis, quæ Clarus-mons dicitur*.

Lib. XXXIV, cap. 7.
P. 53. n. XI.
P. 46.

46°, 19°.
AUGUSTORITUM, *poftea* LEMOVICES. Si l'on s'en rapporte à plufieurs éditions de Ptolémée, & notamment à celle de Bertius, ce n'eft point *Auguftoritum*, mais une autre ville fous le nom de *Ratiaftum*, qu'il faut prendre pour la capitale des *Lemovices*. Cependant, c'eft aux *Pictones* qu'appartient la pofition de *Ratiaftum*, comme on peut le voir démontré dans l'article intitulé *Ratiatum* : & il n'eft pas moins certain, que le nom d'*Auguftoritum*, qui dans les éditions dont je viens de parler tient la place de *Ratiaftum*, doit être tranfporté chez les *Lemovices*. Les voies romaines décrites dans l'Itinéraire d'Antonin, & dans la Table Théodofienne, déterminent fans équivoque la pofition d'*Auguftoritum* dans

NOTICE DE LA GAULE.

l'emplacement de la capitale des *Lemovices*. L'Itinéraire nous y fait paffer directement, en décrivant une route fur laquelle entre *Vefunna*, ou Périgueux, & *Argentomagus*, ou Argenton en Berri, fe rencontre *Auguftoritum*. Une autre route, qui croife la précédente à *Auguftoritum*, fe prend dans la Table à *Mediolanum* des *Santones*, ou Saintes, & conduit à *Auguftonemetum*, ou Clermont. Le détail des lieux que l'Itinéraire & la Table indiquent fur ces routes, étant expofé dans la carte de la Gaule, on peut confulter les différens articles qui concernent chacun de ces lieux en particulier, pour connoître le rapport immédiat de leur pofition à celle d'*Auguftoritum*, dans la place qu'occupe Limoges, capitale des *Lemovices*. Ce qui ne peut fe rapporter ainfi qu'à Limoges, s'éloigne étrangement de Poitiers, qui feroit *Auguftoritum*, felon M. de Valois; & on voit bien qu'en citant, comme il fait, l'Itinéraire fur la pofition d'*Auguftoritum* entre *Vefunna* & *Argentomagus*, il ne confulte point ce qui convient pofitivement au local. Le témoignage de Ptolémée n'eft pas auffi conftant que l'ont cru plufieurs fçavans très-diftingués, & entr'autres M. de Valois, pour que *Ratiaftum* foit la ville des *Lemovices*, plutôt qu'*Auguftoritum*. M. l'Abbé Belley, dans les Mémoires de l'Académie, cite deux manufcrits de la Bibliotheque du Roi, felon lefquels *Ratiatum* eft rangé fous les *Pictones*, & *Auguftoritum* renvoyé aux *Lemovices*. Il faut ajouter, que les premières cartes dreffées d'après Ptolémée, & gravées à Vienne en taille de bois par Trechfel en 1541, font à l'égard des mêmes pofitions conformes à ces manufcrits, & vraifemblablement à plufieurs autres que l'on n'a point fous les yeux. Ainfi, la critique que fait M. de Valois de ce qu'on lit dans Magnon, contemporain de Charle-le-Chauve, *Lemofex Auguftoritum*, porte à faux, par la préférence qu'il croit donner à l'autorité de Ptolémée; *cui haud dubiè*, dit-il, *major fides habenda eft, quam Magnoni, homini*

P. 448.

P. 267.
Tome XIX.
P. 702.

P. 268.

docto minùs, minùsque diligenti, & annis amplius DCLX *à Ptolemæi ætate diftincto.* On peut donc décider avec certitude, & contradictoirement à la manière dont s'explique M. de Valois, que c'eft *Auguftoritum*, & non pas *Ratiaftum*, qui a quitté fon nom ancien & primitif, pour prendre celui de *Lemovices*. Dans la Notice des provinces de la Gaule, *civitas Lemovicum* eft une de celles de l'Aquitaine première : & la ville de Limoges conferve un quartier diftinct & féparé fous le nom de *Cité*, ce qui lui eft commun avec plufieurs anciennes villes de la Gaule.

46°, 24°.

AUGUSTUM. Il en eft mention dans l'Itinéraire d'Antonin, & dans la Table Théodofienne, fur une route, qui par la pofition de *Bergufium*, communique à Vienne ; & on peut voir dans l'article *Bergufium*, que la diftance fur laquelle l'Itinéraire & la Table font d'accord à marquer XVI, eft convenable au local, felon ce qu'il y a d'efpace actuel entre le lieu nommé Bourgoin, & un petit lieu qui conferve le nom d'Aofte, près de l'entrée du Guier dans le Rhône. Or, ce lieu paroît avoir été confidérable, à en juger par les veftiges d'antiquité qu'on y a remarqués en différens tems, & dans les titres fon nom eft *Augufta*. Cette pofition a été commune à deux routes, dont l'une tracée dans la Table, fe rend à Genève ; l'autre qui fe trouve également dans l'Itinéraire comme dans la Table, conduit par la Tarentaife au paffage de l'*Alpis Graia*, ou du petit S. Bernard.

44°, 26°.

AVISIO PORTUS. L'Itinéraire maritime, en parcourant la côte d'orient en occident, indique ce port à la fuite de celui d'*Hercules Monæcus*. L'hiftorien de Provence, Honoré Bouche, a remarqué que ce port devoit être près d'un lieu, qui eft nommé *Ifia* dans le dénombrement du diocèfe de Nice, tiré des archives d'Aix,

Chorog. liv. III, ch. 5.

NOTICE DE LA GAULE.

d'Aix, aujourd'hui Eza. En doublant, à la sortie du port de Monaco, un promontoire que forme l'*Alpis Maritima* par sa pente jusqu'au rivage de la mer, & qui se nomme capo d'Aglio; le fond de l'anse sur laquelle domine la position d'Eza ne donne que 3000 & quelques centaines de toises de route, c'est-à-dire 4 mille & quelque chose de plus; ce qui fait voir combien l'indication de l'Itinéraire dans cet intervalle, sçavoir XXII, est peu convenable.

47°, 22°.

AULERCI BRANNOVICES. Ils sont cités dans le septième livre des Commentaires, au nombre des peuples que les *Ædui* tenoient dans leur dépendance; & leur nom est suivi de *Brannovii*, qui paroît le même, à l'exception du prénom d'*Aulerci*. Je ne hazarderai point de les confondre, non plus que d'en faire une mention distincte & séparée. On peut conjecturer, que le canton qui porte le nom de Briennois, près de la Loire, dans l'étendue du diocèse de Mâcon, qui est un démembrement du territoire des *Ædui*, tire cette dénomination des *Brannovices*, ou des *Brannovii*. Il y a moins d'affinité entre d'autres dénominations, qu'on est pourtant bien fondé à prendre pour les mêmes.

48°, 18°.

AULERCI CENOMANI. C'est un des peuples de la Gaule dont il soit fait mention dans un tems plus reculé, puisqu'entre différens peuples auxquels le nom d'*Aulerci* a été commun, on doit rapporter aux *Cenomani* en particulier celui d'*Aulerci* dans Tite-live, lorsqu'il cite entre les Celtes ou Gaulois ceux qui passerent les Alpes, & qui s'établirent en Italie, du tems que Tarquin l'ancien régnoit à Rome. Car, dans le nombre des nations gauloises, qui en occupant des terres dans cette partie de l'Italie, que les Romains ont appellée Gaule cis-Alpine, y ont porté leur nom, on distingue les *Cenomani*, dont Polybe, Pline, Ptolémée, font

Lib. V, sect. 34.

R

mention expresse. Les *Aulerci Cenomani* sont cités dans le septième livre des Commentaires. Pline joint les *Cenomani* aux *Eburovices* de cette manière: *Aulerci, qui cognominantur Eburovices, & qui Cenomani*. La leçon qui se tire du texte Grec de Ptolémée est *Aulircii Cenomani*. Mais, il y a une transposition de sa part à ranger les *Cenomani* au nord des *Eburovices*. Il sembloit permis de leur attribuer dans les cartes le diocèse du Mans dans son entier, avant que l'on fût instruit que les *Diablintes*, & de plus les *Arvii*, occupoient une partie de ce diocèse. Ces cités n'ayant point été pourvues d'évêques particuliers, les évêques du Mans ont étendu leur sollicitude pastorale à ces territoires; & l'on en trouve des témoignages positifs à l'égard de celui des *Diablintes*, dans *Gesta Episcoporum Cenomanensium*, publiés par le P. Mabillon dans le recueil intitulé *Analecta*. C'est ainsi que les limites du diocèse du Mans ont été aggrandis au delà de ce qu'avoient possédé les *Cenomani*.

Lib. IV, cap. 18.

49°, 19°.

AULERCI EBUROVICES. Il en est fait mention en plusieurs endroits des Commentaires de César; & on lit dans Pline, *Aulerci, qui cognominantur Eburovices*. Selon Ptolémée, *Aulircii Euraici*. Il étoit peu exactement informé de leur position, en l'établissant sur la Loire d'un côté, comme sur la Seine de l'autre. Car, il y a bien loin des limites qui terminent le diocèse d'Evreux du côté des *Carnutes*, jusqu'à la Loire.

Ubi suprà.

46°, 18°.

AUNEDONACUM. Ce lieu est placé dans l'Itinéraire d'Antonin sur la route qui fait la communication de *Mediolanum* des *Santones*, ou Saintes, avec *Limonum*, ou Poitiers: & on le trouve pareillement dans la Table, quoique le nom y étant écrit *Avedonacum*, soit un peu différent. La distance à l'égard de *Mediolanum* est marquée XVI par l'Itinéraire; & selon un des segments de la Table donné par Velser, on voit qu'elle est d'accord avec l'Itinéraire sur cette distance, quoiqu'elle soit omise dans l'édition qu'on doit à Ortelius. Une carte manuscrite que j'ai, & qui renferme la Saintonge presque entière, me donne la mesure de ce qu'il y a d'espace entre Saintes & la position d'Aunai, qui est constamment celle d'*Aunedonacum*, sur le pied de 18000 toises en droite-ligne, par une échelle qui est déterminée en toises précisément ; & le calcul des 16 lieues gauloises donne en rigueur 18144 toises. Le nom d'*Aunedonacum*, ou d'*Avedonacum*, est *Audenacum* dans le moyen-âge, & avec plus d'altération *Œnacum*.

51°, 25°.

AUSAVA. Il en est mention dans l'Itinéraire d'Antonin, & dans la Table Théodosienne, sur une route qui conduit de Trèves à Cologne, par *Tolbiacum*, ou Zulpick : & ce lieu est placé entre *Beda* & *Egorigium*, à une distance de l'une & de l'autre de ces positions qui est également marquée XII. Il en résulte qu'*Ausava* se place dans l'intervalle de Bedburg & de Jonkerad, à Schonek, ou aux environs.

44°, 19°.

AUSCI. C'est ainsi qu'on doit écrire d'après César, Méla, Pline ; & ce nom est le même dans Ammien-Marcellin. On écrira *Auscii* d'après Strabon & Ptolémée, & d'après la Notice de l'Empire. Dans Sidoine-Apollinaire le nom d'*Auscenses* paroît l'ethnique de la capitale, qui avoit pris le nom du peuple, & qui est appellée *Auscius* dans l'Itinéraire de Bourdeaux à Jérusalem, *Auscientis urbs* dans Grégoire de Tours. Les *Ausci*, selon Méla, *Aquitanorum clarissimi sunt* ; quoique le rang d'*Elusa* en qualité de métropole de la Novempopulane, semble donner une prééminence aux *Elusates*. Mais, on sçait que la Ville d'Auch a succédé à la dignité de celle d'Eause. Les limites qui séparoient les *Ausci* d'avec les *Elusates*, ne nous sont point connues. On retrouve les *Sotiates* dans l'étendue actuelle

Lib. III, cap. 2.

du Diocèse d'Auch; & peut-être renferme-t-il encore quelque autre peuple, entre ceux qui sont nommés dans l'Aquitaine, & dont on ignore la position.

48°, 22°.

Lib. XVI. AUTISSIODURUM. Il en est mention dans Ammien-Marcellin, en parlant d'une marche de Julien, qui part d'*Augustodunum*, & se rend à *Tricasses*; & cette route est décrite dans l'Itinéraire d'Antonin, & dans la Table Théodosienne, en passant par *Autissiodurum*. On lit *Autosidorum* dans Ammien : mais, une leçon plus correcte est celle de Robert dans sa Chronique d'Auxerre, sçavoir *Autissiodorum*. Par un démembrement de l'ancien territoire des *Senones*, cette ville a eu son territoire particulier. Ainsi, dans la Notice des provinces de la Gaule, entre les cités de la Sénonoise, on trouve *civitas Autisiodorum*. Les limites actuelles des diocèses de Sens & d'Auxerre, représentent la séparation qui a été faite de ces territoires : on en peut juger ainsi par un lieu nommé Fins, entre Châtillon-sur-Loin & Briare; & qui est de Sens sur la frontière d'Auxerre précisément. Il faut avouer qu'on n'en sçait pas davantage sur *Autissiodurum*, en se renfermant dans l'âge Romain de la Gaule. Car, la position de *Vellaunodunum* des Commentaires de César, & la migration des habitans de ce

M. le Beuf. lieu à un autre nommé *Autricum*, ne sont rien moins que démontrés par un sçavant, dont le motif a été d'illustrer sa patrie.

49°, 20°.

AUTRICUM, *posteà* CARNUTES. Ptolémée, en citant deux villes chez les *Carnutes*, nomme en premier lieu *Autricum*. Ce nom paroît dérivé de celui de la rivière, sur le bord de laquelle cette ville est située, *Autura*, quoiqu'il n'en soit mention dans aucun des monumens Romains, & que dans les écrits du moyen âge on lise communément *Audura*, la rivière d'Eure. C'est ainsi que la ville de Bourges tiroit le nom d'*Avaricum* de la rivière d'*Avara*. Le nom d'*Autricum* a été remplacé par celui des *Carnutes*, ou *Carnotes*, comme on lit dans la Notice des provinces de la Gaule, & dans Sulpice-Sévère; *Carnutum* au singulier, selon la Notice de l'Empire, en lisant *Carnuto Senoniæ Lugdunensis*. Je remarque que sur la voie qui conduit de Chartres à Dreux, & qui paroît tracée dans la Table Théodosienne, comme on peut voir dans l'article *Durocasses*; un lieu dont le nom actuel est Lève, se trouve distant d'un point près dans l'étendue de la ville de Chartres, de 11 à 1200 toises. Cet espace répond à l'étendue d'une lieue gauloise, qui étant appellée *Leuva* aussi-bien que *Leuca*, se retrouve dans la position de Lève par la dénomination comme par la distance. Cette position est donc une indication positive d'un *primus lapis* à l'égard d'*Autricum*, ou de la capitale des *Carnutes*.

46°, 25°.

AXIMA. Ptolémée en fait mention comme d'une ville des *Centrones*. Dans la Table Théodosienne, où on lit *Axuna*, pour *Axima*, ce lieu est placé entre *Darantasia* & une autre position nommée *Bergintrum*, sur la route qui conduit au passage de l'*Alpis Graia*, ou du petit S. Bernard. La distance marquée x. à l'égard de *Darantasia*, & vIIII à l'égard de *Bergintrum*, paroît convenable à l'espace qui sépare la position actuelle d'*Axima* sous le nom d'Aisme, d'avec Monstier, ou *Darantasia*, d'un côté; & de l'autre, d'avec le lieu nommé S. Maurice, qui répond à *Bergintrum*. Ces indications de distance sont confirmées par l'Itinéraire d'Antonin, qui passant par dessus la position d'*Axima* dans l'intervalle de *Bergintram* à *Darantasia*, indique en un seul article xvIIII, conformément à ce que la Table fait compter en deux articles séparés.

50°, 23°.

AXONA FLUV. César passa cette rivière *in extremis Remorum finibus*, & campa sur ses bords dans son expédition contre les Belges confédérés ; & je conjecture que ce fut aux environs de Pont-à-Vère. Dion-Caſſius parlant de cette même expédition, nomme le fleuve *Auxunnus*. Dans l'Itinéraire d'Antonin un endroit au paſſage de cette rivière eſt nommé *Axuenna*, & dans la Table Théodoſienne on trouve *Auxenna*. Le nom eſt *Axona* dans le poëme d'Auſone ſur la Moſelle, comme dans Céſar. Il y a long-tems qu'il ſe prononce à peu près comme aujourd'hui, puiſqu'il eſt écrit *Eſna* dans Hugue de Cléris, écrivain du douzième ſiécle. La rivière d'Aiſne.

Lib. XXXIX.

50°, 22°.

AXUENNA. Nous trouvons deux poſitions de ce nom, qu'il ne faut point confondre ; l'une dans l'Itinéraire d'Antonin, l'autre dans la Table Théodoſienne, & même auſſi dans l'Itinéraire, quoique le nom n'y ſoit pas correct. Ces deux poſitions déſignent également un paſſage de la rivière d'Aiſne, *Axonæ*, dont on peut croire qu'elles tirent leur dénomination, mais en des endroits fort différens. Celle qui eſt particulière à l'Itinéraire ſe rencontre ſur la route de *Durocortorum*, ou de Reims, à *Divodurum*, ou Metz, par *Virodunum*, ou Verdun. La diſtance de *Durocortorum* eſt marquée ainſi : *Baſilia* x, *Axuenna* xii ; & d'*Axuenna* à *Virodunum* xvii. Mais, il doit y avoir quelque erreur dans ces nombres. Car, l'eſpace entre Reims & Verdun, fixé par des opérations, étant en droite ligne d'environ 50000 toiſes, les 39 lieues gauloiſes que l'on compte dans l'Itinéraire, ne rempliſſent point cet eſpace. M. de Valois opine, qu'*Axuenna*, eſt Sainte-Menehoud. La direction de la voie paroît plus convenable à un lieu ſitué un peu plus bas, & dont le nom qui eſt Neuville-au-pont, ſemble le diſtinguer comme étant le paſſage de l'Aiſne. Or, la diſtance d'un point pris au centre de Reims juſqu'à Neuville, étant de près de 32000 toiſes, il en réſulte 28 lieues gauloiſes, au lieu de 22 que

NOTICE DE LA GAULE. 135
donne l'Itinéraire; & il faut ajouter, que la position de Sainte-Menehoud plus écartée de Reims que Neuville, feroit paroître la différence encore plus grande. Il n'en est pas de même de la distance du lieu qui convient à *Axuenna* par rapport à Verdun. Car, l'espace qui est d'environ 19000 toises, convient fort à l'indication de l'Itinéraire, qui est XVII, puisque le calcul de ce nombre de lieues fournit en rigueur 19278 toises. Ainsi, ce qui a paru insuffisant, en considérant la totalité d'espace entre Reims & Verdun, regarde uniquement l'intervalle qui sépare *Axuenna*, ou le passage de l'Aisne, d'avec Reims.

50°, 23°.

Quant à la position que la Table Théodosienne indique sous le nom d'*Axuenna*, c'est sur la route qui conduit de Reims à *Bagacum*, capitale des *Nervii*, *Baeaconervio*, comme on lit dans la Table. Le même lieu n'est point omis dans l'Itinéraire d'Antonin sur la même route, quoique par une méprise de copiste on y lise *Muenna* pour *Axuenna*. La distance à l'égard de *Durocortorum* y est également marquée X comme dans la Table; & cette distance conduit précisément sur la direction de la voie, au passage de l'Aisne, entre Neuchâtel & Avaux, où le terme d'environ 11000 toises, en partant du centre de Reims, répond à quelques centaines de toises près, au calcul rigoureux de 10 lieues gauloises, qui est de 11340 toises. Dans le milieu de cet espace, une montagne qui traversoit la route a été coupée, & cet endroit se nomme Bri-mont.

B.

44°, 20°.

BADERA. La Table Théodosienne en fait mention sur la voie de Toulouse à Narbone; & la distance marquée XV, à partir de Toulouse, fixe cette position en employant le mille romain, comme il convient dans la

Narbonoife, au lieu nommé Bafiège, & on voit affez d'analogie dans cette dénomination avec celle de *Badera*.

44°, 21.

BÆTERRÆ. Ce nom fe trouve écrit diverfement. On lit BAETERR. dans une infcription du recueil de Gruter. Les manufcrits de Méla, felon Voffius, portent *Bæterra* ; ceux de Pline, felon le P. Hardouin, *Bæterræ*. Ptolémée & Etienne de Byzance autorifent la diphthongue de la première fyllabe. Dans l'Itinéraire d'Antonin on lit *Beterras*, *Biterris* dans celui de Jérufalem. Il eft évident, nonobftant l'opinion de M. de Valois, que la leçon de Βλίτερα dans le texte de Strabon eft vicieufe, procédant vraifemblablement d'une méprife du Λ pour un Δ en lettres onciales. Les écrivains poftérieurs, Idace, Sulpice-Sévère, Grégoire de Tours, ont écrit *Biterræ*. Cette ville a été colonie romaine, & ayant reçu des vétérans de la feptiéme légion, elle en a pris le furnom de *Septimanorum*, que Méla & Pline joignent à fon nom. Plufieurs fçavans veulent y rapporter la dénomination de Septimanie, comme fi Béziers eût prévalu fur toute autre ville du même pays, & qu'il ne fût pas plus naturel que de l'union de fept diftricts ou territoires eft forti le nom de Septimanie, dont il eft mention pour la première fois dans une lettre de Sidoine-Apollinaire. Il ne faut point omettre que dans la Notice des provinces de la Gaule, *civitas Beterrenfium* eft une de celles de la Narbonoife première. L'Itinéraire d'Antonin, & celui de Jérufalem, s'accordent à marquer XVI entre Béziers & Narbone. On trouve XXI dans la Table, qui doit être corrigée par les Itinéraires. Car, ce qu'il y a d'efpace admet véritablement avec aifance le calcul de 16 milles, mais non pas un plus grand nombre de milles bien complettement. Dans cette route, les Romains avoient conftruit au travers du marais de Cap-eftang une chauffée, dont il fubfifte des veftiges.

51°, 22°.

NOTICE DE LA GAULE. 137
51°, 22°.

BAGACUM. On ne peut se dispenser de regarder cette ville comme l'ancienne capitale des *Nervii*. Ptolémée, dans lequel il est aisé de reconnoître le nom de *Bagacum* dans celui qu'on lit *Baganum*, ne cite point d'autre ville chez les *Nervii*. Dans la Table Théodosienne la position de *Bagacum* est figurée comme capitale ; & Magnon, qui dans une Notice du neuvième siècle joint le nom propre des capitales à celui des cités, a écrit *Nervius Basiacum* (ou *Bavacum*). Je m'étonne donc de trouver dans Cellarius, en parlant des *Nervii*, *ut caput Camaracum fuisse videatur*. Quoique Bavai ne soit pas aujourd'hui un lieu considérable, & que Cambrai prévale par sa dignité, ce qu'on trouve de vestiges d'antiquité à Bavai & aux environs, dénote une ville puissante. Les Romains y avoient conduit les eaux de plusieurs fontaines, qui sont dans le village de Floréfies, distant de Bavai de plus de 9000 toises. Mais, rien ne témoigne davantage le rang qu'a tenu Bavai dans la contrée, que d'y voir aboutir comme au centre toutes les voies romaines, ou partir de ce point pour communiquer à toutes les parties d'alentour. Les Itinéraires nous indiquent des routes, qui s'y rendent de Reims, de Tongres, de Cambrai, de Tournai. Nous n'y voyons point celle qui partant de Bavai, se joint près de Vermand à la voie qui tend de *Samarobriva* à *Augusta Veromanduorum*, ou S. Quentin. Mais, elle subsiste sous le nom de Chaussée de Brunehaut. J'en connois une autre qui étoit prolongée jusqu'à l'extrémité de la Gaule la plus reculée vers le nord, & dont je ne sçache point qu'on ait parlé jusqu'à présent. Elle se rendoit de Bavai à Mons, qui a porté le nom de *Castrilucius*, ou de *Castri locus*, *quia ibi quondam Romanus exercitus castra locaverat*, selon le témoignage d'un moine de S. Guilain, qui a écrit la vie de Ste Adelgonde. La trace qui subsiste de cette voie, & qui se distingue de toute autre

Tom. I, p. 364.

S

route, m'est indiquée par une carte qui a été levée dans le plus grand détail, & par ordre du Roi, dans ses campagnes. De Mons elle passe par un lieu nommé Cauchie-notre-Dame, *Calceia :* elle laisse Enghien à quelque distance sur la gauche ; & en poussant plus loin, on remarque sur son passage un lieu, dont le nom de Kester paroît venir de *castra*. Je la perds de vue au-delà du bourg d'Asch, situé à une hauteur moyenne de celle de Bruxelles & d'Alost. Mais, par une suite de son alignement, je présume qu'elle traversoit la rivière de Rupel, près d'un lieu que son nom actuel de Ruys-broek désigne avoir eu un pont sur cette rivière. Cette voie paroît conduire à la position d'Anvers. Quoique cette ville ne soit point connue par les monumens de l'âge romain, on la trouve avec distinction, & sous un nom de peuple, *Andoverpenses*, dans la vie de S. Eloi, écrite par S. Ouen, ce qui remonte au septième siècle. Je vois un indice d'une continuation de voie dans le nom de Hoogstraten, *alta strata*, que porte un lieu plus considérable que ceux dont il est environné dans les landes du Quartier d'Anvers. En se rendant à Hoogstrate, la route paroît dirigée vers la Meuse, comme pour se rendre au *Batavorum oppidum*, & plus loin à *Noviomagus*, ou Nimegue, qui sous la domination romaine, existoit en qualité de chef-lieu d'un district. Indépendamment de cette direction, j'observe qu'une autre branche de voie, qui s'en écartoit sur la gauche, conduisoit à Dordrecht, & le nom de *Duro-trajectum* fait assez connoître que c'étoit l'endroit du passage d'une rivière. Cette circonstance concourt avec ce que j'apprends de Menso-Alting, qu'une voie romaine aboutissoit en ce lieu précisément : *Duxisse* (*Romanos*) *viam militarem ex Brabantiâ in Hollandiam, per Turedrecht, antequam sinum, qui nunc est, sibi aperuit oceanus, uno ore testantur Annales Leodicensium, Trajectensium, & Hollandensium.* Les voies Romaines renfermées dans la Batavie, & qui se trouvent

Not. Batav. p. 174.

NOTICE DE LA GAULE.

dans l'Itinéraire d'Antonin & dans la Table, donnent des positions par lesquelles cette grande voie que nous conduisons jusqu'à Dordrecht, pouvoit communiquer avec *Lugdunum* des *Batavi*, sur la rive du Rhin, & peu au-dessus de son embouchure dans la mer. Pour achever ce qui concerne *Bagacum*, il faut convenir, que nonobstant son titre de capitale, qu'on ne sçauroit lui contester primitivement, elle paroît en avoir perdu le rang au commencement du cinquième siécle, puisque dans la Notice des provinces de la Gaule, les cités de Cambrai & de Tournai représentent les *Nervii*. Ce n'étoit plus qu'un château dans le moyen-âge, comme on le voit par les actes de S. Liboire, dont je tire la citation de M. Wesseling; *castellum, quod Bavaca nominatur*. 50°, 17°. Itin. Ant. p. 377.

BAJOCASSES. La Notice des provinces de la Gaule veut que l'on écrive ainsi le nom d'un peuple, que je crois le même peuple que celui dont le nom est *Bodiocasses* dans les manuscrits de Pline, selon le P. Hardouin, *Vadiocasses* selon un manuscrit cité dans l'édition de Dalechamp, & qui dans plusieurs imprimés est remplacé par celui de *Vadicasses*. La place que Pline donne à ce peuple entre les *Viducasses* & les *Unelli*, convient à l'emplacement des *Bajocasses*, sur lequel on ne sçauroit former aucun doute. Car, les *Viducasses* ont occupé la partie orientale du diocèse de Baïeux, & les *Unelli* sont ceux du Côtentin; de sorte que la position intermédiaire des *Bodiocasses* ou *Vadiocasses*, est la même que celle des *Bajocasses*, dont *Bajocæ*, Baïeux, & le *pagus Bajocassinus*, le Bessin, conservent le nom. Quoique l'ordre dans lequel Pline fait l'énumération des peuples, ne réponde pas constamment à leur position immédiate & successive, on peut croire qu'il y répond ici, par la grande analogie qu'il y a entre la dénomination de *Bajocasses* & celle de *Bodiocasses*. Ainsi, on ne sçauroit se livrer à la conjecture du P. Hardouin, Plin. in-fol. Tom. I, p. 238.

S ij

que le nom de *Bodiocaſſes* pourroit être ſupprimé, comme étant une répétition de celui de *Viducaſſes*. Quant au nom de *Vadicaſſes* dans les éditions de Pline, depuis celle d'Hermolaus Barbarus en 1498, il y a apparence qu'il eſt emprunté de Ptolémée, chez qui l'on trouve les *Vadicaſſii*. Mais, ſelon la poſition que Ptolémée donne aux *Vadicaſſii*, ou *Vadicaſſes*, ils étoient fort éloignés des *Bajocaſſes*, puiſqu'ils confinoient à la Belgique, πρὸς τῇ Βελγικῇ; & c'eſt en-effet l'emplacement qui leur convient, comme on peut voir à l'article *Vadicaſſes*.

48°, 22°.

BANDRITUM. On trouve ce lieu dans la Table Théodoſienne entre *Agedincum* & *Autiſſiodurum*. La diſtance eſt marquée xxv à l'égard d'*Agedincum*, & viii à l'égard d'*Autiſſiodurum*. Mais, comme l'eſpace actuel de Sens à Auxerre n'eſt que de 26000 toiſes au plus, ces indications ſont ſuſpectes de quelque erreur; & il ſuffit de celle de xxv pour remplir l'eſpace en entier, en accordant même un accroiſſement à la meſure itinéraire ſur l'eſpace pris en droite-ligne. Je n'ai point connu de lieu qui parût correspondre à celui dont il s'agit: j'ai ſeulement préſumé que ſur le total de la diſtance, il étoit convenable de laiſſer entre la poſition de *Bandritum* & celle d'*Autiſſiodurum*, ce que la Table indique dans cet intervalle en particulier. C'eſt à quoi je borne toute conjecture ſur ce ſujet.

48°, 26°.

Lib. XXX. BASILIA. Ammien-Marcellin eſt le premier qui en faſſe mention, lorſqu'il parle de la conſtruction d'une forterefſe *prope Baſiliam*, par l'empereur Valentinien I, ce qui ſe rapporte à l'an 374. Les Itinéraires ne connoiſſent point *Baſilia*, quoiqu'ils indiquent une route qui paſſe bien près de cette ville. La deſtruction d'*Auguſta*, capitale des *Rauraci*, a fait l'élévation de *Baſilia*: de manière que dans la Notice des provinces de la Gaule,

NOTICE DE LA GAULE.

celle-ci étant appellée *civitas Basiliensium*, il n'est mention de l'autre qu'en qualité de *castrum Rauracense*. Dans le moyen-âge le nom de Basle est communément *Basela* ou *Basula*.

50°, 23°.

On trouve dans l'Itinéraire d'Antonin un lieu nommé pareillement *Basilia*, entre *Durocortorum*, ou Reims, & *Axuenna*. La distance est marquée X à l'égard de *Durocortorum*, & XII à l'égard d'*Axuenna*. Mais, on peut voir à l'article *Axuenna*, ou du passage de la rivière d'Aisne en tendant à Verdun, que ces distances ne sont pas suffisantes : & parce qu'on n'a point d'autre notion de ce lieu de *Basilia*, l'emplacement qui lui conviendroit peut paroître incertain. Cependant, en suivant la direction de la route, on voit un lieu dans l'intervalle des rivières de Vêle & de Suippe, sous le nom de Bacone, dont la distance à l'égard de Reims ne disconviendroit pas à l'indication des 10 lieues gauloises à l'égard de *Durocortorum*, parce qu'étant d'environ 12000 toises, elle ne passe le calcul de 10 lieues que d'une fraction, ce qui pourroit nous fixer sur cette position de *Basilia*.

52°, 23°.

BATAVI. Tacite nous apprend, que les *Batavi*, sortis de la nation Germanique des Cattes, & qu'une guerre civile avoit obligés d'abandonner leurs terres, vinrent s'établir dans un canton de pays inhabité à l'extrémité de la Gaule, & dans une isle, que l'Océan & les bras du Rhin renfermoient : *extrema Gallicæ oræ, vacua cultoribus, simulque insulam inter vada sitam, quam mare Oceanum a fronte, Rhenus amnis tergum ac latera circumluit*. Il faut ajouter à cela, que les *Batavi* n'étoient pas absolument parlant renfermés dans l'isle qui a pris leur nom, & qu'ils occupoient les terres situées entre le bras du Rhin appellé *Vahalis* & la partie inférieure de la Meuse. C'est ce dont on ne sçauroit

Histor. lib. IV, sect. 12.

douter en lisant dans Tacite, que Civilis, après sa défaite près de *Vetera*, mit le feu dans la ville des Bataves, avant que de faire sa retraite dans l'isle, & on croit que cette ville est Batenburg sur la droite de la Meuse. A voir aussi la position qui est sous le nom de *Batavodurum* dans Ptolémée, il faut croire qu'elle étoit en deçà des branches entre lesquelles le Rhin se partage en approchant de la mer. Quelques auteurs moins anciens que le siècle de Tacite, ont employé le nom de *Batavia*. On lit dans un panégyrique d'Eumène : *Bataviam, Britanniamque, squalidum caput silvis fluctibusque exserentem.* Les *Batavi* ont joui d'une distinction particulière sous les Romains. On cite plusieurs inscriptions, où ils sont qualifiés, *fratres & amici populi* (*vel Imperii*) *Romani*.

Lib. V, sect. 19.

52°, 24°.

BATAVODURUM. Selon Tacite, les Romains y avoient un pont sur le Rhin, & ce poste étoit défendu par une légion, lorsque les Germains venant au secours de Civilis, voulurent pénétrer par cet endroit dans l'isle des Bataves. Les sentimens ne sont point partagés sur la position de ce lieu, qui dans le moyen-âge a conservé la terminaison de son ancienne dénomination, étant appellé *Dorestade* : aujourd'hui, Wick-te-Durstede.

Histor. lib. V, sect. 20.

52°, 23°.

BATAVORUM INSULA. César en a eu connoissance : *Mosa*, dit-il, *parte quadam Rheni receptâ, quæ appellatur Valis, insulam efficit Batavorum*. Tacite la décrit ainsi, en parlant des Bataves : *insulam inter vada sitam occupavere, quam mare Oceanum à fronte, Rhenus amnis tergum ac latera circumluit*. On lit dans Pline : *in Rheno ipso, propè centum millia passuum in longitudinem, nobilissima Batavorum insula, & Cannunefatum* : & je remarque que cette mesure d'étendue est très-convenable. Car, entre le point de séparation du Rhin &

Comment. IV.

Histor. lib. IV, sect. 12.

Lib. IV, cap. 15.

du Wahal (qui est le *principium agri Batavi*, où le
Rhin *velut in duos amnes dividitur*, selon que Tacite   Annal. lib. II;
s'exprime) & la pointe de l'embouchure de la Meuse   sect. 6.
près de s'Gravesande, l'ouverture du compas vaut au
moins 19 lieues du Rhinland, composées de 2000
roues ou verges du Rhin, qui s'évaluent à 3866 toises
ou à peu près. De sorte que les 19 lieues donnant un
calcul de 73454 toises, il en résulte 97 milles Romains, propè *centum millia passuum*, parce que l'évaluation particulière du mille romain est de 756 toises.
On sçait que le nom de l'isle des Bataves subsiste dans
celui de Betuwe, quoiqu'il soit actuellement restraint
à la partie supérieure, en remontant du Leck à la séparation du Wahal d'avec le Rhin. En tronquant le
nom de *Batavia*, on a écrit *Batua* dans le moyen-âge.

52°, 24°.

BATAVORUM OPPIDUM. On apprend de Ta-   Hist. lib. V, sect.
cite, que Civilis vaincu près de *Vetera* par Cerealis,   19.
& ne croyant pas pouvoir tenir dans une ville, qui
n'est pas appellée autrement que *Batavorum oppidum*,
se retira dans l'isle des Bataves : *non ausus oppidum Batavorum armis tueri, raptis quæ ferri poterant, cæteris
injecto igni, in insulam concessit*. Ainsi, cette ville est
différente d'une position de *Batavodurum* reculée jusqu'au Rhin, & qui est Wick-te-Durstede. Mercator,
Cluvier, Menso-Alting, rapportent l'*oppidum Batavorum* de Tacite à Batenburg, sur la rive droite de la
Meuse : & Ptolémée semble indiquer le même lieu sous
le nom de *Batavodurum* entre la Meuse & le Rhin.

45°, 23°.

BATIANA. On trouve dans l'Itinéraire de Bourdeaux à Jérusalem, entre *Acunum* & *Valentia*, deux
positions, dont les noms se lisent *Vancianis* & *Umbenno*. L'anonyme de Ravenne cite la premiere en sui-   Lib. IV, sect. 26.
vant un ordre contraire, *Valentia, Vatiana, Acunum*.
Le même lieu est *Batiana* dans la Table Théodosienne;

& la position actuelle qui y répond sous le nom de Baix, est appellée *Batia* & *Batium* dans les titres du moyen-âge. Il m'a paru que ce seroit envain qu'en tendant à Valence, on chercheroit le lieu de *Batiana*, & celui qui le suit, sur la même rive du Rhône que celle où *Acunum*, & Valence ont leur emplacement. La position de Baix étant de l'autre côté, elle nous oblige de passer le Rhône à *Acunum*, ou Ancone, pour le repasser à Valence ; & on trouvoit peut-être moins d'inconvénient dans ce double passage, que dans celui de la Drome, qui n'est pas facile, entre Lauriol & Livron, en continuant la route sur le même côté du Rhône que celui d'Ancone & de Valence. Quoique l'Itinéraire & la Table soient d'accord à marquer XII. entre *Acunum* & *Batiana*, cependant l'intervalle d'environ 5000 toises entre Ancone & Baix n'admet que VII, le calcul de 7 milles romains étant de 5292. toises. Depuis Baix jusqu'à Valence, l'indication de la Table, qui est XVIIII, doit être jugée convenable. Car, cet espace s'estimant à peu près de 14000 toises, la mesure itinéraire est de 14364. On peut conclure de là que l'Itinéraire de Jérusalem doit souffrir quelque réduction, parce qu'il fournit 21. milles en deux distances, divisées par la position d'*Umbennum*, entre *Batiana* & Valence.

51°, 26°.

BAUDOBRICA. Ce nom est ainsi répété en deux endroits de l'Itinéraire d'Antonin, mais hors de sa place quand on le trouve entre *Antunnacum* & *Bonna*. Sa position est au-dessus de *Confluentes*, comme l'indique la Table ; & la Notice de l'Empire en fait mention entre *Bingium* & *Confluentes*. Le nom est écrit *Bodobrica* dans la Notice, il se lit *Bontobrice* dans la Table. C'étoit un poste qu'occupoit le *præfectus militum balistariorum*, selon la Notice, sous les ordres du général résidant à Maïence. Les distances marquées par la Table, sçavoir VIII de *Confluentes*, ou Coblentz, & VIIII à l'égard de *Vosavia* ou *Vosalia*, qui est Ober-Wesel, sont très-convenables en lieues gauloises à la position de Bopart. Il est mention de *Marca Bodobrigensis* dans un titre de Fulde du huitième siécle, rapporté par Schannat, en ajoutant *ultra Rhenum*, comme il convient *respectu Germaniæ*. Dans les écrits postérieurs on lit *Bobardia* & *Bodardus*, par une altération qui conduit à la dénomination actuelle de Bopart.

In tradit. Fuldens. num. 12.

50°, 25°.

On trouve un autre lieu de *Baudobrica* dans l'Itinéraire, sur une route *à Treveris Argentorato*. Cette route se rend au bord du Rhin à *Bingium*, par *Baudobrica* & *Salissone*. Voyez l'article *Salisso*, qui renferme ce qui concerne cette branche de voie entre Trèves & Bingen.

46°, 24°.

BAUTÆ. Ce lieu est placé dans l'Itinéraire d'Antonin, en suivant une route qui conduit de *Darantasia* à Genève. la distance à l'égard d'un lieu nommé *Casuaria* est marquée XVIII, & à l'égard de Genève XXV : & comme ces distances se renferment dans la Province Romaine, il faut entendre que c'est le mille qui y est employé. Or, de la position de *Casuaria*, fixée dans l'article qui la concerne en particulier, la route passant par le bourg de Thones, près de la rivière de Siér, s'arrête en conséquence de la distance marquée, à l'endroit que l'on appelle le vieux Anneci, situé à environ deux milles vers le nord de la ville d'Anneci. De cette position jusqu'à Genève, ce qu'il y a d'espace en droite-ligne ne s'estime guère que d'un mille, ou de deux au plus, au-dessous de ce que peut consumer la mesure itinéraire, selon l'indication de 25 milles. C'est par méprise, & non par conformité avec l'Itinéraire, que la route dont il s'agit est conduite à *Colonia Equestris*, plutôt qu'à *Geneva*, dans la Carte de l'ancienne Italie de M. de l'Isle.

T

50°, 25°.

BEDA. L'Itinéraire d'Antonin & la Table Théodosienne sont parfaitement d'accord sur les positions que voici, en partant de Trèves pour se rendre à Cologne par *Tolbiacum*, ou Zulpick. D'*Augusta Treverorum* à *Beda* XII, de *Beda* à *Ausava* XII, d'*Ausava* à *Egorigium* XII, d'*Egorigium* à *Marcomagus* VIII. La distance à ajouter pour atteindre *Tolbiacum* est environ VIII, comme on peut voir à l'article *Marcomagus*. Je crois pouvoir estimer ce qu'il y a d'espace en droite-ligne de Trèves à Zulpick sur le pied d'environ 49 lieues gauloises, qui en admettent bien 52 de mesure itinéraire, que ces distances fournissent au total, vu la disposition du local dans une partie de cet espace. La distance marquée XII entre Trèves & *Beda* convient à la position de Bidbourg. La contrée des environs est le *pagus Bedensis*, dont il est mention dans le partage fait en 870 des états du roi Lothaire, entre ses oncles Louis le Germanique & Charle le Chauve.

48°, 21°.

BELCA. On trouve ce lieu dans l'Itinéraire d'Antonin, entre *Brivodurum* ou Briare, & *Genabum*, ou Orléans; & je n'en connois point de plus convenable dans cet intervalle que Bouzi, sur le bord de la forêt d'Orléans. Les titres de Fleuri, ou de S. Benoît sur Loire, en font mention sous le nom de *Belciacum*, qui est évidemment dérivé de *Belca*. Mais l'indication des distances dans l'Itinéraire, sçavoir de *Brivodurum* à *Belca* XV, de *Belca* à *Genabum* XXII, ne quadre point à la position actuelle de Bouzi, entre laquelle & Briare l'espace demande XVII au lieu de XV, & celui de Bouzi à Orléans XV au lieu de XXII. Il faut donc pour accorder l'Itinéraire avec le local, transposer les nombres d'une distance à l'autre, & substituer XVII à XXII dans l'une de ces distances.

NOTICE DE LA GAULE.

45°, 17°.

BELENDI. C'est un peuple compris dans le dénombrement de ceux que Pline renferme dans l'Aquitaine, & dont plusieurs par leur obscurité se dérobent à notre connoissance. M. de Valois retrouve le nom de *Belindi* dans celui de Belin, qui est un bourg dans les Landes, sur la route de Bourdeaux à Baïone : ce lieu est du diocèse de Bourdeaux, & son nom dans quelques titres est *Belinum*, & le passage de la rivière de Leire à Belin est appellé *Pons Belini*.

Lib. IV, cap. 19. p. 524.

51°, 25°.

BELGICA. Dans l'Itinéraire d'Antonin, sur la route de Trèves à Cologne, & entre *Marcomagus* & *Tolbiacum*. Voyez l'article *Marcomagus*.

50°, 25°.

BELGINUM. La Table Théodosienne en fait mention à la suite de *Noviomagus*, qui est Numagen, en tendant à *Bingium*, ou Bingen. Le nombre x marqué entre *Noviomagus* & *Belginum*, & qui est même répété une seconde fois hors de place, & sans nécessité, convient à la distance itinéraire de Numagen à Baldenau, dont le nom actuel conserve beaucoup de rapport à l'ancienne dénomination, & la direction de la route n'est pas moins convenable à cette position.

50°, 20°.

BELGIUM. On ne sçauroit confondre le *Belgium* dont parle César, avec la Belgique, sans prendre une partie pour le tout. En assignant des quartiers d'hiver à ses légions, César distingue formellement les *Morini*, les *Nervii*, les *Remi*, les *Treveri*, qui sont des nations de la Belgique, d'avec le *Belgium* ; & le *Belgium* dans cet endroit désigne les *Bellovaci*. Car, c'est de chez les *Bellovaci*, que pour aller au secours de Q. Cicéron, il rappelle Crassus, qu'il avoit placé *in Belgio*. On lit dans Hirtius, que César se rend auprès de ses légions dans le *Belgium*, & prend son quartier d'hiver à *Neme-*

Comment. V.

T ij

tocenna, qui est la ville principale des *Atrebates*. Or, l'extension du *Belgium* dans le territoire des *Atrebates*, comprend nécessairement les *Ambiani* dans le *Belgium*, puisque les *Ambiani* sont renfermés entre les *Bellovaci* & les *Atrebates*. Il n'y a point d'indication particulière concernant les *Veromandui*, que Sanson croit devoir faire entrer dans le *Belgium*.

44°, 23°.

BELLINTUM. Dans l'Itinéraire de Bourdeaux à Jérusalem, entre Arles & Avignon, ce qui convient à la position de Barbentane. La distance d'Arles étant de 13 à 14000 toises, elle répond aux 18 milles que l'on compte dans l'Itinéraire ; *Arnagine* VIII, *Bellinto* X : & les V qu'il marque entre *Bellintum* & *Avenio* conviennent autant que cela se peut sans employer de fraction : car, l'espace réel pourroit en rigueur exiger quelque chose de plus.

50°, 20°.

BELLOVACI. On voit dans César combien les *Bellovaci* étoient distingués entre les Belges par leur valeur, & considérables par leur nombre : *plurimùm inter (Belgas) Bellovacos, & virtute, & autoritate, & hominum numero, valere : hos posse conficere armata millia centum.* Hirtius s'en explique ainsi : *belli gloriâ, Gallos omnes, Belgasque, præstabant.* Leur nom est *Belloaci* dans Strabon. Pline & Ptolémée en font aussi mention. On n'a point de connoissance particulière dont on puisse inférer que les *Bellovaci* se soient étendus au de-là des limites du diocèse de Beauvais. J'avoue néanmoins que je suis tenté de croire, que les *Silvanectes*, qui ne paroissent point dans César, & que l'on voit resserrés dans un canton limitrophe des *Bellovaci*, pouvoient en faire partie, avant que de composer une cité particulière.

Comment. II.

44°, 19°.

BELSINUM. Il en est mention dans l'Itinéraire d'Antonin, fur la route de *Climberris*, qui eft Auch, à *Lugdunum* des *Convenæ*, ou S. Bertrand de Cominges. La diftance eft marquée xv à l'égard de *Climberris*, xxiii à l'égard de *Lugdunum*. Mais, la fomme de ces diftances, fçavoir 38, paroît trop forte pour ce qu'il y a d'efpace entre Auch & S. Bertrand, que des opérations fur les lieux fixent à environ 36000 toifes, qui ne renferment pas 32 lieues gauloifes bien complettes. Cela me donne lieu de conjecturer, qu'il faut lire xviii, plutôt que xxiii, dans l'une des diftances. Car, les 33 lieues gauloifes qui réfultent de cette correction, font convenables au local, & donnent un excédent fuffifant à la mefure itinéraire fur la mefure directe. On croiroit volontiers avec le fçavant commentateur de l'Itinéraire, qu'un lieu marqué dans la Table Théodofienne fous le nom de *Befino*, feroit le même que *Belfinum*, vu qu'il n'y manque qu'une lettre dans la première fyllabe. Mais, il faut prendre garde, que *Belfinum* fur la route qui conduit à *Lugdunum* des *Convenæ*, ne fçauroit être confondu avec un lieu placé entre *Clufa*, qui eft *Elufa*, & *Cliberre*, ou *Climberris*, dans la Table. Je trouve à environ 17000 toifes d'Auch, ce qui répond bien à 15 lieues gauloifes, qu'un lieu dont le nom actuel eft Bernet, peu en deçà de Caftelnau de Magnoac, pourroit tenir la place de *Belfinum*. S'il y a des cartes qui mettent plus d'efpace dans cet intervalle, c'eft en excédant la jufte mefure.

44°, 17°.

BENEHARNUM. Cette ville, dont le nom s'eft confervé dans celui de la province où elle tenoit vraifemblablement le premier rang, ayant été ruinée, il eft difficile de déterminer au jufte fon emplacement. M. de Marca ne diftingue point la pofition de *Beneharnum* de celle de Lefcar, où l'évêché de Béarn réfide aujourd'hui. Mais, après la deftruction totale d'une ville, le fiége épifcopal peut avoir été tranfporté dans un autre lieu; & la fondation de Lefcar en 980 par Guillaume

Hift. de Béarn, liv. I, ch. 2.

Sanche, Duc de Gascogne, sur un terrain qu'occupoit un bois fort épais, & sans habitation, témoigne que cette ville n'est pas ancienne. Les Géographes de l'antiquité, Strabon, Méla, Pline, Ptolémée, n'ont point connu *Beneharnum* ; & l'Itinéraire d'Antonin est le premier monument qui en fasse mention : (*Ilurone*) *Beneharno* XII ; & dans un autre endroit, *ab Aquis Tarbellicis Beneharnum* XVIIII. Voilà donc *Beneharnum* en position intermédiaire d'Oloron, *Iluro*, & d'Aqs, *Aquæ Tarbellicæ*. Les nombres de distance entre Oloron & Aqs font 31, & par des opérations trigonométriques sur les lieux, l'intervalle des points d'Aqs & d'Oloron est de 34 à 35000 toises. Or, les 31 lieues gauloises, dont l'usage étoit établi dans l'Aquitaine, comme dans la Celtique ou Lionoise, font à raison de 1134 toises par lieue, 35154 toises, d'où il suit que l'indication de l'Itinéraire peut être jugée convenable au local. Mais, en plaçant *Beneharnum* à Lescar, on va perdre de vue cette conformité qui se manifeste entre le local & l'Itinéraire. Car le point de Lescar, fixé également par des opérations, n'est distant de celui d'Oloron que d'environ 11000 toises, qui ne font pas 10 lieues gauloises complettement, au lieu de 12 ; & entre Lescar & Aqs, l'intervalle d'environ 33000 toises égalant à peu près 30 lieues gauloises, n'est point d'accord avec les 19 de l'Itinéraire. Cet Itinéraire dans la route qu'il décrit d'Aqs à Toulouse, par *Lugdunum Convenarum*, comptant d'abord XVIIII à *Beneharnum*, compte XVIII de *Beneharnum* à *Oppidum-novum*, dont la position ne sçauroit se retrouver autre part qu'à Naye, en remontant le Gave, sur la direction qui conduit à la ville des *Convenæ*. Naye étant un point déterminé comme les précédens, sa distance du point d'Aqs est de 43. à 44000 toises ; & comme les 37 lieues gauloises que fait compter l'Itinéraire, donnent un calcul d'environ 42000 toises, je ne vois point de position (nonobstant quel-

NOTICE DE LA GAULE. 151

que infériorité dans ce calcul) qui réponde à *oppidum Novum* que Naye, dont le nom peut conserver de l'analogie avec le terme distinctif de la dénomination de *Novum oppidum*. Or, je remarque, que ce qu'il y a de distance entre Lescar & Naye ne vaut que 11 à 12000 toises, conséquemment 10 lieues gauloises ou peu de chose de plus, lorsque l'Itinéraire marque 18, sur lesquelles même on est d'autant moins libre d'aller au rabais, que la distance actuelle qui sépare Naye d'avec Aqs, est plutôt forte que foible, étant comparée comme on vient de le voir, aux nombres de l'Itinéraire. Ainsi, l'emplacement de *Beneharnum* veut être plus près d'Aqs que Lescar, par sa position intermédiaire d'Aqs à *Oppidum novum*, de même que par la position antérieure dans l'intervalle d'Oloron à Aqs. Il y a donc de la difficulté à convenir que l'emplacement de Lescar soit celui de *Beneharnum*, nonobstant l'opinion qui a été celle d'Oihenart comme de M. de Marca. Cependant, pourroit-on se permettre de sacrifier l'Itinéraire à cette opinion, lorsqu'on ne connoît rigidement d'autre moyen de juger du lieu où *Beneharnum* pouvoit être situé, que celui qui nous est fourni par cet Itinéraire? Il semble que les sçavans n'ont point été dans l'obligation d'employer en pareille recherche une sévérité géométrique, & de fixer leur attention aux nombres marqués pour les distances, comme à les assujettir à la mesure d'espace qui est propre à ces nombres. Si au local on applique des distances correspondantes, ou à peu-près, à ce qu'indique l'Itinéraire, en partant de trois points donnés, Oloron, Aqs, Naye, qui renferment *Beneharnum*, cette ancienne ville se place, non pas à Orthez, selon l'opinion de Scaliger, mais un peu plus près d'Orthez que de Lescar. Dans la Notice des provinces de la Gaule, *civitas Benarnensium* est une de celles de la Novempopulane. Entre les prélats qui ont souscrit au concile d'Agde en 506, on trouve *Galactorius ae Benarno.* Cette ville subsistoit encore au commence‑ ment du septième siècle, Grégoire de Tours nommant *Benarnum*, entre plusieurs villes qui appartenoient à Galesvinde, sœur de Brunehaut. Sa ruine doit être attribuée, ou aux Sarazins dans le huitième siècle, ou aux Normans dans le suivant. M. de Marca veut que le nom de *Venami*, qu'on lit dans Pline, cache le nom du peuple de *Beneharnum*, ce qui paroît très-conjectural.

Lib. IX, cap. 20.

Lib. IV, cap. 19.

45°, 17°.

BERCORATES. On lit ainsi dans l'édition de Pline par Dalechamp, *Bercorcates* dans celle du P. Hardouin. Il faut être prévenu, que Pline nomme dans l'Aquitaine plusieurs peuples, qui paroissent avoir été de peu de considération, & dont il est difficile de retrouver l'emplacement. M. de Valois remarque que le nom de Biscarrosse, qui est un bourg dans le district de Born, sur la frontière de Buch, répond assez à celui de *Bercorcates*, & il y est encore plus conforme en lisant *Bercorates*, ou *Bercorrates*.

Pag. 524.

46°, 25°.

BERGINTRUM. Il en est mention dans l'Itinéraire d'Antonin, comme dans la Table Théodosienne. Mais, la Table resserre ce lieu de plus près par des positions qui en sont moins écartées, *Axima* d'un côté, & l'*Alpis Graia* de l'autre. La distance à l'égard d'*Axima* est marquée VIIII ; & ce qui paroît la confirmer, c'est l'accord de l'Itinéraire avec la Table, sur la distance entre *Bergintrum* & *Darantasia*. Car, l'Itinéraire indiquant XVIIII, la Table donne le même compte en deux distances, marquant X dans la distance particulière de *Darantasia* à *Axima*. Or, s'il faut compter ainsi 19 depuis *Darantasia*, & 9 depuis *Axima*, pour arriver à *Bergintrum*, ce lieu de *Bergintrum* doit être celui qui porte le nom de S. Maurice, peu en deçà du petit S. Bernard. On ne sçauroit, en convenant de ces distances, s'arrêter

NOTICE DE LA GAULE.

rêter à mi-chemin d'Aifine, qui repréfente *Axima*, & de S. Maurice, fous l'apparence qu'un petit lieu nommé Belantre montre quelque rapport avec le nom de *Bergintrum*. Mais je dois remarquer en même tems, que S. Maurice, qui eft un plus gros lieu, & en pofition plus avantageufe que Belantre, fe trouve trop voifin du petit S. Bernard, pour que la diftance marquée XII dans la Table entre *Bergintrum* & l'*Alpis Graia* foit convenable, fur tout fi l'on eftime que le lieu défigné par nom d'*Alpis Graia*, foit précifément ce que l'on nomme l'Hôpital. C'eft-là, comme je le vois fur une carte manufcrite du pays, que fe fait le partage des eaux, qui d'un côté coulent dans l'Isère, & de l'autre dans la Doria Baltea ; ce qui détermine par conféquent le penchant de la montagne vers la Gaule d'une part, & vers l'Italie de l'autre. Or, en s'arrêtant à cette pofition, qui fait la féparation naturelle des deux contrées, la carte que je viens de citer, & qui eft une repréfentation vraiment topographique, n'admet que quatre ou cinq milles dans l'intervalle dont il s'agit : & la Table paroît ici d'autant plus fufpecte d'un excès de diftance, que l'Itinéraire n'indiquant que XXIIII entre un lieu nommé *Arebrigium*, voifin d'*Augufta Prætoria*, & *Bergintrum*, la Table fait compter jufqu'à 34, par le détail de plufieurs diftances particulières dans le même intervalle.

46°, 24°.

BERGUSIUM. C'eft la leçon que donne la Table Théodofienne ; on lit *Bergufia* dans l'Itinéraire d'Antonin. Le nom actuel de ce lieu eft Bourgoin ; & dans les titres de la chambre des comptes de Grenoble, fous les Daufins de la dernière lignée, on avoit perdu de vue l'ancienne dénomination, en écrivant *Burgundium*, dont la finale eft néanmoins conforme à celle de la Table. L'Itinéraire & la Table font d'accord à marquer la diftance à l'égard de Vienne d'un côté, & de l'autre à l'égard d'*Auguftum*, fçavoir XX pour la première, &

XVI pour la seconde. Or, je crois qu'on peut comparer ce qu'il y a d'espace entre Vienne & Bourgoin à ce que valent environ 16 minutes de la graduation de latitude, ce qui répond en effet au compte de 20 milles romains. Vers le milieu de cet espace, on rencontre sur la route un lieu, dont le nom de Diême, ou Diêmoz, fournit un exemple de ces dénominations locales, qui sont tirées de la distance à l'égard d'une capitale, à laquelle le numéro des colomnes placées sur les voies militaires se rapportoit. Le lieu dont il est question, porte précisément le nom de *Decimum* dans les titres ; & sa position actuelle ne s'écarte point de Vienne d'environ les deux tiers de la distance en tendant à Bourgoin, comme on le voit dans les cartes. Entre Vienne & Diême se trouve encore un lieu, dont le nom actuel de Settème vient de *Septimum*. Quant à la distance de *Bergusium*, ou de Bourgoin, à *Augustum*, dont il subsiste des vestiges dans le village d'Aoste, elle est à la précédente comme 4 est à 5, ou à peu près, selon une grande carte manuscrite du Daufiné, qui appartient à S. A. S. M. le Duc d'Orléans. C'est donc trouver 16 milles de ce côté-ci, comme de l'autre on en reconnoît 20.

$51°, 23°$.

Histor. lib. IV, sect. 56. & 66.

BETASII. Tacite joint les *Betasii* aux *Nervii*: *Claudius Labeo.... quosdam Nerviorum, Betasiorumque, in arma traxit. Civilis Betasios quoque & Nervios, in fidem acceptos, copiis suis adjunxit.* Le même historien dit, que Civilis ayant attiré dans son parti les *Agrippinenses*, ou ceux de Cologne, & les *Sunici* ; Labéon s'opposa à ses progrès en occupant le pont de la Meuse, avec ce qu'il avoit ramassé de monde chez les *Betasii, Tungri,* & *Nervii*: *Labeo Betasiorum, Tungrorumque, & Nerviorum tumultuariâ manu restitit, fretus loco, quia pontem Mosæ fluminis anteceperat*. On trouve pareillement

Lib. IV, cap. 17. le nom de *Betasi* dans Pline, sans que l'énumération de différens peuples garde un ordre qui convienne à

NOTICE DE LA GAULE. 155

leur position. Mais, il résulte de Tacite, que les *Betasii* étoient en deçà de la Meuse, & limitrophes des *Tungri* & des *Nervii*. Je trouve dans le Trésor géographique d'Ortelius, que Divæus a proposé de reconnoître le nom des *Betasii* dans celui de Beetz; & le lieu ainsi nommé est situé sur la rive gauche de la Gette, entre Leauve & Halen en Brabant. Cette position peut effectivement se renfermer dans un canton qui convienne aux *Betasii*, selon l'indice qu'on tire de Tacite. L'opinion de M. de Valois, que le *Beda vicus*, que l'on trouve dans l'Itinéraire d'Antonin, & qui est Bidbourg près de Trêves, a donné le nom aux *Betasii*, s'éloigne de ce qui paroît répondre aux circonstances rapportées par l'historien. D'ailleurs, il doit répugner, ce semble, d'établir aux portes de Trêves un peuple distinct des *Treveri*. Car, si l'on veut que les *Betasii* soient représentés par un *pagus*, qui est connu dans le moyen-âge sous le nom de *Bedensis*, qu'il a tiré de *Beda vicus*, ou de Bid-burg; il faut supposer que comme ce *pagus* s'étendoit sur l'une & l'autre rive de la Moselle dans le voisinage de Trêves, les *Betasii* resserroient les *Treveri* jusqu'auprès de leur capitale. Dans une inscription du Recueil de Gruter, on trouve *cives Betasii*, ce qui doit désigner plus particulièrement les habitans d'une ville, dont on croit retrouver le nom dans celui de Beetz, que le corps de la nation entière.

P. 77.

49°, 22°.

BIBE. C'est un lieu dont le nom se lit ainsi dans la Table Théodosienne, sur la trace d'une route qui est conduite à *Durocortorum*, ou à Reims, & en position intermédiaire d'un lieu nommé *Calagum*, & de *Durocortorum*. La distance est marquée XXXI à l'égard de *Calagum*, & XXII à l'égard de *Durocortorum*. On peut consulter l'article *Calagum*, pour voir que sa position convient au lieu nommé Chailli; & ce qu'il y a d'espace direct entre cette position & Reims peut s'estimer d'environ 43000 toifes, dont il ne réfulte que 38 lieues gauloifes. Pour employer fur le local les nombres indiqués par la Table, fans en rien rabattre, il faudroit ne point trouver étrange que la pofition de *Bibe* fît le fommet d'un angle de 90 degrés, par les rayons qui tendroient des points de Chailli & de Reims à cette pofition. Il eft, ce femble, plus naturel de juger, qu'il y a de l'excès dans les nombres de la Table. Je crois reconnoître la route dont il s'agit par fon alignement, qui eft très-remarquable fur le local, depuis le paffage du petit Morin, près de Montmirel, jufqu'à S. Martin d'Ablois ; ce qui doit s'étendre à 15000 toifes & plus, en fuivant la trace du chemin, & il en réfulte 13 à 14 lieues gauloifes. La partie antérieure de cette route, ou depuis Chailli jufqu'au petit Morin, peut s'eftimer de 15 lieues gauloifes au moins. Ainfi, de Chailli à Ablois environ 29 lieues ; & par la feule tranfpofition de l'unité dans le nombre xxxi, on aura en effet xxix. Entre Ablois & Reims, la diftance en droite ligne étant d'environ 15000 toifes, qui paffent 13 lieues gauloifes, & qui peuvent en renfermer 14 de mefure itinéraire ; il s'enfuivra de pouvoir fubftituer xiiii à xxii dans la Table. Ablois, dont la pofition paroît convenir à *Bibe*, eft un gros bourg, qu'une côte élevée fépare du cours de la Marne, que la voie romaine paffoit vraifemblablement à Epernai, dont il n'eft point mention avant l'acquifition qu'en fit S. Remi pour fon églife de Reims.

47°, 23°.
BIBRACTE, *deindè* AUGUSTODUNUM. Il y a des fçavans qui ne conviennent point que *Bibracte* & *Auguftodunum* foient la même ville. M. de Valois, Cellarius, M. l'Abbé de Longuerue, ont diftingué *Bibracte* d'*Auguftodunum*. Cette queftion eft traitée fort en détail dans les Eclairciffemens géographiques fur l'ancienne Gaule, qui ont paru en 1741 ; & je crois que l'identité de *Bibracte* & d'*Auguftodunum* y eft démontrée. Se-

NOTICE DE LA GAULE.

lon César, *Bibracte* est indubitablement la ville principale & dominante chez les *Ædui* : *oppidum longè maximum, ac copiosissimum ; oppidum apud Æduos maximæ auctoritatis.* En distinguant cette ville d'avec *Augustodunum*, on s'est fondé sur de l'analogie entre le nom de *Bibracte* & celui d'une montagne à quelques lieues d'Autun, dont on n'est point assuré que le nom actuel de Beuvrai soit tiré de *Bibracte*, mais bien de celui de *Bifractum*, que l'on trouve dans les anciens titres de l'église d'Autun. Plusieurs auteurs qui ont écrit dans le pays, reconnoissent que ce lieu de Beuvrai n'a jamais pu servir d'assiette à une grande ville, *oppido longè maximo, ac copiosissimo*. Je me contenterai de citer S. Julien, en ses Antiquités des Bourguignons ; » s'il falloit » faire vue du lieu, on ne trouveroit entre ces rochers » place, en laquelle il fût possible imaginer une si gran- » de & populeuse ville, que *Bibracte* a été, pouvoir » être posée «. Strabon, qui selon que l'a remarqué M. de Tillemont, écrivoit le quatrième livre de sa Géographie vers l'an 18 de l'Ere Chrétienne, ne nomme point *Augustodunum*, mais *Bibracte*, comme la place de défense des *Ædui*, φρέριον Βίβρακτα. Cependant, on ne peut douter qu'*Augustodunum* ne soit du même tems, puisque Tacite décrivant la révolte des *Ædui* sous Sacrovir, qui arriva l'an 21, fait mention d'*Augustodunum*, comme de la capitale du peuple Eduen, *caput gentis*. Il seroit d'autant plus étrange que le silence de Strabon sur *Augustodunum caput gentis*, fût une omission de sa part, qu'il n'a point oublié dans l'étendue de la même cité une ville d'un rang inférieur, *Cabullinum*, ou Challon. Ce géographe, que l'on remarque suivre César en plusieurs circonstances, a employé le nom qu'il trouvoit dans les Commentaires, préférablement à une dénomination nouvelle, qui n'avoit point encore fait oublier la dénomination précédente & primitive. Mais, on a cru voir une distinction formelle de *Bibracte* & d'*Au-*

Comment. I ; & VII.

Liv. I, ch. 4.

Hist. des Emp. Tome I, p. 131.

Lib. IV, p. 192.

Annal. lib. III, sect. 43.

guſtodunum dans un panégyrique d'Eumène à Conſtantin. Cet empereur, & ſon père Conſtance Chlore, ayant donné de grandes marques de bienveillance à la ville d'Autun, qui avoit beaucoup ſouffert d'un long ſiége qu'elle eſſuya de la part de Tetricus, ſecondé de la milice des *Bagaudæ*; cette ville, pour témoigner ſa reconnoiſſance, prit le nom de *Flavia*, parce que les princes dont elle avoit été favoriſée portoient celui de Flavius. Auſſi le Rhéteur rendant grace à Conſtantin de ſes bienfaits, appelle Autun *Flaviam Æduorum*. Il ajoute, en adreſſant la parole à ce prince, que quoiqu'il ſoit également le maître dans tout l'Empire, la ville des *Ædui* lui eſt comme appropriée par le nom de *Flavia* qu'elle vient de prendre : il fait entendre, que l'ancien nom de *Julia*, fait place au nom de *Flavia* : *omnium ſis licet dominus urbium, omnium nationum, nos tamen etiam nomen accepimus tuum jam, non antiquum. Bibracte quidem hucuſque dicta eſt Julia, Polia, Florentia ; ſed Flavia eſt civitas Æduorum*. La ville qui vient de prendre le nom de *Flavia*, eſt ici la même qui juſqu'alors avoit porté le nom de *Julia* : l'adverbe *jam*, d'un membre, répond aux adverbes *huc-uſque*, de l'autre membre. Ces adverbes affectent une même ville, qui juſqu'alors, *hucuſque*, a porté un nom, & qui vient d'en prendre un autre, *accepimus tuum jam*. C'eſt la ville d'*Auguſtodunum* qui prend le nom de *Flavia* : c'eſt donc la même ville qui avoit porté le nom de *Julia*, & cette ville eſt *Bibracte*. Ajoutons que l'orateur s'expliquant ainſi ailleurs, *Flavia Æduorum tandem æterno nomine nuncupata*; le *tandem* ſuppoſe une mutation d'un nom antérieur & précédent, mis en oppoſition, & ce nom eſt *Julia*, adapté ſpécialement à *Bibracte*. Les *Ædui* avoient mis leur capitale au nombre de leurs divinités. On a trouvé à Autun deux inſcriptions en l'honneur de la déeſſe *Bibracte*, & dont la plus remarquable a été rapportée par D. Bernard de Montfaucon. Méla diſtingue

Inter Panægyr. veteres VII.

Antiq. expliq. Tome II, p. 236.

NOTICE DE LA GAULE.

Auguſtodunum par ſa richeſſe entre les villes de la Gaule: *urbes opulentiſſimæ in Treviris Auguſta , in Æduis Auguſtodunum*. Si l'on ne remarquoit pas dans Pline autant d'inégalité qu'il y en a ſur ce qui intéreſſe le détail de la Gaule, on ſeroit plus ſurpris de n'y voir aucune mention d'*Auguſtodunum*. Ptolémée n'eſt pas dans le même cas. Mais, ce qui donne une illuſtration particulière à Autun, c'eſt ce que rapporte Tacite, que la nobleſſe de la Gaule y étoit inſtruite dans les ſciences : *nobiliſſimam Galliarum ſobolem liberalibus ſtudiis ibi operatam*. La Géographie faiſoit partie des ſciences qu'on y cultivoit. Eumène (*oratione pro reſtaurandis ſcholis*) dit que ſur les portiques du lieu deſtiné à l'inſtruction de la jeuneſſe, on avoit tracé la repréſentation des terres & des mers : *videat in illis porticibus juventus , & quotidiè ſpectet omnes terras, & cuncta maria , &c. ſiquidem illic . . . quò manifeſtiùs oculis diſcerentur, quæ difficilius percipiuntur auditu ; omnium, cum nominibus ſuis, locorum ſitus , ſpatia, intervalla , deſcripta ſunt ; quidquid ubique fluminum oritur & conditur, quacumque ſe littorum ſinus flectunt, vel quo ambitu cingit orbem , vel impetu irrumpit Oceanus*. Je penſe qu'on ne ſera point étonné qu'une pareille circonſtance ne ſoit point oubliée dans un ouvrage purement géographique comme celui-ci.

$50°, 22°$.

BIBRAX. Céſar en fait mention comme d'une ville des *Remi*, diſtante de huit milles du camp qu'il occupoit ſur la rivière d'Aiſne, après l'avoir paſſée en marchant contre les Belges, qui avoient pris les armes : *ab ipſis caſtris oppidum Remorum, nomine Bibrax, aberat millia paſſuum* IIX. Si l'on s'en rapporte à la chronique de Normandie, écrite par Dudon de Saint Quentin, & à pluſieurs légendes, *Bribrax* ſera *Laudunum clavatum*, ou Laon. Mais, cette opinion eſt démentie par les circonſtanſes qui concernent *Bibrax*. Laon eſt dans une

Lib. III, cap. 2.

Comment. II.

diſtance de la rivière d'Aiſne, qui double à peu près celle qui eſt indiquée; & il feroit difficile que le ſecours que Céſar fit partir au milieu de la nuit, fût arrivé aſſez promptement pour faire ſuſpendre l'attaque dès le jour qui ſuivit. On voit les aſſiégeans auſſi-tôt au pied du rempart que devant la place, & appliquant la ſappe aux murailles; & ce qui déſigne ainſi une place dont l'aſſiette n'eſt pas de difficile accès, ne convient point à Laon. Sanſon, en prenant la poſition de Fimes pour celle de *Bibrax*, n'a pas fait attention que *Bibrax* fut attaqué par les Belges, avant la tentative qu'ils firent de paſſer l'Aiſne, comme le récit de Céſar y eſt formel. C'eſt donc amener mal-à-propos à un lieu ſitué en deçà du cours de l'Aiſne, & ſur les derrières du poſte qu'avoit pris Céſar, une place qui devoit être en avant & de l'autre côté de la même rivière. En-effet, on trouve Bièvre, qui conſerve évidemment le nom de *Bibrax*, en s'avançant de Pont-à-Vere ſur l'Aiſne du côté de Laon; & la diſtance de huit milles marquée par Céſar eſt également convenable à l'égard des environs de Pont-à-Vère. On lit dans Céſar, que ſur le fleuve près duquel il avoit aſſis ſon camp, il y avoit un pont: *in eo flumine pons erat.*

43°, 18°.

BIGERRONES. Ils ſont ainſi nommés dans le troiſième livre des Commentaires, entre les peuples de l'Aquitaine, que l'expédition de Craſſus, Lieutenant de Céſar, réduiſit à ſe ſoumettre. Leur nom eſt *Begerri* dans Pline. Ptolémée & les autres Géographes ne les connoiſſent point. S. Paulin les appelle *pellitos Bigerros*, parce qu'une partie de leur pays, ſituée dans les neiges des Pyrénées, les oblige à ſe vêtir d'une fourrure, que Sulpice-Sevère dans la vie de S. Martin, appelle *Bigerrica veſtis hiſpida*. Il feroit preſque ſuperflu de dire que la Bigorre conſerve le nom de ce peuple. Quant au reſſort du ſiége épiſcopal de Tarbe, capitale

Lib. IV, cap. 19.

du pays, il renferme actuellement des positions, dont les noms nous font connoître des peuples de moindre considération, comme sont les *Tornates*, & les *Camponi*.

50°, 26°.

BINGIUM. Tacite en fait mention dans le récit de la guerre, que la rébellion de Civilis excita dans la Gaule vers le bas-Rhin; & Ammien-Marcellin en parle comme d'une place dont Julien fit réparer les remparts. Selon la Notice de l'Empire, *milites Bingenses* avoient leur poste à *Bingium*, sous les ordres du général résidant à Maïence. Marquard Freher croit que Bingen étoit autrefois sur le bord de la *Nava* opposé à celui où Bingen se trouve aujourd'hui, s'appuyant du témoignage de la vie de S. Rupert : & en-effet, il subsiste des restes d'un château sur la gauche de la Nahe vis-à-vis de Bingen, que l'on nomme Ruprechts-berg. L'Itinéraire d'Antonin & la Table Théodosienne sont d'accord sur le nombre XII entre Maïence & *Bingium*, ce que je crois d'autant plus convenable à la distance, qu'ayant lieu de l'évaluer par la connoissance du local actuel à 13000 toises au moins en ligne directe, & la trace du chemin paroissant y ajouter environ 500 toises; c'est en effet ce qui convient au calcul de 12 lieues gauloises. Cluvier a pensé que le lieu nommé *Vincum* dans l'Itinéraire, sur une route qui conduit à Trèves, & à *Divodurum*, ou Metz, étoit le même que *Bingium*. Quoique l'altération du nom de *Bingium* en celui de *Vincum* paroisse étrange, ce qui me fait néanmoins entrer dans cette opinion, c'est que la distance entre *Confluentes* & *Vincum* marquée XXVI, est justement le total de trois distances particulières qu'indique la Table entre *Confluentes* & *Bingium*, & qui se trouvent convenables au local, comme on peut voir dans les articles *Baudobrica* & *Vosalia*.

Hist. lib. IV, sect. 70.

In Ausonii Mosellam.

47°, 20°.

BITURIGES CUBI. De deux peuples qui dans la

Gaule portent le nom de *Bituriges*, celui auquel Strabon, Pline, Ptolémée, donnent le surnom de *Cubi* qui le distingue des *Vivisci*, représente les *Bituriges*, ainsi proprement nommés par César, & qui dans un siècle plus reculé dominoient dans la Gaule, & donnoient des rois à la Celtique, selon ce que rapporte Tite-live, en faisant remonter l'époque de cette puissance des *Bituriges* jusqu'au tems où le premier des Tarquins régnoit à Rome. Cet historien s'explique ainsi sur ce sujet : *Prisco Tarquinio Romæ regnante, Celtarum, quæ pars Galliæ tertia est, penes Bituriges summa imperii erat. Hi regem Celtico dabant.* Il ajoute, que ce fut Ambigat, qui régnant ainsi sur les Celtes, donna à ses neveux, Bellovèse & Sigovèse, le commandement d'une multitude de Gaulois, tirée de divers peuples, & qui en se partageant passa les Alpes & le Rhin, pour s'établir en Italie, & dans la Germanie. Quoique cette supériorité des *Bituriges* n'eût plus lieu au tems de la conquête de la Gaule par César, & qu'ils fussent même alors sous la protection des *Ædui*, *Æduorum in fide*, selon l'expression de César ; cependant ils occupoient un grand territoire, auquel répond actuellement le diocèse de Bourges, qui s'étend au dehors de la province de Berri sur une partie du Bourbonois, & qui empiète même sur la Touraine. L'ancien *pagus Bituricus* ne reconnoît point d'autres bornes dans la province qui a pris le nom de Bourbonois, que celles qui joignent l'ancien territoire des *Arverni*. On peut citer en preuve la vie de S. Maïeul, abbé de Clugni, où le prieuré de Souvigni est indiqué aux confins des deux territoires : *in confinio territorii Bituricensis, ita ut limes duarum putetur esse regionum, Arvernensis, & Bituricensis, villa est peroptima Silviniacus nomine.* La position de Souvigni à l'extrémité du diocèse de Clermont, & adhérante aux limites de celui de Bourges, met en évidence que les limites de ces diocèses répondent aux limites qui séparoient les *Bituriges* & les *Arverni*.

Lib. V, sect. 34.

45°, 18°.

BITURIGES VIVISCI. Il n'en est point mention dans César ; & Strabon nous apprend qu'ils étoient étrangers dans l'Aquitaine, ἀλλοφύλɤς, & qu'ils ne faisoient point corps avec les Aquitains. Il s'explique exactement en disant, qu'ils sont séparés des *Santones* par la Garonne, vers la partie inférieure de son cours. Mais, le surnom qui les distingue des autres *Bituriges*, dont ils tiroient vraisemblablement leur origine, est défiguré dans le texte de Strabon en celui d'*Iosci*. Dans Pline on lit *Ubisci*, & plus correctement, selon Ptolémée, *Vibisci*. Une inscription qui porte, *Genio civitatis Bit. Viv.* sur un autel que l'on prétend avoir été trouvé à Bourdeaux ; & Ausone, qui dit en parlant de lui-même, *Viviscâ ducens ab origine gentem*, nous instruisent de la vraie leçon du surnom des *Bituriges Vivisci*.

Lib. IV, p. 190.

52°, 24°.

BLARIACUM. La Table trace une voie entre Tongres & Nimègue, qui descend le long de la Meuse, & ce qui nous l'indique, c'est que dans le nombre des lieux placés sur cette voie, *Blariacum* est aisé à reconnoître dans la position de Blerick, presque vis-à-vis de Venlo, quoiqu'un peu plus haut. Cette position bien décidée, peut servir à en déterminer deux autres, que la Table renferme dans l'intervalle de Tongres à *Blariacum*, sçavoir *Feresne* & *Catualium*, qui ont leur article particulier.

44°, 22°.

BLASCON INSULA. Strabon fait mention de *Blascon* comme d'une isle voisine du mont *Sigius*, ou plutôt *Sitius*. On lit dans Pline : *in Rhodani ostio Metina, mox quæ Blascon vocatur.* Martianus-Capella a mal copié Pline en cet endroit, confondant *Blascon* avec *Metina* : *in Rhodani ostio Metina, quæ Blascorum vocatur.* Ptolémée fait mention de *Blascon* ; mais c'est à la suite d'une autre isle, qu'il nomme *Agatha*, & dans laquelle

Lib. IV, p. 181.
Lib. III, cap. 5.
Lib. VI.

X ij

il place une ville de même nom, sans préjudice de la position de celle que l'on connoît dans le continent, & qu'il nomme *Agathê-polis*. Quand on considère l'imperfection de la Gaule dans Ptolémée, on se croit dispensé de trouver deux isles différentes dans une mer qui n'en offre qu'une : on peut même être étonné qu'il y ait des sçavans, qui s'étudient à chercher de quoi remplir l'objet de Ptolémée, qu'aucun autre que lui n'a connu. Dans les cartes de la Gaule qui accompagnent la Géographie de Ptolémée, on voit un degré de longitude de différence entre *Agatha* & *Blascon*, quoique dans le texte grec de ses Tables ces isles soient indiquées au même méridien, sur 10 minutes de différence en latitude. J'avouerai donc, que je ne connois point d'isle d'*Agatha* différente de *Blascon*, qui n'étant qu'un rocher d'environ 400 toises de circonférence, ne suffit guère à l'emplacement d'une ville. Festus-Avienus représente *Blascon* au naturel, *tereti formâ cespes editur salo*. M. de Valois paroît mal informé, quand il dit : *nunc insula Blasco continenti adjuncta est, injectâ mari mole, & Agathæ pro portu est*. Il y a 8 ou 900 toises d'intervalle entre Brescon & la pointe de terre-ferme la plus voisine, & 4 brasses de profondeur dans le canal. Le P. Hardouin s'explique sur *Blascon* comme si on n'en avoit point de connoissance, *incerti situs*. Le nom est plutôt Brescon que Brescou, quoiqu'il soit écrit Brescou dans quelques cartes.

In Ord marit.
p. 6.
N. Gall. p. 6.

Plin. in-fol.
Tom. I, p. 159.

46°, 17°.

BLAVIA. Nous avons deux positions différentes sous ce nom. Car, je pense avec M. de Valois, qu'il ne faut point confondre *Blabia*, qui est la même chose que *Blavia*, & dont la Notice de l'Empire fait mention comme d'un poste sous les ordres du général de l'Armorique, avec Blaye sur la Garonne. Ce lieu de *Blabia* étant cité avec les villes des *Veneti* & des *Osismii*, il ne paroît pas convenable de le transporter dans une autre

P. 189.

NOTICE DE LA GAULE.

contrée, & ailleurs qu'au port formé par la rivière de Blavet, fur la côte de Bretagne. Cette rivière eft appellée *Aqua Blavez* dans le titre de fondation de l'abbaye de Bon-repos, par Alain, vicomte de Rohan, l'an 1124. Et fi l'on eft prévenu que le nom de Blaye fur la Garonne, *Blavia* dans Aufone, fe lit *Blavutum* dans quelques exemplaires de l'Itinéraire d'Antonin, par une fimple différence de terminaifon; on ne trouvera pas plus étrange que le nom de *Blabia* foit le même que celui de Blavet. 46°, 17°.

Je paffe à une autre pofition de même nom, quoiqu'on life *Blavium* & *Blavutum* dans l'Itinéraire d'Antonin, felon la différence des exemplaires. Mais, la Table Théodofienne eft conforme à Aufone fur le nom de *Blavia*. Il n'y a point d'accord entre l'Itinéraire & la Table, fur ce qui regarde la diftance de cette pofition en partant de Bourdeaux. Le nombre IX dans la Table n'eft pas à beaucoup près fuffifant: celui de XVIIII dans l'Itinéraire doit avoir quelque chofe de trop. Car, ce qu'il y a d'efpace abfolu entre Bourdeaux & Blaye, n'eft pas tout-à-fait de 18000 toifes; & quoiqu'on doive fuppofer un excédent dans la mefure itinéraire, le calcul de 19 lieues gauloifes qui eft 21550 toifes ou environ, va trop loin au-delà de ce que donne la mefure directe. L'indication feroit plus convenable à XVII qu'à XVIIII. Aufone parle de cette route, quand il dit:

Aut iteratarum quâ glarea trita viarum
Fert militarem ad Blaviam.

Nous ne fçaurions conclure avec Alta-ferra, que cette épithete de *militaris* fe rapporte néceffairement à la mention qui eft faite d'une milice romaine à *Blabia*, dans la Notice de l'Empire; & la raifon qui s'y oppofe eft donnée dans l'article précédent. Il fuffit de connoître la fituation de Blaye, pour être perfuadé que dans tous les tems il a été important d'en faire une place de défenfe; & il n'en eft parlé que comme étant une place,

Rer. Aquitanic. p. 54.

caſtrum ſuper littus Garonnæ, dès les premiers ſiècles de la monarchie Françoiſe.

45°, 25°.

Lib. III, cap. 4. BODIONTICI. Pline en fait mention, diſant que Galba les avoit ajoutés au rôle de la Narbonoiſe, en les détachant apparemment du département des peuples renfermés dans les Alpes, comme l'expreſſion *ex Inalpinis*, dont il ſe ſert, ſemble le marquer ; & en ajoutant à leur nom, *quorum oppidum Dinia*, il indique leur emplacement. Les éditions antérieures à celle du P. Hardouin, où on liſoit *Ebroduntios*, étoient manifeſtement fautives, puiſque ceux d'Embrun ne ſçauroient être un peuple cantonné à Digne. Je remarque dans l'article *Dinia*, que Ptolémée, qui attribue cette ville à un autre peuple ſous le nom de *Sentii*, paroît moins autoriſé à le faire que Pline, dont le rapport eſt appuyé d'une circonſtance de fait. Je ſuis porté à croire que le nom qui ſe lit *Brodiontii* dans l'inſcription du Trophée des Alpes, ſelon Pline dans l'édition du P. Hardouin, tient la place de celui des *Bodiontici*.

47°, 21°.

BOII. La nation Celtique des *Boii* eſt célèbre dans l'antiquité, pour avoir porté ſon nom en différentes contrées au dehors de la Gaule. On voit dans Tite-live, *Lib. V, ſect. 35.* qu'après l'entrée de Bellovèſe en Italie par le pays des *Taurini*, les *Boii* & les *Lingones* y pénétrèrent par l'Alpe Pennine, & paſſerent au-delà du Pô. Chaſſés par les *Lib. V, p. 213.* Romains, ſelon Strabon, les *Boii* ſe retirèrent du côté du Danube, & habiterent avec les *Tauriſci* & les *Scordiſci*, ſur les confins de la Pannonie & de l'Illyrie ; juſqu'à ce qu'étant entrés en guerre avec les Daces, ils ſuccombèrent ſous les armes de Bœrébiſtes, roi des Gètes ; & l'extinction de leur nation en ce canton-là, *Lib. III, cap. 24.* laiſſa un pays vuide d'habitans, que Pline appelle *Deſerta Boiorum*. Une autre troupe de *Boii* ayant pénétré en Germanie, donna le nom au *Boiohemum*, que le pays a conservé, quoique la nation Germanique des Marcomanni y ait succédé aux *Boii*. Mais, ceux-ci en perdant le *Boiohemum*, formèrent vraisemblablement des établissemens dans la Vindélicie & dans le *Noricum*, qui ont pris le nom de *Bajoaria*, que l'on ne doute pas d'être dérivé de celui des *Boii*. Leur demeure ancienne & primitive devoit être limitrophe de celle des *Helvetii*. Strabon les nomme de suite avec les *Helvetii* & les *Sequani*, & comme également exposés aux courses des *Vindelici* & des *Rhæti*. Ils prirent le même parti que les *Helvetii*, lorsque ceux-ci quittèrent leur pays pour s'établir dans un autre canton de la Gaule. Après la défaite des *Helvetii* par César, les *Ædui* obtinrent du vainqueur que les *Boii* demeureroient parmi eux : *Boios, petentibus Æduis, quod egregiâ virtute erant, ut in finibus suis collocarent (Cæsar) concessit : quibus illi agros dederunt, quosque posteà in parem juris libertatisque conditionem, atque ipsi erant, receperunt.* Pline en plaçant le nom des *Boii* entre les *Carnutes* & les *Senones*, ne donne pas une idée convenable de leur position. Il faut chercher le canton des *Boii* dans les limites de l'ancien territoire des *Ædui*, qui les ont reçu chez eux : & Tacite indique que les *Boii* étoient contigus aux *Ædui*, en disant que Maricus, *è plebe Boiorum, proximos Æduorum pagos trahebat*. La marche de César, qui après avoir passé la Loire à *Genabum*, ou Orléans, traverse le Berri, pour aller au secours des *Boii*, dont la ville principale étoit assiégée par Vercingetorix, conduit vers la partie du territoire des *Ædui*, qui est resserrée entre l'Allier & la Loire. Cette partie a été démembrée de l'ancien comté d'Autun, par l'acquisition qu'en ont faite les anciens seigneurs de Bourbon, qui jouissoient de ce canton de pays dès le commencement du onzième siècle. Il ne convient point d'attribuer aux *Boii* une étendue de terrain au-delà de ce que les *Ædui* pouvoient leur en céder, ni entamer

Lib. IV, p. 206.

Comment. I.

Lib. IV, cap. 18.

Histor. lib. II.

pour les aggrandir les territoires voisins des *Bituriges* & des *Arverni*, dont les limites étoient les mêmes que ceux des diocèses de Bourges & de Clermont, selon qu'il est parlé du monastère de Souvigni dans la vie de S. Maïeul, abbé de Clugni, comme on peut voir dans l'article *Bituriges*. César dit en parlant des *Boii*, *non magnis facultatibus, quod civitas erat exigua & infirma.* Leur ville, dont il fait mention sous le même nom de *Gergovia* que celui que portoit une ville des *Arverni*, ne nous est point connue.

Comment. VII.

45°, 17°.

Nous avons un autre canton de *Boii*, que l'Itinéraire d'Antonin indique par une position, sur la route qui conduit d'*Aquæ Tarbellicæ*, ou d'Aqs, à Bourdeaux. Ces *Boii* sont les Buies du pays de Buch, dont le chef-lieu se nomme Cap ou Tête de Buch, ce qui a fait distinguer les seigneurs qui l'ont possédé par le titre de Captal, *Capitalis*. S. Paulin écrivant à Ausone, fait mention de ces *Boii*, & les appelle *Piceos*, parce que le pays qu'ils habitent dans les landes de Gascogne produit de la résine. La distance que marque l'Itinéraire entre le chef-lieu des *Boii* & *Burdigala*, sçavoir XVI, ne remplit pas ce qu'il y a d'espace entre Tête de Buch & Bourdeaux, étant d'environ 25000 toises, dont il résulte 22 à 23 lieues gauloises en ligne directe. Ce défaut de convenance pourroit être attribué à l'omission de quelque distance particulière ; & cette distance se rapporteroit assez bien à celle qui est marquée VIII dans la Table Théodosienne au dessous du nom de *Burdigala*, quoique le lieu auquel elle répond nous soit dérobé, par la perte de ce qui faisoit le commencement de ce précieux monument. Une position entre *Burdigala* & *Boii* sur la carte de la Gaule, est anonyme par cette raison. C'est une question que de sçavoir, si la mention qui est faite de *civitas Boatium* dans la Notice des provinces de la Gaule, & qui y est rangée dans la Novempopulane,

NOTICE DE LA GAULE.

Novempopulane, représente les *Boii*. Joseph Scaliger, & M. de Valois, veulent que la ville des *Boates* soit *Lapurdum*, se fondant sur un rapport de dénomination entre *Boates* & *Baiona* ; mais qui ne peut avoir lieu. Car, la signification qui est propre au nom de Baïone, qui désigne un port, & que l'on ne connoît que depuis le douzième siécle, ne souffre point l'interpolation de ce nom en celui de *Boa*, dont ces sçavans étayent leur opinion. On peut remarquer plus d'analogie entre le nom de *Boii* & celui de *Boates* : & dans une Notice de la Gaule, que Duchesne a tirée de la bibliotheque de Thou, la mention qui est faite de *civitas Boatium* est suivie de cette addition, *quod est Boius in Burdegalensi*. Il y a véritablement quelque difficulté à reconnoître les *Boii* au rang des cités ; & à voir cette cité comprise dans la Novempopulane, quoique renfermée *in Burdegalensi*, comme le pays de Buch est en effet du diocèse de Bourdeaux. Mais, nous ne sommes point assurés que les *Bituriges Vivisci*, qui selon le témoignage de Strabon formoient un établissement étranger dans l'Aquitaine, ayent toujours dominé jusque dans le pays des *Boii*. Il faut donc accuser de faux la Notice alléguée ci-dessus, & se refuser à une plus grande analogie entre *Boates* & *Boii*, qu'entre *Boates* & *Baiona*, pour transporter les *Boates* à *Lapurdum*. Quoique M. l'abbé de Longuerue suive assez communément l'opinion de M. de Valois sur les points d'ancienne Géographie, il s'en écarte à l'égard des *Boates*, & se déclare pour le pays de Buch.

In Auson. edit, sec. Val. p. 261.

Lib. IV, p. 190.

Descr. de la Fr. Pr. part. p. 172.

50°, 27°.

BONCONICA. Ce lieu est placé entre *Mogontia* & *Borbitomagus*, Maïence & Wormes, dans l'Itinéraire d'Antonin, & dans la Table Théodosienne. Il ne faut point chercher d'autre position pour *Bonconica* que celle d'Oppenheim. Mais, la Table & l'Itinéraire n'étant pas conformes sur les distances, il est à propos de consulter le local. La distance à l'égard de Maïence est marquée XI dans l'Itinéraire, IX dans la Table. Or, ce que donne le local pour la mesure du chemin étant d'environ 9500 toises, qui ne valent que 8 à 9 lieues gauloises, il en résulte que l'indication de la Table est plus convenable que celle de l'Itinéraire, qu'il seroit néanmoins aisé de corriger en transposant les chiffres, pour avoir IX au lieu de XI. Entre *Bonconica* & Wormes l'Itinéraire marque XIII, la Table XI; & vu que la mesure du terrain ne donne guère que 13000 toises, c'est-à-dire 11 à 12 lieues gauloises, la Table mérite encore ici la préférence. De sorte même, qu'en remarquant que les fractions de lieue en plus ou en moins se compensent entre les deux distances; on retrouve au total de Maïence à Wormes, en passant par Oppenheim, ce que valent exactement 20 lieues gauloises que l'on compte dans la Table.

$51°, 26°$.

BONNA. Ptolémée en fait mention, & y place le quartier de la première légion, comme en-effet il y est désigné en plusieurs endroits de Tacite. La distance entre Bonn & Cologne, marquée XI également dans l'Itinéraire d'Antonin & dans la Table Théodosienne, me paroît très-convenable au local; & on peut croire que Jean Gigas, qui a dressé la carte de l'Archevêché de Cologne, a rencontré fort juste, en faisant cette distance à la prendre du centre de Cologne, égale à 13 minutes de la graduation de latitude de sa carte. Car, il en résulte 12375 toises ou environ, & le calcul de 11 lieues gauloises n'en diffère presque point, étant de 12474 toises. La direction de la voie Romaine paroît encore parfaitement allignée à la sortie de Cologne. On apprend de Florus, que Drusus jetta des ponts sur le Rhin en deux endroits différens, & l'un de ces endroits est nommé *Bonna*, non pas *Bononia*, comme on lit en quelques imprimés. Voyez au surplus sur ce qui intéresse Bonn, l'article *Ara Ubiorum*.

NOTICE DE LA GAULE.

50°, 27°.

BORBETOMAGUS. C'est la ville capitale des *Vangiones*; & il en est mention sous ce nom dans Ptolémée, dans l'Itinéraire d'Antonin, dans la Table Théodosienne. On la trouve néanmoins désignée, comme la plupart des capitales, par le nom de la nation. Elle est citée dans Ammien-Marcellin, dans la Notice de l'Empire, & ailleurs, sous le nom de *Vangiones*. Quant à celui de Wormes qu'elle porte aujourd'hui, il vient de *Warmatia* ou *Wormatia*, qui étoit en usage lorsque la seconde race de nos Rois a commencé d'occuper le thrône.

44°, 25°.

BORMANNI. Ce nom doit être lu ainsi dans Pline, & non pas *Bormannico*, selon la remarque du P. Hardouin ; & il est compris dans une énumération de villes & de peuples renfermés dans la Narbonoise. Il faut convenir que l'ordre alphabétique que Pline suit dans cette énumération, n'est pas propre à nous faire juger de la position d'un lieu qui n'est point cité autre part. Cependant, la grande affinité de ce nom de *Bormanni* avec celui de *Borma*, ou de Bormes, entre Ières & S. Tropez, m'a fait hazarder cette position.

Lib. III, cap.

47°, 22°.

BOXUM. Ce lieu est placé dans la Table Théodosienne entre *Aquæ Nisineii*, ou Bourbon-l'Anci, & *Augustodunum*. La distance est marquée VIII à l'égard d'*Augustodunum* ; & en sortant de cette ville elle porte vers un lieu, dont le nom de Bussière, *Buxeria*, est un dérivé de *Boxum*. Son éloignement d'Autun paroît en même tems convenable, autant qu'on peut juger par les cartes. Quant à la distance entre *Boxum* & *Aquæ Nisineii*, marquée XXII, & qui avec la précédente feroit compter 30 lieues gauloises entre Autun & Bourbon-l'Anci ; quoique ce compte de distance, dont il résulte 34000 toises, paroisse un peu fort vis-à-vis de l'intervalle en droite-ligne d'environ 28000 toises ; toutefois le coude qui se rencontre dans cette route, en passant l'Arrou au lieu nommé *Telonnum*, aujourd'hui Toulon, & l'inégalité du pays font juger qu'il n'y a rien à rabattre.

50°, 20°.

Comment. II. BRATUSPANTIUM. César sortant du territoire des *Suessiones*, entre chez les *Bellovaci*, & des *Bellovaci* chez les *Ambiani*. A son approche, les *Bellovaci* se renferment, *suaque omnia, in oppidum Bratuspantium*. Il n'est fait, après cela, aucune mention de la même ville, à moins qu'elle ne soit cachée sous un nom différent. Car, Ortelius se méprend dans son Trésor géographique, quand il rapporte à la ville dont il s'agit, ce qui doit s'entendre du *Brachbantum*, dans la chronique de Sigébert, sous l'an 997, où Ansfrid, comte de Brabant, est appellé *Comes Bratuspantium*. Sanson a cru qu'il ne falloit point distinguer la ville qui est citée dans les Commentaires, d'avec la capitale des *Bellovaci*, qui a été appellée *Cæsaromagus*. Scaliger avoit déja regardé *Bratuspantium* comme étant Beauvais; & M. de Valois, qui se montre assez volontiers contraire aux opinions de Sanson, ne s'en écarte pas sur cet article. Mon premier sentiment sur ce sujet étoit le même. Cependant, je conviens d'avoir été ébranlé, en apprenant qu'il existoit il y a deux siècles des vestiges d'une ville sous le nom de *Brantuspante*, à un quart de lieue de Breteuil, & dans l'étendue de la paroisse de Vandeuil, sur la lisière du diocèse de Beauvais, limitrophe de celui d'Amiens. Cette position fait moins un coude dans la route que tient César du Soissonnois dans l'Amiénois, que celle qui résulte d'une position plus écartée, comme celle de Beauvais. M. Bonami a donné à l'Académie un mémoire particulier sur *Bratuspantium*, qui n'est point encore rendu public par l'impression.

50°, 19°.

BREVIODURUM. On trouve ce lieu dans l'Itiné-

NOTICE DE LA GAULE. 173

raire d'Antonin, entre *Juliobona*, capitale des *Caleti*, & *Noviomagus*, capitale des *Lexovii* : dans la Table Théodosienne entre *Juliobona* & *Rotomagus*. Le nom de *Brivodurum*, ou *Breviodurum*, désigne indubitablement le passage d'une rivière sur un pont, & on reconnoît cette position dans celle du Pont-Audemer, situé sur la Rifle, & qui a pris le nom de *Pons Audomari*, ou *Aldemari*, dans le moyen-âge. La distance de 22 à 23.000 toises entre Rouen & le Pont-Audemer, selon la carte manuscrite levée par les frères Magin, répond à l'indication que donne la Table entre *Breviodurum* & *Rotomagus*, qui est xx : car, le calcul de 20 lieues gauloises est de 22680 toises. Cependant il ne faut point dissimuler, que le contour de la Seine au-dessous de Rouen faisant circuler la route, la mesure itinéraire doit surpasser de quelques lieues ce que donne cette évaluation. Je suis informé, qu'au-delà du Pont-Audemer, en tendant vers Lizieux, il subsiste des vestiges de l'ancienne voie Romaine qui conduisoit de *Breviodurum* à *Noviomagus* des *Lexovii*. C'est un reste de chemin qui est ferré, & que la tradition du pays veut être un ouvrage des Romains. L'indication de l'Itinéraire dans cet intervalle, sçavoir xvii, est trop forte : le local n'admet que xiii, & la manière de faire cette correction est facile. Il n'en est pas de même de xvii selon l'Itinéraire, & de xviii selon la Table, entre *Juliobona* & *Breviodurum*. Quoique la disposition du local entre Lilebone, qui est *Juliobona*, & le Pont-Audemer, donne lieu de présumer que la route faisoit un détour, pour traverser la Seine au-dessus de Quilebeuf, & vraisemblablement à l'endroit qui se nomme le Vieux-port, sur la rive gauche de la rivière : cependant, il est hors de vraisemblance, que l'intervalle des positions n'étant guère que de 8 lieues gauloises en droite ligne, la voie de communication entre ces positions en valût 17 ou 18. La trace d'une ancienne voie, entre le Vieux-port & le Pont-Audemer, se diftingue par le nom qu'on lui donne de Chemin-perré. On voit dans la Table, une ligne de communication depuis *Juliobona* jufqu'à *Mediolanum* des *Eburovices*, ou Evreux : mais, l'indication de diftance y eft omife.

45°, 25°.

Lib. IV, p. 179. BRIGANTIO. Strabon décrivant la route qui conduit au paffage de l'*Alpis Graia*, cite *Brigantium vicum*. Cette route étant fort détaillée dans les Itinéraires & dans la Table Théodofienne, la pofition de *Brigantio* y trouve fa place ; & *Byrigantum*, comme on lit dans l'Itinéraire de Jérufalem, y porte la même qualification de *manfio*, qu'*Ebrodunum* & *Caturigæ*, qui ont été des villes d'un rang diftingué. Les diftances qui y ont rapport font difcutées dans les articles des lieux, que la carte marque en pofition immédiate de celle de *Brigantio*, ou de Briançon. Dans Ammien-Marcellin il eft *Lib. XV.* mention de *Brigantio*, en l'appellant *Virgantia caftellum*. Les infcriptions rapportées par Honoré Bouche, *Chor. de Prov.* où on lit, ORD. BRIG. ne regardent point le Briançon *p. 281 & 928.* dont il s'agit, comme le fçavant commentateur de l'Itinéraire paroît le croire, mais un autre Briançon en Provence, autrement appellé Briançonet, pour le diftinguer de celui-ci. Le P. Hardouin témoigne d'être porté à croire, que les *Brigiani* nommés dans l'infcription du *Lib. III, cap. 20.* Trophée des Alpes, qui nous a été tranfmife par Pline, fe rapportent à *Brigantio*. Il ne faut point oublier, que Ptolémée cite *Brigantium* comme appartenant aux *Segufini* qui tiroient leur nom de *Segufio*, Sufe. Mais, il eft contre toute vraifemblance d'enlever aux *Caturiges* un lieu, que les limites du diocèfe d'Embrun réclament, indépendamment de fa pofition en deçà des Alpes.

44°, 25°.

Il faut reconnoître un autre *Brigantio* comme il eft dit dans l'article précédent. Ce lieu appellé Briançon, ou Briançonet, eft fitué fur l'Efteron qui tombe dans le Var. Il n'est connu d'aucun des écrivains Romains : mais, des vestiges d'antiquité qui y subsistent, & plusieurs inscriptions, où le corps des Magistrats est désigné par le terme *Ordo*, nous font connoître que c'étoit le chef-lieu d'un peuple ou d'une communauté particulière, quoique l'inscription du Trophée des Alpes n'en fasse point mention. Car, le nom de *Brigiani* qu'on y trouve à la suite des *Caturiges*, est trop éloigné de position à l'égard du lieu dont il s'agit, pour pouvoir s'y rapporter, parce qu'on distingue dans ce monument, qu'il y a quelque suite ou liaison d'emplacement entre les peuples qui y sont nommés.

47°, 18°.

BRIGIOSUM. Dans la Table Théodosienne ce lieu est placé sur une route, qui conduit de *Mediolanum* des *Santones*, Saintes, à *Limonum*, Poitiers; entre *Avedonacum*, ou *Aunedonacum*, & *Raurana* ou *Raraunum*. Quoique L'Itinéraire d'Antonin décrive la même route, c'est en omettant *Brigiosum*, parce qu'il passe d'*Aunedonacum* à *Rauranum* sans mansion intermédiaire. La distance que marque la Table est VIII à l'égard du premier de ces lieux, XII à l'égard du second; & l'Itinéraire y paroît d'accord, en marquant XX d'*Aunedonacum* à *Rauranum*. On peut estimer que la position de *Brigiosum*, dans celle qu'il conserve sous le nom de Briou, s'écarte d'Aunai, qui est *Aunedonacum*, d'environ 9000 toises, distance qui convient aux 8 lieues gauloises indiquées par la Table. Mais, il faut être prévenu, que ce qu'il y a d'espace depuis Aunai jusqu'à Rom, qui est *Rauranum*, en passant par Briou, vaut au moins 26000 toises, d'où il résute 17000. toises entre Briou & Rom, ce qui renferme 15 lieues gauloises, & met dans la nécessité de vouloir, que l'indication de la Table entre *Brigiosum* & *Rauranum* soit XV, plutôt que XII, en liant par le bas les jambages des deux unités, pour faire V. Il faut convenir en même tems, que l'Itinéraire ne fçauroit être jufte d'*Aunedonacum* à *Rau-ranum* : car, 20 ne fuffifent pas, où l'eftime prife fur le local demande 23. Il eft fait mention de Briou fous le nom de *Brioffium*, dans la vie de Saint Junien, par un auteur contemporain de l'empereur Louis le Débonnaire, & le canton des environs a été appelé *pagus Brioffenfis*.

51°, 20°.

Lib. IV, cap. 17. BRITANNI. Pline eft le feul qui en faffe mention, & il paroît les ranger fur la côte de la Belgique, entre le *pagus Geforiacus* & les *Ambiani*. Le paffage de Pline qui renferme ces *Britanni*, en fera juger ainfi : *deindè (à Scaldi, & Toxandris) Menapii, Morini, Oromanfaci, juncti pago qui Geforiacus vocatur, Britanni, Ambiani. Introrfus*, &c. Selon cet ordre, & en procédant du nord au fud, les *Britanni* fe placent au-delà d'une rivière qui termine le diocèfe de Boulogne, dans lequel le *pagus Geforiacus* eft contenu, & ils s'étendent dans le *pagus Pontivus*. Cette rivière eft la Canche. Cluvier a penfé qu'il falloit lire *Brianni*, au lieu de *Britanni*. Seroit-ce un établiffement que quelque colonie de la grande Bretagne auroit formé dans ce canton maritime, comme les Belges s'étoient établis fur la côte méridionale de la grande Bretagne ? Sanfon voulant donner de l'illuftration à fa patrie, fuppofe qu'il a exifté une ville fous le nom de *Britannia* dans le lieu qu'occupe Abbeville, que l'on ne connoît néanmoins primitivement fous le nom d'*Abbatis-villa*, que comme un bien appartenant à l'Abbaye de Centul, ou de S. Riquier, & qui ne devint une place de quelque importance, *caftrum*, que fous le règne de Hugue-Capet.

50°, 20°.

BRIVA ISARÆ. On trouve fa pofition dans l'Itinéraire d'Antonin, entre *Petromantalum* & *Lutecia*. La diftance à l'égard de *Lutecia*. eft marquée xv dans la Table Théodofienne, comme dans l'Itinéraire. La voie romaine

NOTICE DE LA GAULE.

maine en partant de Paris, alloit traverser ce que l'on appelloit autrefois dans l'étendue actuelle de la ville de S. Denys, le bourg de l'Estrée, *de Strata*, séparé de l'ancien *Catolacum*, qui est le quartier qu'occupe l'Abbaye. Cette voie arrivoit au bord de la rivière d'Oise, non pas tout-à-fait vis-à-vis de l'emplacement où Pont-oise paroît aujourd'hui, mais plus bas, & vis-à-vis du prieuré de S. Martin; & on m'assure qu'on en voit des vestiges dans un vignoble, derrière S. Ouen de l'Aumône, en tirant vers Éragni. La continuation au-delà du passage de l'Oise, tend directement à Magni, & vers la position qui convient à *Petromantalum*. Les titres de la terre du Perché dans cet intervalle font mention de la chaussée de Jule-César. Il y a des endroits qui montrent des restes de l'ancien pavé, & dans d'autres où le pavé de la surface est broyé, on distingue la trace de cette chaussée par quelque élévation, & par un massif profond d'une qualité différente du sol des environs. Il paroît superflu de produire des citations, pour prouver que dans le moyen-âge *Pons Isaræ*, ou *Esiæ*, répond au nom de *Briva-Isaræ*. Quant aux distances qui ont rapport à cette position, la mesure itinéraire à l'égard de *Lutecia*, ou du quartier de Paris qui se nomme la cité, me paroît d'environ 16400 toises, dont il résulte 14 à 15 lieues gauloises. L'indication de XIV dans l'Itinéraire, entre *Briva-Isaræ* & *Petromantalum*, est trop forte pour la mesure actuelle de Pont-oise à Magni, laquelle n'étant que de 13 à 14000 toises, n'admet que XII, au lieu de XIV. Voyez sur ce sujet l'article *Petromantalum*.

46°, 22°.

BRIVAS. Sidoine-Apollinaire en fait mention, dans une pièce de vers adressée à son livre :   *Propempticon.*

Hinc te suscipiet benigna Brivas.

Ce lieu est devenu recommandable par la sépulture de S. Julien, près de laquelle l'empereur Avitus fut inhumé l'an 456 ; *antè pedes antè dicti martyris sepultus*, dit Grégoire de Tours. On distingue aujourd'hui la vieille Brioude, de Brioude surnommée Glise, ou Eglise ; & parce que la dénomination de *Brivas* en langue Celtique désigne un pont, celui qui subsiste à vieille-Brioude semble y déterminer l'emplacement de *Brivas*. Le *vetus Brivate* est appellé *castrum* dans un diplome de Robert, comte d'Auvergne, en date de l'an 1060. Au reste, ces lieux, entre lesquels le nom de Brioude se trouve partagé, sont peu distants l'un de l'autre, & également sur la rive gauche de l'Allier.

$49°, 14°.$
BRIVATES PORTUS, *vel* GESOBRIVATE. On trouve le port *Brivates* dans Ptolémée. Il le place entre l'embouchure de la Loire & celle du fleuve qu'il nomme *Herius*, & qui doit être la Vilaine. Selon cet emplacement, il semble qu'on doive jetter les yeux sur le Croisic, plutôt que sur un autre endroit. Dans la Table Théodosienne, le terme d'une route qui aboutit à la mer, & qu'il faut chercher à l'extrémité de la Bretagne, est nommé *Gesocribate*. Quand on a reconnu, en étudiant la Table, combien elle est susceptible de correction dans les dénominations de lieu, on est fort porté à croire que celle de *Gesocribate* doit se lire *Gesobricate* ou *brivate*, par la grande affinité qu'on y remarque avec le *Brivates* de Ptolémée. La baye de Brest, & sa grande profondeur dans la partie de la Bretagne la plus reculée, où l'on est conduit par la Table, sont l'objet qui fut le plus digne d'être remarqué dans une Géographie aussi sommaire que celle de Ptolémée, qui n'admet que les circonstances principales du local. Et comme il y a des positions hors de place dans cette Géographie, & que le *Brivates* paroît indiqué autre part qu'où elle marque ce port, on se persuade qu'il ne se rapporte à aucun endroit aussi convenablement qu'il se rapporte à Brest. La voie romaine y tend directement dans toute la lon-

NOTICE DE LA GAULE. 179
gueur de la Bretagne, depuis Nantes, par Vennes, & par Karhez. Je ne diffimulerai pas, que la diftance marquée XLV dans la Table, à compter de *Vorgium* ou *Vorganium*, eft trop forte pour ce qu'il y a d'efpace entre Karhez, ou *Vorganium*, & Breft. Le moyen de concilier la Table avec le local eft de fuppofer, que le compte de la diftance a été prolongé jufqu'à la pointe du continent, qui fait l'entrée du golfe au fond duquel Breft eft actuellement fitué.

48°, 21°.

BRIVODURUM. Il en eft mention dans l'Itinéraire d'Antonin, & dans la Table Théodofienne. L'Itinéraire & la Table font d'accord à marquer XV entre *Brivodurum* & *Belca*; nonobftant quoi on peut voir dans l'article *Belca*, que la diftance de Briare, qui eft *Brivodurum*, jufqu'au lieu qui paroît repréfenter *Belca*, demande XVII plutôt que XV. D'un autre côté, *Brivodurum* étant placé dans l'Itinéraire entre *Condate* & *Belca*, la pofition de Cône, qui eft auffi évidemment *Condate* que *Brivodurum* eft Briare, n'admet qu'environ XIII dans un intervalle où l'Itinéraire paroît marquer XVI; & fur ce fujet on peut recourir à ce qui eft dit de ce *Condate*, compris avec plufieurs autres lieux qui ont eu la même dénomination. La pofition immédiate à celle de *Brivodurum* dans la Table, n'eft point *Condate*, quoique fur la même route, mais *Maffava*, ou Mefve, dont la diftance de Briare en droite-ligne étant d'environ 25000 toifes, excède l'indication de la Table, qui eft XVI. Dans l'hiftoire des évêques d'Auxerre, le nom de Briare eft *Brioderus* ou *Brioderum*, dont on a fait par contraction *Briodrum*.

49°, 26°.

BROCOMAGUS. Ptolémée donne deux villes aux *Triboci*, *Brocomagus*, & *Helcebus*. Ammien-Marcellin fait mention de celle dont il s'agit, & la vraie leçon dans fon texte eft *Brocomagus*, & on lit de même dans

Z ij

l'Itinéraire d'Antonin. La position de ce lieu entre *Argentoratum* & *Concordia*, se retrouve dans celle de Brumt ou Brumat; & plusieurs sçavans ont cité la chronique de Lauresheim, sous l'an 883, où le nom de Brumt, moins altéré qu'aujourd'hui, est *Bruochmagat*, *in Elisatiâ*. M. Schœpflin témoigne, qu'aucun lieu en Alsace ne fournit autant de monumens romains de toute espèce. La distance que marque l'Itinéraire entre *Brocomagus* & *Concordia*, peut convenir au local, comme on peut voir dans l'article *Concordia*. Il n'en est pas de même de l'indication entre *Argentoratum* & *Brocomagus*. Elle est manifestement fausse sur le pied de xx, & celle de la Table, sçavoir vii, est recevable. Car, la distance entre Strasbourg & Brumt roule entre 7 & 8 lieues gauloises.

47°, 25°.

BROMAGUS. Le nom de ce lieu est *Viromagus* dans la Table Théodosienne: mais, elle ne diffère point de l'Itinéraire d'Antonin, en marquant vi de *Minnodunum* à *Bromagus*, & viiii de *Bromagus* à *Viviscus*. Placer *Bromagus*, avec Cluvier, à un petit lac nommé Bré, ou Bro, c'est n'avoir aucun égard aux distances, le lac de Bré étant trop voisin de la position de *Viviscus* à Vevai, & trop éloigné de celle de *Minnodunum* à Moudon. Le lieu de Promazens indiqué par Simler, commentateur de l'Itinéraire, conviendroit davantage. Il y a une autre remarque à faire, qui est que l'espace en droite-ligne de Moudon à Vevai, quoiqu'il paroisse égaler pour le moins 15 milles romains, autant qu'on peut en juger par les cartes, & que la route circule le long d'une rivière nommée Broie, pour traverser ensuite une crête de montagne dont le lac Léman est couvert du côté du nord: cependant, on ne sçauroit guère estimer qu'il faille substituer la mesure de 15 lieues gauloises à celle de 15 milles. Il pourroît être question de milles en partant de *Viviscus*, parce que les distances qui y con-

NOTICE DE LA GAULE.

duisent de quelque côté que ce soit, sont reconnues pour être propres au mille, comme on peut voir à l'article *Lacus Lausonius*. Mais, la lieue conviendroit du côté de *Minnodunum*, par la raison que de *Minnodunum* à *Aventicum* la distance qui est indiquée par l'Itinéraire demande des lieues plutôt que des milles, comme je le remarque en parlant de *Minnodunum*.

$44°, 19°.$

BUCCONIS. Dans l'Itinéraire de Bourdeaux à Jérusalem, c'est une des mutations, ou relais, qui se trouvent entre *Auscius*, qui est Auch, & Toulouse. La somme des distances indiquées depuis Auch jusqu'à Toulouse, sur le pied de 34 lieues gauloises, paroît trop forte pour ce qu'il y a d'espace absolu, déterminé par des opérations sur le local à environ 35000 toises, ou peu de chose de plus, ce qui ne renferme que 31 lieues; & la disposition du local en cet intervalle fait juger, que la mesure itinéraire ne doit guère surpasser la mesure directe. J'en prends occasion d'observer, que quoique les distances soient avec raison qualifiées *leug* dans l'Itinéraire, en traversant la Novempopulane, toutefois cette qualification n'a peut-être pas dû s'étendre jusqu'à Toulouse précisément. Car, cette ville usant du privilége des capitales de compter les distances à partir de sa position, ce que des mutations *ad nonum*, *ad vicesimum*, que marque l'Itinéraire en tendant à Carcassone, mettent en évidence; on doit trouver des milles, & non des lieues dans le territoire des *Tolosates*, & sur la gauche du cours de la Garonne comme sur la droite, ce territoire faisant partie d'une province, où l'usage des milles étoit établi, comme on le trouve propre & convenable à la distance des mutations alléguées ci-dessus, & qui se rapportent à Toulouse. Il pourroit s'ensuivre de cette observation, par une grande délicatesse dans l'examen des distances, que bien-loin que les nombres fussent excessifs entre Auch & Toulouse, ils demanderoient au contraire quelque supplément en mesure de milles, vu l'étendue que prenoit en cet espace le district des *Tolosates*, séparément des *Ausci*, si on compare ce district à celui du siége épiscopal de Toulouse, qui a renfermé le diocèse actuel de Lombez. Pour revenir à ce qui concerne *Bucconis* en particulier, j'avoue ne point connoître de lieu qui le représente distinctement. Il paroît prendre sa place vers le passage de la Save, petite rivière qui renferme l'Isle-Jourdain, dont le nom étoit autrefois *castrum Ictium*, comme on le trouve dans la vie de S. Bertrand de Cominges.

45°, 18°.

Lib. IV, p. 190. BURDIGALA. Strabon est le premier qui en fasse mention comme de l'*emporium* des *Bituriges Iosci*, ou plutôt *Vivisci*, jusqu'où la mer remonte par l'embouchure de la Garonne. Car, c'est ainsi qu'il faut entendre l'expression de λιμνοθαλάτ7η, dont il se sert en parlant de la situation de cette ville. Ptolémée a écrit *Burdigala*, de même que Strabon : les écrivains Latins varient entre *Burdigala* & *Burdegala*. Il paroît dans l'usage du nom actuel une diversité autrement placée ; mais, il convient d'écrire & de prononcer Bourdeaux, plutôt que Bordeaux, puisque l'on dit constamment le Bourdélois, & que la voyelle de la dénomination primitive qu'il s'agit de remplacer, détermine le son *ou*, & n'est pas communément convertie en *o* simple. C'est perdre du tems, & mal employer la critique, que d'entrer dans l'examen des diverses étymologies qu'on a données du nom de *Burdigala*. Ausone, qui appelle cette ville sa patrie, *natale solum*, l'a célébrée dans ses vers, & en relève les avantages par toute sorte d'endroits. La preuve que c'étoit une ville puissante dès le tems des Romains, c'est que dans le partage de l'Aquitaine en plusieurs provinces, elle fut élevée à la dignité de métropole de l'Aquitaine seconde : *metropolis civitas Burdigalensium*, dans la Notice des provinces de la Gaule. On peut dire que M. de

NOTICE DE LA GAULE. 183

Valois se livre avec trop de confiance à quelques passages de nos anciens historiens, en supposant, pour y paroître conforme, que Bourdeaux peut avoir changé de place, & qu'il devoit être situé sur la rive de la Garonne opposée à celle qu'il occupe. Les vestiges de l'ancienne ville dans la position actuelle, démentent cette opinion.

P. 88.

52°, 24°.

BURGINATIUM, *vel* QUADRIBURGIUM. L'Itinéraire d'Antonin, & la Table Théodosienne, sont d'accord à marquer cette position entre *Colonia Trajana* & *Harenatium* ou *Arenacum*. Les distances sont les mêmes, sçavoir, v de *Colonia Trajana* à *Burginatium*, vi de *Burginatium* à *Arenacum*. En examinant le local, à partir de Koln, ou Keln, dont la position est connue près de Cleve, & en s'arrêtant à celle qui convient à *Arenacum*, ou Aert, on reconnoît que l'emplacement de *Burginatium* devoit être le même que celui du fort qui a pris le nom de Skenk au seizième siècle, sur une langue de terre très-resserrée entre les deux bras du Rhin, dont celui de la gauche est distingué par le nom de Wahal. Mais, les cartes récentes représentent du changement dans le Wahal, lui faisant abandonner son lit de séparation à la tête du fort, pour s'en ouvrir un autre plus bas, & entre le fort & le lieu de péage appellé Tol-huys. Ammien-Marcellin nommant de suite, & dans l'ordre de leur position, des places que Julien fit réparer sur le Rhin, cite *Quadriburgium* entre *Castra Herculis* & *Tricesimæ*; d'où il semble naturel de conclure que *Quadriburgium* est le même lieu que *Burginatium*, vu qu'une situation aussi avantageuse que celle-là ne peut avoir été négligée. Entre beaucoup d'explications des dénominations locales, que Menso-Alting prend à tâche de tirer de la langue Tudesque ou Germanique, une des plus heureuses, à mon avis, est celle qui dérive de *Water-burg* le nom de *Quadriburgium*, & elle seroit

Lib. XVIII.

propre à confirmer la position de cette place entre les eaux. On sçait qu'en Flamand un canal s'appelle *Watergans*, ou chemin d'eau. Du reste, ce que je crois devoir remarquer particulièrement c'est que l'indication de la distance entre *Colonia Trajana* & *Burginatium*, ne peut convenir qu'en y employant la mesure du mille romain, à l'exclusion de la lieue gauloise; ce qui est suivi de même dans la distance de *Burginatium* à *Arenacum*; je dirai plus, dans toutes les distances ultérieures dont on est le plus assuré, en suivant les voies romaines de cette plus basse partie du Rhin; & on peut consulter sur ce sujet les analyses de plusieurs espaces dans les articles *Albiniana*, *Fletio*, *Flenium*.

46°, 18°.

Carmine 22.

BURGUS. Ce lieu est décrit par Sidoine-Apollinaire. Le terme de *Burg*, ou Bourg, qui est devenu commun depuis que les nations du nord se sont répandues dans l'Empire d'Occident, a pu être employé par les

Lib. IV, cap. 10.

Romains, en le tirant du Grec πύργος : & selon Végéce il désignoit les camps établis pour la défense des frontières. On ne le trouve que dans les écrivains qui ont suivi le tems de Constantin. Le *Burgus* dont il s'agit est Bourg sur la Dordogne, près de son embouchure dans la Garonne, & il est mention de la jonction de ces rivières dans le poème de Sidoine :

Jam pigrescentes sensim confunditis amnes.

51°, 25°.

BURUNCUS. On trouve ce lieu dans l'Itinéraire d'Antonin, entre Cologne & Neuss ou Nuis, de la manière qui suit en partant de *Colonia Agrippina* : *Durnomago* VII. *Burunco* v. *Novesio* v. Le même Itinéraire dans un autre endroit, ne faisant point mention de lieux intermédiaires, marque XVI entre *Novesium* & *Colonia Agrippina* ; & la Table Théodosienne y est conforme. J'estime que l'espace de Cologne à Neuss, à partir d'un point pris au centre de Cologne, dont l'emplacement

cement est vaste, roule entre 15 & 16 lieues gauloises en droite-ligne, & que la mesure de la route en passant par quelques endroits qui s'écartent de la direction, peut aller au-delà de 16, sans aller à 17 complettement : *Durnomagus* qui paroît précéder *Buruncus* sur cette route, doit être un lieu nommé Dormagen, parce qu'on ne peut guère trouver d'analogie plus parfaite ; & Dormagen, selon tout ce qu'il y a de cartes, se rencontre sur la voie, près de Zons, qui est sur le bord du Rhin un peu plus bas. Mais, en reconnoissant *Durnomagus* dans la position de Dormagen, il se présente une difficulté, qui est que l'intervalle de Cologne à Dormagen est plus grand que celui de Dormagen à Neuss ; & selon la carte de l'Archevéché de Cologne, dressée par Jean Gigas, le premier est au second comme 5 à peu près est à 4. Or, il paroît le contraire dans l'Itinéraire, puisque *Durnomagus* devance *Buruncus* sur la route de Cologne à Neuss, & que l'Itinéraire n'indique que 7 de Cologne à *Durnomagus*, & 10 de *Durnomagus* à Neuss. Cluvier a pensé que la position de *Buruncus* étoit Woringen sur le bord du Rhin ; mais Woringen se trouve en deçà de Dormagen à l'égard de Cologne. Ainsi, cette position comme celle de Dormagen, semble indiquer que l'ordre des positions de *Buruncus* & de *Durnomagus* est interverti dans l'Itinéraire. Ce n'est pourtant pas que la position de Woringen me paroisse précisément celle de *Buruncus*, comme on verra ci-après, quoique la dénomination soit la même au fond. Car, Woringen s'écarte du centre de Cologne d'environ 7 lieues gauloises, & la distance de Dormagen à Neuss est au moins égale à celle-là. De sorte qu'entre *Buruncus* & *Durnomagus*, il ne resteroit qu'environ deux à compter, ce qui n'a aucun rapport aux nombres marqués dans l'Itinéraire, lesquels peuvent subsister, & suivre la transposition des lieux : & on est engagé à le croire ainsi sur ce que la position de *Durno-*

magus est réellement à l'égard de Neuss ce qu'elle paroît à l'égard de Cologne dans l'Itinéraire. En partageant ce qu'il y a d'espace actuel, répondant à 10 lieues gauloises entre Cologne & *Durnomagus*, pour en faire deux espaces égaux, & de 5 chacun; puisque tels sont les nombres de l'Itinéraire, je remarque que la position de *Buruncus* tombe précisément au bord du Rhin, sur un lieu limitrophe de Woringen, & dont le nom de Rhin-castel montre l'emplacement d'un poste établi par les Romains. Le terme *Ala*, qui dans l'Itinéraire accompagne le nom de *Buruncus*, comme celui de *Durnomagus* & plusieurs autres sur cette frontière, désigne positivement un lieu gardé par un détachement de troupes. Cette discussion pour parvenir à fixer quelques points particuliers dans un lieu plutôt que dans un autre, fait voir dans quel détail de combinaison on se trouve engagé, & la critique qu'il est nécessaire d'y apporter, lorsque pour en marquer la place sur une carte on se propose de le faire sur quelque fondement réel & solide. Si les circonstances locales exigent quelque fois que l'on transporte les nombres des Itinéraires d'une distance à l'autre, ici ce sont les positions mêmes que le local veut que l'on transpose.

C.

44°, 23°.

CABELLIO. On lit *Caballio* dans Strabon; dans Pline *Cabellio*, au nombre des villes Latines, quoique Ptolémée lui donne le titre de Colonie, comme à plusieurs autres villes des *Cavares*, dans le territoire desquels elle étoit comprise. Etienne de Byzance en fait une ville Marseilloise, sur la foi d'Artémidore d'Ephèse. On trouve sa position dans l'Itinéraire d'Antonin, & dans la Table Théodosienne. M. Wesseling a remarqué l'erreur de Surita, de confondre *Cabellio* avec *Cabillonum*, ou Challon sur Saône. Dans la Notice des pro-

NOTICE DE LA GAULE.

vinces de la Gaule, *civitas Cabellicorum* est une de celles de la Viennoise.

$47°, 23°.$

CABILLONUM. Il n'y a point de nom de lieu que l'on trouve plus diversement écrit, & plus altéré dans ses variantes, que celui-ci. M. de Valois l'a remarqué. Les leçons qui paroissent plus correctes sont, *Cabilonum, Cabillonum, Cabilonnum*. César, Strabon, Ptolémée, les Itinéraires, font mention de cette ville : c'est *Cabyllinon* dans Strabon, *Caballinon* dans Ptolémée. Ammien-Marcellin la met au rang des villes distinguées : *Lugdunensem primam Lugdunus ornat, & Cabillones*. Les Romains y entretenoient une flotte sur la Saône, selon la Notice de l'Empire : *Præfectus classis Araricæ Caballoduno*. Et dans le panégyrique de Constantin, Eumène parle du port de Challon : *à Cabillonensi portu navigia provideras*. La Notice des provinces de la Gaule ne qualifie pourtant point cette ville du titre de cité, mais seulement de *castrum*; quoiqu'ayant été primitivement comprise dans le territoire des *Ædui*, elle en ait été distraite, ainsi que Mâcon, pour composer un diocèse particulier, séparé depuis long-tems de celui d'Autun, puisqu'il est mention d'un évêque de Challon dans Sidoine-Apollinaire. Plusieurs voies romaines partoient de Challon, ou y aboutissoient. Les distances qui ont rapport à la position de cette ville, sont expliquées dans l'article des différens lieux qui en sont immédiatement voisins. A l'égard d'*Augustodunum* l'indication de l'Itinéraire d'Antonin, *M. P.* XXXIII, *Leugas* XXII, est très-convenable. Dans la Table Théodosienne XXI. Ce qu'il y a d'espace en droite-ligne entre Challon & Autun, est d'environ 24000 toises. Le calcul des 22 lieues gauloises est de 24948 ; & il convient que la mesure itinéraire surpasse ainsi la mesure aërienne & directe.

Lib. XV, cap. 11.

$45°, 20°.$

CADURCI. Il en est mention dans César ; dans

Strabon, dans Pline, dans Ptolémée. Pline, qui les nomme à la suite des *Ruteni*, & immédiatement avant les *Antobroges*, qui sont les *Nitiobriges*, est ainsi conforme à la situation du Querci entre le Rouergue & l'Agénois. Le territoire des *Cadurci* est appellé *Cadurcinum* dans Grégoire de Tours, & en d'autres écrits du moyen-âge. M. de Valois remarque, que postérieurement on a dit le *Caorsin*.

Lib. IV, cap. 19.

P. 1111.

50°, 24°.

CÆRESI. Ils sont nommés par César entre les *Condrusi* & les *Pœmani*, dont on trouve l'emplacement dans la partie méridionale de l'évêché de Liége, pays de Luxembourg ; & comme il y a quelque rapport entre la dénomination des *Cæresi*, & celle de la rivière de Chiers, qui sort du Luxembourg pour se rendre dans la Meuse entre Mouson & Sedan ; c'est le canton que je crois qu'on peut leur attribuer, n'en ayant point d'autre indice. On a bien plus d'un exemple, que le nom d'une rivière a fait celui d'un peuple, ou de la contrée qu'elle traverse.

Comment. II.

50°, 16°.

CÆSAREA INSULA. Dans l'Itinéraire Maritime, c'est une des isles de l'Océan qui baigne les côtes de la Gaule & de la grande-Bretagne. On y reconnoît l'isle de Gersei, dont le nom actuel ne diffère essentiellement que par la transposition de deux consones.

48°, 19°.

CÆSARODUNUM, *posteà* TURONES. Quoique le nom des *Turones* soit peu correctement écrit dans Ptolémée, cependant on l'y reconnoît assez pour être assûré qu'il les cite ; & il indique leur capitale sous le nom de *Cæsarodunum*. Elle est appellée de même dans la Table Théodosienne. Quoique cette Table soit d'un siècle, où la plupart des capitales étoient désignées par le nom du peuple, & que *Cæsarodunum* fût de ce nombre ; cependant le nom primitif de quelques-unes de ces

NOTICE DE LA GAULE. 189

capitales y eſt encore employé. Il faut convenir que c'eſt ſous la forme de *Turoni*, plutôt que *Turones*, qu'on trouve ce nom plus fréquemment, quoique cette leçon ne paroiſſe pas préférable. On lit dans la Notice des provinces de la Gaule, *metropolis* (*Lugdunenſis tertiæ*) *civitas Turonorum*. A l'égard de la dénomination de *Cæſarodunum*, par rapport à l'emploi du terme de *dunum*, la ſituation de Tours ſur un terrain uni & ſans élévation, eſt une de celles qui font connoître que ce terme a quelquefois été appliqué dans un ſens métaphorique, & par alluſion, ſoit à la ſupériorité des villes par leur dignité, ſoit plutôt à l'élévation de leurs remparts & boulevarts, comme je l'ai remarqué en parlant d'*Auguſta Sueſſionum*, qui paroît avoir porté le nom de *Noviodunum*.

50°, 20°.

CÆSAROMAGUS, *poſtea* BELLOVACI. Ptolémée indique la capitale des *Bellovaci*, ſous le nom de *Cæſaromagus*. Il en eſt mention dans l'Itinéraire d'Antonin, & dans la Table Théodoſienne, d'une manière convenable à la poſition de Beauvais, comme on peut voir dans les articles des lieux qui en ſont immédiatement voiſins ſur les voies romaines. Cette ville a quitté ſon nom, pour prendre celui de la nation. Dans la Notice des provinces de la Gaule, *civitas Bellovacorum* eſt une de celles de la ſeconde Belgique. On a dit *Belvacus*, ou *Belvacum*, dans le moyen-âge. Sanſon & M. de Valois ne veulent pas que l'on diſtingue *Cæſaromagus* de *Bratuſpantium* dont il eſt parlé dans Céſar; & ſur ce ſujet voyez l'article *Bratuſpantium*.

44°, 19°.

CALAGORRIS. L'Itinéraire d'Antonin en fait mention, ſur la route qui de *Lugdunum Convenarum* conduit à Toulouſe; & quoique Sanſon ait tranſporté cette poſition à S. Lizier de Couſerans, il eſt indubitable qu'elle appartient à Cazères. La diſtance marquée XXVI à l'égard de la ville capitale des *Convenæ*, n'a rien d'excessif en mesure itinéraire, quoiqu'en droite-ligne elle soit moins forte de quelques lieues, parce que le cours de la Garonne fait circuler la voie. On lit *Calagorgis* dans l'Itinéraire : mais, la leçon que le manuscrit du Vatican fournit à M. Wesseling, est appuyée de l'autorité de S. Jérôme, qui en invectivant contre Vigilantius, qu'il dit être sorti de la nation des *Convenæ*, désigne le lieu qui avoit donné la naissance à cet hérésiarque par l'ethnique *Calagorritanus*.

49°, 21°.

CALAGUM. On peut voir dans l'article *Iatinum*, que la position dont le nom se lit *Fixtuinum* dans la Table Théodosienne, est celle qui convient à la ville capitale des *Meldi*. De cette position la Table continuant la trace d'une route qui se rend à *Agedincum*, ou Sens, elle marque XII sur cette route entre la capitale des *Meldi*, ou Meaux, & un lieu dont le nom est écrit *Calagum*. Or, la mesure de 12 lieues gauloises, ou de 13 à 14000 toises, s'arrête en partant de Meaux, à un lieu dont le nom de Chailli doit dériver de *Calacum* ou *Calliacum*. Ce que cette position prend même de convenance avec celle qui la suit immédiatement dans la Table, sçavoir *Riobe*, confirme cet emplacement de *Calagum* à Chailli. Voyez l'article *Riobe*.

44°, 23°.

CALCARIA. L'Itinéraire d'Antonin marque ce lieu entre Marseille & *Fossæ Marianæ*, à XIIII au-delà de Marseille, & XXXIV en deçà des canaux creusés par Marius. Honoré Bouche veut que ce lieu soit le même qu'*Incarus*, & il se fonde sur ce qu'il y a des fours à chaux à Carri, comme en-effet je les trouve sur une carte très-exacte des rivages du golfe de Marseille. Mais, on pourroit trouver étrange, que l'Itinéraire connût plutôt ces fours à chaux que le lieu même de Carri, & les distances n'y conviennent point. Celle que

Chorogr. de Prov. liv. III, chap. 4.

marque l'Itinéraire maritime entre Marseille & *Incarus*, sçavoir XII, conduit précisément au port qui est sous le château de Carri, parce que c'est une traverse de mer très-directe, comme on peut voir à l'article *Incarus*. Or, il est question d'une route de terre dans l'Itinéraire d'Antonin, & le circuit du golfe de Marseille fait trouver 17 milles de chemin entre Marseille & Carri, & non pas 14 seulement. D'ailleurs, si la voie romaine se replie ainsi vers la côte, elle doit en passant plus loin rencontrer *Maritima*, au débouché de l'étang de Berre, & on ne présume pas qu'une pareille circonstance locale fût oubliée dans l'Itinéraire. Ajoutons, que cette partie ultérieure de la voie n'égaleroit pas à beaucoup près les 34 milles indiqués entre *Calcaria* & *Fossæ Marianæ*, & sur lesquels la Table Théodosienne est d'accord avec l'Itinéraire. Pour consumer une pareille mesure de chemin, qui à la suite de 14 entre Marseille & *Calcaria*, fait compter 48 milles, il faut nécessairement prendre dans les terres, & tourner l'étang de Berre. Je remarque, qu'en prenant cette route, la distance de 14 milles de Marseille à *Calcaria*, fait trouver *Calcaria* au passage d'une petite rivière, dont le nom de Cadière peut dériver de *Caldaria*; & il conviendroit peut-être de lire ainsi, plutôt que *Calcaria*, quoique la leçon de la Table soit la même que celle de l'Itinéraire.

45°, 21°.

CALENTES-AQUÆ. Sidoine-Apollinaire les appelle *Calentes Baiæ*, par allusion aux fameux bains de ce nom dans la Campanie: & ce qu'il ajoute, *montanæ sedes dictæ*, nous fait connoître qu'il est question de Chaudes-aigues, dans la haute Auvergne, au pied des montagnes qui s'élevent sur la frontière du Gévaudan & du Rouergue. Ainsi, c'est une méprise dans M. de Valois, de prendre les *Calentes-aquæ* de Sidoine pour les *Aquæ-calidæ* de la Table Théodosienne, qui sous

P. 477.

ce nom indique les Eaux de Vichi, vers l'autre extrémité de l'Auvergne.

Comment. II.

50°, 19°.

CALETI. César nomme les *Caleti* (comme on lit dans les manuscrits, autrement *Caletes*) en parlant de la confédération des Belges contre les Romains; & suivant la division qu'il donne des provinces de la Gaule, en séparant les Belges d'avec les Celtes par la Seine, les *Caleti* devoient être rangés parmi les Belges. Il y a apparence que ce fut par le changement que fit Auguste dans les provinces, que les *Caleti* passerent dans la Celtique ou Lionoise, de même que leurs voisins les *Veliocasses*, dont la capitale devint la métropole de la seconde Lionoise. Ainsi, les *Caleti* font partie de la Lionoise dans Pline & dans Ptolémée. Le P. Hardouin a lu dans les manuscrits de Pline *Galletos* pour *Caletos*, & selon Ptolémée, on écriroit *Caletæ*. Il s'explique exactement sur leur position, en disant qu'ils occupent le rivage septentrional depuis la rivière de Seine. Quand on lit dans Strabon, que le commerce avec la grande Bretagne se fait en descendant la Seine jusque dans l'Ocean, & jusquaux *Lexovii* & *Yadeti*, on voit bien qu'il est question des *Caleti*, qui occupoient un des côtés de l'embouchure de la Seine, comme l'autre étoit occupé par les *Lexovii*. Il seroit plus hazardeux de prononcer également sur le nom de *Cadetes*, que l'on trouve au septième livre des Commentaires entre les cités Armoriques, *Curiosolites*, *Redones*, *Osismii*, *Veneti*, *Unelli*; ce qui semble distinguer ces *Cadetes* des *Caleti* qui sont ailleurs mêlés avec les nations Belgiques. Comme il y a dans César des peuples dont la position est inconnue, ce ne seroit point une raison de rejetter les *Cadetes*, que d'ignorer quel peut avoir été leur emplacement. Quoi qu'il en soit, les *Caleti*, qui ont laissé leur nom au *pagus Caletensis*, occupoient probablement dans l'étendue du diocèse de Rouen, le district des archidiaconés du grand Caux,

NOTICE DE LA GAULE.

Caux, & du petit Caux, & de plus une partie de ce qui compose le grand Archidiaconé de cette église, puisque *Juliobona*, ou Lilebone, capitale des *Caleti*, s'y trouve actuellement comprise.

52°, 25°.

CALONE. Dans l'Itinéraire d'Antonin, entre *Gelduba* & *Vetera*, on trouve *Calone*. La distance à l'égard de *Gelduba* est marquée IX, & à l'égard de *Vetera* VII. En mesurant la trace de la voie Romaine, qui est remarquable dans le pays, & qu'on appelle *die Hoghestraet*, je compte 9 à 10 lieues gauloises depuis les vestiges de *Gelduba* qui conservent le nom de Geldub, jusqu'au passage d'un bras de rivière, qui se nomme Kelnet, ou Kennelt, ou Kendel, par une transposition de lettres d'après la prononciation vulgaire. Je ne vois point de lieu plus convenable à *Calone*, quoique la distance à l'égard de *Vetera* ne soit pas suffisante, dans l'indication de l'Itinéraire, pour ce qu'il y a d'espace entre Kelnet & Santen, qui est *Vetera*. Cluvier veut que *Calone* soit un lieu nommé Kalen-husen, ce que Cellarius & M. Wesseling ont adopté. Mais, les distances de l'Itinéraire n'ont aucun rapport au lieu désigné par Cluvier, n'étant distant de Geldub que de 3 lieues gauloises au lieu de 9, & conséquemment moins proche encore de *Vetera* qu'une autre position de *Calone*. D'ailleurs, le nom de ce lieu n'est point Kalenhusen, comme le donne Cluvier ; mais Kalden-husen. C'est ainsi qu'il est écrit dans la carte particulière du comté de Meurs, donnée par Mercator, qui étoit de ce pays-là même, & dans une autre carte plus récente & encore plus circonstanciée, dédiée à Guillaume, prince d'Orange. L'analogie qui paroissoit dans les dénominations, & qui servoit de fondement à cette opinion touchant *Calone*, est ainsi détruite.

51°, 21°.

CAMARACUM. La première notion que nous

ayons de cette ville eſt dûe à l'Itinéraire d'Antonin, & à la Table Théodoſienne, ce qu'il faut plutôt attribuer au ſilence des Géographes, & de tout autre écrivain antérieur, qu'au défaut de plus grande antiquité. Mais, je ne ſçaurois adopter l'opinion de M. de Valois, & de Cellarius, que *Camaracum* ait été la capitale des *Nervii*, au préjudice de Bavai, que l'on trouve dans Ptolémée, dont la méthode preſque générale à l'égard de la Gaule, eſt de nommer dans chaque peuple une ville qui en repréſente la capitale. Ce ne peut être que par la décadence de Bavai, que dans la Notice des provinces de la Gaule les *Nervii* ſont repréſentés par deux autres cités, *Camaracenſium*, & *Turnacenſium*. Les dépendances d'une nation auſſi puiſſante que celle des *Nervii* ont pu ſouffrir d'être ainſi partagées, & de compoſer deux différents diſtricts.

44°, 25°.

Lib. III, cap. 4. CAMATULLICI. Dans Pline, *regio Camatullicorum* eſt placée entre la mention qu'il fait du port *Chariſta*, & les *Suelteri*. Un lieu ſitué peu loin de la côte, au midi du *Sinus Sambracitanus*, ou du golfe de Grimaud, ne diffère dans le nom de Ramatuelle qu'il porte, de celui de *Camatullici*, que par la lettre initiale. J'ignore

P. 535. dans quel exemplaire de Pline M. de Valois a lu *Clamatulici*: l'édition de Daléchamp eſt d'accord avec celle du P. Hardouin ſur la leçon de *Camatullici*.

48°, 26°.

CAMBES. L'Itinéraire d'Antonin en fait mention entre *Auguſta Rauracorum* & *Argentovaria*, marquant la diſtance à l'égard d'*Auguſta* XII, & faiſant compter 24 depuis *Cambes* juſqu'à *Argentovaria*. La Table fournit 13 au lieu de 12, entre *Cambes* & *Auguſta*, marquant de *Cambes* & *Arialbinnum* VII, & d'*Arialbinnum* à *Auguſta* VI. Je trouve 7 lieues gauloiſes plus que complettes entre Binning près de Baſle, ou *Arialbinnum*, & la poſition de Kembs, qui eſt reconnue pour celle de *Cambes*.

NOTICE DE LA GAULE.

& 5 à 6 entre Binning & l'emplacement d'*Augusta*, ce qui paroît remplir le compte de 13 lieues. L'indication de la Table entre *Cambes* & *Argentovaria*, sçavoir xii, n'est pas suffisante, comme on peut voir à l'article *Argentovaria*. On connoît aujourd'hui deux Kembs, dont celui qui tient la place de *Cambes* se nomme Gros-Kembs, pour le distinguer de Klein-Kembs, qui est situé vis-à-vis sur l'autre bord du Rhin.

47°, 20°.

CAMBIOVICENSES. Ce nom occupe une place dans la Table Théodosienne : mais, les noms de peuple qui y sont répandus, paroissent presque généralement si peu correspondans à leur véritable emplacement, que l'on ne peut faire aucun fond sur des positions qui ne sont point connues d'ailleurs. Les noms de lieu qu'on voit les plus voisins du nom de *Cambiovicenses* dans la Table, sont *Agedincum*, ou Sens, d'un côté ; *Aquæ Nisineii*, ou Bourbon-l'Anci, de l'autre. Il faudroit en conséquence de ces positions, chercher les *Cambiovicenses* en quelque endroit du Nivernois, ou du Morvan, si l'on connoissoit qu'il y eût quelque précision sur les objets de cette espece dans la Table. M. de Valois a jetté les yeux sur Chambon, dans le canton de la Marche, limitrophe de l'Auvergne, que l'on nomme Combraille, dont un archiprêtré du diocèse de Limoges prend le nom. J'aurois fort désiré de pouvoir étayer cette conjecture de quelque preuve particulière, ayant eu à cœur de n'être pas dans le cas d'omission à l'égard des *Cambiovicenses*, dont le nom, en parcourant la Table, se fait remarquer plus qu'un autre.

Pag. 120.

45°, 24°.

CAMBONUM. On trouve ce lieu dans l'Itinéraire de Bourdeaux à Jérusalem, sur la route qui de *Dea Vocontiorum*, ou de Die, & de *Lucus Augusti*, s'avance vers *Vapincum*, ou Gap, en passant par *Mons Seleucus*, que l'on connoît dans la position de la Bâtie

Mont-Saléon. La distance est marquée VIII également, à l'égard d'un lieu antérieur, nommé *Vologatis*, & à l'égard de *Mons Seleucus* qui succède. Ces distances paroissent convenables au local, en admettant, comme il convient, que la mesure itinéraire surpasse sensiblement la mesure directe, vû l'inégalité du pays, & le passage d'une montagne entre *Vologatis* & *Cambonum*, dont l'Itinéraire fait mention sous le nom de *Gavra mons*. La descente de cette montagne donne entrée dans une vallée, appellée Argençon, qui conduit précisément à la Bâtie Mont-Saléon. Je ne hazarderai point d'appliquer la position de *Cambonum* à quelque lieu en particulier. Je me contente de dire, qu'à partir de Mont-Saléon, les 8 milles qu'indique l'Itinéraire conduisent, en remontant la vallée d'Argençon, vers la Baume des Arnauds, *Balma Arnaudorum* dans les titres du Daufiné.

$49^o, 18^o.$

Lib. IV, cap. 19. CAMPONI. Ils sont cités dans Pline, entre les peuples de l'Aquitaine, & du nombre de ceux qui paroissent avoir été subordonnés à un peuple plus considérable, & cantonnés vers les Pyrénées. Ils appartiennent vraisemblablement à la vallée de Campan, dans la Bigorre.

$52^o, 22^o.$

CANINEFATES. C'est ainsi qu'on lit dans Tacite, & un peu diversement ailleurs; *Cannanefates*, selon une inscription rapportée par Gruter. *Ea gens*, dit Tacite, *Histor. lib. IV, sect. 15. partem insulæ (Batavorum) colit; origine, linguâ, vir-Lib. IV, cap. 15. tute, par Batavis; numero superantur.* Pline: *in Rheno ipso, propè centum millia passuum in longitudinem, nobilissima Batavorum insula, & Cannenufatum.* Après ces témoignages, on ne peut être de l'avis de ceux qui veulent que les *Caninefates* aient habité dans la partie septentrionale de la Hollande, dont un canton se nomme Kenhemerland. Menso-Alting tire de quelques cir-*Not. Batav. p. 25.* constances de la guerre qu'excita la rébellion de Civi-

NOTICE DE LA GAULE.

lis, des inductions, pour adjuger aux *Caninefates* la partie inférieure & maritime de l'ifle, qu'occupoient avec eux les *Batavi*.

47°, 21°.

CANTILIA. Ce lieu eft placé dans la Table Théodofienne, entre *Aquæ Neræ*, Néris, & *Auguftonemetum*, Clermont. La diftance marquée xv à l'égard d'*Aquæ Neræ*, feroit plus convenable en rigueur à Chantelle furnommée la-Vieille, comme étant plus près de Néris, qu'à Chantelle-le-Châtel. Car, on diftingue ainfi ᴅx pofitions de Chantelle, dont la dernière eft *Cantela caftellum* dans les annales des geftes de Pépin, *Cantilla* dans Eginhard, entre Bourbon & Clermont, fous l'an 761. De *Cantilia* à *Auguftonemetum*, l'indication de xxiiii dans la Table eft ce que l'on peut eftimer entre l'une ou l'autre Chantelle, & Clermont.

46°, 19°.

CA...O. C'eft ainfi, & avec un vuide de trois ou quatre lettres, qu'on trouve dans la Table Théodofienne une pofition qui fuit *Corterate*, & qui précède immédiatement *Vefunna*, ou Périgueux, fur une route qui part de Bourdeaux. La diftance à l'égard de *Corterate* eft omife, elle eft marquée x à l'égard de Périgueux. Si l'on s'attache à cette diftance, en revenant de Périgueux vers Coutras, qui eft *Corterate*, fur la direction de la voie; le lieu que l'on rencontre fous le nom de Counazat, pourroit convenir à celui que la Table défigne. Quant à l'intervalle de Coutras à cette pofition, fi comme je le crois, on peut l'eftimer d'environ 25000 toifes, il en réfulte que l'omiffion de la Table en cette partie tient lieu de 22, ou même de 23 lieues gauloifes, en mefure itinéraire.

50°, 26°.

CARACATES. Tacite nomme de fuite, *Vangiones*, *Caracates*, *Tribocos*; & plus bas, *Tribocos*, *Vangiones*, *Caracates*. Cette nation n'eft point connue par d'autres *Hiftor. lib. IV, fect. 70.*

German. lib. II.
cap. 12.
Not. Galliar.
p. 420.

endroits. Cluvier veut supprimer leur nom, & y substituer celui de *Nemetes*, ce qui paroît faire trop de violence au texte de Tacite. M. de Valois place les *Caracates* dans le territoire d'*Argentoratum*, qui appartient incontestablement aux *Triboci*, dont il méconnoît la position, en les transportant à Maïence. Les *Triboci*, les *Nemetes*, les *Vangiones*, sont des cités qui se succèdent immédiatement le long du Rhin, sans qu'il paroisse entr'elles de vuide, dont on soit libre de disposer en faveur de quelque autre peuple particulier. Mais, en poussant plus loin, nous ne sommes point instruits dans quel territoire étoit située la ville de Maïence. Car, de l'adjuger à la cité des *Vangiones*, comme a fait Cluvier, il répugne de voir, lorsque Maïence tenoit un rang supérieur à celui de la capitale des *Vangiones*, étant métropole de la première Germanie, que cette capitale se soit néanmoins approprié le nom dominant de la nation, étant désignée par celui de *Vangiones* dans Ammien-Marcellin, & dans la Notice de l'Empire. Cette considération, quand on a connoissance du gouvernement civil des Gaules, met une distinction formelle entre le territoire des *Vangiones*, & celui de Maïence. Mais, quel étoit le nom du peuple limitrophe des *Vangiones* du côté de Maïence, c'est ce qui n'est point marqué positivement dans l'antiquité. Nous voyons toutefois les *Caracates* nommés à côté des *Vangiones*, dans l'auteur qui fait mention des *Caracates*. Y auroit-il trop de témérité à croire, qu'un territoire qui se trouve vacant, soit celui qui peut leur avoir appartenu ? Cette conjecture n'a point le double inconvénient d'altérer le texte de Tacite, ou de placer ce peuple dans un canton que l'on sçait avoir été occupé par un autre peuple.

46°, 17°.
CARANTONUS, *vel* CANENTELUS FLUV.
Il est mention de la Charente dans ce vers d'Ausone :

Santonico refluus non ipfe Carantonus æftu.

On trouve la même rivière dans Ptolémée, & dans Marcien d'Héraclée, fous le nom de *Canentelus*, entre le port des *Santones* & le promontoire des *Pictones*. Aufone, né dans l'Aquitaine, & habitant du pays, devoit mieux connoître le nom de cette rivière que Ptolémée.

50°, 24°.

CARANUSCA. La Table Théodofienne fournit le détail d'une route entre *Divodurum Mediomatricorum* & *Augufta Treverorum*. L'Itinéraire d'Antonin fe borne à marquer XXXIIII en une feule diftance entre *Treveri* & *Divodurum*. Mais, on trouve dans la Table *Divodurum* XLII (ou plutôt XIII) *Caranuxa* X. *Ricciacum* X. *Aug. Treviror*. Le détail de ces diftances fur le pied de 33, eft trop voifin de l'indication de l'Itinéraire, pour vouloir qu'il y ait XLII dans la Table, au lieu de ce qui convient en marquant XIII. D'ailleurs, ce qu'il y a d'efpace réel entre Metz & Trèves, ne pouvant s'eftimer que 34 à 35000 toifes, il eft évident que cet efpace n'admet point une mefure itinéraire qui feroit beaucoup plus confidérable, puifque le calcul de 33 lieues gauloifes furpaffe déja la mefure directe d'environ 3000 toifes, étant en rigueur de 37422 toifes. Je ne vois point de lieu qui réponde aux pofitions de la Table fur la droite de la Mofelle. Les 13 lieues gauloifes de la première diftance conduifent, à partir de Metz, un peu au-delà de Thionville; & un lieu dont le nom eft Garfch, pourroit dans cette dénomination conferver quelque analogie à celle de *Caranufca*. La diftance d'environ 10 lieues gauloifes, en pouffant plus loin, rencontre la pofition de Remich fur le bord de la Mofelle, & qui paroît l'endroit où il convient de paffer cette rivière, pour achever la route à la droite de fon cours, vû que la pofition de Trèves le demande. Sur cette route on trouve un lieu nommé *Taberna*, Taverne, & Confarbrik, dont le nom défigne le paffage de la Sare fur un pont.

Autant que j'en puis juger, la distance particulière de Remich à Trèves, si elle surpasse celle qui précède, c'est de peu de chose. Voilà ce que j'ai pu jusqu'à présent découvrir de plus convenable sur cette ancienne voie de Metz à Trèves.

$$44°, 17°.$$

CARASA. Ce lieu est placé dans l'Itinéraire d'Antonin entre *Imus Pyrenæus*, ou le pied des Pyrénées, qui est la position de S. Jean Pied-de-port, & *Aquæ Tarbellicæ*, Aqs. La distance marquée XII à l'égard d'*Imus Pyrenæus*, conduit à Garis, qui porte le titre de ville, & dont le nom conserve assez d'analogie avec l'ancienne dénomination, pour la reconnoître. De plusieurs espaces fixés géométriquement dans ce canton, j'ai lieu de conclure qu'entre S. Jean Pied-de-port & Garis, il passe 13000 toises; & le calcul rigoureux de la mesure itinéraire de 12 lieues gauloises est de 13600. Surita a remarqué, que les manuscrits & les éditions de l'Itinéraire ne s'accordoient point sur la distance de *Carasa* à *Aquæ*, & qu'on trouvoit XVIIII, ou XXXVIIII, & son édition de même que celle de M. Wesseling, porte le dernier de ces nombres. Le local nous instruira de ce qui est plus convenable. Ce qu'il y a d'espace absolu entre Garis & Aqs s'estime de 21000 toises, dont il résulte 18 à 19 lieues gauloises, & vraisemblablement 19 assez complettes en mesure de chemin. Or, l'indication de XXXVIIII au premier coup d'œil devoit paroître excessive: mais, cela n'étoit pas suffisant pour décider précisément en faveur de XVIIII. La partie méridionale de la carte de Guienne, qui fait entrer au moins 40 minutes de latitude entre S. Jean Pied-de-port & Aqs, au lieu d'environ 32, n'auroit pas été propre à vérifier les distances de l'Itinéraire.

$$44°, 21°.$$

CARCASO. C'est ainsi que ce nom est écrit dans les Commentaires de César; on a écrit depuis *Carcasso*.
Pline

NOTICE DE LA GAULE.

Pline & Ptolémée font mention de cette ville entre celles des *Tectosages*. Dans l'Itinéraire de Bourdeaux à Jérusalem, elle est appellée *castellum Carcassone*: & on y compte 62 milles de Toulouse à Carcassone, & 38 de Carcassone à Narbone. Quand on a cherché à connoître la longueur du mille Romain par la distance de quelques positions en Languedoc, si on y avoit employé ce grand espace de Toulouse à Narbone, qui comprend 100 milles, selon le témoignage de l'Itinéraire le plus circonstancié de ceux qui nous restent, on n'auroit pas jugé que la longueur du mille Romain fût aussi forte qu'on l'a conclu par d'autres endroits. Entre Toulouse & Carcassone, l'espace qui résulte des positions géométriques est d'environ 44000 toises, & entre Carcassone & le quartier de Narbone qu'on appelle la cité, qu'il faut remarquer être le plus reculé à l'égard de Carcassone, on trouve au plus 28000 toises. Total 72000 toises: & puisque le compte est de 100 milles, cette somme de toises ne fournit pour chaque mille que 720 toises. Quoique la route soit directe en chaque intervalle par l'emplacement des lieux qu'on rencontre sur son passage, & que le pays ne soit pas fort inégal, il n'y a point de risque à convenir, que les différentes inclinaisons du terrain, & quelques détours particuliers, doivent faire que la mesure itinéraire surpasse de quelque chose la mesure en droite-ligne. Mais, l'évaluation du mille romain à 756 toises, comme nous l'admettons dans cet ouvrage sur la Gaule, fournit assez d'accroissement à la mesure itinéraire sur la directe, pour ne pouvoir admettre un plus grand espace dans chaque mille. Quelques mesures actuelles qui ont été prises en Languedoc dans l'intervalle de plusieurs colomnes milliaires, qui sont encore debout & dans leur place, sont inférieures de quelques toises à l'évaluation sur le pied de 756; & on pourroit dire que la mesure d'espace entre Toulouse & Narbone, en passant par Carcassone, leur est favorable.

44°, 24°.

CARCICI. C'est ainsi que ce nom doit être écrit, plutôt que *Carsici* selon l'Itinéraire maritime. M. l'Abbé Barthelemi m'a fait connoître une inscription qu'il a lue sur le lieu, & qui est un vœu à la divinité tutélaire de *Carcici*, TVTELAE CARCITANAE. J'étois antérieurement persuadé, qu'il falloit reconnoître *Carcici* dans le lieu de Cassis, nonobstant l'opposition qu'Honoré Bouche y apportoit; qui ne m'a paru fondée que sur ce qu'il ne trouve point Cassis dans un ancien dénombrement des lieux de la Provence. Mais, le lieu de Cassis pouvoit avoir été abandonné, sans que son port, *Carcicis portus*, eût perdu le nom qui lui étoit propre; & une nouvelle habitation n'est pas toujours une raison de nier qu'il en ait existé une plus ancienne. Il est vrai que la position de Cassis dérange l'ordre qui paroît dans l'Itinéraire maritime entre Toulon & Marseille; & il faut recourir à l'article *Æmines portus*, pour voir qu'un lieu qui doit succéder à *Telo Martius* immédiatement, en seroit séparé par les ports de *Tauroentum*, de *Carcici*, & de *Citharista*, selon l'Itinéraire. En consultant le local, je trouve que la route entre le port de Cassis & l'isle de Maire, dont il est mention dans l'Itinéraire sous le nom d'*Immadra*, répond à peu près à l'indication de distance que donne cet Itinéraire, sçavoir XII, à l'égard du lieu qui précède *Immadra*. Donc, ce lieu est *Carcici*, nonobstant que l'Itinéraire nomme en cette place *Citharista:* & quand on a pris connoissance du lieu qui convient spécialement à *Citharista*, on voit *Carcici* plus voisin d'*Immadra* que *Citharista*, par un arrangement de positions, qui dément celui que donne l'Itinéraire, & qui ne permet pas de s'y assujettir.

45°, 20°.

CARENTOMAGUS. On trouve ce lieu, en lisant *Carantomago*, dans la Table Théodosienne, sur une route qui conduit de *Bibona*, ou plutôt *Divona*, ou Cahors, à *Segodum*, c'est-à-dire *Segodunum*, ou Rodez,

La distance est marquée xi à l'égard d'un lieu placé entre *Divona* & *Carentomagus*, sous le nom de *Varadetum*; & xv de *Carentomagus* à *Segodunum*. La combinaison des distances fait tomber la position de *Carentomagus* dans les environs de Villefranche en Rouergue, sans néanmoins connoître de lieu particulier qui s'y rapporte précisément par quelque indice.

47°, 22°.

CARILOCUS. Ptolémée, qui cite plusieurs villes chez les *Ædui*, nomme entr'autres celle-ci, qui est indubitablement Charlieu, à peu de distance de la Loire, dans les limites du Beaujolois, diocèse de Mâcon, qui est un démembrement de l'ancien territoire des *Ædui*. Le même nom de *Carilocus* est conservé dans des lettres du roi Louis d'Outre-mer, & qui sont par conséquent du dixième siècle.

49°, 20°.

CARNUTES. Il en est mention longtems avant César, puisque Tite-live les nomme entre les nations Celtiques qui passerent les Alpes, pour s'établir en Italie, du tems que Tarquin-l'ancien régnoit à Rome. On les voit se déclarer les premiers dans le soulèvement presque général de la Gaule, & que César ne vint à bout de réprimer que par la plus laborieuse de ses campagnes, & par la réduction d'Alise. Les *Carnutes* sont nommés dans Strabon, dans Pline *Carnuti* où *Carnuteni fœderati*, selon Ptolémée *Carnutæ*, selon Plutarque (*in Cæsare*) *Carnutini*. Il ne convient point de prendre dans une rigueur géométrique ce qu'on lit dans César, en parlant de leur territoire, *quæ regio totius Galliæ media habetur*: mais, l'entendre de la commodité que trouvoient les Druides à former tous les ans leur assemblée, comme le dit César, dans un lieu du pays des *Carnutes*. Ce territoire étoit considérable, s'étendant depuis la Seine jusqu'à la Loire, & au-delà. Il y a long-tems que le diocèse d'Orléans en a été détaché; & celui de Blois est

Lib. V, sect. 34.

Comment. VI.

encore un démembrement que le diocèse de Chartres a souffert de nos jours. Un lieu qui est nommé Fins entre Chartres & Orléans, fait connoître que la séparation des territoires remonte jusqu'au tems où les Romains dominoient encore dans la Gaule.

50°, 18°.

CAROCOTINUM. C'est le terme d'une route romaine, qui rencontre le bord de la mer, comme la carte le fait connoître. L'Itinéraire d'Antonin, où ce lieu est cité, & par lequel cet Itinéraire commence la description de la route jusqu'à *Augustobona*, ou Troies, marque x entre *Carocotinum* & *Juliobona*, la capitale des *Caleti*, & dont la position est celle de Lilebone. En partant de cette position pour trouver celle de *Carocotinum*, l'ancienne voie dont il est mention dans quelques titres sous le nom de *Calceia*, la Chaussée, & qui passe dans son alignement par un lieu nommé la Remuée, aboutit à Harfleur. La distance, qui est de 12 à 13000 toises, répond à 11 lieues gauloises : & je ne vois point qu'on puisse s'arrêter autre part qu'à un port, où la mer arrivoit autrefois, & qui est le débouché d'une vallée, par laquelle les falaises qui bordent l'embouchure de la Seine, sont interrompues. Au pied du côteau qui succède à l'ouverture de cette vallée, le nom de Crétin que portent les masures d'un château, paroît fort analogue au nom de *Carocotinum*, ce qui peut dériver du voisinage de position. Mais, outre que le lieu de Crétin n'a pas les avantages de l'emplacement de Harfleur, la distance où il se trouve d'environ 1400 toises au-delà, demanderoit plus de 12 lieues gauloises entre *Juliobona* & *Carocotinum*. La dénomination de *Hare-fleot*, ou de Harfleur, est du moyen-âge ; & le terme de *fleot* ou *fleu*, dont elle est composée, lui est commun avec beaucoup d'autres dénominations, qui appartiennent également à des lieux maritimes dans l'étendue de l'ancienne Neustrie ou Normandie. Nous sommes ici bien écartés

NOTICE DE LA GAULE.

de M. de Valois, qui veut que *Carocotinum* soit le Crotoi, à l'embouchure de la Somme. — P. 129.

45°, 23°.

CARPENTORACTE. Cette ville n'eſt citée que dans Pline, *Carpentoracte Meminorum*. Ptolémée donne aux *Miméni* une autre ville ſous le nom de *Forum Neronis* : & M. de Valois en conclut, que c'eſt la même ville ſous deux noms différens, l'un Gaulois, l'autre Romain. Deux choſes me font difficulté dans cette opinion. La première, que le nom de *Forum* ſubſiſte dans celui de For-calquier, quoique le nom de Néron n'y paroiſſe plus, ayant fait place à un autre terme, pour diſtinguer ce *Forum* d'avec les lieux auxquels la dénomination de *Forum* a été commune. La ſeconde vient de la ſituation de Carpentras, dont le territoire ſe trouve inveſti de trois côtés, par ceux d'Orange, d'Avignon, & de Cavaillon, villes des *Cavares* ; & l'on ne ſe perſuade point, que cette nation, que l'on ſçait avoir été conſidérable & puiſſante, fût reſſerrée au point, qu'entre les limites de Carpentras & le bord du Rhône, la largeur du terrain qu'elle occupoit ſe réduiſît à une lieue & demie. Il n'y a qu'une connoiſſance poſitive & très-circonſtanciée du local qui puiſſe fournir un pareil argument, & qui faſſe bien ſentir l'inconvénient de ce qui eſt contraire. Au-reſte, je ne ſuis point le premier à croire que *Carpentoracte* devoit appartenir aux *Cavares*, plutôt qu'à un autre peuple, & Sanſon m'a devancé ſur ce ſujet. Il n'eſt point mention de *Carpentoracte* dans la Notice des provinces de la Gaule, que l'on croit avoir été dreſſée ſous Honorius, & cette circonſtance n'eſt point favorable à l'opinion d'en faire la capitale d'un peuple particulier au milieu des *Cavares*. Elle a été immatriculée dans d'autres Notices poſtérieures, comme étant de la province Viennoiſe ; & dans les ſouſcriptions du concile tenu à Epaone en 518, on voit celle d'un évêque de Carpentras, *civitatis Carpentoratenſis*.

Lib. III, cap. 4.

P. 129.

NOTICE DE LA GAULE.

52°, 24°.

CARVO. On ne sçauroit lui assigner une place que par la distance que l'Itinéraire d'Antonin marque XXII à l'égard d'*Harenatium*, ou *Arenacum*, & par celle de XIII d'un lieu plus voisin & intermédiaire, sçavoir *Castra Herculis*, dans la Table. Une route qui suit le cours du Rhin jusqu'à *Lugdunum* des *Batavi*, ou Leyde, nous procure la connoissance de ces lieux; & parce que la mesure du mille romain m'a paru plus convenable que celle de la lieue gauloise, aux distances marquées sur cette route, on peut estimer que la position de *Carvo* ne descend pas plus bas que Wageningen, sur la rive opposée. Ce qui est plus clair que le jour, c'est que pour aller chercher la position de *Carvo* dans celle de Grave, sur la gauche de la Meuse, comme a fait Simler, & après lui M. de Valois, il faut s'écarter étrangement de ce qui convient.

Val. p. 314.

44°, 19°.

CASINOMAGUS. On voit dans la Table Théodosienne la trace d'une route entre *Climberris*, ou Auch, & Toulouse : *Cliberre* XV, *Casinomago* XXVIIII, *Tolosâ*. Cette route peut n'avoir rien de commun avec celle qui dans l'Itinéraire de Jérusalem conduit en droiture d'Auch à Toulouse. Les nombres de la Table excédent ce qu'il y a d'espace entre Auch & Toulouse; & l'Itinéraire de Jérusalem n'y fait compter que 34, au lieu de 44 que l'on compte ici. Je crois voir dans la Table ce qui détermine la direction de la route par *Casinomagus* : c'est la communication qui y paroît marquée avec un lieu nommé *Aquis*; & entre les lieux que ce nom désigne, celui que l'on connoît le plus à portée, est *Aquæ Convenarum*, dont l'Itinéraire d'Antonin fait mention entre *Beneharnum* & *Lugdunum* des *Convenæ*, en décrivant une route *ab Aquis Tarbellicis Tolosam*. Je remarque, qu'en plaçant *Casinomagus* selon ce que veulent les distances indiquées à l'égard d'Auch & de Tou-

NOTICE DE LA GAULE. 207

louse, cette position doit se rencontrer aux environs de Lombez, ou de Samatan, qui en est voisin. C'est ce qui résulte de la position de Lombez, fixée par des opérations, & ce qui ne paroîtra pas convenable si on consulte des cartes, qui ne donnent que le même espace entre Lombez & Toulouse qu'entre Auch & Lombez. Or, cette position de *Casinomagus* s'écarte assez de la direction d'Auch à Toulouse sur la droite, pour se trouver à peu près dans celle de Toulouse aux Eaux des *Convenæ*, ou Cap-bern. Quant à la distance, qui de *Casinomagus* conduiroit à ces Eaux, c'est une omission dans la Table, qui nous prive du secours qu'on en pouvoit tirer pour mieux connoître le lieu dont il est question.

52°, 23°.

CASPINGIUM. La Table Théodosienne indique ce lieu sur une route, qui partant de *Lugdunum* des *Batavi*, ou de Leyde, & s'écartant d'une autre route qui suit le bord du Rhin, conduit à *Noviomagus* ou à Nimègue. Elle fait compter 24 en deux distances, XVIII & VI, entre *Caspingium* & un autre lieu, dont la dénomination, qui est *Duodecimum*, marque sa vraie distance de *Noviomagus*, quoiqu'on ait écrit dans la Table XVIII au lieu de XII. Donc, entre *Noviomagus* & *Caspingium* 36. La direction de cette route rend la position de *Caspingium* très-convenable à Asperen, dont le nom se prononce aujourd'hui sans une aspiration dure, qui a produit la consone initiale du nom de *Caspingium*, comme il se lit dans la Table. La distance mesurée sur le local, approche de 14000 verges du Rhin, dont on peut conclure environ 27000 toises, ce qui répond à peu près à 36 milles romains, dont le calcul est rigoureusement de 27216 toises. L'analyse de plusieurs distances dans cette partie inférieure du Rhin qui a composé le territoire des *Batavi*, y fait reconnoître constamment le mille romain plutôt que la lieue gauloise.

46°, 19°.

CASSINOMAGUS. Ce lieu est marqué dans la Table Théodosienne, sur la trace d'une route, qui paroît se détacher à *Aunedonacum*, de la route qui conduit de *Mediolanum Santonum*, ou de Saintes, à *Limonum*, ou Poitiers. Celle qui passe à *Cassinomagus*, se rend à *Augustoritum*, ou Limoges; & l'indication de la distance entre *Cassinomagus* & *Augustoritum*, qui est XVII, fait connoître que *Cassinomagus* est un lieu nommé actuellement Chassenon, sur la gauche de la Vienne, dans l'intervalle de S. Junien à Chabannois. Ce qu'il y a d'espace entre Limoges & Chassenon paroît valoir 18000 toises, & il en peut résulter 17 lieues gauloises, ou à peu près, de mesure itinéraire. De *Cassinomagus* on a dû faire Chassenom, ou Chassenon, de même que de *Cassinogilum* on a fait Chasseneuil dans le même canton de pays. Car, il s'y trouve un lieu du même nom que le Chasseneuil de l'Agénois, que l'on connoît pour être le palais fréquenté par nos rois sous le nom de *Cassinogilum*.

52°, 24°.

CASTELLUM MENAPIORUM. C'est Ptolémée qui en fait mention, & tout le monde est d'accord à en rapporter la position à Kessel, sur la gauche de la Meuse, dans l'intervalle de Ruremonde à Venlo. Si l'on en croit Dion-Cassius, les *Menapii* habitoient des cabanes, & n'avoient point de villes. Je suis persuadé que c'est de Kessel dont parle Ammien-Marcellin en ces termes: *Castellum oppidum, quod Mosa fluvius præterlambit.* Car, il est question dans cet historien d'une expédition de Julien contre les Francs, qui faisoient le dégât dans ces cantons, & qu'il força dans cette place où ils s'étoient retirés.

Lib. XVI.

51°, 21°.

CASTELLUM MORINORUM. Il est nommé simplement *Castellum* dans l'Itinéraire d'Antonin. On lit
dans

NOTICE DE LA GAULE.

dans la Table Théodofienne *Caſtello Menapiorum*, ce qui ne ſçauroit être regardé que comme une méprife, quand on a reconnu que le *Caſtellum* des *Menapii* eſt Keſſel ſur la Meuſe. Quoique les *Menapii* ayant perdu une partie des terres qu'ils poſſédoient juſqu'au Rhin, & même au delà, en ayent occupé d'autres vers le bas de l'Eſcaut; cependant l'étendue du *pagus Menpiſcus*, ou *Menapiſcus* dans un canton de la Flandre, ne paroît pas s'être étendu ſur les *Morini*, au point de leur enlever Caſſel & ſon territoire vers le haut de la Lys. Pluſieurs diſtances qui ont rapport au *Caſtellum Morinorum*, ſont diſcutées dans d'autres articles concernant les lieux qui en ſont voiſins. Celle que marque la Table à l'égard de *Bononia*, ſçavoir XXIIII, ne remplit pas ce qu'il y a d'eſpace entre Boulogne & Caſſel. Car, cet eſpace étant de 31 a 32000 toiſes, il demande en lieues gauloiſes XXVIII au lieu de XXIIII. Outre la voie romaine qui conduit actuellement de Caſſel à Eſterre, comme on peut voir dans l'article *Minariacum*, la connoiſſance du local nous montre pluſieurs autres voies, qui partent également de Caſſel, quoique l'Itinéraire & la Table n'en indiquent point la trace. Ce ſont les cartes manuſcrites du Roi, levées dans le plus grand détail, qui m'en inſtruiſent. Il y en a une que l'on voit tendre à Mardik directement; & une autre qui s'en écartant ſur la droite, conduiſoit à quelque lieu ſitué également près de la mer au-delà de Dunkerke, vers la grande Moere. Une troiſième, allignée dans une direction contraire, & vers le midi, ſe rend au bord de la Lys, à un endroit nommé Bac-à-Tienne, entre Aire & S. Venant. Sa continuation au-delà m'eſt inconnue; & on pourroit inférer de ſa direction, que traverſant l'Artois, cette voie tendoit à *Samarobriva*, ſans ſe détourner par *Nemetacum*, ou Arras, comme par une autre route que l'on peut ſuivre en s'attachant à l'Itinéraire.

Dd

52°, 23°.

CASTELLUM ROMANUM. Quoiqu'il n'en soit fait aucune mention expresse dans les écrits qui nous restent de l'âge Romain, on ne sçauroit douter qu'il n'ait existé près de l'ancienne embouchure du Rhin. La mer, chassée par un vent d'est, & ayant été reculée du rivage actuel plus loin qu'à l'ordinaire, en plusieurs années du seizième siècle, 1520, 1552, 1562, a laissé voir sur la plage les fondemens de ce château, que les monumens qu'on y a trouvés déclarent être un ouvrage des Romains. Ce n'est pourtant que d'après le nom vulgaire de *Britten-burg*, que ce château est appellé dans quelques auteurs modernes *Arx Britannica*. Il y a même lieu de révoquer en doute l'opinion qui y rapporte l'expédition de Caligula sur le rivage de la Gaule opposé à la grande Bretagne, & le Phare que cet empereur y fit élever; ces circonstances paroissant plus convenables à quelque endroit de la côte des *Morini*, d'où le passage du continent dans l'isle Britannique étoit plus commode & plus ordinaire.

50°, 27°.

Lib. XVII. **CASTELLUM TRAJANI.** Ammien-Marcellin nous apprend, que Trajan avoit construit une forteresse sur la rive ultérieure du Rhin; car il rapporte qu'elle fut réparée par Julien : *munimentum quod in Alemannorum solo Trajanus suo nomine voluit adpellari, dudùm violentiùs oppugnatum, tumultuario studio reparatum est.* Le lieu qu'occupoit cette forteresse, vis-à-vis de Maïence, nous est indiqué par le nom de Cassel qu'il a conservé. Mais, il ne faut point en confondre l'emplacement avec celui dont parle Tacite, comme d'un poste établi par Drusus sur le mont *Taunus*, à l'entrée du *Annal. I, 56.* pays des Cattes, & fortifié par Germanicus : *posito castello super vestigia paterni præsidii, in monte Tauno, expeditum exercitum (Germanicus) in Cattos rapit.* On convient de reconnoître le mont *Taunus* dans une croupe de montagne, qui règne à quelque diftance de Francfort, en s'approchant de la droite du Rhin près de Vis-baden, qui eft le lieu des *fontes Mattiaci calidi trans Rhenum*, dont Pline fait mention. Je remarque que les veftiges d'un ancien château, précifément fur la cime du *Taunus*, à environ trois lieues au nord-oueft de Francfort, entre la forterefle actuelle de Konigftein & Homboug, & qu'on nomme Alt Konigftein (*vetus regia petra*) pourroient être un indice du pofte romain qui appartient à Drufus, & à fon fils Germanicus. Ce canton de la Germanie, au-delà du Mein, conferve des reftes d'un long retranchement, nommé fur le lieu *Pfahlgraben*, ou foffé paliffadé, & qu'on regarde comme un ouvrage des Romains, dont le but auroit été de couvrir les environs du Mein, en oppofant cette barrière à la nation puiffante des *Catti*.

52°, 24°.

CASTRA HERCULIS. Selon Ammien-Marcellin, c'eft une des fept places de la frontière du Rhin que Julien fit réparer; & en rangeant ces places dans l'ordre qu'elles tiennent en remontant du bas-Rhin vers le haut jufqu'à Bingen, l'hiftorien nomme en premier lieu *Caftra Herculis*. Mais, ce qui détermine plus précifément la fituation de ce camp Romain, c'eft la diftance qu'indique la Table Théodofienne de VIII à l'égard de *Noviomagus*, ou de Nimègue, & celle de XIII à l'égard de *Carvo*, de laquelle on peut en conclure une troifième à compter d'*Arenacum*. Car, l'Itinéraire d'Antonin marquant XXII entre *Carvo* & *Harenatium*, ou *Arenacum*, la déduction de XIII entre *Carvo* & *Caftra Herculis*, fait qu'il refte IX pour la diftance particulière d'*Arenacum* à *Caftra Herculis*. Or, la combinaifon de ces trois diftances fur le local, fixe la pofition dont il s'agit, à l'endroit du bord du Rhin, vis-à-vis duquel s'ouvre le canal creufé par Drufus, pour faire couler une partie des eaux du fleuve dans l'Iffel. Les gens du pays, au rapport de Menſo Alting, ont une tradition, que Tibère, frere de Druſus, conſtruiſit un château en cet endroit ſous le nom de Melite, & il ſemble que le nom de Mal-burg qu'on voit ſur les cartes, en ſoit un reſte.

Not. Bataviæ, p. 29.

46°, 25°.

CASUARIA. L'Itinéraire d'Antonin fait mention de ce lieu, le plaçant à xxiiii milles de *Darantaſia*, ſur une route qui conduit à Genève; & parce qu'il indique ailleurs xiii milles entre *Darantaſia* & *Obilunum*, qui doit ſe rencontrer au paſſage de cette route, c'eſt xi à ajouter à la diſtance d'*Obilunum*, dont la poſition paroît à peu près celle de Conflans, vers l'endroit où une rivière nommée Arli ſe joint à l'Iſère, comme on peut voir à l'article *Obilunum*. Or, par cette meſure de chemin, on arrive en paſſant par le bourg d'Ugine, & en approchant de la ſource d'une petite rivière nommée la Chaiſe, à un canton dont le nom de Ceſerieux a trop d'analogie à celui de *Caſuaria*, pour le méconnoître. Une grande carte manuſcrite, & vraiment topographique d'une partie de la Savoie, m'inſtruit de ces circonſtances, que l'on ne trouve point ailleurs. Cette poſition de *Caſuaria* devient bien différente de celle que prend Sanſon vers la ſource de la rivière d'Arve, au pied des Glacières. Quant à la continuation de la route dont il s'agit juſqu'à Genève, par un lieu qu'indique l'Itinéraire ſous le nom de *Bautæ*, voyez l'article qui concerne ce lieu en particulier.

49°, 23°.

CATALAUNI. Ils ne paroiſſent tenir le rang d'un peuple particulier dans la Gaule, qu'en conſéquence de ce que la Notice des provinces fait mention de *civitas Catellaunorum*, entre les cités de la ſeconde Belgique. Eutrope parlant de la victoire remportée par Aurélien ſur Tetricus, *apud Catalaunos*, ce nom de la ville de Châlons paroît ſemblable à ceux que beaucoup d'autres capitales ont emprunté de leur peuple, & qu'elles

Lib. IX.

NOTICE DE LA GAULE. 213

ont confervé de même que Châlons. En fuppofant que primitivement le diftrict de Châlons étoit compris dans les dépendances d'un peuple plus confidérable, il y a toute apparence que ce peuple étoit les *Remi*. Car, les *Viducaſſes* de Pline, ou les *Vadicaſſes* de Ptolémée, auxquels M. de Valois veut attribuer le territoire des *Catalauni*, ont leur place autre part. Il eſt conſtant par la Notice, que dans le nombre des cités dont elle fait le dénombrement, il y en a pluſieurs qui n'ont acquis ce rang, que pour avoir été démembrées d'un état de peuple plus ancien.

P. 137.

46°, 24°.

CATORISSIUM. La Table Théodoſienne donne la trace d'une route, qui partant de Vienne, & paſſant à *Cularo*, ou Grenoble, conduit à l'*Alpis Cottia*, ou au mont Genèvre. On y trouve entre *Cularo* & *Catoriſſium* XII; de *Catoriſſium* à *Melloſedum* V; de *Melloſedum* à *Durotincum* X; de *Durotincum* à *Stabatio* VII; & à la ſuite de *Stabatio* ſur la ligne tracée vers le paſſage de l'*Alpis Cottia* VIII. La ſomme de ces diſtances eſt 42; & dans ce que renferme la Province Romaine, il ne ſçauroit être queſtion que du mille romain. Or, ce décompte itinéraire ne remplit pas l'intervalle de Grenoble au mont Genèvre, qui peut s'eſtimer à vol d'oiſeau d'environ 42000 toiſes; à quoi il convient d'ajouter ce que la meſure itinéraire doit avoir de plus que la meſure directe, dans un pays couvert de montagnes, où il faut que la route ſuive les replis des vallées reſſerrées entre ces montagnes. Il eſt donc très-difficile de prendre des notions bien préciſes ſur le détail de cette route. En étudiant le local d'après la plus parfaite topographie que donne la carte des Alpes levée par ordre du Roi, on reconnoît en général, que la route devoit arriver au bord de la Romanche un peu au-deſſous du lieu appellé Livet, & que remontant le long de la Romanche juſque vers le Bourg-d'Oiſans, elle s'en détachoit pour se rendre à un lieu nommé Mizouin, qui semble être le *Mellosedum* de la Table ; & où retrouvant la Romanche, le cours de ce torrent dans le vallon que l'on nomme Combe de Malaval, dirigeoit cette route vers le col du Lautaret, au débouchement duquel la vallée du Monestier conduit directement à Briançon. Comme je trouve beaucoup de vraisemblance dans la position de *Mellosedum* dont je viens de parler, l'indication qui est v, entre ce lieu & *Catorissium*, placeroit *Catorissium* à peu près vis-à-vis du Bourg-d'Oisans : & on peut attribuer à l'omission de quelque position le vuide que l'indication entre *Cularo* & *Catorissium* laisse dans cet intervalle. Car, on peut estimer que la route vaut plus de 20 milles de mesure itinéraire. Au-reste, ce qu'on est en droit de dire affirmativement sur ce qui concerne *Catorissium*, c'est qu'en considérant que la route tend de *Cularo* à l'*Alpis Cottia*, on tourne le dos à la direction de cette route, si l'on prend, avec M. de Valois, *Catorissium* pour la grande Chartreuse.

P. 138.

52°, 24°.

CATUALIUM. On trouve ce lieu dans la Table Théodosienne, sur une route qui conduit de Tongres à Nimègue, & la distance est marquée XII à l'égard du lieu nommé *Blariacum*, en se rapprochant d'*Aduaca*, ou de Tongres. La position de *Blariacum* est connue distinctement dans celle de Blérick, sur le rivage de la Meuse opposé à Venlo : & en partant de ce point, la distance s'arrête à un lieu dont le nom est Hael ou Héel. J'ai eu quelque soupçon, que *Catualium* pourroit bien cacher le *castellum* des *Menapii*, aujourd'hui Kessel, qui se rencontre précisément au passage de la voie, & dont le nom seroit altéré dans la Table, comme beaucoup d'autres le font. Mais, la distance de Kessel à Blérick ne pouvant s'évaluer qu'à 4 lieues gauloises, cette conjecture attaquoit la chaîne des distances indiquées par la Table entre *Blariacum* & Tongres.

44°, 24°.

CATUIACA. Il est mentionné ce lieu dans l'Itinéraire d'Antonin, sur la route qui communique de *Seguſtero* à *Apta-Julia*; & la même route tracée dans la Table Théodoſienne indique le même lieu entre *Apta-Julia* & un autre dont le nom eſt *Alaunium*. L'Itinéraire & la Table ſont d'accord à marquer XVI entre *Alaunium* & *Catuiaca*. On voit XII dans la Table entre *Apta-Julia* & *Catuiaca*, où l'Itinéraire marque XV; & les indications de la Table paroiſſent préférables à celles de l'Itinéraire ſur cette route, comme on peut voir à l'article *Alaunium*. Je n'ai point de connoiſſance poſitive & bien diſtincte du lieu de *Catuiaca*: je préſume ſeulement qu'il faut le chercher aux environs du Calaon, en tendant d'Apt vers Siſtéron. Honoré Bouche s'écarte de cette direction, en s'attachant à un lieu nommé Cereſte, qui d'ailleurs ne s'éloigne d'Apt que de 10 milles au plus, ſelon une grande carte manuſcrite de Provence, & non de 12, ou de 15. *Chor. de Prov. liv. III, ch. 3.*

45°, 25°.

CATURIGES. Dans le premier livre des Commentaires, les *Caturiges* ſont nommés avec les *Centrones* & les *Garoceli*, pour avoir entrepris de s'oppoſer à Céſar dans le paſſage des Alpes. Strabon nomme les *Catoriges* avec les *Centrones*, comme occupant le ſommet des montagnes. Les *Caturiges* tiennent leur place dans l'inſcription du Trophée des Alpes, que Pline nous a tranſmiſe, & qui fait le dénombrement des peuples cantonnés dans ces montagnes, & réduits par Auguſte à l'obéiſſance du peuple Romain. On trouve en d'autres endroits de Pline le nom de *Caturiges*, en citant comme ſortie de cette nation celle des *Vagienni*, dont le nom ſubſiſte dans celui de la Viozenna au pied de l'Appennin, vers le haut du Tanaro. Il nomme ailleurs *Caturiges* une troupe exilée par les *Inſubres* de la Gaule Cis-alpine: d'où on pourroit inférer, que lorſque Bel- *Lib. IV, p. 104. Lib. III, cap. 20. Eod. lib. cap. 5. Cap. 17.*

Iovèse passa en Italie, un détachement de *Caturiges* se fera joint aux autres nations Gauloises, dont Tite-live a rapporté les noms, ce qui est de plus ancienne date que la connoissance qu'on a d'ailleurs de la nation des *Caturiges*. Ptolémée place mal-à-propos les *Caturigides*, selon qu'il écrit leur nom, dans les Alpes Grèques, puisque c'est dans les Alpes Cottiennes qu'ils ont habité. Cette nation étoit puissante, & il y a lieu de présumer, que depuis une position de *Fines* qui nous est connue, & qui renferme *Vapincum*, ou Gap, elle s'étendoit jusqu'au pied de l'*Alpis Cottia*. Elle pouvoit dominer sur plusieurs peuples ou communautés de moindre considération, dont ce quartier des Alpes paroît rempli : & je n'hésite point à dire, qu'il est plus convenable de voir *Brigantio* compris dans cette extension de *Caturiges*, que de le donner aux *Segusini*, comme a fait Ptolémée.

La capitale des *Caturiges* nous est connue sous le nom du peuple. On sçait que beaucoup de villes du même rang ont perdu un nom primitif, que nous ignorons à l'égard de celle-ci. Les Itinéraires indiquent *Caturigas*, ou *Catorigas*, la Table Théodosienne *Catorigomagus*, entre *Vapincum* & *Ebrodunum* : & on reconnoît cette position par un reste de l'ancienne dénomination, dans le lieu appellé actuellement Chorges, entre Gap & Embrun. La distance du côté de *Vapincum* est discutée dans l'article *Ictodurum*, que la Table place dans cet intervalle. Quant à celle de *Caturigæ* à *Ebrodunum*, l'Itinéraire d'Antonin marque XVI dans un endroit, XVII dans un autre; & l'Itinéraire de Jérusalem est conforme à la première indication. Ce qu'il y a d'espace en droite-ligne de Chorges à Embrun ne s'évalue néanmoins qu'à 12 milles Romains au plus : mais il est vrai que la route fait un coude considérable en descendant le long de la Durance depuis Embrun, pour ensuite remonter dans les terres jusqu'à Chorges, indépendamment

pendamment des détours particuliers sur un terrain fort inégal, au moyen de quoi la mesure itinéraire peut bien égaler 15 à 16 milles. Dans l'Itinéraire de Lèon d'Ostie, publié par le P. Labbe, la distance marquée *quatuor leucarum*, convient à l'évaluation la plus propre à la lieue dans les provinces méridionales de France sur le pied de 4 milles romains. Spon rapporte une inscription trouvée à Chorges, où on lit CIV. CATVR. Il faut remarquer que dans l'Itinéraire de Jérusalem, la qualification est également celle de *mansio* pour *Catorigæ*, comme pour *Hebridunum* (ou *Ebrodunum*) d'où il faut conclure que cette ville n'étoit point en décadence dans le quatrième siècle, quoiqu'Embrun ait prévalu en qualité de métropole des Alpes Maritimes. L'historien de Provence, Honoré Bouche, considérant qu'en la place de *Caturigæ* ou *Catorigæ*, selon les Itinéraires, le nom dans la Table est *Catorigomagus*, pense qu'il faut y rapporter la mention qui est faite de *civitas Rigomagensium*, entre celles de la province des Alpes Maritimes dans la Notice des provinces de la Gaule. Holstetenius est dans la même opinion. M. Wesseling paroît y accéder; nonobstant que M. de Valois ne veuille point de *Caturiges*, s'autorisant de la qualification de *mansio*, qu'il croit insuffisante pour une ville qui auroit été *civitas*, faute d'avoir observé qu'Embrun n'a point d'autre qualification, comme je viens de le rapporter.

Biblioth. nova p. 357.

Miscell. p. 161.

Choreg. liv. III, ch. 3.

Annot. in Ortell. p. 163.
Itiner. p. 555.
Valef. p. 477.

49°, 23°.

CATURIGIS. On lit ainsi dans l'Itinéraire d'Antonin, *Caturices* dans la Table Théodosienne, sur une route qui partant de *Durocortorum*, rencontre ce lieu avant que d'arriver à *Nasium*; & la distance qui conduit à *Nasium* est également marquée IX, par la Table comme par l'Itinéraire. A l'égard d'une mansion antérieure à *Caturigis*, qui est *Ariola*, l'Itinéraire donne la même indication de IX. Selon la Table, la distance à reprendre de plus loin, & de la position dont le nom

E e

défiguré tient lieu de *Fanum Minervæ*, est xxv. Et vu que du *Fanum* à *Ariola* l'Itinéraire marque xvi, on voit que 16 & 9 font effectivement 25, comme la Table l'indique. Ainsi, les distances sont d'accord sur *Caturigis*, que l'Itinéraire fixe particulièrement dans l'intervalle d'*Ariola* à *Nasium*, & dans un éloignement égal de chacun de ces lieux. Leur position se retrouve, *Ariola* dans celle dont le nom actuel est Vroil, & l'emplacement de *Nasium* à Nais ne souffre point de difficulté. En tirant une ligne de Vroil à Nais, le milieu de l'espace sur cette ligne se rencontre par le travers de Bar-le-Duc, qui reste à quelque distance de la ligne sur la gauche. Cet espace étant d'environ 21000 toises, répond aux 18 lieues gauloises, que fait compter l'Itinéraire, en les surpassant néanmoins d'une fraction de lieue, parce que le calcul de ce nombre de lieues ne donne en rigueur que 20412 toises. Et j'en prends occasion de remarquer, que si l'on vouloit appliquer à Bar-le-Duc précisément la position de *Caturigis*, en suivant la trace d'une route qui circule le long de l'Ornez jusqu'à *Nasium*, plutôt que de prendre un alignement plus direct entre *Ariola* & *Nasium* ; on perdroit de vue l'accord des distances sur la position de *Caturigis*, parce que la mesure itinéraire paroissant consumer environ 22500 toises, demanderoit 20 lieues gauloises, au lieu de 18, depuis *Ariola* jusqu'à *Nasium*.

50°, 22°.

CATUSIACUM. l'Itinéraire d'Antonin en fait mention, sur la route de *Bagacum* à *Durocortorum*, ou de Bavai à Reims, marquant sa distance au-delà de *Verbinum* vi. Ce lieu ne paroît point dans la Table Théodosienne, quoique la même route y soit tracée. On retrouve sa position dans celle de Chaours, au passage de la rivière de Serre, dans la distance convenable à l'égard de Vervins.

45°, 23°.

CAVARES. Ce nom s'écrit aussi *Cavari*, en changeant de déclinaison. Strabon fait juger que c'étoit une nation puissante, en disant que les peuples situés au-delà du Rhône à l'égard des *Arecomici*, sont compris sous le nom général de *Cavares*. C'est par cette raison qu'il pouvoit lui être permis d'étendre, comme il fait, le pays des *Cavares* depuis la Durance, près de *Cabellio*, en remontant jusqu'à la jonction de l'Isère avec le Rhône, quoique les *Tricastini*, & les *Segalauni*, occupent une partie de cette étendue de pays. Cette considération auroit dû disculper Strabon aux yeux de M. de Valois, qui l'accuse de faux sur cet article. On connoît dans la Gaule des peuples, qui par leur puissance ont dominé sur d'autres, sans néanmoins empêcher qu'on ne les distingue. Ce qui convient particulièrement aux *Cavares*, consiste dans le district des villes d'Orange, d'Avignon, de Cavaillon, & même de Carpentras, quoique Pline attribue *Carpentoracte* aux *Memini*.

Lib. IV, p. 186.
P. 185.
P. 35.

45°, 22°.

CEBENNA MONS. Quoiqu'on lise *Gebenna* dans plusieurs éditions de César, & dans le Métaphraste, dans Méla, dans Pline ; cependant Scaliger, Adrien de Valois, Cellarius, ont remarqué qu'il étoit plus convenable de lire *Cebenna* ; ce qui est aussi plus conforme à la dénomination actuelle des Cévennes. Selon les auteurs Grecs, Strabon, Ptolémée, le même nom est *Cemmenus* ; & entre les Latins, Festus-Avienus écrit *Cimenus*, & *Cimenice regio*. Méla considère la Gaule comme divisée en deux régions, *in duo latera*, dont le lac Léman & les montagnes des Cévennes font la séparation ; & on ne peut remarquer sur ce sujet qu'une grande inégalité entre ces deux parties. Les *Arverni* croyoient l'entrée de leur pays défendue par le *mons Cebenna* comme par un mur, *ut muro se munitos existimabant* ; ce qui n'empêcha point que César ne pénétrât chez eux, *duris-*

In Ord marit.
Lib. II, cap. 5.

simo anni tempore, *altissimâ nive*, comme on lit au septième livre des Commentaires.

44°, 20°.

AD CEDROS. Dans l'Itinéraire de Bourdeaux à Jérusalem, distance marquée VIII milles en-deçà de Carcassone.

45°, 25°.

CEMA MONS. Le Var sort de cette montagne, selon Pline : *amnis Varus, ex Alpium monte Cemâ profusus.* On lit *Acema* dans l'édition de Daléchamp, qui cite néanmoins le nom de *Cema* comme une plus ancienne leçon. Augustin Justiniani décrivant la Ligurie, donne le nom de *Camelione* à la montagne d'où sort le Var ; & on pourroit croire que ce nom lui auroit été commun avec la ville de *Cemenelium*, dont le nom est écrit *Cemelion* dans Pline, quoiqu'il y ait une grande distance entre la position de cette ville & la source du Var. Ce qu'il y a de certain, c'est que le Var sort d'une montagne qu'on appelle la Caillole. Or, ce nom seroit-il une altération de celui de *Camelione* ? Je ne hazarderai point de le nier, non plus que de l'affirmer.

Lib. III, cap. 4.

44°, 26°.

CEMENELIUM. Plusieurs inscriptions sur lesquelles on lit CEMENEL. veulent que ce nom soit écrit ainsi, quoique dans Pline on lise autrement en ces termes : *oppidum Vediantiorum civitatis Cemelion* : Ptolémée est conforme aux Inscriptions sur cette dénomination. On trouve *Cemnelo*, comme au datif, dans l'Itinéraire d'Antonin ; & *Gemenello*, pour *Cemenelio*, dans la Table Théodosienne. Dans la Notice des provinces de la Gaule, *civitas Cemenelensium* est une de celles des Alpes Maritimes. Cette contraction de *Cemenelium* ou *Cemelium*, qu'on voit dans le texte de Pline, a prévalu par l'usage dans le moyen-âge. On lit *Cimelä* ou *Cimella*, dans les actes de S. Pons, évêque de cette ville, qui souffrit le martyre sous Valérien & Gallien, selon le

Ibid.

NOTICE DE LA GAULE.

martyrologe d'Usuard. Cette ville fut détruite du tems des Lombards, vers la fin du sixième siècle. Mais, son nom subsiste dans celui d'une église, appellée Notre-Dame de Cimies, à la droite du Paillon, à un mille & demi au nord de Nice, qui a profité de la décadence de *Cemenelium*, pour ne plus partager avec elle, comme elle avoit fait auparavant, la dignité épiscopale. La distance que l'Itinéraire & la Table marquent également VI entre *Cemenelium* & le passage du Var, en prenant la route d'Antibe, est très-convenable au local, dont j'ai la représentation la plus fidèle sous les yeux. Du Var à Antibe l'Itinéraire & la Table étant d'accord à marquer x, c'est en effet ce que la mesure itinéraire paroît donner entre Antibe & S. Laurent, qui est situé sur le bord du Var, au passage de la voie Aurélienne.

46°, 25°.

CENTRONES. César rapporte que les *Centrones*, joints aux *Garoceli* & aux *Caturiges*, voulurent s'opposer au passage de son armée dans les Alpes. Strabon fait mention des *Centrones*, en y joignant les *Caturiges*, & les *Veragri*. Pline désignant les *Veragri* par le nom d'*Octodurenses*, tiré de leur capitale, le fait suivre de celui des *Centrones*, qu'il dit être limitrophes. Ptolémée, qui renferme dans l'Italie les peuples qui habitent les Alpes, place les *Centrones* dans les Alpes Grèques. Ils occupoient la Tarentaise ; & le diocèse de Monstier peut représenter leur territoire. Plusieurs critiques ont opinion, que le nom qu'on lit *Acitavones* dans l'inscription du Trophée des Alpes, rapportée par Pline, tient la place de celui des *Centrones*. Dans l'édition de Daléchamp, le manuscrit de Chiflet est cité en marge comme ayant le nom de *Centrones*. En effet, il y auroit lieu d'être surpris, que les *Centrones* fussent oubliés dans un dénombrement de peuples, qui en renferme de bien plus obscurs que celui-là. Et on remarque encore, que la place donnée dans l'inscription à la suite des *Veragri*

Comment. I.

Lib. IV, p. 204.

Lib. III, cap. 20.

Ubi suprà.

& des *Salaſſi*, & entre ces derniers & les *Medulli*, eſt préciſément celle qui convient à la poſition des *Centrones*.

43°, 21°.

AD CENTURIONES. Ce lieu eſt marqué dans l'Itinéraire d'Antonin, entre *Ruſcino* & le *Summus Pyrenæus*; & la diſtance eſt indiquée xx à l'égard de *Ruſcino*, & v à l'égard du paſſage de la montagne. Dans la Table Théodoſienne, le même lieu paroît nommé *ad Centenarium*; & la diſtance du *Summus Pyrenæus* y eſt également v, & en partant d'*Illiberis*, qui eſt en poſition plus immédiate que *Ruſcino*, elle eſt marquée xii. M. de Marca, & M. Aſtruc, veulent établir à Céret cette ſtation *ad Centuriones*, ou *ad Centenarium*. J'ai ſouvent remarqué, que pour donner une place à quelque lieu cité dans les anciens monumens, on s'adreſſoit par préférence aux lieux qui figurent actuellement plus que d'autres, ſans trop examiner ſi les circonſtances qui amenent la citation du lieu conviennent à ce choix; ou ſi elles ne conviennent point, on entreprend de les réformer. Par exemple, on propoſe ici de lire *ad Ceretanum*, quoique Céret n'ait aucun rapport aux *Ceretani*, habitans de la Cerdagne au-delà des Pyrénées. On ſubſtitue xx à xii dans la Table, pour la diſtance à compter d'*Illiberis*, ſans faire attention qu'étant marquée xx dans l'Itinéraire à l'égard de *Ruſcino*, elle ne ſçauroit être la même pour *Illiberis* que pour *Ruſcino*, puiſqu'*Illiberis* eſt entre *Ruſcino* & *Centuriones* ou *Centenarium*. En courant juſqu'à Céret depuis *Illiberis*, on ne prend pas garde, que peu au-delà de ce qui fait la moitié du chemin, la route eſt arrivée au point de ſe trouver par le travers de Bellegarde, qui eſt le *Summus Pyrenæus*, & que s'avancer juſqu'à Céret, c'eſt laiſſer Bellegarde fort loin derrière ſoi. Il faut ajouter, que dans cet éloignement de Céret, le retour juſqu'au *Summus Pyrenæus* excédera ſenſiblement la diſtance, ſur laquelle l'Itinéraire

Mar. Hiſpan. lib. I, cap. 11.
Hiſt. natur. de Languedoc, pag. 119. & 122.

& la Table sont d'accord à marquer v. Ce n'est donc pas sans fondement, que ce qu'on doit prendre pour une simple station, selon l'idée qu'en donne le nom *ad Centuriones*, doit être placé en-deçà de Céret, dans un lieu où il existe d'anciens vestiges, sur le bord du Tech, à l'endroit précisément où il faut quitter le bord de cette rivière, pour suivre un vallon qui conduit en montant jusqu'à Bellegarde. Les distances indiquées par l'Itinéraire & par la Table, n'ont rien que de convenable par cette position ; & la dénomination même ne devoit pas paroître applicable à un lieu de quelque considération, parce qu'elle ne désigne d'autre lieu qu'une station, dans l'ordre de celle que l'Itinéraire place sur la même route sous le nom *ad Stabulum*, & qui est presque aussi voisine des Pyrénées.

45°, 23°.

CEREBELLIACA. On trouve ce lieu dans l'Itinéraire de Bourdeaux à Jérusalem, entre Valence & *Augusta*, dont le nom actuel est Aouste, sur la Drome au-dessous de Die. La distance de Valence à *Cerebelliaca* est marquée xii, & de *Cerebelliaca* à *Augusta* x. Ces distances s'accordent dans leur total avec l'indication de xxii dans l'Itinéraire d'Antonin, & dans la Table Théodosienne, entre *Valentia* & *Augusta*, en omettant le lieu intermédiaire de *Cerebelliaca*. Je ne vois néanmoins entre Valence & Aouste, qu'un intervalle d'environ 18 milles en droite-ligne. Mais, je suis persuadé, que comme la position de *Cerebelliaca* paroît être Chabueil, qui ne décline pas considérablement de la hauteur de Valence, elle met un coude sensible dans la route, qui se replie vers le midi ; & la disposition du local, qui est montueux entre Chabueil & Aouste, doit contribuer à consumer ce qu'il y a de mesure itinéraire indiquée. Il ne faut pourtant point dissimuler, que Chabueil se trouvant plus près de Valence que d'Aouste, cette circonstance ne quadre point avec l'Itinéraire de Jérusalem, en ce que l'indication y eſt plus forte entre *Valentia* & *Cerebelliaca*, qu'entre *Cerebelliaca* & *Auguſta*.

43°, 21°.

Lib. II, cap. 5. CERVARIA. On lit dans Méla : *inter Pyrenæi promontoria* (ou ſelon d'autres éditions que celle de Voſſius) *in Pyrenæi promontorio, portus Veneris, in ſinu ſalſo, & Cervaria locus, finis Galliæ*. Le nom de Cervera eſt encore celui d'un cap, qui couvre une anſe qu'on appelle Calla Cervera, & à laquelle ſuccède un autre cap, nommé cap de las Portas. Quoique ce lieu fût autrefois de la Gaule, cependant la Catalogne l'uſurpe aujourd'hui ; & il y a toute apparence que le nom de *las Portas*, ou des portes, déſigne les anciennes limites, & le paſſage de la Gaule en Eſpagne. Cette côte eſt peu correctement figurée dans la grande carte de la frontière des Pyrénées en 8 feuilles.

44°, 22°.

CESSERO. Ptolémée a connu le nom de *Ceſſero* entre les villes des *Volcæ Tectoſages*, mais non pas la poſition qui lui convient, par la place qu'il lui donne entre Toulouſe & Carcaſſone, & avant que d'arriver à Béziers. Les Itinéraires & la Table Théodoſienne ſont de plus ſûrs guides, en s'accordant à marquer XII entre *Bæterræ*, ou Béziers, & *Ceſſero*, ſur la grande voie romaine qui conduiſoit à Nîmes. Car, cette diſtance, qui en milles romains fournit 9000 toiſes & quelque choſe de plus, porte à S. Tiberi, qui eſt *Ceſſero*, ſans qu'il ſoit permis d'en douter. Un titre daté de la trentième année *Diplom. Mabill.* du règne de Charles le Chauve, ou de l'an 867, en *p. 541.* donne la preuve, en diſant du monaſtère de S. Tiberi, *cui vocabulum eſt Ceſarion*. On lit dans le martyrologe compoſé par Adon de Vienne, dans le même ſiècle : *in territorio Agathenſi* (comme il eſt vrai que S. Tiberi eſt du dioceſe d'Agde) *in Ceſſerone* (*vel Cæſarione*, ſelon la leçon de différens manuſcrits) *natalis SS. Tiberii, Modeſtii, & Florentiæ*. Des noms de saints,

NOTICE DE LA GAULE. 225
comme on sçait, ont pris la place d'une infinité de dénominations plus anciennes, & les ont fait oublier. S. Tibéri est sur le bord de l'Eraut, dont le nom est *Arauris* ; & delà vient que dans l'Itinéraire d'Antonin cette mansion est appellée *Araura sive Cessero*.

52°, 24°.

CEVELUM. La Table Théodosienne traçant une route de *Noviomagus*, ou de Nimègue, à *Aduaca*, ou à Tongres, indique *Cevelum* entre *Noviomagus* & *Blariacum*, dont la position se retrouve avec évidence dans celle de Blérick, près de la Meuse, vis-à-vis de Venlo. La distance de *Noviomagus* à *Cevelum* est marquée III, & de *Cevelum* à *Blariacum* XXII. En-effet, l'espace actuel de Nimègue à la position de Blérick admet environ 25 lieues gauloises de mesure itinéraire, quoique la mesure directe ait quelque chose de moins. Mais, cette convenance dans la totalité de l'espace, ne m'empêche pas d'employer la critique dans les distances qui la composent, en cherchant à connoître l'emplacement de *Cevelum*. Car, à la distance de Nimègue que marque la Table, on ne trouve point de lieu qu'on puisse par quelque raison prendre pour *Cevelum*: & en déférant à une circonstance exprimée dans la Table, qui est que l'intervalle de *Noviogamus* à *Cevelum* est coupé par une rivière, qui ne sçauroit être que la Meuse, il faut mettre plus d'espace entre *Noviomagus* & *Cevelum*, que la Table n'en indique par le nombre III. La Meuse passant entre *Noviomagus* & *Cevelum*, je ne distingue aucun lieu qui convienne aussi-bien que Cuick à la position de *Cevelum*, sur laquelle une leçon plus correcte, comme on sçait que la Table le demande souvent, seroit *Cevecum*. Ce lieu de Cuick est distingué en ce qu'il donne le nom à un territoire, appellé *t'land van Cuick*. La distance de Nimègue peut s'estimer d'environ 6 lieues gauloises, & à l'égard de Blérick d'environ 19. Ainsi, les nombres seront VI, au lieu de III, d'une part ;

F f

& XIX au lieu de XXII, de l'autre. Ce n'eſt qu'en faiſant plus de violence à la Table, qu'on placera *Cevelum* à Gennep, avec Cluvier & Menſo Alting.

48°, 22°.

CHORA. Ammien-Marcellin en fait mention ſur la route qui conduit d'Autun à Auxerre, *per Sidoleucum & Choram* : car, la leçon des anciennes éditions, *per ſedes Leucorum*, doit être corrigée de cette manière. On trouve *Chora* ſur cette même route dans la vie de S. Colomban, écrite par le moine Jonas dans le ſeptième ſiècle : *per Auguſtodunum ad Avallonem caſtrum pervenit (Columbanus) deindè ad Choram fluvium properans...... eadem die ad vicum quem Choram vocant, exin Autiſſiodorum, properavit*. On voit que ces circonſtances s'appliquent à la voie Romaine que décrivent les Itinéraires entre *Auguſtodunum & Autiſſiodurum*. Ainſi, *Chora* doit trouver ſa place au paſſage de cette voie, ſur une rivière de même nom, entre *Aballo*, ou Avalon, & Auxerre. M. de Valois en prenant l'abbaye de Cure pour *Chora*, n'a pas pris garde que la poſition de cette abbaye eſt fort écartée de la voie ſur la gauche d'Avalon. D'ailleurs, l'abbaye de Cure eſt du dioceſe d'Autun; & le *vicus Chora*, que l'hiſtoire de la tranſlation des ſaints George & Aurèle en 858, écrite par Aimoin, place ſur cette même route, *eſt in pago jam Autiſſiodorenſi*, poſition qui ſe trouve conforme aux anciennes deſcriptions du dioceſe d'Auxerre, par leſquelles le *Choræ vicus* eſt renfermé dans ce dioceſe. Il a donc exiſté un lieu portant le même nom que la rivière de Cure : & en-effet ce nom ſubſiſte dans l'emplacement d'une métairie, à l'entrée du dioceſe d'Auxerre, en ſortant de celui d'Autun. On peut voir dans les éclairciſſemens ſur l'ancienne Gaule, qui ont paru en 1741, les raiſons qui ne permettent pas d'adhérer à l'opinion de M. le Beuf, en confondant *Chora* avec Crévan, qui étoit diſtingué par ſon

P. 145.

Sæcul. Benedict. IV, parte II.

P. 364, & ſuiv.

nom de *Crevennum* dès le tems de Charle-Martel, ce qui est antérieur d'un siécle à la mention qui est faite de *Chora* dans la translation des saints George & Aurèle. Il est intéressant de connoître la position de *Chora* par rapport à cet endroit de la Notice de l'Empire, *Præfectus Sarmatarum gentilium à Chorâ Parisios usque*. Sanson, en plaçant *Chora* à Corbeil, ne voyoit point que le nom de *Corboilum*, qui est celui de Corbeil, ne sçauroit être confondu avec *Chora* par une supposition d'analogie.

44°, 24°.

CITHARISTA. Entre plusieurs ports, dont l'Itinéraire maritime fait mention dans l'intervalle de Toulon à Marseille, on trouve *Citharista*; dont on reconnoît le nom dans celui de Ceireste, qui est *Cisarista* dans une bulle de Grégoire VII, de l'an 1084, en faveur de l'abbaye de S. Victor de Marseille. Mais, la position de Ceireste étant à quelque distance de la mer, celle que désigne l'Itinéraire doit concerner la Ciotat, qui est le port correspondant à cette position, & dont les accroissemens & l'état actuel peuvent être regardés comme récents, sur ce qu'Honoré Bouche remarque, qu'il n'est point mention de la Ciotat, mais bien de Ceireste, dans un ancien dénombrement des lieux de la Provence. On peut voir dans les articles *Æmines portus*, *Carcici*, *Tauroentum*, qu'il y a du dérangement dans l'ordre des positions que suit l'Itinéraire, en parcourant cette côte depuis Toulon jusqu'à Marseille : de sorte que *Citharista*, qui suit *Carcici* dans l'Itinéraire, doit au contraire devancer *Carcici*, selon que le local en décide. J'observe que l'indication de l'Itinéraire entre *Citharista* & le lieu qui convient à *Carcici*, nonobstant que l'Itinéraire y place *Æmines* au lieu de *Carcici*, est VI. Or, je trouve que cette indication répond assez précisément à la route que l'on tiendra du port de la Ciotat à celui de Cassis, qui est *Carcici*, en serrant la côte & le cap de l'Aigle,

F f ij

dont la saillie forme la baye de la Ciotat.

44°, 24°.

CITHARISTES PROMONTORIUM. Ptolémée place ce promontoire entre *Tauroëntum* & *Olbia*, & il en fait la pointe la plus méridionale de cette partie du continent. Or, ces circonstances désignent indubitablement le cap Cicier, près de Toulon.

49°, 22°.

CLANUM. L'Itinéraire d'Antonin marque ce lieu entre *Agedincum*, ou Sens, & *Augustobona*, ou Troies. La distance à l'égard d'*Agedincum* est marquée XVII, & à l'égard d'*Augustobona* XVI. Ce qu'il y a d'espace entre Sens & Troies ne passant guère 30000 toises, le compte de l'Itinéraire dont il résulte en calculant 37400 toises, est manifestement excessif, parce que la mesure itinéraire ne sçauroit surpasser la mesure directe d'environ un cinquième. Je ne vois point de lieu sur la direction de cette route, qui m'indique la position de *Clanum*, à moins que ce ne soit Vulaine, qui est la dernière paroisse du diocèse de Sens, sur les confins du diocèse de Troies. Sa distance à l'égard de Sens peut faire estimer la mesure itinéraire entre *Agedincum* & *Clanum* de 13 lieues gauloises, ou à peu près. Ainsi, il convient de substituer XIII à XVII dans l'Itinéraire ; & ce qui appuie cette correction, c'est que le supplément d'intervalle jusqu'à Troies convient à l'indication de l'Itinéraire entre *Clanum* & *Augustobona* sur le pied de XVI.

44°, 19°.

CLIMBERRIS, vel AUGUSTA, *posteà* AUSCI.

Lib. III, cap. ii. Le nom de cette ville, qui dans les éditions de Méla, antérieures à celle d'Isaac Vossius, se lit *Elusaberris*, est *Elimberris* selon les manuscrits, au rapport de Vossius ; & il y substitue *Climberris* dans le texte de son édition ; parce qu'en effet on trouve *Climberrum* dans l'Itinéraire d'Antonin, *Cliberre* dans la Table Théodosienne. Selon la langue Vascuence, ou Basque, *berri* est un

NOTICE DE LA GAULE. 229

adjectif, qui fait la terminaison de plusieurs noms de villes, ce qui les qualifie de nouvelles par la signification qui lui est propre. Pour désigner une ville nouvelle les Basques diroient *Irum-berri*, & cette dénomination se confondroit par le changement d'une liquide avec la leçon d'*Elimberris* dans les manuscrits de Méla. Ptolémée donne à la capitale des *Auscii*, ou *Ausci*, le nom d'*Augusta*. Mais, cette capitale est du nombre de celles qui pour prendre le nom du peuple, ont quitté le nom qui leur étoit propre. Elle est dénommée *Auscì* dans Ammien-Marcellin, *civitas Auscius* dans l'Itinéraire de Bourdeaux à Jérusalem, *civitas Ausciorum* dans la Notice des provinces de la Gaule. On est surpris au-reste, de la voir au dernier rang des cités de la Novempopulane dans cette Notice. Car, quoiqu'elle ait été longtems sous la métropole d'*Elusa*, cependant, quand on voit dans Méla les *Ausci* être appellés *Aquitanorum clarissimi*, comme les *Ædui* entre les Celtes, les *Treveri* entre les Belges, il semble que leur capitale ne pouvoit céder qu'à la métropole. Cette métropole ayant été ruinée par les Normans dans le neuvième siècle, la dignité dont elle avoit joui jusque-là a été transférée au siége qui étoit établi depuis longtems à Auch : de-sorte que dans une lettre du pape Jean VIII, aux prélats des églises de France, publiée par le P. Sirmond, Airard, qui siégeoit à Auch vers l'an 879, est qualifié du titre d'*Archiepiscopus*.

45°, 17°.

COCOSA. Dans l'Itinéraire d'Antonin, deux voies partant d'*Aquæ Tarbellicæ* conduisent l'une & l'autre à Bourdeaux. Celle qui peut servir à fixer le lieu dont il s'agit, est décrite ainsi : *Cæquiosa* XVI, *Tellonum* XVIII, *Salomaco* XII, *Burdigala* XVIII. La distance en droite-ligne de Bourdeaux à Aqs étant d'environ 68000 toises, qui ne répondent qu'à 60 lieues gauloises, lorsque l'Itinéraire en fait compter 64, il faut supposer, en admettant les nombres, que la route s'écartoit de la direction immédiate, pour communiquer à quelque lieu de considération. En-effet, je trouve qu'à partir de Bourdeaux, cette déviation d'un alignement direct de Bourdeaux à Aqs, est indiquée par la position que prend *Salomacum*, dont la dénomination est conservée dans le nom actuel de Sales. On découvre même un vestige du passage de l'ancienne voie romaine qui conduisoit à Sales, en rencontrant sur la route un lieu appellé Sestas, dont l'éloignement de Bourdeaux est très-convenable à cette dénomination de Sestas, qui dénote six lieues gauloises. Et pour qu'il n'y ait aucun moyen de douter que Sales ne soit *Salomacum*, je trouve par un rapport de position avec des points fixés en rigueur géométrique dans les environs, que la distance à l'égard de Bourdeaux s'évalue à 21000 toises, ce qui répond à peu près aux 18 lieues marquées dans l'Itinéraire, & dont le calcul est strictement de 21412 toises. On peut juger que c'est pour conduire à la ville d'un des peuples qui partageoient l'Aquitaine, les *Cocosates*, que la route de Bourdeaux à Sales ne tend pas directement à Aqs. J'avoue que le lieu marqué dans l'Itinéraire sous le nom de *Tellonum*, entre *Salomacum* & *Cœquosa*, ou pour lire correctement *Cocosa*, ne m'est point connu. Mais, en m'attachant aux 30 lieues que l'Itinéraire fait compter depuis *Salomacum*, la distance porte à l'entrée du canton, appellé aujourd'hui Marensin; & je trouve que ce qui reste ensuite de distance en tendant vers Aqs directement, peut convenir à l'indication de l'Itinéraire entre *Aquæ Tarbellicæ* & *Cocosa*, cette distance tenant lieu de 16 lieues gauloises.

Comment. III.

45°, 17°.
COCOSATES. Il en est mention dans César, entre plusieurs autres peuples de l'Aquitaine. Dans Pline, *Cocossates Sexsignani*. La position de *Cocosa* nous indique le canton qu'ils occupoient. L'opinion de Sanson,

que les *Cocosates* sont un même peuple que les *Datii* mentionnés dans Ptolémée, n'est autorisée d'aucune preuve solide.

51°, 25°.
COLONIA AGRIPPINA. Elle porte le nom d'Agrippine, fille de Germanicus, & femme de Claude, sous lequel cette colonie fut fondée. Tacite : *Agrippina... in oppidum Ubiorum, in quo genita erat, veteranos, coloniamque deduci impetrat, cui nomen inditum est ex vocabulo ipsius.* Elle est aussi appellée *Agrippinensis*, & quelquefois sans le nom de *Colonia*, spécialement dans Ptolémée. Les Alemans disent actuellement Coln, au lieu de Cologne. Cette ville prit le rang de métropole dans la Germanie inférieure ou seconde : *metropolis (Germaniæ secundæ) civitas Agrippinensium*, selon la Notice des provinces de la Gaule.

47°, 25°.
COLONIA EQUESTRIS NOIODUNUM. Pline est le premier qui en fasse mention, & après lui Ptolémée. Dans l'Itinéraire d'Antonin, & dans la Table Théodosienne, cette ville n'a point d'autre nom que celui d'*Equestris*, de même que dans les auteurs précédens. Quelques inscriptions font connoître que cette colonie étoit appellée *Julia*. Mais, la Notice des provinces de la Gaule nous apprend, qu'indépendamment d'un nom purement Romain, que l'établissement d'une colonie avoit fait donner à cette ville, elle se nommoit : *Noiodunum*. Dans cette Notice, *civitas Equestrium Noiodunus* suit immédiatement la métropole de la grande Séquanoise, ou Besançon. Ce nom propre & Celtique s'est conservé dans celui de Nion : mais, selon un titre de l'an 1011, rapporté par Guichenon, le canton des environs a été appellé *pagus Equestricus* ; & Spon a remarqué, que ce pays, le long du lac Léman, conserve chez les habitans le nom d'Enqueftre. L'Itinéraire d'Antonin marque XVII entre *Cenava*, ou Genève, &

Spon, p. 167.

Hist. de Savoie, p. 8.
Hist. de Genève, T. II.

Equeſtribus ; la Table, xii. Une colomne milliaire numérotée viii a été trouvée à Verſoi ſur le bord du lac, entre Nion & Genève ; & c'eſt la diſtance qui convient en milles romains entre Nion & Verſoi. De Verſoi juſqu'à Genève la diſtance paroît l'équivalent d'environ 5 milles. Donc, entre Genève & Nion le nombre xvii qu'on voit dans l'Itinéraire tient lieu de xiii ; & ce nombre xiii donne une diſtance plus complette que l'indication de xii dans la Table.

52°, 24°.

COLONIA TRAJANA. L'Itinéraire d'Antonin, & la Table Théodoſienne, ſont les ſeuls monumens qui en faſſent mention. Car, l'opinion de pluſieurs ſçavans, & de M. de Valois entr'autres, que *Colonia Trajana* & *Triceſimæ*, dont parle Ammien-Marcellin, ſont le même lieu, ne peut ſe ſoutenir contre les preuves qui établiſſent le poſte de la légion appellée *Triceſima Ulpia* auprès de *Vetera*. On connoît l'emplacement de la Colonie Trajane, à environ un mille de Clève, vers l'orient d'été, ſous le nom de Koln ou Keln.

48°, 17°.

COMBARISTUM. La Table Théodoſienne trace une voie de communication entre Rennes & Angers : *Condate* xvi *Sipia* xvi *Conbariſtum* xvi *Juliomago*. En partant de *Juliomagus*, ou d'Angers, pour reconnoître la poſition qui eſt immédiate à l'égard de cette ville, on rencontre ſur la direction de la voie, un lieu dont le nom de Combrée conſerve trop d'analogie avec le nom de *Conbariſtum*, ou, ſelon une meilleure orthographe *Combariſtum*, pour n'y pas fixer cette poſition. Mais, la diſtance que marque la Table paroît trop courte pour ce qu'il y a d'eſpace réel entre Combrée & Angers. Car, on peut l'eſtimer de 23000 toiſes en droite-ligne ; & comme il eſt naturel que la meſure itinéraire ſurpaſſe la meſure directe, elle peut ſe faire égale à 21 lieues gauloiſes, dont le calcul eſt de 23814 toiſes.

toises. Ainsi, la Table doit être corrigée de la manière la plus simple qu'on puisse employer à la réformer; & pour substituer XXI à XVI, il suffit d'allonger par en bas les jambages du V, ou de les croiser. Cette correction est indispensable, & elle ne répand point de doute sur l'identité du lieu de *Combaristum* & de Combrée, que la dénomination & le passage de la route indiquent au premier coup-d'œil. Les opérations trigométriques faites en France, donnent au moins 57000 toises de distance entre Rennes & Angers, ce qui passe l'évaluation de 50 lieues gauloises en droite-ligne, indépendamment de l'excédent qu'il convient d'accorder à la mesure itinéraire. La Table, qui ne fait compter que 48, doit donc renfermer quelque erreur dans ce compte, & cette erreur se manifeste entre *Combaristum* & *Juliomagus*. Ce qui le confirme, c'est que du point où je crois pouvoir estimer que se place Combrée, dans l'intervalle des positions déterminées de Rennes & d'Angers, en me portant sur Rennes, l'espace me paroît de 34000 toises; & on peut bien supposer qu'en cet espace la mesure itinéraire approche fort des 32 lieues gauloises marquées par la Table. Ainsi, ce n'est pas sur cette partie de la voie que la Table est en défaut; c'est donc sur celle de *Combaristum* à *Juliomagus*.

43°, 21°.

COMBUSTA. Ce lieu est marqué dans l'Itinéraire d'Antonin, sur la voie qui conduit de Narbone au passage des Pyrénées; & la distance à l'égard du lieu nommé *ad Vigesimum* est marquée XIIII, & de *Combusta* à *Ruscino* VI. La position de *Vigesimum* doit être placée, en conséquence de sa dénomination, à compter de Narbone; & on connoît *Ruscino* pour avoir été situé près de la Tet, un peu plus bas que n'est aujourd'hui Perpignan. Ce qu'il y a d'espace direct entre le point qui paroît convenir à *Vigesimum* & *Ruscino*, s'estime au moins de 14000 toises, ce qui équivaut à près de 19 milles romains, indépendamment de ce que la mesure itinéraire doit avoir de plus que la mesure directe. M. de Marca place *Combusta* à Rives-altes, par la raison vraisemblablement qui détermine souvent le choix, en voyant qu'un lieu figure actuellement plus que d'autres dans le canton où l'on se croit transporté. Mais, Rives-altes s'écarte sensiblement sur la droite de la direction de la voie, & d'autant plus que cette voie tend à *Ruscino*, & non pas à Perpignan. La distance de Rives-altes à l'égard de *Vigesimum* étant de 11 à 12000 toises en droite-ligne, passe d'environ 1000 toises le calcul de la mesure itinéraire de 14 milles romains. D'ailleurs, pourquoi le nom de Rives-altes dans l'Itinéraire ne seroit-il pas *Ripæ-altæ*, comme on connoît *Alta-ripa*, Altrip, sur le bord du Rhin? Cette dénomination n'est pas moins Romaine que celle de *Combusta*. Il faut donc s'en tenir à placer *Combusta* sur la voie qui tendoit à *Ruscino*, dans une distance respective de *Vigesimum* & de *Ruscino*, qui soit analogue à ce qu'indique l'Itinéraire, sans entreprendre de désigner un lieu actuel qui y réponde.

44°, 24°.

COMMONI. C'est un peuple de la Narbonoise, selon Ptolémée, qui range sous ce nom Marseille & plusieurs autres lieux le long de la côte, jusqu'à Fréjus inclusivement. Il n'est point connu d'ailleurs. M. de Valois aimeroit mieux que Ptolémée eût nommé en cette place les *Cenomani*, que Caton le Censeur, au rapport de Pline, disoit avoir habité *propè Massiliam, in Volcis*. On sçait par Tite-live, que les Phocéens qui fonderent Marseille, furent secourus contre les *Salyes*, habitans du pays, par les Gaulois, que Bellovèse conduisoit en Italie. L'historien nomme parmi eux les *Aulerci*, ce qui peut désigner des *Cenomani*, dont quelque détachement aura pris le parti de s'établir dans le même canton que venoient occuper des étrangers.

NOTICE DE LA GAULE.

Quant à la mention qui est faite ici des *Volcæ*, on ne sçauroit douter que les *Arecomici* n'ayent possédé des terres au delà du Rhône : mais, on a peine à croire que ces possessions s'étendissent jusqu'à Marseille & au delà. Quoi-qu'il en soit, je n'ai point hazardé de supprimer les *Commoni* de Ptolémée. Il faut les regarder comme faisant partie de la nation des *Salyes*, dont le nom s'est étendu jusqu'à la côte. On lit dans Tite-live, en parlant du père de Scipion l'Afriquain ; *præter oram Etruriæ, Ligurumque, & inde Salyum, mox pervenit Massiliam*.

Lib. XXI, sect. 26.

50°, 26°.
CONCORDIA. L'Itinéraire d'Antonin en fait mention entre *Brocomagus* & *Noviomagus*, c'est-à-dire, Brumt & Spire. La distance est marquée XVIII à l'égard de *Brocomagus*, & XX à l'égard de *Noviomagus*. Ces distances conviennent à la position du lieu qu'on nomme Alt-stat, ou la vieille ville, sur la rivière de Lauter, un peu au dessous de Weissembourg. Je remarque, que les 18 lieues gauloises ne sont pas tout-à-fait complettes dans la distance de Brumt à Alt-stat, & que celle d'Alt-stat à Spire est au contraire un peu plus forte que l'espace de 20 lieues gauloises : au moyen de quoi, on peut juger qu'il se fait une compensation entre ces distances, de ce que chacune en particulier a de plus ou de moins que son indication. Ammien-Marcellin parle de *Concordia*, au sujet de la fuite de Chnodomaire, roi des Alemans, défait par Julien auprès d'*Argentoratum* : *rex Chnodomarius .... properabat ad castra, quæ propè Tribuncos & Concordiam, munimenta romana, fixit intrepidus*. Il faut adjuger *Concordia* aux *Nemetes*, si les limites des diocèses de Spire & de Strasbourg sont ceux des *Nemetes* & des *Triboci*.

Lib. XVI.

49°, 16°.
CONDATE, *posteà* REDONES, & autres lieux du nom de CONDATE. On sçait en général, que cette

dénomination est commune à bien des lieux, & qu'elle désigne leur situation dans l'angle de terre formé par l'union de deux rivières. Sa signification n'est pas proprement celle de *confluens*, quoique M. de Valois le décide ainsi: *Condate, nomine Celtico, confluentes significante*. C'est plutôt ce qu'on entend par *cuneus*, coin: & il y a des dénominations, comme celle d'*Acunum*, d'*Ancona*, & autres, dont on peut conclure, que la forme essentielle de ce mot, & ce qu'il signifie, étoient propres aux Gaulois, de même que *cuneus* est propre à la langue Romaine ou Latine. On trouve donc plus d'un lieu, auquel la circonstance locale de sa position a fait donner le nom de *Condate*, duquel dérive ce qu'on appelle aujourd'hui Condé, Condat, Côme, &c. Mais, je ne dois faire ici mention que des lieux de ce nom qui sont cités dans les monumens Romains: Je commencerai par le *Condate*, que Ptolémée indique comme ville capitale des *Redones*; & dont le nom paroît aussi dans l'Itinéraire d'Antonin, & subsiste même dans la Table Théodosienne, quoiqu'il soit moins douteux à l'égard de cette Table que de l'Itinéraire, qu'elle est d'un tems où les capitales étoient presque généralement désignées par le nom des peuples, comme ce nom s'est conservé dans celui de Rennes. L'emplacement de cette ville à l'endroit où la Vilaine reçoit une petite rivière, qui est appellée *Isola* dans des lettres de Hamelin, évêque de Rennes, aujourd'hui l'Isle, fait connoître ce qui avoit donné lieu au nom de *Condate*.

49°, 21°.

Un *Condate* de moindre considération est placé dans l'Itinéraire entre *Mecletum*, qui est *Melodunum*, & *Agedincum*; & on ne sçauroit se méprendre sur sa position au confluent de la rivière d'Ione dans la Seine, qui se rencontre sur la direction de la route, quoique l'ancienne dénomination de *Condate* ait été remplacée en ce lieu par celle de *Monasteriolum*, Montreau, qu'une

NOTICE DE LA GAULE. 237

église dédiée à S. Martin, lui a fait donner. La distance marquée XIII entre *Condate* & *Agedincum* dans l'Itinéraire, est trop foible d'environ une lieue gauloise, parce que l'espace actuel entre Montreau & Sens s'étend jusqu'à 16000 toises, suivant la carte du diocèse de Sens, assujettie à des opérations géométriques par M. l'abbé Outhier.

49°, 19°.

On connoît un autre *Condate* dans l'Itinéraire d'Antonin, entre *Noviomagus*, qui désigne la capitale des *Lexovii*, & *Durocasses*. Condé sur Iton, à l'endroit où deux bras séparés de cette rivière viennent se réunir, & sur la direction qui tend de Lizieux à Dreux, est certainement le lieu dont il s'agit. Mais, je ne ferai point difficulté de remarquer, que les nombres de l'Itinéraire, sçavoir XXIIII entre *Noviomagus* & *Condate*, X entre *Condate* & *Durocasses*, comme la Table Théodosienne le marque aussi en cette dernière distance, ne quadrent point avec le local. Car, de Lizieux à Condé l'espace est égal à environ 28 lieues gauloises, & de Condé à Dreux il en faut compter 14. La Table est plus convenable en marquant XII dans l'intervalle de *Mediolanum Aulercorum*, ou d'Evreux, au même *Condate*; il s'en faut peu que la mesure ne soit complette.

48°, 21°.

Je passe au *Condate* qu'indique l'Itinéraire d'Antonin sur la route d'Autun à Paris, entre *Nevirnum*, Nevers, & *Brivodurum*, Briare, à XXIV de *Nevirnum*, & XVI de *Brivodurum*. L'intervalle d'environ 26000 toises entre Nevers & Cône, qui est ce *Condate*, au confluent de la petite rivière de Nouain dans la Loire, sera jugé convenable à l'indication de l'Itinéraire, parce que quelque courbure dans la route en suivant le cours de la Loire, fait la mesure du chemin plus longue que la mesure directe. Car, les 24 lieues gauloises valent en rigueur 27216 toises. Mais, j'avoue en même tems, que l'intervalle en droite-ligne de Cône à Briare n'étant que d'environ 15000 toises, qui ne répondent qu'à 13 lieues gauloises, on peut juger que le nombre XVI est trop fort dans l'Itinéraire. C'est sous le nom de *Condida* qu'il est parlé de Cône dans les titres du moyen-âge.

46°, 18°.

La Table Théodosienne fait mention d'un *Condate* entre *Mediolanum Santonum* & *Vesunna*, ou Périgueux; & cette position ne convient mieux à aucun endroit dans cet intervalle qu'à Coignac, quoiqu'on ne soit point en état de s'en assurer par la distance à l'égard de Saintes, qui est omise dans la Table. Mais, il en est encore parlé dans l'article *Sarrum*.

45°, 18°.

Epist. V.
Epist. XII.

On trouve un *Condate* dans Ausone : *Condatem ad portum si modò deproperes*. Et dans S. Paulin : *in Condatino dicèris degere vico*. On a cru jusqu'à présent que c'étoit Libourne, au confluent de l'Ille dans la Dordogne. Ce n'est pourtant pas Libourne précisément ; mais un ancien château dans le voisinage, que les princes Anglois possesseurs de la Guienne ont habité quelquefois, & dont les masures conservent le nom de Condat.

45°, 22°.

Le *Condate* entre *Revessio* & *Anderitum* est tiré de la Table Théodosienne. Il n'est pas bien évident que le nombre XXII, de la manière dont il y est placé à la suite d'*Anderitum*, s'adresse à *Condate*. Mais, le nombre XII dans l'intervalle de *Condate* à *Revessio*, conviendroit assez à ce qu'il y a de distance entre l'ancienne capitale des *Vellavi*, ou S. Paulian, & un lieu qui a pris le nom de Monistrol d'Allier, situé au confluent d'une petite rivière dans l'Allier, & dans la direction qui tend à la capitale des *Gabali*, ou à Javouls.

46°, 24°.

Il ne faut point omettre le *Condate*, qu'on trouve dans la Table, entre *Etanna*, ou Yenne, sur le bord

NOTICE DE LA GAULE. 239

du Rhône, & Genève. La distance d'*Etanna* est marquée xxi, & de *Condate* à Genève xxx. M. de Valois prenant pour ce *Condate* un lieu nommé Chana, à l'endroit où le canal sorti du lac du Bourget entre dans le Rhône, & dont le nom est *Chanates* dans les titres du Daufiné, n'a pas fait attention que ce lieu est trop près d'Yenne, & en même tems trop loin de Genève, pour avoir quelque rapport aux distances que marque la Table. Mais, on ne trouve point le même inconvénient à reconnoître *Condate* à la jonction de la rivière de Sièr avec le Rhône, près de Seissel. Il faut avoir attention, que cette route étant comprise dans le territoire des *Allobroges*, & par conséquent dans la Province Romaine, c'est le mille romain qui doit convenir à ces distances, plutôt que la lieue gauloise.

p. 474.

44°, 21°.

CONDATOMAGUS. Voici encore un *Condate*, placé dans la Table Théodosienne entre *Segodunum*, capitale des *Ruteni*, & *Luteva*, ou Lodève. Mais, je ne connois point le lieu qui peut y répondre précisément. Des deux distances que donne la Table dans l'intervalle de *Segodunum* à *Luteva*, xxx & xxiii, la première paroît devoir être prise en lieues gauloises, comme étant renfermée dans une partie de la Gaule où l'usage de la lieue étoit établi, la seconde en milles romains, parce qu'elle se porte dans la province Narbonoise. Il en résultera 51000 & quelques centaines de toises. Or, ce qu'il y a d'espace de Rodez à Lodève peut s'estimer à peu près de 48000 toises, & la mesure itinéraire plus forte de 3 à 4000 toises n'a rien d'excessif sur une route qui traverse une branche des Cévennes.

48°, 17°.

CONDIVICNUM, *postea* NAMNETES. Ptolémée nous apprend, que le nom de la capitale des *Namnetes* étoit *Condivicnum*. Cette dénomination, qui renferme le terme de *Condate*, convenoit à la ville de Nantes,

240 NOTICE DE LA GAULE.

en ce qu'elle est située à l'endroit où la Loire reçoit une rivière, appellée Erde ou Erdre, & dont le nom est *He-redis* dans une chronique de Nantes, en parlant d'événemens qui sont du neuvième siècle. Cette ville a quitté, comme beaucoup d'autres, son nom primitif, pour prendre celui de *Namnetes*, ou *Namnetæ*. M. de Valois conjecture, qu'il faut lire *Namnetas*, au lieu de *Mannatias*, dans la Notice de l'Empire, entre les lieux dont elle fait mention *in tractu Armoricano*; & j'étois dans la même opinion, quand je me suis apperçu que ce sçavant critique m'avoit prévenu sur ce sujet.

P. 367.

51°, 24°.

CONDRUSI. César, au second livre des Commentaires, nomme les *Condrusi* entre plusieurs nations Germaniques d'en-deçà du Rhin, qui entroient dans la ligue des Belges contre les Romains. Ils étoient *Treverorum clientes ; ex gente & numero Germanorum, qui sunt inter Eburones Treverosque*, comme on lit au quatrième & au sixième des Commentaires. Le canton de pays qu'ils ont habité est appellé *Condrustum* dans les écrits du moyen-âge. Les annales de S. Bertin sous l'an 839, placent *Comitatum Condrustum* entre les *Arduennenses* & les *Ripuarii*; & ceux-ci bordoient les rives de la Meuse comme celles du Rhin. Aujourd'hui l'archidiaconé de Condros dans l'évêché de Liége, s'étend le long de la Meuse, sur l'un & l'autre bord de la rivière d'Ourt, étant contigu, vers le midi, à l'archidiaconé des Ardennes.

51°, 26°.

Lib. XVI.

CONFLUENTES. On lit dans Ammien-Marcellin : *apud Confluentes, locum ita cognominatum, ubi amnis Mosella confunditur Rheno*. L'Itinéraire, la Table, la Notice de l'Empire, en font mention ; & une situation aussi avantageuse que celle de Coblentz, n'a jamais dû être négligée. C'est ce qui me fait croire que la position de *Legio Trajana* dans Ptolémée, entre *Bonna* & *Mogontiacum*,

gontiacum, Bonn & Maïence, ne convient à aucun lieu dans cet intervalle par préférence à Coblentz. Dans un titre de l'an 840, rapporté par Schannat, il est mention de Coblentz sous le nom de *Cobolence*; & dans Ditmar de Mersbourg on lit, *Cophelinci urbs, Tревericæ civitatis archiepiscopi*.

Trad. Fuldens̃, num. 447.

43°, 19°.
CONSORANNI. Pline les met au nombre des peuples de l'Aquitaine. Dans la Notice des provinces de la Gaule, *civitas Consorannorum* est une de celles de la Novempopulane. Le pays conserve le nom de Conserans, quoique l'usage soit de prononcer Couserans: & la ville a porté le même nom, sous lequel elle est citée par Grégoire de Tours, avec *Vicus Juli* (Aire) & *Lapurdum* (Baïone) dans l'accord des Rois Gontram & Childébert. Elle a quitté ce nom pour prendre celui d'un de ses évêques, S. Lizier, *Lycerius*, ou plutôt *Glycerius*, selon qu'il se lit dans les souscriptions du concile d'Agde en 506: & M. de Valois rapporte un passage que lui fournit la vie de ce prélat; *obiit in territorio Tolosano, in civitate quæ vocatur Coseranis, sive Austria*. Il tire cette dénomination d'*Austria* du vent qui souffle *ab Austro*: peut-être étoit-elle propre à cette ville, avant que d'être désignée par celui du peuple dont elle étoit capitale, comme on sçait que beaucoup de villes du même rang ont ainsi changé de nom. Mais, ce qui est plus à remarquer dans ce passage, c'est de voir *Consoranni in territorio Tolosano*, lorsque cette cité est rangée dans la Novempopulane, comme son siége épiscopal est encore suffragant d'Auch, métropole de cette province. Doit-on inférer delà, que les *Consoranni* pouvoient être partagés entre la province Narbonoise & l'Aquitaine? Pline nomme les *Consuarani* dans la Narbonoise: *in orâ regio Sardonum, intusque Consuaranorum*. Or, ces *Consuarani* étant ainsi plus avant dans les terres que le district des *Sardones*, il peut en résul-

Lib. IV, cap. 19.

Lib. III, cap. 4.

H h

ter qu'ils soient tellement voisins des *Consoranni*, qu'on ne voie point de différence assez marquée dans la dénomination, pour en faire deux au lieu d'une, & ne pas voir simplement différentes leçons de la même dénomination. Plusieurs sçavans, à la tête desquels est M. de Marca, veulent néanmoins établir des *Consuarani* qui soient différens des *Consoranni*, distinction que M. de Valois n'a pas jugé à propos de faire. Ce n'est point un argument propre à séparer des *Consuarani*, d'avec les *Consoranni*, de dire que ces noms se trouvent partagés entre l'Aquitaine & la Narbonoise. Car, on trouvera qu'il en est de même des *Ruteni* dans Pline, sans qu'on puisse l'accuser de méprise sur leur compte, puisque César distingue des *Ruteni provinciales*, soumis aux Romains, d'avec les *Ruteni*, qui arment contre les Romains dans la ligue des nations Gauloises. Je dirai même des *Consoranni*, qu'on ne sçauroit les décider renfermés dans l'Aquitaine avant l'arrangement des provinces de la Gaule fait par Auguste. Il faut croire que l'Aquitaine avoit été entamée de pleinpied à la Province Romaine vers les Pyrénées, avant la conquête du reste de la Gaule par César, puisque Pompée à son retour de la guerre d'Espagne contre Sertorius & ses partisans, plaça les *Convenæ* dans l'Aquitaine. Or, par la position que l'on connoît aux *Convenæ*, les *Consoranni* se trouvoient enveloppés, renfermés entre les *Convenæ* & les cantons méridionaux de cette province qui a été nommée Narbonoise. Dans cette position il est aisé de voir, qu'il a été un tems ou les *Consoranni* ont pu être confondus avec ce qui dépendoit de cette province, & floter du moins entre elle & l'Aquitaine, en sorte que leur nom puisse se trouver placé également d'un côté comme de l'autre. Je dirai finalement, qu'il m'a paru hazardeux d'inscrire sur la carte le nom de *Consuarani* séparément des *Consoranni*, dans une place qu'on ne sçauroit dire être

Mare Hispan. lib. II, cap. 26.
Hist. de Lang. T. I, p. 54, & 605.
Hist. nat. de Lang. p. 44.

NOTICE DE LA GAULE.

déterminée. Pour déférer cependant au témoignage de l'auteur de la vie de S. Lizier, par rapport au *territorium Tolosanum*, j'ai cru pouvoir étendre le nom des *Consoranni* au-delà des limites de leur diocèse actuel, en prenant sur celui de Pamiez, qui est un démembrement de l'ancien diocèse de Toulouse. Quoique la ville de *Consoranni* ait dans la carte sa position distincte de l'emplacement général du peuple *Consoranni*, cet article suffit également à ce qui concerne la ville comme le peuple.

50°, 17°.

CONSTANTIA. Le premier auteur qui en fasse mention est Ammien-Marcellin, & il en parle comme d'un camp Romain, *castra Constantia*. C'étoit une ville peu de tems après Ammien, puisque dans la Notice des provinces de la Gaule on trouve dans la Lionoise seconde *civitas Constantia*. Mais, nous ignorons ce que cette ville pouvoit être avant la famille de Constantin. La tradition du pays au tems d'Ordéric-Vital, moine de S. Evroul dans le diocèse de Lizieux, attribuoit la fondation de *Constantia* à Constance Chlore, père de Constantin : *hic in Neustriâ civitatem condidit, quam à suo nomine Constantiam nominavit*. On peut voir dans l'article *Cosedia*, quelles sont les raisons qui ne permettent pas de confondre la position de ce lieu de *Cosedia* avec *Constantia*, comme ont fait Sanson & le P. Briet. Quoique M. de Valois paroisse embrasser une autre opinion, qui est de prendre *Constantia* pour la même ville que *Crociatonum*, la principale des *Veneli* ou *Unelli*, selon Ptolémée ; on peut se tenir pour assuré, que la position qui convient à *Crociatonum* est encore plus éloignée de *Constantia*, ou de Coutance, que de *Cosedia*. Que Coutance ait prévalu sur toute autre ville de la contrée, qui en a pris la dénomination de *pagus Constantinus*, le Côtantin, c'est ce dont on ne sçauroit disconvenir.

Lib. XV.

Pag. 136.

50°, 21°.

CONTRA AGINNUM. Ce lieu est placé par l'Itinéraire d'Antonin, entre *Augusta Veromanduorum*, S. Quentin, & *Augusta Suessionum*, Soissons; & la distance est marquée XIII également à l'égard de chacune de ces villes. La Table Théodosienne, qui trace la même route de communication entre ces capitales des *Veromandui* & des *Suessiones*, ne fait point mention de *Contra Aginnum*, & marque XXV, en une seule distance. J'ai plusieurs cartes manuscrites très-circonstanciées, qui m'indiquent les vestiges de l'ancienne voie, sous le nom de chaussée de Brunehaut, dont l'alignement à partir de S. Quentin, traverse la rivière d'Oise près d'un lieu nommé Condran, & continue sur la même direction jusqu'au bord de l'Aisne, un peu au-dessous de Soissons, & vers l'endroit où il y a un bac établi sur cette rivière. Ce qu'il y a d'espace entre les points de Soissons & de S. Quentin, est déterminé par des opérations trigonométriques, entre 27 & 28000 toises, ce qui n'admet que 24 à 25 lieues gauloises. On ne sçauroit douter que le lieu de Condran ne se rapporte à la position de *Contra Aginnum*, & je suis informé qu'il y reste quelques vestiges d'un ancien pont. Sa distance de Soissons, qui est d'environ 15000 toises, répond à l'indication de 13 lieues gauloises dans l'Itinéraire, en la surpassant d'une fraction de lieue. Mais, delà jusqu'à S. Quentin, la distance ne renferme qu'environ 11 lieues, & ne suffit pas pour admettre les 13 que répète l'Itinéraire dans cet intervalle. C'est le local qui exige cette sévérité d'analyse. M. de Valois, & plusieurs autres, ont déplacé *Contra Aginnum* en le prenant pour Chauni. La Notice de l'Empire fait mention d'une milice de *Batavi Contraginenses*, établie à *Noviomagus Belgicæ secundæ*, qui est Noyon.

43°, 19°.

CONVENÆ. On sçait qu'ils ont été ainsi appellés

NOTICE DE LA GAULE.

d'un terme Latin, dérivé du verbe *convenire*, pour avoir été rassemblés en un corps de nation par Pompée, qui, à son retour de la guerre d'Espagne contre Sertorius, établit dans ce canton au pied des Pyrénées, une troupe de gens ramassés. S. Jérôme les tire *de Pyrenæis jugis*; & cependant il les dit sortis des *Vettones*, *Arebaci*, *Celtiberi*, dont la position en Espagne est assez éloignée des Pyrénées, au-delà de l'Ebre, & jusque dans la Lusitanie. Aussi, M. de Valois accuse-t-il S. Jérôme de n'être pas d'accord avec lui-même. Ce qui pourroit faire croire qu'il y avoit en effet quelques Espagnols fugitifs entre ces *Convenæ*, c'est de trouver dans leur voisinage une ville dont le nom est *Calagorris*, comme on en connoît une de même nom chez les anciens *Vascones*, sur la droite du cours de l'Ebre. M. de Valois remarque judicieusement, que c'est des *Convenæ* qu'on peut entendre ce qui est dit dans le troisième livre *de bello civili*, sçavoir, *fugitivis ab saltu Pyrenæo, prædonibusque*. Strabon, Pline, Ptolémée, font mention des *Convenæ*; & Pline d'une manière qui leur convient particulièrement, *in oppidum contributi Convenæ*. Le pays où ils ont pris de l'extension après leur établissement, porte le nom de Cominge; & dans une Notice de la Gaule, dont on a trouvé le manuscrit dans la Bibliothéque de Thou, le nom de *civitas Convenarum* est suivi de cette addition, *id est Communica*. Il ne faut pourtant pas confondre ce que l'on comprend aujourd'hui sous le nom de haut & de bas Cominge, avec le diocèse de Cominge, qui est moins étendu. Car, sous la recette de Cominge, S. Lizier, chef-lieu du Couserans, Cazeres & Lombez, qui sont de l'ancien territoire de Toulouse, ne sçauroient appartenir aux *Convenæ*.

Lib. II, advers. Vigilant.

P. 157.

Lib. IV, cap. 19.

48°, 16°.

CORBILO. Pytheas, qui est célèbre dans l'antiquité par ses découvertes dans l'Océan septentrional, mettoit *Corbilo* du nombre des villes les plus opulentes de la Gaule. Strabon nous apprend que *Corbilo* étoit un port sur la Loire, qui devoit être déchu de son état florissant, puisqu'aucun autre auteur n'en fait mention. Sanson veut que *Corbilo* & *Condivicnum* soient la même ville, sans en apporter de preuves. D'autres ont jetté les yeux sur Coëron, situé à deux lieues au dessous de Nantes, & sur le même bord de la Loire, & je crois cette opinion fort convenable. M. de Valois appuie même sur l'analogie qui paroît entre la dénomination ancienne & le nom actuel.

Lib. IV, p. 190.

P. 159.

50°, 16°.

CORIALLUM. Il faut en chercher la position à l'extrémité du Côtantin, que l'on nomme la Hague, & sur le rivage de la mer, où une route vient aboutir & se terminer. Car, c'est ainsi que ce lieu est placé dans la Table Théodosienne, comme plusieurs autres lieux maritimes, qui sont suffisamment connus d'ailleurs, me contentant d'alléguer pour exemple *Bononia*. Sanson a bien pensé qu'il falloit s'attacher à une pareille position, & il a jetté les yeux sur Cherbourg. Mais, le nom de Cherbourg dérivé de *Cherusburc*, n'a point avec *Coriallum* l'affinité que Sanson a cru y voir. On en reconnoît véritablement dans le nom de *Gouril*, qui est celui d'un petit havre entre des falaises, sous le cap de la Hague, à l'endroit où le continent a le plus de saillie dans la mer. Les XXIX milles que marque la Table entre *Cosedia* & *Coriallum* sont très-convenables à l'éloignement où se trouve le havre dont je parle à l'égard du lieu que j'estime répondre à l'emplacement de *Cosedia*.

51°, 24°.

CORIOVALLUM. Il en est mention dans l'Itinéraire d'Antonin en deux endroits, & dans la Table Théodosienne. L'Itinéraire marque XII dans un endroit, & XVIII dans l'autre, entre *Coriovallum* & *Ju-*

NOTICE DE LA GAULE. 247

tiacum, ou Juliers. La premiere de ces deux diſtances paroît devoir être préférée, parce que celle de la Table y eſt conforme. L'Itinéraire & la Table s'accordent pareillement à marquer XVI, entre *Aduaca*, qui eſt Tongres, & *Coriovallum* ; & j'ai lieu d'eſtimer que l'eſpace actuel de Tongres à Juliers répond en-effet à 28 lieues gauloiſes, que donnent les deux diſtances. En partant de Juliers, la première de ces diſtances paroît ſe terminer vers un lieu nommé Cortenbach, & ſuivant la leçon de la Table qui eſt *Cortovallio*, on diroit *Cortovallum*, plutôt que *Coriovallum*. Cluvier a placé ce lieu à Valkenbourg, qui en-effet ſemble être ſur la direction de la route. Mais, je remarque que la diſtance à l'égard de Juliers eſt trop forte, & en même tems trop foible à l'égard de Tongres. Car, ayant ſous les yeux des cartes levées géométriquement pendant les campagnes que le Roi a fait en perſonne, la diſtance de Tongres au vieux Valkenbourg, quoique plus éloigné que le nouveau Valkenbourg, ne s'étend qu'à environ 15000 toiſes, en ſuivant la trace de l'ancienne chauſſée, qui de Tongres eſt allignée vers Maſtrict. Or, cette meſure ne répond qu'à 13 lieues gauloiſes, lorſqu'il en faut trouver 16. Menſo-Alting en s'écartant de Cluvier, rencontre encore moins juſte. Car, le lieu dont il fait choix par rapport au nom de Keyer qu'il porte, croyant y retrouver le premier membre du nom de *Coriovallum*, n'eſt qu'à 12000 toiſes de Tongres, c'eſt-à-dire, 10 à 11 lieues gauloiſes. Il ne convient pas même à la direction de la voie, dont il s'écarte ſur la droite au-delà de Maſtrict. On peut voir comment le ſçavant que je cite diſpoſe à ſon gré des diſtances, pour les amener à ſon point. Quoiqu'il ne ſoit pas mention de *Trajectum Moſæ* dans les Itinéraires, cependant on ne ſçauroit douter que ce ne fût le paſſage de la voie romaine. On lit dans Grégoire de Tours, en parlant d'Aravatius, qui le premier des évêques de Tongres transféra ſon ſiège à *Trajectum*

Not. Batav. p. 51.

dans le cinquième siécle, que ce prélat fut inhumé *juxtà pontem aggeris publici*, & ce qu'on doit entendre par *agger publicus* ne souffre point de difficulté. Il y a même grande apparence, que ce pont, *ad Mosæ trajectum*, est celui dont Tacite fait mention, en disant que Civilis ayant attiré ceux de Cologne dans son parti, & armé les *Sunici*, fut arrêté dans ses progrès par Labéon, qui avec ce qu'il avoit ramassé de monde à la hâte chez les *Betasii*, *Tungri*, & *Nervii* ; *pontem Mosæ fluminis antecepterat*.

Hiſtor. lib. IV, ſect. 66.

48°, 14°.

CORISOPITI. En ne confondant point, comme on a fait jusqu'à préfent, les *Corisopiti* avec les *Curiosolites*, on ne trouvera dans les monumens Romains que la Notice des provinces de la Gaule qui fasse mention des *Corisopiti*, & cette Notice est du commencement du cinquième siècle, ou peu antérieure. Avant qu'on eût découvert les *Curiosolites* dans un lieu qui se nomme Corseult, renfermé actuellement dans le diocèse de S. Malo, on s'accordoit à leur assigner pour territoire le diocèse de Kimper. Il est hors de doute, que Kimper est le siége épiscopal désigné dans les actes du moyen-âge par le nom de *Corisopitensis* ; & puisque les *Curiosolites* ont un autre emplacement, c'est mal-à-propos qu'on n'a point distingué d'avec eux les *Corisopiti*. Dans le procès que Nominoé, qui prit en Bretagne le titre de roi vers le milieu du neuvième siècle, fit aux évêques de cette province, l'évêché de Kimper est appellé *Corisopitensis* ; & ce nom subsistoit plusieurs siècles après, comme des lettres datées de l'an 1166, dans lesquelles un évêque de Kimper s'intitule, *Corisopitensis ecclesiæ humilis minister*, en font foi. M. de Valois citant un martyrologe, qui fait mémoire de S. Corentin, *episcopi civitatis Aquilæ*, ne dit point quelle étoit cette ville. Le nom de Kimper a désigné chez les Bretons, suivant les titres du pays, le confluent de plusieurs rivières,

P. 160.

comme

comme en-effet il s'en réunit plusieurs à Kimper ; & les lettres que je viens de citer ont été données *apud Confluentiam , in ecclesiâ B. Mariæ & B. Chorentini*. On lit dans un autre titre du Cartulaire de Kimper , *ecclesia S. Chorentini in Confluentia* : & c'est avec surprise qu'on trouve le P. Hardouin , dont Kimper étoit la patrie, se méprendre sur la signification du nom de Kimper , dans une note sur Pline : *quæ vox* , dit-il , *Britannicâ linguâ oppidum muris cinctum significat*. Dans le langage des habitans du pays de Galles , *Kimmer* désigne une jonction ou association. Mais , pour en venir au nom d'*Aquila* , que porte le Martyrologe , & qui donne lieu au P. Rostrenen , dans son Dictionnaire Breton , de dériver le nom de Kimper de *Kamp* & d'*Er* , qu'il interprete *campum Aquilæ* ; il n'est pas moins propre à désigner la même ville , quoique par une dénomination particulière , & différente de Kimper. L'église que l'on nomme aujourd'hui le Loc-Maria (*Locus-Mariæ*) à Kimper , est appellée dans les titres , *sancta Maria de Aquilonia* ; & des lettres de Bénédic , ou Budic , évêque , & en même tems comte de Cornouaille , & pere d'Alain surnommé Canhiart, ont été expediées *in Aquiloniâ civitate*. Il est donc constant , que les *Corisopiti* étoient placés dans le diocèse de Kimper ; & cependant on trouvera d'une manière également évidente dans les articles *Osismii* & *Vorganium* , que le territoire de ce diocèse faisoit partie de la cité des Osismiens. Or , que doit-on conclure de là , si ce n'est , qu'entre les cités de la Gaule , comme on en connoît plusieurs qui ont renfermé des peuples de moindre considération dans leur dépendance, les *Corisopiti* , dont aucun auteur ne fait mention avant la Notice des Provinces , n'étoient primitivement qu'une portion des *Osismii* , que l'établissement d'un évêché particulier en a séparée , & fait distinguer.

Edit. in-folio ; T. I, p. 225.

49°, 23°.

COROBILIUM. On trouve ce lieu dans la Table Théodosienne, sur la trace d'une route entre *Durocortorum* & *Andomatunum*, Reims & Langres. Il n'y a point de distance marquée dans l'intervalle de *Durocortorum* à *Corobilium*. Je vois même un autre défaut considérable par l'omission de la position de *Duro-Catalaunum*, ou de Châlons, entre *Durocortorum* & *Corobilium*. Cette omission est évidente par la position de *Corobilium*. Je la retrouve distinctement dans le nom de Corbeille, sur la trace d'une ancienne voie qui de Châlons conduit à Langres, & la situation de Châlons est convenable au passage de la route en partant de Reims pour se rendre à Langres. La Table fait compter 42 entre *Corobilium* & *Andomatunum*, en deux distances particulières, par la position d'un lieu intermédiaire sous le nom de *Segessera*, & marquant XXI également de *Corobilium* à *Segessera*, & de *Segessera* à *Andomatunum*. Ce qu'il y a d'espace sur le local entre Corbeille & Langres ne peut s'estimer au-dessous de 52000 toises, ce qui renferme 46 lieues gauloises; & on les retrouvera si l'on suppose que l'une des deux distances de la Table est XXV, plutôt que XXI. Il est indispensable de convenir d'une manière ou d'autre de quelque insuffisance dans la Table, parce qu'on ne sçauroit méconnoître la position de *Corobilium* dans celle de Corbeille, dont l'identité de la dénomination, & la situation sur la voie même, décident souverainement. Pour suppléer ensuite à l'omission de la Table, je remarque que la position de Corbeille se trouvant distante de Châlons de 22 à 23000 toises, il en résulte 20 lieues gauloises; & on est instruit par l'Itinéraire d'Antonin, qu'entre Reims & Châlons la distance est de 27 milles, ou de 18 lieues. Il faut donc compter sur 38 lieues entre *Durocortorum* & *Corobilium*, & j'ai lieu d'estimer que la distance en droite-ligne de Corbeille au point de Reims, est au moins de 42000 toises.

46°, 18°.

CORTERATE. La Table Théodosienne indique ce lieu sur une route qui est tracée de Bourdeaux à *Vesunna*, ou Périgueux. Or, la direction de la voie, & une grande analogie dans la dénomination, font connoître que c'est Coutras. Un autre lieu placé entre Bourdeaux & *Corterate*, sous le nom de *Varatedum*, se retrouve également bien, & sa position conduit à celle de Coutras. On peut même voir à l'article concernant *Varatedum*, comment l'indication de distance marquée dans la Table, convient à ce qu'il y a d'espace actuel entre Bourdeaux & Coutras.

51°, 21°.

CORTORIACUM. C'est la Notice de l'Empire qui nous l'indique, en faisant mention des *Cortoriacenses*, sous les ordres du général de la Cavalerie dans les Gaules. Car, les noms que quelques milices Romaines empruntoient de différens lieux, nous font connoître l'existence de ces lieux du tems des Romains, & celle de Courtrai sous le nom *Cortoriacum*. On a depuis écrit par altération *Curtricum*; & dans les Capitulaires de Charle le Chauve, de l'an 853, le *pagus Curtricisus* est nommé entre *Adertisus* & *Flandra*.

45°, 20°.

COSA. Ce lieu est marqué par la Table Théodosienne, sur une route qui conduit à Toulouse, en partant de *Divona*, capitale des *Cadurci*, nonobstant qu'on lise *Bibona*. L'indication de la distance, qui paroît XX, est trop forte, & il faut que ce nombre tienne lieu de XV ou de XVI, pour répondre à ce qu'il y a d'espace actuel entre Cahors & le bord de l'Aveirou, où il existe une terre sous le nom de Coz. Altaserra cite un titre de l'abbaye de Moissac, qui est une donation faite par Guillaume, comte de Toulouse, d'une église située *in pago Caturcino, super ripam Avarionis alvei, juxtà castrum Chos cognominatum*.

Rer. Aquitanicæ lib. I, cap. 3.

50°, 17°.

COSEDIA. L'Itinéraire d'Antonin & la Table Théodosienne en font mention, sur une route qui communique d'un côté à *Condate*, capitale des *Redones*, & de l'autre à des lieux situés dans le Côtantin. Sanson a cru que *Cosedia* pouvoit être le même lieu que Coutances; & en-effet, la position de *Cosedia*, représentée dans la Table par une tourelle, comme plusieurs autres lieux qui sont reconnus pour des villes capitales, peut faire estimer que *Cosedia* étoit un endroit assez considérable pour mériter quelque distinction. Elle auroit pourtant mieux convenu dans la Table à *Crociatonum*, qui étoit la capitale des *Veneli*, & qui s'y trouve ainsi que *Cosedia*. Le compte qu'elle donne de 68 lieues gauloises entre *Condate*, ou Rennes, & *Cosedia*, ne sçauroit convenir à Coutances. L'intervalle des positions de Rennes & de Coutances n'est que de 54 à 55,000 toises, selon les opérations faites en France; ce qui ne répond qu'à 48 lieues gauloises, & l'excédent de la mesure itinéraire sur la mesure directe ne sçauroit être de 20 sur 48. Bien-loin de pouvoir soupçonner, en consultant l'Itinéraire d'Antonin, que la Table donne plus qu'il ne convient entre *Condate* & *Cosedia*, cet Itinéraire fournit 88 dans le même espace, au lieu de 68; & 88 conviendront encore moins entre Rennes & Coutances que 68. Il est vrai que l'Itinéraire est manifestement fautif dans le détail des distances, sur la route qu'il décrit d'*Alauna* à *Condate*: car, on y compte 108 par ce détail, tandis que la somme marquée par l'Itinéraire même n'est que LXXVII. Cette somme est beaucoup plus convenable au local, que le compte donné par le détail. L'espace entre le point de Rennes & la position d'*Alauna*, qui est indubitablement celle que donnent les Moutiers-d'Alonne, ne pouvant être estimé que d'environ 75,500 toises, qui ne répondent qu'à 67 lieues gauloises; il est évident que cet espace direct ne peut admettre qu'en-

NOTICE DE LA GAULE.

viron 10 lieues gauloises de plus en mesure itinéraire, supposé même qu'un pareil excédent ne paroisse pas trop considérable. Mais, il reste pour constant, que *Cosedia* étoit dans un plus grand éloignement de Rennes que la position de Coutances. La Table indiquant 68 entre *Condate* & *Cosedia*, & l'Itinéraire 77 jusqu'à *Alauna*, en passant par *Cosedia* avant que d'arriver à *Alauna*, il s'ensuit que *Cosedia* n'est distant de la position d'*Alauna* que d'environ 9. Si l'Itinéraire paroît marquer xx, il est suffisamment prouvé que les distances particulières ont un excès dans les nombres, qu'il est indispensable de corriger. Tout ce qu'on a de notion touchant *Cosedia* résidant ainsi dans les Itinéraires, ce n'est qu'en les étudiant assez bien pour trouver le vrai qui les concilie, qu'on peut juger de l'emplacement de ce lieu. Je n'entreprendrai pas de l'appliquer précisément à quelque position en particulier dans le canton qui lui convient. Je pense néanmoins qu'en fouillant aux environs du Mont-gardon, qui domine sur le pays aux environs de la Haye du Puis, & où la distance de 9 lieues gauloises porte en partant d'*Alonne*, on y découvriroit peut-être quelques vestiges d'antiquité. Je suis informé d'avance, qu'au pied du Mont-gardon on retrouve des vestiges de l'ancienne chaussée qui y conduisoit.

45°, 18°.

COSSIO, *posteà* VASATES. La capitale des *Vasarii*, ou plutôt *Vasates*, dans Ptolémée, est *Cossio*. On voit aussi *Cossio Vasatum* dans Ausone. Le nom du peuple a prévalu sur le nom propre & primitif; & dans Ammien-Marcellin il est mention de *Vasatæ* comme d'une ville recommendable dans la Novempopulane. On trouve *civitas Vasatas* dans l'Itinéraire de Bourdeaux à Jérusalem; *civitas Vasatica* entre celles de la Novempopulane, dans la Notice des provinces de la Gaule. La situation de cette ville sur le bord des Landes, l'a fait appeller par S. Paulin *arenosas Vasatas*. Dans

Parental. 24.

Lib. XV.

Sidoine-Apollinaire, le pays des environs est appellé *Syrticus ager, ac vagum solum*: il dit en parlant de *Vasatium civitas, non cespiti imposita, sed pulveri*. Cependant, il a été un tems où les églises de la Gascogne ayant été détruites par les Normans, & manquant de pasteurs, l'évêque de Bazas a été le seul dans ce pays, & a pris la qualité de *Vasconensis episcopus*.

p. IV, ad Ausn.
p. XII, libri 8.

50°, 17°.

CROCIATONUM. Ptolémée indique cette ville comme la principale des *Veneli*, ou *Unelli*; & la dénomination y paroît plus correcte que celle de *Crociaconnum* qu'on trouve dans la Table. Cette position est placée entre *Alauna* & *Augustodurus*: la distance est marquée VII à l'égard d'*Alauna* & XXI à l'égard d'*Augustodurus*. Comme on ne sçauroit rapporter l'emplacement de *Crociatonum* qu'à Valognes, & que la position d'*Alauna* se retrouve dans les Moutiers d'Alonne, le nombre de distance qui paroît VII dans la Table, tient lieu de XII, parce qu'en conséquence d'un espace direct d'environ 12600 toises entre Valognes & Alonne, selon la carte du diocèse de Coutances, la mesure itinéraire peut s'estimer d'environ 12 lieues gauloises. Il n'y a point de défaut pareil à relever dans l'indication qui suit, sçavoir de *Crociatonum* à la position d'*Augustodurus*, comme on peut voir dans l'article *Augustodurus*. Les vestiges d'antiquité, dont on a fait la découverte dans la paroisse d'Aleaume, qui tient à Valognes, dénotent l'emplacement d'une ancienne ville: & en considérant que la plupart des capitales n'ont changé de nom, que pour prendre celui du peuple où elles tenoient le premier rang; on croit pouvoir remarquer, que le nom de Valognes ne diffère essentiellement que par la transposition des consones du nom de *Veneli*. Combien peut-on citer de dénominations actuelles, qui ne conservent pas une analogie plus marquée avec celles dont elles dérivent, quoique leur altération en diverses manières n'en détruise point l'identité ? Au-reste, c'est mal-à-propos que le terme de *Limen* est ajouté au nom de *Crociatonum* dans le manuscrit Palatin de Ptolémée. Ce terme désignant un port, ne convient pas plus à *Crociatonum* qu'à *Noviamagus* des *Lexovii*, ou Lizieux, que le même manuscrit qualifie également de *Limen*.

48°, 24°.

CRUSINIE. On trouve un lieu ainsi nommé dans la Table Théodosienne, sur la voie qui conduisoit à Besançon : *Cabillione* XIIII *Ponte Dubris* (lisez *Dubis*) XVIIII *Crusinie* XV *Vesontione*. Il faut consulter l'article *Pons Dubis*, pour voir que c'est un lieu nommé Pontoux, quoique la distance de Challon ne soit que de 11 lieues gauloises & demie, & non pas de 14, comme le marque la Table. Au-delà de Pontoux, la trace de la voie est bien connue & passe par des lieux qui en tirent le nom qu'ils portent, Chemin, & Bel-chemin, comme ailleurs on rencontre des Estrées & des Cauchies. Elle s'étend dans cette direction jusqu'au près de Dole, où l'on retrouve le Doux, vis-à-vis d'un lieu dont le nom de Crissei est fort analogue à celui de *Crusinie*, ou *Crissinie*, en se permettant une légère interpolation, que les noms de lieu qui sont fréquemment incorrects dans la Table, peuvent souffrir. On prétend que dans la grande Forêt de Chaux, qui est derrière Crissei, on trouve des vestiges de la continuation de cette route, ce qui semble correspondre à de pareils vestiges, qui en partant de Besançon tendent vers un lieu nommé Oscelle, situé dans un des contours que décrit le cours du Doux. La mesure du chemin entre Pontoux & Crissei fournit 15 lieues gauloises & demie, & de Crissei à Besançon environ 21. Ainsi, la distance se montre plus petite, où l'indication de la Table la veut plus grande, & plus grande au contraire où la Table la veut plus petite. Cependant, tout considéré, je vois que le défaut de la Table ne peut confifter que dans la diftribution des diftances. Elle compte 14, 19, & 15, qui font 48. Or, ce que nous indique le local de Challon à Pontoux eft 11 & demi, de Pontoux à Criffei 15 & demi, & de Criffei à Befançon 21. Donc, même fomme au total, ou 48. Le calcul de 48 lieues gauloifes eft de 54432 toifes; & ce calcul n'a d'excédent fur un efpace de plus de 52000 toifes en droite-ligne, qu'autant qu'il eft à préfumer d'une mefure itinéraire. Le paffage du Doux, près d'Ofcelle, ne regarde pas uniquement la voie qui fe rendoit à Challon par *Crufinie;* mais encore une autre branche de voie, qui quoiqu'elle ne paroiffe pas dans les anciens Itinéraires, n'en eft pas moins une voie romaine, dont la direction tend vers le midi. Un Chroniqueur de Dijon, inféré dans le Tome I du Spicilège, fait mention du paffage de la rivière de Loue, à quelque diftance au-delà du Doux, en ces termes: *fuper Lupam rapaciffimum fluvium, per quod Romam petentium quondam fuit iter.*

46°, 24°.

Not. in Cicer.
Not. in Aufon.

CULARO, *pofteà* GRATIANOPOLIS. Paul Manuce, & le P. Sirmond, ont remarqué, que dans la date d'une lettre de Plancus à Cicéron, il convenoit de lire, *Cularone, ex finibus Allobrogum,* au lieu de *Sivarone.* Le préfident de Boiffieu, qui veut ôter *Cularo* aux *Allobroges* & donner cette ville aux *Vocontii,* ne fçauroit-être de même opinion. Ce que M. de Valois cite de Strabon, que deux rivières, *Cuaro* & *Vero,* enveloppent une ville, ne peut s'appliquer à *Cularo.* Strabon en cet endroit parle de rivières entre la Durance & l'Ifère, μεταξὺ δὲ τῦ Δρυεντία καὶ τῦ Ισαρος, non pas de l'Ifère même, qui paffe à *Cularo,* ou Grenoble, loin du canton où Strabon fe trouve porté en parlant ainfi. Quoique ce paffage foit incorrect dans le texte de Strabon, comme Cafaubon l'a remarqué, cependant

De fept. Delph. miraculis.

Valef. p. 164.

Lib. IV, p. 185.

il

NOTICE DE LA GAULE. 257

il est aisé de s'appercevoir qu'il y est question d'une ville des *Cavares* ; & que le nom qui se lit Κουάρων, tient lieu de Καουάρων, comme il est écrit quelques lignes plus haut dans le même texte. Et quant à la ville que cette circonstance peut regarder, je pense que c'est *Arausio*, qui paroît avoir tenu le premier rang chez les *Cavares*, & près de laquelle un bras de la rivière d'Eygues se partage en plusieurs canaux, avant que de se rendre dans le Rhône sous le nom de Meine. Deux inscriptions qui ont été trouvées à Grenoble, font mention des ouvrages de Dioclétien, & de Maximien son collègue à l'empire, pour la sureté & l'embellissement de cette ville: *muris Cularonensibus, cum interioribus ædificiis.* Les portes de la ville sont appellées *Jovia* & *Herculea*, du surnom de *Jovius* & d'*Herculius* ; que ces empereurs avoient affecté de porter. J'ai vu M. de la Bâtie dans l'opinion, que l'ancien emplacement de *Cularo* étoit sur la hauteur, dont le côté droit de l'Isère rase le pied, au lieu que la ville de Grenoble est sur la rive gauche. Cette ville ayant pris le nom de l'empereur Gratien, on voit entre les souscriptions du concile d'Aquilée, tenu en 381. la quinzième année de Gratien, celle de Domninus, *episcopus Gratianopolitanus.* S. Augustin parle de la fontaine qui brûle en disant, *non longè à Gratianopoli civitate* : & on peut ajouter en passant, que la merveille de cette fontaine est attestée par une inscription romaine, qui porte *Vvlcano Aug. Sacrum.* Boissieu rapporte une autre inscription, trouvée à Moirenc dans le voisinage de Grenoble, en ces termes : *divo Gratiano, tyrannide vindicatâ, Theodosius & Valentinianus Augg. ex voto p.* Cependant, *Cularo* conserve son nom primitif dans la Table Théodosienne, où il faut lire *Cularone*, au lieu de *Culabone*. Il y a pareillement quelque réforme à faire au même nom dans la Notice de l'Empire, qui s'explique ainsi : *in Galliâ Ripensi.... tribunus cohortis primæ Flaviæ, Sabaudiæ*

De Civit. Dei ; lib. XXI, cap. 7.

Calarone (pour *Cularone*.) Dans la Notice des provinces de la Gaule, c'est le nom de *civitas Gratianopolitana* qu'on voit entre les villes de la Viennoise. Cellarius paroît vouloir conclure des termes de la lettre de Plancus, *ex finibus Allobrogum*, qu'à *Cularo* l'Isère devoit séparer les *Allobroges* d'avec les *Vocontii*. Il s'ensuivroit que la position actuelle de Grenoble seroit hors des limites des *Allobroges*, si contre toute apparence les *Vocontii* s'étoient étendus jusque-là.

45°, 17°.

CURIANUM PROMONTORIUM. C'est Ptolémée qui l'indique entre l'embouchure d'une rivière qu'il nomme *Sigmanus*, & la Garonne. Or, il n'y a de pointe de terre qui soit remarquable dans toute la longueur de la côte depuis l'Adour jusqu'à la Garonne, que celle qu'on nomme le cap Ferret, qui n'est même une pointe, que parce qu'elle se trouve resserrée entre la mer & le flanc du bassin d'Arcachon, sans avoir de saillie qui excède sensiblement le gisement général du rivage. Voyez au surplus l'article *Sigmanus fluvius*.

49°, 16°.

CURIOSOLITES. César en fait mention en plusieurs endroits de ses Commentaires, & les compte au nombre des cités Armoriques ou maritimes. Dans Pline on lit *Cariosuelites*. Ptolémée ne les a point connus ; & la conjecture de M. de Valois, que la cité des *Arvii* dans Ptolémée paroît y tenir lieu des *Curiosolites* sous un autre nom, est détruite par la découverte de la situation des *Arvii* dans une partie du Maine. L'emplacement qu'on a donné ci-devant aux *Curosolites* dans le diocèse de Kimper, appartenoit aux *Osismii*, & aux *Corisopiti*, comme on peut voir aux articles qui portent ces titres ; & on n'auroit pas dû confondre les *Curiosolites* avec les *Corisopiti*. Les vestiges de la ville des *Curiosolites*, dans un lieu dont le nom de Corseult rappelle la dénomination de cette ancienne cité, & qui est

NOTICE DE LA GAULE. 259

située dans le diocèse de S. Malo, entre Dinan & Lamballe, indiquent le canton de pays qu'occupoient les *Curiosolites*. Quoique les nouveaux évêchés qui ont partagé la Bretagne, ayent apporté beaucoup de dérangement aux limites des cités d'un tems antérieur, on voit néanmoins en général par la position de la capitale des *Curiosolites*, que leur territoire confinoit aux *Redones* vers le levant, aux *Veneti* vers le sud ; & que du côté du nord sa partie maritime s'étendoit jusqu'auprès de S. Brieuc, où un lieu qui se nomme Finiac donne la même indication des limites d'un ancien territoire, que le nom de *Fines*, ou Fins, en d'autres endroits de la Gaule. Quelle étoit la cité limitrophe de ce côté-là, c'est ce qu'il est difficile de déterminer, si on a peine à croire que les *Osismii*, en occupant le fond de la Bretagne, étendoient aussi loin leurs dépendances.

50°, 20°.
CURMILIACA. L'Itinéraire d'Antonin nous indique ce lieu entre *Samarobriva*, ou Amiens, & *Cæsaromagus*, ou Beauvais. La distance est marquée XII à l'égard de *Samarobriva*, & XIII à l'égard de *Cæsaromagus*. C'est donc 25 lieues gauloises entre Amiens & Beauvais. Or, la mesure de l'ancienne voie, qui subsiste encore, sous le nom de chaussée de Brunehaut, étant prise du centre d'Amiens, & portée au centre de Beauvais, se trouve d'environ 28300 toises ; & le calcul de 25 lieues gauloises, selon l'évaluation de la lieue à 1134 toises, est de 28350. Un lieu que l'on rencontre sur cette voie, sous le nom de Cormeilles, conserve l'ancienne dénomination de *Curmiliaca*. La distance de ce lieu à l'égard du point pris au centre d'Amiens, est d'environ 15300 toises, qui renferment 13 lieues gauloises & demie : & à l'égard du point de Beauvais, la distance étant d'environ 13000 toises, elle se compare à 11 lieues gauloises & demie. On voit par

K k ij

là, que les fractions de lieue se compensent dans cet espace d'Amiens à Beauvais, pour que le total de la distance soit de 25 lieues. Mais, on remarquera en même tems, qu'il faut transposer les nombres de l'Itinéraire ; & que le plus fort de ces nombres, sçavoir XIII, convient mieux entre *Samarobriva* & *Curmiliaca*, qu'entre *Curmiliaca* & *Cæsaromagus* ; & que le plus foible, qui est XII, doit prendre la place du plus fort entre *Curmiliaca* & *Cæsaromagus*. L'application des Itinéraires au local actuel demande quelquefois que cela soit ainsi ; & la position dont il s'agit en fournit un exemple qui n'est point équivoque.

43°, 21°.

CYNETICUM LITTUS. Dans Festus-Avienus, *in orâ maritimâ* :

..... *post Pyrenæum jugum*
Jacent arenæ littoris Cynetici.

Comme le pied des Pyrénées est à Collioure, on ne peut mieux appliquer cette grève de *littus Cyneticum*, qu'à la plage qui s'étend depuis l'embouchure du Tech jusqu'à la Tet, près de laquelle est le bourg de Canet, à environ un mille & demi du rivage de la mer. Le vers qui suit dans Avienus,

Easque (*arenas*) *sulcat amnis Roschinus*,

concourt à cette détermination, parce que le nom de la Tet, *Telis* dans Méla, est *Ruscino* dans Strabon & dans Ptolémée, c'est-à-dire, le même que *Roschinus*, selon qu'il est employé par Avienus.

45°, 23°.

CYPRESSETA. Entre *Avenio*, Avignon, & *Arausio*, Orange, dans l'Itinéraire de Bourdeaux à Jérusalem. La distance est marquée v à l'égard d'*Avenio*, & XV à l'égard d'*Arausio*. La première distance conduit indubitablement au pont de Sorgue : & je suis étonné qu'Honoré Bouche en fasse l'application à la Barthalasse, qui est, pour ainsi dire, à la porte d'Avignon, &

Chor. de Prov. liv. III, ch. 3.

renfermée par un bras du Rhône dans l'ifle qui porte le même nom de Barthalaffe. Du pont de Sorgue à Orange, l'efpace qui n'eft que d'environ 9000 toifes, n'admet que 12 milles. Ainfi, on peut avec fécurité fubftituer XII à XV dans l'Itinéraire.

D.

46°, 25°.

DARANTASIA. On ne peut rien citer de plus ancien fur cette ville, que l'Itinéraire d'Antonin, & la Table Théodofienne, en y ajoutant la Notice des provinces de la Gaule. L'Itinéraire & la Table en font mention fur une route qui conduit au paffage de l'*Alpis Graia*, ou du petit S. Bernard, entre les pofitions d'*Obilunum* & d'*Axima*. La diftance eft également marquée XIII à l'ègard du premier de ces lieux, & X à l'ègard du fecond; & ces indications paroiffent convenables à l'emplacement que conferve la capitale de la Tarentaife, qui a pris le nom de Monftier (*Monafterium*) tandis que celui de *Darantafia* s'eft étendu à toute la contrée. M. de Valois prend cette ville pour le *Forum Claudii*, que Ptolémée nomme chez les *Centrones* : incertum, dit-il, *quam ob caufam (urbs Forum Claudii) dicta eft Darantafia*. Mais, les raifons qui peuvent être contraires à cette opinion, font expofées dans l'article *Forum Claudii*. Il eft à remarquer, que *Darantafia* n'eft point qualifiée du titre de *metropolis* dans la Notice des provinces, comme les autres villes qui tiennent la première place en chaque province : & fon évêque ne jouiffoit point du rang & des droits de métropolitain dans le cinquième fiècle, puifqu'un décret du pape Léon le grand, confirmé par le pape Symmaque, foumet l'églife de *Tarantafia* à celle de Vienne, pour terminer la conteftation qui étoit entre les évêques de Vienne & d'Arles fur les fiéges relevans de leurs églifes.

P. 142.

45°, 23°.

DARENTIACA. Dans l'Itinéraire de Bourdeaux à Jérufalem, ce lieu eft placé entre *Augufta* & *Dea Vocontiorum*. La diftance eft marquée XII à l'égard d'*Augufta*, & XVI à l'égard de *Dea*, ou Die. La fomme de ces diftances excède l'indication que donne l'Itinéraire d'Antonin entre *Augufta* & *Dea*, qui eft XXIII ; & comme on peut voir à l'article *Augufta*, c'eft tout ce que le local peut admettre. Le moyen le plus fimple de réduire l'Itinéraire de Jérufalem, pour le mettre d'accord avec celui d'Antonin, eft de fubftituer VII à XII dans la diftance d'*Augufta* à *Darentiaca* ; nonobftant quoi, j'avoue que la pofition qui peut répondre à *Darentiaca* m'eft inconnue.

48°, 15°.

DARIORIGUM, *poftea* **VENETI**. On apprend de Ptolémée, que le nom de la capitale des *Veneti* étoit *Dariorigum*. L'emplacement de cette ville ne répondoit pas précifément à celui que Vennes occupe aujourd'hui, felon D. Lobineau. Il veut que Dariorig fût fitué fur une pointe de terre, qui eft ifolée deux fois par jour au

Comment. III. montant de la marée ; & Céfar attribue en-effet une pareille fituation aux villes des *Veneti* prefque généralement. Cet emplacement feroit-il celui d'un terrain que la mer enveloppe ainfi au fond du Mor-bihan, à une lieue au-deffous de Vennes, & que l'on nomme Durouec ? Et ce nom de Durouec auroit-il quelque rapport à Dariorig ? Les Bretons qui parlent leur langue naturelle ou Bretone, nomment la ville de Vennes *Wenet* ou *Guenet*. M. de Valois n'avoit pas bien confidéré

P. 592. la Table Théodofienne, quand il a écrit, que dans cette Table la capitale des *Veneti* eft appellée du nom de la nation, *vocatur nomine gentis*. Il y reconnoît néanmoins,

P. 591. vers la fin du même article où il traite des *Veneti*, le nom de *Dariorítum*. Ce nom, qu'on lit *Dartoritum* dans la Table, avec la figure qu'elle donne aux capitales,

NOTICE DE LA GAULE.

repréfente fuffifamment, malgré quelque altération, le *Dariorigum* de Ptolémée.

45°, 24°.

DAVIANUM. Dans l'Itinéraire de Bourdeaux à Jérufalem, la diftance de ce lieu à l'égard de *Mons Seleucus* en s'avançant du côté de *Vapincum*, eft marquée VIII; & cette diftance s'arrête précifément à Veine, en remontant le long de la rivière de Bueche; & le nom de Veine, quoiqu'altéré, conferve de l'analogie avec l'ancienne dénomination. C'eft pour avoir éprouvé cette altération, qui n'eft pas récente, que ce lieu eft appellé *Venetum* dans les titres du Daufiné fous la dernière maifon qui a poffédé cette province.

45°, 24°.

DEA VOCONTIORUM. Cette ville, dont les anciens géographes, Strabon, Méla, Pline, Ptolémée, ne font point mention, fe trouve dans l'Itinéraire d'Antonin, dans la Table Théodofienne, & dans l'Itinéraire de Bourdeaux à Jérufalem. On peut recourir à l'article *Augufta*, fur ce qui concerne la diftance de *Dea Vocontiorum* à l'égard de ce lieu d'*Augufta*. La diftance de *Dea* à *Lucus Augufti* eft également marquée XII dans les deux Itinéraires, & dans la Table; & on peut juger qu'elle conduit un peu au-delà de Luc dans fa pofition actuelle, & vers les lacs qui ont couvert l'ancienne ville de *Lucus Augufti*. Une infcription qui porte, COL. DEA AVG. VOC. eft citée en plufieurs endroits. M. de Valois paroît perfuadé que l'impératrice Livie eft la divinité qui donne le nom à cette ville. Dans la Notice des provinces de la Gaule, *civitas Deenfium* tient une place dans la Viennoife. Quoique le fiége épifcopal ait été confié pendant un tems au même prélat à Valence & à Die, cependant chacun des diocèfes de ces villes eft demeuré diftinct & féparé.

P. 1692.

49°, 25°.

DECEM-PAGI. Il en eft mention dans l'Itinéraire

d'Antonin, & dans la Table Théodosienne, sur une route qui faisoit la communication de Metz avec Strasbourg ; & on connoît ce lieu pour être Dieuze. La Table divise la distance de *Divodurum*, ou Metz, à *Decem-pagi*, par une station *ad Duodecimum*, & le nombre XII, qui répond à la dénomination en partant de *Divodurum*, est répété dans l'intervalle qui succède pour arriver à *Decem-pagi*. Ce compte de 24 entre Metz & Dieuze, doit être préféré à l'indication de l'Itinéraire, qui est xx. Car, l'espace actuel peut s'estimer de 27 à 28000 toises, & le calcul de 24 lieues gauloises est de 27216 toises. On peut donc assûrer que Paul-Diacre n'est pas exact, en marquant la distance dont il s'agit de XXX M. P. Le *Pons Saravi* vient à la suite de *Decem-pagi* dans la Table, & la distance marquée x conduit, non à Sarbruk, dont la position est fort écartée de la route, & trop bas sur la Sare pour s'y rencontrer, mais à Sarbourg. Quoiqu'on puisse juger que la distance soit un peu foible dans la Table, parce que sur le local elle s'estime d'environ 12000 toises ; il n'y aura néanmoins qu'une fraction de lieue de plus ou de moins dans cette comparaison. On trouve le même intervalle de Dieuze à Sarbourg étendu presque au double, dans une grande carte de la Lorraine en 6 feuilles, étant presque égal à 23 minutes de la graduation de latitude appliquée à cette carte, ce qui répond à 19 lieues gauloises. Il se rencontre ainsi quelquefois, que les distances indiquées dans les Itinéraires Romains sont plus sûres que les cartes, & fournissent un moyen de les rectifier.

De Episcopis Metensibus.

47°, 22°.

DECETIA. César en fait mention, pour y avoir fait assembler le sénat des *Ædui*, dans les limites desquels cette ville étoit comprise, quoiqu'elle ne soit point aujourd'hui du diocèse d'Autun, mais de celui de Nevers, qui est un démembrement de l'ancien territoire des *Ædui*. On sçait que c'est Décise, renfermée dans une

une isle de la Loire. Quoique son nom soit *Decetia* dans un endroit de l'Itinéraire d'Antonin, il se lit *Deccidæ* dans un autre, *Degena* dans la Table Théodosienne. La distance à l'égard de *Nevirnum*, marquée XVI d'une part comme de l'autre, est trop forte, & il seroit plus convenable que ce fût XIII, parce que l'intervalle de Décise à Nevers n'est que d'environ 14000 toises. J'observe, au contraire, que la Table, qui d'un autre côté marque XIIII entre *Degena* ou *Decetia*, & *Aquæ Nisineii*, c'est-à-dire Bourbon-l'Anci, ne remplit pas ce que demande l'espace correspondant, qui étant d'environ 18000 toises renferme 16 lieues gauloises, & peut-être jusqu'à 17 en mesure itinéraire. Mais, il en résulte qu'entre Nevers & Bourbon-l'Anci, en passant par Décise, le total de distance s'estimera d'environ 30 lieues gauloises, ou autant que l'on en compte dans la Table, quoique par une distribution différente dans les distances particulières.

44°, 25°.

DECIATES. Polybe joint les *Deciates* aux *Oxibii*: & Strabon cite de même les *Déceates* & les *Oxybii*, comme des nations Liguriennes. On lit dans Pline, à la suite d'*Antipolis*; *regio Deciatium, amnis Varus*: & dans un autre endroit, *Deciates, Oxybii*. Ptolémée place *Antipolis* chez les *Deciatii*. On ne sçauroit donc douter de leur position en deçà du Var, aux environs d'Antibe. Méla semble citer *Deciatum* comme une ville, en disant: *Nicæa tangit Alpes, tangit oppidum Deciatum, tangit Antipolis*. Dans Etienne de Byzance, on trouve pareillement *Deciëtum* en qualité de ville, quoiqu'il ne paroisse pas convenable d'adjuger cette ville, comme il fait, à l'Italie. Au-reste, le lieu qu'elle peut avoir occupé précisément entre Nice & Antibe, selon l'ordre que suit Méla en la citant, nous est inconnu. On peut dire que ces nations, ou plutôt ces communautés particulières, se pressent les unes les

Excerp. Legat. 134.

Lib. IV, p. 202.
Lib. III, cap. 4.
& cap. 5.

Lib. II, cap. 5.

autres dans un canton de pays peu étendu. Les *Decia-*
tes ont les *Nerufi* autour de Vence fur leurs épaules,
fi l'on peut s'exprimer ainfi ; les *Oxybii* & les *Vedian-*
tii les refferrent fur les flancs.

44°, 23°.

DESUVIATES. Il n'en eft mention que dans ce paffage de Pline : *regio Anatiliorum ; & intùs Defuvia-*
tium, Cavarumque. Les *Anatilii* nommés en premier lieu
étoient fur le Rhône près de fes embouchures, & vraifemblablement ils s'étendoient dans la Camargue, comme
on peut voir dans l'article qui les concerne. On connoît l'emplacement des *Cavares* au nord de la Durance.
Ainfi, en plaçant les *Defuviates* dans l'intervalle des
Anatilii & des *Cavares*, ils doivent avoir été cantonnés au midi de la Durance, dans une partie du diocèfe
d'Arles, où font des villes que Ptolémée, qui ne connoît
point ce peuple, attribue aux *Salyes*, nation dominante
dans cette contrée. Il femble que la divifion de la Narbonoife feconde d'avec la Viennoife, felon les limites
des diocèfes d'Aix & d'Arles, indique un détachement
du pays des *Salyes*, qui pourroit être attribué à ce que
poffédoient les *Defuviates* féparément des *Salyes*.

49°, 18°.

DIABLINTES. Ils font cités dans le troifième livre
des Commentaires : & fi l'on étoit réduit à ne pouvoir
juger de leur pofition que fur ce qu'on les voit nommés
entre les *Morini* & les *Menapii*, on les écarteroit fort
loin de leur demeure : on en feroit des Belges, au lieu
de les connoître pour des Celtes. Pline fait mention
des *Diablindi* dans la Lionoife, à la fuite des *Cariofue-*
lites, & avant les *Redones*. En écrivant d'après Ptolémée le nom de ce peuple eft *Diaulitæ*, & il conviendroit mieux de l'écrire *Diablitæ*. Mais, ce qui eft plus
à remarquer dans Ptolémée, c'eft le prénom d'*Aulerci*
qu'il donne aux *Diablintes*, & qui peut leur avoir été
commun avec plufieurs autres peuples. La véritable

Lib. IV, cap. 4.

Lib. IV, cap. 18.

leçon du nom de *Diablintes* eſt confirmée par la Notice des provinces de la Gaule, où *civitas Diablintum* paroît au nombre des cités de la troiſième Lionoiſe. On ne doute plus actuellement de l'emplacement qui convient aux *Diablintes*, parce que le même nom s'eſt conſervé dans le moyen-âge, & que l'on connoît un canton appellé *condita Diablintica*, & des veſtiges de la ville des *Diablintes* dans une partie du Maine, comme on peut voir dans l'article qui traite de cette ville en particulier, ſous le nom de *Nœodunum*. M. de Valois, qui eſtime qu'on doit chercher les *Diablintes*, *in Britanniâ Armoricâ*, rejette avec beaucoup de chaleur les raiſons alléguées par Sanſon, pour établir les *Diablintes* dans le Perche : *quas conjecturas*, dit-il, *nullâ ratione veriſimili, nullâ cujuſquam veteris, aut recentioris etiam ſcriptoris, auctoritate ſubnixas, ut facilè nobis obtruduntur, ita liberè rejicere debemus, potiùs quàm refellere; cùm ipſæ, non alieno impulſu, ſed ſuâ levitate labefactatæ, concidant*. En convenant que les argumens de Sanſon ſur ce ſujet ne ſont pas d'une grande ſolidité, j'oſe dire que ce géographe pouvoit trouver dans l'uſage que M. de Valois fait en quelques endroits des poſitions que les monumens Romains donnent dans la Gaule, de quoi combattre un adverſaire, dont la critique s'exprime avec ſi peu de ménagement, & qui n'a pas mieux connu l'emplacement des *Diablintes*, dont il étoit queſtion.

P. 65.

47°, 23°.

DIBIO. On ne connoîtroit Dijon par aucun des monumens de l'âge Romain, ſans deux inſcriptions, qui font mention des ouvriers en fer qui y étoient établis : *Fabri ferrarii Dibionenſes*, ou bien *Dibione conſiſtentes*. Il eſt vrai néanmoins, que ſelon une ancienne tradition, rapportée dans quelques légendes, & atteſtée par Grégoire de Tours, l'empereur Aurélien avoit fait de Dijon une forteresſe conſidérable. Quoiqu'une voie romaine qui conduifoit de Langres à Challon, & dont il eft parlé dans les articles *Tile* & *Vidubia*, paffe à côté de Dijon & dans fon parc, où l'on dit qu'il en refte des veftiges ; cependant Dijon n'eft point cité dans la Table, où cette voie eft bien tracée, non pas vraifemblablement que ce fût un lieu trop obfcur pour y prendre place ; mais, parce que la diftance des lieux dont je viens de parler, avoit paru trop peu confidérable, pour en charger cette Table, en multipliant les pofitions. Cette omiffion n'a pas dû empêcher de placer fur la carte au paffage de la même voie, *Dibio*, dont le nom s'eft écrit *Divio* par la fuite.

48°, 24°.

DIDATTIUM. Ptolémée fait mention de deux villes chez les *Sequani*. Car, outre *Vefontio*, il nomme *Didattium*, ou comme on lit dans la verfion Latine, *Dittatium*. C'eft même en premier lieu qu'il nomme celle-ci, & ce feroit une erreur dans Ptolémée de l'avoir fait par raifon de prééminence. Il eft vraifemblable qu'il y a été déterminé par une pofition qu'il croyoit antérieure à celle de Befançon, eu égard à fa méthode de fuivre l'ordre de la longitude & latitude : & ce feroit un moyen de juger de l'emplacement de *Didattium*, fi les pofitions dans la Gaule de Ptolémée n'étoient pas auffi étrangement déplacées qu'elles le font. On ne peut former que des conjectures fur un lieu, qui n'eft connu d'ailleurs par aucune circonftance, & qui eft ignoré fpécialement dans les Itinéraires. Ce dont on ne fçauroit douter, c'eft qu'il a exifté une ancienne ville dans les limites des *Sequani*, en tirant vers les Vofges, & à une petite diftance de Paffavant vers l'orient. Les veftiges de cette ville ont confervé le nom de *Cité*, & ce titre fe trouve rarement équivoque. On a trouvé fur le lieu des monumens en marbre, des conduits d'eau, ce qui ne peut être rapporté qu'au tems des Romains : & il n'y a point trop de témérité à y placer le *Didattium* de Ptolémée, puisque jusqu'à préfent on ne lui a point connu d'autre emplacement.

44°, 23°.

DILIS. C'eſt une poſition dans l'Itinéraire maritime, entre *Incarus* & *Foſſæ Marianæ*. La diſtance eſt marquée VIII à l'égard d'*Incarus*, & XX à l'égard de *Foſſæ Marianæ*. La première ne s'arrête point au cap nommé Couronne, ſelon l'opinion de quelques-uns ſur *Dilis*, parce que ce cap ne s'éloigne du port de Carri, qui eſt *Incarus*, que de 5 milles, l'intervalle n'étant que d'environ 3600 toiſes, ſelon l'échelle d'une carte très-exacte du golfe de Marſeille. Pour completter les 8 milles, il faut, en doublant le cap, courir juſqu'au port nommé Ponteou. Quant à la diſtance qui conduit aux canaux de Marius, elle eſt manifeſtement trop forte, eu égard au local, qui voudroit que les deux dixaines fuſſent réduites à une ſeule.

45°, 24°.

DINIA. Pline & Ptolémée font mention de *Dinia*: mais ils ne s'accordent point ſur le nom du peuple auquel ils attribuent cette ville. Pline parlant d'après un rôle dreſſé ſous l'empire de Galba, nomme les *Bodiontici*, en ajoutant, *quorum oppidum Dinia*. Ce rôle, déſigné par le terme de *Formula*, peut donner au témoignage de Pline une autorité, que l'on ne connoît point dans Ptolémée, en attribuant la même ville aux *Sentii*. Ceux-ci n'ayant point leur poſition aſſûrée à *Dinia*, conviendroient peut-être mieux à *Sanitium*, dont le territoire eſt limitrophe de Digne, & je m'en explique ainſi dans l'article *Sanitium*. Selon la Notice des provinces de la Gaule, *civitas Dinienſium* ſuit immédiatement la métropole des Alpes Maritimes.

Lib. III, cap. 4.

49°, 20°.

DIODURUM. Ce lieu eſt placé dans l'Itinéraire d'Antonin entre *Durocaſſes*, qui eſt Dreux, & *Lutecia*; en marquant la diſtance à l'égard de *Lutecia* XV,

& à l'égard de *Durocasses* XXII. Je ne vois point d'autre lieu sur cette route, auquel on puisse rapporter la position de *Diodurum*, que Jouare, près de Pontchartrain. Il y passe un ruisseau, comme le terme de *durum* l'indique, & ce ruisseau contribue à former la petite rivière de Maudre, qui tombe dans la Seine au-dessous de Mante. La distance, à partir de *Lutecia*, paroît valoir 16 lieues gauloises, & elle ne passe guère 18 en partant de Dreux. Les nombres de l'Itinéraire ne quadreroient pas mieux à quelque autre position que celle de Jouare; & il faut bien que ces nombres cèdent à ce que le local détermine de positif.

45°, 19°.

DIOLINDUM. La Table Théodosienne marque ce lieu à la suite d'*Excisum*, & l'indication de la distance est XXI, ce qui convient à la position de la Linde sur la Dordogne, comme on peut voir à l'article *Trajectus*. La Table ajoute une continuation de voie de *Diolindum* à *Bibona*, ou pour mieux dire *Divona*, la capitale des *Cadurci*. Mais, le nombre XXIIII, qui est placé au-dessous de la ligne qui représente cette voie dans la Table, ne remplit pas ce qu'il y a d'espace de la Linde à Cahors.

51°, 25°.

DIVITENSE MUNIMENTUM. Cette place Romaine n'étant séparée de Cologne que par la largeur du Rhin, dans l'endroit où Deutz est encore existant, j'ai cru devoir lui donner place ici. Rhenanus dit avoir trouvé une inscription à Deutz, où le nom du lieu étoit ainsi marqué. Il y avoit une milice distinguée par cette dénomination: *Divitenses* & *Tungricani* sont des corps de troupes Romaines que cite Ammien-Marcellin, dans un poste nommé *Calydona*, dont la position m'est inconnue. Il est aussi mention de *Divitenses* dans la Notice de l'Empire. L'ancienne dénomination ayant été altérée, on a dit *Tuitium*, & c'est ainsi qu'écrivoit

Lib. XXVII.

Rupert, abbé d'un monastère en ce lieu dans le douzième siècle.

50°, 24°.

DIVODURUM, *posteà* MEDIOMATRICI, & METTIS. *Divodurum*, dans Tacite, *oppidum est Mediomatricorum*. C'est la ville que Ptolémée cite uniquement chez le même peuple. On la trouve sous le même nom dans l'Itinéraire d'Antonin, & on lit dans la Table Théodosienne, *Divoduri Mediomatricorum*. Mais, l'usage s'étant introduit de désigner les capitales des cités par le nom de la cité même, cette ville est appellée *Mediomatrici* dans Ammien-Marcellin. Le nom de *Mettis*, sur lequel est formé celui de Metz, étoit établi au commencement du cinquième siècle. Dans la Notice des provinces de la Gaule, après la métropole de la première Belgique, qui est Trèves, on trouve *civitas Mediomatricorum Mettis*. On lit *Metis* en plusieurs endroits de la Notice de l'Empire, comme en celui-ci : *Prima* (*legio Pseudocomitensis*) *Flavia Metis*. Et dans les tems postérieurs, ce nom étant seul en usage, il a fait oublier les précédens.

Hist. lib. I, sect. 63.

Lib. XV, & XVII.

45°, 20°.

DIVONA, *posteà* CADURCI. Le nom de cette ville s'écriroit *Dueona*, selon Ptolémée. On lit *Bibona*, pour *Divona*, dans la Table Théodosienne, où la position est figurée comme celle d'une capitale. Ausone nous donne la vraie leçon de cette dénomination, & nous apprend la signification qui lui est propre, lorsqu'en parlant d'une fontaine de Bourdeaux, il dit :

Divona, Celtarum linguâ, Fons addite Divis.

La fontaine de Cahors, qui peut avoir donné à cette ville le nom de *Divona*, est celle des Chartreux : & je suis persuadé, contre l'opinion de M. de Valois, que dans cette dénomination, composée de deux mots, *Di* ou *Div*, & *Von*, ou simplement *On*, c'est le premier de ces mots qui appartient à la Divinité, & que le se-

P. IIII.

cond désigne la Fontaine. Selon Cambden, *Diw* chez les Bretons de la grande Bretagne signifie Dieu, & *Wonan* une Fontaine. Nos bas-Bretons disent *Douë*, & *Eynen*. D'ailleurs, le sens rigoureux dans le vers d'Ausone veut, que le mot qui se rapporte à Fontaine dans *Divona*, suive l'autre par addition ; *Fons addite Divis*. Le nom qui étoit ainsi propre à la capitale des *Cadurci*, a fait place à celui du peuple. Dans la Notice des provinces de la Gaule, *civitas Cadurcorum* est une de celles de l'Aquitaine première. Elle est appellée *Cadurcum* par Grégoire de Tours. M. de Valois a été informé, que dans la ville de Cahors il y a un endroit qui est appellé *las Cadurcas*. Ainsi, l'ancienne dénomination de *Cadurci* s'y conserve plus purement que dans le nom actuel de Cahors.

<small>Britannia, edit. Janss. p. 7.</small>

50°, 25°.
DRAHONUS FLUV. Dans le poème d'Ausone sur la Moselle, *tenuis Drahonus*. Traun, petite rivière, que reçoit la Moselle, près de Numagen.

44°, 24°.
DRUENTIA FLUV. Strabon parle de la source qui donne naissance à la Durance, comme étant très-voisine de celle de la Doria (*Durias*) où il faut néanmoins remarquer une méprise dans laquelle il tombe à l'égard de la Doria Riparia, en disant qu'elle coule chez les *Salassi*, ce qui ne convient qu'à la Doria Baltea, qui de sa source dans l'*Alpis Graia*, passe à *Augusta-Prætoria*. Un grand lac, λίμνη μεγάλη, renfermé dans les montagnes, selon Strabon, & dont il fait mention immédiatement avant que de parler des sources de la Durance, & de la Doria, ne sçauroit être que celui que je vois représenté dans une carte manuscrite, tout autrement que dans les cartes gravées ; & qui recueillant plusieurs torrents qui descendent du mont Cenis, forme par son issue une rivière nommée Cinisella, laquelle se rend dans la Doria au-dessous de la citadelle de Suze. Casaubon

<small>Lib. IV, p. 203.</small>

NOTICE DE LA GAULE.

bon est dans l'erreur quand il dit, *in monte Vesulo originem habere Padum & Durentiam certum est.* M. de Valois ne s'en éloigne guère, en tirant l'origine de la Durance du col de la Croix, selon qu'il prétend en être instruit par les cartes, *tabulæ docent.* Mais, c'est prendre le Guil, qui traverse la vallée de Queiras, pour la Durance. Il accuse en conséquence Papire-Masson de se tromper, en faisant sortir la Durance du mont Genèvre. C'est néanmoins ce qu'on veut ainsi dans le pays. Car, près du lieu qui est habité sous le nom de Mont-Genèvre, deux ruisseaux peu éloignés de leurs sources, & qui coulant à côté l'un de l'autre, ne sont écartés entr'eux que d'environ 500 toises, sont appellés, l'un la Durance, l'autre la Doria : & il faut convenir que les choses sont sur ce pied-là depuis long-tems, puisque le témoignage de Strabon rapporté ci-dessus, s'y trouve conforme. Il est vrai que ce ruisseau portant le nom de Durance, est joint à environ 1800 toises du Mont-Genèvre, par une rivière plus considérable, que l'on nomme la Claire : & si l'on veut que ce soit la Durance, préférablement au ruisseau de ce nom, en ce cas il faut dire que la Durance sort des montagnes qui bornent la Maurienne du côté du midi, ce qui est fort éloigné des idées du docte Casaubon, & de M. de Valois ; comme aussi de la source de la Durance, vis-à-vis de celle du Pô dans Ptolémée. Ce géographe étoit mieux instruit sur la jonction de la Durance avec le Rhône, à une hauteur moyenne de celle qu'il donne aux positions d'Avignon & de Tarascon. Les anciens ont parlé de l'impétuosité de la Durance dans son cours : ils ont dit, comme il est vrai, que cette rivière n'est point contenue dans un lit ordinaire. Silius-Italicus s'exprime sur ce sujet en très-beaux vers ; Ausone en peu de mots, *sparsis incerta Druentia ripis*, dans le poëme sur la Moselle.

Comment. in Str. p. 97. col. 2. Vales. p. 177.

Punic. lib. III.

45°, 23°.

DRUNA FLUV. Ausone nomme cette rivière dans son poëme sur la Moselle :

*Te Druna, te sparsis incerta Druentia ripis,
Alpinique colent fluvii.*

La Drome, qui tombe dans le Rhône, au-dessous de Valence.

48°, 25°.

DUBIS FLUV. César faisant mention de la rivière qui passe à Besançon, la nomme *Alduadubis*; & il y a des variantes sur cette dénomination, ce qui a pu contribuer à la faire rejetter comme dépravée, par des critiques. M. Dunod juge qu'elle est fondée sur l'union du nom de deux rivières, dont l'une qu'il nomme Alde, se perd dans le Doux au dessous de Montbéliard. Les cartes que je consulte, donnent à cette rivière aux environs de Porentru le nom de Halle, ou d'Allen. Si celui qu'allègue M. Dunod n'a point été interpolé pour le rendre plus convenable, il sert d'appui au texte de César, qu'on n'est pas en droit de raturer, par la seule raison que la dénomination d'*Aldua dubis* ne se rencontre point ailleurs. On ne voit en-effet que celle de *Dubis* dans Strabon & dans Ptolémée, qui ont connu que cette rivière se joint à l'*Arar*, ou à la Saône. Strabon s'en explique ainsi en deux endroits; & c'est une méprise de sa part de nommer le *Dubis*, plutôt que l'*Arar*, en parlant de la situation de Lion.

Hist. des Séquan. p. 78.

Lib. IV, p. 186. & 189.

P. 192.

50°, 26°.

DUMNISSUS. Il en est parlé dans le poème d'Ausone intitulé *Mosella*, sur la route qu'il décrit en partant du passage de la *Nava*, & qui conduisoit à Trèves. Dans la Table Théodosienne, qui donne la trace de cette route, on trouve *Dumno*, entre *Belginum* & *Bingium*. Mais, les nombres de la Table, VIII & XVI, ne paroissent pas remplir toute l'étendue de l'espace entre le lieu nommé Baldenau, qui est *Belginum*, & Bingen. Car, je ne sçaurois l'estimer au-dessous d'environ 27 lieues gauloises en ligne directe, indépendamment de ce que les difficultés d'un pays assez inégal doivent ajouter en mesure itinéraire, à cette mesure directe. Ausone nous apprend, que le *Dumnissus* est un canton inculte & aride : car, en quittant le bord de la *Nava* pour se rendre sur la Moselle, il s'explique ainsi :

> *Undè iter ingrediens nemorosa per avia solum,*
> *Et nulla humani spectans vestigia cultûs,*
> *Prætereo arentem, sitientibus undique terris,*
> *Dumnissum.*

Ayant fort examiné le local sur des cartes très-circonstanciées, je ne vois point en suivant la trace de la route, d'autre endroit qui convienne à cette description, que la traversée d'une grande forêt, qui se nomme Sonner-wald, entre Bingen & Simmeren. Je ne serois même point surpris, qu'on trouvât de l'analogie dans la dénomination actuelle avec l'ancienne, parce qu'en glissant sur le D, comme cela est arrivé dans l'altération de beaucoup de noms propres, le D prononcé DS est finalement devenu un S. C'est ainsi que de *Tabernæ* on a fait Sabern, de *Tolbiacum* Zulpick, vu le rapport de prononciation entre le T & le D. Quant à la manière de réformer la Table dans les distances, c'est une discussion que je crois superflue. Il peut suffire qu'on soit bien fondé à croire, que le lieu convenable au *Dumnus*, ou *Dumnissus*, entre *Bingium* & *Belginum*, doit être plus voisin du premier que du second, nonobstant que le contraire paroisse dans la Table.

47°, 23°.

AD DUODECIMUM. Tacite fait mention d'un lieu *ad duodecimum lapidem* à l'égard d'Autun. Sacrovir, auteur d'une révolte chez les *Ædui*, avoit engagé dans son parti les *Sequani*. Silius, qui commande l'armée Romaine, fait le dégât sur les terres des *Sequani*, limitrophes des *Ædui*, & marche tout de suite vers Autun. Sacrovir vient à la rencontre jusqu'à la douzième colomne : *Silius..... vastat Sequanorum pagos, qui finitum extremi, sociique in armis erant. Mox, Augusto-*

Annal. III, sect. 45.

dunum petit, propero agmine…. Duodecimum apud lapidem, Sacrovir, copiæque ejus, patentibus locis apparuere. En combinant les faits avec la difpofition des lieux on préfume que la marche de Silius dut fe faire par la route de Challon à Autun, plutôt que par tout autre endroit. C'eft la raifon fur laquelle je me fuis cru fondé à placer ainfi ce *Duodecimum* fur la carte.

49°, 25°.

La Table Théodofienne indique une ftation *ad Duodecimum*, entre *Divodurum*, ou Metz, & *Decem-pagi*, ou Dieuze. Voyez l'article *Decem-pagi*.

52°, 24°.

On trouve dans la Table un autre lieu nommé pareillement *Duodecimum*, fur la trace d'une route qui de *Noviomagus*, ou de Nimègue, conduit à *Lugdunum* des *Batavi*, ou Leyde. Je retrouve précifément la même pofition dans celle de Dooden-werd, fur la rive droite du Wahal. La diftance en milles romains, dont l'ufage m'a paru propre à la Batavie plutôt que celui de la lieue gauloife, diftance à compter de Nimègue, s'accorde avec l'analogie que la dénomination de *Dooden* conferve avec celle de *Duodecimum*. Les cartes où le nom de ce lieu eft écrit Doywert, font en faute à cet égard. Ainfi, le nombre xviii qu'on voit dans la Table entre *Noviomagus* & *Duodecimum*, doit être réformé, parce qu'il a été plus aifé de fe méprendre fur le chiffre que fur la dénomination même. La Table n'eft pas dans le même cas à l'égard du *Duodecimum* qui précède.

46°, 20°.

DURANIUS FLUV. Aufone en fait mention dans fon poème intitulé *Mofella*, & Sidoine-Apollinaire, *carmine* 22 : le premier en parlant de la montagne d'où fort la Dordogne, & qui fe nomme le Mont-Dor ; & l'autre en parlant de la jonction de cette rivière avec la Garonne. Dans les tems poftérieurs, on a dit *Dorono-*

nia, comme on lit dans Grégoire de Tours, & enfin *Dordonia*.

48°, 16°.

DURERIE. La Table Théodosienne indique une voie Romaine, qui conduisoit depuis Nantes jusqu'à l'extrémité de la Bretagne, en aboutissant à la mer : *Portunamnetum* XXIX *Duretie* XX *Dartoritum*, &c. Ce qu'on lit ainsi *Dartoritum* dans la Table, désigne indubitablement la capitale des *Veneti*, dont le nom est *Dariorigum* dans Ptolémée ; & la direction de la voie y conduit précisément. Dans l'intervalle de Nantes à la ville des *Veneti*, ce que l'on rencontre de plus remarquable est le passage de la Vilaine ; & l'indication de 29 lieues gauloises dans la Table nous y fixe en-effet. Car, le calcul des 29 lieues de mesure itinéraire étant à peu près 33.000 toises, la ligne directe de Nantes au passage de la Vilaine près de Rieux, ne vaut guère moins de 32000. L'ancienne voie de Nantes à Vennes tendoit vers Rieux, & ne passoit point par la Rochebernard comme aujourd'hui. Un ancien chemin, qui paroît un ouvrage des Romains dans la longueur de plusieurs lieues actuelles, indique cette route. L'usage de la lieue gauloise dans cette partie de la Gaule, & subsistant même jusque dans le onzième siècle, est attesté par un titre de donation à l'abbaye de Landevenec par un prince Breton, que je juge être Alain Canhiart, comte de Cornouaille. On lit dans ce titre, rapporté par D. Lobineau : *vicaria, quæ nominatur Sulse, sita in pago Namnetensi, quinque milliaria ab urbe*. Ce qui est appellé *milliarium*, selon l'abus qu'on a fait du terme de mille, étant proprement *leuca*, & cinq lieues gauloises faisant 5 à 6000 toises, c'est ce qu'il y a de distance actuelle & positive entre Nantes & le lieu ici dénommé *Sulsa*, lequel est existant sous le nom de Suffé. On sçait que la Vilaine tire ce nom de *Vicinonia*, & on n'en trouve point d'autre dans les écrits du moyen-âge. Mais, je remarque que Ptolémée, en décrivant la côte, indique une rivière à la suite de l'embouchure de la Loire, sous le nom de *Herius*, & cette rivière ne sçauroit être que la Vilaine vers son embouchure, où je vois un endroit nommé *Treig-hier*, qui paroît tirer ce nom de *Trajectum Herii*. Or, la Table étant souvent peu correcte dans la manière dont les noms de lieu y sont écrits, je suis persuadé qu'il convient de lire *Durerie*, au lieu de *Duretie*, comme il est vrai que dans le nom de *Dartoritum* rapporté ci-dessus, il y a des lettres qui doivent être remplacées par d'autres, puisque ce nom, connu d'ailleurs, est *Dariorigum*. Dans le nom de *Dur-Erie*, dont la première des deux parties qui le composent, *Dur* ou *Durum*, paroît avoir été propre au langage Celtique pour désigner un passage de rivière, il est aisé de reconnoître celui du fleuve *Herius*, auquel on est déja conduit par la distance en partant de Nantes. Quant à la distance ultérieure, ou du passage de l'*Herius* à *Dariorigum*; comme on peut l'estimer de 22 à 23000 toises en ligne directe, cet espace se trouve plus que suffisant à une mesure itinéraire de 20 lieues gauloises, selon l'indication de la Table. J'observerai, en dernier lieu, que dans un titre de l'abbaye de Rédon, en date de l'an 903, le nom de Rieux est *Reus*, & non pas *Rivi*, selon l'usage plus récent; & il y a des rapports de dénomination moins marqués, qu'il n'en paroît entre ce nom de *Reus* & celui d'*Herius*.

52°, 25°.

DURNOMAGUS. Dans l'Itinéraire d'Antonin, entre *Colonia Agrippina* & *Novesium*. Voyez l'article *Buruncus*, dont on ne peut reconnoître la position, sans déterminer en même tems celle de *Durnomagus*.

49°, 20°.

DUROCASSES. On lit *Durocasis* dans l'Itinéraire d'Antonin, *Durocases* dans une inscription citée par M. Wesseling, *Durocassis* dans la Table Théodosienne. De

Durocasses ou *Durocassæ*, on a fait *Drocæ*, & le nom de Dreux en est dérivé. La distance de *Mediolanum Aulercorum* à *Durocasses* est marquée XVII dans l'Itinéraire; & ce qu'il y a d'espace direct entre Dreux & Evreux étant d'environ 18500 toises, la mesure itinéraire qui doit avoir quelque chose de plus, sera jugée peu différente du calcul rigoureux de 17 lieues gauloises, qui est de 19278 toises. On reconnoît le passage de la voie près de la rivière d'Aure, au nom que porte l'abbaye de l'Estrée, *de Strata*, aussi-bien qu'un autre lieu situé plus haut appellé Mesnil sur l'Estrée : *locus qui dicitur Strata, distans per unam leucam à nobili & famoso castro de Drocis*, selon les termes d'un acte de Géofroi, évêque de Chartres. Quant aux positions qui tiennent à *Durocasses* par des voies romaines, on peut voir dans l'article *Diodurum*, la suite que donne l'Itinéraire d'une route qui se termine à *Lutecia*. Pour ce qui est de *Condate*, par lequel la position de *Durocasses* communique à *Noviomagus*, capitale des *Lexovii*, il en est parlé dans l'article dont le titre est *Condate*, & qui renferme les divers lieux auxquels ce nom a été commun. La Table marque XIII entre *Durocasses* & une position dont le nom est omis, mais qui est figurée comme une capitale; & je ne doute point que cette indication ne se rapporte à *Autricum*, ou Chartres, quoique la mesure actuelle demande plutôt 15 lieues gauloises, que de se borner à 13.

49^a, 23°.

DURO-CATALAUNUM, *posteà* CATALAUNI. Quoique le nom de cette ville soit employé au pluriel dans l'Itinéraire d'Antonin, comme en effet il est pluriel en celui de *Catalauni*; il y a néanmoins grande apparence, que le nom propre & primitif avoit une terminaison au singulier, qui n'étoit pas moins convenable à l'idiome national, que dans le nom de *Duro-cortorum*, que portoit la ville de Reims. Dans la suite on a dit simplement *Catalauni*, comme ce nom paroît dans

Eutrope, en parlant de la victoire d'Aurélien fur Tetricus; *superavit Tetricum apud Catalaunos* : & de ce nom de *Catalauni* eſt dérivé celui de Châlons, qui conſerve le pluriel, à la différence d'un autre Challon, dont le nom *Cabillonum* eſt au ſingulier. La diſtance de Châlons à Reims eſt marquée dans l'Itinéraire *M. P.* XXVII; *Leugas* XVIII ; & ces nombres ſont entr'eux dans une juſte proportion, puiſqu'il faut un mille & demi pour compoſer une lieue. L'intervalle de Reims à Châlons, fixé par des opérations ſur le local à environ 21000 toiſes ſurpaſſe de 5 ou 600 toiſes le calcul de 27 milles romains, ou de 18 lieues gauloiſes, qui ne donne en rigueur que 20412 toiſes. Une fraction de lieue négligée peut être la cauſe de ce défaut. Bergier ne trouve un vice bien plus conſidérable dans la diſtance indiquée par l'Itinéraire, en prétendant qu'il en réſulteroit 13 lieues & demie françoiſes, au lieu de 10, que parce que la juſte valeur du mille romain & de la lieue gauloiſe ne lui eſt point connue.

50°, 22°.

DURO-CORTORUM, *poſteà* REMI. On trouve le nom de cette ville dans Céſar. Il eſt écrit *Duricortora* dans Strabon. Ptolémée nommant la ville principale de chaque peuple, n'a point oublié celle-ci. On ne voit point de ville dans la Gaule, où il ſe rende un plus grand nombre de voies militaires, ſelon le détail qu'en donnent l'Itinéraire d'Antonin, & la Table Théodoſienne. Son nom propre ceſſa d'être en uſage, lorſque les capitales furent la plûpart déſignées par le nom du peuple. C'eſt ſous le nom de *Remi* qu'il en eſt mention dans Ammien-Marcellin, dans la Notice de l'Empire; & la date de quelques ordonnances du Code Théodoſien y eſt conforme. Il étoit naturel que la puiſſance des *Remi*, qui ſe ſignalerent du tems de Céſar par leur attachement aux Romains, rendît la ville de Reims conſidérable, & que cette ville fût élevée au rang de métropole

pole dans la Belgique seconde. Elle se distinguoit assez par l'étude des Lettres, pour que Cornelius-Fronto, rhéteur très-célèbre du tems d'Adrien, ait comparé *Durocortorum* à Athènes.

Apud P. Consentium.

51°, 20°.

DUROICOREGUM. La Table Théodosienne trace la route de *Gesoriacum* ou de *Bononia*, à *Samarobriva* ou Amiens, de cette manière : *Bononia* XIIII *Luttomagi* VII *Adlullia* XI *Duroicoregum* XIIII *Samarobriva*. La somme de ces distances est 46 : & ce qu'il y a d'espace entre Boulogne & Amiens étant déterminé par des opérations à environ 54000 toises, les 46 lieues gauloises, dont le calcul ne passe guère 52000 toises, ne suffisent pas à cet espace. Il y a d'autres difficultés par rapport aux distances particulières. On ne sçauroit appliquer convenablement la position de *Duroicoregum*, en étudiant cette route, qu'à Douriers, au passage de l'Autie. Le terme de *durum*, qui est employé dans la dénomination, dénote cette circonstance. Or, la distance de Douriers à l'égard d'Amiens est en droite-ligne d'environ 29500 toises, qui contiennent 26 lieues gauloises. Ce qui reste de Douriers à Boulogne, sçavoir environ 23500 toises, ne répond qu'à 22 lieues gauloises, quoique la Table en fasse compter 32. En prenant le parti de corriger les nombres de la Table (puisqu'on ne peut les admettre) par la mutation de chiffre la plus facile à pratiquer; on lira VIIII, au lieu de XIIII, entre *Bononia* & *Luttomagus*, puis VII *Adlullia*, sans rien changer, & de-là à *Duroicoregum* VI, au lieu de XI. Total 22, ce qui devient convenable au local. En ajoutant ensuite les 26 que donne l'intervalle de *Duroicoregum* à Amiens, le compte se trouve de 48. Et vû que le calcul de 48 lieues gauloises est de 54432 toises, on trouve ainsi ce que demande l'espace absolu entre Amiens & Boulogne. Ce n'est pas un choix arbitraire de position qui nous conduit par celle de Douriers : la trace de la voie romaine est positivement indi-

Nn

quée par les noms de Cauchie & d'Eftrée, que portent divers lieux qui fe fuccèdent de diftance en diftance, & fur une même direction.

51°, 22°.

DURONUM. On trouve ce lieu dans l'Itinéraire d'Antonin & dans la Table Théodofienne, entre *Bagacum* & *Verbinum*. La diftance eft marquée xi à l'égard de *Bagacum* dans la Table, xii dans l'Itinéraire. Entre *Duronum* & *Verbinum*, dont le nom fe lit *Vironum* dans la Table, l'Itinéraire & la Table font d'accord à marquer x. C'eft dans l'intervalle de *Bagacum* à *Duronum*, que le *locus Quartenfis* de la Notice de l'Empire fe rencontre *ad quartam leucam* précifément. La diftance d'environ 12 lieues gauloifes, felon l'indication de l'Itinéraire, conduit au paffage d'une rivière, & c'eft ce que le nom de *Duronum* défigne en-effet. Le lieu nommé Eftrun-Cauchie, où l'on rencontre cette petite rivière, qui fort des bois de la Tiérache, marque en même tems fa fituation *fuper ftratam, five calceiam*. La trace de cette chauffée eft confervée par des veftiges. Du lieu où fe place *Duronum*, jufqu'à la pofition actuelle de Vervins, la diftance s'étend à environ 11 lieues gauloifes, au lieu de 10 ; & on peut voir à l'article *Verbinum*, que la fomme des diftances fur la route de Bavai à Reims, demande un accroiffement à peu près pareil. Avant que d'arriver à Vervins, le nom d'un lieu fitué au paffage de la rivière d'Oife, indique encore celui de la route, Eftrée-au pont.

46°, 25°.

DUROTINCUM. Ce lieu eft placé fur une route que trace la Table Théodofienne, & qui partant de Vienne, & paffant à *Cularo*, ou Grenoble, conduit au paffage de l'*Alpis Cottia*, ou du mont Genèvre. Je m'explique dans l'article *Catoriffium*, fur les difficultés qu'on trouve à concilier avec le local les circonftances de cette route. Mais, en plaçant le lieu nommé *Mel-*

Iosedum dans la position de celui dont le nom actuel est Mizouin, l'indication qui est x entre *Mellosedum* & *Durotincum*, paroît atteindre à un mille près, la position de Villars d'Arènes, en montant le long de la Romanche, vers le col du Lautaret, dont l'entrée n'est qu'à environ deux milles au-delà de Villars d'Arènes.

48°, 25°.

DURVUS MONS. On le connoît par une inscription, gravée sur le rocher, qui a été taillé pour donner passage à une voie romaine, VIA DUCTA PER MONTEM DVRVVM. La montagne conserve sa dénomination dans celle de Durvau. C'est un IIVIR COL. HELVET. qui a présidé au travail; & cette colonie Helvétique ne peut être qu'Avanche, dont les dépendances s'étendoient ainsi jusqu'à la frontière des *Rauraci*. On connoît aujourd'hui cette ouverture sous le nom de Pierre-pertuse, ou de Pierre-porte. Elle donne entrée du Val de S. Imier dans le Munster-thal, qui est de l'évêché de Basle.

E.

47°, 21°.

EBOROLACUM. Sidoine-Apollinaire cite dans une de ses Lettres, *prædium Eborolacense*. Ce même lieu est appelé *Evrogilum*, & cité comme une des quatre maisons royales de l'Aquitaine, par l'auteur de la vie de Louis le débonnaire. C'est Ebreul, sur la rivière dont le nom est *Sicaula*, Sioule, à la hauteur de Gannat.

47°, 25°.

EBREDUNUM. Dans la Notice des provinces de la Gaule on trouve *castrum Ebredunense*, comme étant compris dans la grande-Sequanoise; & on sçait que ce lieu est Iverdun, à l'une des extrémités du lac de Neuchatel, où il reçoit la rivière d'Orbe. La Table Théodosienne marque XVII pour la distance d'*Eburodu-*

num (ou *Ebredunum*) à *Aventicum Helvetiorum*. Mais, ce qui nous instruit plus précisément sur ce sujet, c'est une colomne milliaire, qui a été trouvée à environ un mille au-delà d'Iverdun à l'égard de la position d'*Aventicum*, & dont l'inscription au nom de Septime-Sévère porte, *Aventic. E.* (*Elvetiorum*) XXI. Ainsi, comptons sur XX entre *Aventicum* & *Ebredunum* ; & en considérant ce qui est plus convenable au local, je reconnois le mille romain dans cette distance. Pour que l'indication de la Table y ait quelque rapport, il faut que le nombre qui paroît XVII tienne lieu de XIII ; & on ne doit point trouver extraordinaire, que dans cette indication la lieue gauloise soit employée, lorsqu'une colomne milliaire désigne des milles. C'est une circonstance que j'ai remarquée être commune à plusieurs endroits, comme on peut voir dans l'article *Aventicum* spécialement. Je m'explique en parlant d'*Ariolica*, sur ce qui concerne la distance que marque la Table entre ce lieu, qui est Pont-arlier, & *Ebredunum*. La position d'Iverdun me paroît préférable à celle d'Embrun, nonobstant l'opinion de M. de Valois & de Cellarius, pour y rapporter ce qu'on trouve dans la Notice de l'Empire : *in provinciâ Galliâ Ripensi, præfectus classis Barcariorum Ebruduni Sapaudiæ*. Car, l'établissement & l'entretien d'une flote romaine sur le lac de Neuchâtel, qui communique avec le Rhin par l'Aar, & au lac Leman par la Venoge, étoit bien plus important qu'à Embrun. D'ailleurs, comment les Romains auroient-ils fait usage d'une flote en ce lieu sur la Durance? de laquelle Tite-live parle convenablement en disant : *quùm aquæ vim vehat ingentem, non tamen navium patiens est, quia nullis coercitus ripis, pluribus simul, neque iisdem alveis fluens, nova semper vada, novosque gurgites facit*.

Valef. p. 139.
Cell. Tom. I, p. 171.

Lib. XXI, sect. 32.

45°, 25°.

EBRODUNUM. Casaubon corrige le texte de Strabon dans une note, en lisant, ἐπ' Ἐβροδύνου, au lieu d'Ἐπι

Edit. Parif. 1620, p. 83.

NOTICE DE LA GAULE.

ἐρόδυνον, par la séparation d'une préposition d'avec le nom propre. M. de Valois veut que ce soit *malè & falso*, que Strabon ne qualifie *Ebrodunum* qu'en employant le terme de κώμη, *vicus*. Mais, on peut objecter en faveur de l'accusé, que comme on connoît chez les *Caturiges*, dont *Ebrodunum* dépendoit, une ville sous le même nom de *Caturiges*, ce qui dénote indubitablement la ville principale, *Ebrodunum* n'a pas toujours été le lieu dominant en ce canton; & que dans l'Itinéraire de Bourdeaux à Jérusalem, dont la date revient à l'an 333, il n'est distingué des lieux appellés *mutationes*, que par le terme de *mansio*, ainsi que *Catorigæ*, ou la ville des *Caturiges*. Ainsi il est à présumer, que ce n'est qu'un peu tard, & après la formation d'une nouvelle province des Alpes Maritimes, qu'*Ebrodunnum* a prévalu sur toute autre ville du même pays en qualité de métropole. Ce qu'il y a de plus avantageux pour *Ebrodunum*, c'est d'être cité par Ptolémée plutôt qu'un autre lieu, chez les *Caturigides*, ou *Caturiges*, qu'il range en Italie, ainsi que plusieurs autres peuples, qui n'appartiennent pas moins à la Gaule. Le P. Hardouin a remarqué, que c'est contre le témoignage des manuscrits, que dans les éditions de Pline on lit *Ebroduntii* entre les peuples nommés dans l'inscription du Trophée des Alpes, au lieu de *Brodiontii*; & de même par la témérité d'Hermolaus Barbarus, dans un autre endroit de Pline, où la leçon antérieure des imprimés comme des manuscrits est *Bodiontici*. Le nom d'*Ebrodunum* est écrit diversement, *Eburodono* dans l'Itinéraire d'Antonin, *Hebriduno* dans celui de Jérusalem, *Eburono* par contraction dans la Table Théodosienne. C'est *Ebredunum* communément dans les écrits des tems postérieurs. Les distances qui se rapportent à cette position sont discutées dans l'article concernant la ville des *Caturiges* d'un côté, & de l'autre dans l'article *Rama*. La flote Romaine, que la Notice de l'Empire place à *Ebrudunum Sapaudiæ*, me paroît

P. 138.

Lib. III, cap. 20.

Eod. lib. cap. 4.

plus convenable à Iverdun chez les *Helvetii*, qu'à Embrun, nonobſtant que M. de Valois ſoit d'un avis contraire. C'eſt avec ſurpriſe que je vois dans Cellarius, qu'il applique à *Ebrodunum*, ou Embrun, la mention qui eſt faite de *caſtrum Ebredunenſe* dans la Notice des provinces de la Gaule, *in Maximâ Sequanorum*. Il faut croire, qu'il ne penſoit pas en avoir fait cet emploi, quand il veut ailleurs, & comme il convient, que le *caſtrum Ebredunenſe* de la Notice ait ſa poſition chez les *Helvetii*, & ſoit Iverdun.

48°, 22°.

EBUROBRIGA. Il eſt mention de ce lieu dans l'Itinéraire d'Antonin, & dans la Table Théodoſienne, entre *Autiſſiodurum* & *Auguſtobona*, ou *Tricaſſes*, Auxerre & Troies. La diſtance d'*Autiſſiodurum* eſt marquée dans l'Itinéraire *M. P.* xviii, *Leugas* xii : elle eſt omiſe dans la Table. Cette diſtance convient à la poſition de S. Florentin, éloigné d'Auxerre de plus de 13000 toiſes, à quelques centaines de toiſes de moins que le calcul rigoureux de 18 milles romains, ou de 12 lieues gauloiſes, ce qu'il eſt convenable d'accorder à une meſure itinéraire ſur une meſure directe. D'*Eburobriga* à *Tricaſſes*, l'Itinéraire marque *M. P.* xxxiii, *Leugas* xxii, à quoi la Table n'eſt pas conforme en marquant xviii. Ce qu'il y a d'eſpace en droite-ligne de S. Florentin juſqu'à un point pris au centre de Troies étant d'environ 22000 toiſes, ce qui renferme 19 à 20 lieues gauloiſes, indépendamment de ce que les détours, que l'on reconnoît dans la route en cet intervalle, doivent ajouter à la meſure itinéraire ; il eſt évident que l'indication de la Table n'eſt pas ſuffiſante, & que celle de l'Itinéraire, quoiqu'un peu forte, doit prévaloir. La trace de cette route nous eſt indiquée par le ſurnom que porte Ville-neuve *au chemin*. Le nom d'*Eburobriga*, ou *Eburobrica*, comme on lit dans l'Itinéraire, déſigne par ſa terminaiſon *briga*, ainſi que le mot *briva*, le paſſage d'un pont, ce qui a lieu dans la position de S. Florentin, situé sur la petite rivière d'Armance, qui se joint immédiatement au-dessous à l'Armançon. Ceux qui prennent Brienon pour *Eburobriga*, ne font pas attention que Brienon est trop au-dessous de S. Florentin, pour ne pas s'écarter de la direction de la voie. Le passage de la rivière de Sérain entre Auxerre & S. Florentin, est désigné par le nom que porte l'abbaye de Pontigni, tiré du terme de la langue Romaine, qui répond à celui de *briva* dans la langue Celtique.

$51°, 24°$.

EBURONES, *ubi posteà* TUNGRI. César met les *Eburones* au nombre des nations Germaniques établies dans le nord de la Gaule, & quoiqu'ils occupassent des terres en-deçà de la Meuse, il leur en attribue encore davantage entre la Meuse & le Rhin : *quorum* (*Eburonum*) *pars maxima est inter Mosam & Rhenum*. Cette nation paroît avoir payé chèrement le sang d'une légion romaine, qui ayant été mise en quartier d'hiver à *Atuatuca* chez les *Eburones*, fut détruite par Ambiorix qui les commandoit. Car, on voit dans le sixième livre des Commentaires, que César vouloit pousser la vengeance jusqu'au point d'exterminer la nation toute entière. Aussi n'est-il plus mention des *Eburones*, dont les *Tungri* prennent la place, ce qui demande qu'on en fasse un article séparément des *Eburones*.

$45°, 25°$.

ECTINI. Leur nom se lit ainsi dans l'inscription du Trophée des Alpes, que Pline nous a transmise. Dans celle de l'Arc de Suse, selon qu'elle a été publiée par le Marquis Maffei, on trouve le nom d'*Egdiniorum*, qui a trop de rapport à celui d'*Ectini* dans Pline, pour ne pas le regarder comme étant le même, quoique Pline donne une raison qui sépare l'objet de l'une de ces inscriptions d'avec l'objet de l'autre. Honoré Bouche place les *Ectini* à Anot, qui est près de Glandèves, & on

Lib. III, cap. 20.

Tome I, p. 282.

ne voit point sur quel fondement. Je crois voir quelque analogie dans la dénomination avec le nom que porte la Tinea, rivière qui sort des confins de la vallée de Barcelonette pour descendre dans le Var.

45°, 25°.

EDENATES. Ils sont cités dans l'inscription du Trophée des Alpes, rapportée par Pline. On trouve aussi le nom d'*Adanatium* sur l'Arc de Suse, où sont inscrits les peuples soumis à Cottius; & il ne paroît pas qu'il y ait de distinction à faire entre *Adanates* & *Edenates*, nonobstant que l'objet des deux inscriptions soit différent. La même observation paroît avoir lieu à l'égard de quelques autres peuples, les *Ectini*, les *Esubiani*. Le nom de *Sedena*, qui est celui de la petite ville de Seine, dans le nord de la Provence, diocèse d'Embrun, aux confins de celui de Digne, nous indique vraisemblablement les *Edenates*.

Lib. III, cap. 20.

51°, 25°.

EGORIGIUM. L'Itinéraire d'Antonin & la Table Théodosienne font également mention de ce lieu, sur une route qui conduit de Trèves à Cologne, & la distance qui est marquée VIII à l'égard de *Marcomagus*, ou du lieu appellé Marmagen, fixe la position d'*Egorigium* à Jonkerad, château sur la rivière de Kill, qui se rend dans la Moselle un peu au-dessous de Trèves. Le détail des lieux & des distances sur cette route, depuis Trèves jusqu'à *Marcomagus* est exposé dans l'article *Beda*. Quelques vestiges d'antiquité sur le bord de la Kill, vis-à-vis de Jonkerad, ont paru à un professeur Allemand avoir été un cénotaphe, qu'il croit pouvoir attribuer aux petits-fils d'Auguste, Caius & Lucius.

Eberhard Rau.

47°, 21°.

ELAVER FLUVIUS. C'est le nom de l'Allier dans les Commentaires de César. On lit *Elauris* dans Sidoine-Apollinaire; & dans des écrivains postérieurs *Aleris*, & *Alerius*.

Lib. VII.

44°, 18°.

NOTICE DE LA GAULE.

44°, 18°.

ELUSA. Quoiqu'il soit mention des *Elusates* dans César, le plus ancien monument où l'on trouve *Elusa* est l'Itinéraire de Bourdeaux à Jérusalem, dont la date par un consulat qui y est marqué, revient à l'an 333. Claudien, qui est postérieur, comme ayant vécu sous les fils de Théodose, parle d'*Elusa* dans son invective contre Rufin. Dans la Notice des provinces de la Gaule, *civitas Elusatium* tient le rang de métropole dans la Novempopulane. On connoît par les souscriptions de plusieurs conciles, que la ville d'*Elusa* a conservé ce rang jusque dans le huitième siècle. Mais, ayant été ruinée par les Normans dans le neuvième, l'évêque d'Auch est monté à la dignité de métropolitain, & *Elusa* n'a plus été un siége épiscopal. La ville moderne d'Euse ou d'Eause, qu'on croit avoir été construite vers l'an 900, n'est pas précisément dans le même emplacement que l'ancienne, dont les vestiges conservent par distinction le nom de Ciutat.

44°, 18°.

ELUSATES. Ils sont nommés dans César entre les peuples de l'Aquitaine, que l'expédition de Crassus son lieutenant réduisit à se soumettre. Pline les nomme entre les *Ausci* & les *Sottiates*, dont ils étoient en effet limitrophes. Le rang de métropole qu'a tenu leur capitale, témoigne que ce peuple doit avoir été un des plus considérables de cette partie de la Gaule.

Comment. III.

Lib. IV, cap. 19.

44°, 20°.

ELUSIO. Ce lieu est placé dans l'Itinéraire de Bourdeaux à Jérusalem, entre Toulouse & Carcassone ; & on compte 29 milles en plusieurs distances particulières de Toulouse à *Elusio*, & 33 d'*Elusio* à Carcassone. Je trouve en traçant la voie Romaine par quelques lieux connus, & la divisant de mille en mille sur une grande carte du canal de Languedoc, que la position d'*Elusio* tombe aux environs du baſſin de Naurouze, qu'on ſçait être le point de partage des eaux de ce canal.

48°, 25°.

EPAMANDUODURUM. Il en eſt mention dans l'Itinéraire d'Antonin, & dans la Table Théodoſienne, ſur une route qui de Beſançon conduit ſur le Rhin. L'Itinéraire marque de *Veſontio* à *Velatudurum* XXII, & de *Velatudurum* à *Epamanduodurum* XII. Dans un autre endroit, il ne marque que XXXI en une ſeule diſtance, & ſans lieu intermédiaire. On trouve dans la Table, *Veſontione* XIII *Lapoſagio* XVIII *Epamanduo*. Ce lieu eſt connu pour être Mandeure : & ſur une colomne milliaire, qui y a été déterrée, & qui porte le nom de Trajan, on lit *Veſant. M. P.* XXXXIIX, & un pareil nombre doit indiquer des milles plutôt que des lieues, nonobſtant que l'uſage établi dans la Gaule, & la manière même dont on voit ici que la diſtance eſt comptée dans les Itinéraires, y ſoient contraires. Ce qu'on peut inférer de là, c'eſt qu'en quelques extrémités de la Gaule, plus voiſines de l'Italie, & de l'ancienne Province romaine, que du centre, on ſe ſera conformé dans l'emplacement des colomnes ſur les voies militaires, à la meſure romaine des diſtances, plutôt qu'à la meſure gauloiſe; ſans préjudice de l'uſage de celle-ci dans la partie dominante & principale de la Gaule. Les 48 milles marqués ſur la colomne d'*Epamanduodurum* répondent à 32 lieues gauloiſes, ce qui diffère peu du compte des Itinéraires, dont les écarts ſe renferment entre 31 & 34. La diſtance aërienne & directe d'un point pris au centre de Beſançon juſqu'à Mandeure paſſe 32000 toiſes, & ne paroît valoir ainſi que 28 à 29 lieues gauloiſes. Mais, quand on conſidére ſur la repréſentation du local, les endroits par leſquels la route pouvoit être conduite, on reconnoît que la meſure du chemin étoit propre à conſumer les 32 lieues qui ſont indiquées.

45°, 24°.

EPOTIUM. Dans une inscription trouvée à Ventavon, qui n'est point un lieu du Piémont, comme le dit Spon, mais du Daufiné, diocèse de Gap, sur la droite de la Durance, on lit PAGI EPOT. FLAM. AVG. La finale de ce nom de lieu, en suppléant à ce que donne l'inscription, peut avoir été conforme à celle qu'on employe ici : & ce lieu paroît se rapporter à Upois ou Upais, qui est un bourg dans le voisinage de Ventavon, limitrophe des dépendances actuelles de la Provence.

Miscell. Erud. Antiq. p. 164.

50°, 23°.

EPUSUM. Selon la Notice de l'Empire, un corps de troupes étoit placé *Epuso*, en ajoutant *Belgicæ primæ*, parce que ce lieu est du territoire des *Treveri*. Dans les plus corrects des manuscrits de l'Itinéraire d'Antonin, on lit *Epoisso* : & la distance sur la route qui conduit de *Durocortorum*, ou de Reims, à Trèves, est marquée *leugas* XXII à l'égard de *Vungus vicus*, XX à l'égard d'*Orolaunum*. On peut voir dans l'article *Vungus vicus*, que si la première de ces deux distances a quelque chose de trop, étant comparée au local, cet excédent trouve sa place dans un espace antérieur, entre *Durocortorum* & *Vungus*. Quant à la distance du côté d'*Orolaunum*, elle paroît convenable entre Ivois, qui est *Epusum*, & Arlon. Dans les écrits d'un temps postérieur, le nom d'Ivois, ou d'Ipsch, comme disent les Alemands, est *Evosium* ou *Ivosium*. Mais, il ne faut pas que celui de Carignan, qu'on a transporté récemment au même lieu, fasse oublier, & supprimer dans la Géographie, l'ancienne dénomination ; & c'est un précepte qu'on ne peut trop recommander d'être observé, à l'égard de tous les lieux qui peuvent être dans le même cas.

44°, 23°.

ERNAGINUM. Ptolémée en fait mention comme

d'une ville des *Salyes*. Mais, ce qui en indique la position plus sûrement que par les Tables de Ptolémée, c'est de la rencontrer dans les Itinéraires ; quoiqu'ils ne soient pas parfaitement d'accord sur le nombre des milles à compter d'*Arelate*. L'Itinéraire de Bourdeaux à Jérusalem marque VIII, celui d'Antonin VII, & la Table Théodosienne VI seulement. Dans la Table comme dans l'Itinéraire d'Antonin, *Ernaginum* est placé entre *Arelate* & *Glanum* ; & la distance à l'égard de *Glanum* est plus convenable dans la Table sur le pied de VIII, que l'indication de l'Itinéraire à XII. La mesure itinéraire entre S. Remi, qui est *Glanum*, & Arles, paroît répondre à peu près à 16 milles romains, en plaçant *Ernaginum* vers le milieu de cette distance. On a lu le nom d'*Ernaginenses* sur un marbre trouvé à S. Gabriel dans les environs d'Arles, du côté qui tend vers S. Remi ; & *locus Arnaginensis* est mentionné dans la vie de S. Césaire d'Arles, citée par Honoré Bouche.

47°, 20.

ERNODURUM. L'Itinéraire d'Antonin indique ce lieu entre *Argantomagus*, ou Argenton en Berri, & *Avaricum*, Bourges ; marquant d'*Argantomagus* à *Ernodurum* XXVII, & d'*Ernodurum* à *Avaricum* XIII. Or, ce qu'il y a d'espace absolu entre Argenton & Bourges peut s'estimer d'environ 46000 toises, & le calcul des 40 lieues gauloises qui résultent des nombres de l'Itinéraire, sçavoir 45360 toises, ne suffisant pas, je remarque que la Table Théodosienne fait compter 42 dans le même intervalle : de sorte qu'un terme moyen entre 40 & 42, dont il résulte environ 46500 toises, paroîtra plus conforme à ce que la trace du chemin peut valoir sur le local. La position d'*Ernodurum* tombe au passage de la rivière d'Arnon, conformément à ce que désigne la dénomination même d'*Erno-durum*. Ce lieu a pris le nom de S. Ambroise, évêque de Cahors, qui y mourut & reçut la sépulture : *in vico Ernotro*,

NOTICE DE LA GAULE.

non longè ab urbe Biturica, comme M. de Valois dit avoir lu dans la vie manuscrite de ce prélat. On voit bien que le nom d'*Ernotrum* a été formé par contraction d'*Ernodurum*. La distance de S. Ambroise sur Arnon à Bourges pouvant s'estimer de plus de 14000 toises en droite-ligne, elle convient ainsi à la mesure de 14742 toises, que donne le calcul des 13 lieues gauloises marquées dans l'Itinéraire.

P. 189.

50°, 25°.

ERUBRUS FLUV. Dans le poëme d'Ausone sur la Moselle. Petite rivière, qui est reçue par la Moselle un peu au-dessous de Tréves sous le nom de Rouver. *Rubera* dans une charte de Dagobert, rapportée par Bruschius, selon Marquard Freher.

45°, 25°.

ESUBIANI. Ils sont cités dans l'inscription du Trophée des Alpes, à la suite des *Edenates*, que l'on croit avoir occupé le territoire de Seine, sur le bord de la vallée de Barcelonette, & dont le nom est *Sedena*. On croit pareillement voir quelque rapport entre le nom d'*Esubiani* & celui des rivières d'Ubaye & d'Ubayette, dont la jonction se fait au-dessus de Barcelonette, qu'un comte de Provence issu des comtes de Barcelone, construisit ou restaura sous cette dénomination dans le treizième siècle. Il est constant que des noms de rivière ont fait les noms de divers peuples. Les *Esubiani* pourroient bien être confondus avec les *Vesubiani*, qui sont inscrits sur l'Arc de Suse. Car, quoique Pline en rapportant l'inscription du Trophée, fasse distinction des peuples qui y sont dénommés, d'avec les *Cottianæ civitates*, qui semblent réservées à l'Arc de Suse: cependant, des noms qu'on lit sur cet Arc de Suse, *Adanates*, *Egdini*, sont trop semblables à ceux d'*Edenates*, d'*Ectini*, de l'inscription du Trophée, pour qu'on les sépare comme peuples différens. Je remarque que les *Vesubiani* étant placés dans l'inscription de Suse, près des *Qua-*

Lib. III, cap. 20.

diatii, qui font les *Quariates* de la vallée de Queiras; on peut tirer du voifinage de pofition, une nouvelle raifon de regarder les *Vefubiani* comme les mêmes qu'*Efubiani*, habitans les bords de l'Ubaye & de l'Ubayette. Mais, je ne diffimulerai pas qu'il peut naître une difficulté, de ce qu'on trouvera une parfaite reffemblance entre le nom des *Vefubiani* & celui de *Vefubia*, rivière ou torrent qui tombe dans le Var. L'Arc de Sufe, dont l'objet fpécial eft un dénombrement de ce qui compofe l'Etat de Cottius, (*civitatum quæ fub eo præfecto fuerunt*) porte le nom de *Vefubiani*, la leçon du nom d'*Efubiani* étant celle du Trophée des Alpes. On aura peut-être quelque répugnance à croire, que le domaine de Cottius s'étendît jufque dans le voifinage de Nice, nonobftant que par la répétition de quelques-uns des mêmes peuples dans l'un & dans l'autre monument, comme je le remarque ci-deffus, il femble qu'Augufte ait concédé à Cottius plufieurs des communautés (car c'eft ainfi qu'on peut qualifier ces petits peuples) qui fe trouvent dans l'infcription du Trophée. Comme cette identité du nom de *Vefubiani* & de *Vefubia* pouvoit être remarquée par des perfonnes curieufes d'approfondir l'ancienne Géographie de la Gaule dans le plus grand détail, j'ai cru pour ne pas paroître avoir manqué d'attention fur ce point en particulier, devoir infcrire le nom de *Vefubiani* dans la vallée que *Vefubia* traverfe, laiffant à la critique la liberté d'opiner felon ce qui fera jugé plus convenable.

46°, 24°.

ETANNA. C'eft ainfi qu'on lit dans la Table Théodofienne, fur une route qui part d'un lieu nommé *Auguftum*, & qui fe rend à Genève par un autre lieu nommé *Condate*. La diftance eft marquée XII à l'égard d'*Auguftum*, & XXI à l'égard de *Condate*. Ces indications conviennent à la pofition d'Ienne, dans laquelle on reconnoît indubitablement *Etanna*, lorfqu'en fuivant la

NOTICE DE LA GAULE. 295
Table on part du lieu qui conserve le nom d'*Auguſtum*
dans celui d'Aoſte, & qu'on pouſſe au-delà d'Ienne ſur
la même route, juſqu'à l'entrée de la rivière de Siér
dans le Rhône, où le *Condate* trouve l'emplacement que
déſigne ſa dénomination : bien entendu qu'on applique
le mille à des eſpaces qui ſont compris dans la Province
Romaine. J'ai quelque notion que le nom d'Ienne eſt
Eiauna plutôt qu'*Etanna* dans les écrits du moyen-âge :
mais faute de les avoir préſents, pour en produire des
citations, il faut que je m'en tienne ici à la leçon que
donne la Table.

45°, 19°.

EXCISUM. Dans l'Itinéraire d'Antonin & dans la
Table, la diſtance eſt également marquée XIII en partant d'*Aginnum*, & cette poſition regarde Ville-neuve
d'Agénois, qui a ſuccédé à un lieu plus ancien, dont le
monaſtère eſt appellé *Exſcienſe* dans les titres de l'abbaye de Moiſſac, aujourd'hui Notre-Dame d'Eiſſes. Le
calcul des 13 lieues gauloiſes allant à 14740 toiſes, eſt
peut-être un peu fort, quoiqu'il ſe rapporte à une meſure itinéraire, parce que l'eſpace en ligne directe ne
peut s'eſtimer que de 13 à 14000 toiſes, & que la réduction d'environ une lieue ſur 13 dans un pays aſſez uni,
n'a pas lieu communément.

F.

51°, 22°.

FANUM MARTIS. Nous avons pluſieurs lieux de
ce nom dans l'étendue de la Gaule. Celui dont la Notice de l'Empire fait mention en diſant, *Præfectus Læ-
torum Nerviorum Fano Martis Belgicæ ſecundæ*, devoit
être conſidérable, ayant donné le nom de *Pagus Fa-
nomartenſis* au Hainau, ou à la plus grande partie de
cette province, avant que le nom de *Hainoum*, dérivé
de la rivière de Haine, la déſignât toute entière. Non-
ſeulement la ville de Valenciennes, appellée autrefois

vicus Valentianæ, & dont les remparts ne sont aujourd'hui qu'à 2000 toises du lieu que l'on nomme Fammars, est du *pagus Fanomartensis*, selon la chronique de Sigibert de Gemblou sous l'an 1066 : mais il y a d'autres écrits du moyen-âge qui étendent ce pays jusqu'à Maroilles, *Maricolæ monasterium*, près de Landrecies, & plus loin encore en descendant la Sambre jusqu'à *Laubiæ*, ou Lobes, monastère fondé dans le septième siècle. On a trouvé des monumens de l'antiquité à Fammars ; & une colline qui est auprès du côté du nord, appellée le mont Ovis, & sur laquelle on croit reconnoître les vestiges d'anciens retranchemens, paroît avoir servi d'assiette à un camp romain, que la milice des Nerviens, dont parle la Notice de l'Empire, devoit occuper.

49°, 17°.

Un autre lieu portant le même nom de *Fanum Martis*, est indiqué par l'Itinéraire d'Antonin, sur la route d'*Alauna* à *Condate Redonum*, entre *Cosedia* & *Fines*. J'ai fait voir dans l'article *Cosedia*, que les nombres de l'Itinéraire dans le détail de cette route excédoient ce que le local peut admettre : & entre la position de *Cosedia* & celle de *Fines*, qui indique les limites des *Abrincatui* du côté des *Redones*, je ne vois point de lieu qui désigne mieux le *Fanum Martis* que l'emplacement avantageux & dominant de Mont-martin, sur la direction précisément de la voie romaine. La convenance de position invite à penser, que dans l'établissement du Christianisme on aura voulu substituer le nom de S. Martin à celui de Mars. Le laps de tems, qui altère la dénomination des lieux, a pu même apporter ce changement sans aucune allusion. Sanson a été chercher Mortain pour placer *Fanum Martis*. Mais, sans parler d'un écart excessif, eu égard à la direction de la voie, le nom de *Moretonium*, duquel dérive le nom actuel de Mortain, a-t-il quelque rapport à celui de Mars ?

49°, 16°.

NOTICE DE LA GAULE.

49°, 16°.

La Table Théodofienne place un *Fanum Martis*, entre le même *Condate* dont il eſt parlé dans l'article précédent, ou celui des *Redones*, & un lieu nommé *Reginea*, qui fait le terme d'une route en aboutiſſant au rivage de la mer. La diſtance marquée xxv dans l'intervalle de *Condate*, ou de Rennes, à *Fanum Martis*, en tendant directement vers le lieu qui tient la place de *Reginea*, conduit à la hauteur de Dinan, & cette poſition ſe rencontre dans le voiſinage de l'ancienne ville des *Curioſolites*. Entr'autres monumens d'antiquité qui ſubſiſtent dans ce canton, on parle des reſtes d'un édifice ſemblable aux temples du paganiſme.

50°, 23°.

FANUM MINERVÆ. L'Itinéraire d'Antonin en fait mention ſur la route, qui de *Durocortorum* tend à *Divodurum*, par *Naſium* & *Tullum*. Je ſuis même perſuadé que la Table Théodoſienne indique le même lieu ſur cette route, quoique la dénomination y ſoit peu correcte, comme on eſt prévenu que beaucoup d'autres le ſont dans ce monument. Mérula m'a devancé, en croyant que le *Fanum Minervæ* eſt caché dans la Table ſous le nom qu'on y lit *Tenomia*. En-effet, outre le même nombre de lettres dans *Tenomia* que dans *Fanomin* par abbréviation, on remarquera quatre lettres de ſuite qui ſont les mêmes, de manière que l'altération n'eſt que l'effet d'une mépriſe ſur trois autres lettres, qui figurent également comme celles dont elles tiennent la place, & entre leſquelles l'initiale eſt peu différente. Mais, l'Itinéraire & la Table ne ſont pas d'accord ſur la diſtance de *Durocortorum* à *Fanum Minervæ* : xv dans l'Itinéraire, xix dans la Table ; & on croiroit que l'identité de lieu ne pourroit compatir avec cette diverſité de diſtance. La connoiſſance du local me fait découvrir un vice dans l'indication de l'Itinéraire. Car ce même Itinéraire ajoutant xvi entre le *Fanum* & le lieu

Coſmogr. lib. III.

P p

qui lui succède sous le nom d'*Ariola*, la position qui convient à *Ariola* s'éloigne de *Durocortorum*, ou de Reims, d'environ 40000 toises, dont il résulte 35 lieues gauloises de bonne mesure. Or, si la distance particulière du *Fanum* à *Ariola* n'y entre que pour xvi, il s'ensuit que celle d'entre *Durocortorum* & le *Fanum* est plus forte que xv, & qu'elle est justement de xix, selon l'indication de la Table. Nous pouvons sur cette route suivre la trace de la voie romaine, parce qu'elle subsiste. Les 19 lieues gauloises se trouvent, à une fraction près, complettes, en arrivant à un lieu nommé la Cheppe, distant du centre de Reims de 21000 toises : & de ce lieu à celui qui représente *Ariola*, sous le nom de Vroil, 19000 toises font 16 à 17 lieues gauloises. En trouvant ainsi la position du *Fanum* dans le voisinage de la Cheppe, je n'ai pas besoin de m'autoriser de ce que plusieurs villages, qui n'en sont écartés que d'une lieue actuelle, ou d'une lieue & demie, sont surnommés du Temple. Car, sans vouloir conjecturer que ces lieux pouvoient appartenir au Temple de Minerve, avant que d'être concédés à l'ordre des Templiers, ce surnom peut n'être que rélatif à une commanderie qui existe sous le nom de la Neuville-au-Temple. On voit auprès de la Cheppe, sur le bord d'un ruisseau qui porte le nom de S. Remi, les vestiges d'un camp, fermé d'un *vallum*, ou rempart, que l'on croit dans le pays avoir été le camp d'Attila. Mais, dans cette opinion, on n'a pas pris garde au défaut de vraisemblance. Un poste, dont la circonférence d'environ 900 toises, selon un plan envoyé à M. le Comte de Caylus, ne comprend pas plus d'espace que le jardin des Tuilleries, n'a pu contenir l'armée du roi des Huns, qui joignoit à la multitude de ses troupes nationales, des milices particulières d'Alains, de Gépides, d'Ostrogoths, & d'autres nations, qu'il avoit rangées sous ses drapeaux, comme sous sa domination. D'ailleurs, en lisant Jornandès, qui entre dans un grand

NOTICE DE LA GAULE.

détail sur la fameuse bataille des champs Catalauniques, on voit que le camp d'Attila n'étoit fermé que par des chariots, *quæ plaustris vallata habebat*, dont il se crut protégé dans sa retraite après l'action, conformément à une manœuvre qui est particulière aux Tartares. On sçait qu'ils sont actuellement ce qu'ils ont été dans tous les tems ; & leur manière de se défendre, en se couvrant d'une enceinte des chariots qui les suivent dans leurs expéditions, s'appelle faire *Tabor*, comme on peut voir dans la description de l'Ukraine, par le Vasseur-Beauplan.

43°, 21°.
FANUM VENERIS. Voyez l'article *Portus Veneris*.

51°, 24°.
FERESNE. C'est ainsi qu'on lit dans la Table Théodosienne, sur une voie qui dans l'intervalle de Tongres à Nimègue descend le long de la Meuse, sur le bord de laquelle cette voie rencontre un autre lieu, dont le nom actuel de Blérick, vis-à-vis de Ven-lo, retrace l'ancienne dénomination de *Blariacum*, qu'on trouve dans la Table. Elle fait compter 26 en deux distances, XII & XIIII, en remontant de *Blariacum* à *Feresne*, vers Tongres, & la mesure de cet espace conduit de Blérick à Reckem, qui est situé un peu plus bas que Mastrict. Je ne vois d'autre difficulté dans cette position de Reckem, que celle de ne pouvoir compter que 12 lieues gauloises jusqu'à Tongres, quoique la Table marque XVI. Mais, ce qui vient du local étant positif, il s'ensuit que la Table est dans le cas de souffrir quelque réforme, en quelque intervalle que ce soit dans ce qui est compris entre Tongres & *Blariacum* ou Blérick.

46°, 23°.
FIGLINÆ. La Table Théodosienne traçant une route de Vienne à Valence, place *Figlinæ* entre Vienne & *Tegna*, qui est Tein ; & la distance à l'égard de Vienne

est marquée xvii, & à l'égard de *Tegna* xvi. Or, je crois pouvoir estimer, que ce qu'il y a d'espace direct entre Vienne & Tein, est d'environ 28000 toises; & les 33 milles qui font la somme des deux indications dans la Table, ne remplissent pas cet intervalle. Mais, ce qui témoigne que ces indications ont en-effet quelque chose de moins qu'il ne convient, c'est que l'Itinéraire d'Antonin fait compter 48 milles entre Valence & Vienne, pendant que la Table ne fournit que 46, en ajoutant 13 de *Tegna* à Valence aux 33 de Vienne à *Tegna*. On peut encore soupçonner qu'il y a quelque défaut dans la Table, sur ce que Strabon compte 320 stades depuis le confluent de l'Isère dans le Rhône jusqu'à Vienne. Car, les 33 milles de la Table entre Vienne & *Tegna*, ou Tein, ne répondent qu'à 264 stades, & ce qu'il y a de surplus depuis Tein jusqu'à l'endroit que l'on nomme la Queue d'Isère, ne s'estime guère plus de 45 stades. Donc, environ 310, au lieu de 320; & il convient d'ajouter, que ce compte de 320 stades est par lui-même insuffisant, parce que les 48 milles de Valence à Vienne, selon l'Itinéraire, donnent 384 stades. Au-reste, la position qui me paroît plus convenable sur cette route entre Vienne & Tein, est celle du *castrum sancti Ramberti*, selon les titres du Daufiné, près de l'entrée de la petite rivière d'Ore dans le Rhône. M. de Valois voudroit insinuer que *Figlinæ* pourroit être un endroit du Lionois, à trois lieues seulement au-dessous de Lion, & on peut voir sur quoi il fonde une pareille conjecture. En ce cas, il faudra amener *Figlinæ* entre Lion & Vienne, bien loin de voir ce lieu au-delà de Vienne en tendant vers Valence. Cependant, comme c'est de la Table uniquement que nous tenons *Figlinæ*, c'est d'après la Table que nous devons déterminer sa position.

48°, 24°.
FILOMUSIACUM. La Table Théodosienne mar-

NOTICE DE LA GAULE. 301

que ce lieu entre *Vesontio* & *Abiolica*, ou plutôt *Ariolica*, comme on lit dans l'Itinéraire d'Antonin; & les distances marquées dans la Table sont, de *Vesontio* à *Filomusiacum* XV, & de *Filomusiacum* à *Ariolica* XIIII. L'explication de cette voie qui conduit à Pontarlier, renferme des difficultés que je ne sçache pas qu'on ait applanies jusqu'à présent. L'Itinéraire en ne marquant que XVI pour la distance de *Vesontio* à *Ariolica*, est manifestement en défaut. L'espace direct d'un point pris au centre de Besançon jusqu'à Pontarlier, est de 23200 toises ou environ; & quoique cet espace ne réponde qu'à 20 lieues gauloises & demie, la représentation du local par la grande carte qui a été levée de la Franche-comté, me donne lieu d'estimer, que la mesure de la voie romaine circulant en plusieurs endroits dans des vallons, est au moins de 23 des mêmes lieues. L'opinion commune veut, que *Filomusiacum* soit un lieu nommé Usié, parce qu'on a cru voir un reste de l'ancienne dénomination. Mais, la mesure du chemin depuis le point de Besançon jusqu'à ce lieu fait compter environ 19 lieues gauloises, & de-là jusqu'à Pontarlier on n'en trouve guère plus de 4, ce qui n'a aucun rapport aux distances marquées par la Table, à laquelle nous devons *Filomusiacum*. Le nombre XV qu'elle indique, s'arrête en partant de Besançon sous un château nommé Mailloc, qui domine sur une gorge étroite, que traverse le chemin. De-là jusqu'à Pontarlier, ce qui reste de route étant d'environ 9 lieues, qui font l'excédent de 15 sur les 23, dont la distance itinéraire de Besançon à Pontarlier est composée; cette circonstance fait trouver le moyen le plus simple de rendre la Table conforme au local, en substituant le nombre VIIII figuré de cette manière, à celui qui paroît figuré XIIII dans la Table, & que l'on ne sçauroit admettre. On pourroit même ajouter, en s'autorisant du défaut de correction dans les noms propres, dont la Table fournit une infinité d'exemples, que le nom de Mailloc, où *Filomufiacum* prend fa place, voudroit qu'on lût plutôt *Filo-maliacum*. Cette leçon détruiroit l'unique fondement fur lequel on a voulu établir à Ufié la pofition du lieu dont il s'agit.

44°, 23°.

FINES. Il y auroit un nombre infini de lieux à citer fous cette dénomination, fi, indépendamment de ceux que l'on trouve dans les monumens de l'âge Romain, & auxquels on doit fe borner ici, on faifoit la recherche de tout ce qui eft actuellement exiftant fous la même dénomination, & dont ces monumens ne parlent point. L'occafion d'en montrer plufieurs doit fe préfenter en confidérant les limites des anciennes cités. Pour faire connoître ces lieux dénommés *Fines*, en parcourant la Gaule, je procéderai du midi vers le nord, felon le progrès qu'a fait la domination romaine. En général, c'eft fur les anciennes voies qui faifoient la communication des cités, que les *Fines* font indiqués par les Itinéraires. Celui d'Antonin & la Table Théodofienne conviennent fur le premier qui fe préfente dans l'ordre que je me prefcris, à le placer entre *Cabellio*, Cavaillon, & *Apta-Julia*, Apt. C'eft que les limites des *Cavares*, dont *Cabellio* dépendoit, fe rencontroient dans cet intervalle avec ceux des *Vulgientes*, dont *Apta-Julia* étoit le chef-lieu. L'Itinéraire n'eft pas d'accord avec lui-même fur les diftances: dans un endroit il marque XV entre *Cabellio* & *Fines*, XII entre *Fines* & *Apta*; & ailleurs, la diftance de *Cabellio* à *Apta*, fans lieu intermédiaire, eft marquée XXII. La Table indique XII entre *Cabellio* & *Fines*, & le même nombre eft répété entre *Cabellio* & *Apta*. Cependant, j'eftime que la diftance de Cavaillon à Apt n'eft en droite-ligne que de 13 à 14000 toifes, ce qui n'admet que 18 milles, ou environ 19 en mefure itinéraire. Car, dans ce que renferme la Province romaine, c'eft du mille dont il con-

NOTICE DE LA GAULE.

vient de faire usage. Les confins des diocèses d'Apt & de Cavaillon sont à environ 7 milles, d'Apt, à 11 ou 12 milles de Cavaillon; & ces circonstances dans le local veulent que l'on corrige sur ce pied-là les nombres de l'Itinéraire & de la Table. Ainsi, on substituera XII à XV, & VII à XII dans l'Itinéraire. L'indication de XII restera dans la Table entre *Cabellio* & *Fines*, & au lieu de XII entre *Fines* & *Apta* on lira VII. La méprise entre les chiffres romains V & X se fait remarquer fréquemment : mais elle présente en même tems le plus facile des moyens de correction ; & on en verra la répétition dans l'article suivant, sans aller plus loin.

45°, 24°.

Dans l'Itinéraire de Bourdeaux à Jérusalem, on trouve *Fines* entre *Davianum* & *Vapincum*. La distance à l'égard de *Davianum* est marquée XII, & XI à l'égard de *Vapincum* : mais ces nombres ne conviennent point au local. Car, il n'admet qu'environ 13 milles entre Gap & Veine ; & Veine répond à *Davianum*, sans qu'on puisse s'y méprendre, vû la correspondance de cette position à celle de *Mons Seleucus*, qui précède immédiatement *Davianum* dans l'Itinéraire, & que l'on sçait indubitablement exister dans la Bastie Mont-saléon. Ainsi, il y a nécessité de substituer VII à XII, & VI à XI dans l'Itinéraire, par la même réforme de chiffre que celle qui dans l'article précédent a paru également nécessaire. Ce lieu de *Fines* se rencontre en conséquence vers le passage d'une petite rivière nommée Bueche, dont je tire la connoissance d'une grande carte manuscrite du Daufiné, qui représente le local avec beaucoup plus de détail & de précision que les cartes de cette province qui sont gravées. On doit considérer ici les limites des *Caturiges*, dans un tems antérieur à celui où *Vapincum* est monté au rang de cité, dans lequel il a remplacé une ville plus ancienne en dignité, qui a porté le nom de *Caturiges* comme capitale, & dont les

Itinéraires font mention entre *Vapincum* & *Ebrodunum*. Il est difficile, d'un autre côté, de décider quel étoit le peuple qui bornoit ainsi les *Caturiges*, & de porter jusque-là les limites des *Vocontii*, quelques puissants qu'ils paroissent avoir été. Cette contrée de la Gaule voisine des Alpes, a été partagée en un si grand nombre de peuples, qu'il y a tout lieu de présumer, que ce qui fait actuellement l'extension du diocèse de Gap du côté du diocèse de Die étoit occupé par quelque communauté de moindre considération que les *Caturiges* & les *Vocontii*, & du nombre de celles qui nous sont peu connues. Ce canton pourroit convenir aux *Iconii*, dont il est mention dans Strabon; & ce qui le fait conjecturer est exposé dans l'article sous le nom d'*Iconii*. Au-reste, cette position de *Fines* paroît la seule dans la Gaule, où l'on soit en pareil cas de ne pas connoître avec une égale certitude l'un & l'autre des territoires dont les limites sont désignés par cette dénomination.

44°, 20°.

La Table Théodosienne marque *Fines* sur la route de Toulouse à Narbone; *Tolosa* xv *Badera* xviiii *Fines*. Le nombre entre *Fines* & *Carcaso*, qui suit immédiatement, est omis dans la Table. Par le compte des distances qui est donné d'ailleurs entre Toulouse & Carcassone, on peut estimer celle de *Fines* à Carcassone de 28 à 29 milles; & le lieu de *Fines* se place entre les positions d'*Elusio* & de *Sostomagus*, indiquées par l'Itinéraire de Bourdeaux à Jérusalem. Car, pourquoi supposer deux routes différentes sur la même direction, comme on les a tracées dans la carte du premier volume de l'histoire de Languedoc? N'est-il pas plus simple de penser, que toutes les positions de lieu qu'une voie rencontroit sur son passage, n'étant pas également détaillées dans les différens Itinéraires, chacun de ces Itinéraires dans le choix qu'on a fait, cite un lieu plutôt

NOTICE DE LA GAULE. 305

qu'un autre? Nous tirons de cette position de *Fines* l'avantage de connoître les limites respectives des dépendances de Toulouse & de Narbone : c'est à quoi on n'a pas pris garde dans la carte que je viens de citer. La multiplication des diocèses en Languedoc a effacé la trace de ces limites.

44°; 20°.

Un autre lieu de *Fines* dans la Table est marqué sur la route de Toulouse à *Bibona*, qu'il faut lire *Divona*, & qui est Cahors. Ce sont donc les limites des dépendances de Toulouse du côté des *Cadurci*, & on peut appliquer à cette position ces deux vers de Théodulphe (*in carmine de pugnâ volucrum*) :

Nempè Tolosani locus est rurisque Cadurci
   Extimus, hoc finit pagus uterque loco.

La distance marquée XXVIII, porte en-effet vers Montauban, dont le diocèse en-deçà du Tarn a été pris sur l'ancien territoire de Toulouse, quoique l'emplacement de la ville, qui étoit appellé *Mons Aureolus*, fut compris dans les limites des *Cadurci*, comme on l'apprend de la vie de S. Théodard, archevêque de Narbone. Elle s'explique ainsi sur ces limites : *est autem monasterium (S. Martini) in Caturcensi territorio, in monte qui Aureolus nuncupatur; ad cujus montis radicem fluvius quidam decurrit, quem indigenæ regionis ipsius Tasconem vocant; hic suo decursu, confinia Tolosani, Caturcensisque ruris, liquido dirimit patenter influxu, qui à prædicto monte recedens, post modicum terræ spatium Tarno immergitur flumini.* Il faut ajouter, que la distance qui suit la position de *Fines* dans la Table, en conduisant à la capitale des *Cadurci* par un lieu nommé *Cosa*, & qui est marquée VII, convient à l'emplacement de *Cosa*, que l'on connoît aux environs de l'Aveirou, sur la droite de son cours.

45°, 18°.

L'Itinéraire & la Table indiquent *Fines* sur une route qui conduit de Bourdeaux à Agen. Cette voie, en partant de Bourdeaux, remonte le long du même rivage de la Garonne fur lequel Bourdeaux eft fitué. Le lieu qui fuit Bourdeaux, fous le nom de *Sirione*, & qui eft le pont de Siron, près de Langon, le fait voir clairement, & détermine le côté de la rivière qui convient à *Fines* en fuivant cette route. L'Itinéraire & la Table font d'accord à marquer xv, pour la diftance à l'égard d'*Aginnum*. Ici il doit être queftion de lieues gauloifes, non de milles, parce que ce n'eft plus la Province romaine, dans laquelle les *Fines* précédens font renfermés. Cette diftinction eft prefcrite formellement par l'Itinéraire de Bourdeaux à Jérufalem, où le terme de *Leug.* eft appliqué aux diftances entre Bourdeaux & Touloufe. Je remarque, que fi l'on fe borne à une indication de 15 lieues gauloifes en partant d'Agen, pour arriver aux *Fines* de fon territoire, on ne defcend plus bas, eu égard au cours de la Garonne, que vers la hauteur de Tonneins, fans aller jufqu'au Mas d'Agenois, nonobftant le furnom qui le diftingue. Pour le renfermer, & atteindre en même tems les limites du diocèfe de Condom, qui a fait partie de celui d'Agen, il faut fubftituer xx au nombre qui paroît xv. Il eft vrai que le Condomois actuel a pris de l'accroiffement, en s'étendant dans le Bazadois; & on a même jugé à propos que la recette de Condom comprît Bazas & fon territoire.

46°, 19°.

La Table Théodofienne donne une pofition de *Fines* entre *Vefunna*, ou Périgueux, & *Auguftoritum*, ou Limoges. La diftance de *Fines* à l'égard de l'une & de l'autre de ces villes, eft également marquée xiiii. Cette égalité de diftance paroît répondre à celle que l'on remarque dans les limites qui féparent les diocèfes de Limoges & de Périgueux. Mais, vu que l'efpace entre Périgueux & Limoges s'étend à environ 43000 toifes, qui renferment 38 lieues gauloifes, il en réfulte que les diftances particulières doivent être xviiii, au lieu de xiiii.

NOTICE DE LA GAULE. 307

46°, 21°.

Une autre position de *Fines* dans la Table est sur la route d'*Augustoritum*, ou de Limoges, à *Augustonemetum*, ou Clermont en Auvergne. La distance à l'égard d'*Acitodunum*, situé sur cette route, & qui est Ahun dans la Marche, étant marquée xx; elle conduit précisément à l'entrée du territoire des *Arverni*, sans néanmoins pouvoir désigner quelque position qui y ait rapport en particulier, d'autant moins que jusqu'à présent les cartes de ce canton ne sont pas fort louables dans le détail.

47°, 19°.

L'Itinéraire d'Antonin place *Fines* entre *Limonum*, ou Poitiers, & *Argentomagus*, qui est Argenton en Berri, marquant xxi également dans chacun des deux intervalles, ce qui donne 42 entre *Limonum* & *Argentomagus*. Ce lieu de *Fines* est aussi dans la Table, & la distance de *Lemuno* (ou *Limonum*) est marquée xx. Or, ce qu'il y a d'espace en droite-ligne de Poitiers à Argenton ne paroît que d'environ 39 lieues gauloises: mais j'observe, qu'en partant de Poitiers, la position de *Fines* s'arrête à un lieu nommé Heins, situé précisément à l'extrémité du territoire des *Pictavi*, aux confins de celui des *Bituriges*; & dont la distance à l'égard d'Argenton paroît la même qu'à l'égard de Poitiers, & d'environ 20 lieues gauloises. Ces circonstances nous autorisent à voir de l'analogie entre le nom actuel de Heins, & l'ancienne dénomination de *Fines*.

49°, 17°.

Le même Itinéraire indique *Fines* sur une route, qui partant de *Condate* des *Redones*, conduit à *Alauna*, dont on connoît la position dans le territoire des *Unelli*, & peu loin du rivage du Côtentin. Ainsi, ce lieu de *Fines* ne peut désigner que les confins des *Redones*, & de la cité qui se trouve limitrophe en prenant cette route, & cette cité ne sçauroit être que celle des *Abrincatui*, ou d'Avranches. La rivière de Coefnon à Pont-orfon fépare les diocèfes de Rennes & d'Avranches : mais, la diftance marquée xxix dans l'Itinéraire entre *Condate* & *Fines*, veut un plus grand efpace qu'entre Rennes & Pont-orfon. Car, il n'eft guère que de 26000 toifes, qui ne répondent qu'à 23 lieues gauloifes. En pouffant au-delà de Pont-orfon, je trouve un lieu dont le nom de Wines, ou Huines, comme on l'écrit communément, me paroît le même que *Fines*, parce que l'V confone, & quelquefois le double W, tiennent lieu d'un F, & que la prononciation chez plufieurs nations du nord, dont quelques-unes ont formé des établiffemens dans les parties maritimes de la Gaule expofées à leurs invafions, eft la même entre l'V confone & l'F. La diftance de Rennes à Huines, qui paffe celle de Pont-orfon d'environ 4000 toifes, fournit par conféquent près de 4 lieues gauloifes de plus, & fait ainfi compter 27, indépendamment de ce que la mefure itinéraire peut avoir de plus que l'efpace direct. La poffeffion que les Normans ont prife de la Neuftrie, par la ceffion qui leur a été faite de ce pays au commencement du dixième fiècle, a pu établir pour limite plus marquée entr'eux & les Bretons l'embouchure du Coefnon dans la mer, & reculer en conféquence les bornes antérieures de l'Avranchin. Car, quoiqu'en général on doive être prévenu, que les limites des anciens diocèfes indiquent le territoire des cités de la Gaule, il faut convenir qu'on trouve des circonftances particulières qui y dérogent en quelques endroits. Il n'eft point mention d'*Ingena*, ou de la capitale des *Abrincatui*, fur le paffage de la route où l'on rencontre *Fines*, parce que felon la pofition de Huines, il y a apparence que cette route étant conduite au bord de la mer, traverfoit la grève, refferrée près de-là à un efpace qui n'eft que d'environ 700 toifes entre deux pointes de la terre-ferme, ce qui laiffe Avranches fur la droite à une affez grande diftance, pour qu'il fût avantageux d'éviter un grand détour par une voie courte & plus directe.

49°, 19°.

Je trouve *Fines* dans la Table Théodofienne, entre *Subdinnum*, qui eft la capitale des *Cenomani*, ou le Mans, & une pofition figurée comme une capitale, dont le nom eft omis, mais qu'il y a tout lieu de prendre pour *Autricum*, ou Chartres; & j'en parle ainfi dans l'article *Durocaſſes*, parce que *Durocaſſes* étant dans la Table lié immédiatement à cette pofition, donne lieu de la reconnoître. Entre *Subdinnum* & *Fines* ce que marque la Table eft xvi, & entre *Fines* & la pofition qui repréfente *Autricum* on trouve x. Il faut convenir que ces diftances font défectueufes. Ce qu'il y a d'efpace entre le Mans & les confins de fon diocèfe avec celui de Chartres, peut s'évaluer à 21 lieues gauloifes; & entre *Fines* & *Autricum* il ne faut pas moins compter que 28 des mêmes lieues. Il m'a paru néanmoins, que ce lieu de *Fines* ne devoit point être omis dans la carte jointe à cette Notice, comme il l'eft dans les cartes précédentes; & pour le mettre en place, il a fallu fe conformer à ce que le local actuel détermine, parce qu'il eft hors de doute que les nombres de la Table ne peuvent fervir à fixer cette pofition, felon que les limites des cités & la diftance abfolue le prefcrivent.

48°, 21°.

La Table indique encore un lieu fous le nom de *Fines*, entre *Genabum*, ou Orléans, & *Agedincum*, ou Sens. La diftance marquée xv à l'égard de *Genabum*, en prenant la direction qui conduit à un lieu nommé *Aquæ Segeſte*, porte précifément aux confins du diocèfe d'Orléans, fur les limites de celui de Sens, comme je le remarque également dans l'article *Aquæ Segeſte*.

50°, 22°.

Dans l'Itinéraire d'Antonin entre *Auguſta Sueſſionum*, ou Soiſſons, & *Durocortorum*, ou Reims, eft une pofition de *Fines*, que l'on connoît pour être Fîmes, aux confins du diocèse de Reims, sur les limites de celui de Soissons. L'intervalle en droite-ligne des points de Soissons & de Reims, à prendre ces points au centre de ces villes, passe 27000 toises, & on en trouve 28350 par le calcul rigoureux de 25 lieues gauloises que l'on compte dans l'Itinéraire. Quoique la position de Fîmes ne paroisse guère moins distante en ligne directe de Reims que de Soissons, l'Itinéraire indique cependant XIII entre Soissons & *Fines*, & XII entre *Fines* & Reims. Mais, je remarque que la disposition du local justifie cette inégalité de distance en mesure itinéraire. C'est que la voie est assujettie à des circuits dans la vallée où coule la rivière de Vêle, aux environs de Braine, entre Soissons & Fîmes, ce qui n'a pas également lieu entre Fîmes & Reims. Car, la distance directe de Fîmes au point central de Reims étant d'environ 13300 toises, est ainsi presque au pair du calcul des 12 lieues gauloises à 13600. Dans les actes du premier des deux conciles qui ont été tenus à Fîmes, on lit: *Synhodus quæ fuit acta in loco qui dicitur Finibus, Remensis parœciæ, anno* I. D. DCCCXXCI. L'altération du nom de *Fines* en celui de Fîmes se remarque dans la Chronique de Flodoard sous l'an 922; *villam Fimmas super Vidulam*. Il est donc indubitable que *Fines* & Fîmes sont le même lieu.

50°, 24°.

Le même Itinéraire donne une mansion de *Fines* sur la route de *Virodunum*, Verdun, à *Divodurum*, Metz. La distance est marquée VIIII à l'égard de Verdun, & VI à l'égard d'*Ibliodurum*, placé entre *Fines* & *Divodurum*. Après avoir reconnu, en suivant la trace de cette voie, que le lieu d'*Ibliodurum* se fixe au passage d'une rivière dont le nom est Iron, comme on peut voir à l'article *Ibliodurum*, je trouve que l'intervalle dans lequel se renferme la mansion de *Fines*, peut s'estimer en droite-ligne de 16000 & quelques centaines de toi-

NOTICE DE LA GAULE.

ſes, ce qui doit paroître très-convenable à 15 lieues gauloiſes (VIIII & VI) de meſure itinéraire, dont le calcul eſt en rigueur de 17040 toiſes. Il faut ajouter, qu'une proportion de diſtance, ſelon les nombres ci-deſſus, en meſurant la voie, fait tomber *Fines* aux environs d'un lieu remarquable ſur cette voie ſous le nom de Marcheville, qui renfermant le terme de *Marchia*, ou de frontière, terme analogue par ſon uſage dans les bas tems à la ſignification de *Fines*, paroît déſigner les anciennes limites du Verdunois & du pays qu'avoient occupé les *Mediomatrici*, non les limites actuelles du dioceſe de Verdun, qui ont été portées plus loin, & juſque vers la Moſelle peu au-deſſus de Metz.

49°, 23°.

On trouve *ad Fines* dans la Table Théodoſienne, en poſition qui paroît immédiate à *Naſium*, l'une des deux villes que Ptolémée nomme chez les *Leuci*, & qui eſt Nais ſur l'Ornez, au-deſſus de Bar-le-Duc & de Ligni en Barrois. Il eſt certain qu'il exiſte un lieu de Feins, ſur la même rive de l'Ornez, à environ deux tiers d'une lieue actuelle au-deſſous de Bar-le-Duc. La diſtance par le nombre XIIII, que l'on voit dans la Table entre *Naſium* & *ad Fines*, paroît excéder d'environ deux lieues gauloiſes la meſure itinéraire de Nais à Feins, dans la vallée que ſuit le cours de l'Ornez. Quant au lieu que le nombre V à la ſuite de *Fines* pouvoit déſigner, l'omiſſion de ſon nom dans la Table le dérobe à notre connoiſſance. Mais, la diſpoſition du local fait juger, que cette branche de voie paſſant de *Naſium* à la poſition de *Fines*, communiquoit à la route directe de *Durocortorum*, ou de Reims, à *Naſium*, dans l'intervalle de la poſition de *Fanum Minervæ* ſur cette route, & de *Fines*. Je remarque que ce lieu de *Fines* eſt ſur la liſière du *pagus Barrenſis*, confinant aux *Pertenſis*, ou Pertois, quoique ſelon l'état actuel le dioceſe de Toul porte ſes limites un peu plus loin, par une pointe avancée dans le diocèse de Châlons, & qui entame le Pertois. La conformité de ces limites avec celles du domaine qu'occupe le Duché de Bar, peut bien nous indiquer la cause de quelque changement arrivé dans les bornes que des cités gauloises avoient antérieurement, & que des *pagus* limitrophes conservoient encore dans le moyen-âge.

48°, 27°.

Enfin, le dernier des *Fines* dont j'aye à parler, & que l'on trouve dans la Table comme dans l'Itinéraire, est placé sur une route, qui de *Vindonissa*, ou Windisch, dans l'Helvétie, conduit dans la Rhétie, où il entre par *Brigantia*, ou Bregantz. Ce lieu est connu sous le nom de Pfin; & parce qu'il est situé sur la rivière de Thur, & dans le Thur-gaw, on l'appelle *Pfin an der Thur*. La position de ce lieu indique les limites, que le gouvernement Romain avoit établies entre la province des Gaules appellée *Maxima Sequanorum*, & la Rhétie. Car, on voit dans la Notice de l'Empire, qu'un poste établi au lieu nommé *Arbore*, qui est l'*Arbor-felix* de l'Itinéraire & de la Table, entre *Fines* & *Brigantia*, étoit sous les ordres du général qui commandoit dans la Rhétie, *sub dispositione ducis Rhætiæ primæ & secundæ*. Quoique le cours du Rhin soit réputé d'une manière générale faire la séparation de la Gaule d'avec les pays limitrophes, il est néanmoins constant, que les *Rhæti* en occupoient l'un & l'autre bord au-dessus du lac de Constance; & les *Sarunetes*, dont le canton nous est indiqué par la position de Sargans, qui est en-deçà du Rhin, sont du nombre des nations de la Rhétie dans Pline; *Rhætorum, Sarunetes*.

52°, 22°.

FLENIUM. On trouve un lieu sous cette dénomination dans la Table Théodosienne, sur une route qui conduit de *Lugdunum* des *Batavi*, ou de Leyde, à *Noviomagus*, ou Nimegue, en s'écartant de celle qui suivoit

NOTICE DE LA GAULE.

voit le bord du Rhin. Pour trouver *Flenium*, il faut partir du *Forum Hadriani*, marqué par la Table immédiatement à la suite de *Lugdunum*, & dont on connoît la position à Voorburg. La distance du *Forum* à *Flenium* est indiquée XII dans la Table, & non pas XVIII, comme l'écrit Menso-Alting, & comme il emploie en-effet cette distance dans les cartes dont il a accompagné son ouvrage. Il se flatte d'une grande justesse dans la position qu'il donne à *Flenium* par l'ouverture du compas, en la prenant de 18 milles à l'égard du *Forum*, & de 30 à l'égard d'un autre lieu nommé *Caspingium*, ainsi qu'on les compte dans la Table depuis *Flenium* jusqu'à *Caspingium* : M. P. xxx à *Caspingio*, & XVIII *à Foro Adriani, ambobus locis adeò exploratæ positura, ut circinus hinc & indè ductus, ad milliariûm modum, ejusdem puncti concursu verum loci situm mathematicè demonstret*. Quand il n'y auroit rien à redire au compte des distances dont parle ainsi Menso-Alting, la justesse de sa position seroit détruite par le défaut de la mesure de mille dont il fait usage, sçavoir celle de 60 au degré, selon la définition qu'en donnent quelques-unes de ses cartes, définition qui n'est pas plus convenable au mille romain qu'à la lieue gauloise. Beaucoup de personnes d'une grande érudition ont ainsi manqué à un principe essentiel, *conditioni sine qua non*, en voulant expliquer les anciens Itinéraires. Mais, dans le cas particulier dont il s'agit, non-seulement le sçavant que je cite prend 18 pour 12 entre *Forum Hadriani* & *Flenium* ; mais encore la distance entre *Flenium* & *Caspingium*, qu'il emploie sur le pied de 30, doit tenir lieu d'environ 38. Car, une des deux distances qui dans la Table composent celle de *Flenium* à *Caspingium*, est de xx sur le local, au lieu de XII, comme on peut voir à l'article qui concerne la position de *Tablæ*, placée entre *Flenium* & *Caspingium*, & sur laquelle Menso-Alting convient du lieu dont le nom actuel est Alblas. Deux positions données,

Not. Bataviæ, p. 58.

Forum Hadriani d'un côté, & *Tablæ* de l'autre, dans l'intervalle desquelles *Flenium* est fixé par la Table, feront trouver l'emplacement qui lui est convenable. Les distances sont marquées, à l'égard du *Forum Hadriani* XII, & à l'égard de *Tablæ* XVIII. Or, ce qui résulte de leur combinaison, c'est de voir que la position de *Flenium* ne convient aussi-bien à aucun lieu qu'à Vlaerding, sur le bord de la Meuse. Toutes les distances dont j'ai pu faire une juste analyse dans l'étendue du territoire des *Batavi*, m'ont fait connoître qu'elles étoient données en milles romains, à la différence de ce qui est propre aux provinces du centre de la Gaule. L'espace entre Voor-burg, ou *Forum Hadriani*, & Vlaerding est à peu près de 5000 verges du Rhin, ou d'environ 9500 toises. Il en résulte 12 à 13 milles romains, & dans l'évaluation des distances marquées par les Itinéraires, il ne faut pas tenir un compte rigoureux de fractions que ces Itinéraires ne donnent point. D'un autre côté, ce qu'il y a d'espace entre Alblas, qui est *Tablæ*, & Vlarding, est à peu près de 7000 verges, ou d'environ 13500 toises, & le calcul de 18 milles indiqués par la Table est rigoureusement de 13600 toises. Le cours actuel du canal appellé la Merwe passant sous Rotterdam, & qui n'est pas l'ancien lit de la Meuse, *Oude-Maes*, a apporté dans cet intervalle un grand changement aux circonstances locales. Au-reste, on n'est point surpris de voir les voies romaines aboutir à Vlarding. Ce lieu paroît avoir été l'*emporium*, ou l'entrepôt du pays, avant Rotterdam, dont il n'est fait aucune mention qui soit antérieure au quatorzième siècle. Lambert d'Aschaffenbourg parle sous l'an 1048 de *Flardirtinga*, qui est Vlarding, comme de la plus considérable des villes de la Frise, & Thiéri IV, comte de Hollande, est appellé *Marchio Flardirtingæ* dans la chronique de Hermannus Contractus. Cette prééminence dont Vlarding jouissoit autrefois, m'a inspiré la curiosité de voir, si ce seroit à

NOTICE DE LA GAULE. 315

Vlarding que pourroit se rapporter le numéro XII d'une colomne milliaire, qu'on a déterrée dans un lieu nommé Monster, près de s'Gravesande, dont la distance ne paroît pas avoir de rapport à d'autres positions données, comme on peut voir à l'article *Forum Hadriani*. Or, je trouve entre Vlarding & Monster un espace d'environ 4700 verges du Rhin, qui valent 9080 toises ou environ, ce qui répond exactement à 12 milles romains, dont le calcul en rigueur est de 9076 toises. Le soupçon n'étoit point tombé sur Vlarding, quand on a cherché le lieu auquel la colomne du douzième milliaire pouvoit être rapportée, & pour en être persuadé, il suffira de consulter l'ouvrage de Menso-Alting.

53°, 22°.

FLETIO. La Table Théodosienne fait mention de ce lieu sur une route, qui de *Lugdunum* des *Batavi*, ou de Leyde, remonte le long du Rhin vers *Noviomagus*, ou Nimègue. Pour faire la recherche de l'emplacement de *Fletio*, il n'est pas nécessaire de prendre la route dès le point de *Lugdunum*, parce qu'on peut s'appuyer sur une position moins écartée, dont le nom qui se lit *Albamanis* dans la Table, est *Albiniana* selon l'Itinéraire d'Antonin, & que l'on trouve actuellement sous le nom d'Alfen. De ce lieu à *Nigro-pullo* II, de *Nigro-pullo* à *Lauri* V, & de *Lauri* à *Fletione* XII : tel est le détail que donne la Table. Ainsi, entre l'emplacement d'Alfen & *Fletio* la Table fait compter 19. Or, je ne fais point de doute que la position de *Fletio* ne se retrouve dans celle d'un lieu nommé Vleuten, ou, comme on prononce dans le pays, Fleuten. Menso-Alting a déja remarqué l'analogie de cette dénomination avec celle de *Fletio*. Nous ajouterons ici à cette circonstance un examen de la distance indiquée, pour voir si elle est également convenable. Par la connoissance que des cartes très-exactes nous donnent du local, la distance entre Alfen & Vleuten prise en droite-ligne n'est que de 6500

Notit. Batav. p. 58.

verges du Rhin. Mais, dans l'article *Albiniana* une analyse scrupuleuse de la distance de ce lieu à l'égard de *Lugdunum*, fait connoître, que la mesure de la voie romaine doit suivre le cours du Rhin, auquel toutes les positions de la route, qui sont assez voisines les unes des autres, ont été attachées. Je ne répéterai point ici la définition qui est donnée de la verge du Rhin dans le même article, cette verge servant d'échelle à des cartes qui ont été levées dans le plus grand détail. Mais, je trouve que la mesure actuelle de la voie, selon que je viens de remarquer qu'il convient de la prendre, est d'environ 7400 verges, qui font l'équivalent de 14300 toises. Or, que résulte-t-il de ce calcul, si ce n'est un nombre en milles romains égal au compte de la Table, qui est 19. Car, le mille romain étant évalué à 756 toises, le calcul de 19 milles est rigoureusement de 14354 toises. J'ai déja eu occasion de découvrir la mesure du mille dans la distance de *Lugdunum* à *Albiniana*, & en plusieurs autres du territoire des *Batavi* en particulier, depuis la position de *Colonia Trajana*. Il seroit assez naturel de penser, que dans les travaux faits par Drusus en cette extrémité de la Gaule, où la lieue gauloise pouvoit n'être pas connue ●Bataves, sortis de la nation des Cattes en Germanie, les Romains se sont réglés sur les mesures qui leur étoient propres. Au-reste, rien ne prouve mieux la nécessité, en étudiant les anciens Itinéraires, d'avoir toujours le compas à la main, & les yeux ouverts sur le local. Pour revenir à *Fletio*, la situation actuelle de Vleuten au-delà du canal du Rhin, paroît faire une difficulté à y conduire la voie romaine, parce que les lieux qu'elle rencontre sur son passage doivent être rangés sur la rive citérieure du fleuve, qui séparoit les Bataves sujets des Romains, d'avec les Frisons. Mais, quand on considère le canal du Rhin à l'issue d'Utrecht, creusé en droite-ligne, on se persuade que cette direction est le travail d'un tems postérieur,

NOTICE DE LA GAULE.

& que des canaux moins considérables aujourd'hui, & qui enveloppent Vleuten en circulant, sont des vestiges de l'ancien cours.

51°, 24°.

FONS TUNGRORUM. Pline en parle: *Tungri, civitas Galliæ* (c'est-à-dire, peuple ou territoire de la Gaule) *fontem habet insignem, plurimis bullis stillantem, fervidi saporis*, &c. On croit que cette description désigne les Eaux de Spa. *Lib. XXXI, cap. 2.*

46°, 25°.

FORUM CLAUDII. Ptolémée nomme deux villes chez les *Centrones*, *Forum Claudii* en premier lieu, & *Axima* en second. Nous ne sçaurions douter, que la capitale des *Centrones* n'ait pris, ainsi que beaucoup de villes de même rang, le nom du peuple, puisque le nom de Centron subsiste : & quoique le lieu auquel il est conservé, soit aujourd'hui presque réduit à rien, cependant une église de ce lieu jouit en quelques occasions de la prérogative de prendre le pas sur le chapitre de la métropolitaine de Monstier ; & la tradition veut que cette église soit la plus ancienne de fondation dans le pays. Or, il n'y a point à balancer entre les deux villes que nomme Ptolémée, pour trouver le nom antérieur à celui de *Centrones*. Ce ne peut être *Axima*, puisque *Axima* existe sous le nom d'Aisme, dans une position différente de Centron. Ainsi, *Forum Claudii* ne souffre point de concurrence de ce côté-là : & si on se tourne d'un autre côté, on ne voit point de raison pour que *Darantasia*, qui a succédé à *Centrones* comme capitale, ait été *Forum Claudii*. Car, on n'est point fondé à supposer, que le nom de *Darantasia* a dû être précédé par un autre, comme on l'est à l'égard de *Centrones*, puisque *Centrones* est le nom du peuple, & que la dénomination d'un peuple donnée à une capitale, a constamment pris la place d'un nom propre & antérieur. Il m'a paru nécessaire d'entrer dans ces considérations, pour faire connoître ce qui peut donner lieu à une opinion différente de celle de M. de Valois, qui s'explique de manière à distinguer *Forum Claudii* d'avec Centron, & même à devoir l'appliquer à *Darantasia*, parce qu'il suppose la position de Centron entre *Forum Claudii* & *Axima* : *Centronum populi nomen*, dit-il, *sincerum ac integrum servat hodieque* Centron, *vel* Sentron, *vicus, à Foro Claudii Aximam petenti ad dextram, procul à viâ, visendum se præbens.* Quant à cette circonstance, *ad dextram, procul à viâ*, quoiqu'elle ne soit pas de grande conséquence, je remarque néanmoins, que selon une carte manuscrite & topographique du pays, Centron est précisément sur la voie de Monstier à Aisine. L'espace qu'il y a entre *Darantasia* & *Axima* n'étant que d'environ 10 milles, conformément à l'indication qu'en donne la Table Théodosienne, cette distance a pu paroître trop courte, pour la couper en deux dans cette Table, par la position intermédiaire de *Forum Claudii*, ou de *Centrones*. Il n'est pas plus extraordinaire qu'il ne soit point mention de *Centrones* dans la Table, que de ne point trouver *Axima*, sur le passage de la même route dans l'Itinéraire d'Antonin. Car, entre *Darantasia* & un lieu nommé *Bergintrum*, qui succède à *Axima* dans la Table, l'Itinéraire ne cite aucun lieu, ce qu'on ne sçauroit attribuer à omission, puisque la distance qu'il marque dans l'intervalle qui sépare *Darantasia* de *Bergintrum*, est égale au compte que fournit la Table en deux distances particulières. Guichenon nous fournit deux inscriptions, qu'il dit avoir été trouvées à Aixme, dans l'une desquelles en l'honneur de Nerva, les noms de *Forum Claudii* & de *Centrones* sont rassemblés de cette manière, FOROCL. CENTRON. Il faut que quelque calamité arrivée à la capitale des *Centrones*, lui ait fait perdre sa dignité de fort bonne heure, puisque dans la Notice des provinces de la Gaule, que l'on croit avoir été dressée vers la fin du quatrième siècle, ou le commencement du cinquième, c'est *Darantasia* qui est nommée en cette qualité de capitale.

44°, 22°.

FORUM DOMITII. Les Itinéraires, celui de Bourdeaux à Jérusalem comme celui d'Antonin, & la Table Théodosienne, sont d'accord à marquer XVIII entre *Cessero* & *Forum Domitii*, sur la grande voie Romaine qui tend de Narbone à *Nemausus* : & de *Forum Domitii* à *Sextantio* l'Itinéraire marque XV également en deux endroits différens, & la Table porte la même indication. On trouve XVII dans l'Itinéraire de Jérusalem. Les deux positions qui renferment celle de *Forum Domitii* sont connues; d'un côté S. Tibéri sur l'Eraut, & de l'autre l'ancien emplacement qu'occupoit *Sextantio*, ou Soustantion, à environ trois milles de Montpellier, entre le nord & l'orient. On sçait avec assez de précision que l'intervalle de ces positions est au moins de 25000 toises, ce qui contient 33 milles romains avec aisance; & ce compte de 33 est celui qui résulte de deux distances sur le pied de 18 & de 15. Mais, comme il est naturel que la mesure itinéraire surpasse de quelque chose la mesure aërienne & directe, il peut en résulter que des fractions de mille ayent été négligées dans les distances particulières; ce qui a pu donner lieu de compter plus que moins dans l'Itinéraire de Jérusalem, & 17 au lieu de 15 entre *Forum Domitii* & *Sextantio*. Or, il n'y a point de position actuelle qui se fasse connoître distinctement pour être *Forum Domitii*. Celles qu'on a prises jusqu'à présent ne correspondent point à une proportion d'espace convenable entre *Cessero* & *Sextantio*, ou s'écartent de la direction de l'ancienne voie, que les chemins pratiqués aujourd'hui ne suivent point. M. de Valois, & les auteurs de l'histoire de Languedoc d'après lui, ne sont point sur la voie. Pour que la position de *Forum Domitii* fût celle que propose l'auteur de l'histoire naturelle de Lan-

Vales. p. 19.
Hist. de Lang. Tome I, p. 60.
Hist. natur. de Langued. p. 114.

guedoc, comme il la prend plus près de *Ceſſero* que de *Sextantio*, il faudroit intervertir l'ordre des distances dans les Itinéraires, quoi qu'ils soient uniformes à compter davantage entre *Ceſſero* & *Forum Domitii*, qu'entre *Forum Domitii* & *Sextantio*. M. de Plantade, selon M. Ménard, dans son histoire de Nîmes, a trouvé des vestiges d'antiquité à un quart de lieue au levant de Fabregues, qui n'est qu'à deux lieues de Montpellier. Or, conclure avec M. de Plantade, que c'est-là *Forum Domitii*, est une supposition purement gratuite, & sans fondement. Car, le lieu de ces vestiges, qui ne doit être écarté que d'environ 7 milles de Montpellier, 10 de *Sextantio*, n'est point ce que demandent les Itinéraires, dont l'indication est 15 ou 17. Et comme il faut pouvoir retrouver d'un côté ce qu'on perd de l'autre, si ce lieu pouvoit être *Forum Domitii*, ces mêmes Itinéraires auroient dû marquer 24 ou 26 entre *Ceſſero* & *Forum Domitii*, lorsqu'ils sont d'accord à marquer 18. Ce seroit mal placer la critique à l'égard des Itinéraires, que d'accuser ce que porte leur indication en cet intervalle, sans autre raison que d'étayer une fausse hypothèse, puisqu'il est vrai qu'à un mille près entre le plus ou le moins de ce qui est indiqué au total, on est assuré d'une juste correspondance avec ce que détermine le local. Ce n'est donc uniquement que par cette proportion d'espace dont j'ai parlé ci-dessus, entre les deux termes connus de *Ceſſero* & de *Sextantio*, qu'on peut juger de l'emplacement de *Forum Domitii*, puisque l'unique notion qu'on en ait se tire des Itinéraires. En conséquence on peut estimer, que cet emplacement se range à peu près au méridien de Sette, à environ 10 milles de distance. Le nom qui distingue ce *Forum*, doit fixer celui de *Via Domitia*, que l'on trouve dans le plaidoyer de Cicéron *pro Fonteio*, à la voie romaine qui passe à *Forum Domitii*. Car, c'est ainsi que *Forum Appii*, *Forum Aurelii*, *Forum Claudii*, *Forum Caſſii*,

NOTICE DE LA GAULE. 321
Caſſii, ſont ſur les voies *Appia*, *Aurelia*, *Claudia*, *Caſ-ſia*. Il eſt à préſumer que Domitius-Ahenobarbus, qui vainquit les *Allobroges* près du confluent de la Sorgue dans le Rhône, eſt celui qui a donné le nom au *Forum Domitii* : quoiqu'on puiſſe juger que cette voie exiſtoit antérieurement, puiſque Polybe témoigne, que de ſon tems les Romains avoient fixé la meſure des milles ſur une route qui conduiſoit en Eſpagne par Narbone.

Hiſtor. lib. V, cap. 39.

53°, 22°.
FORUM HADRIANI. On trouve dans la Table Théodoſienne la trace de deux routes différentes, qui de *Lugdunum* des *Batavi*, ou de Leyde, ſe rendent à *Noviomagus*, ou Nimègue. L'une de ces routes paroît ſuivre le bord du Rhin, l'autre s'en écarter, & s'approcher d'un canal ou lit de rivière, que l'on voit dans la Table ſous le nom de *Fluvius Batavus*, quoique par altération on liſe *Patabus*. Sur cette route, qui prend dans les terres de l'Iſle des *Batavi*, le premier lieu mentionné par la Table eſt *Forum Hadriani*. Mais, la diſtance de *Lugdunum* à cette poſition eſt omiſe, nonobſtant que Menſo Alting prétende qu'elle ſoit marquée XII, ce qu'on ne voit dans la Table qu'à la ſuite du *Forum*, & entre ce lieu & celui qui le ſuit ſous le nom de *Flenio*. Mais, cette omiſſion de la Table ne nous dérobe point la connoiſſance du *Forum* des Romains en ce canton, parce qu'on retrouve un indice de ſa poſition dans le nom de Voor-burg, qui bien qu'il s'écrive de cette manière, ſe prononce Foorburg. Le lieu qui porte ce nom eſt diſtant d'environ 3500 verges du Rhin à l'égard d'un point pris au centre de Leyde ; & comme la verge du Rhin contient 11 pieds de Paris & 7 pouces 2 lignes, cette diſtance revient à peu près à 6800 toiſes, qui compoſent 6 lieues gauloiſes, ou 9 milles romains. Ainſi, le nombre VII, que Menſo-Alting ſubſtitue au nombre XII qu'il ſuppoſe en cette diſtance, n'y répond pas exac-

Not. Batav. p. 66.

S ſ

tement, quelque choix que l'on faffe entre ces deux mefures itinéraires. Il parle, après plufieurs autres auteurs, d'une colomne milliaire trouvée dans un lieu nommé Monfter, peu éloigné de s'Gravefande, & de la pointe de terre que forme avec le rivage de la mer l'embouchure de la Meufe. On veut que le numéro de cette colomne, qui eft XII, fe rapporte au *Forum Hadriani* : mais, la diftance ne fçauroit y convenir. Car, entre Voor-burg & Monfter l'efpace ne paroît valoir guère plus de 7200 toifes, ce qui n'égale pas 10 milles romains, encore moins 7 lieues gauloifes. Si je n'avois pas remarqué, que les diftances indiquées par les Itinéraires dans toute l'étendue de la partie inférieure du Rhin qu'ont occupé les *Batavi*, conviennent particulièrement au mille romain, & ne conviennent point à la lieue gauloife, je croirois que la diftance marquée XII fur la colomne pourroit fe rapporter à *Lugdunum*. Car, l'efpace en cette diftance s'évalue à environ 13900 toifes, & le calcul de 12 lieues gauloifes en approche, étant de 13600. Mais, on peut recourir à l'article *Flenium*, pour reconnoître le rapport du numéro de cette colomne à la pofition actuelle de Vlaerding. Je reviens à Voor-burg pour dire, que dans les environs on a trouvé des veftiges d'une ancienne forterefle, dont le nom étoit *Elinum* ; & Hadrianus-Junius dit avoir vu des monnoies d'or, fur un côté defquelles le nom d'*Elinum* étoit écrit, & fur l'autre *Doreftatum*.

Batav, cap. 18.

44°, 25°.
FORUM JULII. Quoiqu'on puiffe dire généralement parlant, que le nom de Jule, & celui de Céfar, qui ont fait la dénomination d'un grand nombre de villes, fe rapportent également à la perfonne d'Augufte, qui avoit pris le nom de fon père adoptif, plutôt qu'à Céfar même ; & qu'un port conftruit à Bayes fur la côte de Campanie par Augufte, foit par cette raifon appellé *Portus Julius* par Suétone : quoique *Forum Ju-*

lii, ou *Julium* selon Strabon, soit aux termes dont il se sert, le *Nauslathmus (vel Navale) Cæsaris Augusti*, le port d'Auguste : toutefois, on trouve le nom de *Forum Julii* antérieurement à la puissance où parvint Auguste, & vers l'époque du siège de Modène, dans des lettres de Plancus à Cicéron. La continuité des différentes guerres que César eut à soutenir, pour détruire les forces du parti qui lui étoit contraire, ne lui laissa guère le loisir de donner ses soins à des travaux publics, comme celui de creuser des ports. Si l'entreprise de construire un port à *Forum Julii* a commencé sous la dictature de César, ce port n'aura été vraisemblablement achevé que sous Auguste, qui au rapport de Tacite y tint une flote, *rostratas naves*, pour la sûreté des côtes de la Gaule. C'est ce qui fait donner à la colonie romaine de *Forum Julii* le surnom de *Classica* dans Pline, & ce qui donne lieu à Tacite d'appeller *claustra maris* le port de *Forum Julii*. Ce port s'ouvroit au fond d'une anse, qui est aujourd'hui moins profonde qu'elle n'étoit autrefois, parce que l'entrée du port resserrée entre deux môles, dont il subsiste des vestiges, se trouve actuellement écartée de la mer de 500 toises, par des atterrissemens que les sables chariés par la rivière d'Argents, voisine de Fréjus, ont formé, & qui ont paru s'accroître encore dans le courant de ce siècle. Selon deux plans manuscrits de Fréjus, & dont l'un m'a été communiqué par M. le Comte de Caylus, la disposition du local fait connoître, que la largeur du port pouvoit être d'environ 250 toises, & sa profondeur, à commencer de l'entrée entre les deux môles, d'environ 280. Je remarque, que le port de figure exagone, que Trajan avoit creusé dans le fond du port de Claude, près de l'embouchure du Tibre, ayant environ 270 cannes romaines de largeur entre les faces de l'exagone, selon les plans qu'on en a donnés d'après les vestiges, il n'en résulte guère plus de 300 toises, ou un espace qui n'ex-

Annal. III.

cede pas considérablement l'étendue du port de Fréjus. Le port de *Centum-cellæ*, ou de Civita-vecchia, qui est encore un ouvrage de Trajan, n'a qu'environ 200 cannes d'étendue. Celui d'*Antium*, selon le plan du pilote Airouard, n'a que 300 toises d'enfoncement, sur environ 150 de largeur. Ainsi, le port de Fréjus pouvoit entrer en comparaison avec ceux que le voisinage de Rome rendoit plus nécessaires à cette capitale du Monde. Il ne reste d'eau actuellement dans ce port, que celle d'une petite lagune, près d'un quai de construction romaine, qui fait angle avec le môle de la droite en entrant. Cette lagune reçoit un canal dérivé de l'Argents dans le quinzième siècle, & qui passe par un conduit sous le lit d'un torrent nommé Rairan, que l'Argents reçoit immédiatement au-dessus de Fréjus. L'issue du canal & du lac dans la mer s'éloigne actuellement de plus de 500 toises de l'ancienne ouverture du port. Mais, avant que ce port fût tout-à-fait impraticable, on y entroit par le côté qui regarde le lebeche ou sud-ouest, au moyen d'un canal, appellé canal de Barbarie, qui avoit son ouverture dans la rivière d'Argents, plus près de l'embouchure de cette rivière, & du rivage de la mer qu'aujourd'hui, & avant le progrès des atterrissemens. La ville de Fréjus réduite actuellement à environ 280 toises dans le plus grand espace de son enceinte, s'étendoit jusqu'à 600 toises, à en juger par les vestiges de ses anciens remparts, depuis les magazins construits par les Romains, peu loin du port, jusqu'à l'amphithéatre situé à l'autre extrémité de cette ville, & vers le couchant dans le voisinage du Rairan. Les plans que je consulte varient sur l'étendue de cet amphithéatre, dont le grand diamètre de l'ovale est d'environ 60 toises hors d'œuvre dans un de ces plans, & de 50 seulement dans l'autre. On sçait que les Arênes de Nîmes donnent 67 toises dans cette dimension. Fréjus recevoit les eaux de la rivière de Siagne, dérivées près d'un lieu

NOTICE DE LA GAULE. 325

nommé Monts, éloigné d'environ sept lieues, par un aquéduc, dont il subsiste de grands vestiges. Outre la voie Aurélienne, qui passoit par *Forum Julii*, on reconnoît la trace d'une autre voie romaine, qui tend à Riez. Honoré Bouche rapporte l'inscription d'une colomne milliaire trouvée sur cette voie, près d'un lieu nommé S. André, paroisse de Bauduen, qui est du diocèse de Riez, sur les limites de celui de Fréjus. La colomne porte le nom d'Adrien, & son numéro est XXXVI. Or, il est à présumer, que la distance a dû se compter jusque-là à partir de Fréjus. Car, je crois pouvoir estimer environ 25000 toises dans cet intervalle en droite ligne, ce qui répond à 33 milles romains, & l'inégalité du pays est bien propre à faire que la mesure itinéraire en vaille 36, conformément au numéro de la colomne. Chorogr. de Prov. liv. III, chap. 3.

43°, 18°.

FORUM LIGNEUM. L'Itinéraire d'Antonin décrivant une route, qui en partant de *Cæsaraugusta* en Espagne, conduit à *Beneharnum*, place *Forum Ligneum* à la descente des Pyrénées dans la vallée d'Aspe. La distance à l'égard du *Summus Pyrenæus* est marquée V, & de *Forum Ligneum* à *Aspaluca* VII. Or, selon ces distances, & en examinant le local sur la grande carte des Pyrénées, levée par ordre du Roi, je vois qu'un lieu nommé Urdos, entre le passage des Pyrénées & la position d'*Aspaluca*, dont le nom est actuellement Acous, doit être le *Forum Ligneum*. Il ne conviendroit pas de retrouver les distances complettes à l'ouverture du compas, dans des lieux où la route, bien-loin de pouvoir être directe, est forcée à une infinité de détours, & souffre de grandes inégalités dans son plan.

44°, 24°.

FORUM NERONIS. Ptolémée faisant mention des *Mimeni*, dont le nom est *Memini* dans Pline, leur donne pour ville *Forum Neronis*. Selon Pline, c'est *Carpen-*

toracte qui feroit la ville des *Memini*. Mais, on peut voir à l'article *Carpentoracte*, les difficultés qui fe trouvent à attribuer aux *Memini* cette ville de Carpentras, au préjudice des *Cavares*, dans le territoire defquels elle paroît renfermée. Or, puifque *Forum Neronis* appartenoit à un peuple différent des *Cavares*, & hors de leurs limites, il eft difficile d'adopter l'opinion de M. de Valois, qui veut que *Forum Neronis* & *Carpentoracte* foient la même ville, fous des noms qui ne font pas les mêmes. Nous voyons entre le territoire d'Apt & la Durance, un canton qui peut avoir été celui des *Memini*, n'étant réclamé par aucun autre peuple que l'on fache : & dans ce canton la ville de Forcalquier, capitale d'un comté qui a partagé la Provence, conferve le nom de *Forum*. Quoique le furnom de *Calcarium* dans For-calquier, ne foit plus le même que celui qui étoit en ufage dans le tems de la domination romaine ; c'eft à la diftinction plus effentielle, qui confifte dans la dénomination de *Forum*, qu'il paroît convenable de s'attacher.

46°, 22°.

FORUM SEGUSIANORUM. Ptolémée fait mention de deux villes chez les *Segufiani*, *Rodumna*, & *Forum Segufianorum*. La dénomination de *Forum* fait entendre, que c'étoit le lieu où les *Segufiani* tenoient leurs affifes, & fa pofition eft figurée comme celles des capitales dans la Table Théodofienne. L'erreur de cette Table fur une pofition immédiate à celle de *Forum*, en fuivant la route qui conduit de *Rodumna* à *Lugdunum*, en paffant par le *Forum*, eft développée dans un des articles du nom de *Mediolanum*. Papire-Maffon a rapporté une infcription, dans laquelle on lit, *Fabri Tignuar. qui Foro Seguf. confiftunt*. La-Mure, dans fon hiftoire du Forez, cite quatre colomnes milliaires au nom de l'empereur Maximin, où les numéros fe fuivent depuis I jufqu'à IIII, précédés d'un L, conformément à l'ufage de la lieue dans la Gaule Lionoife. Mais, ce qu'il y a de

NOTICE DE LA GAULE.

plus remarquable, c'eſt de trouver dans l'inſcription de ces colomnes, C. IVL. F. SEG. LIBERA, ce qui donne au *Forum* des *Seguſiani* la dignité de Colonie, qu'on ne lui connoît point d'ailleurs, l'épithète qui y eſt ajoutée étant la même que celle qui eſt appliquée aux *Seguſiani* dans Pline. L'hiſtorien du Forez fait mention d'un poids romain de cuivre, lequel porte en caractères d'argent, DEAE SEG. F. ce qui diviniſe le *Forum* des *Seguſiani*, & lui communique ainſi un honneur que l'on ſçait avoir été rendu à pluſieurs autres villes dans la Gaule. Ce lieu conſerve ſon nom dans celui de *Feur*, auquel on ajoute communément un *s*, quoique mal-à-propos, puiſque le terme de *Forum* eſt employé au ſingulier. Il ſeroit preſque ſuperflu de dire, que c'eſt de ce *Forum* que le *pagus Forenſis*, le Forez, a tiré ſa dénomination.

48°, 27°.

FORUM TIBERII. Ptolémée en fait mention chez les *Helvetii*. Rhenanus, & pluſieurs autres après lui, ont cru trouver un indice de ce lieu dans la dénomination actuelle de Keyſerſtuhl, qui ſignifie, *Cæſaris vel imperatoris ſolium*. La ſituation du lieu ſur le bord du Rhin, peu loin de la frontière des *Rhæti* & des *Vindelici*, auxquels on ſçait que Tibère fit la guerre en perſonne ſous le regne d'Auguſte, peut paroître favorable à cette opinion.

44°, 25°.

FORUM VOCONII. Plancus écrivant à Cicéron, lui mande : *Lepidus ad Forum Voconii caſtra habet, qui locus à Foro Julio quatuor & viginti millia paſſuum abeſt*. L'Itinéraire d'Antonin eſt conforme à cette indication de diſtance. Ainſi, la Table Théodoſienne eſt défectueuſe en marquant XVII. Je penſe qu'on peut reconnoître le nom de *Voconii Forum* dans celui qui actuellement eſt Gonfaron, par altération de Vocon-foron. La diſtance de ce lieu à l'égard de Fréjus paroît convenable, l'eſtimant en droite-ligne de 17000 toiſes au moins, ou d'environ 23 milles romains, que la mesure itinéraire dans un pays inégal peut bien surpasser de 1000 pas. Honoré Bouche veut que ce soit le Luc. Mais, ce qui me répugne dans cette position, c'est d'être trop voisine d'un lieu nommé Cabasse, où l'on a trouvé une colomne milliaire numérotée XXXIIII, selon Bergier. Car, ce lieu n'étant distant du Luc que d'environ 4 milles, si le Luc étoit *Forum Voconii*, le numéro de la colomne ne pourroit être XXXIIII; & la position de Gonfaron, dont la distance de Cabasse est au moins le double de l'autre, prend plus de rapport à ce numéro. D'ailleurs, le nom du Luc vient de *Lucus*, qui n'est pas moins propre à l'âge Romain que celui de *Forum*. Cela n'empêche pas même de croire, que le Luc n'ait été situé au passage d'une voie militaire, comme l'inscription d'une colomne qui y a été trouvée, mais dont le numéro n'est point donné dans Bergier, le témoigne: & je conjecture que cette voie pourroit se rapporter à celle, qui de *Forum Voconii* conduit à Riez dans la Table.

Chor. de Prov. liv. III, ch. 4.

Hist. des Gr. Ch. de l'Emp. liv. III, ch. 28.

52°, 22°.

FOSSA CORBULONIS. On lit dans Tacite, que Corbulon commandant en Germanie sous l'Empire de Claude, fit creuser un canal entre la Meuse & le Rhin, dans l'espace de vingt-trois milles: *inter Mosam Rhenumque, trium & viginti milliûm spatio, fossam perduxit, quâ incerta Oceani vetarentur*. Dion-Cassius indique la longueur du canal de 170 stades, qui font 21 milles & un quart. L'objet en ouvrant ce canal, selon le rapport de Dion, étoit de donner un écoulement aux fleuves refoulés par le montant de la marée, pour que les terres n'en fussent point inondées. Quelques critiques, & Vertranius en premier lieu, suivi par Cluvier, qui sont d'avis de lire *vitarentur* dans Tacite, au lieu de *vetarentur*, ont contre eux l'autorité des manuscrits: & ce que rapporte Dion du motif de Corbulon, convient à l'interprétation qu'on peut donner à

Annal. XI, 20.

Lib. LX.

l'expression

l'expreffion de *vetarentur*, qui porte bien le caractère du ftile de Tacite. Les fçavans font fort partagés dans leurs opinions fur l'endroit où ce canal fut ouvert. Je fuis de l'avis de ceux qui le conduifent de Leyde à Maefland-fluys, ou l'Eclufe de Meufe, en paffant par Delft ; & voici la raifon dont je m'autorife. Cet efpace eft d'environ 8500 verges du Rhin, & la verge du Rhin fe comparant à 11 pieds 7 pouces de Paris, il en réfulte 16400 toifes, qui renferment 21 milles romains & deux tiers, ou 173 ftades ; & on voit affez combien ce calcul a de rapport à ce que le témoignage de l'antiquité donne de longueur au canal de Corbulon. Menfo-Alting a fuppofé que pour trouver une pareille longueur dans cet efpace, il falloit faire circuler ce canal : mais, cette fuppofition n'eft fondée que fur la mefure du mille qu'il emploie de 60 au degré, faute de connoître le mille romain, & qui eft plus forte d'un cinquième qu'il ne convient. Ortelius, & Pontanus, en rapportant au Leck le canal creufé par le foldat romain fous les ordres de Corbulon, *ut miles otium exueret*, felon les termes de Tacite, n'ont pas pris garde ; que l'efpace que traverfe le Leck, n'eft pas refferré dans 20 & quelques milles, & qu'il s'étend à environ 37, depuis fon commencement près de Wick-Durftede, jufqu'à l'endroit où il fe termine près d'un lieu nommé Krempen, en rencontrant la Merwe, qu'il ne convient pas même de confondre avec l'ancien lit de la Meufe, *Oude-Maes*, qui eft plus reculé. Rickius, fçavant commentateur de Tacite, qui veut auffi que le canal dont il s'agit ait quelque chofe de commun avec le Leck, reprend Ortelius fur ce qu'il y applique toute la longueur du cours de cette émanation actuelle du Rhin. Son opinion eft, qu'en partant de *Batavodurum*, il convient de s'arrêter à un lieu nommé Lexmund : *exiftimo*, dit-il, *foffam hanc è Rheno apud Batavodurum à Corbulone ductam, non ufque ad confluentes Mofæ &*.

Animadv. in Tacitum, p. 135.

Leccæ, five pagum Krimpen, sed duntaxat ad vicum Leccæ sinistræ ripæ impositum, cui vocabulum Lecsmunde. Mais, je vois dans cette opinion un inconvénient contraire à ce qui répugne dans celle d'Ortelius, de l'aveu même de Rickius. Lexmond au-dessous de Vianen, sur la même rive du Leck, n'est distant de Wick-Durstede, ou de *Batavodurum*, que d'environ 5600 verges du Rhin, selon des cartes, ou plutôt des arpentages dans le plus grand détail, & que j'ai eu la précaution de vérifier par les triangles de Snellius. Or, une pareille distance ne peut s'évaluer qu'à 10900 toises au plus, dont il ne résulte que 14 à 15 milles romains, ce qui est évidemment trop au dessous de 22 à 23 milles qu'il faut trouver pour égaler le canal de Corbulon. C'est trop légérement que Rickius a prétendu, en voulant produire des preuves de son sentiment, que l'intervalle dans cette portion du Leck, couvenoit à ce canal : *prima (ratio) quod à divortio hujus fossæ ad Lexmondam sit idem circiter intervallum, quod à Tacito, aut Dione, fossæ Corbulonis adscribitur*. J'ajoute, qu'il y a plus de vraisemblance (quoi qu'en dise Rickius) que pour recevoir le montant de la marée, comme Dion le témoigne formellement, ce canal ait été ouvert peu au-dessus de l'entrée de la Meuse, plutôt qu'à cinquante milles dans les terres, en reculant jusqu'à *Batavodurum*.

53°, 24°.

FOSSA DRUSIANA. Tacite & Suétone parlent de ce canal creusé par Drusus, fils de Livie, & frere de Tibére, & par lequel Germanicus, fils de Drusus, descendit pour se rendre dans l'Océan à l'embouchure de l'Ems : *fossam*, dit Tacite, *cui Drusianæ nomen, ingressus, lacus indè, & Oceanum usque, ad Amisiam flumen, secundâ navigatione pervehitur*. Suétone, *in Claudio*, parlant de Drusus ; *trans Rhenum fossas novi & immensi operis effecit, quæ nunc Drusinæ vocantur*,

Tout le monde convient, que ce canal est celui qui sort du Rhin sur la droite, au-dessous de la séparation du Wahal, & qui se joint à l'Issel près de Doesbourg. On croit même que le travail de Drusus ne s'est point borné à cette communication, & qu'il lui a fallu creuser un lit plus considérable à l'Issel ; ce qui peut avoir donné lieu à Suétone d'employer le pluriel *fossas*, en parlant de ce travail. On ne trouve le nom de l'Issel dans aucun monument de l'antiquité. Ce nom lui est commun avec une rivière de la Hollande entre le Leck & le Rhin, & qui dans les titres du moyen-âge est appellée *Chisla* & *Hisla*, & depuis sans aspiration *Isla* & *Isala*. Ainsi, on n'est point autorisé à mettre le nom de *Sala* dans des cartes qui représentent l'ancienne Géographie. Plusieurs sçavans ont appliqué à l'Issel la mention que Tacite fait d'une rivière sous le nom de *Nabalia*, qui pourroit être corrompu, & qui se lit autrement dans quelques textes de cet historien. Civilis, chassé de l'isle des Bataves par Cerealis, & retiré chez les Germains, eut une entrevue avec ce général Romain sur le bord de cette rivière, qu'il faut ainsi supposer au-delà du Rhin, sur la frontière. Le Rhin dérivé dans l'Issel, & l'ayant grossi par la décharge d'une partie de ses eaux, a d'abord formé un lac, nommé *Flevo*. Il renfermoit aussi une isle de même nom. Réduit ensuite à un canal, qui conservoit ce nom de *Flevo*, il arrivoit à l'Océan, avant que ce canton de la Frise fût submergé, & devînt une mer, que l'on nomme Zuyder-zée. Pomponius-Mela est celui de tous les Géographes de l'antiquité qui s'explique plus en détail sur ce sujet. On reconnoît encore le nom de *Flevo* dans celui de *Vlie*, ou *Flie-Stroom*, entre les isles de Flie-land & de Schelling, à l'entrée du Zuyder-zée. Mais, les limites de l'ancienne Gaule ne nous portent pas jusque-là.

44°, 23°.
FOSSA MARIANA. Selon Plutarque, dans la vie

de Marius, ce général fit creuser un canal, pour recevoir plus aisément les vivres qui lui étoient amenés par mer, & avec moins de risque qu'il n'y en avoit aux embouchures du Rhône, dont l'entrée remplie de vaze & exposée aux coups de mer, devenoit très-difficile. Strabon en parle conformément; & il ajoute, que Marius fit don de ce canal aux Marseillois, pour reconnoître les services qu'ils lui avoient rendu dans son expédition contre les *Ambrones* & les *Toygeni*, dont les armes étoient jointes à celles des Cimbres. Méla, Pline, Solin, ont fait mention du même canal. Mais, on peut reprendre Ptolémée d'avoir rangé ce canal au couchant des bouches du Rhône, parce qu'on a les preuves les plus positives du contraire. C'est entre Marseille & le Rhône qu'il est placé dans Méla, entre le Rhône & *Maritima*, ou Martigues, dans Pline. L'Itinéraire Maritime indique même XVI milles de distance depuis les *Fossæ Marianæ* (car il y emploie le pluriel) jusqu'au Rhône, en rangeant la côte d'orient en occident; & dans l'Itinéraire qui décrit les routes de terre, on trouve *Fossæ Marianæ* entre Marseille & Arles. Ainsi, ce que Ptolémée nomme le canal de Marius, en-deçà des deux principales embouchures du Rhône, en procédant dans l'ordre contraire à celui de l'Itinéraire Maritime, seroit plutôt une troisième bouche du Rhône, connue d'ailleurs sous le nom d'*Hispaniense ostium*. On pourroit conjecturer, que l'entrée d'une rivière, dont le nom de Καινὸς ποταμός, ou de rivière nouvelle, dans Ptolémée, semble plus convenable à un canal factice qu'à une rivière naturelle, désigneroit le canal de Marius, quoique Ptolémée eût déplacé son embouchure, en la marquant entre *Maritima* & Marseille, au lieu de l'indiquer entre le Rhône & *Maritima*. Cette conjecture s'appuieroit sur ce qu'en cet intervalle que prend Ptolémée, on ne voit arriver à la mer aucune rivière qui mérite d'être connue, & que d'ailleurs les positions de Ptolé-

Lib. I, cap. 5.
Lib. III, cap. 4.

NOTICE DE LA GAULE.

mée ne font pas à l'abri de la critique, comme la manière dont il fe méprend fur le canal de Marius en eft une preuve qu'il ne faut pas aller chercher bien loin. Le docte commentateur de Pline, qui, dans le nom que fournit Ptolémée de Καινός ποταμός, a cru voir un indice d'un peuple dont Pline fait mention fous le nom de *Cenicenfes*, & qui nous eft inconnu comme plufieurs autres, n'a pas fait attention à la différence effentielle de ces dénominations. Je dis en paffant, que les *Cenicenfes* de Pline nous font inconnus. Car de les établir, comme dans la carte de Sanfon, aux environs du mont Cenis, ce feroit faute d'obferver, que Pline en faifant mention de *Cenicenfes* dans la defcription de la Narbonoife, ne permet pas de les placer ainfi derrière les *Centrones*, qui felon l'état des chofes au tems de Pline, n'étoient point encore, non plus que les *Caturiges*, renfermés dans la Gaule, & dépendoient de l'Italie. Mais, après avoir rapporté ce qu'on trouve dans les anciens fur le canal de Marius, il doit être queftion d'en reconnoître quelque trace, & fon iffue dans la mer. Ceux d'entre les modernes qui veulent que le grand canal du Rhône paffant à Arles, & dont le cours jufqu'à la mer eft d'environ dix lieues, foit l'ouvrage de Marius, n'ont pas pris garde à la difficulté de l'exécution, & on pourroit leur demander ce qu'étoit le cours du fleuve féparément de ce canal. Il n'étoit pas néceffaire que Marius remontât fi haut, pour parer aux inconvéniens de l'entrée par les bouches naturelles du Rhône. L'ancienne embouchure, appellée *Maffalioticum oftium*, qui paroît avoir été celle qu'on nomme actuellement le Gras du midi, ou le grand Gras, comme on peut voir dans l'article intitulé *Rhodani oftia*, étoit diftante de *Foffis Marianis* de XVI milles, felon l'Itinéraire Maritime. Or, cette diftance, en rangeant la côte depuis cette embouchure, conduit précifément fur la plage vis-à-vis du lieu qui conferve le nom de Foz. Ce lieu eft marqué dans les cartes comme étant sur un terrain élevé, quoique les environs soient presque au niveau de la mer. C'est ainsi qu'on reconnoît l'entrée du canal de Marius. La figure d'un édifice, en forme de demie-lune ouverte du côté de la mer, comme la Table Théodosienne en donne la représentation, avec le nom de *Fossis Marianis* au-dessus, convient vraisemblablement à cet endroit. Cet édifice donne l'idée d'un port, qui auroit été orné & accompagné de bâtimens par les Marseillois, devenus propriétaires du canal, & qui en tiroient un droit de navigation en montant & en descendant, comme le rapporte Strabon. Cependant, les ouvrages qui ne sont pas ceux de la nature, étant sujets à périr avec le tems, le canal de Marius ne conduit plus à Foz. Mais, il n'y a guère plus d'un siècle, qu'une dérivation du Rhône avoit son cours jusque-là, selon le témoignage de l'historien de Provence, Honoré Bouche. Cette dérivation, qu'on nomme aujourd'hui le Bras-mort, & qui a été obstruée dans les derniers tems pour favoriser la ville d'Arles, & dans la vue de dessécher des marais, tendoit en premier lieu vers l'étang nommé Galéjon, dont la communication avec la mer ouvroit une première issue à ce canal; & un reste d'émanation, qui n'a plus la même continuité, s'étendoit jusqu'au rivage de Foz. Cette circonstance de plus d'un débouchement, nous fait connoître, que ce n'est point à tort que plusieurs des auteurs qui parlent du canal, se servent du pluriel. C'est ainsi qu'il en est mention dans l'Itinéraire, & dans la Table. On lit pareillement *Fossæ*, & non pas *Fossa*, dans l'édition de Pline du P. Hardouin; & dans Solin, *Fossis manu factis*. Je présume, d'après des cartes très-circonstanciées du local, que la navigation du canal de Marius, depuis la séparation d'avec le Rhône, pouvoit être d'environ 12 milles. Il paroît en même tems, que cette séparation se faisoit à quelques 10 milles au-dessus de l'*ostium Massalioticum*; & la navigation du Rhône, en remontant

Lib. IV, p. 183.

Tome I, liv. III, ch. 5.

NOTICE DE LA GAULE.

jufqu'à Arles, y ajoutoit environ 20 milles. Or, c'eft précifément ce que demande l'Itinéraire Maritime : *à Gradu, per fluvium Rhodanum, Arelatum, M. P. xxx.* On ne fçauroit admettre xxxiii milles entre *Foffa Mariana*, ou Foz, & Arles, par la route de terre, comme on le voit dans l'Itinéraire d'Antonin, & le local veut qu'on en fupprime une dixaine.

51°, 20°.

FRETUM GALLICUM. C'eft ainfi que Solin défigne ce qu'on appelle aujourd'hui le Pas de Calais. *Fretum Oceani* dans Tacite, & dans Ammien-Marcellin. *Freta Morinûm* dans le poëte Gratius.

51°, 20°.

FRUDIS (*vel* PHRUDIS) OSTIUM. Ptolémée place cette embouchure de rivière entre l'embouchure de la Seine & le promontoire *Itium*. Ce nom n'eft point connu d'ailleurs, de même que Ptolémée en nommant l'Efcaut *Tabuda*, diffère des auteurs qui ont fait mention de cette rivière fous fon nom de *Scaldis*. Il n'eft point équivoque que c'eft la Somme que défigne Ptolémée. Je reconnois même le nom de *Frudis* dans celui de Hourdel, que porte une pointe de terre à l'entrée de la Somme, & contre laquelle la mer brife en montant. On trouve la lettre F, & la prononciation qui lui eft propre, remplacées en plufieurs mots par un H : & le terme de *Hourd*, ou *Heurd*, qui chez le peuple du pays de Galles, & en baffe Bretagne fignifie *choc*, ou *agitation*, convient parfaitement au lieu où nous le trouvons employé. Mais, le nom de *Frudis oftium* n'étant pas celui qui étoit propre & particulier à cette rivière, voyez l'article *Samara*.

G.

45°, 22°.

GABALI. C'eft ainfi qu'on lit dans Céfar, & qu'on doit écrire d'après Ptolémée, *Gabales* felon Strabon, auquel Pline est conforme. Cette diversité de terminaison par un changement de déclinaison, est commune à plusieurs dénominations. Les *Gabali* étoient, ainsi que leurs voisins les *Vellavi*, dans la dépendance des *Arverni* du tems de César; *sub imperio Arvernorum esse consueverant:* & quoique affranchis depuis longtems de cette domination, & que le Gévaudan, ou le diocèse de Mende, & le Vellai, soient actuellement unis au gouvernement de Languedoc; il est à remarquer que ces cantons sont réputés Auvergne par quelques uns de nos auteurs. César le veut ainsi quand il dit, que les *Helvii*, ou ceux du Vivarez, *fines Arvernorum contingunt,* & que le mont *Cebenna, Arvernos ab Helviis excludit,* & que les *Arverni* croyoient l'entrée de leur pays défendue par cette montagne; *Cebenná, ut muro, se munitos existimabant.*

Comment. VII.

48°, 20°.

GABRIS. Ce nom est placé dans la Table Théodosienne, sur une route qui conduit de *Cæsarodunum*, ou Tours, à *Avaricum*, Bourges. Ne doutant point que ce lieu ne soit Chabris, situé au passage du Chèr, & dont le nom est *Carobriæ* dans le livre des miracles de S. Austregesile, *Carbriæ* dans des lettres que rapporte Helgaud, moine de Fleuri; on peut regarder la dénomination de *Gabris* comme une de celles qui sont altérées dans la Table. Je l'aurois donc employée plus correcte, sans la crainte de dépayser en quelque manière ceux qui pourroient vouloir suivre sur la carte les routes de la Table. Le nom de *Caro-briæ* signifie les ponts du Chèr, de même que le nom de Salbris, qui n'est pas éloigné de Chabris, signifie *Saleræ pontes*, les ponts de Saudre. On peut s'autoriser de l'opinion de M. de Valois: *Bria enim*, dit-il, *vel Briva, pontem significat. Sunt itaque Carobriæ, pontes ad Carum.* Mais ce qui a échappé à la recherche de ce sçavant, c'est de reconnoître que le *Gabris* de la Table est le même lieu que

P. 119.

Carobriæ;

Carobriæ: Gabris & *Alerea*, entre lesquels il remarque qu'*Avaricum* est placé dans la Table, lui paroissent des lieux dont on ignore la position; *loca nunc incognita*. L'indication de xxiiii entre *Gabris* & *Avaricum* dans la Table, ne remplit pas ce qu'il y a d'intervalle entre Chabris & Bourges, lequel s'estime de 30 à 31000 toises, d'où il résulte qu'il convient de lire xxvii au lieu de xxiiii, parce que le calcul des 27 lieues gauloises est de 30618 toises. On a quelques indices, que cette route de Tours à Bourges étoit croisée à Chabris par une pareille voie, qui conduisoit d'Orléans à Poitiers, mais dont la Table non plus que l'Itinéraire d'Antonin ne font point mention.

P. 85.

43°, 22°.

GALLICUS SINUS. Il faut être prévenu que la dénomination de *Mare Mediterraneum* ne paroît point dans les Anciens. On trouve *Mare Internum* dans Pline: Θάλασσα τῆς ἐντός, dans Strabon. La partie de cette mer qui baigne la côte de la Narbonnoise, est appellée *Gallicus sinus*, & même *Gallicum mare*. On lit dans Solin: *Sinus Gallicus, qui Narbonensem provinciam perfundit*. Florus distingue le *Sinus Gallicus* du *Ligusticus*, qui précède dans l'ordre qu'il suit, & du *Balearicus*, qui succéde. Pline fait la même distinction dans l'ordre contraire: *Ibericum (mare) aut Balearicum, mox Gallicum antè Narbonensem provinciam, hinc Ligusticum*. Dans Tite-live, en parlant de la navigation de Scipion pour passer en Espagne, on voit que *Pyrenes promontorium* est le terme du *Sinus Gallicus*. D'un autre côté, Paul-Orose distingue le *Mare Gallicum* d'avec le *Sinus Ligusticus* par l'élévation des Alpes. C'est avec raison, que ce golfe, bordé des établissemens des Marseillois, a pu être nommé *Mare Græcum*. Car, quelques auteurs des tems postérieurs, qui ont employé cette dénomination, Guillaume de Westminster, & Thomas de Walsingham, ont dû la tirer d'un usage fort antérieur au

Cap. 26.

Rer. Roman. lib. III, cap. 6.

Lib. III, cap. 3.

Lib. XXVI, sect. 19.

Lib. I, cap. 2.

quatorzième siécle, & de quelques écrits que nous n'avons pas sous la main. La partie de ce golfe qui reçoit le Rhône par plusieurs embouchures, a été appellée *Sinus ad Gradus*, comme on l'apprend d'Ammien-Marcellin, parce que ces embouchures sont appellées *Gradus*. Le nom actuellement usité de Golfe de Lion, vient de *Mare Leonis*: & M. de Valois fait le procès à Sanson, & aux autres géographes, qui étendent ce nom à tout l'enfoncement de mer qui touche au Languedoc, comme à la Provence, jusque vers les isles d'Ières. Il se fonde dans son accusation sur ce que Guillaume de Nangis, dans le récit de la navigation de S. Louis, qui s'embarqua, comme on sçait, à Aigues-mortes, ne marque *introitum maris Leonis* que le troisième jour de cette navigation. Mais, comme elle avoit été tranquille jusque-là, de l'aveu de ce moine de S. Denys, on peut croire qu'il n'a point eu lieu de citer le nom de *mare Leonis*, que quand par un changement de tems la mer est devenue orageuse. L'usage d'ailleurs décide de l'emploi de ces dénominations; & vous entendrez dire aux gens de mer qui passent de Marseille aux côtes de la Catalogne, que la traversée du Golfe de Lion est plus dangéreuse que la route en haute-mer.

Lib. XV.

P. 217.

48°, 27°.

GANODURUM. Ptolémée faisant mention de deux villes chez les *Helvetii*, nomme *Ganodurum* en premier lieu; & si l'on s'en rapporte à ses positions, quoique fort peu constantes, celle-ci doit être plus reculée que l'autre, qui est *Forum Tiberii*, que l'on prend pour Keiserstul sur le bord du Rhin. Comme on est porté communément à appliquer les lieux mentionnés dans l'antiquité, à ceux qui se distinguent le plus aujourd'hui, dans la vue de leur donner de l'illustration; plusieurs ont voulu que *Ganodurum* fût Constance. Mais, ce qui détruit cette opinion, c'est une position de *Fines*, qui étant placée en-deçà de Constance, fait voir que sous la

NOTICE DE LA GAULE.

domination Romaine, ce qui eft au-delà de cette poſition fort des limites du territoire Helvétique, & appartient à la Rhétie, comme on peut vóir au dernier article de ceux qui portent le nom de *Fines*. Il eſt plus aiſé au-reſte, d'enlever à Conſtance la poſition de *Ganodurum*, que de l'établir ſolidement ailleurs. Le *durum* indique bien le paſſage d'une rivière ; & un lieu nommé Burg, ſur la rive du Rhin, vis-à-vis de Stein, a paru à Guilliman une place Romaine, & on y a trouvé un fragment d'inſcription au nom de l'empereur Caius, ou Caligula. Seroit-ce *Ganodurum*? La découverte de quelques veſtiges d'antiquité, dans un lieu de l'Argow, & du canton de Berne, a fait croire que c'étoit *Ganodurum*. On s'eſt appuyé dans cette opinion ſur une *convenance parfaite* avec la latitude que prend Ptolémée pour placer *Ganodurum*, ſelon les termes d'une lettre inſérée dans un journal Italien : *tanto miu ſembrano veriſimile, quanto egli è certo, che il grado, ſotto cui il ſopprannomato autore* (Tolomeo) *pone queſta citta, conviene perfettamente alla mia ipoteſi.* Cependant, la hauteur indiquée par Ptolémée étant 46 degrés un tiers, on peut être aſſuré que le lieu de la découverte dans le diſtrict particulier dont le chef-lieu eſt Lenzbourg, au canton de Berne, doit ſe rencontrer par 47 degrés & environ un quart.

44°, 24°.

GARGARIUS LOCUS. Une grande & belle inſcription, rapportée par Honoré Bouche & par Spon, & dont M. l'abbé Barthélemi m'a communiqué une copie qu'il a faite ſur le lieu, nous donne la connoiſſance de celui dont il s'agit. Dans cette inſcription, qui ſe rapporte au tems d'Antonin, dont le nom s'y trouve employé, *T. Aelio Antonino*, on lit :

PAGANI PAGI LVCRETI QVI SVNT
FINIBVS ARELATENSIVM LOCO GARGARIO.

Ce lieu conſerve ſon nom dans celui de Garguies. Il eſt

renfermé dans la paroiſſe de Gemenos, au pied de la montagne nommée le ſaint Pilon. La plaine, qui du pied de cette montagne s'étend juſqu'à Aubagne en tirant vers Marſeille, s'appelle *Lacrau*, & pourroit être le *pagus Lucretus* de l'inſcription. On peut conſulter l'article *Arelate*, pour connoître par quelle raiſon une poſition qui paroît ſi écartée d'Arles, ſe trouve néanmoins *intra fines Arelatenſium*, ſelon le témoignage formel de l'inſcription. M. l'abbé Barthélemi m'a dit avoir trouvé dans un lieu nommé S. Zacharie, au nord du S. Pilon, une inſcription en l'honneur de quelques déeſſes tutélaires, MATRIBVS VBERCABVS.

44°, 19°.

GARITES. Leur nom ſe trouve dans le troiſième livre des Commentaires, entre *Eluſates* & *Auſci*, & au nombre des peuples qui ſe ſoumirent à Craſſus, lieutenant de Céſar. Sanſon les place dans le comté de Gaure, qui eſt renfermé dans le dioceſe d'Auch, ainſi que l'ancien territoire des *Eluſates*; & M. de Valois paroît adopter cette opinion. Les fautes que les adverſaires de Sanſon avoient commiſes au ſujet des *Garites*, ſont relevées dans ſa nomenclature de la Gaule, jointe à la traduction des Commentaires par d'Ablancourt. J'ai cru autrefois que le nom de la rivière de Gers pouvoit avoir donné le nom aux *Garites*. C'étoit faute de ſçavoir, que le nom de cette rivière eſt *Ægirſius* dans Sidoine-Apollinaire, *Egircius* dans Fortunat.

45°, 25°.

GAROCELI. Ils ſont nommés dans le premier livre des Commentaires, entre les *Centrones* & les *Caturiges*, comme ayant voulu de concert fermer le paſſage des Alpes à Céſar; qui néanmoins partant d'*Ocelum, quod eſt citerioris provinciæ extremum, in fines Vocontiorum ulterioris provinciæ, ſeptimo die pervenit*. Le rapport qu'il y a entre le nom d'*Ocelum* & celui des *Garoceli*, fixe leur demeure dans la vallée de Pragelas & de Cluſon, où la position d'Uxeau repréſente *Ocelum*, comme on peut voir à l'article de ce nom. Quoique les *Garoceli* ſoient ainſi ſur le revers des Alpes qui regarde l'Italie, *citeriorem provinciam* par rapport à Rome, il m'a paru néceſſaire de les faire connoître ſur cette frontière.

43°, 19°, & 46°, 17°.

GARUMNA FLUV. On lit dans le premier livre des Commentaires : *Gallos ab Aquitanis Garumna flumen (dividit)* & le nom eſt *Garuna* moins correctement dans Strabon & dans Ptolémée, dans Pline *Garunna*. Mais, parce que Pline étend la Celtique ou Lionoiſe juſqu'à cette rivière, dans un tems où les limites de l'Aquitaine atteignoient le bord de la Loire, *ad Garumnam Celtica, eademque Lugdunenſis* ; le P. Hardouin eſt d'opinion, qu'il faut appliquer ce nom de *Garunna* à la Loire même, depuis le territoire d'Angers. Il ſe perſuade, que Pline étant bien informé que la Garonne avoit pris le nom de *Girunda* dans la partie inférieure de ſon cours, il l'auroit ſans doute nommée de cette manière, ſi ſon objet avoit été de la déſigner. Cependant, on ne voit point que ce nom de *Girunda* ſoit employé dans les monumens de l'âge Romain. C'eſt en parlant de la Garonne lorſqu'elle approche de la mer, qu'Auſone, qui étoit de Bourdeaux, dit dans ſon poème ſur la Moſelle :

Lib. IV, cap. 17.

— *æquoreæ te commendabo Garumnæ*.

La meſure du vers admettoit *Girundæ* également comme *Garumnæ*. Nous voyons dans l'Itinéraire de Bourdeaux à Jéruſalem : *civitas Burdigala, ubi eſt fluvius Garonna, per quam facit mare Oceanum acceſſa & receſſa per leugas plus minus centum*. On lit à la vérité *Garunda*, dans une lettre de Symmaque à Auſone, mais non *Girunda*, & je ne ſçache pas qu'on trouve ce nom ſous cette forme de Gironde avant le treizième ſiècle. Il eſt plus ſimple de croire, que Pline en nommant la Garonne, eſt dans le même cas que Méla, qui nonobſtant que

Lib. IX, ep. 85.

Lib. III, cap. 2.

l'Aquitaine de son tems fût aggrandie jusqu'à la Loire, borne néanmoins l'Aquitaine à la Garonne : *nàm à Pyrenæo ad Garumnam Aquitania, ab eo ad Sequanam Celtæ*. C'est qu'on n'avoit point encore perdu de vue les limites des anciennes nations, qui se distinguoient les unes d'avec les autres dans l'étendue de la Gaule, malgré l'arrangement politique des provinces fait par Auguste, distinction nationale que César avoit bien connue & déterminée. Il doit paroître plus étonnant encore dans Ammien-Marcellin que dans Méla & dans Pline, de lire que la Garonne *ab Aquitanis (Celtas) disterminat*. On peut se réduire au sujet de Pline à dire, qu'il ne convenoit pas de citer la Garonne avec le nom de *Lugdunensis*, en confondant la Lionoise & l'ancienne province Celtique. Mais, on ne sçauroit accuser Méla de s'être mépris sur la Garonne, vû la description qu'il en fait en ces termes : *Garumna ex Pyrenæo monte delapsus, nisi cum hiberno imbre aut solutis nivibus intumuit, diù vadosus & vix navigabilis fertur. At ubi obvius Oceani exæstuantis accessibus adauctus est, iisdem retrò remeantibus, suas illiusque aquas agit, aliquantùm plenior, & quantò magis procedit, eò latior fit, ad postremùm magni freti similis*, &c.

Lib. XV.

P. 221.

44°, 19°.

GARUMNI. Il en est mention dans le troisième livre des Commentaires, entre les peuples qui se soumirent à Crassus, dans son expédition de l'Aquitaine : & je suis de l'opinion de M. de Valois, de les placer dans ce qu'on appelle *Rivière*, le long de la Garonne, au-dessous de S. Bertrand de Cominges, en s'étendant jusqu'aux limites du diocèse de Rieux, qui est un démembrement du territoire des anciens *Tolosates*.

45°, 24°.

GAVRA MONS. Dans le détail que donne l'Itinéraire de Bourdeaux à Jérusalem, entre *Lucus*, ou Luc, au-dessus de Die, & *Mons-Seleucus*, en s'avançant vers

Gap, on trouve à la suite du lieu nommé *Vologatis* ; *indè ascenditur Gavra mons*. Je vois qu'aucune des cartes gravées du Daufiné ne nous donneroit de connoissance sur cet objet que présente l'Itinéraire. Mais, j'ai heureusement sous les yeux une grande carte manuscrite du Daufiné, dont Monseigneur le Duc d'Orléans a fait l'acquisition à ma sollicitation, & qui représente le local d'une manière beaucoup plus circonstanciée qu'il ne paroît tout autre part. En partant de *Vologatis*, ou de la position qui lui convient dans le lieu qui se nomme Leches, on rencontre en-effet une montagne, dont le passage étant appellé Col de Cabre, conserve assez distinctement le nom de *Gavra*, par lequel cette montagne est désignée. Ce col donne entrée dans une vallée, qui conduit à la Bâtie Mont-Saléon, que l'on sçait indubitablement représenter *Mons-Seleucus*.

51°, 25°.

GELBIS FLUV. Ausone en fait mention dans son poëme sur la Moselle, & le nom de Kill que l'usage a établi, fait présumer à M. de Valois, qu'il convient de lire *Celbis*, plutôt que *Gelbis*. Son embouchure dans la Moselle est au-dessous de Trèves, sur la rive gauche.

52°, 25°.

GELDUBA. Tacite parle de ce lieu en plusieurs endroits. On lit dans Pline : *Gelduba adpellatur castellum Rheno impositum*. Dans l'Itinéraire d'Antonin, on trouve *Gelduba* entre *Novesium* & *Calone*, & la distance est marquée IX dans l'un & dans l'autre intervalle. On connoît des vestiges de *Gelduba*, sous le nom de Gelb ou de Geldub, & sur le bord du Rhin, près de la trace subsistante de la voie romaine. Je ne trouve guère que 8 lieues gauloises sur le local entre Neuss & Geldub, mais 9 à 10 de Geldub à l'emplacement qui convient à *Calone*, ce qui montre une compensation des fractions de lieue en plus ou en moins dans ces distances.

Lib. XIX, cap. 5.

45°, 24°.

GEMINÆ. La Table Théodofienne donne une route, qui de *Lucus Augufti* doit conduire à l'*Alpis Cottia*, où au Mont Genèvre, en paffant par Briançon. On trouve deux pofitions fur la route, *Geminæ* & *Gerainæ*; & la diftance de *Geminæ* à l'égard de *Lucus* eft marquée XVIII, à l'égard de *Gerainæ* XIII. Or, je crois retrouver le nom de *Geminæ* dans celui de Mens, & *Gerainæ* dans le nom de Jarain, que conferve un petit lieu du Val Godemar, fur la direction de la route qui tend vers Briançon. Mais, les diftances, felon qu'on les voit dans la Table, font trop foibles : la premiere devroit être XXIII plutôt que XVIII, & la feconde XVII au lieu de XIIII.

51°, 23°.

GEMINIACUM. L'Itinéraire d'Antonin & la Table Théodofienne en font mention, fur la route de Bavai à Tongres, & à la fuite d'un lieu nommé *Vodgoriacum*, que l'on retrouve un peu en-deçà de Binche, en partant de Bavai. On ne voit point d'autre lieu fur cette route qui puiffe convenir à *Geminiacum*, que Gemblou, dont le nom dans les tems poftérieurs s'eft écrit *Gemmelacum*, & *Gemblacum*, par une altération fucceffive de la premiere dénomination. Il n'y a point d'accord entre l'Itinéraire & la Table, fur la diftance de *Vodgoriacum* à *Geminiacum* : l'Itinéraire marque X, la Table XVI. Pour fçavoir ce qui en eft il faut recourir au local. L'efpace de Bavai à Gemblou eft à peu près de 36000 toifes, ou de 31 à 32 lieues gauloifes. Sur cet efpace, la diftance particulière de Bavai à *Vodgoriacum* s'eftime de 12 lieues gauloifes & environ deux tiers, comme on peut voir à l'article *Vodgoriacum* : donc, entre *Vodgoriacum* & *Geminiacum* 19 lieues gauloifes, fans fe piquer de délicateffe fur une fraction de peu de conféquence. M. de Valois a remarqué, que des milices romaines qui dans la Notice de l'Empire font appellées

NOTICE DE LA GAULE.

pellées *Geminiafences*, & défignées *intra Gallias*, doivent tirer leur nom de *Geminiacum* ; & nous reconnoiſſons de même les *Cortoriacenſes* dans le nom de *Cortoriacum*, qui eſt Courtrai.

48°, 20°.

GENABUM ; *poſteà* AURELIANI. Cette ville en portant le nom de *Genabum*, étoit compriſe dans le territoire des *Carnutes*. On lit dans les Commentaires, *Genabum Carnutum* ; *in oppidum Carnutum Genabo*. C'étoit l'*emporium*, l'entrepôt des *Carnutes*, ſelon Strabon : & *Lib. IV*, p. 191. il s'explique exactement en diſant, que ſa poſition ſur la Loire eſt vers le milieu de l'eſpace que traverſe le cours de cette rivière. Ptolémée attribuant deux villes aux *Carnutes*, nomme en ſecond *Cenabum*, écrit par un K. On lit pareillement dans la Table Théodoſienne *Cenabo* pour *Genabo* : & Surita, qui a commenté l'Itinéraire d'Antonin, prétend même qu'il convient de lire dans Céſar *Cenabum*, plutôt que *Genabum*. Mais, on voit dans Feſtus, que les lettres C & G ont été employées l'une pour l'autre. L'étude des Itinéraires, qui décrivent pluſieurs voiés romaines tendantes à *Genabum*, fait connoître d'une manière indubitable, que la poſition de *Genabum* eſt celle d'Orléans. Ces routes en partant de différens points à la circonférence d'Orléans, concourent à aboutir également à Orléans. Ce qui concerne pluſieurs de ces routes eſt expliqué en détail dans les articles des lieux ſitués ſur leur paſſage, & on peut y recourir, pour ſe convaincre de leur liaiſon imédiate avec la poſition d'Orléans. Mais, la Table conduiſant de *Cæſarodunum*, ou de Tours, à *Genabum*, ſans faire mention d'aucun lieu intermédiaire, il eſt à propos de placer ici ce que je n'ai point eu occaſion d'expoſer ailleurs ; ſçavoir, que la diſtance étant marquée LI entre *Cæſarodunum* & *Genabum*, cette indication ne peut convenir qu'à Orléans. Car, ce qu'il y a d'eſpace entre Orléans & Tours eſt déterminé à environ 55000 toises en ligne aërienne & directe, & il est naturel qu'en calculant l'indication de la mesure itinéraire, ce calcul ait quelque chose de plus que l'évaluation de la mesure directe. Je suis informé, qu'il subsiste des vestiges d'une ancienne voie, qui tend directement de Tours à Orléans, laissant la position de Blois à quelque distance sur la droite, & que l'on nomme dans le pays la voie Charrière. Mais, il n'en est pas moins vraisemblable, qu'il y eut une autre voie, qui fit la communication des lieux de quelque considération situés avantageusement sur la Loire ; & cette route moins directe paroît plus convenable à ce que donne l'indication de la Table. On m'a assuré, que dans la nouvelle édition de la Table, qui est sortie de Vienne depuis quelques années, on y voyoit ce qui est omis dans l'ancienne édition, la trace d'une route entre la position qui est celle d'*Autricum*, ou de Chartres, & *Genabum*. Or, les vestiges de cette route subsistent sous le nom de Chemin de César : & M. Lancelot, dans le huitième volume des Mémoires de l'Académie, produit le témoignage de Charles Dumoulin, que du tems de ce jurisconsulte il y avoit encore sur pied des colonnes marquant les distances : *vetus iter ab Aureliis Carnotum ..... ubi lapides à tempore Romanorum milliaria distinguentes erecti visuntur*. En mesurant la trace du chemin sur la représentation du local, la distance se trouve de 31 lieues gauloises. Toutes ces routes que les anciens Itinéraires conduisent à *Genabum*, s'adressant à Orléans, renversent le système d'un sçavant, qui a transporté *Genabum* à Gien. Ce sçavant ayant pour objet d'illustrer la ville d'Auxerre, en y plaçant *Vellaunodunum* dont il est parlé dans César, & la position de *Genabum* à Orléans n'étant pas favorable à cette hypothèse, il a paru nécessaire de la déranger de sa place. Car, M. le Beuf avoue, que si *Genabum* est Orléans, *Vellaunodunum* ne peut être Auxerre ; & pour voir cette question traitée plus

NOTICE DE LA GAULE. 347

en détail, on peut consulter les Eclaircissemens sur l'ancienne Gaule, qui ont paru en 1741. C'est pour avoir changé de nom, & non pas comme ayant une position différente, que la ville de *Genabum* est devenue celle d'*Aureliani*. Dans la Notice des provinces de la Gaule, *civitas Aurelianorum* est au nombre de celles de la province Sénonoise : & l'opinion qui tire ce nom de l'empereur Aurélien, est vraisemblable. Dans le moyen-âge on a communément écrit d'une manière indéclinable *Aurelianis*. Par un démembrement de l'ancien territoire des *Carnutes*, *Aureliani* eut un territoire distinct & particulier ; & ce qui indique une séparation qui ait eu lieu dès le tems de la domination romaine, c'est la dénomination de quelques endroits situés sur la frontière de ces différens territoires. Il y a un Fins dans le diocèse de Chartres à quelque distance en-deçà de ses limites. Je connois un autre Fins à la hauteur de Baugenci, dans la paroisse de Talci, du diocèse de Blois, qui est une distraction toute récente du diocèse de Chartres. Il existe un autre lieu sous le nom de Fins à l'extrémité de l'ancien territoire des *Carnutes*, où le diocèse de Blois confine à l'extension que prend le diocèse d'Orléans aux environs de Romorentin. Une paroisse d'Orléans, par laquelle ce diocèse est terminé vis-à-vis ou à peu près du premier Fins dont j'ai parlé, qui est de Chartres, paroît désigner par le nom de Terminier qu'elle porte, la même chose que Fins. En remarquant ces circonstances particulières du local, on croit répandre quelque lumière sur l'ancien état de la Gaule.

47°, 24°.

GENEVA. On lit dans le premier livre des Commentaires de César : *extremum oppidum Allobrogum est, proximumque Helvetiorum finibus Geneva : ex quo oppido pons ad Helvetios pertinet* ; c'est-à-dire, que le pont qui y étoit, donnoit entrée dans le pays des *Helvetii*. Dans une inscription du recueil de Gruter, *Genevensis pro-*

vincia désigne le district particulier de cette ville, compris dans l'étendue de pays qu'occupoient les *Allobroges*, & à l'extrémité duquel Genève étoit située, comme on vient de voir dans César. Pour trouver quelque autre mention de cette ville dans les monumens de l'âge Romain, il faut passer aux Itinéraires, & à la Notice des provinces de la Gaule. Son nom est écrit *Cenava*, & même *Cenabum*, en quelques exemplaires de l'Itinéraire d'Antonin ; *Gennava* dans la Table Théodosienne. *Civitas Genavensium* suit immédiatement la métropole, *in provinciâ Viennensi*, dans la Notice. Les écrivains du moyen-âge disent *Janua*, ou *Januba* ; & le nom de Genève chez les Alemans est *Genff*. Je ne vois point sur quel fondement cette ville est appellée *Colonia Allobrogum* dans quelques livres, comme y ayant été imprimés.

45°, 24°.

GERAINÆ. Ce lieu dans la Table Théodosienne est placé sur une route, qui de *Lucus Augusti* tend à l'*Alpis Cottia* ; & je remarque dans l'article *Geminæ*, dont la position précède *Gerainæ* en suivant cette route, que le nom de *Gerainæ* subsiste, & même très-distinctement, dans celui de Jarain, petit lieu dans le Val-Godemar. Il est situé à la gauche du cours d'une rivière nommée Severesse, qui tombe dans le Drac vis-à-vis de Lesdiguières. En avançant au-delà, pour arriver au passage du Mont Genèvre, ou de l'*Alpis Cottia* ; la disposition du local exige que l'on se rende par la Val-Louise à Briançon, quoique la ligne qui représente la route dans la Table, ne s'adresse point au nom de *Brigantio*, & soit tirée vers l'*Alpis Cottia* directement. La Table est mal figurée à cet égard ; & on ne sçait même à quoi rapporter le nombre XIIII qu'on y voit au-dessous du nom de *Gerainæ*. Cette distance ne conduiroit au plus loin qu'au passage du Val-Godemar, dans la Val-Louise, & il y auroit au moins 18 milles à compter, depuis là jusqu'à Briançon.

NOTICE DE LA GAULE.
46°, 21°.

GERGOVIA. La position de cette ancienne place des *Arverni*, que César ne put emporter, est une de celles pour la connoissance de laquelle on se sent le plus de curiosité. L'opinion que l'assiette de cette place occupoit le sommet d'une montagne, à deux petites lieues communes (environ 4000 toises) de Clermont entre l'orient d'hiver & le midi, a été combattue par M. Lancelot, dont le Mémoire sur ce sujet est inséré dans le volume VI de l'Académie. Il paroît persuadé, que c'est uniquement d'après Gabriel Simeoni, auteur d'un ouvrage publié il y a environ 200 ans, sous le titre de *Dialogo pio*, que cette opinion s'est établie. Je suis informé, que des recherches particulières sur les lieux, par une personne qui a de la littérature, & qui fait son séjour à Clermont, l'ont persuadée que l'emplacement de *Gergovia* devoit être celui dont je viens de parler : mais, le détail de ces recherches ne m'est point communiqué. Un plan exact & bien figuré du local, & par lequel on pourroit juger du plus ou moins de convenance avec ce qui est rapporté dans le septième livre des Commentaires, seroit très-necessaire pour l'éclaircissement de la question. Quoique je n'en sois pas actuellement tout-à-fait dépourvu, ce que j'ai sous les yeux n'a pas le même mérite que le plan des environs d'*Alesia*, qui a paru dans les Eclaircissemens géographiques sur l'ancienne Gaule. M. Lancelot a pu sans beaucoup de peine, réfuter les conjectures frivoles & hazardées de Simeoni, sur diverses circonstances de détail aux environs de *Gergovia*, aussi-bien que quelques traditions populaires sur plusieurs lieux du même canton. Mais, que Sidoine-Apollinaire, en décrivant sa maison d'*Avitacus*, dont la position est inconnue, se taise sur *Gergovia*, quoiqu'il en fasse mention ailleurs, il n'en résulte point d'argument négatif sur la position de *Gergovia*. Que César ne parle point d'un étang peu éloigné de la montagne;

P. 635.

& aujourd'hui defféché, & appellé Sarliève, on ne le trouve point à redire, si on a lieu de croire, que César dirigea ses attaques contre la place par un côté tout opposé. Que la montagne de *Gergovia* soit appellée *Podium Mardoniæ* dans un acte du quatorzième siècle, il ne paroît point extraordinaire, en considérant qu'il y a une terre du nom de Mardogne au pied de la montagne, que cette montagne, qui alors & depuis a pu être comprise dans le domaine de cette terre, soit appellée du même nom, quoiqu'elle en eût un qui lui fût propre & particulier. M. Lancelot insiste principalement, sur les raisons de douter de l'authenticité du titre de fondation, ou de restauration de l'abbaye de S. André dans un faubourg de Clermont. Par cet acte, Guillaume, comte de Clermont, fait donation aux religieux de cette abbaye, de ce qu'il possédoit, *in Sauzeto*, *in Jussiaco*, *in Gergobiâ*, *in Fontentigiâ*, &c. Il ajoute ; *nec ampliùs solvent tributum nostro castro de Monte-rigoso, sive de Montrognon, ratione arcis quam eis etiam dedimus & damus, & in Gergobiâ, & in circuitu ipsius, & in monte sive podio qui est supra, usque & comprehendendo veterem masuram antiquæ Gergobiæ*. On ne sçauroit se dispenser d'avouer, que l'on reconnoît par divers endroits, que l'acte dont il est question est un de ces titres qui ont été refaits ou renouvellés d'après d'autres plus anciens, & qui portent des indices manifestes de nouveauté & d'interpolation, par l'ignorance & la malhabileté de ceux de la main desquels ces piéces sont sorties. Mais, de même que l'on ne révoquera point en doute, que l'abbaye de S. André n'ait été fondée ou restaurée par le comte Guillaume, vers le milieu du douzième siècle, & ne soit antérieure à l'époque que l'on jugera convenir au renouvellement du titre des donations faites par ce comte ; on peut penser sur le fond conformément à ce qu'en a pensé M. Baluse, *qu'il paroît bon, & qu'il le croit vrai*, selon que M. Lancelot le rapporte dans son

Mémoire. Si la teneur de l'acte n'étoit entièrement controuvée que depuis environ un siècle, auquel M. Lancelot borne l'antiquité de cette pièce ; de quel endroit un fauffaire mal inftruit tenoit-il les dénominations locales de *Mons rigofus*, de *Fontentigia*, de *Juffiacum*, puifque ces lieux ne fe nommoient depuis plufieurs siècles que Mont-rognon, Fontange, Juffat ? Les étymologies abfurdes de plufieurs noms de lieu aux environs de *Gergovia* nous rendent certains, que les noms employés dans le titre de S. André ne font point dûs à Simeoni. Et quant aux défauts de ce titre, dont on fe prévaut pour lui ôter toute autorité, on peut demander, fi les faux miracles, les anachronifmes dont les Légendes font remplies, fi même quelques erreurs de fait dans des hiftoriens, comme dans Grégoire de Tours & plufieurs autres, empêchent qu'on n'y reconnoiffe la mention qui y eft faite d'une infinité de lieux, qui doivent entrer dans les Notices du moyen-âge ? M. Lancelot ne difconvient pas, que la fituation de l'ancienne Gergovia, qui felon Céfar, *pofita in altiffimo monte, omnes aditus difficiles habebat*, n'ait de la reffemblance à la montagne qui en porte le nom. Mais, il y a plus d'une circonftance locale, qui témoigne cette reffemblance : & s'il eft vrai que le lieu qu'on nomme le Creft foit trop éloigné de la montagne de *Gergovia*, comme le remarque M. Lancelot, pour être la colline dont parle Céfar ; *erat è regione oppidi collis, fub ipfis radicibus montis, egregiè munitus, atque ex omni parte circuncifus* : on reconnoît cette colline à une élévation ifolée, mais immédiatement adhérante à la partie de la montagne de *Gergovia* qui regarde le midi, & diftinguée de cette montagne par un nom particulier, le Pui de Monton. Cette pofition convient fort à ce qu'ajoute Céfar ; *quem (videlicet collem) fi tenerent noftri, & aquæ magnâ parte, & pabulatione liberâ, prohibituri hoftes videbantur*. Car, avec quelque connoiffance du local, on voit clairement, qu'en effet il devenoit difficile par ce moyen, que l'énemi communiquât aifément à un ruiffeau nommé la Serre, qui eft le plus voifin de *Gergovia*; & qu'il pût s'écarter du côté des rivages de l'Allier, où la commodité d'aller au fourrage devoit être plus grande, & les fourrages plus abondans. Quoique Savaron, dans fes antiquités de Clermont, eût fait des efforts pour y tranfporter *Gergovia*; cependant il avoit bien changé d'avis dans fes notes fur Sidoine-Apollinaire, où il s'explique ainfi, en parlant de la pofition de *Gergovia* fur la montagne qui lui fervoit d'affiette : *hujufce vetuftatis indubia monimenta, vifura lucem, fi lux fuppetat.* Il eft à défirer, que quelque perfonne habile & fur les lieux, veuille fuppléer à ce que Savaron n'a pas eu le loifir d'exécuter. Quant à la fituation d'une autre ville de *Gergovia* chez les *Boii*, que les *Ædui* avoient reçus chez eux, elle eft demeurée inconnue jufqu'à préfent. Il eft étonnant de voir Sanfon vouloir ne faire qu'une feule & même ville des deux Gergovies, dont l'une fut attaquée par Vercingetorix, & l'autre par Céfar; & d'autant plus étonnant, que *Gergovia* & *Auguftonemetum*, ou Clermont, n'étant point des villes différentes felon Sanfon, c'eft mettre les *Boii* en poffeffion de la capitale des *Arverni*.

Carm. V, p. 83.

Rem. fur la C. de Gaule, trad. de d'Ablanc.

45°, 25°.
GESDAO. On lit *Gefdaone*, par la déclinaifon de ce nom, dans l'Itinéraire de Bourdeaux à Jérufalem, *Gadaone* dans la Table Théodofienne. La leçon de l'Itinéraire peut tirer avantage de celle que donne l'anonyme de Ravenne, qui eft *Geffabone*, quoiqu'elle ne paroiffe pas non plus fort correcte; & M. Weffeling a fait la même remarque. L'Itinéraire d'Antonin paffant d'une ftation qui porte le nom de Mars, jufqu'à *Brigantio*, fans lieu intermédiaire, ne connoit point ainfi la pofition de *Gefdao*. Celui de Jérufalem marque x de *Brigantio* à *Gefdao*; la Table VI de *Brigantio* à l'*Alpis*

Lib. IV, fect. 30.
Itiner. p. 556.

NOTICE DE LA GAULE.

pis *Cottia*, & v de l'*Alpis Cottia* à *Gadao*. Entre *Gesdao* ou *Gadao* & la station de Mars, VIII dans la Table, IX dans l'Itinéraire : de sorte qu'un mille de plus ou de moins dans le détail des distances qui se rapportent à *Gadao*, se trouve compensé au total de *Brigantio* à la station de Mars, qui est également 19, & l'Itinéraire d'Antonin marque en effet XVIII entre le lieu nommé *ad Martis* & *Brigantio*. Or, il est indubitable que la position de *Gesdao* tombe sur Sezane, au passage de la Doria, entre le mont Genèvre & Oulx, qui est la station de Mars, comme on peut voir dans l'article intitulé *ad Martis*. L'indication des distances quadre aux espaces que donne le local, avec l'attention de considérer, que la mesure itinéraire au passage des Alpes, & dans des vallées resserrées entre les montagnes, doit surpasser sensiblement ce que l'ouverture du compas sur une carte peut renfermer d'une position à l'autre.

52°, 25°.

GESONIA. Florus, après avoir dit que Drusus sous Auguste fortifia la rive du Rhin de plus de cinquante places ou châteaux, ajoute ; *Bonnam & Gesoniam pontibus junxit, classibusque firmavit.* C'est ainsi que ce passage est lu par les critiques, qui ont examiné le texte de Florus. Cluvier substitue *Mogontiacum* à *Gesonia*, M. de Valois *Novesium*. Mais, l'opinion de Cluvier paroît hazardée & sans fondement : il y a dans celle de M. de Valois l'inconvénient que la situation de Neuss ou Nuis n'est point pareille à celle de Bonn, ne tenant point au Rhin, mais à une petite rivière nommée Erfft. Je vois une autre position dans celle de Zons au dessous de Cologne, qui n'a pas le même défaut de convenance ; & il semble que le nom de Zons conserve de l'analogie avec celui de *Gesonia*.

Lib. IV, cap. 12.

51°, 20°.

GESORIACUM, *posteà* BONONIA. Pomponius Méla parlant du rivage de la Gaule, prolongé vers le

Lib. III, cap. 2.

nord, *ad ultimos Gallicarum gentium Morinos*, dit que le port de *Gesoriacum* est l'endroit le plus célebre sur cette côte ; *nec portu, quem Gesoriacum vocant, quidquam habet notius*. Ce port devint le plus fréquenté sous les Romains, pour faire le trajet dans la Grande-Bretagne. Claude s'y embarqua, au rapport de Suétone : & je crois, après plusieurs sçavans, que le Phare élevé par Caligula, lorsque menaçant de porter la guerre dans l'isle des Bretons, il se rendit sur la côte septentrionale de la Gaule, étoit à *Gesoriacum*, plutôt qu'ailleurs. Car, la tour qui existoit encore à l'entrée du port de Boulogne au commencement du dernier siécle, & à laquelle Charlemagne fit faire des réparations, avoit été construite longtems auparavant, selon le témoignage d'Eginhard : *ad navigantium cursus dirigendos (Pharum) antiquitùs constitutam, reparavit*. Pline & Ptolémée font mention de *Gesoriacum*. Mais, Pline exagère, en faisant le plus court trajet entre le port de *Gesoriacum* & le rivage de la Grande-Bretagne, de 50 milles : *abest (Britannia insula) à Gessoriaco, Morinorum gentis littore, proximo trajectu, quinquaginta M.* En prenant à la lettre l'expression de Pline *proximo trajectu*, la distance de Boulogne à Douvre, n'est que de 25 à 26000 toises, & elle n'est guère plus forte au port de Hyth, qui est plus occidental que Douvre, & aux environs duquel César fit son débarquement, comme on peut voir dans l'article *Itius portus*. Or, il n'entre dans cet espace que 34 milles romains au plus, non pas 50. Mais, comme il paroît que le port où les Romains ont le plus fréquemment abordé dans la Grande-Bretagne a été celui de *Rutupiæ*, à l'entrée du canal qui forme l'isle de Thanet, la distance à l'égard de Boulogne, que je ne trouve valoir que 33 à 34000 toises, ne répond ainsi qu'à environ 44 milles, & ne s'étend pas jusqu'à 50. L'Itinéraire romain Maritime, qui indique CCCCL stades *à portu Gessoriacensi ad portum Ritupium*, nous montre des

Lib. IV, cap. 10.

NOTICE DE LA GAULE.

stades d'une mesure inférieure au stade qui est plus connu comme faisant la huitième partie du mille romain. Car, du nombre de 450 stades, renfermé dans un espace de 33 à 34000 toises, il ne résulte qu'environ 74 toises par stade. On n'est point libre de soupçonner d'erreur le nombre des stades, puisqu'on le trouve également dans l'Itinéraire d'Antonin, dans Dion-Cassius, & dans le vénérable Bede. J'ai parlé en plusieurs autres ouvrages de l'usage qu'on a fait dans l'antiquité d'un stade plus court que le stade ordinaire d'un cinquième de ce stade, & que j'ai reconnu être propre spécialement à plusieurs distances relatives à des espaces de mer. Ce stade devenant par sa réduction la dixième partie du mille romain, s'évalue conséquemment à 75 toises & demie. Or, il en peut entrer rigoureusement environ 444 dans la distance directe du port de *Gesoriacum* à celui de *Rutupiæ* : & en ne tenant pas la corde aussi tendue, si cette expression est permise, on ne se trouvera pas éloigné de l'indication des deux Itinéraires, confirmée par le témoignage de plusieurs auteurs, & qu'il faut d'ailleurs prendre pour un compte rond, plutôt que pour une mesure de rigueur. Ce qu'on lit dans Strabon, que César aborda dans la Grande-Bretagne après une navigation de 320 stades, ou de 300 seulement comme le rapporte Eustathe, ne peut de même se concilier avec le rapport de César lui-même *circiter millium passuum* xxx, qu'en prenant 10 stades pour chaque mille. Je reviens à *Gesoriacum*, qui du tems de Constantin avoit pris le nom de *Bononia*. L'auteur anonyme de la vie de cet empereur, dont on doit la publication à Henri de Valois, s'explique ainsi : *properans ad patrem Constantium, venit Bononiam, quam Galli prius Gesoriacum vocabant.* Ainsi, dans les historiens postérieurs à Constantin, Ammien-Marcellin, Eutrope, Olympiodore, selon l'extrait qu'en donne Photius, on ne voit plus le nom de *Gesoriacum*, mais uni-

Dio, lib. XXXIX. Hist. Eccles. sub init.

Lib. IV, p. 128.

quement celui de *Bononia*. Dans la Notice des provinces de la Gaule, *civitas Bononienſium* eſt diſtinguée de *civitas Morinûm*, & miſe à la ſuite, parce que le pays des *Morini*, dans lequel *Geſoriacum* étoit compris avoit été partagé en deux.

51°, 20°.

GESORIACUS PAGUS. Pline nous apprend, que *Geſoriacum* donnoit le nom à un canton de pays particulier : *Oromarſaci, juncti pago qui Geſſoriacus vocatur.*

Lib. IV, cap. 17.

44°, 25°.

GLANNATIVA. Il n'en eſt fait aucune mention avant les Notices des provinces de la Gaule, qui ne remontent pas au-deſſus de la fin du quatrième ſiècle, & dont pluſieurs ſont poſtérieures à cette époque. On y trouve *Glannativa* au rang des cités de la province des Alpes Maritimes. Elle ne ſubſiſte preſque plus que dans le nom de Glandeves, le Var l'ayant détruite, & les habitans s'étant tranſportés il y a environ 900 ans à Entrevaux, ſitué ſur l'autre rive de ce torrent.

44°, 23°.

GLANUM. Dans Pline on trouve *Glanum*, avec le ſurnom de *Livii*. *Glanum* eſt une ville des *Salyes*, ſelon Ptolémée. Dans l'Itinéraire d'Antonin, *Glanum* eſt placé entre *Cabellio* & *Ernaginum*, en tendant à *Arelate*. La Table Théodoſienne conduit d'*Arelate* à *Clano*, par *Ernagina*. Il n'y a point à douter que *Glanum* ne ſoit S. Remi, où l'on voit à quelque diſtance vers le midi un édifice ſemblable à un arc triomphal, & un mauſolée antique. Le nom actuel peut venir de ce que S. Remi a poſſédé des biens en Provence, *res in Provinciâ*, ſelon le teſtament qu'on lui attribue, & qui eſt rapporté par Flodoard ; & il eſt conſtant par des lettres de l'archevêque Hincmar, que l'égliſe de Reims avoit des poſſeſſions dans ce pays au neuvième ſiècle. La diſtance à l'égard de *Cabellio*, qui eſt marquée XII dans la Table,

Lib. III, cap. 4.

Lib. I.

NOTICE DE LA GAULE. 357

paroît plus convenable que xvi dans l'Itinéraire. Car, ce qu'il y a d'espace entre Cavaillon & S. Remi ne peut s'estimer qu'environ 9000 toises, & le calcul de 12 milles romains est de 9072 toises. Il faut encore préférer viii dans la Table, à xii qu'on trouve dans l'Itinéraire, & vraisemblablement au lieu de vii, pour la distance entre *Glanum* & *Ernaginum* : & ce qui le prouve, c'est que l'Itinéraire marquant vii d'*Ernaginum* à *Arelate*, il en résulteroit 19 milles de *Glanum* à *Arelate*. Or, cette distance ne sçauroit être que d'environ 15 milles, parce que l'espace actuel entre S. Remi & Arles n'est guère que de 11000 toises. M. de Valois ne connoît point la position de *Glanum*, en la rapportant à un petit lieu, qu'il dit voisin du Rhône sous le nom de Lansac, entre Tarascon & Arles.

49°, 13°.

GOBÆUM PROMONTORIUM. Selon la position dans laquelle Ptolémée indique ce promontoire, c'est l'endroit du continent de la Gaule le plus avancé dans la mer vers le couchant; & on y reconnoît la pointe de la Bretagne, qui a pris le nom de S. Mahé, *sancti Matthæi*, dont le corps fut transporté *ab Æthiopia in minorem Britanniam*, l'an 825, suivant une chronique de l'église de Nantes, citée par D. Lobineau. Ce promontoire est aussi appellé très-convenablement *Finis-terre*; & dans les lettres d'Hervé, vicomte de Léon, de l'an 1275, on lit *Seint Mahé de Finepofterne*, c'est-à-dire *de Fine postremo*.

52°, 21°.

GORDUNI. César nomme plusieurs peuples soumis aux *Nervii*; sçavoir, *Centrones*, *Grudios*, *Levacos*, *Pleumosios*, *Gordunos*. Ceux-ci, nommés les derniers, ne peuvent avoir eu de position plus reculée que dans le voisinage des dunes qui bordent la mer, & que leur nom paroît indiquer. Je n'ai rien trouvé qui pût servir à fixer les *Centrones*, les *Pleumosii*. On a quelques indices des

Comment. V.

Grudii & *Levaci*. L'affinité que Sanson a cru voir entre le nom de Gand (qui est *Ganda*) & celui de *Centrones*, & l'application que Raimond Marlien a faite du nom de *Gorduni* au même nom de Gand, sont rejettées par M. de Valois.

44°, 24°.

GRÆCIA. On ne sçauroit être étonné que le canton voisin de Marseille ait été appellé *Græcia*, que parce que c'est la Table Théodosienne qui le conserve, plutôt qu'un autre monument de plus haute antiquité. C'est dans des écrivains assez avancés dans le moyen-âge, que l'on trouve le nom de *Mare Græcum* appliqué au golfe, qui baigne la côte sur laquelle les Grecs de Marseille avoient étendu leurs établissemens. Comme on n'exige pas de la Table une grande correction dans les dénominations, il est néanmoins remarquable d'y voir le nom de *Gretia* écrit de cette manière en caractères majuscules, au-dessus de la position de *Massilia Grecorum*.

48°, 25°.

GRAMATUM. On peut voir dans l'article *Larga*, comment ce lieu se trouve placé dans l'Itinéraire d'Antonin entre *Epamanduodurum* & *Larga*, & par quel moyen on peut résoudre la difficulté qui naît de l'excès que donne l'indication des distances, en cet intervalle où se rencontre *Gramatum*. M. Wesseling joignant à cet excès de distance, l'omission de *Gramatum* dans un manuscrit qu'il juge préférable à d'autres, en conclut que *Gramatum* doit être supprimé ; *oportet Gramatum hinc expellatur*. Mais, il n'est point omis dans les manuscrits de la Bibliothèque du Roi que j'ai consultés : & finalement la position de *Gramatum* me paroît convenir à celle dont le nom actuel est Granvillars.

Itiner. p. 349.

50°, 18°.

GRANNONA. La Notice de l'Empire en fait mention comme d'un poste établi *in littore Saxonico*, sous les ordres du général de l'*Armoricanus tractus*. On remarque que les lieux cités par la Notice dans ce département, se renferment dans la Lionoise seconde, & dans la troisième. Les Saxons, en infestant par leurs pirateries les rivages de la Gaule, s'étoient établis en quelques cantons. Grégoire de Tours nous apprend, qu'il y avoit des *Saxones Bajocassini*, dont le nom s'est conservé en disant, *les Saines de Baïeux*. Cette circonstance me porte à conjecturer, que le lieu de *Grannona* sur cette côte ne peut mieux convenir qu'à Port en Bessin, où l'on reconnoît les vestiges d'un ancien havre, ou *navale*, qui devoit être protégé par quelque place, munie d'une garnison, & qui n'existe plus. M. de Valois opine que *Grannona* est Guerrande, qui est à quelque distance de la mer dans le diocèse de Nantes. Il est vrai qu'il y a eu des Saxons dans ce quartier-là, puisque Félix, évêque de Nantes, qui vivoit au commencement du sixième siècle, en attira un grand nombre au Christianisme, comme on l'apprend de Fortunat. Il paroît que M. de Valois a cru voir de l'analogie entre le nom de Guerrande & celui de *Grannona*. Mais, selon une chronique de Nantes, publiée par D. Lobineau, le nom de Guerrande est postérieur à un nom plus ancien, & usité du tems de Nominoë, prince des Bretons, dans le neuvième siècle. Voici les termes de cette chronique : *Gislardus, quem Nomenoius rex, episcopum Namnetensem instituerat, apud aulam Quiriacam, quæ ab ipsis Britannis illius loci incolis nunc Guerrandia nuncupatur, hospitatus est*. M. de la Barre, dans un mémoire donné à l'Académie, est dans l'opinion que *Grannona* pourroit avoir été *lo Crenan* (c'est ainsi qu'il écrit), lieu de la basse Bretagne entre Brest & Quimper. Mais, ce qui détruit cette conjecture, fondée sur quelque apparence de rapport dans la dénomination, c'est que le nom du lieu n'est point tel que M. de la Barre le donne, mais *Loc Renan*, en Latin *Locus Renani*. Ce lieu porte le nom du patron qu'il révère, S. Renan ou Ronan, abbé,

Histor. lib. V & X.

Pag. 236.

Carm. lib. III.

Tome VIII, p. 412.

qui a pareillement donné son nom à la petite ville de S. Renan, dans le pays de Léon. Les Bretons usent de ce terme de *Loc* en plusieurs dénominations; Loc-Dieu, Loc-Christ, Loc-Maria, & ainsi de Loc-Renan.

49°, 16°.

GRANNONUM. Entre les postes établis dans le département du général de l'*Armoricanus tractus*, la Notice de l'Empire fait mention à la suite d'*Abrincatæ* (qui est Avranches) de *Grannonum*, en ces termes: *Præfectus militum Grannonensium Grannono*. Ce lieu paroît différent de *Grannona*, que la Notice place dans le même département. Sanson applique sa position à Granville, sur la côte du Côtantin; & il semble que faute de quelque autre notion particulière & plus précise, ce qu'il y a de ressemblance dans la dénomination, & le voisinage entre l'Avranchin & le Côtantin, peuvent faire adopter cette position.

50°, 19°.

GRAVINUM. La Table Théodosienne donne la trace d'une route, qui partant de *Juliobona*, Lilebone, se joint à une autre voie, dont le terme est *Gesoriacum*, ou *Bononia*. Sur cette route on trouve un lieu dénommé *Gravinum*, dont la distance à l'égard de *Juliobona* est marquée x; & cette distance est suivie d'une pareille indication, entre *Gravinum* & quelque autre lieu dont le nom est omis, & qui ne sçauroit être *Bononia*, vû l'éloignement beaucoup plus grand. Sanson, confondant *Gravinum* avec le *Carocotinum* de l'Itinéraire d'Antonin, a dû supposer que la route passant par *Gravinum* ne tendoit point à *Bononia*, nonobstant ce que représente la Table. On connoît des vestiges de voies romaines qui partent de Lilebone. Il y en a une qui se termine au bord de la mer à Oistre-stat, ou Etretat, entre la pointe nommée le chef de Caux & Fécan, & que l'on peut conjecturer avoir été un port, *statio*, du tems des Romains. Une autre route tend vers le nord, dirigée par

Grainville,

NOTICE DE LA GAULE. 361

Grainville, surnommée la Teinturière : & en prenant cette route, la distance de 20 lieues gauloises que donne la Table entre *Juliobona* & la position anonyme, fait rencontrer le bord de la mer aux environs de Veules entre Fécan & Dieppe. La position intermédiaire de Grainville, dont le nom est fort analogue à celui de *Gravinum*, ne différe de ce qu'indique la Table, que pour être un peu plus éloignée de Lilebone que l'indication ne le veut rigoureusement, en même tems qu'un peu trop près de la position qui lui succède sur cette route, au terme des 20 lieues gauloises que marque la Table.

52°, 24°.

GRINNES. On trouve ce lieu dans la Table Théodosienne. Il en est aussi mention dans Tacite, mais sans aucune circonstance qui puisse faire juger de sa situation. Il faut donc s'en tenir à la Table, & en faire l'usage qui peut paroître plus convenable. *Grinnes* est placé entre *Caspingium* & un *Duodecimum*, qui doit avoir été dénommé ainsi rélativement à *Noviomagus*, où tend cette route, laquelle est tracée parallélement à une autre qui suit le bord du Rhin, en partant également de *Lugdunum* des *Batavi*, ou de Leyde. On peut voir à l'article *Caspingium*, une juste évaluation de la distance, entre ce lieu & *Noviomagus*, ou Nimègue. La Table marque XVIII de *Caspingium* à *Grinnes*, & VI de *Grinnes* au *Duodecimum*. Ces deux distances en partant d'Asperen, qui est *Caspingium*, conduisent précisément à une position que sa distance particulière à l'égard de Nimègue a fait nommer *Duodecimum* ; & il s'ensuit d'une proportion d'espace sur le local, selon les nombres XVIII & VI, entre lesquels *Grinnes* est placé, que ce lieu doit avoir existé aux environs de Tiel, un peu au-dessus, & à la droite du Vahal également. C'est faire violence aux moyens, dont la position de *Grinnes* dépend étroitement, que de la transporter, comme a fait Menso-

Histor. V, 21.

Z z

Alting, à la route qui suit le bord du Rhin, dont celle à laquelle *Grinnes* est attaché se distingue clairement dans la Table; & on peut demander s'il existe d'autre notion de l'emplacement de *Grinnes*, que ce qu'on doit précisément à l'indication de la Table.

44°, 24°.

GRISELUM. L'antiquité a connu des bains dans un lieu dont le nom est Greoulx, peu loin de la rive droite du Verdon, un peu au-dessus de son embouchure dans la Durance. Une inscription trouvée en ce lieu, & rapportée d'après les papiers de M. de Peiresc, par l'historien de Provence Honoré Bouche, & par Spon, porte NYMPHIS XI GRISELICIS. De l'ethnique que donne ainsi cette inscription, on peut inférer que le nom propre étoit *Griselum*, ou *Griselæ*, & la dénomination actuelle y répond par analogie.

52°, 22°.

GRUDII. César les compte entre plusieurs peuples soumis aux *Nervii*, *qui sub Nerviorum imperio sunt*. On retrouve leur nom dans celui de Groede, ou de Groude comme il se prononce, qui est celui d'un bourg, & d'un canton, *t'land van Groede*, dans ce qui est aujourd'hui isolé sous le nom de Cad-sant, au nord de l'Ecluse.

52°, 25°.

GUGERNI. On les regarde comme un reste de la grande nation des Sicambres, qu'Auguste par le ministère d'Agrippa ou de Tibère, établit en deçà du Rhin: *Ubios & Sicambros* (dit Suétone, *in Augusto*) *dedentes se, traduxit in Galliam, atque in proximis Rheno agris collocavit*. Ce fut en prenant des terres qu'occupoient auparavant les *Menapii*. Les *Gugerni* s'étendoient le long du fleuve, entre les *Ubii* transplantés comme eux, & les *Batavi*. Les limites de ceux-ci paroissent avoir été vers l'endroit où le Rhin se partage en deux branches. Quant aux limites qui séparoient les *Gugerni* des

Ubii, j'en trouve une indication, comme par les lieux nommés *Fins*, dans le nom de *Born-hem*, sur la grande voie romaine voisine du Rhin, & au passage d'un fossé ou canal, qui communique au fleuve à Orsoi, au-dessus de Rhinberg. Tacite qui fait entendre, qu'à la position de *Gelduba* succèdent les habitations des *Gugerni*, ne contredit point ce que je propose pour un indice de ces limites.

Histor. lib. IV.

H.

50°, 21°.

HASSI. Dans plusieurs éditions de Pline, on lit ce nom de *Hassi* à la suite des *Bellovaci*, en d'autres *Bassi*. Le P. Hardouin le supprime, disant ne l'avoir point trouvé en quelques manuscrits, & qu'on ne trouve point de trace de ce nom dans ce canton de pays : *Bellovaci solum exscripsimus, expunctâ voce Bassi vel Hassi, quos in hoc terrarum tractu nullus agnoscit.* Il y a pourtant un canton du diocèse de Beauvais, dont le nom est *Haix* dans quelques cartes, & plus communément *Hez*. Il contient une forêt qui conserve le même nom, & au milieu de laquelle nos Rois, & entre autres S. Louis, ont eu une maison, dans le lieu nommé la Neuville en Hez. On connoît en France plusieurs contrées, dont le nom leur est commun avec des forêts : *Briegius Saltus*, la Brie, *Perticus saltus*, le Perche, *Brexius saltus*, la Bresse. Comme il y a, ce semble, plus de ménagement à laisser le nom de *Hassi* dans Pline, qu'à le rejetter, & que la raison qui a déterminé le P. Hardouin pour ce dernier parti ne paroît pas avoir lieu, ce n'est point trop hazarder que d'admettre ici les *Hassi* dans un article particulier.

Plin. in-fol. Tom. I, p. 238.

44°, 20°.

HEBROMAGUS. Dans l'Itinéraire de Jérusalem ce lieu est placé à quatorze milles en deçà de Carcassone, en partant de Toulouse. La Table indique la même distance : *Eburomagi* XIIII *Carcaſſione*. Cette diſtance appliquée au local, à la prendre de Carcaſſone en tendant vers Toulouſe, tombe ſur une poſition, dont le nom actuel, qui eſt Bram, conſerve un reſte de l'ancienne dénomination. Il eſt parlé dans Auſone d'un lieu ſous le nom d'*Hebromagus*, où S. Paulin faiſoit ſa demeure. Les ſçavans Bénédictins qui ont compoſé l'hiſtoire de Languedoc, ont examiné avec beaucoup de critique dans une des notes du premier volume, ſi ce lieu doit être réputé le même que celui de l'Itinéraire, ſans décider la queſtion. Ce dont on peut convenir, c'eſt que l'opinion de Vinet & de M. de Marca, en plaçant l'*Hebromagus* de S. Paulin ſur l'embouchure de la Garonne au-deſſous de Blaye, répugne aux circonſtances qui concernent cette demeure de S. Paulin.

$49°, 26°$.

HELCEBUS. C'eſt ainſi que le nom d'une ville des *Triboci* ſe lit dans Ptolémée, autrement *Helvetus* dans l'Itinéraire d'Antonin, *Helellus* dans la Table Théodoſienne. La diſtance à l'égard d'*Argentoratum*, ſur laquelle l'Itinéraire & la Table ſont d'accord à marquer XII, convient préciſément à la poſition du lieu nommé Ell, ſur la droite de la rivière d'Ill, vis-à-vis de Benfeld, qui eſt ſur la gauche. Car, l'eſpace en ligne directe paſſe 13000 toiſes, & le calcul de 12 lieues gauloiſes eſt de 13600. La même diſtance marquée dans un autre endroit de l'Itinéraire M. P. xxx, & ailleurs encore M. P. xxvIIII, *Leg.* vIIII, eſt trop vicieuſe pour pouvoir y être trompé. Mais, l'indication que donne l'Itinéraire de *Mons Briſiacus* à *Helvetus*, ſçavoir, *Leg.* (ou lieues) xvIII ou xvIIII, autrement M. P. xxvIII, ce qui eſt à peu près la proportion convenable entre ces deux meſures itinéraires, eſt très-recevable. Car, en remontant dans la haute Alſace par la voie romaine juſqu'à la hauteur de Briſac, cet eſpace eſt d'environ 19000 toiſes; & du lieu où cette voie, dont la trace

NOTICE DE LA GAULE.

est subsistante, se trouve par cette hauteur, jusqu'à Brisac, je suis instruit que l'intervalle est d'environ 1700 toises. Donc, pour se rendre d'*Helvetus* au *Mons Brisiacus* par la voie romaine, la mesure du chemin est d'environ 20700 toises. Or, il en résulte plus de 18 lieues gauloises, & en même tems 27 à 28 milles romains.

44°, 21°.

HELICE PALUS. Festus-Avienus (*in Orâ maritimâ*) en fait mention à la suite de l'embouchure du fleuve *Attagus*, qui est *Atax* : & selon l'ordre de sa description, ce ne peut être que l'étang de Vendres, par lequel le bras de l'Aude, qui se sépare du canal tendant à Narbone, communique avec la mer. Les anciens paroissent d'accord à prendre pour *Atax* le canal qui passe à Narbone, ou la Robine d'Aude, comme on l'appelle aujourd'hui, préférablement à l'Aude qui se rend dans l'étang de Vendres ; & la distinction que met Avienus entre *Attagus* & *Helice*, en est une preuve.

52°, 22°.

HELIUM OSTIUM. Pline donne ce nom à l'embouchure de la Meuse que reçoit le Vahal, en disant que le Rhin renferme plusieurs isles, outre celle des Bataves, *inter Helium & Flevum*. Car, il ajoute : *ita adpellantur ostia, in quæ effusus Rhenus, ab septentrione in lacus, ab occidente in amnem Mosam se spargit*. Le *Flevum* étant connu pour l'embouchure que le Zuyderzée a absorbée, il s'ensuit que *Helium* est celle de la Meuse, quand même Pline ne spécifieroit pas que le Rhin y porte une partie de ses eaux. Ainsi, ce que Pline appelle *Helium*, est l'*os immensum* de Tacite, de la manière dont il s'exprime : *vocabulum* (en parlant du Vahal) *mutat Rhenus Mosâ flumine, ejusque immenso ore in Oceanum effunditur*. Cette embouchure est celle qui sépare le Delf-land d'avec la Brille ; & on n'a point d'indice que les autres qui embrassent Over-

Lib. IV, cap. 15.

Annal. II, 6.

Flackée & Gorée, ayent existé dans l'antiquité, quoi-qu'on sçache en général que tout ce canton, compris avec les environs de l'Escaut sous le nom de *Wasda* dans le moyen-âge, a toujours été fort aquatique, &, pour me servir de l'expression d'Eumène, dans le pané-gyrique de Constance, *penè non terra*.

47°, 26°.

HELVETII. César décrit les limites qui renferment les *Helvetii*, en disant, qu'ils sont séparés des Germains par le Rhin, des *Sequani* par le mont Jura, & qu'ils sont bornés d'un autre côté par le lac Léman, & par le Rhône, qui les sépare de la Province romaine : *undique loci naturâ Helvetii continentur : unâ ex parte, flumine Rheno latissimo atque altissimo, qui agrum Helvetium à Germanis dividit : alterâ ex parte, monte Jurâ altissimo, qui est inter Sequanos & Helvetios : tertiâ, lacu Lemano, & flumine Rhodano, qui provinciam nostram ab Helvetiis dividit.* Les dépendances des *Helvetii* ne bordoient pas le Rhin de telle manière, que du côté de la Rhétie on ne puisse juger que les nations Rhétiques occupoient des terres en-deçà du Rhin, au-dessus du lac de Constance. Selon le texte des Commentaires, le pays des *Helvetii* avoit en longueur CCXL milles, & CLXXX en largeur. Ces dimensions paroissent trop fortes quand on les applique au local. Cluvier en réduisant la première à CXL, pouvoit la croire convenable dans le principe où il étoit que 60 milles répondent à l'espace d'un degré. Mais, la juste évaluation du mille romain veut que le degré en renferme 75 ; de sorte que les 140 milles de Cluvier en valent à peu près 180 ; & on pourroit croire que ce qui est indiqué pour la largeur dans César, conviendroit à la longueur. C'est en-effet celle d'une ligne que l'on tirera obliquement, depuis le Rhône près de Genève, jusqu'au Rhin près du lac de Constance. Une seconde ligne qui croisera la première, depuis le sommet des Alpes jusqu'au cours de

Commentar. I.

NOTICE DE LA GAULE.

l'Aar & du Rhin, ne donnera en largeur qu'un peu moins de la moitié de ce que vaut la longueur, & si l'on supprime le chiffre c dans le texte de César, ce qui reste sçavoir LXXX, devient conforme au local. Dans cette étendue de pays, les *Helvetii*, lorsque César entra dans la Gaule, comptoient 12 villes, & 400 bourgs : *oppida numero ad duodecim, vicos ad quadringentos*. Ils étoient divisés en quatre cantons : *omnis civitas Helvetiâ in quatuor pagos divisa est*. On est assez embarrassé à retrouver ces quatre cantons. César en nomme deux, *Tigurinum* & *Urbigenum* ; & on peut recourir sur ce qui les concerne à l'article qui traite de chacun en particulier. Les *Tugeni* dont parle Strabon, en les joignant aux *Tigurini*, & dont on croit que le nom subsiste dans celui de Zug, pouvoient composer un troisième canton, dont le nom sera *Tugenus*, de même que les *Tigurini* forment un *pagus* appellé *Tigurinus*. Pour remplir le nombre de quatre cantons, Cluvier a recours aux *Ambrones*, que Strabon joint aux *Tugeni* dans leur défaite par Marius auprès d'Aix. Eutrope cite également les *Ambrones* avec les *Tigurini*, en parlant de la victoire remportée sur deux consuls Romains près du Rhône, *à Cimbris & Teutonibus, & Tigurinis & Ambronibus, quæ erant Germanorum & Gallorum gentes*. Or, de même que le nom de Germains regarde indubitablement les Cimbres & les Teutons, on peut estimer que celui de Gaulois, que l'on ne peut enlever aux *Tigurini*, tombe pareillement sur les *Ambrones*, qui sont nommés à leur suite. Cependant, il y a des sçavans qui cherchent la demeure des *Ambrones* dans la Germanie. D'ailleurs, ne connoissant point de circonstance locale dans l'Helvétie qui détermine le district des *Ambrones* dans une partie plutôt que dans l'autre, & à peu près semblable à quelques indices qu'on croit avoir des trois cantons précédens, je me suis abstenu de donner place à un quatrième. On peut ajouter, qu'il y a apparence que la do-

Ubi suprà.

Lib. V.

mination romaine a apporté du changement à l'égard de ces cantons. Ce qu'on préfume avoir été *pagus Urbigenus*, fe trouve divifé entre les dépendances d'*Aventicum* d'un côté, & d'*Equeftris* de l'autre, comme on a lieu de l'inférer de plufieurs colomnes milliaires, dont le compte fe rapporte à l'une ou à l'autre de ces villes, qui étoient devenues colonies romaines. Au-refte, les *Helvetii* ne s'étoient point toujours contenus dans les mêmes limites, puifque felon Tacite, ils avoient occupé les terres fituées entre le Rhin & la forêt Hercynie, jufqu'au Mein, tandis que les *Boii* pénétroient plus avant dans la Germanie : *inter Herqniam filvam, Rhenumque & Mœnum amnes, Helvetii ; ulteriora Boii, Gallica utraque gens, tenuere.* Ce que Ptolémée appelle *Eremum Helvetiorum*, au-delà du Rhin, en approchant des Alpes, comme il s'en explique, paroît un veftige de cet établiffement des *Helvetii*. Quoiqu'ils fuffent compris entre les Gaulois, ou les Celtes, du tems de Céfar, Augufte ne les fit point entrer dans la province qu'il forma fous le nom de Lionoife ou de Celtique, les joignant avec les *Sequani* à la Belgique, qui renferme les *Helvetii* dans Pline & dans Ptolémée. Ils firent enfuite partie d'une province détachée de la Belgique, & appellée *Maxima Sequanorum* : & c'eft ce qui peut avoir autorifé Eutrope de dire, en parlant de Céfar : *is primò vicit Helvetios, qui nunc Sequani appellantur.*

De Mor. Germ.

Lib. VI.

45°, 23°.

Comment. VII.

HELVII. Pour convenir de ce qu'on lit dans Céfar, que les *Helvii* font féparés des *Arverni* par le mont Cebenna, il faut être prévenu que de fon tems les *Vellavi*, & même les *Gabali*, étoient foumis aux *Arverni*. Il eft évident par les faits, que les *Helvii* faifoient partie de la Province Romaine, puifque leur attachement au parti des Romains, attira fur eux les armes de leurs voifins dans le foulevement de la Gaule, & leur fit effuyer un échec confidérable, comme Céfar ne le diffimule point.

Pline

NOTICE DE LA GAULE.

Pline compte la ville des *Helvi*, ou *Helvii*, au nombre de celles de la Narbonoife ; & il en eft de même de Ptolémée, quoique le nom des *Helvii* y foit défiguré en celui d'*Elicoci*. Ainfi, je penfe avec M. de Valois, que c'eft à tort que Strabon comprend les *Helvii* dans le nombre des peuples dont Augufte aggrandit l'Aquitaine, & on fçait en général que ce fut aux dépens de la Celtique que fe fit cet aggrandiffement. Le nom de ce peuple ne s'eft point confervé au canton de pays qu'il occupoit ; & une ville qui n'eft devenue la capitale de ce canton qu'en fuccédant à une autre ville plus ancienne, lui a donné le nom de Vivarez.

P. 244.

44°, 25°.
HERACLEA CACCABARIA. L'Itinéraire Maritime décrivant la côte, en paffant de l'Italie à la Gaule, fait mention de cette Héraclée comme d'un port, à la fuite du golfe appellé *Sambracitanus*. Si l'on en fait l'application avec Honoré Bouche, à la pofition de S. Tropez, il faut convenir que c'eft mal-à-propos que l'Itinéraire marque un intervalle de XVI milles entre ce golfe & cette pofition, puifqu'elle eft engagée dans le golfe même fur la gauche en y entrant. Cet Itinéraire eft antérieurement fautif, en marquant XXV entre *Forum Julii* & le golfe. Car, du port de Fréjus aux écueils nommés les Sardiniers, vers l'entrée du golfe, une grande carte manufcrite des côtes de Provence, à laquelle je fuis prévenu qu'on a employé des moyens géométriques, ne fournit qu'environ 11 milles, & la profondeur du golfe n'y ajoute qu'environ 5. Je trouve cette carte conforme aux opérations trigonométriques qui ont été faites en France, en ce que la diftance directe du point de Fréjus à celui de S. Tropez eft de 10 à 11000 toifes. Or, ces mefures d'efpace données par le local, nous ouvrent les yeux fur ce qui convient pour réformer l'Itinéraire. C'eft de prendre l'indication qui eft XVI, quoiqu'elle foit plutôt forte que foible, pour tout ce qu'il y a d'inter-

valle de *Forum Julii* à *Heraclea*, & de supprimer en entier, & comme superflue, celle de xxv qui précède entre *Forum Julii* & le *Sinus Sambracitanus*. Je tire même de cette solution de difficulté une preuve positive qui n'existoit point, de l'emplacement d'*Heraclea* à S. Tropez. Quant au surnom que cette Héraclée porte dans l'Itinéraire, je n'entreprendrai point d'en donner une interprétation, sur laquelle Honoré Bouche & Adrien de Valois ne sont pas d'accord. Pline fait mention d'une autre Héraclée, qui auroit existé à l'embouchure du Rhône : *sunt auctores, & Heracleam oppidum in ostio Rhodani fuisse*. Mais, comment retrouver la position d'une ville, sur laquelle un auteur qui écrivoit il y a près de 1700 ans s'exprime de cette manière. Sanson a jugé à propos de la fixer sur la rive droite du grand canal du Rhône, dans un emplacement qu'il croyoit être le même que celui de Notre-Dame d'Ormet, d'après la carte de Provence de Bompar, quoique la position de N. D. d'Ulmet ne soit point près du Rhône, mais près de l'étang de Vacarez, qui couvre une partie de la Camargue. On conviendra bien qu'une ville d'Héraclée s'est conservée dans l'emplacement actuel de S. Gilles, si l'on ne forme aucun doute sur une inscription qui en parle, comme on peut voir à l'article *Anatilii*.

Lib. IV, cap. 4.

44°, 26°.
HERCULIS MONŒCI PORTUS. Ce lieu étant dominé par l'*Alpis Maritima*, jusqu'où la Gaule étendoit ses limites naturelles, & sur le sommet de laquelle étoient élevés *Tropæa Augusti*, j'ai cru devoir le comprendre ici. Strabon infère du nom de Μονοίκος, que jusque-là s'étendoient les établissemens formés par les Marseillois en rangeant la côte : car, c'est ainsi qu'il faut entendre l'expression Μασσαλιωτικὸς παράπλοις. On en trouve la confirmation dans Ptolémée, qui terminant au port *Monœcus* ce qui appartient aux Marseillois, adjuge à la Ligurie les lieux maritimes qui suivent immédiatement,

NOTICE DE LA GAULE. 371

Je dois remarquer que la distance à l'égard d'*Antipolis*, que Strabon indique de quelque chose de plus que 200 stades, ne peut admettre les stades ordinaires, à raison de huit pour un mille romain. Car, ce qu'il y a d'espace absolu entre Antibe & Monaco n'étant que d'environ 15000 toises, il n'en résulte que 20 milles romains au plus, ou 160 stades. Pour compter 200 stades, il faut que le mille en renferme dix. Je ne sçaurois en être surpris, parce que j'ai vu la même chose s'offrir en bien des rencontres. Mais, comme on pourroit vouloir que la distance indiquée par Strabon ne fût pas une course directe, & qu'elle devoit circuler; nous supposerons que la route en cet intervalle touche à Nice, comme à une rade ou station Marseilloise, après avoir doublé un promontoire qui se nomme Malalangue. Or, je trouve que cette route peut valoir 16 à 17000 toises, par conséquent 22 milles romains, qui ne donnent que 176 stades, selon la valeur du grand stade, & non pas 200 & plus, comme le marque Strabon. On en comptera toutefois 220 en employant une autre mesure de stade, que l'on jugera ainsi être plus propre à l'indication de Strabon. Celle qu'il donne de 480 stades entre *Albium Ingaunum* & le même port *Monœcus*, demande d'être entendue de la même manière. Car, de Monaco au port d'Albinga, en ne négligeant pas de toucher à divers endroits de la côte, comme Vintimille, Porto Mauritio, &c. je trouve que le sillage de la route fournit environ 37000 toises, dont il résulte 49 milles romains, ce qui ne produit que 392 stades, en ne comptant que huit stades dans un mille, au lieu que par la réduction du stade à la dixième partie du mille, on en trouve 490. Comme dans une pareille analyse, on ne sçauroit prétendre à une plus grande rigueur de convenance que celle dont elle est susceptible, il doit suffire de reconnoître que 392 sont bien moins convenables que 490, au compte que donne Strabon de 480. Le port *Monœcus* étoit

Lib. IV, p. 202.

Voyez l'article *Gesoriacum.*

Ubi suprà.

accompagné d'un temple d'Hercule, selon Strabon. Dans Pline, le *portus Herculis Monœci* vient à la suite de *Cemelion*, ou *Cemenelium*. C'est mal-à-propos que Ptolémée distingue le port d'Hercule, qu'il place immédiatement après *Nicæa*, du port *Monœcus*, séparant ces ports par la position de *Tropæa*, ce qui désigneroit plutôt le port qui a été nommé *Olivula*, près de Villefranche, que celui de Monaco. Il s'est néanmoins trouvé des sçavans, qui ont argumenté en faveur de Ptolémée. L'expression de Mamertin, dans une oraison au sujet de la naissance de Maximien, *summas arces Monœci Herculis*, répond à la situation de Monaco sur une falaise, dont la mer bat le pied. Ammien-Marcellin se conformant à la tradition, qui vouloit qu'Hercule eût passé par-là, allant combattre Gérion ; *Monœci similiter arcem*, dit-il, *& portum, ad perennem sui memoriam consecravit*.

Lib. III, cap. 5.

Lib. XV.

48°, 16°.

HERIUS FLUV. Ptolémée décrivant la côte de la Lionoise, en partant de l'embouchure de la Loire, qui est le terme de l'Aquitaine, fait mention de cette rivière, & il est démontré dans l'article *Durerie*, que c'est la Vilaine qui se trouve indiquée sous cette dénomination. Je vois même une trace du nom de *Herius*, dans celui de Treig-hier, que l'on donne encore actuellement au passage de la Vilaine, entre la Roche-bernard & l'embouchure de cette rivière. Car, on croira volontiers, que Treig-hier vient de *Trajectum Herii*.

51°, 22°.

HERMONACUM. On trouve ce lieu dans la Table Théodosienne, entre *Camaracum* & *Bagacum*, Cambrai & Bavai. La distance à l'égard de *Camaracum* est marquée xI, ce qu'il faut prendre pour xII, & à l'égard de *Bagacum* VIII. L'Itinéraire d'Antonin en passant de *Camaracum* à *Bagacum*, sans lieu intermédiaire, marque XVIII. Il y a un peu moins de 22000 toises de dif-

NOTICE DE LA GAULE.

tance entre les points de Cambrai & de Bavai, & les 19 lieues gauloises que nous comptons dans la Table, en font à peu près l'équivallent, puisque le calcul est de 21546 toises. A la distance de 10 à 11 lieues gauloises, ou d'environ 12000 toises du point de Cambrai, on rencontre sur la voie dont la trace subsiste, un lieu nommé Bermerain, & de là au point de Bavai la distance passe 8 lieues gauloises sans aller jusqu'à 9.

51°, 23°.

HORNENSIS LOCUS. La Notice de l'Empire en fait mention à la suite du *locus Quartensis*, en ces termes : *præfectus classis Sambricæ, in loco Quartensi, sive Hornensi*. La position du *locus Quartensis* est fixée indubitablement à Quarte sur la Sambre, comme on peut voir à l'article *Quartensis locus*. Le *Hornensis* ne m'est pas connu d'une manière aussi positive ; & c'est par conjecture qu'en examinant les lieux sur le bord de la même rivière en descendant plus bas, l'emplacement de Marchienne me paroît le plus convenable, se trouvant au confluent d'une petite rivière, dont le nom de Hour ou Heur, a quelque affinité à celui de *Hornensis locus*.

44°, 25°.

AD HORREA. On remarque plus d'un lieu sous ce même nom, & en suivant les voies romaines, particulièrement dans les provinces de l'Empire en Afrique, dont l'Italie tiroit des grains, comme la Provence, où se renferme le lieu dont il s'agit, en tire aujourd'hui de Barbarie. L'Itinéraire d'Antonin marque ainsi *ad Horrea*, entre *Antipolis*, Antibe, & *Forum Julii*, Fréjus, en décrivant sans interruption depuis Rome jusqu'à Arles, la voie qui étoit appellée *Aurelia*. On trouve le même lieu dans la Table Théodosienne, & la distance à l'égard d'*Antipolis* y est également marquée XII comme dans l'Itinéraire, & XVII entre *Horrea* & *Forum Julii*, où l'Itinéraire marque XVIII. Sanson, & le P. Labbe, en prenant ce lieu pour la Napoule, n'ont pu y être déterminés par la convenance des distances. Car la Napoule paroît un peu trop loin d'Antibe, & en même tems beaucoup trop près de Fréjus, pour être *Horrea*. Ce qu'il y a d'espace entre la Napoule & Fréjus ne comprend pas 9000 toises, & ne sçauroit par conséquent suffire à 17 ou 18 milles romains. Honoré Bouche transporte *Horrea* dans la position de Grasse; & en-effet sa distance à l'égard d'Antibe de 9 à 10000 toises pourroit convenir aux 12 milles qui paroissent dans l'Itinéraire & dans la Table, en y ajoutant une fraction qu'on supposeroit négligée. Mais, l'espace d'environ 15000 toises en droite-ligne de Grasse à Fréjus, sans compter ce que l'inégalité du pays doit donner de plus à la mesure itinéraire, passe les 17 milles de la Table, & même les 18 de l'Itinéraire, de plusieurs milles. D'ailleurs, la position de Grasse s'écarte considérablement de la direction d'Antibe à Fréjus; & *lou Camin Aurelian*, qui est connu des Provençaux, gagne le bord de la mer en passant à Canes. Or, la distance d'Antibe à Canes étant de 5000 & quelques centaines de toises répond à 7 milles romains, & il y a bien des exemples qu'en appliquant les Itinéraires au local, ce qui paroît marqué XII, par méprise dans un chiffre, comme ici entre *Antipolis* & *Horrea*, ne tient lieu que de VII. On en est d'autant plus assuré à l'égard de la distance actuelle, que l'espace de Canes à Fréjus étant de 13 à 14000 toises, c'est précisément ce qui convient au calcul de 18 milles romains, selon l'indication de l'Itinéraire entre *Horrea* &. *Forum Julii*. Il résulte de-là, que la position la plus convenable à *Horrea* est celle de Canes. Ce lieu situé sur la plage, étoit commode pour le débarquement de l'annone, qui y étoit transportée par mer des cantons de pays plus abondans en grains que n'est la Provence. Vincent de Salerne, moine de Lérin, dit qu'il y avoit autrefois à Canes (*Canoæ*) un château appellé *Marcellinum*, qui vers l'an 1132 prit le nom de *Castrum Fran-*

NOTICE DE LA GAULE. 375
cum, à cause des privilèges & immunités dont les gens du lieu jouissoient.

44°, 19°.

HUNGUNUERRO. C'est ainsi qu'on lit dans l'Itinéraire de Bourdeaux à Jérusalem, le nom d'un de ces lieux qui y sont appellés *mutationes* ; & celui-ci est entre *Auscius*, ou Auch, & Touloufe. On compte 13 lieues gauloifes, *leug.* depuis Auch ; sçavoir *ad sextum* VI, *Hungunuerro* VII. Or, cette diftance, qui demande 14 à 15000 toifes, conduit en fuivant la trace de la voie romaine qui fe fait remarquer fur le local, vers un lieu au-delà de Gimond, dont le nom actuel de Giscaro peut avoir plus d'analogie qu'il n'en paroît avec l'ancienne dénomination, qui vraifemblablement n'eft pas correcte dans l'Itinéraire.

43°, 25°.

HYPÆA. C'eft la plus reculée des trois ifles *Stœchades*, comme la dénomination tirée d'un terme Grec le défigne. Ces ifles avoient été nommées *Stœchades* par les Marfeillois, en y employant pareillement le langage Grec, à caufe qu'elles font rangées de fuite, *propter ordinem*, felon l'expreffion de Pline ; & les noms qu'il donne à chacune de ces ifles en particulier, fçavoir, *Prote*, *Mefe*, *Hipæa*, répondent à cet ordre. Or, comme il eft indifpenfable d'appliquer la mention qui eft faite des ifles *Stœchades* aux ifles d'Ières, celle que l'on nomme l'ifle du Levant, ou du Titan, fuccédant à l'égard de Marfeille aux ifles de Porqueroles & de Portiroz, doit être *Hypæa*.

Lib. III, cap. 5.

I.

49°, 21°.

IATINUM, *poftea* MELDI. Le nom de la ville principale des *Meldi*, felon Ptolémée eft *Iatinum* ; & la pofition dont le nom fe lit *Fixtuinum* dans la Table Théodofienne, eft la même. Car la diftance marquée

XVI à l'égard d'*Auguſtomagus*, ou de Senlis, convient précisément entre Senlis & Meaux, dont les poſitions ſont écartées l'une de l'autre d'environ 18000 toiſes, le calcul de 16 lieues gauloiſes étant de 18144. La continuation de la route par les lieux nommés *Calagum* & *Riobe*, concourt à faire connoître, que le *Fixtuinum* de la Table ne ſçauroit être que la capitale des *Meldi*, à laquelle le nom du peuple eſt devenu propre, en remplaçant le nom primitif, conformément à ce que l'on ſçait de la plûpart des villes qui ont tenu le même rang.

50°, 24°.

IBLIODURUM. Il en eſt mention dans l'Itinéraire d'Antonin, entre *Virodunum*, ou Verdun, & *Divodudurum*, ou Metz. En partant de *Virodunum*, on trouve *Fines* VIIII, *Ibliodurum* VI, *Divodurum* VIII. Je remarque que ces diſtances ne rempliſſent pas ce qu'il y a d'intervalle de Verdun à Metz. Il s'étend à environ 30000 toiſes, & les opérations faites en France le veulent ainſi, en ſurpaſſant ce que donne la carte du diocèſe de Toul, inſérée dans l'ouvrage du P. Benoît, & dont on ne concluroit guère plus de 26000 toiſes. Il ſe peut que M. de l'Iſle, en dreſſant cette carte, ait déféré au compte qui réſulte de l'Itinéraire, & qui paroiſſant borné à 23 lieues, ne fournit au calcul qu'environ 26000 toiſes. Mais, ce qu'il y a d'eſpace déterminé par les moyens géométriques comprend 26 à 27 lieues gauloiſes, ſans compter ce que la meſure itinéraire doit avoir de plus que la meſure directe. Il eſt conſtant que dans le nom d'*Iblio-durum*, le *durum* ajouté à un nom propre déſigne le paſſage d'une rivière. C'eſt une circonſtance que beaucoup de poſitions concourent à indiquer ; & la rivière dont il eſt ici queſtion comme traverſant la route de Verdun à Metz, eſt celle que l'on nomme Iron. Cette dénomination actuelle n'eſt pas tellement altérée par rapport à l'ancienne, qu'on ne reconnoiſſe qu'elle peut en dériver. Une ancienne voie ou chauſſée de Verdun à Metz,

&

& qu'on appelle la grande charrière, traverse la rivière d'Iron à environ deux lieues d'aujourd'hui au-dessus de sa jonction avec celle d'Orne, près de Conflent, & cet endroit se nomme le Passage. La distance de ce lieu à Metz peut s'estimer d'environ 13 lieues gauloises, paroissant en droite-ligne d'environ 14000 toises : d'où il suit, qu'il convient de substituer XIII à VIII dans l'Itinéraire. Il est assez fréquent, en appliquant les anciens Itinéraires au local actuel, de trouver que les copistes se soient mépris entre les nombres v & x. Remarquons même, que la correction dont il s'agit nous procure l'avantage de remplir le vuide que laisse l'Itinéraire entre *Virodunum* & *Divodurum*, puisque le compte de 23 n'est pas suffisant, lorsque le local peut demander environ 28, comme il est évident qu'on les retrouve.

48°, 22°.

ICAUNA FLUV. Cette rivière nous seroit inconnue par les monumens renfermés étroitement dans l'âge romain de la Gaule, si M. l'Abbé le Beuf n'avoit trouvé sur une pierre qu'on a employée dans la construction des murs qui font l'enceinte actuelle d'Auxerre, cette inscription DEAE ICAVNI, où il paroît qu'il faut sous-entendre *fluvii*, ou bien lire plus complettement ICAVNIAE. Les habitans d'*Autissiodurum* avoient donc divinisé la rivière qui passe devant leur ville. La plus ancienne mention qui soit faite d'ailleurs de la rivière d'Ionne, sous son nom d'*Icauna*, est dans la vie de S. Germain d'Auxerre, écrite avant la fin du cinquième siècle par le prêtre Constance.

Hist. d'Auxerre.

46°, 22°.

ICIDMAGUS. Ce lieu est placé dans la Table Théodosienne entre *Revessio* & *Aquæ Segete*, qui est une position intermédiaire d'*Icidmagus* au *Forum Segusianorum*. La distance de *Revessio* à *Icidmagus* est marquée XIIII, & d'*Icidmagus* à *Aquæ Segete* XVII. On reconnoît la position d'*Icidmagus* dans celle d'Issinhaux, petite ville du

Bbb

Vellaï, en remarquant néanmoins que ce qu'il y a d'espace entre S. Paulhan, ou Paulian, qui est *Reveſſio*, ou l'ancienne capitale des *Vellavi*, & Iſſinhaux, n'étant que d'environ 10000 toiſes, cet eſpace n'admet que VIIII au lieu de XIIII. D'Iſſinhaux à la poſition qui convient aux *Aquæ Segete*, l'intervalle de 19 à 20000 toiſes ſe rapporte à l'indication de 17 lieues gauloiſes.

45°, 24°.

ICONII. Il en eſt mention dans Strabon en deux endroits ; & ſi on lit *Siconii* pour *Iconii* dans un de ces paſſages, Ortelius, & l'hiſtorien de Provence Honoré Bouche, ont penſé que c'étoit une faute de copiſte, par la répétition du *ſigma* final du nom d'ὀυοκοντίοις, qui précède. Il eſt dit dans Strabon, qu'au-deſſus de la partie montueuſe du pays des *Salyes*, ſont les *Vocontii*, *Tricorii*, *Iconii*, *Pedyli* : & d'une autre manière, qu'à la ſuite des *Vocontii* ſont les *Siconii* (ou *Iconii*), les *Tricorii*, & *Medulli*. On voit d'abord, que le nom de *Pedyli* tient la place de celui de *Medulli*, qui n'eſt point dans le même cas d'être abſolument inconnu comme celui de *Pedyli* : & vu qu'on a des indices de la poſition de ces *Medulli* vers le haut de l'Isère, & dans la Maurienne ; les *Iconii* & les *Tricorii* doivent prendre leur emplacement entre cette poſition & celle des *Vocontii*. C'eſt ce dont on eſt ſuffiſamment aſſuré à l'égard des *Tricorii*, parce que ſelon la marche d'Annibal, ils doivent avoir occupé les bords du Drac, vers le haut de ſon cours. Or, ſi on place les *Iconii* entr'eux & les *Medulli*, comme ils ſont cités dans le premier paſſage de Strabon, on court riſque de les confondre avec les *Uceni*, que l'inſcription du Trophée des Alpes nomme entre les *Medulli* & les *Caturiges*. On ſeroit donc plus libre de les ranger entre les *Vocontii* & les *Tricorii*, ſelon l'ordre que garde Strabon dans le paſſage qui paroît le plus correct, en ce que le nom de *Medulli* n'y eſt point altéré comme dans l'autre. Cette poſition donne lieu de

Lib. IV, p. 185 & 203.

conclure, que les *Iconii* auroient habité sur le côté des *Vocontii*, en tirant vers *Vapincum*, ou Gap : & il est à remarquer, que près de *Vapincum* on trouve un lieu de *Fines*, qui bornant de ce côté-là le territoire des *Caturiges*, veut qu'on trouve un autre peuple qui leur succède dans un canton qui paroît vacant, & qu'on peut occuper & remplir de cette manière.

45°, 24°.

ICTODURUM. L'Itinéraire d'Antonin, & celui de Bourdeaux à Jérusalem, sont d'accord à marquer XII entre *Vapincum* & *Caturiges*. Mais, la Table Théodosienne fournit une position intermédiaire, sous le nom d'*Ictodurum*; & la distance qui est omise à l'égard de *Vapincum*, est marquée VI à l'égard de *Caturiges*, que la Table nomme *Caturigomagus*. J'observe d'abord, que quoique l'espace direct entre Gap & la position de *Caturiges*, dans le lieu dont le nom actuel est Chorges, ne soit que d'environ 10 milles romains; cependant, l'inégalité du pays & un coude dans la route augmentent sensiblement la mesure itinéraire, en passant sous un château nommé Avençon, au pied duquel coule la petite rivière de Vence. En second lieu, comme on voit dans la dénomination d'*Ictodurum* qu'il est question d'un passage de rivière; c'est en-effet à peu près à égale distance de Gap comme de Chorges, que la petite rivière que je viens de nommer traverse la route, de-sorte que la distance particulière de cette rivière à Chorges réponde à l'indication de la Table.

46°, 18°.

ICULISNA. Nous ne pouvons citer qu'Ausone en première date pour faire mention d'Angoulême. Il parle de cette ville comme d'un lieu écarté des grands passages, & peu fréquenté, *devium ac solum locum*; & où il se plaint que les talents de celui auquel il écrit soient cachés, *opus Camœnarum tegi*. Cependant, dans la Notice des provinces de la Gaule, *civitas Ecolismensium*

Epist. XV.

est une des cités de la seconde Aquitaine : & Grégoire de Tours cite un évêque d'Angoulême, nommé Dynamius, que l'on croit avoir vécu dans le cinquième siècle.

Hiſtor. lib. II, ſect. 13.

43.° , 21.°

ILLIBERIS, *posteà* HELENA. Tite-live dit en parlant de la marche d'Annibal : *Pyrenæum tranſgreditur, & ad oppidum Illiberim caſtra locat.* Strabon fait mention de la ville qui porte le même nom que le fleuve *Ilybirris*. Cette ville, après avoir été puissante & riche, étoit réduite presque à rien, selon Méla : *vicus Eliberris, magnæ quondam urbis, & magnarum opum, tenue veſtigium :* ce qui est répété dans Pline, où le nom est *Illiberis*. Dans la Table Théodosienne on trouve *Illiberre* entre deux positions, qui sont *ad Centenarium* & *Ruſcione*, ou plutôt *Ruſcinone*. La distance est marquée XII d'un côté, & VII de l'autre. L'Itinéraire d'Antonin passe de *Ruſcino* à la station de *Centuriones*, que l'on ne sçauroit distinguer de *Centenarium*, sans faire mention d'*Illiberis*; & comme l'indication de la distance est XX, il s'ensuit que la première de la Table étant XII, la seconde pourroit être VIII plutôt que VII. Quoique Sanson, & plusieurs savans très-distingués, M. de Valois, le P. Hardouin, d'après Catel, confondent *Illiberis* avec *Caucoliberis*, ou Collioure ; cependant, l'opinion que la ville d'Elne a remplacé l'ancienne *Illiberis* doit prévaloir ; & la combinaison qu'on vient de voir de l'Itinéraire & de la Table en fournit une preuve positive. Car, la position de Collioure est éloignée de *Ruſcino* de 12000 toises au moins, dont il résulte 16 milles romains ; au lieu qu'entre *Ruſcino* & Elne l'intervalle qui se trouve de 6000 & quelques centaines de toises, représente les 8 milles que l'Itinéraire comparé avec la Table indique pour la distance de *Ruſcino* à *Illiberis*. M. de Valois n'est pas bien informé du local, quand il dit que la rivière qui a porté le nom d'*Illiberis*, a son em-

Lib. XXI, ſect. 24.
Lib. IV, p. 182.

Lib. II, cap. 5.

Valeſ. p. 251.
Hard. in Plin.
Cat. liv. I, ch. 5.

Ubi suprà.

NOTICE DE LA GAULE.

bouchure à Collioure ; *positum*, dit-il, *ad os fluvii*, *de quo supra retulimus*. Quoiqu'on puisse estimer que *Caucoliberis* existoit long-tems avant qu'il en soit fait mention, le silence des monumens romains sur son sujet n'a point permis de l'admettre dans la carte de la Gaule ; & Julien de Tolède est le premier qui en parle dans le récit d'une expédition du roi Wamba, qui est du septième siècle. Le rétablissement d'*Illiberis* sous le nom d'*Helena*, mere de Constantin, est attribué à cet empereur, ou à quelqu'un de ses enfans. On sçait que Constant y fut assassiné par des rebelles du parti de Magnence. L'Epitome d'Aurelius-Victor, Eutrope, S. Jérôme, Orose, Zosime, font mention d'*Helena, oppidum Pyrenæo proximum*, selon Victor. Il paroît néanmoins que le nom d'*Helena* ne fit point disparoître subitement celui d'*Illiberis*, puisqu'il est conservé dans la Table Théodosienne, que l'on a lieu de juger postérieure au tems que la famille de Constantin a occupé le thrône impérial. C'est par un cas semblable, qu'*Aureliani* garde le nom de *Genabum*, & *Gratianopolis* celui de *Cularo*, dans la même Table. Il en est aujourd'hui d'Elne, comme il en fut autrefois d'*Illiberis*. Le siége épiscopal établi sous la domination des Visigoths, ou dont on n'a point de connoissance antérieure, ayant été transféré à Perpignan, il ne lui est rien resté de recommandable que son antiquité.

$44°, 17°$.

ILURO. L'Itinéraire d'Antonin est le plus ancien monument qui fasse mention de cette ville, en la plaçant sur une route qui part de *Cæsaraugusta* en Espagne, ou de Sarragoce, pour s'arrêter à *Beneharnum*. Les distances qui s'y rapportent immédiatement sont discutées, d'une part dans l'article *Aspaluca*, de l'autre dans celui qui concerne *Beneharnum*. Selon la Notice des provinces de la Gaule, *civitas Elloronensium* est une de celles de la Novempopulane. On ignore néanmoins de quel peuple particulier Oloron, que l'on connoît pour un siége épiscopal dès le commencement du sixième siècle, puisque Gratus, *episcopus de civitate Olorone*, souscrivit au concile d'Agde en 506, pouvoit être capitale. Cette ville est divisée en trois quartiers : Oloron, dans l'angle que forme la jonction du Gave d'Aspe & du Gave d'Ossau ; Sainte-Marie, séparée par le premier de ces Gaves, & Marcada par le second. On sçait que le nom de Gave est propre dans ce pays-là aux rivières qui descendent des Pyrénées ; & celle qui est formée par l'union des deux Gaves précédens, se nomme le Gave d'Oloron, à la différence de celui qui passe sous la ville de Pau, appellé le Gave Béarnois. Plusieurs sçavans ont relevé l'erreur de Joseph Scaliger, de croire qu'il est question d'Oloron dans Sidoine-Apollinaire, lorsqu'il parle des *Olarionenses lepusculi*, qu'il faut chercher dans *Uliarus*, ou *Olario*, l'isle d'Oleron.

44°, 24°.

IMMADRA. L'Itinéraire Maritime en donne la position immédiatement avant que d'arriver à Marseille, en faisant route le long de la côte du levant au ponant ; & la distance est marquée XII à l'égard de Marseille, comme de la position qui devance celle d'*Immadra*. On ne sçauroit se dispenser de reconnoître ce nom d'*Immadra* dans celui que porte l'isle de Maire, qui n'est séparée que par un canal fort étroit d'un cap nommé la Croisette, où se termine le golfe de Marseille vers le midi, la côte tournant ensuite vers le levant. Mais, l'indication de la distance à l'égard de Marseille demande une réforme. Car, selon une carte circonstanciée du golfe, & dont l'échelle est précisément en toises, la route de l'isle de Maire jusqu'à l'entrée du port de Marseille ne vaut qu'environ 5500 toises, dont il ne résulte que 7 milles romains, en négligeant une fraction de mille. Or, il est assez fréquent dans l'examen des Itinéraires, de trouver que par méprise sur un chiffre, il convient d'y substituer comme ici VII à XII. Quant à la position qui doit se rapporter d'un autre côté à celle d'*Immadra*, & qui seroit *portus Æmines*, selon ce qui paroît dans l'Itinéraire, consultez les articles sous les noms de *Carsici* & d'*Æmines*.

44°, 17°.

IMUS PYRENÆUS. C'est le pied du *Summus Pyrenæus*, que l'Itinéraire d'Antonin place entre *Pompelo* & *Aquæ Tarbellicæ*; & sa position est celle de S. Jean pied-de-port, autrement de *Ultra-puertos*, comme disent les Navarrois d'Espagne. L'indication de la distance à l'égard du *Summus Pyrenæus*, qui paroît v doit être x. Le local le veut ainsi; & c'est le moyen de trouver un rapport de proportion entre cette distance & celle qui lui succede entre *Imus Pyrenæus* & *Carasa*, dont on connoît la position dans celle de Garis, conformément à ce qu'indique l'Itinéraire, sçavoir xii. En descendant le long du Val-Carlos, pour se rendre à S. Jean *in imo Pyrenæo*, on laisse sur la montagne à droite les vestiges d'un vieux château, dont le nom de Peñon, ou Pegnon, est conforme au terme Espagnol de *Peña*, & remonte à celui de *Penn*, qui dans la dénomination d'*Alpis Pennina*, d'*Apenninus mons*, est de la plus haute antiquité.

44°, 23°.

INCARUS. L'Itinéraire Maritime indique xii. milles dans la traversée du golfe de Marseille, en partant de cette ville, pour arriver à une station, dont le nom est *Incarus*. On reconnoît distinctement ce lieu d'*Incarus* dans la position actuelle de Carri: & selon une carte particulière & très-exacte du golfe, l'échelle de toises que porte cette carte, donne 9000 toises d'intervalle d'un point pris à la sortie du port de Marseille, jusqu'à l'entrée de l'anse de Carri. Or, le calcul rigoureux de 12 milles romains est de 9072 toises. La carte de Provence dressée sur celle du S. Chevalier, fournit trop d'étendue dans cet espace, parce qu'il y prend l'équivalent de 11000 toises pour le moins ; & par ce défaut de justesse, celle qui se trouve dans l'indication de l'Itinéraire pouvoit n'être pas remarquée.

49°, 17°.

INGENA, *posteà* ABRINCATUI. Quoique Ptolémée ait mal placé les *Abrincatui*, nous lui avons l'obligation de sçavoir que le nom de leur capitale étoit *Ingena*. Elle prit dans la suite, de même que la plupart des capitales, le nom du peuple, qu'elle conserve dans celui d'Avranches. Selon la Notice de l'Empire, *Abrincatæ* étoit le poste d'un commandant particulier, dans le district appellé *Tractus Armoricanus*; & il faut croire que c'est de cette ville que des corps de troupes romaines, dont il est mention dans la même Notice, sont appellés *Abrincateni*. Il ne faut point omettre que dans la Notice des provinces, *civitas Abrincatum* est une de celles de la Lionoise seconde.

46°, 23°.

INSUBRES. C'étoit un peuple dépendant des *Ædui*, quoiqu'il n'en soit point mention dans César, au nombre de ceux qu'il cite comme étant dans la même dépendance. Mais, Tite-live en parle comme d'un *pagus* des *Ædui*, en disant que les Gaulois qui avoient passé les Alpes & le Tésin, trouvant un canton du même nom d'*Insubres* que celui qui étoit propre à cette portion des *Ædui*, se déterminerent d'y fonder une ville, à laquelle ils donnerent le nom de *Mediolanum: quùm in quo consederant, agrum Insubrium appellari audiissent, cognomine Insubribus, pago Æduorum, ibi, omen sequentes loci, condidere urbem; Mediolanum appellarunt.* Pline attribue de même aux *Insubres* la fondation de Milan ; comme aux *Boii*, qui avoient également passé les Alpes, la fondation d'une autre ville, qui a été connue sous le nom de *Laus Pompeia*, aujourd'hui Lodi vecchio. Sanson, qui place les *Insubres* dans la Bresse, en imaginant qu'il y a une ressemblance avec la finale

NOTICE DE LA GAULE.

finale du nom d'*Infubres*, devoit être informé que la Breffe doit fon nom au *Brexius faltus*, de même que les noms de plufieurs autres cantons de pays, la Brie, le Perche, ont commencé par être des noms de forêts, *Briegius faltus*, *Perticus faltus*; & il eft évident que le nom de *Brexius faltus* n'eft point celui des *Infubres*. Mais, il vient en penfée, que les fondateurs de *Mediolanum*, auxquels il avoit paru favorable de trouver un terrain du nom des *Infubres*, n'ont eu d'autre raifon de choifir en conféquence le nom de *Mediolanum* plutôt qu'un autre, que parce que les *Infubres* fortoient d'un lieu qui portoit le même nom. Or, nous connoiffons un *Mediolanum*, entre le *Forum* des *Segufiani* & *Lugdunum*. Comme il n'eft pas douteux par le témoignage de Céfar, que les *Segufiani* étoient dépendans (*clientes* felon l'expreffion dont il fe fert) des *Ædui*; un lieu qui fe trouve dans ce territoire peut avoir appartenu à un peuple également fujet des *Ædui*, & qui n'étant point nommé dans Céfar, ni depuis lui, aura été confondu avec les *Segufiani*. Un fçavant, dont je refpecte les lumières & la critique, & qui a remarqué de même qu'en trouvant le nom de *Mediolanum* chez les *Ædui*, c'étoit une indication du canton des *Infubres*, a mis en avant un autre *Mediolanum*, dont le nom actuel eft Malain. Mais, ce qui ne permet point d'admettre ce *Mediolanum*, c'eft qu'il appartient aux *Lingones*, peuple puiffant, qui n'a jamais été dans le cas de relever des *Ædui*. C'eft pour avoir été du territoire des *Lingones*, que Malain dont il s'agit eft actuellement du diocèfe de Dijon, démembré tout récemment du diocèfe de Langres. Les *Mandubii*, dépendans des *Ædui*, étoient limitrophes des *Lingones* de ce côté-là; & il eft conftant par le nom de Fins qui fe conferve fur les frontières des *Mandubii*, comme on peut voir à l'article de leur nom, que les limites des diocèfes répondent aux territoires des cités.

46°, 23°.

INSULA ALLOBROGUM. On voit dans Tite-li-ve, qu'Annibal après avoir paſſé le Rhône, tourna ſur la gauche, & traverſa le territoire des *Tricaſtini*. Il nous dit en même tems d'après Polybe, qu'en quatre jours de marche, *quartis caſtris*, en remontant le long du Rhône, il arriva au confluent d'une rivière qui ſe joignoit au Rhône. Quoique le nom de cette rivière ſe liſe Ἄραρος dans Polybe, parce qu'on y a ſubſtitué ce nom à un autre qui paroiſſoit corrompu dans ſon texte, & quoiqu'on trouve pareillement *Arar* dans Tite-live, cette rivière ne ſçauroit être l'*Arar*, ou la Saône. Car il faudroit ſuppoſer, qu'une nombreuſe armée, avec des éléphans & des bagages, eût fait plus de 40 lieues françoiſes en quatre jours : c'eſt même beaucoup que d'en admettre 20 pour le moins, en partant du Rhône plus bas que ne ſont les *Tricaſtini*, pour arriver juſ-qu'à l'Iſère, qu'Annibal devoit rencontrer avant que d'aller plus avant. D'ailleurs, il eſt à remarquer, qu'Annibal n'a connoiſſance des *Allobroges* qu'en ar-rivant à cette rivière ; au-lieu qu'il eût déja traverſé l'é-tendue de leurs terres, s'il fût parvenu à la jonction de l'*Arar* avec le Rhône. Les critiques les plus judicieux ſont donc perſuadés, que le nom de la rivière dont il eſt queſtion eſt *Iſar* ou *Iſara*. Or, ſelon Polybe & Tite-li-ve, les terres renfermées entre les deux rivières étoient déſignées par le nom d'*Inſula*, quoique ce canton ne ſoit pas une iſle rigoureuſement parlant, comme il en eſt de ce que nous appellons aujourd'hui l'Iſle de Fran-ce. L'intérieur de cette iſle étoit habité par les *Allobro-ges*, & le terme *propè* dont ſe ſert Tite-live, ne rend point à cet égard l'expreſſion de Polybe, qui eſt néan-moins ſon auteur original ſur ce ſujet.

44°, 19°.

AD JOVEM. Il eſt mention de ce lieu dans l'Itiné-raire de Bourdeaux à Jéruſalem, comme d'une mutation; ou d'un relais, en position immédiate à l'égard de Toulouse, & la distance qui conduit à cette ville est marquée vii, avec la désignation de *leug*. ou de lieues gauloises, selon l'usage de cette mesure qui convient dans la Novempopulane, mais qui pourroit ne pas convenir également dans l'étendue du territoire de Toulouse, parce que ce territoire appartient à la Narbonoise. C'est sur quoi je m'explique plus en détail dans l'article *Bucconis*. Quant au lieu dont il s'agit ici, je crois le reconnoître sur la direction de la voie, & sous le nom de Guevin, ou le Guevin; & autant qu'il m'est permis d'estimer la distance, à la prendre du centre de Toulouse, je la crois d'environ 10 milles, qui font à peu près 7 lieues gauloises.

50°, 21°.

ISARA. C'est ainsi que je suis persuadé qu'il faut lire dans la Table Théodosienne, au-lieu de *Lura*, sur la route qui conduit de *Samarobriva*, ou d'Amiens, à *Augusta Suessionum*, ou Soissons. Car, le passage de la rivière d'Oise sous Noyon, est précisément le terme désigné par cette dénomination; & la Table y figure un cours de rivière, qui coupe la trace de la voie dont il s'agit. On sçait que la Table est souvent fautive dans la manière dont les noms y sont écrits. Je remarque d'ailleurs, que les distances qui se rapportent au passage de l'Oise, sçavoir viiii à l'égard du lieu nommé *Rodium*, & xvi à l'égard d'*Augusta Suessionum*, sont très-convenables. Pour ce qui regarde la première, on peut consulter l'article *Rodium*. Quant à la seconde, je trouve entre le passage de l'Oise, au lieu nommé Pont-l'Evêque, jusqu'à Soissons, en s'y rendant par Vis-sur-Aisne, environ 18000 toises. Or, le calcul rigoureux de 16 lieues gauloises est de 18144 toises. Une colomne numérotée vii a été trouvée à Vis-sur-Aisne. Il y passoit donc une voie romaine; & la distance de Vis-sur-Aisne à Soissons étant d'environ 8000 toises, elle convient fort aux sept lieues gauloises, dont le calcul est de 7935 toises.

46°, 23°.

ISARA FLUV. Nous avons deux rivières de ce nom dans la Gaule. La première à citer est celle de la pro-
Lib. X, epist. 4. vince Viennoise, & que Plancus écrivant à Cicéron, dit être *flumen maximum, quod in finibus est Allobrogum.* Les écrivains Grecs, Strabon, Ptolémée, nomment cette rivière *Isar* : & je suis d'un même sentiment avec
P. 155. M. de Valois, qu'il convient de lire dans Tite-live *Isar*,
Lib. XXI. & non pas *Arar*, lorsqu'il est question de la marche que tint Annibal pour se rendre en Italie. La source de la rivière dont il s'agit est dans le pays des *Centrones*, qu'elle traverse avant que d'entrer dans celui des *Allobroges*, pour finir son cours dans le Rhône. Son nom n'a point reçu d'altération sensible dans celui d'Isère.

50°, 22°.

Il n'en est pas de même de l'autre rivière, dont le nom d'*Isara* ne paroît pas moins ancien, à en juger par la dénomination évidemment Celtique de *Briva-Isaræ*, que fournit l'Itinéraire d'Antonin, en indiquant Pont-Oise. Ce nom d'*Isara* a été altéré dans le moyen-âge en celui d'*Esia*, ou *Æsia* : & la mention que l'on trouve dans Vibius-Sequester du nom d'*Esia*, comme propre à une rivière qui se rend dans la Seine, m'est très-suspecte de nouveauté ; & paroît bien être une de ces notes marginales de mains postérieures, qui ont été fourrées dans des textes d'auteurs anciens.

51°, 20°.

ITIUM PROMONTORIUM. Ptolémée faisant mention d'un promontoire sur la côte qui suit l'embouchure de la Somme, en s'avançant vers les embouchures de l'Escaut & de la Meuse ; on ne peut en reconnoître d'autre sur le local que le Gris-nef. La côte qui jusqu'à cette pointe avancée dans la mer court au nord, s'y replie subitement vers l'orient d'été jusque dans la Zée-lande. Ce font ces gîfemens différens dans la côte, qui font du Gris-neff l'endroit du rivage de la Gaule qui regarde de plus près le rivage de la Grande-Bretagne : & il eft évident, que fi quelque endroit en cette extrémité du continent a dû fe faire remarquer, & être défigné par un nom particulier, c'eft le Gris-neff. Il femble que préférer à cette circonftance du local, qui faute aux yeux, quelque autre endroit qui ne fe diftingue pas de la même manière, c'eft en agir arbitrairement. Boulogne, ou l'embouchure de la Canche à Etaples, n'ont point de promontoires qu'on puiffe comparer au Gris-neff, quoiqu'en plaçant en ces lieux le *portus Itius*, Nicolas Sanfon & Adrien de Valois ayent dû fuppofer que l'*Itium promontorium* fe faifoit remarquer dans le voifinage. Si l'on objecte, que Ptolémée procédant du fud au nord dans le dénombrement des lieux fur la côte, fait mention de *Gefioriacum*, ou de Boulogne, au-delà du promontoire, au lieu de le placer en-deçà ; nous répondrons, que cette objection ne peut avoir de force, qu'autant que la Géographie de la Gaule dans Ptolémée paroîtra moins imparfaite, & qu'on n'y trouvera pas autant de pofitions déplacées qu'on y en trouve. Convient-il de fubordonner à Ptolémée ce qui réfulte de la pofition du local ? Le terme de *neff* dans le nom de Gris-neff, eft propre à plufieurs langues du nord, pour défigner de grands promontoires.

51°, 20°.

ITIUS PORTUS. Céfar s'étant embarqué dans ce port, pour paffer dans la Grande-Bretagne, les fçavans fe font exercés à rechercher quel étoit ce port, & leurs opinions font fort partagées fur ce fujet. M. de Valois croit que le port *Itius* eft l'embouchure de la Canche fous Etaples. Cluvier, Sanfon, le P. le Quien, veulent au contraire, que ce foit Boulogne. L'opinion la plus fingulière eft celle de Malbranq, auteur d'un gros ouvrage sur les *Morini*; qui suppose, que la mer formoit autrefois un golfe assez profond pour pénétrer jusqu'à *Sithiu*, ou S. Omer, & auquel le nom de *Sinus Itius* conviendroit. M. du Cange, dans une des dissertations qu'il a jointes à l'histoire de S. Louis par le Sire de Joinville, opine que le port *Itius* est Wit-sand, & Cambden le présumoit de même avant lui. Wit-sand, ou selon qu'on écrit & qu'on prononce communément, Wissan, en altérant les termes qui composent cette dénomination, & qui signifient *blanc-sable*, est au fond d'une anse, entre le Gris-ness, appellé autrefois *promontorium Itium*, & une autre pointe nommée Blanc-ness. Je ne vois point de lieu plus convenable au port *Itius*, & j'en développe les preuves plus en détail que je ne me le permets ici, dans un mémoire donné à l'Académie en cette même année 1757. César parle du port qu'il avoit choisi pour son embarquement, comme de l'endroit d'où il avoit connoissance que le trajet dans la Grande-Bretagne est le plus facile : *quo ex portu commodissimum in Britanniam trajectum esse cognoverat*, la traversée étant d'environ 30 milles, *circiter millium passuum* xxx. Dans Strabon, le trajet que fit César est indiqué sur le pied de 320 stades, ou de 300 seulement au rapport d'Eustathe. Le témoignage de César ne permet pas de tirer de ce nombre de stades 37 ou 40 milles, à raison de huit stades pour un mille, selon la compensation la plus ordinaire, mais 30 ou 32, à raison de 10 stades pour un mille, selon que le prescrit une mesure particulière de stade usitée dans l'antiquité, & propre spécialement au trajet de la Gaule dans la Grande-Bretagne, comme on peut voir dans l'article *Gesoriacum*. César, qui passa deux fois dans l'isle des Bretons, nous apprend en parlant du premier trajet, qu'arrivant sur la côte Britannique, & la trouvant bordée de falaises escarpées, qui rendoient la descente impraticable, il fut obligé de ranger cette côte l'espace de 8 milles,

NOTICE DE LA GAULE.

pour trouver un rivage uni & découvert, *littus apertum & planum*, où il pût aborder & mettre à terre. Or, sa navigation ayant été, comme nous en sommes instruits, de 30 ou de 32 milles, il en résulte, que du port où il avoit mis à la voile jusqu'au point de reconnoître la côte Britannique, le trajet étoit de 22 milles, ou de 24 au plus ; & en-effet, ce qu'il y a de largeur de canal entre le rivage de Wissan & celui de l'Angleterre, au pied des falaises qui le bordent, répond précisément à 24 milles. Ce qui convient ainsi au rivage de Wissan, ne convient à aucune autre position, & particulièrement à celle de *Gesoriacum*, dont la distance en droite-ligne du rivage de la Grande-Bretagne le moins écarté, & aux environs de Douvre, est de 34 milles. Par un examen de toutes les circonstances de l'un & de l'autre trajet de César, en les appliquant à la disposition du local, on reconnoît qu'il fit descente sur la plage de Hyth, à l'ouest de Douvre, & où il existoit du tems des Romains un port sous le nom de *Lemanis*. C'est vers cet endroit qu'un rivage uni & découvert, *apertum & planum littus*, succède à une côte roide & escarpée, qui règne dans un espace d'environ 16 milles. Le mémoire dont j'ai parlé ci-dessus, est accompagné d'un plan particulier des deux rivages opposés de la Gaule & de la Grande-Bretagne, fixés dans leur position en rigueur géométrique ; & ce plan met ainsi sous les yeux ce qui correspond à tous les faits exposés dans le mémoire. L'argument qu'on a le plus fait valoir en faveur de *Gesoriacum*, c'est qu'il paroît que sous les empereurs le port de cette ville a été le plus fréquenté pour faire le trajet de la Gaule dans la Grande-Bretagne. Mais, il ne s'ensuit pas que César ne pût préférer un lieu où il envisageoit l'avantage d'un plus court trajet ; *quod erat brevissimus in Britanniam trajectus*. L'histoire des tems qui ont suivi la domination romaine nous apprend par beaucoup de faits particuliers, que l'on a fréquemment passé de France en Angleterre en s'embarquant à Wiſ-ſan. M. du Cange, & un ſçavant Anglois, Edmond Gibſon, qui a pareillement écrit ſur le port *Itius*, ont remarqué, que Guillaume de Poitiers & Guillaume de Jumiège, en parlant du paſſage d'Alfred, frere de ſaint Edouard, en Angleterre, l'un de ces hiſtoriens appelle *portus Iccius*, ce que l'autre appelle *portus Wiſanti*. Il faut obſerver que le nom d'*Itius* ſe trouve écrit diverſement, ou par un *t*, ou par un *c*. Les manuſcrits de Céſar, ſelon Fulvius-Urſinus, ont un *t*, & Strabon pareillement. Le texte Grec de Ptolémée porte un *n* dans le nom d'*Icium promontorium*. L'orthographe des écrivains d'un tems moins reculé, qui ont doublé le *c*, ne fait point autorité.

$51°, 25°.$

JULIACUM. Ce lieu eſt connu par l'Itinéraire d'Antonin, où on le rencontre en deux endroits, & par la Table Théodoſienne. La diſtance à l'égard de *Colonia Agrippina*, marquée également XVIII dans l'Itinéraire & dans la Table, paroît très-convenable à l'eſpace que donne le local. Car, entre Cologne & Juliers, ou Giulik, comme diſent les Alemans, j'eſtime qu'il répond à peu près au calcul de 18 lieues gauloiſes, d'environ 20400 toiſes. L'abbé Eginhart, cité par M. Weſſeling, indiquant la diſtance entre *Juliacus, antiquum municipium,* & *vicus Aquenſis*, ou Aix-la-Chapelle, ſur le pied de huit lieues, VIII *leucarum ſpatio* ; je remarque que la meſure de lieue y tient plus de la lieue gauloiſe que de toute autre meſure itinéraire. Car, à juger de cet intervalle proportionnément à l'eſpace d'entre Juliers & Cologne, il ne s'évalue qu'à environ 12000 toiſes. On n'eſt point du tout aſſuré que *Juliacum* ait tiré ſon nom de Jule-Céſar préciſément, quoique Witekind de Corbie, & l'auteur des merveilles opérées par S. Bernard l'ayent écrit.

Itiner. p. 375.

$50°, 19°.$

50°, 19°.

JULIOBONA. Ptolémée qui nous indique les capitales des cités, nomme ainsi la ville des *Caletæ*, ou *Caleti*. Il en est aussi mention dans l'Itinéraire d'Antonin, & dans la Table Théodosienne : & quand on suit la trace des voies romaines qui ont rapport à cette position, on reconnoît à n'en pouvoir douter, que c'est Lilebone. Ce lieu conservoit dans le moyen-âge le nom de *Juliabona*, & les ducs de Normandie en trouvoient le séjour fort agréable, comme on le voit dans la chronique de Robert, abbé du Mont-saint-Michel : *Juliabona, in Caletensi pago, à dominis Normannorum multum amata & frequentata.* Ordéric-Vital, moine d'*Uticum* ou de saint Evroul, & la souscription de quelques actes nous apprennent, que Guillaume le conquérant y tenoit sa cour. L'historien que je viens de citer, parlant du concile assemblé à *Juliobona* en 1080, ajoute ; *hæc synodus in vico regali, secùs Sequanam, celebrata est.* Il dit que de son tems le nom de *Juliobona* étoit vulgairement Illebone : *barbara locutio Illebonam, corrupto nomine, vocat.* Ainsi, le tems postérieur n'a fait qu'y ajouter une lettre initiale en forme d'article. J'ai cru qu'il étoit nécessaire d'alléguer ces autorités, pour constater la position de *Juliobona*, nonobstant l'opinion de M. de Valois, qui adhérant à celle de Cluvier, transporte ce lieu à Dieppe : & comme le déplacement d'une position entraîne celles qui y sont liées, M. de Valois plaçant au Crotoi sur la Somme le *Carocotinum* de l'Itinéraire, qui prend sa position à Harfleur sur l'embouchure de la Seine, il a vu plus de rapport & de proximité entre Dieppe & le Crotoi, qu'entre le Crotoi & Lilebone. La souscription d'un évêque de *Juliobona*, *ecclesiæ de Juliobona*, au concile tenu à Challon, sous Clovis II, qui régnoit sur la Neustrie comme sur la Bourgogne au milieu du septième siècle, paroît suspecte à M. de Valois. Mais, pourquoi la cité des *Caleti*, distincte & indépen-

P. 129, & 258.

dante de celle des *Veliocasses*, qui renferme la ville de Rouen, n'auroit-elle pas eu autrefois des évêques particuliers ? La dignité de métropole attachée à l'église de Rouen, jointe à la proximité de ce diocèse, ne peut-elle pas avoir donné lieu à l'extinction d'un évêché chez les *Caleti* ? Sanson en agit étrangement à l'égard de *Juliobona*, & il en fait deux villes différentes. Le nom de *Juliobona* étant écrit *Luliobona* dans la Table, ce géographe distingue une position particulière de *Luliobona* dans celle de Lilebone ; & quoique *Juliobona* soit la capitale des *Caleti*, Sanson l'a transportée ailleurs, & dans la position de Baïeux, capitale des *Bajocasses*. Ces arrangemens étant arbitraires & sans fondement, on est dispensé de les réfuter.

48°, 18°.

JULIOMAGUS, *posteà* ANDECAVI. Le nom de la ville principale des *Andecavi* est *Juliomagus* dans Ptolémée, & cette ville est figurée comme une capitale sous le même nom dans la Table Théodosienne. Elle a quitté ce nom pour prendre celui du peuple où elle tenoit le premier rang. Ainsi, dans la Notice des provinces de la Gaule, le nom de *civitas Andicavorum* est employé dans la troisième Lionoise. L'usage dans le moyen-âge a été d'écrire *Andecavis*, ou *Andegavis*, d'où est venu le nom d'Angers. Quant aux distances qui s'y rapportent en suivant une voie romaine tracée dans la Table, comme ces distances sont plus nécessaires à fixer les lieux de position immédiate, c'est à l'article de ces lieux qu'il est couvenable de les discuter.

47°, 25°.

Comment. I. JURA MONS. César dit que cette montagne fait la séparation des *Helvetii* d'avec les *Sequani* : *monte Jurâ altissimo, qui est inter Sequanos & Helvetios* : & dans un autre endroit, *montem Juram, qui fines Sequanorum ab Helvetiis dividit*. Il a bien connu que la chaîne de cette montagne s'étendoit jusqu'au bord du Rhône: *iter per Sequanos angustum & difficile, inter montem Juram & Rhodanum*. Le nom est *Jurassus* dans Strabon, & dans Ptolémée. Mais Ptolémée, en plaçant les *Helvetii* au-delà de cette montagne, est mal informé de sa situation, en la faisant contigue aux *Lingones*. Car, ce qui pourroit se dire du *Vogesus*, que ce géographe n'a point connu, ne convient point au *Jurassus*. Le nom de Jura est proprement attaché à ce qui s'élève depuis le Rhône jusqu'à la source du Doux & au-delà: mais, ce qui se prolonge ensuite jusqu'au Rhin près de l'embouchure de l'Aar, & sur les limites des *Rauraci*, prend des noms différens.

L.

44°, 19°.

LACTORA, & LACTORATES. Aucun des anciens géographes n'en fait mention: mais plusieurs inscriptions du tems des Antonins portent le nom de *Lactorates*, & de *civitas Lactoratensis*. Dans la Notice des provinces de la Gaule, *civitas Lactoratium* est une de celles de la Novempopulane. Je pense même, qu'en recherchant quelles peuvent être les neuf cités qui ont donné lieu à ce nom de Novempopulane, celle des *Lactorates* paroît devoir y tenir une place. Outre le nom de *Lactora* dans la Table Théodosienne, on y voit celui de *Lactorates*. Entre les souscriptions du concile d'Agde tenu en 506, est celle de Vigilius, *episcopus de civitate Lactorensi*. Le nom des *Lactorates* n'a pourtant point fait celui de la contrée des environs, qui est appellée *Leomania*, la Laumagne. L'Itinéraire d'Antonin place *Lactora* entre *Aginnum* & *Climberrum*, ou Auch; & la distance à l'égard de l'une & de l'autre de ces villes est marquée xv. Je suis informé qu'on reconnoît la trace de la voie romaine entre Leitoure & Auch: & selon les opérations faites en France, l'intervalle en droite-ligne est à quelques centaines de toises près, de 17000. Or, le calcul de 15 lieues gauloises donne environ 17000 toises ; & il en est à peu près de même entre Leitoure & Agen.

47°, 25°.

LACUS LAUSONIUS. C'est la position d'un lieu particulier, plutôt que le lac Leman, qui se trouve désignée par ce nom dans l'Itinéraire d'Antonin, & dans la Table Théodosienne, avec cette différence qu'on lit *Losonne* dans la Table. Les habitans du lieu sont appellés *Lousonnenses* dans une inscription, que M. Bochat dit avoir été déterrée en 1739. Ce n'est point dans l'emplacement actuel de Lausane, mais plus près du lac, & dans un district appellé Vidi, qu'on a trouvé cette inscription, & plusieurs autres vestiges d'antiquité. La translation du siége épiscopal d'*Aventicum* vers la fin du sixième siécle, a fait l'illustration de Lausane. La Table marque XIII entre la position appellée *Lacus Losonne* & *Viviscus*; l'Itinéraire xx entre *Equestris* & *Lacus Lausonius*. Ces indications qui ne donnent que 33, ne paroissent pas suffisantes. Une colonne milliaire à S. Saphorin près de *Viviscus*, ou de Vevai, & dont le numéro qui est XXXVII, ne peut se rapporter qu'à la position de Nion, ou de la colonie Equestre, fait connoître que la mesure itinéraire demande au moins 38 dans l'intervalle de Nion à Vevai : & en admettant XIII entre *Viviscus* & *Lousone*, la distance de *Lousonne* à *Equestris* seroit xxv. Mais, cette définition des distances n'est point en proportion avec les intervalles que donne le local de *Viviscus* à *Lousone*, & de *Lousone* à *Equestris*. Car, on pourroit estimer XVII, au lieu de XIII que marque la Table, entre *Lousonne* & *Viviscus*, & environ XXI de *Lousone* à *Equestris*, parce que l'indication de l'Itinéraire est un peu courte sur le pied de XX. Il faut ajouter, qu'en ces distances il ne peut être question que du mille romain, comme prenant moins d'espace que la lieue gauloife ; & il eſt naturel de voir la meſure du mille employée ſur une voie qui ſort d'une colonie romaine, à laquelle le numéro des colomnes paroît avoir été relatif. Je remarque même, que les diſtances qui au-delà de *Viviſcus*, & en traverſant la vallée Pennine conduiſent au paſſage des Alpes pour entrer en Italie, ſont pareillement en milles romains.

44°, 24°.

LACYDON PORTUS. C'eſt le nom du port de Marſeille, ſelon Pomponius-Méla, & ſelon Euſtathe ſur Denys Périégete. On lit *Halycidon* dans quelques éditions de Méla.

44°, 23°.

LAPIDEI CAMPI. Strabon, Méla, Pline, Solin, en font mention ; & on connoît la fable d'une pluie de pierre, dont Jupiter avoit favoriſé le combat d'Hercule contre les deux fils de Neptune. Strabon plus réſervé que Méla & Pline, n'a pas jugé à propos d'en parler : & ſi ce n'eſt qu'il reſſerre trop étroitement l'étendue de ce champ dans l'eſpace de cent ſtades, ce qu'il dit de ſes pâturages, & même des ſalines qui s'y trouvent, témoigne qu'il étoit bien inſtruit. Le nom de *Crau* que l'on donne à cette plaine, pourroit être de la plus haute antiquité, en admettant qu'il ſoit analogue au terme Celtique de *Craig*, ſelon l'opinion du docte Cambden, *in Britanniâ*. On trouve dans un aveu rendu par un ſeigneur des Baux à l'archevêque d'Arles en 1226 : *totum affare meum, quod habeo in Cravo, ſive in agro lapidoſo*.

44°, 17°.

LAPURDUM. Ce lieu n'eſt connu dans l'âge romain de la Gaule que par la Notice de l'Empire, en ces termes : *in provinciâ Novempopulanâ, tribunus cohortis Novempopulanæ Lapurdo*. Sidoine-Apollinaire parle des *Locuſtæ Lapurdenſes*, eſpece de poiſſon, que les gens du pays appellent Langoſte. Grégoire de Tours fait men-

Lib. VIII, epiſt. 12.

Lib. IX, cap. 10.

tion de *Lapurdum* dans l'accord fait entre les rois Childébert & Gontram. Le nom de Baïone ayant succédé à celui de *Lapurdum*, le canton de pays renfermé entre l'Adour & le Vidaso, ou Bidassoa, a retenu le nom de Labourd ; & c'est par ignorance que dans quelques cartes il est écrit Labour, comme on pourroit l'écrire d'une terre à labourer. Le nom de Bai-ona est tiré de la langue *Vascu-ence* ou Basque, dans laquelle *Baia-une*, comme on l'apprend d'Oihenart, désigne un port, & signifie littéralement, *navalis vel portûs locum*. On trouve le nom de *civitas Baionia* dans Roger de Hoveden, annaliste Anglois, sous l'an 1177. Thomas de Walsingham, sous l'an 1239, reconnoît Baïone pour la capitale du pays des Basques : *terram Basclorum, cujus caput est civitas Baiona*. Comme on ne voit point que Baïone fût un siége épiscopal avant l'évêque Léon, sous le regne de Charle le Simple, au commencement du dixième siècle ; il est plus que vraisemblable que le diocèse de cette ville est un démembrement de celui d'Aqs, qui conserve une partie de la basse-Navarre, & qui comprenoit le pays de Soule jusqu'au pied des Pyrénées, avant que ce pays eût été joint au diocèse d'Oloron. On pourroit néanmoins supposer, qu'entre les peuples d'un rang inférieur aux nations ou cités principales de la Novempopulane, comme Pline en nomme plusieurs, quelqu'un de ces peuples étant subordonné aux *Tarbelli* dont Aqs étoit la capitale, occupoit les environs de *Lapurdum :* mais, ce peuple nous est inconnu. La Gaule ne reconnoissoit point d'autres limites de ce côté-là que le sommet des plus hautes Pyrénées, selon les bornes du diocèse de Baïone, avant que Philippe II, sous prétexte des progrès de l'hérésie en France, eût fait détacher de ce diocèse les vallées de Bastan & de Lérin, pour être confiées provisoirement à l'administration de l'évêque de Pamplune, sous le titre de vicaire apostolique en cette partie. L'acte par lequel Arsius, *Labur-*

Not. Vascon.
p. 540.

denfis episcopus, qui siégoit vers la fin du dixième siécle, décrit l'étendue de son diocèse, s'en explique ainsi : *omnis vallis quæ Circia dicitur* (la Cise) *usque Caroli crucem*. Cette croix étoit placée où est aujourd'hui une chapelle de S. Sauveur, au port nommé Ivagnete, sur le sommet de la montagne, par laquelle on descend à *Roncavallis*, ou Roncevaux ; & la vallée qui y conduit, en partant de S. Jean *in imo Pyrenæo*, ou pied-de-port, & qui est actuellement démembrée de la basse-Navarre, se nomme encore *Val-Carlos*. Il est à propos d'ajouter, que ce passage des Pyrénées répond au *Summus Pyrenæus*, que l'on trouve dans l'Itinéraire d'Antonin entre *Pompelo* & *Aquæ Tarbellicæ*. Mais, en reprenant l'acte de l'évêque Arsius, les vallées qui sont encore du diocèse de Baïone dans la basse-Navarre, outre la Cise, sçavoir, Baigorri, Arberoue, & Ossez, y sont énoncées de suite à ce qui précède : *vallis quæ dicitur Bigur, vallis quæ Erberua dicitur, vallis quæ Ursacia dicitur* : & immédiatement après, *Bazten item vallem, usque in medio portu Belat, vallem quæ dicitur Larin*. On connoît le port de Belate ici nommé, pour être le passage de la cime des Pyrénées qui répond plus directement à la position de Pamplune : & il faut observer, que les vallées de Bastan & de Lérin renferment le cours du Uidaso, ou de la rivière de Bidassoa, laquelle ne peut ainsi servir de limite à la Gaule que vers son embouchure. Ptolémée sépare l'Espagne d'avec la Gaule par un promontoire qu'il croit formé par les Pyrénées. Il le nomme *Œaso*, & il fait mention d'une ville de même nom, qu'il comprend dans les limites de l'Espagne. Méla dit de la nation des *Varduli* ; *ad Pyrenæi jugi promontorium pertinens, claudit Hispanias*. Le fleuve *Magrada*, dont il parle immédiatement avant que de faire mention des *Varduli*, & sur lequel il place deux villes, *Iturissa* & *Easo*, paroît être le *Uidaso*. Si Méla ne s'est point mépris sur la position de la première de

Lib. III, cap. 1.

ces villes, sçavoir *Iturissa*, & qu'elle soit différente de *Turissa*, que l'on trouve dans l'Itinéraire d'Antonin entre *Pompelo* & *Summus Pyrenæus* ; je crois retrouver le nom de cette *Iturissa* de Méla dans celui d'Iturin, qu'un lieu ainsi nommé communique à une vallée, dont les eaux tombent sur la rive gauche de Uidaso, entre les vallées de Bastan & de Lerin. Quant à *Easo*, on voit bien que c'est l'*Œaso* de Ptolémée. Strabon indique une ville voisine de l'Océan, & précisément aux confins de l'Aquitaine & de l'Ibérie ; dont le nom qui se lit *Idanusa* dans le texte que Xilander a traduit, est *Oidasune* selon plusieurs manuscrits, comme Casaubon en avertit, & pareillement selon la version qui a précédé celle de Xilander. Or, je remarque, que le nom d'*Oidasun* & celui de *Uidaso* sont évidemment les mêmes ; & conséquemment la ville que place Méla sur la rivière qui porte le nom de *Uidaso*, doit être la même qu'*Oidasun*, comme elle ne differe point d'*Œaso* que cite Ptolémée. Je pense qu'il faut trouver cette ville dans la position d'Irun, près de Fontarabie, plutôt que dans celle de Fontarabie, quoiqu'aujourd'hui Irun soit un lieu peu considérable sur le bord du Uidaso. Le nom de Fontarabie chez les Basques est Ondarrabia. Celui d'Irun dans leur langue est un terme appellatif pour désigner une ville, & ils appellent Pamplune *Iruna*. Une pointe de terre qui déborde l'embouchure du Uidaso du côté de Fontarabie, & que l'on nomme pointe de Figuera, paroît être le promontoire *Œaso* de Ptolémée, quoique cette pointe ne tienne rien de l'élévation des Pyrénées, prolongée, à ce qu'il semble, par Méla ainsi que Ptolémée, jusqu'à ce promontoire. Mais, ce seroit en vain qu'on en chercheroit quelque autre aux environs. Dans Pline, *littus Olarsonis* est un des termes qu'il prend en mesurant la largeur de l'Espagne, & le nom d'*Olarso* y est répété dans un autre endroit. On lit *Iarso* dans Marcianus-Capella. Oihenart applique ce nom à Oyarçun,

qui

qui est à une lieue d'Irun, sur une petite rivière de même nom, qui tombe dans le port du Passage. La position de *Lapurdum* étoit celle qui me mettoit plus à portée de discuter ainsi cette matière des limites, & de revendiquer ce qui appartient à la Gaule dans cette partie-là. L'extension qu'avoit autrefois le diocèse de Baïone jusqu'à S. Sébastien, porteroit plus loin ces limites. La description qu'Arsius, évêque de *Lapurdum*, a laissée du territoire de son siège épiscopal, ajoute à ce qu'on a vu ci-dessus, *terram de Ernania* (Ernani) *& sanctum Sebastianum de Pusico*. La province de Guipuscoa ne s'étendoit point autrefois comme aujourd'hui, jusqu'au Uidaso. Elle étoit bornée à S. Sébastien, ainsi que le témoigne un titre de l'église de San Millan, ou de S. Emilien en Espagne. Car, après avoir terminé la Biscaye à la rivière nommée Deva, ce titre porte; *& de ipsâ Devâ usque ad sanctum Sebastianum, id est tota Ipuscoa*. Les vicomtes de Baïone étendoient leur domaine jusqu'au port Oyarçun, appellé Huiars par Roger de Hoveden, qui comme Anglois pouvoit être bien informé de ce qui étoit de la mouvance de l'Aquitaine & de la Gascogne, possédées de son tems par les rois d'Angleterre.

48°, 25°.

LARGA. On trouve ce lieu dans l'Itinéraire d'Antonin entre deux positions fort connues; *Epamanduodurum*, ou Mandeure, & *Mons Brisiacus*, ou Brisac. On le trouve aussi dans la Table Théodosienne, qui conduit d'*Epamanduodurum* à *Cambes*, ou Kembs, en passant par *Larga*. La position de *Larga* prend celle d'un lieu nommé Largitzen, entre Alt-Kirk & Granvillars, dans le Suntgaw. Il y a une position intermédiaire d'*Epamanduodurum* à *Larga* dans l'Itinéraire, sous le nom de *Gramatum*, & on ne peut mieux la rapporter qu'à Granvillars, qui se rencontre entre Mandeure & Largitzen. Mais, les distances marquées dans cet intervalle, sçavoir xvIIII & xxv donnent un total qui excède ce qu'il y a de distance absolue depuis Mandeure jusqu'à Largitzen. La Table, qui ne connoît point *Gramatum*, indiquant XVI entre *Epamanduodurum* & *Larga*, c'est à peu près ce qui convient au local en lieues gauloises ; & je remarque que 25 milles romains y conviendroient aussi, ce qui feroit admettre sur ce pied-là un des nombres indiqués dans l'Itinéraire, en supprimant l'autre, parce que la position de *Gramatum* étant comprise dans cette distance, l'indication particulière qui l'accompagne est superflue. L'intervalle de *Larga* à *Mons Brisiacus* est rempli dans l'Itinéraire de cette manière : *Vruncis* xvIII, *Monte Brisiaco* xxIIII. Or, ce qu'il y a d'espace entre Largitzen & Brisac s'estime en droite-ligne à peu près de 31000 toises, dont il ne peut résulter qu'un peu plus de 27 lieues gauloises, mais qui contiennent 41 milles romains, & que la mesure itinéraire peut bien étendre jusqu'à 42, c'est-à-dire autant que donne le total dans l'Itinéraire. On ne doit point être surpris de reconnoître le mille romain en quelques endroits de cet Itinéraire, où la lieue devroit être employée par préférence au mille. Car, il est à propos d'observer, qu'en d'autres endroits les distances étant en même tems comptées en milles & en lieues, cette double manière de compter peut avoir été négligée là où elle ne se trouve pas comme ailleurs. Et la preuve qu'il faut l'entendre ainsi entre *Larga* & *Mons Brisiacus* précisément, c'est qu'une des distances qui en font l'intervalle, sçavoir d'*Urunci* à *Mons Brisiacus*, porte la double indication dans un autre endroit de l'Itinéraire, *M. P.* XXIII (au lieu de XXIIII) *leugas* xv. On ne doit pas croire que cet emploi du mille donne quelque atteinte à l'usage prédominant de la lieue. L'indication de la Table entre *Epamanduodurum* & *Larga* ne peut convenir qu'à la lieue gauloise, comme je l'ai remarqué ci-dessus : & il faut ajouter, que ce que marque ensuite la Table entre *Larga* & *Cambes*, sçavoir XII, ne répond à l'espace du local d'environ 14000 toises, qu'en mesurant des lieues, & non des milles.

44°, 22°.

LATARA. On lit dans Méla ; *ultra (Rhodani ostia) sunt stagna Volcarum, Ledum flumen, castellum Latara*. Ce lieu est sur le Lez, près de son embouchure dans l'étang de Maguelone ou de Pérols. Dans les tems postérieurs il est appellé *castrum de Latis*, & on a dit la Tour de Lates. Il en est aussi mention dans les actes du douze & treizième siècle sous le nom de *castrum de Palude*; & l'étang qui en est voisin est désigné dans Pline sous le nom de *stagnum Latera*.

Lib. II, cap. 5.

Lib. IX, cap. 8.

46°, 24°.

LAVISCO. Sur une route, qui à partir de Vienne, conduit jusqu'au passage de l'*Alpis Graia*, ou du petit S. Bernard, en passant par la Tarantaise, on trouve *Lavisco*, ou *Labisco*, entre *Augustum* & *Lemincum*, dans l'Itinéraire d'Antonin, & dans la Table Théodosienne. La distance y est également marquée XIIII à l'égard d'*Augustum* & de *Lemincum*. Ces positions qui renferment celle de *Lavisco*, sont Aoste d'un côté, près de l'entrée du Guier dans le Rhône, & de l'autre un lieu situé vis-à-vis de Chamberri, & dont le nom de Lemens rappelle celui de *Lemincum*. Or, ce qu'il y a d'espace dans cet intervalle ne peut s'estimer que d'environ 17 ou 18 milles romains en droite-ligne ; & on a peine à croire que la mesure itinéraire puisse s'étendre jusqu'à 28, par la répétition donnée du nombre XIIII en chacune des deux distances. L'examen du local fait connoître, que *Lavisco* ne sçauroit s'appliquer qu'au passage de la petite Laisse vers sa source, où se rencontre un lieu nommé Novalèse : & à raison de ce qui paroît d'éloignement à l'égard d'*Augustum*, on juge qu'il seroit convenable que l'indication fût VIII, plutôt que XIIII, par le changement d'un chiffre romain, sur lequel on remarque assez souvent de la méprise dans les anciens Itinéraires, qui pour devenir conformes au local, ont besoin d'être corrigés de cette manière. Le mont de l'Epine qu'il faut franchir, doit allonger la mesure du chemin dans la distance ultérieure, ou de *Lavisco* à *Lemincum*. Ce n'est point trop hazarder, que de trouver de l'analogie entre le nom de *Lavisco*, & celui que porte le ruisseau qui passe par l'endroit indiqué sous ce nom, & qui forme au-dessous un étang d'assez grande étendue, avant que de continuer son cours jusqu'à la rencontre du Guier.

53°, 23°.

LAURI. On trouve ce lieu dans la Table Théodosienne, sur une route qui de *Lugdunum* des *Batavi*, ou de Leyde, remonte le long du Rhin, & se rend à *Noviomagus*, ou à Nimègue. La distance d'un lieu nommé *Niger-pullus* à *Lauri* est marquée v., & de *Lauri* à *Fletione* xii. La position de *Niger-pullus* s'appuie sur celle d'*Albiniana*, que l'on retrouve actuellement sous le nom d'Alfen, & dont la distance de *Niger-pullus* est marquée ii. *Fletio* qui de l'autre part renferme *Lauri*, correspond à un lieu connu sous le nom de Vleuten. Ainsi, pour placer *Lauri*, il faut mesurer 7 en partant de la position d'Alfen, & 12 en partant de celle de Vleuten. Mais, on peut recourir à l'article *Fletio*, pour connoître que dans l'application de ces distances au local, c'est la mesure du mille romain qui s'y trouve convenable.

45°, 23°.

AD LECTOCE. Dans l'Itinéraire de Bourdeaux à Jérusalem, la distance qui est marquée xiii à l'égard d'*Arausio*, ou d'Orange, ne me paroît tenir lieu que de viii, parce que les circonstances du local me font connoître, qu'il est question du passage d'une petite rivière, dont le nom est Lez; & que l'espace qui y conduit depuis Orange, vers Boulene, n'excède guère 6000 toises.

NOTICE DE LA GAULE.

44°, 22°.

LEDUS FLUV. On lit dans Méla : *ultra (Rhodani oftia) funt ftagna Volcarum, Ledum flumen, caftellum Latara* : & on voit qu'il eft queftion du Lez, qui paffe fous la pofition de *Sextantio*, & à l'orient de Montpellier, pour fe rendre dans l'étang de Maguelone, ou de Perols, au-deffous de *Latara*, ou de Lates. Il en eft mention dans Feftus-Avienus (*in orâ maritimâ*) en lifant avec Ifaac Voffius ; *at nuncce Ledus & Orobus flumina*, au lieu d'*at nunc Heledus*. Dans l'endroit de Pline où on lit, *flumina Arauris, Liria*, le P. Hardouin croit que le nom de *Liria* défigne le *Ledus*. Selon M. Aftruc, ce pourroit bien être une des deux rivières de Lers ; ce qu'on ne fçauroit adopter qu'en fuppofant, que Pline eft dans le cas d'amener vers la côte, le Lers, qui fe rend dans la Garonne, au-deffous de Touloufe, ou celui qui fe joint à l'Ariége fur les confins du pays de Foix.

In Melam. Lib. III, cap. 4.

Hift. natur. de Langued. p. 46.

49°, 17°.

LEGEDIA. Ce lieu eft placé dans la Table Théodofienne, entre *Condate*, qui eft Rennes, & *Cofedia* ; à xix de *Cofedia*, xlviiii de *Condate*. En partant de la pofition qui eft plus à portée, & qui convient à *Cofedia*, la diftance paroît conduire à la hauteur du lieu qu'on nomme actuellement le havre de Lingreville. L'opinion de Sanfon, que *Legedia* eft le même lieu qu'*Ingena*, capitale des *Abrincatui*, n'eft foutenue d'aucune preuve : elle n'eft point convenable aux diftances que marque la Table, fans laquelle néanmoins on n'auroit aucune connoiffance de *Legedia*.

47°, 25°.

LEMANUS LACUS. Céfar, Strabon, Méla, Pline, Ptolémée, Lucain, Aufone, Ammien-Marcellin, font mention du lac Léman. La manière dont Céfar s'explique, *lacus Lemanus qui in flumen Rhodanum influit*, doit fignifier que le Rhône eft la décharge du lac Léman. Mais, Aufone s'explique précifément comme si le Rhône devoit son origine au lac même :

Quâ rapitur præceps Rhodanus, genitore Lemano. Strabon est plus correct, en disant que le Rhône traverse le lac Léman; & Ammien est du nombre de ceux qui ont cru que les eaux du fleuve ne se mêlent point avec les eaux du lac : *paludi sese ingurgitat Lemano (Rhodanus) eamque intermeans, nusquam aquis misce-* *tur alienis.* Méla avoit débité la même chose en d'autres termes : *Lemano lacu acceptus, tenet impetum, seque per medium integer agens, quantus venit, egreditur.* Dans l'Itinéraire d'Antonin, le nom du lac est *Lausonius*, dans la Table Théodosienne *Losannete*. Les annales de S. Bertin, sous l'an 839, l'appellent *mare Rhodani*. La ville de Genève étant la plus considérable de celles qui en sont voisines, lui communique aujourd'hui son nom. On pourroit être tenté de croire que le nom de Leman est appellatif, & dérivé d'un terme semblable au Λίμα ou Λίμνη des Grecs. Car, il y a des termes qui se trouvent être communs à des nations différentes.

Lib. II, cap. 5.

46°, 24°.

LEMINCUM. En suivant une route qui conduit depuis Vienne jusqu'au passage de l'*Alpis Graia*, ou du petit S. Bernard, & qui traverse la Tarentaise, on trouve dans l'Itinéraire d'Antonin & dans la Table Théodosienne une position sous le nom de *Lemincum*. Ce nom s'est conservé dans celui de Lemens, que porte un petit lieu trop voisin de Chamberri, dont il n'est séparé que par le cours de la rivière de Laisse, pour être aujourd'hui de quelque considération. Dans un titre de l'an 1025 ou environ, rapporté par Guichenon, & qui est une charte de Rodolfe III, roi de Bourgogne, en faveur de l'abbaye d'Ainai, ce lieu est appellé *villa Lemensis*. En remarquant quelle est la direction qui convient à la route où *Lemincum* se rencontre, on voit que la situation de Lemens concourt avec sa dénomination, pour nous faire connoître *Lemincum*; & le moyen d'en bien juger

Tom. III, p. 4.

NOTICE DE LA GAULE.

se développe dans l'article particulier de chacun des lieux qui y ont rapport immédiatement. Sanson perdant de vue cette direction, a jetté *Lemincum* dans le Graisivaudan, & je vois que le nom de Lumbin que porte un lieu situé à mi-chemin de Grenoble au fort de Barraux, lui en a imposé. Quand l'analogie qu'on n'y découvre point, seroit un peu plus évidente, elle ne se soutiendroit point contre l'identité qui est entre Lemens & *Lemincum*. Il faut que M. de l'Isle n'ait pas connu Lemens, en plaçant *Lemincum* sur l'Isère dans sa carte de l'ancienne Italie.

46°, 19°.

LEMOVICES. César, Strabon, Pline, Ptolémée, en font mention. Dans Ptolémée, leur nom est *Lomouici*, selon le texte Grec, & dans la version Latine *Limuici*. Il s'explique convenablement sur leur situation, en disant qu'ils sont avancés dans les terres, & contigus aux *Pictones*. Je pense que personne n'ignore, que le diocèse de Limoges, renfermant celui de Tulle, qui n'est pas ancien, ni de grande étendue, & en y comprenant l'extension de ce diocèse au dehors du Limousin dans la province de la Marche, qui est proprement *Marchia Lemovicina*, représente les *Lemovices*. On peut croire qu'un petit lieu sous le nom de Maison-Feines, à l'extrémité de la Marche vers le Berri, est un indice des anciennes limites des *Lemovices* du côté des *Bituriges*. Mais, la répétition que l'on trouve du nom de *Lemovices* dans le septième livre des Commentaires, forme une difficulté, qu'il est plus aisé d'exposer que de résoudre. Les peuples de la Gaule fournissant leur contingent de troupes, pour marcher au secours d'Alife, investie par César, les *Lemovices* sont nommés pour armer également comme les *Bellovaci*, dix mille hommes : *Bellovacis (millia) decem, totidem Lemovicibus*. On lit quelques lignes plus bas, & à la suite de plusieurs autres peuples : *universis civitatibus quæ Ocea-*

num attingunt, quæque eorum consuetudine Armoricæ appellantur, quo sunt in numero Curiosolites, Redones, Ambibarii, Cadetes, Osismii, Lemovices, Unelli, sena. Or, il répugne également de voir les *Lemovices* répétés, comme de les voir au nombre des peuples maritimes, s'il faut l'entendre des *Lemovices* qui ont donné le nom au Limousin : & cela paroît d'autant plus étrange, que les *Santones* & les *Pictones*, quoiqu'ils soient voisins de la mer, ne sont point compris dans le dénombrement entre les cités Armoriques. C'est ce qui a déterminé plusieurs critiques, Joseph Scaliger, Ciacconius, à rejetter cette seconde mention des *Lemovices*, & Sanson est de même avis. Mais, tous les manuscrits s'y opposent, & le métaphraste Grec est d'accord avec les manuscrits. M. de Valois est même persuadé, que S. Ouen en écrivant la vie de S. Eloi, & Flodoard en parlant de S. Basle, ont dû lire dans César il y a plus de mille ans ce qu'on y lit aujourd'hui, parce qu'ils confondent les *Lemovices* avec ceux qui sont indiqués entre les peuples Armoriques. Car, dans ces auteurs il est parlé du *territorium Lemovicinum*, ou du Limousin, dont S. Eloi & S. Basle étoient sortis, comme d'un pays compris dans l'Armorique, *in partibus Armoricanis ;* ce qui paroît tirer sa source de la lecture de César. M. de Valois, & quelques autres sçavans ont cru, qu'on pouvoit remplacer les *Lemovices* nommés en second, par le nom de *Leonenses*, qui désigneroit le pays de Léon dans la basse-Bretagne. En ce cas-là, je pense qu'il conviendroit mieux, pour s'écarter d'autant moins de ce qui est écrit *Lemovices*, de lire *Leonices*, ou même *Leonnices*, puisque dans la chronique de Robert du Mont-S. Michel, on trouve en quelques endroits *Leunnum* & *Leunnenses*. Quoique dans la vie de S. Gildas, S. Paul, qui a été évêque de Léon, soit appellé *Oxismorum ecclesiæ episcopus*, il ne s'ensuit pas en rigueur, que le territoire de Léon, sur lequel le nom des *Osismii*

mii a pu dominer, ne sçauroit être désigné sous le nom d'un autre peuple. Nous voyons dans les Commentaires qu'il y avoit des peuples subordonnés à un peuple plus considérable, & renfermés dans son territoire. Au-reste, ces considérations ne sont pas suffisantes pour se permettre d'inscrire des *Leonices* dans une carte de l'ancienne Gaule : & il est à propos d'ajouter, que dans le passage de César qui donne lieu à cette discussion, les *Ambibarii* qu'on y voit dénommés, sont demeurés inconnus. Car, c'est deviner avec Sanson, que de les confondre avec les *Abrincatui*. Les *Cadetes* sont dans le même cas, supposé qu'on ne juge pas convenable de lire plutôt *Caleti* ou *Caletes*.

47°, 27°.

LEPONTII. César fait sortir le Rhin des *Lepontii*; & je remarque à ce sujet, que la partie des Alpes qui s'étend depuis les sources du Rhône jusqu'au-delà de l'Unter-Rhin, ou du Rhin postérieur, a été appellée *Livinen Alpen*, comme la vallée par laquelle descend le Tésin au pied du mont S. Gothard, se nomme *Leventina*. Ces dénominations tirent leur origine du nom de *Lepontii*. L'inscription du Trophée des Alpes, Strabon, Pline, font mention de ce peuple, & Ptolémée leur donne la ville d'*Oscela*, aujourd'hui Domo d'Osula, qui est au-delà des monts ainsi que la vallée Leventine, qui s'étend jusqu'à Bellinzone. Mais, les *Lepontii* tiennent aussi à la Gaule, puisque les *Viberi*, faisant partie de cette nation, au rapport de Pline, avoient leur territoire dans la vallée Pennine.

44°, 25°.

LERINA. Le nom de cette isle dans Strabon est *Planasia*, parce qu'en effet elle est très-unie & sans hauteurs ; ce qui a donné lieu à plusieurs écrivains, depuis l'établissement du Christianisme, à commencer par Sidoine-Apollinaire, de dire, que de cette isle si basse beaucoup de saints personnages, qui y ont embrassé la vie

Fff

monastique, se sont élevés vers le ciel comme des montagnes. Elle est aussi très-resserrée dans son étendue, n'ayant qu'environ 700 toises de longueur, sur 200 de largeur. Il en est mention sous son nom de *Lerina* dans Pline, & dans l'Itinéraire Maritime. Toute petite qu'elle est, elle avoit renfermé une ville, selon Pline : *in quâ (Lerina, dit-il,) Vergoani oppidi memoria*. Le nom de *Planasia* en a imposé à l'historien de Provence, Honoré Bouche, qui veut que Lérin soit la *Planasia* où Agrippa Posthume fut relégué, quoique le lieu d'éxil de ce fils d'Agrippa & de Julie fille d'Auguste, soit aujourd'hui Pianosa, peu éloignée de l'isle d'Elbe, & comme la désigne Dion-Cassius, en parlant de cet exil, voisine de Corse. L'isle de Lérin a été plus recommendable par le monastère de S. Honorat, que par aucune autre circonstance. Le nom de *Lerina* est sans difficulté un diminutif de celui de *Lero*, qui est une isle plus étendue, & dont elle n'est séparée que par un canal d'environ 300 toises. On comprend même Lérin sous le nom de l'isle qui la surpasse en grandeur, quand on rassemble l'une & l'autre en disant les isles de sainte-Marguerite.

Lib. III, cap. 5.

Lib. LV.

44°, 25°.

LERO. Strabon place à la suite des isles *Stœchades* celles de *Planasia* & de *Lero*, qu'il dit être habitées, & *Lero*, située vis-à-vis d'*Antipolis*. Pline, qui après les *Stœchades* nomme plusieurs isles trop obscures pour qu'on puisse les distinguer, s'exprime en finissant par *Lero* & *Lerina*, conformément à Strabon, *adversum Antipolim*. Mais, cette manière d'indiquer ces isles ne doit pas être prise en rigueur. L'Itinéraire Maritime marque XI milles de distance, entre *Antipolis* & les isles *Lero* & *Lerina*; & on peut admettre autant de route de mer, ou à peu près, parce qu'en sortant d'Antibe, cette route circule nécessairement autour d'un promontoire fort avancé au large, & dont le nom est *caput*

Lib. IV, p. 185.

NOTICE DE LA GAULE. 411

Galupe, selon Vincent de Salerne, moine de Lérin, aujourd'hui la Garoupe. Ptolémée est encore moins précis que Strabon & Pline sur la position de l'isle qu'il indique seule sous le nom de *Lerone*, en la plaçant sous l'entrée du Var. L'indication de l'Itinéraire dans l'intervalle de *Lero* & *Lerina*, & de *Forum Julii*, qui est XXIV, ne péche point par un excès marqué, vu le circuit auquel la disposition de la côte oblige, quoique l'espace direct entre le fort de sainte-Marguerite sur *Lero*, & le point de Fréjus ne passe guère 14000 toises. On doit conjecturer que le monastère dédié à sainte Marguerite, dont cette isle porte aujourd'hui le nom, avoit pris la place du monument consacré à *Lero*, dont il est parlé dans Strabon.

45°, 22°.

LESORA MONS. Sidoine-Apollinaire, dans une pièce qu'il adresse au recueil de ses poësies :

Hinc te Lesora, Caucasum Scytharum
Vincens, aspiciet, citusque Tarnis.

Pline parlant des fromages estimés à Rome : *Nemau-* Lib. XI, cap. 42. *sensi præcipua (laus) Lesuræ, Gabalicique pagi.* C'est le mont Losère, d'où sort le Tarn, sur les confins du diocèse de Mende, qui est le *Gabalicus pagus*, & du diocèse d'Uzez, qui a fait partie des *Arecomini*, dont *Nemausus* étoit la capitale.

51°, 25°.

LESURA FLUV. Ausone en fait mention dans son poëme sur la Moselle, *exilis Lesura*: aujourd'hui Leser, que la Moselle reçoit sur sa rive gauche, entre Numagen & Bern-castel.

52°, 22°.

LEVACI. Ils sont nommés dans le cinquième livre des Commentaires, entre les peuples qui obéissoient aux *Nervii*, *qui sub eorum imperio sunt*. Comme les rivières ont souvent donné le nom à des cantons particuliers, je trouve beaucoup d'analogie entre le nom des *Levaci*,

Fff ij

& celui de la *Lieva*, qui à Gand se joint à l'Escaut, & dont on se servit en 1339, pour ouvrir un canal de Gand jusqu'à Damm, entre Bruges & l'Ecluse, lequel a précédé celui qui ne fut creusé qu'en 1613, tendant à Bruges directement.

52°, 24°.

LEVÆ FANUM. Il est placé dans la Table Théodosienne, sur la route qui de *Lugdunum* des *Batavi*, ou de Leyde, remonte le long du Rhin; & c'est en position intermédiaire de *Fletio* & de *Carvo*, en marquant de *Fletio* à *Levæ fanum* XVI, & de *Levæ fanum* à *Carvo* VIII. On peut voir à l'article *Fletio*, que sa position est celle d'un lieu nommé Vleuten, & on présume que celle de *Carvo* se place vis-à-vis de Wageningen, ou à peu près. La distance actuelle & directe entre ces positions répondant à environ 35 milles romains, dont la mesure est celle, qui généralement parlant quadre aux distances indiquées dans le territoire des *Batavi*; il s'ensuit que la Table est en défaut, & on peut y soupçonner quelque lacune. Car, on n'y voit point *Trajectum*, situé à environ 5 milles au-delà de *Fletio*, ni *Batavodurum*, ou Vick-Durstede, qui est en deçà du lieu qui convient à *Carvo*. Il n'y a donc point de fond à faire sur les nombres de la Table en cet espace; & si quelque circonstance locale peut y suppléer, pour nous indiquer *Levæ fanum*, c'est de trouver un peu au-delà de Durstede, sur la rive opposée à celle des *Batavi*, un lieu dont le nom de Liven-dael (c'est-à-dire, *vallis Levæ*) conserve celui de la divinité qui avoit un temple dans ce canton.

43°, 21°.

LEUCATA. Méla : *ultra (Rubresum lacum) est Leucata, littoris nomen, & Salsulæ fons*. Cela veut dire simplement, qu'entre l'étang de Sigean & Salses, le rivage est appelé *Leucata*, quoique sur la hauteur qui domine ce rivage il existe un lieu nommé Leucate. Je suis de l'opinion de M. de Valois, que cette dénomination peut

NOTICE DE LA GAULE.

être Gréque. Elle fera la même que celle du *mons Leucatæ* dont parle Virgile, & qui fait la pointe de la prefqu'île de *Leucas* dans l'Acarnanie, & ainfi nommée felon Servius, *ex candore faxorum*. Festus-Avienus (*in orâ maritimâ*) doit avoir cité fur la côte de Narbone un promontoire fous le nom de *Candidum*, dont l'endroit eft perdu par quelque lacune : car, c'est ce qu'on doit conclure de ce vers :

Illi eminenti porrigit, quod Candidum
Dixi vocari.

Et M. Aftruc a fait la même remarque. Roger de Hoveden, qui a continué l'hiftoire de Beda jufqu'à la fin du douzième fiècle, décrivant la route d'une flote Angloife, parle de Leucate en ces termes : *quamdam arenam protenfam in mari, quæ dicitur caput Leucate*. Aujourd'hui ce promontoire fe nomme communément le cap de la Franqui, qui est le nom d'une petite ifle plate, rangée dans l'enfoncement de la côte au nord du cap.

Hift. nat. de Lang. p. 76.

50°, 18°.

LEXOVII. Leur nom fe trouve diverfement écrit : *Lexovii* ou *Lexobii*, dans Céfar, comme dans Strabon, qui a connu leur pofition fur le bord de la mer, & vers l'embouchure de la Seine, felon la manière dont il s'explique en parlant du commerce de la Gaule. Pline commence l'énumération des peuples de la Lionoife par les *Lexovii*. Ptolémée range les *Lexubii* après les *Caletæ*. Il n'eft pas exact en les faifant fuivre immédiatement par les *Veneli*, puifque ceux-ci reculés dans le Côtantin, font féparés du diocèfe de Lizieux par toute l'étendue du diocèfe de Baïeux, partagée entre les *Viducaffes* & les *Bajocaffes*.

46°, 22°, & 48°, 16°.

LIGER FLUV. C'eft ainfi que ce nom eft au nominatif dans tous les auteurs anciens, & même dans plufieurs du moyen-âge, & non pas *Ligeris*, comme dans quelques autres du même tems. On lit dans Céfar, *Liger ex nivibus creverat.* Strabon fait sortir la Loire des monts *Cemmeni*, la fait passer à *Genabum* vers le milieu de son cours, & la conduit à la mer entre les *Pictones* & les *Namnetes*, ce qui est convenable en toutes ses circonstances. Ptolémée a connu de même l'embouchure de cette rivière. Pline, en parlant de la Lionoise, cite *flumen clarum Ligerim*. On sçait qu'Auguste, en donnant plus d'étendue à l'Aquitaine, recula ses bornes jusqu'à la Loire ; & Vibius-Sequester, dans son traité des Fleuves, s'explique ainsi en conséquence : *Liger Galliæ, dividens Aquitanos & Celtas.* Mais, dans ce qu'il ajoute, *in Oceanum Britannicum evolvitur*, qui ne voit que le nom de *Gallicum* seroit plus convenable ?

44°, 25°.

LIGURES. Leur nom chez les Grecs est Λίγυες. On a dit aussi *Ligustini*, quoique ce terme soit plutôt un dérivé qu'un nom simple. Strabon les distingue des Gaulois comme une nation différente, nonobstant que leur manière de vivre fût semblable : & Denys d'Halicarnasse témoigne que leur origine est inconnue. Ils s'étoient étendus le long de la côte jusqu'aux frontières de l'Espagne, & Scylax le fait connoître, en établissant des *Ligyes* depuis les Ibériens jusqu'au Rhône. Les *Ligures*, selon Festus-Avienus, avoient occupé la montagne de Sette :
— *ad internum mare,*
Setienâ ab arce, & rupe saxosi jugi
Sese extulere.

Leur nom assez obscur de ce côté-là, a été plus célèbre entre le Rhône & les Alpes, où ils étoient contigus à la Ligurie proprement dite, qui occupoit la partie maritime de l'Italie, depuis le sommet des Alpes, & sur le penchant de l'Apennin, jusqu'au fleuve Arno, où ils confinoient aux Toscans ou Étrusques. Ce fut en Ligurie, suivant Marcien d'Héraclée, que Marseille fut fondée ; & on lit dans Justin, *inter Ligures & feras gentes Gallorum.* Aussi a-t-on désigné les *Ligures* en cette partie par le nom de *Gallo-Ligures*, ou comme on lit dans Ariſtote, *Celto-Ligyes*. Le plus puiſſant des peuples de cette contrée, les *Salyes*, qui ont dominé depuis le Rhône juſque vers les Alpes, ſont au dire de Pline, *Ligurum trans Alpes celeberrimi*. Mais on remarque, qu'entre les peuples *Inalpini*, il place des *Capillati*. Selon Dion-Caſſius, le nom de *Ligures comati* ou *criniti* ne ſe borneroit pas à une branche de nation particulière, & il s'étendroit à tous les peuples des Alpes maritimes, parce que c'eſt en parlant collectivement des nations de ces Alpes qu'Auguſte réduiſit à l'obéiſſance, qu'il cite les Liguriens chevelus. C'eſt ce que Pline confirme en peu de mots : *Capillatorum plura genera, ad confinium Liguſtici maris*. On leur avoit apparemment fait quitter la longue chevelure qui les diſtinguoit, comme il s'enſuit de ce vers de Lucain :

Et nunc tonſe Ligur, quondam per colla decora
Crinibus effuſis.

Pour ne rien omettre de ce qui ſe renferme dans l'ancienne Gaule, il étoit indiſpenſable de faire une mention expreſſe des *Ligures*.

Lib. de Mirab.

Lib. III, cap. 5.

Lib. LIV.

Lib. III, cap. 20.

47°, 18°.

LIMONUM, *poſteà* PICTAVI. Il eſt mention de cette ville dans le huitième livre des Commentaires, comme d'une place devant laquelle les Gaulois, qui étoient encore en armes contre les Romains dans la dernière des campagnes de Céſar, mirent le ſiége. *Limonum* eſt l'une des deux villes que Ptolémée nomme chez les *Pictones*. L'autre eſt *Ratiatum*, & non *Auguſtoritum*, comme on peut voir à l'article qui concerne *Ratiatum* : & il faut croire que Ptolémée ne cite *Limonum* en ſecond lieu, que parce que ſa poſition eſt ultérieure ou plus reculée dans le compte de la longitude. Car, il convient de regarder *Limonum* comme la capitale des *Pictavi*, & tomber d'accord que Magnon, qui vivoit dans le neuvième ſiècle, n'eſt point en faute de dire,

Voyez l'article *Auguſtoritum*, p. 127.

Pictavus Limonum, quoiqu'en pense M. de Valois. Il y a apparence aussi, que ce n'est point Magnon qui a déterminé Sanson à placer *Limonum* à Poitiers; mais qu'il a dû y être conduit par les voies romaines, comme toute personne assez intelligente en matière géographique, pour conférer l'Itinéraire d'Antonin & la Table Théodosienne avec le local, en conviendra. La carte de la Gaule fait voir la trace de plusieurs routes qui se croisent à *Limonum*, & qui tendent à cette position en partant de quatre points différens; de *Mediolanum* des *Santones*, ou de Saintes; de *Namnetes*, ou de Nantes; de *Cæsarodunum*, ou de Tours; d'*Argentomagus*, ou d'Argenton en Berri. Le terme de ces différentes routes est également convenable à l'emplacement de Poitiers, & ne peut se rapporter à aucun autre lieu de considération. A cette exposition générale il faut ajouter ce qui résulte en particulier de chacune des positions marquées sur ces routes, & qui sont expliquées dans les articles de leur nom, auxquels on peut avoir recours pour plus grand éclaircissement. Comme la route qui part de *Cæsarodunum* paroît sans aucune mention de lieu intermédiaire dans la Table Théodosienne, c'est ici l'endroit d'en parler séparément, pour observer que les XLII lieues gauloises marquées par la Table répondent précisément à ce qu'il y a d'espace entre Tours & Poitiers. M. de Valois ne reconnoissant point que *Limonum* est Poitiers, lui substitue *Augustoritum*, & Joseph Scaliger l'avoit précédé dans cette opinion. Mais, comme la capitale des *Lemovices* réclame incontestablement le nom d'*Augustoritum*, la position de *Limonum* à Poitiers ne souffre point de difficulté par cet endroit; & de ce que M. de Valois méconnoît cette position, il s'ensuit que *Limonum* est un lieu inconnu pour lui; *quæ urbs fuerit, fatemur non constare*. Alta-serra prenant *Augustoritum* pour Poitiers, est dans le même cas à l'égard de *Limonum*; *cujus vestigia*, dit-il, *nec ex situ, nec ex nomine agnoscuntur*.

cuntur. Il ne faut point être surpris qu'il ne subsiste plus de nom de lieu qui ait rapport à *Limonum*, puisque le nom de *Limonum* a fait place à celui de *Pictavi*, que l'on trouve dans Ammien-Marcellin, dans la Notice des provinces de la Gaule, & dans la Notice de l'Empire. Les *Taifali*, dont cette dernière Notice place une milice à Poitiers, & qui étoient Scythes de nation, sont connus pour avoir occupé dans le territoire même des *Pictavi* un canton, qui a été appellé *pagus Taifalgicus*, & dont le nom subsiste dans celui de Tiffauge, petite ville voisine des limites actuelles du diocèse de Nantes.

48°, 23°.

LINGONES. Entre les nations de la Gaule qui passèrent les Alpes pour s'établir en Italie, Tite-live nomme les *Lingones*. Ils se distinguent dans les Commentaires de César par leur inclination pour les Romains. Pline leur donne le titre de *fœderati*, ou d'alliés; & Frontin applique à la cité des *Lingones* l'épithete d'*opulentissima*. Selon Pline, & selon Ptolémée, elle étoit comprise dans la Belgique. Ainsi, ce ne pourroit être que postérieurement au tems de Ptolémée, qui a vécu sous Antonin-Pie & Marc-Aurèle, que les *Lingones* auroient été rangés dans la Lionoise; & ils font partie de la Lionoise première dans la Notice des provinces de la Gaule. On ne peut juger de l'étendue de leur territoire que par le diocèse de Langres, avant qu'on en eût démembré ce qui compose aujourd'hui le diocèse de Dijon.

Lib. V, sect. 35.

Stratag. lib. III.

50°, 21°.

LITANOBRIGA. Dans l'Itinéraire d'Antonin ce lieu est placé entre *Cæsaromagus*, ou Beauvais, & *Augustomagus*, ou Senlis. La distance à l'égard de *Cæsaromagus* est marquée XVIII, à l'égard d'*Augustomagus* IIII; & ces nombres doivent être corrects; à en juger par la Table Théodosienne, qui sans faire mention de *Litanobriga*, marque entre *Cæsaromagus* & *Augustomagus* XXII, en une seule distance. On ne sçauroit douter qu'il ne faille chercher *Litanobriga* au passage de la rivière d'Oise, dont le cours divise l'espace entre Senlis & Beauvais, & le terme de *briga* paroît avoir été le même que celui de *briva*. J'ai d'abord jetté les yeux sur le Pont-sainte-Maixence. Il est constant qu'une chaussée romaine partant de Beauvais, & qui porte le nom de Brunehaut, se joint après avoir passé sous Clermont, à une chaussée qui part de Pont-sainte-Maixence. Mais, les nombres de l'Itinéraire & de la Table seroient insuffisans par rapport au grand détour que la position de Pont-sainte-Maixence met entre Beauvais & Senlis. La distance à l'égard de Senlis est de v lieues gauloises bien complettes, au lieu de IIII ; & à l'égard de Beauvais, la mesure de la chaussée donne xx lieues, & ne se réduit point à xviii. Je remarque que la rivière d'Oise est plus voisine de Senlis au pont de Creil, quoique la distance passe les 4 lieues gauloises d'environ une demie. Delà en joignant sous Clermont la chaussée dont j'ai parlé, ce que je trouve de mesure itinéraire jusqu'à Beauvais, paroît valoir exactement 17 lieues & demie. De sorte que par une compensation des fractions de lieue, les 22 lieues prescrites également par la Table comme par l'Itinéraire, conviennent précisément à cette route.

44°, 21°.

LIVIANA. Dans la Table Théodosienne, entre Carcassone & Narbone, à xii de Carcassone, & xi en deçà d'un lieu nommé *Usuerva*. L'Itinéraire de Bourdeaux à Jérusalem, qui suit la même voie, confirme ces distances, parce qu'on y compte également 23 milles entre Carcassone & *Hosuerbas*, que l'on reconnoît aisément pour le même lieu qu'*Usuerva*. La différence entre cet Itinéraire & la Table ne consiste qu'à prendre un autre lieu dans le même intervalle de positions, comme on peut voir à l'article *Tricesimum*.

NOTICE DE LA GAULE. 419

48°, 25°.

LOPOSAGIUM. La Table Théodosienne en fait mention de cette manière : *Vesontione* XIII *Loposagio* XVIII *Epomanduo*. En suivant la voie de Besançon à Mandeure, dont le nom est *Epamanduodurum*, la distance conduit à peu près vers Baume-les-Nones. M. Dunod, dans son histoire des Séquanois, paroît avoir pris la même route, & *Loposagium*, selon son opinion, est un lieu qu'on appelle Luciol, dont je trouve que la position est entre 13 & 14 lieues gauloises de mesure itinéraire en partant de Besançon.

45°, 17°.

LOSA. On trouve ce lieu dans l'Itinéraire d'Antonin, sur une route qui conduit d'Aqs à Bourdeaux, & entre *Segosa* & *Boii*, c'est-à-dire entre un lieu nommé Escoussé & la position de Tête-de-Buch. Vers le milieu de cet espace, un petit canton sous le nom de Leche semble répondre à *Losa*. La distance marquée XII à l'égard de *Segosa*, s'y trouve assez convenable : & si elle paroît croiser une autre voie tendante de Bourdeaux à *Cocosa*, je présume que c'est au passage d'une petite rivière, près d'un lieu dont le nom est Pontens. Quant à la distance de *Losa* à *Boii*, je remarque dans l'article *Segosa*, que pour se conformer au local, il convient de prendre pour XII, l'indication, qui par une méprise facile à commettre dans le chiffre romain, est figurée VII dans l'Itinéraire.

50°, 19°.

LOTUM. Dans l'intervalle qui sépare la position de *Juliobona* de celle qui se rapporte à *Rotomagus*, quoique le nom se lise *Latomagus* dans l'Itinéraire d'Antonin, cet Itinéraire place une mansion sous le nom de *Lotum*, autrement *Loium*, selon la leçon de quelques manuscrits. La distance à l'égard de *Juliobona* est marquée VI, & à l'égard de *Rotomagus* XIII ou XIV : car les exemplaires varient ainsi sur ce nombre. La carte que les frères Magin, arpenteurs très-habiles, & employés par le ministère, ont levée de l'embouchure de la Seine, & de son cours en remontant jusqu'au-dessus du Pont-de-l'Arche, étant manuscrite entre mes mains; je trouve que la distance en droite-ligne de Lilebone à l'église métropolitaine de Rouen est de 21 à 22000 toises. Mais, en suivant la route, dont on reconnoît la trace en quelques endroits, spécialement au nom que porte S. Thomas de *la Chauffée*, entre Caudebec & Rouen, la mesure itinéraire paroît de 22 à 23000 toises ; & il en résulte 20 lieues gauloises, dont le calcul rigoureux sur le pied de 1134 toises par lieue, est de 22680 toises. L'indication de VI entre *Juliobona* & *Lotum*, conduit à Caudebec, & non au-delà, parce que la distance actuelle entre Lilebone & Caudebec est au moins de 7000 toises, & que les 6 lieues gauloises n'en donnent que 6800. Delà au centre de Rouen 15000 toises, & quelque chose de plus en mesure itinéraire, dont on conclut 13 à 14 lieues gauloises, ou un *mezzo termine* entre les variantes de l'Itinéraire sur cette distance. Si l'on a formé quelque doute, que *Latomagus* dans les éditions de l'Itinéraire soit *Rotomagus*, ce doute ne sçauroit subsister vis-à-vis de cette analyse des distances, vu leur correspondance avec le local. Caudebec est connu dans le moyen-âge, & dès le neuvième siécle, sous le nom de *Calidum-beccum* : mais, quelque lieu qui étoit adhérant à sa position, pouvoit être distingué par un nom particulier.

45°, 20°.

LUCTERI CADURCI. Je préviens le lecteur, que cet article ne roule que sur une simple conjecture, faute de pouvoir établir quelque chose de positif sur un endroit de César, qui a grand besoin d'être éclairci & corrigé. Quoiqu'il soit mention des *Cadurci*, sous le simple nom de *Cadurci*, en plusieurs endroits du septième livre des Commentaires ; cependant, on trouve le mê-

NOTICE DE LA GAULE. 421
me nom précédé d'un autre nom, qui paroît y mettre une diſtinction, dans le même livre : & ces *Cadurci*, cités de cette manière & en ſecond lieu, ſemblent encore diſtingués par leur condition, ſçavoir d'être aſſujettis ainſi que les *Gabali* & les *Vellavi*, au pouvoir des *Arverni*. Ce nom diſtinctif eſt *Eleutheri* dans pluſieurs éditions, notamment dans celle d'Oudendorp ; comme ſi un terme purement Grec n'étoit pas étranger dans une dénomination Celtique, & que ſa ſignification, qui caractériſe la liberté, pût s'accorder avec la dépendance ſpécifiée dans Céſar. Sanſon a jugé à propos de faire un peuple particulier d'*Heleuteri*, auquel pour emplacement *on n'a rien de reſte à donner*, comme il s'en explique, que l'Albigeois. Il n'a pas pris garde au défaut de vraiſemblance, que les *Arverni* ayent ſoumis une portion des *Cadurci* dans un canton, que le domaine des *Ruteni* couvre en entier. Le nom dont il s'agit eſt écrit diverſement : mais dans la plûpart des manuſcrits, ſelon Oudendorp, on lit *Eleutetis*. Si ce nom n'eſt pas correct, on peut remarquer, que Céſar déſigne par le nom de Luctérius, un homme qui étoit puiſſant chez les *Cadurci*, & qui tenoit dans ſa dépendance *Uxellodunum* place des plus fortes, dans la partie du pays des *Cadurci* qui tient à l'Auvergne, & ſur laquelle les *Arverni* étoient plus à portée de dominer, comme ſur les *Gabali* & les *Vellavi*, qui étoient limitrophes & contigus. Or, le nom de Luctérius pourroit être le dérivé d'un nom national, qui ſeroit *Lucteri*, dans lequel on démêlera ſuffiſamment de reſſemblance avec les diverſes leçons qui en occupent la place. Je répéterai néanmoins, que mon opinion ſur ce ſujet n'eſt que celle qu'on doit avoir d'une conjecture, quoique je ne ſçache point que juſqu'à préſent on ait donné quelque ſolution convenable, ou plus heureuſe, de ce qui fait la difficulté. Ce que propoſe Alta-Serra, de lire dans Céſar *Helvii*, au lieu d'*Heleuteri*, n'eſt pas recevable, par

Rem. ſur la C. de l'anc. Gaule, art. *Heleuteri*.

Rer. Aquitanic. p. 352.

la raison qu'il est question en cet endroit des peuples de la Gaule qui s'arment contre les Romains, non d'aucun de ceux de la province romaine, du nombre desquels étoient les *Helvii*, qui dans cette même campagne, dont le septième livre des Commentaires rapporte les événemens, avoient signalé leur fidélité, en souffrant un échec considérable, pour n'être point entrés dans la ligue formée par les *Arverni*. On ne doit point objecter à ce qui est ici proposé pour remplacer une leçon peu correcte dans le texte de César, que le même terme d'*Eleutheri*, en parlant d'après quelques éditions, se trouve joint au nom des *Suessiones* ; & conclure de là, qu'il ne convient pas de lire autrement dans un endroit que dans l'autre. Car, les meilleures éditions séparent le nom de *Suessiones* de ce qui le précède, par un point ; & ce qui précède se lit *Helviciis*, & non *Eleutheris*, dans les anciens manuscrits, selon Vossius. Mais, le nom d'*Helvii*, que le même Vossius, & Oudendorp, substituent à cette leçon des manuscrits, est à rejetter, étant en contradiction avec les faits, comme je viens de le remarquer. Qu'est-ce qui peut douter, que dans des noms propres peu familiers il n'y ait quelque faute de la part des copistes ? La diversité des leçons n'en est-elle pas un indice ?

45°, 24°.

Lib. III, cap. 4. LUCUS AUGUSTI. Pline nomme deux capitales chez les *Vocontii* ; *Vaso*, ou Vaison, & *Lucus Augusti*. *Histor. lib. I, sect. 66.* Dans Tacite, *Lucus, municipium Vocontiorum est*. L'Itinéraire d'Antonin, la Table Théodosienne, & l'Itinéraire de Bourdeaux à Jérusalem, indiquent la position de *Lucus* comme immédiate à celle de *Dea Vocontiorum*, en s'accordant à marquer XII pour la distance. Cette ville a été détruite par la chute d'un rocher, qui ayant arrêté le cours de la Drome, a donné lieu à cette rivière de s'épancher, & de former des lacs, qui ont couvert une partie de son territoire. Il subsiste néanmoins dans

NOTICE DE LA GAULE.

le voisinage, & à l'issue de ces lacs, un petit lieu qui conserve le nom de Luc.

Lat. 46°, 23°.

LUGDUNUM. Cette ville porte un nom Celtique, qu'on sçait lui être commun avec plusieurs autres villes de la Gaule, & que l'on doit croire antérieur à l'établissement d'une colonie romaine, par Munatius Plancus, qui au rapport de Dion-Cassius, reçut ordre du Sénat, *Lib. XLVI.* peu après la mort du dictateur César, & avant la formation du Triumvirat, de rassembler à *Lugdunum* les habitans de Vienne, chassés de leur ville par les *Allobroges*. Cette colonie devint très-puissante en peu de tems ; & Strabon, contemporain d'Auguste & de Tibère, dit qu'elle ne cédoit qu'à Narbone par le nombre des habitans, qu'elle étoit la résidence des gouverneurs de la Gaule, & qu'on y frappoit des monnoies d'or & d'argent. Elle tira des avantages d'avoir vu naître, selon que le dit Suétone, l'empereur Claude ; & dans plusieurs inscriptions elle est appellée *Colonia Copia Claudia Augusta*. Dion-Cassius veut, que l'ancienne manière d'écrire le nom de *Lugdunum*, étoit *Lugudunum*, & il y a des inscriptions qui y sont conformes. Je ne m'arrêterai point aux diverses interprétations que l'on donne à cette dénomination. Ptolémée range mal-à-propos *Lugdunum* entre les villes des *Ædui*. Cette ville fut construite dans le territoire des *Segusiani* : *in quorum agro*, selon les termes de Pline, *colonia Lugdunum*. Les *Se-* *Lib. IV, cap. 18. gusiani*, après avoir été *clientes Æduorum*, sont ensuite qualifiés de *liberi*. L'emplacement de *Lugdunum* s'étendoit à la rive droite de la Saône, sur la pente d'un côteau, qui tire de la dénomination de *Forum vetus* le nom actuel de Fourvière, qu'on peut regarder comme une altération du nom de For-vieil : & Claude Paradin, dans *Liv. II, p. 255.* son histoire de Lion, cite un ancien titre, où ce quartier est dénommé précisément *Forum vetus*. Ce qui fait aujourd'hui la plus considérable partie de Lion entre la

Saône & le Rhône, n'a commencé à fe remplir que fous le règne de Louis XII. & de François I. C'eft néanmoins à l'extrémité de cette langue de terre, ferrée entre les deux rivières, qu'étoient fitués le temple & l'autel que foixante cités de la Gaule avoient élevé à Augufte, & dont il eft queftion dans un article particulier, fous le titre d'*Ara Lugdunenfis*.

53°, 23°.

LUGDUNUM (*Batavorum*). On trouve cette ville dans Ptolémée, comme dans l'Itinéraire d'Antonin, & dans la Table Théodofienne. Les pofitions données par Ptolémée n'ayant pas le degré de précifion qui puiffe exiger qu'on les adopte en rigueur, nous ne fuppoferons point avec Menfo-Alting, deux villes du même nom, au lieu d'une feule, en fe fondant uniquement fur ce que le point de *Lugodinum* des *Batavi* dans Ptolémée, ne répond pas exactement à la pofition actuelle de Leyde. L'expreffion de *caput Germaniarum*, qui accompagne la mention qui eft faite de *Lugdunum* dans l'Itinéraire, ne fignifie pas que cette ville fût la capitale des Germanies, mais le commencement de cette frontière des Gaules, qui avoit pris le nom de Germanie, ce que plufieurs fçavans ont déja entendu de cette manière. On peut néanmoins faire attention à ce que la pofition de *Lugdunum* eft figurée dans la Table, comme celle des villes que l'on fçait avoir dominé fur le diftrict d'une cité particulière. Dans les actes du moyen-âge, fon nom eft communément *Leithis*. Ainfi, on a dit Leithen, avant que de prononcer comme aujourd'hui Leyden. On reconnoît le *dunum*, qui a fait partie de l'ancienne dénomination, dans une éminence au milieu de l'emplacement qu'occupe la ville, mais fur la rive gauloife du Rhin, comme on le juge plus convenable, & fervant d'affiette à une ancienne tour.

44°, 19°.

Lib. IV, p. 190. LUGDUNUM, *pofteà* CONVENÆ. Strabon parle de

NOTICE DE LA GAULE.

de *Lugdunum* des *Convenæ*. Il en est aussi mention dans Ptolémée : mais, la qualification de colonie que porte la version latine, n'est point dans le texte grec. On sçait seulement par Strabon, qu'entre les peuples de l'Aquitaine, les *Convenæ* ainsi que les *Ausci*, avoient obtenu la prérogative dont jouissoient les villes Latines. L'Itinéraire d'Antonin place *Lugdunum* des *Convenæ* sur la route d'*Aquæ Tarbellicæ*, ou d'Aqs, à Toulouse, & il y a une autre route qui d'*Aginnum* conduit à *Lugdunum*. Cette ville avoit pris le nom de *Convenæ* avant qu'elle fût détruite par le roi Gontram l'an 585. Dans la Notice des provinces de la Gaule, *civitas Convenarum* est un de celles de la Novempopulane. Le même nom se trouve dans Sidoine-Apollinaire, & dans Grégoire de Tours, qui décrit la situation de cette ville en ces termes : *est enim urbs in cacumine montis sita, nullique monti contigua*. C'est dans le même emplacement que Bertrand, évêque de Cominge, & fils d'Atton-Raimond, seigneur de l'Isle-Jourdain, rebâtit une ville dans les premières années du douzième siècle ; & cette ville a pris le nom de S. Bertrand. Les plus grands vestiges d'antiquité subsistent néanmoins dans un lieu situé au pied de la montagne, près de la Garonne, & dont le nom de Val-Crabere vient de *Vallis Capraria*. M. Wesseling remarque, qu'un fragment d'inscription sur une porte de la ville, & où on lit CIVIT. CONVEN. appartient au tems de l'empereur Claude, & non à celui d'Auguste ou de Tibère, comme on l'avoit jugé auparavant.

47°, 23°.

LUNNA. Ce lieu est placé dans l'Itinéraire d'Antonin entre *Assa Paulini* & *Matisco*, en indiquant la distance M. P. xv, *leugas* x, à l'égard d'*Assa Paulini* comme de *Matisco*. Dans la Table Théodosienne on trouve *Ludna* à xiiii de *Matisco*, xvi de *Lugdunum*. Je remarque, que si l'Itinéraire & la Table ne sont point d'accord dans les distances particulières entre *Lugdunum* & *Ma-*

Hhh

tifco, il y a néanmoins de la convenance dans un total, qui est de 30 lieues gauloises. Car, dans l'Itinéraire la distance d'*Affa* à l'égard de *Lugdunum*, est la même que d'*Affa* à *Lunna*, & de *Lunna* à *Matifco*, par conséquent 30 en trois distances, comme la Table les donne en deux. Une première opinion dans un ouvrage précédent sur la Gaule, m'a fait estimer que *Lunna* pouvoit avoir été remplacé par le lieu que l'on nomme aujourd'hui Belleville. Mais, je pense actuellement, que Belleville est trop près d'Anse, qui est *Affa Paulini*, & trop loin de Mâcon, pour répondre à l'égalité de distance que marque l'Itinéraire, & cette égalité se trouveroit mieux vers les limites communes du Mâconnois & du Beaujolois. Quoique la position de Belleville parût convenir davantage selon les nombres de la Table, on pourroit aussi la juger un peu trop éloignée d'Anse, pour n'avoir que 6 à ajouter aux 10 qui sont entre Lion & Anse. De quelque manière au-reste, que les 30 lieues gauloises se répartissent entre Lion & Mâcon, je les crois convenables à l'espace actuel, parce que le calcul de 30 lieues gauloises qui est de 34000 toises, peut entrer comme mesure itinéraire dans un espace direct de 32 à 33000 toises, vu l'arc que la voie est obligée de décrire par rapport au cours de la Saône.

49°, 21°.

LUTECIA, *poste à* PARISII. César fait mention de *Lutecia*, pour y avoir tenu les États de la Gaule. La situation de cette ville dans une isle de la Seine est aussi marquée dans les Commentaires; & Strabon le répète, à quelque différence près dans la dénomination, qui est *Lucotocia*. Ptolémée, que l'on peut juger mieux instruit sur les *Parisii* que sur d'autres peuples de la Gaule, par une circonstance particulière, qui est de les placer sur la Seine, nomme leur capitale *Lucotecia*. Julien dans son Miso-pogon, a écrit *Leucetia*, comme par affectation de faire dériver ce nom d'un terme pris dans la langue Gréque, dont il se servoit en écrivant cet ouvrage. M. de Valois ne veut point que le *Locus Locotitius*, où selon un ancien titre, Childebert I fonda l'église de S. Vincent, ait aucun rapport de dénomination à *Lutecia*; non plus que le *collis Lecuticius*, sur lequel l'ancienne basilique de S. Pierre & de S. Paul, aujourd'hui Ste Geneviève, est située. On ne sçauroit néanmoins disconvenir, que dans Strabon & dans Ptolémée le nom de Lutece ne paroisse sous une forme presque semblable à celle que des lieux adhérans à cette ville conservoient dans le moyen-âge. C'est sous le nom du peuple, devenu propre en qualité de ville capitale, qu'elle est citée dans la Notice des provinces, & comprise dans la Sénonoise, ou la quatrième des Lionoises, & appellée *civitas Parisiorum*. On apprend de la Notice des dignités de l'Empire, que le gouvernement romain y tenoit une flotte : *in provinciâ Lugdunensi Senoniâ, præfectus classis Anderitianorum Parisiis*. Et comme on pourroit être curieux de sçavoir, d'où vient ce nom d'*Anderitiani* aux mariniers de la flotte de Paris, je hazarderai une conjecture, que le nom d'Andrési, qui semble tout formé d'*Anderitium*, & l'avantage de la situation du lieu ainsi nommé immédiatement au dessous de la jonction de l'Oise avec la Seine, me permet de former. On peut rappeller, qu'entre les monumens qui furent déterrés en 1711 dans l'église de Notre-Dame, une inscription porte *Nautæ Parisiaci* : & comme le remarque M. de Valois, les habitans de Paris, qui avoient toujours une flote sous les yeux, peuvent en avoir pris le navire qui remplit l'écusson des armes de la ville. Il faut convenir, qu'en considérant notre ancienne Lutèce resserrée entre les bras de la Seine, on ne doit point être surpris de la voir appeller simplement *castellum* par Ammien-Marcellin, πολίχνην, ou *oppidulum*, par Julien. Mais, croyons en même tems, que des habitations extérieures, des édifices même publics; comme

P. 440.

le palais des Thermes, des Arènes, ou un Amphithéatre, fur le mont *Lecuticius*, fuppléoient dès le tems des Romains à l'efpace étroit de la Cité. Et quand on lit dans le Syncelle, qui écrivoit au neuvième fiécle, que Paris eft fort inférieur en grandeur aux autres villes de la Gaule; cet hiftorien Byzantin pouvoit ignorer, que ce qui conferve l'enceinte & le nom de Cité dans plufieurs de nos anciennes villes, occupe fort peu d'efpace. Les avantages de la fituation de Paris ont beaucoup contribué à fon élévation au rang de ville royale, dès le commencement du fixième fiècle, & à fon aggrandiffement. Mais, il n'eft point de mon fujet de fuivre Paris dans fes progrès; & je me bornerai à réfoudre la difficulté que forme M. de Valois, fur ce que Julien marque que la diftance de cette ville à la mer eft d'environ 900 ftades. De ce nombre de ftades M. de Valois concluant 112 milles, ce qui réfulte en-effet de la compenfation la plus ordinaire entre les ftades & les milles, à raifon de huit ftades pour un mille, trouve à redire que l'Itinéraire d'Antonin, ou d'Æthicus comme il l'appelle, ne faffe compter que 74 milles entre Paris & le lieu maritime nommé *Carocotinum*. Or, il eft aifé de voir, que M. de Valois ne fait point la diftinction du mille d'avec la lieue gauloife, qui étant égale à 1500 pas romains, comprend par conféquent 12 ftades: de-forte que les 900 ftades ne fourniffent que 75 lieues gauloifes. D'ailleurs, le compte de l'Itinéraire, entre *Lutecia* & *Carocotinum* eft d'environ 83, & ne fe borne pas à 74, comme l'accufe M. de Valois. De ce compte de l'Itinéraire il réfulte environ 1000 ftades; d'où il fuit que la diftance marquée par Julien ne doit pas être portée jufqu'à *Carocotinum*, & qu'elle s'arrête en deçà, vers l'endroit où l'embouchure de la Seine commence à fe former fous Quilebeuf. Car, on peut dire que la mer pénétrant dans les terres, y vient au devant de la Seine. Or, la route qui conduit jufque-là, à en juger par ce que l'on compte de lieues gauloifes entre *Lutecia* & la pofition de *Juliobona*, voifine de l'embouchure de la Seine, fçavoir environ 73, comme on peut voir dans les articles concernans les lieux fitués fur cette route, peut s'évaluer à 75, ce qui remplit le compte des 900 ftades donné par Julien. Cette difcuffion eft propre à faire voir que la combinaifon des diftances, leur application au local, la manière d'entendre & d'expliquer les Itinéraires dans le détail, demandent quelques notions particulières, qui ont été trop négligées par des fçavans d'un ordre très-diftingué.

44°, 22°.

LUTEVA, *vel* FORUM NERONIS. Pline en différens endroits de la partie géographique de fon ouvrage, défigne les villes par leur ethnique au pluriel; & c'eft ainfi qu'il fait mention dans la Narbonoife de *Luteva*, fous le nom de *Lutevani*. On lit dans la Table Théodofienne *Loteva*. Selon la Notice des provinces de la Gaule, *civitas Lutevenfium* eft une de celles de la Narbonoife première. Entre les foufcriptions du concile d'Agde de l'an 506, on trouve *Maternus epifcopus Lutevenfii*; & du concile de Narbone de l'an 589, *Agrippinus de civitate Loteva*. Il n'y a de différence entre *Luteva* & *Loteva*, qu'en ce que la première manière de l'écrire paroît la plus ancienne, & que c'eft de la dernière qu'eft forti le nom actuel de Lodève. Cependant, le fçavant auteur de l'hiftoire naturelle de Languedoc croit qu'il y a de l'erreur à rapporter les *Lutevani* de Pline à Lodève. Il fe fonde fur ce qu'au nom de *Lutevani* Pline ajoute, *qui & Foro Neronienfes*, ne jugeant point à propos de reconnoître d'autre *Forum Neronis*, que celui que Ptolémée attribue aux *Mimeni*, ou *Memini*, dans la partie de la Narbonoife qui eft à l'orient du Rhône. Mais, il y a ce femble, plus d'inconvénient & de violence à ôter le nom de *Lutevani* à *Luteva*, pour le tranfporter où l'on n'a point de connoiffance

Lib. III, cap. 4.

P. 52 & 127.

qu'il ait existé, que de voir le nom de *Forum Neronis* répété à l'égard de deux villes séparées par un intervalle de 40 lieues. C'est sur une route, qui de *Segodunum* des *Ruteni* va joindre une autre grande voie romaine à *Cessero*, qu'on trouve *Loteva* dans la Table Théodosienne : & je m'explique dans l'article d'un lieu appellé *Condatomagus*, & placé entre *Segodunum* & *Luteva*, sur la manière de faire l'application des distances au local en cette partie. Quant à l'intervalle de *Loteva* à *Cessero*, l'indication de la Table, sçavoir XXVIII, ne souffre point de difficulté, parceque la route de Lodève à S. Tibéri, en suivant les replis de la vallée où coule l'*Arauris*, ou l'Eraut, passe 21000 toises.

51°, 20°.

LUTTOMAGUS. Dans la Table Théodosienne, sur la route de *Gesoriacum*, ou de Boulogne, à *Samarobriva*, ou Amiens. Voyez l'article *Duroicoregum* : & parce que la distance de *Gesoriacum* à ce lieu dont le nom se lit *Luttomagus*, paroît se réduire à VIIII, au lieu de XIIII, on peut en conclure qu'elle tombe sur une position dont le nom actuel est Lacre, d'où la voie tend directement au passage de la Canche à Brimeu, sa trace étant indiquée précisément par un lieu qu'elle rencontre sous le nom de l'Estrée, ou de *Strata*.

48°, 25°.

LUXOVIUM. Entre divers monumens d'antiquité, que M. le Comte de Caylus m'a dit avoir été déterrés depuis peu de tems à Luxeu, il y a des inscriptions où se trouve le nom de *Luxovium*, ou *Lixovium*. On lit dans une de ces inscriptions *Luxovio & Brixiæ* ; & le dernier de ces noms se fait connoître dans celui d'un lieu voisin de Luxeu, qui est Breuche ; & de même dans celui de la petite rivière qui passe à Luxeu, & qui s'appelle Breuchin. De semblables monumens nous découvrent des lieux, que le silence des écrivains de l'âge Romain nous laisse ignorer. Les bains chauds qui sont près du Luxeu avoient été décorés par les Romains, comme on en peut juger par ce que rapporte le moine Jonas, qui a écrit dans le septième siècle la vie de S. Colomban, fondateur du monastère de Luxeu : *castrum quod olim munitissimum, priscis temporibus Luxovium nuncupatum, ubi etiam Thermæ eximio opere extructæ habebantur.*

M.

44°, 16°.

MAGRADA FLUV. Méla fait mention de cette rivière, avec des circonstances qui font juger que ce doit être la même que Uidaso ou Bidassoa, sur les limites de la Gaule & de l'Espagne : mais, dont le cours étant renfermé dans les vallées de Bastan & de Lérin, appartient plutôt à la Gaule qu'à l'Espagne, comme on peut voir dans l'article *Lapurdum*.

Lib. III, cap. 1.

48°, 23°.

MANDUBII. Ils ne sont connus que parce que la ville d'Alise assiégée par César étoit dans leur territoire. Strabon se méprend étrangement en les faisant limitrophes des *Arverni*, trompé apparemment parce que Vercingetorix qui se renferma dans cette place, étoit de la nation des *Arverni*. Les *Mandubii* dépendoient des *Ædui*, & habitoient sur la frontière des *Lingones*. Héric, qui dans le neuvième siècle a composé un poème, dont la vie de S. Germain d'Auxerre est le sujet, témoigne par ce vers en parlant d'*Alesia*,

Te fines Æduos, & limina sacra tuentem,

que les *Mandubii* étoient renfermés dans le territoire des *Ædui*. Et les limites actuelles du diocèse d'Autun y répondent encore. Les lieux qui portent le nom de *Fins*, près d'Alise & de Semur en Auxois, nous apprennent même que ces limites existoient ainsi du tems de la domination romaine, & qu'ils n'ont point éprouvé de changement. L'un & l'autre de ces lieux se trouve cité fous le nom de *Fines*, dans la Chronique de Hugue, moine de l'abbaye de Flavigni, qui est située à une demi-lieue d'Alife.

52°, 24°.

MANNARITIUM. L'Itinéraire d'Antonin fait mention de ce lieu, en remontant le long du Rhin, depuis *Lugdunum* des *Batavi*, ou Leyde, & entre *Trajectum*, ou Utrecht, & un lieu dont le nom est *Carvo*. La distance est marquée xv à l'égard de *Trajectum*, & xxii à l'égard de *Carvo*. On peut voir à l'article *Carvo*, par quel moyen cette position prend place vis-à-vis de Wageningen, ou à peu près. En considérant ensuite le local, l'intervalle qui sépare Utrecht de la position de *Carvo* ne paroît suffire qu'à 29 ou 30 milles romains, quoiqu'on en compte 37 dans l'Itinéraire. Cluvier croit que le nom de Maurick que porte un lieu situé un peu au-dessus de Wick-Durstede, est un reste de *Mannaritium*, & j'y donne la main, en remarquant néanmoins que *Mannaritium* dans cette position se trouve plus éloigné de *Trajectum* que de *Carvo*, au contraire de ce que paroissent vouloir les nombres de l'Itinéraire. Mais, comme ces nombres paroissent excéder la mesure du local, & que l'excès est vraisemblablement dans la distance marquée xxii entre *Mannaritium* & *Carvo*, plutôt que dans celle de *Trajectum* à *Mannaritium*, la position de Maurick ne périclite point pour être plus voisine du lieu de *Carvo* que de *Trajectum*.

46°, 24°.

MANTALA. Ce lieu n'a rien de commun que le nom avec celui qui est plus connu par la tenue d'un concile, & l'élévation de Boson sur le thrône d'Arles l'an 879, & qui a été depuis une maison de plaisance des Daufins, à quelque distance du Rhône au-dessous de Vienne. Le *Mantala* dont il s'agit ici, est placé dans l'Itinéraire d'Antonin, & dans la Table Théodosienne, sur une route qui en partant de Vienne conduit par la Tarantaise

NOTICE DE LA GAULE.

Tarantaife jufqu'au paffage de l'*Alpis Graia*, ou du petit S. Bernard. La diftance eft marquée xvi à l'égard de *Lemincum*, dont on connoît la pofition dans celle de Lemens, vis-à-vis de Chamberri ; & cette diftance, en circulant dans un pays montueux, s'arrête à un lieu nommé Greffi, près de l'Isère, & dominé par une ancienne habitation, dont le nom de Montailleu conferve beaucoup d'analogie à celui de *Mantala*.

$51°, 20°$.

MARCI. La Notice de l'Empire place en ce lieu, fous les ordres du général de la feconde Belgique, un corps de cavalerie : *equites Dalmatæ Marcis, in littore Saxonico*. Les opinions font partagées fur cette pofition. Malbranq, qui a fait un gros ouvrage fur les *Morini*, veut que ce foit Mardik. Cluvier fe déclare pour Marquife, qui eft un peu au-deffus d'Amfleat ou d'Ambleteufe, & Sanfon a pris la même pofition. M. de Valois préfère Merk ou Mark, à quelque diftance de la mer, entre Calais & Gravelines. Les veftiges d'une voie romaine, qui tend de Caffel à Mardik, font croire que Mardik étoit un lieu de quelque confidération du tems des Romains : mais, le nom de Mar-dik (*maris dika*) ne rend point aufli précifément que Mark le nom de *Marci*. Dans l'hiftoire des comtes de Guines, écrite au commencement du treizième fiècle par Lambert d'Arde, Mark eft appellé *Mercha*, autrement *Mercuritium* : mais, quant à cette dernière dénomination, elle me paroît une glofe forgée d'après le nom de Merk, ou de Mark.

$51°, 25°$.

MARCODURUM. On lit dans Tacite : *cæfæ (per Civilem) cohortes Agrippinenfium in vico Marcoduro, incuriofius agentes, quia procul ripâ (nempe Rheni) agebant*. Ce lieu eft Duren fur la Roer, au-deffus de Juliers. Nos rois y ont eu un palais, appellé *Duria villa*, ou *Dura*, dont les anciennes annales font mention en

Hiftor. lib. IV, 28.

parlant des assemblées qui y ont été convoquées.

51°, 25°.

MARCOMAGUS. Il en est mention dans l'Itinéraire d'Antonin, & dans la Table Théodosienne, sur une route qui conduit de Trèves à Cologne, & à l'égard de laquelle l'Itinéraire est plus complet que la Table. *Marcomagus* devance *Tolbiacum* sur cette route, en partant de Trèves ; & il y a lieu d'être surpris, que Cluvier en confondant *Marcomagus* avec *Marcodurum*, n'ait pas remarqué que la position de Duren, qui est *Marcodurum*, étant au-delà de *Tolbiacum*, ou de Zulpick à l'égard de Trèves, & dans la même distance à peu près de Cologne que *Tolbiacum*, ne peut convenir au *Marcomagus* de l'Itinéraire. Adrien de Valois & Cellarius ont cru pareillement qu'il ne falloit point distinguer *Marcomagus* de *Marcodurum*. Je reconnois *Marcomagus* dans un lieu nommé Marmagen, entre Schleiden & Blankenheim, & sur la direction qui convient à la voie en tendant de Trèves à Cologne par Zulpick. L'Itinéraire donne une position intermédiaire de *Marcomagus* à *Tolbiacum*, sous le nom de *Belgica*, & répete la même distance, sçavoir VIII de *Marcomagus* à *Belgica*, & de *Belgica* à *Tolbiacum*. Entre Marmagen & Zulpick, & sur la voie même, à en juger par son alignement, un lieu dont le nom est Bleg-berg, ou Bley-berg, me paroît répondre à la position de *Belgica*. Mais, il faut observer que tout ce qu'il a d'espace entre Marmagen & Zulpick ne peut s'estimer que d'environ 8 lieues gauloises. D'où l'on peut inférer, que *Belgica* inféré d'après coup dans l'Itinéraire, aura donné lieu à la répétition de la même distance, lorsqu'il convenoit de la partager selon les deux intervalles qui la composent.

44°, 23°.

Lib. II, cap. 5. MARITIMA. On lit dans Méla : *inter Massiliam & Rhodanum, Maritima Avaticorum stagnum obsidet*, (autrement, *stagno*] *assidet*, selon plusieurs éditions) &

NOTICE DE LA GAULE.

tout de suite, *foſſa partem ejus navigabili oſtio effundit*. Dans Pline : *ultra* (*oſtia Rhodani*) *foſſæ ex Rhodano*, *C. Marii opere & nomine inſignes : ſtagnum Aſtromela* (ou *Maſtramela*, ſelon le texte du P. Hardouin, qui ſe fonde ſur Etienne de Byzance) *oppidum Maritima Avaticorum, ſuperque campi lapidei*. Ptolémée, faiſant mention de *Maritima* avec la qualification de colonie, place cette ville ſur la mer, entre les bouches du Rhône & Marſeille. Voilà ce qu'on trouve dans les géographes de l'âge romain ſur *Maritima*, & ce qui détermine ſa poſition dans l'intervalle du canal de Marius & de Marſeille, & dans le voiſinage de la mer. Je ſuis donc ſurpris qu'on puiſſe douter que ce ne ſoit pas Martigues, & de voir Honoré Bouche incertain ſur ce ſujet, & propoſant Berre, ou Marignane. La ſituation de ces lieux ne répond point, étant écartée de la mer, aux termes qu'emploie Ptolémée, ἐπὶ θαλάσσῃ κεῖται, lui ſurtout qui ne connoît point le *ſtagnum* enfoncé dans les terres, dont parlent Méla & Pline. L'hiſtorien de Provence que je viens de citer, veut ailleurs que *Maritima* ſoit un lieu dont il eſt mention dans un ancien dénombrement de la Provence ſous le nom de *caſtrum ſancti Geneſii*, & ſitué à environ un quart de lieue de Jonquières, qui eſt une des trois villes qui compoſent Martigues, les deux autres étant l'Iſle & Ferrières. Il conclut du ſilence de ce dénombrement ſur l'article de ces lieux, qu'ils n'exiſtoient point antérieurement, ce qui n'eſt nullement déciſif. Car, employant le même argument pour refuſer à Caſſis & à la Ciotat l'avantage d'avoir exiſté dans l'antiquité, ces ports n'en ſont pas moins *Carcici* & *Cithariſta*, dont il eſt mention dans l'Itinéraire Maritime. Ce qu'un hiſtorien de l'égliſe d'Arles cité par Bouche a écrit, qu'un comte de Provence obtint de l'archevêque d'Arles vers l'an 1230, la permiſſion de conſtruire une ville à Martigues, n'oblige pas de croire qu'il n'en exiſtoit point dans un ſiécle plus

Lib. III, cap. 4.

Chor. de Prov. liv. III, ch. 6.

Lib. IV, cap. 4.

Iii ij

reculé. La nouvelle paroît avoir été groſſie en recevant les habitans du *caſtrum ſancti Geneſii*, que l'on prétend avoir été abandonné vers le même tems ; ce qui a fait donner le nom d'*Inſula ſancti Geneſii* à l'Iſle de Martigues, qui ſépare Jonquières d'avec Ferrières. Il eſt remarquable que la Tour de Bouc (ou de l'embouchure), ſituée à l'entrée du canal qui conduit à Martigues, & ſur la droite, eſt appellée *Caſtel Marſeillés* par un vieil auteur Provençal, que Bouche a eu entre les mains.

46°, 21°.

MARTIALIS. Sidoine-Apollinaire, qui devoit connoître les environs de Clermont en Auvergne, dont il a occupé le ſiége épiſcopal, cite un lieu qui eſt peu diſtant de cette ville entre le nord & le couchant, & qui dans un tems plus reculé que celui où il vivoit avoit été appellé *Martialis*; parce que les légions de Céſar y avoient eu leur quartier d'hiver : *in pago Violvaſcenſi, qui Martialis ætate citeriore vocitatus eſt, propter hiberna Legionum Julianarum*. Ce lieu ſe nomme aujourd'hui Volvic, *Volovicum* dans la vie de S. Preject, en l'honneur duquel un monaſtère y a été fondé.

Lib. II, epiſt. 14.

46°, 25°.

AD MARTIS. C'eſt ainſi qu'on lit dans l'Itinéraire d'Antonin, *Martis* ſimplement dans la Table Théodoſienne, où il faut ſous-entendre *ſtatio*, parce qu'Ammien-Marcellin parle de ce lieu en diſant, *ſtationem nomine Martis*. Dans l'Itinéraire de Bourdeaux à Jéruſalem, *ad Marte*, pour *ad Martem*. La Table marque entre *Gadao*, ou ſelon l'Itinéraire de Jéruſalem *Geſdao*, & la ſtation de Mars, VIII ; l'Itinéraire IX. De cette ſtation à *Seguſtio*, XVII dans la Table, XVI dans l'Itinéraire ; de manière que le plus ou le moins dans les diſtances particulières, eſt compenſé au total de *Geſdao* à *Seguſio*, étant également 25 dans la Table comme dans l'Itinéraire. Le nombre XVI pour la diſtance qui répond à *Seguſio*, eſt confirmé par l'Itinéraire d'Anto-

Lib. XV.

NOTICE DE LA GAULE.

nin. Cet Itinéraire ne faisant point mention de *Gesdao*, marque XVIIII en une seule distance de la station de Mars à *Brigantio*; & on compte la même chose en détail de *Brigantio* à *Martis*, sçavoir VI, V, VIII, dans la Table; autant dans l'Itinéraire de Jérusalem, sçavoir X & IX. Je me suis expliqué sur la station de Mars dans un ouvrage qui concerne l'Italie, & une scrupuleuse analyse des distances a paru fixer cette position à Oulx sur la route de Suze. Ce que j'ai remarqué depuis d'assez singulier, c'est que ce lieu dont le nom actuel vient d'*Ultium*, est appellé *plebs Martyrum* dans des lettres de Cunibert, évêque de Turin, & d'environ l'an 1165. Ainsi, il en a été de même de ce lieu que du *mons Martyrum*, près de Paris, que la tradition veut avoir été auparavant *mons Martis*.

P. 320.

48°, 21°.

MASSAVA. Ce lieu est placé dans la Table Théodosienne entre *Brivodurum* & *Ebirno*, qui est *Nevirnum*. La distance est également marquée XVI à l'égard de *Brivodurum*, ou Briare, & de *Nevirnum*, ou Nevers. Mais, on peut voir dans l'article *Brivodurum*, que l'intervalle de Briare à Mesve, qui est *Massava*, surpasse l'indication de la distance, étant d'environ 25000 toises, ce qui donne lieu de compter 22 lieues gauloises. Quant à l'intervalle de Mesve à Nevers, comme on n'y trouve qu'environ 16000 toises, il ne paroît guère possible d'y admettre ce qu'indique la Table, parce que le calcul de 16 lieues gauloises passe 18000 toises. Ainsi, il seroit convenable que le nombre fût XIV plutôt que XVI, par la transposition de l'unité du chiffre romain. Le continuateur de Frédégaire fait mention de *Masva vicus, in pago Autissiodorensi*: & en-effet, Mesve, quoique dans l'éloignement d'Auxerre, est dans les limites de son diocèse. La petite rivière de Masau, qui se rend dans la Loire à Mesve, conserve plus purement le nom de *Massava*.

44°, 24°.

MASSILIA. On lit *Maſſalia* dans les écrivains Grecs ; & ſa fondation par les Phocéens ſortis d'une ville d'Ionie, eſt une choſe connue *lippis & tonſoribus* : quoique ſur les circonſtances hiſtoriques de cet établiſſement, le récit de Trogue-Pompée, ou de Juſtin ſon abbréviateur, ne ſoit pas d'accord avec ce que rapporte Athénée d'après Ariſtote, & Plutarque pareillement dans la vie de Solon. L'époque de la fondation de Marſeille remonte près de 600 ans avant l'Ere Chrétienne, en la fixant au tems que Tarquin l'ancien regnoit à Rome. Car, ce fut alors, ſelon Tite-live, que les Gaulois paſſerent en Italie, ſous la conduite de Bellovèſe ; & ces Gaulois, au rapport de l'hiſtorien, prêterent leur ſecours aux Phocéens contre les *Salyes*, qui s'oppoſoient à l'établiſſement de ces étrangers. Trogue-Pompée avoit écrit, que les Phocéens remontèrent le Tibre, *temporibus Tarquinii regis*, & contractèrent une alliance avec les Romains, avant que d'arriver dans la Gaule, & de s'y arrêter. La nation des *Segoregii*, ou *Segobrigii*, que Juſtin nomme pour être celle qui reçut d'abord les Phocéens, n'eſt point connue d'ailleurs, & je ne crois pas qu'il ſoit convenable de la confondre avec les *Reii*, dont l'emplacement eſt éloigné de la mer. C'eſt avec les *Salyes* qu'on voit conſtamment que les Marſeillois ont diſputé le terrain, juſqu'à ce que leur alliance avec Rome, en donnant occaſion aux Romains de porter leurs armes dans la Gaule, eût aſſuré à ces alliés une poſſeſſion paiſible des établiſſemens qu'ils avoient formés le long de la côte. Ces établiſſemens s'étendoient d'un côté juſqu'à *Emporiæ*, à l'entrée de l'Eſpagne, & de l'autre juſqu'à *Nicæa*, & au port *Monœcus*, que Strabon regarde comme le plus reculé vers l'Italie, & que Ptolémée leur accorde également. Les *Salyes* ayant été réduits par Sextius, Strabon fait entendre, que les Marſeillois obtinrent un terrain de huit ſtades en

Lib. XLIII.

Lib. V, ſect. 34.

Lib. IV, p. 180.

NOTICE DE LA GAULE.

largeur le long de la côte, & de douze stades aux endroits qu'occupoient leurs colonies. Cependant, il faut penser qu'ils avoient cherché à se placer en avant dans les terres, si l'on croit qu'Etienne de Byzance ne s'est point trompé en disant, qu'*Avenio* & *Cabellio* sont des villes Marseilloises, quoique renfermées dans le territoire des *Cavares*. Ce qu'on lit dans le premier livre *de Bello Civili*, que Pompée avoit accordé à Marseille, *agros Volcarum Arecomicorum*, & *Iluorum* (ou *Helvioyum*) selon diverses leçons, doit s'entendre simplement de quelques terres, qui dans le territoire de ces peuples pouvoient être à la bienséance de quelque établissement Marseillois. Etienne de Byzance nomme plusieurs villes Marseilloises, *Azania*, *Alonis*, *Trœzen*, sur lesquelles je crois qu'il convient mieux d'avouer que nous les ignorons, que de hazarder des conjectures trop incertaines. Mais, ce qui fait autant d'honneur à Marseille, qu'elle pouvoit tirer d'avantage de ses possessions, c'est la manière dont Tacite s'exprime dans la vie d'Agricola : *locum, Græcâ comitate, & provinciali parcimoniâ, mistum, ac benè compositum*. Elle avoit conservé dans une terre étrangère, les mœurs, & la façon de vivre, qu'elle tenoit de son origine : *mirùm quam facilè*, dit Méla, *& tunc sedem alienam ceperit, & adhuc morem suum teneat*. La littérature Gréque, selon Strabon, attiroit les Romains à Marseille, comme Athènes même pouvoit le faire. Il faut attribuer à la chute de l'Empire Romain en Occident, ce que dit Agathias, que Marseille de Gréque étoit devenue barbare. On voit dans le second livre de la guerre civile, où le siége que César mit devant Marseille est décrit, que cette ville étoit alors environnée de la mer presque de trois côtés ; *ferè ex tribus oppidi partibus mari alluitur :* & que le quatrième côté est celui par lequel elle communique à la terre ; *reliqua quarta est, quæ aditum habet à terrâ*. Il résulte de-là, qu'il faut réduire l'ancienne ville de Marseille à

Lib. II, cap. 5.

un triangle, que forme la longueur de son port avec le rivage de la grande mer; & que son étendue actuelle qui renferme le port, & qui le borde d'un côté comme de l'autre, est plus considérable qu'elle n'étoit autrefois. Eumène, dans un panégyrique de Constantin, dit que Marseille ne tient au continent que par un espace de MD pas; & je remarque que cette mesure, si on l'entend d'un mille & demi, excède considérablement ce qui convient au local. Car, depuis le fond du port, en tournant vers le bord de la mer, jusqu'à l'endroit que l'on nomme la grande pointe, on ne comptera que 5 à 600 toises, ce qui ne répond qu'à 7 à 800 pas, dont 1000 composent le mille romain. Ainsi, pour entendre Eumène, il faut se rabattre au pas commun, qui n'est que la moitié du pas géométrique; & c'est de la même manière que j'ai trouvé quelquefois qu'il en falloit user à l'égard des mesures d'espace qui se renferment dans une petite étendue de terrain, comme on peut considérer celle d'une ville, en comparaison d'une contrée spacieuse & vaste. Il semble que *civitas Massiliensium* ne tienne la dernière place dans la province Viennoise, selon la Notice des provinces de la Gaule, que pour être dans la position la plus éloignée à l'égard de la métropole. Cette ville mérite le premier rang qu'elle tient dans la province ecclésiastique d'Arles.

44°, 23°.

Lib. III, cap. 4. MASSILIENSE (*Ostium*). Pline nous indique les noms des bouches du Rhône, & donne à la plus considérable celui de *Massalioticum ostium*. Dans l'Itinéraire Maritime cette bouche est appellée *Gradus Massilitanorum*. La dénomination dans Pline est conforme au langage Grec, & j'ai cru devoir y employer une dénomination Latine. Entre les différentes bouches du Rhône, celle-ci étoit la plus voisine de Marseille. Mais aujourd'hui, ce n'est plus *amplissimum ostium*, selon l'expression de Pline, le Rhône s'étant porté dans un autre canal.

nal. Cependant, son ancienne entrée se distingue encore par le nom de Grand-Gras, & pour plus grand éclaircissement, voyez l'article *Rhodani ostia*.

44°, 23°.

MASTRAMELA STAGNUM. Artémidore d'Ephèse, dans Etienne de Byzance, fait mention de *Mastramella* comme d'une ville, & d'un étang, ou d'un lac, dans la Gaule. C'est ce qui a engagé le P. Hardouin à substituer dans Pline *Mastramela* au nom d'*Astromela*, qui s'y lisoit auparavant, quoiqu'on puisse dire que les manuscrits n'ont point concouru à autoriser ce changement, puisque le sçavant commentateur ne les cite point en cet endroit, comme on lui est redevable de le faire ailleurs. On lit aussi *Mastramela* dans Avienus, *in orâ maritimâ*. Strabon parle d'un lac sous le nom de *Stomalimna*, que l'on juge ne pouvoir être différent du *stagnum Mastramela*, & dont la dénomination, qui paroît devoir être appliquée particulièrement à l'ouverture du lac, plutôt qu'au lac même, est le sujet d'un article séparé. Il n'y a point de difficulté à reconnoître le *stagnum Mastramela* pour celui de Berre ou de Martigues. Quant à la ville de même nom, Honoré Bouche croit que c'est Istres, lieu assez considérable au couchant de l'étang, & le nom sous la forme d'*Astromela* paroîtroit favoriser cette opinion. Plusieurs autres sçavans veulent que cette ville ne soit pas différente de *Maritima*, ou de Martigues, qu'Avienus semble désigner en disant,

—— *oppidum Mastramelæ*
Priscum paludis.

Ubi suprà.

Lib. IV, p. 184.

Chorogr. de Prov. liv. III, chap. 6.

44°, 24°.

MATAVONIUM. Ce lieu est placé dans l'Itinéraire d'Antonin entre *Forum Voconii* & *ad Turrim*, la distance à l'égard du *Forum* étant marquée XII, & à l'égard du lieu dont le nom est *Turris* XIIII. On trouve aussi *Matavone* sur la même route dans la Table Théodosienne, quoiqu'il n'y ait point de conformité dans l'indication des distances, qui paroissent plus convenables au local selon l'Itinéraire, que selon la Table. Car, la Table marquant XXII, au lieu de XII, entre *Matavone* & le *Forum*, indépendamment de ce qui concerne l'intervalle de *Turris* à *Matavone*; cette seule indication égale ce qu'on présume qu'il y a d'espace direct entre la position du *Forum*, & celle qui garde le nom de *Turris* dans celui de Tourves. Honoré Bouche place *Matavonium* dans un lieu nommé Cabasse, ce qui ne s'accorde point avec son opinion que *Forum Voconii* est le Luc. Car, la distance actuelle du Luc à Cabasse ne peut s'estimer que d'environ 4 milles, lorsque l'Itinéraire en demande 12. C'est même une raison pour juger, que la position de *Forum Voconii* convient mieux à Gonfaron, comme je le fais voir ailleurs, qu'au Luc. En partant donc de Gonfaron, & en passant par le Luc & par Cabasse, où des inscriptions de colonnes milliaires qu'on y a trouvées nous indiquent la trace d'une voie romaine; je remarque que les 12 milles marqués par l'Itinéraire, conduisent jusqu'au lieu nommé Vins, dans lequel on peut reconnoître une partie du nom de *Matavonium*. De ce lieu jusqu'à Tourves, la route qui circule dans une vallée, laissant Brignole sur la gauche, répond à l'indication du même Itinéraire; & on peut en conclure, qu'il faut substituer XIIII à XVII dans la Table, pour la rendre conforme au local comme à l'Itinéraire.

$53°, 23°$.

MATILO. On trouve dans la Table Théodosienne, sur une route qui remonte de *Lugdunum* des *Batavi*, ou de Leyde, le long du Rhin : *Prætorium Agrippinæ* III *Matilone* V *Albamanis*. Ce qu'on lit ainsi *Albamanis*, est *Albiniana* selon l'Itinéraire d'Antonin, & il faut recourir à l'article de ce nom, pour sçavoir que ces distances sont données en milles romains. Mais, quelle que fût la mesure itinéraire, il résulteroit de la proportion de III d'un côté, & de V de l'autre, entre la position de Room-burg, qui est le *Prætorium*, & celle d'Alfen, qui est *Albiniana*, que la position de *Matilo* se place dans l'endroit qui porte actuellement le nom de Rhynen-burg, sur le même bord de cette branche du Rhin qui se rend à Leyde.

47°, 23°.

MATISCO. César fait mention de cette ville, ainsi que de Challon, comme étant également comprise dans le territoire des *Ædui*, & située de même sur l'*Arar*, ou la Saône : *Cabilloni & Matiscone, in Æduis, ad Ararim*. Les distances qui ont immédiatement rapport à sa position, sur la voie romaine qui y passoit, sont discutées dans les articles *Lunna* & *Tinurtium*. La Notice de l'Empire fait mention de *Matisconensis sagittaria*. Cette ville n'avoit pas encore le rang de cité lorsque la Notice des provinces de la Gaule a été dressée, n'y étant comprise, ainsi que *Cabillonum*, que sous le titre de *castrum*. M. de Valois a remarqué, que depuis plusieurs siècles, le nom de cette ville par une transposition de lettres a été écrit *Mastico*, au lieu de *Matisco*. Delà est venu le nom de Mascon : & parce que l'*s* est même supprimée dans la prononciation actuelle, on écrit Mâcon, en appuyant sur la voyelle de la première syllabe.

Comment. VII.

P. 323.

49°, 22°.

MATRONA FLUV. César en parle comme faisant la séparation des Celtes d'avec les Belges ; ce qu'Ausone exprime dans son poème sur la Moselle, *Gallos Belgasque intersita fines*. Les écrivains du moyen-âge ont écrit *Materna*. Nous disons la Marne par contraction.

52°, 24°.

MEDERIACUM. Ce lieu est placé dans l'Itinéraire d'Antonin entre *Sablones* & *Teudurum*, sur une route qui de *Colonia Trajana* se rend à *Colonia Agrippina*, par *Juliacum*, ou Juliers. La distance est marquée x à l'égard de *Sablones*, & ix à l'égard de *Teudurum*. On peut voir à l'article *Sablones*, que cette pofition convient à un lieu appellé int-Sant, entre Venlo & Gueldre; & celle de *Teudurum* fubfifte dans Tudder. Ce qu'il y a d'efpace entre ces pofitions excède ce qu'indique l'Itinéraire, & je ne trouve point de lieu qui rappelle le nom de *Mederiacum*. Mais, je crois devoir m'attacher à Bruggen, comme au lieu plus remarquable fur la direction de la voie, au paffage d'une rivière, & dont la diftance à l'égard de *Sablones* peut quadrer à celle que marque l'Itinéraire, ce qui procure l'avantage de s'y conformer dans l'une des deux diftances, plutôt que de s'en écarter indiftinctement dans l'une comme dans l'autre. Celle de Bruggen à Tudder étant plus forte, peut s'eftimer d'environ 12 lieues gauloifes.

46°, 23°.

MEDIOLANUM. Je place un lieu de ce nom entre *Forum Seguftanorum*, ou Feur, & Lion, quoique dans la Table Théodofienne il paroiffe entre *Rodumna*, ou Rouane, & *Forum*. Mais, l'examen des diftances veut une pareille tranfpofition. Car, l'efpace actuel entre Rouane & Feur n'étant que d'environ 18000 toifes, ne fçauroit admettre 36 lieues gauloifes, comme on les compte dans la Table en laiffant *Mediolanum* dans cet intervalle. Il faut ajouter à cela, qu'entre *Forum* & Lion, ce qu'on trouve dans la Table, fçavoir XVI, ne fuffit pas à un efpace qui eft plus grand qu'entre Feur & Rouane. Je remarque fur la route de Feur à Lion deux endroits, dont le nom de *l'Eftra* dérive du terme de *Strata*, ainfi que l'Eftrée dans d'autres provinces: & un peu au-delà fur la même voie, je rencontre un lieu dont le nom de Meys conferve de l'analogie avec le premier & principal de deux membres dont le nom de *Mediolanum* eft compofé, & c'eft en tronquant les anciennes dénominations qu'on les a communément altérées. Quant à la réforme dans des diftances que le déplacement de *Médiolanum* paroît demander, on peut juger que celle

NOTICE DE LA GAULE.

de Rouane à Feur tient lieu d'environ 17 lieues gauloises, & celle de Feur à Lion d'environ 22 en mesure itinéraire, la distance directe étant d'environ 24000 toises.

47°, 20°.

La Table indique un autre *Mediolanum* entre *Argentomagus*, ou Argenton en Berri, & *Aquæ Neræ*, ou Néris. La distance marquée xxviii à l'égard d'*Argentomagus* paroît forte, n'étant sur le local que d'environ 25 lieues gauloises en droite-ligne entre Argenton & Château-Meillan, que Grégoire de Tours appelle *Castrum Mediolanense*. De ce lieu à *Aquæ Neræ*, l'indication de la Table, qui est xii, n'est pas suffisante parce qu'entre Château-Meillan & Néris l'espace vaut au moins 18 lieues gauloises.

52°, 24°.

On trouve *Mediolanum* dans l'Itinéraire d'Antonin, sur une route qui conduit de *Colonia Trajana* à *Colonia Agrippina*, par *Juliacum*, ou Juliers, en s'écartant du Rhin: & la distance est marquée viii à l'égard de *Colonia Trajana*. Un lieu nommé Moy-lant conviendroit fort par cette dénomination: mais, ce lieu que Cluvier dit être distant de *Colonia Trajana* d'environ 6 milles, ne s'en écarte que d'environ 3 lieues gauloises, & l'Itinéraire prend communément un plus grand intervalle d'une position à une autre. D'ailleurs je remarque, qu'à la suite de *Mediolanum*, la distance étant pareillement marquée viii, pour arriver à un lieu nommé *Sablones*, le compte que fournit ainsi l'Itinéraire, en réunissant les deux distances depuis *Colonia Trajana*, convient à la position qui est propre à *Sablones*, sçavoir celle en qui on retrouve la même signification dans le nom d'int-Sand, entre Gueldre & Venlo. Car, il ne faut pas moins de 16 lieues gauloises pour remplir cet intervalle. Or, ces considérations mettent de la difficulté à adopter la position de Moy-lant pour celle de

Mediolanum, puisque cette position se trouvant trop près de *Colonia Trajana*, est en même tems trop éloignée de *Sablones*. Pour que Moy-lant soit *Mediolanum*, il faut supposer que l'Itinéraire a dû marquer III au lieu de VIII dans la première distance, & XIII au lieu de VIII dans la seconde. J'avoue que malgré quelque répugnance pour une pareille supposition, le nom de Moylant m'en impose.

50°, 19°.

MEDIOLANUM, *posteà* EBUROVICES. Ptolémée en fait mention comme de la ville principale des *Aulircii Eburaici*, dont le nom est ailleurs *Aulerci Eburovices*. Dans l'Itinéraire d'Antonin, & dans la Table Théodosienne, on trouve *Mediolanum Aulercorum*. Ammien-Marcellin cite la même ville dans la seconde Lionoise. Elle est du nombre de celles qui ont perdu leur nom propre & primitif, pour prendre celui de la cité ou du peuple dont elles étoient capitales. Le nom d'*Eburovices* étoit déja altéré lorsque la Notice des provinces de la Gaule a été dressée. On y lit *civitas Ebroicorum*. Dans le moyen-âge, c'est sous le nom d'*Ebroicæ*, ou d'*Ebroas*, qu'il est mention d'Evreux.

46°, 17°.

MEDIOLANUM, *posteà* SANTONES. Quoique le nom de la ville capitale des *Santones* soit écrit *Mediolanium* dans Strabon, dans Ptolémée, dans Marcien d'Héraclée, il semble que sur la finale de ce nom on doive se conformer à la manière la plus commune de l'écrire pour toutes les villes qui ont porté le même nom. Ce n'est pas précisément d'après Ptolémée, que Marcien d'Héraclée, quoiqu'il paroisse en tirer ses positions, se hazarde de dire, que la ville des *Santones* est près de la mer, & sur la Garonne. Ce qui pourroit se dire ainsi du territoire qu'occupoient les *Santones*, ne convient point à la situation de la capitale en particulier. L'Itinéraire d'Antonin, & la Table Théodosienne, font mention de *Mediolanum Santonum*. Cette ville a quitté ce nom qui lui étoit propre, pour prendre, comme la plûpart des autres capitales, celui du peuple. Ammien-Marcellin la désigne sous le nom de *Santones*, entre les villes principales de l'Aquitaine : & dans la Notice des provinces, *civitas Santonum* est de l'Aquitaine seconde. On lit *Santonus*, & *Santoni* dans Ausone, & dans Sidoine-Apollinaire, ce qui peut être attribué à la quantité pour la facilité du vers dans leurs poésies. La ville de Saintes conserve plusieurs vestiges des édifices publics dont elle étoit décorée sous la domination romaine.

Lib. XV.

50°, 25°.

MEDIOMATRICI. C'est ainsi que ce nom doit être écrit, d'après César, Strabon, Pline, Tacite, la Notice de la Gaule. Ptolémée est le seul qui donne lieu de changer la finale, en écrivant *Mediomatrices*. Si l'on prend en rigueur ce que dit César du cours du Rhin ; *per fines Sequanorum, Mediomatricorum, Tribocorum, Treverorum, citatus fertur;* les *Mediomatrici* auroient eu un district de grande étendue, & qui s'écartoit fort de leur cantonnement principal aux environs de la Moselle, en franchissant une barrière naturelle que la chaîne des Vosges leur opposoit. Et s'il étoit question dans César de la plus exacte description géographique, la situation des *Triboci*, dont les limites participent de ceux des *Leuci* comme des *Mediomatrici*, & qui ne sont point contigus aux *Treveri*, demandoit que dans cette énumération, les *Triboci* fussent nommés avant les *Mediomatrici*, non pas entre les *Mediomatrici* & les *Treveri*. Il est vrai que dans le cas où l'établissement des *Triboci* en-deçà du Rhin, ainsi que celui des *Nemetes* & des *Vangiones*, auroit été pris sur une partie de l'ancien territoire des *Mediomatrici*, il seroit naturel qu'il fût fait mention des *Mediomatrici*, avant que de citer les *Triboci*. Ce qui est constant, c'est que dans les tems

Comment. IV.

postérieurs à la conquête des Gaules par César, il ne paroît aucune trace ou mémoire de la possession des *Mediomatrici*, au-delà de ce qu'ils ont occupé dans les limites de la première Belgique, les parties voisines du Rhin en étant bien distinctes, & composant une autre province, la Germanie première. Il y a quelques autres remarques à faire sur les limites des *Mediomatrici*. On trouve un *Fines*, qui en les séparant de la cité des *Verodunenses*, la resserre dans des bornes plus étroites que le diocèse de Verdun. Je vois encore que le *pagus Metensis* dans le moyen-âge sort de l'étendue actuelle du diocèse de Metz, & empiète sur celui de Trèves, comme il s'ensuit des Lettres d'un comte Sigefrid, de l'an 963, où le *castellum Lusilinburch* (Luxembourg) est dit situé *in pago Metingouv*. A l'égard de cette dernière extension, il semble que Metz ayant été la demeure des rois d'Austrasie, cet avantange a pu étendre son ressort à un canton voisin, que l'on jugera néanmoins avoir appartenu aux anciens *Treveri*, plutôt qu'aux *Mediomatrici*.

49°, 18°.

MEDUANA FLUV. Cette rivière est citée dans des vers, que plusieurs critiques veulent n'être point de Lucain, & avoir été insérés dans son poème, ce qui m'a fait douter que je fusse en droit d'en faire usage:

Lib. I, v. 438.   *In nebulis Meduana tuis marcere perosus*
Andus, jam placidâ Ligeris recreatur ab undâ.

Quoi qu'il en soit, la dénomination par elle-même paroit ancienne, & sans altération. Il faut descendre aux écrivains du moyen-âge, pour pouvoir citer la Sarte & le Loir, que la Maïenne reçoit auprès d'Angers, avant que d'arriver à la Loire dans l'endroit nommé Bouche-Maine.

50°, 24°.

MEDUANTUM. C'est un lieu placé dans la Table Théodosienne à la suite de celui dont le nom de *Mosa* se rapporte indubitablement à Mouson, comme on peut
voir

NOTICE DE LA GAULE.

voir à l'article *Mosomagus*; & la distance est marquée VIII. Je n'ai point découvert d'autre position qui fût applicable à *Meduantum*, qu'un lieu nommé Moyen. Une Carte manuscrite & topographique des environs du Semoi dans l'Ardenne, me l'indique sur la droite de cette rivière, à un peu plus de 2500 toises au-dessus de Chini, qui est sur la gauche. On ne disconviendra pas qu'il n'y ait de l'analogie dans la dénomination. Quant à la distance de Mouson, comme elle peut s'estimer d'environ 10000 toises, l'indication si elle étoit VIIII, y conviendroit mieux que VIII, parce que le calcul de 8 lieues gauloises n'est en rigueur que de 9072 toises. Je crois que la route qui part de *Durocortorum*, & sur laquelle *Meduantum* se trouve dans la Table, est bien connue jusque-là. Mais, il n'en est pas de même de la continuation tracée dans la Table en aboutissant à *Colonia Agrippina*. Dans cet intervalle on ne voit qu'un nom de lieu auquel il manque quelques lettres, *M merica*, sans indication de distance à l'égard de *Meduantum*. S'il faut croire que la route se rendoit en-effet à Cologne, la disposition du local (comme on peut s'en rapporter à la carte de la Gaule) fait présumer que cette route s'unissoit, en s'approchant de *Colonia Agrippina*, à celle qui s'y rendoit d'*Augusta Treverorum*, ce qui néanmoins seroit plus décidé, si le lieu marqué par la Table au-delà de *Meduantum* étoit connu. Au-reste, ce défaut ne me dispensoit point de m'expliquer sur ce qui peut convenir à *Meduantum* en particulier.

46°, 17°.

MEDULI. Ce qui fait partie de l'ancien territoire des *Bituriges Vivisci*, sous le nom de Médoc, entre l'embouchure de la Garonne & la mer, représente les *Meduli*. Car, le nom de Médoc vient de *Medulcum*, qui est dérivé de *Meduli*. Ausone désigne la situation de ce canton, comme la qualité de son terroir, en écrivant à un de ses amis, nommé Théon:

Quid geris extremis positus telluris in oris,
Cultor arenarum vates ? cui littus arandum
Oceani finem juxtà, solemque cadentem.

Il vante ailleurs *ostrea Medulica, Baianis certantia;* & auxquelles Sidoine-Apollinaire fait allusion, en parlant de ceux qu'il appelle, *Medulicæ supellectilis epulones*. Dans la chronique des Normans, sous l'an 848, le lieu dont il est mention à la suite de Bourdeaux, sous le nom de *Metullium*, ne peut être attribué dans le voisinage de cette ville qu'aux *Meduli*, dont il paroît tirer sa dénomination : *Northmanni Burdegalam Aquitaniæ, Judæis prodentibus, captam, depopulatamque, incendunt : deindè Metullium vicum populantes, incendio tradunt*. Je pense que Castelnau de Médoc pourroit avoir succédé à *Metullium*, comme ayant été réédifié ; & en qualité de lieu principal chez les *Meduli*, il tiendroit vraisemblablement la place d'un *Noviomagus* que Ptolémée indique chez les *Bituriges Vivisci*, & dont il est mention dans un article particulier.

46°, 25°.

MEDULLI. Le nom de ce peuple dans un endroit du texte de Strabon est *Medualli*. Dans l'inscription du Trophée des Alpes, rapportée par Pline, & dans celle de l'Arc de Suse, on lit *Medulli*. Selon Strabon, ce peuple occupoit le plus haut sommet des montagnes, & il attribue à ces montagnes 100 stades de hauteur perpendiculaire. Il ajoute, que les *Medulli* sont fort au-dessus de la jonction de l'Isère avec le Rhône : car, c'est ainsi qu'il faut entendre les termes dont il se sert, μάλιϛα τῆς συμϐολῆς, pour que les *Medulli* ne descendent point trop bas dans le territoire des *Allobroges*, au-dessus desquels Ptolémée témoigne qu'étoient situés les *Medulli*. C'est problablement d'un lac qui est au pied du mont Cenis, que parle Strabon, à la suite de ce qu'il dit de la position des *Medulli*, lorsqu'il ajoute que les fleuves *Druentius* & *Durias* ont leurs sources dans le voisinage, & peu éloignées entre elles. Mais, en conduisant ce *Durias* dans le Pô par le pays des *Salaſſi*, il confond Doria Riparia, qui passe chez les *Taurini*, avec Doria Baltea, dont l'origine dans l'Alpe Gréque est fort distante de celle que prend la Durance dans l'Alpe Cottienne. Les *Medulli* dans l'inscription du Trophée, sont placés entre le nom d'*Acitavones* & celui d'*Uceni*. On a lieu de prendre le premier de ces noms pour celui de *Centrones*, par des raisons qui sont exposées dans l'article concernant les *Centrones*, habitans de la Tarentaise. Les *Uceni* trouvent leur place dans une vallée du Daufiné, où l'on croit que le Bourg d'Oisans conserve leur nom. Ainsi, les *Medulli* en position intermédiaire, ont dû habiter dans la Maurienne, serrée entre la Tarentaise & le Daufiné. Dans cette position on voit les *Medulli* sur le dos, pour ainsi dire, des *Allobroges*, comme on doit l'inférer de Ptolémée. Ils tiennent aussi à l'Isère, en conformité du rapport de Strabon; ce qui ne peut s'entendre néanmoins que de la partie du cours de cette rivière, qui des confins de la dépendance de *Cularo*, ou de Grenoble, ville des *Allobroges*, remonte jusqu'à l'entrée du pays des *Centrones* vers le lieu nommé Conflans. Dans cet espace, & sur le penchant de la montagne qui suit la rive droite de l'Isère, le nom d'un lieu qui est Miolans, paroît à quelques sçavans avoir du rapport à celui des *Medulli*. Ce rapport seroit, en-effet, presqu'aussi marqué qu'entre Meuillon du Daufiné sur la frontière de Provence, & *Medullio* qu'on trouve dans les titres. Il est assez fréquent de remarquer, que des noms qui avoient été les mêmes pour des lieux différens, & qui dans leur état primitif ne différoient en rien, ont néanmoins éprouvé du changement & de la diversité dans leur altération, en venant jusqu'à nous. Mais, si Miolans pouvoit convenir aux *Medulli*, ce ne seroit pas comme étant situé *propè Savonam*, selon une note de Daléchamp, éditeur de Pline.

49°, 21°.

MELDI. Strabon, Pline, Ptolémée, en font mention. *Meldi liberi*, dans Pline. *Meldæ*, selon Ptolémée. Ce qui composoit le district de ce peuple est appellé *Comitatus Meldensis* par Grégoire de Tours, *territorium Meldicum* dans les gestes de Dagobert I ; & le *Melcianus pagus* placé dans les capitulaires de Charlemagne entre le *Parisiacus* & le *Milidunensis*, & remplissant ainsi l'intervalle de ces *pagi*, doit embrasser tout le diocèse de Meaux ; au lieu que le nom actuel de Multien se borne à la partie qui est au nord de la Marne, le reste étant compris dans le *Briegium*, ou la Brie.

52°, 22°.

On trouve le même nom de *Meldi* dans le cinquième livre des Commentaires. César formant le projet de passer dans la Grande-Bretagne, & ayant placé toutes ses légions en quartier d'hiver chez les Belges, *in Belgis omnium legionum hiberna constituerat*; avoit ordonné la construction des bâtimens nécessaires pour faire le trajet la campagne suivante. En arrivant au port *Itius* il trouva que sa flotte s'y étoit rendue, à l'exception de 40 voiles, *quæ in Meldis factæ erant*, auxquelles le vent contraire n'avoit pas permis de tenir leur route, & qui avoient été obligées de relâcher à l'endroit d'où elles étoient parties ; *tempestate rejectas, tenere cursum non potuisse, atque eodem, undè erant profectæ, relatas*. On voit bien que ces circonstances ne peuvent s'appliquer à la cité des *Meldi*, dont il s'agit dans l'article précédent. La navigation qui avoit été favorable au plus grand nombre de bâtimens, construits selon toute vraisemblance sur la Somme, l'Autie, la Canche, devoit être contraire dans une direction opposée, & en venant du nord. En conséquence de cette observation, on peut jetter les yeux sur un canton de la Flandre voisin de Bruges, dont le nom de *Meld-felt*, c'est-à-dire *Meldicus campus*, vulgairement Maldeg-hem-velt, nous transmet le nom des *Meldi* fans aucune altération. La rivière d'Iper avoit autrefois plufieurs embouchures par des bras différens, & formoit des ports à la hauteur de Bruges précifément, comme on peut voir à l'article *Portus Æpatiaci* : & ce que je propofe ici fur les *Meldi* dont il eft parlé dans Céfar, paroît plus recevable, que d'en effacer le nom, & d'y fubftituer celui des *Unelli*, en fuivant Nicolas Sanfon.

46°, 24°.

MELLOSEDUM. Il en eft mention dans la Table Théodofienne, fur la trace d'une route qui, paffant à *Cularo*, ou Grenoble, conduit à l'*Alpis Cottia*, comme on peut voir à l'article *Catoriffium*, où les difficultés qui fe préfentent en voulant reconnoître les lieux placés fur cette route font expofées. Cependant, il y a grande apparence que celui-ci convient à la pofition d'un lieu dont le nom eft Mizouin, fur la Romanche, entre le Bourg d'Oifans & le Lautaret.

49°, 21°.

MELODUNUM, *quod* & METIOSEDUM. On trouve le nom de *Melodunum* dans Céfar, comme étant celui d'une ville des *Senones*, renfermé de même que *Lutecia*, dans une ifle de la Seine : *Melodunum eft oppidum Senonum, in infulâ Sequanæ pofitum, ut paullò antè Luteciam diximus.* Dans l'Itinéraire d'Antonin, la pofition de Melun paroît fous le nom de *Mecletum*, ou fuivant une autre leçon, *Methetum* ; felon la Table Théodofienne *Meteglum*. La diftance entre *Lutecia* & cette pofition eft également marquée XVII ; & nonobftant cet accord de l'Itinéraire & de la Table, l'efpace abfolu demande au moins 19 lieues gauloifes, par la raifon que ce qu'il y a d'efpace entre la cité de Paris & Melun approche de 22000 toifes. Mais, je remarque, que ce qui eft de moins en cette diftance fe retrouve en plus dans celle qui la fuit jufqu'à *Condate*, ou Montreau-faut-Ionne, dont la pofition eft connue dans l'an-

Comment. VII.

gle que forme l'union de la rivière d'Ionne avec la Seine. Car, quoique l'Itinéraire & la Table conviennent encore dans leur indication, sçavoir xv, l'espace absolu entre Melun & Montreau ne passant guère 14000 toises, n'admet que 13 lieues gauloises. Or, 13 ajoutés à 19 font 32, de même que 15 & 17 dans l'Itinéraire & dans la Table. Si leurs indications prises séparément ne sont pas justes, ce qu'elles ont de défectueux est compensé dans leur réunion, & en faisant un total de *Lutecia* à *Condate*. C'est ce qu'on rencontre quelquefois dans l'application qu'on fait au local de plusieurs distances qui se suivent sur une même route. Les écrits du moyen-âge varient sur le nom de *Melodunum*, comme les monumens qui leur sont antérieurs. On trouve *Mecledo*, conformément à la leçon de quelques manuscrits de l'Itinéraire, ou à peu près, dans une lettre que Léon, évêque de Sens, écrivoit dans le sixième siècle au roi Childebert I, pour s'opposer à l'établissement d'un siège épiscopal à Melun, renfermé dans son diocèse. Mais, je ne dois pas me borner à cette discussion dans le présent article, étant obligé de m'étendre sur un point fort controversé, au sujet de la mention qui est faite de *Metiosedum*, dans le même livre des Commentaires d'où le nom de *Melodunum* est tiré. Il faut par rapport à cet objet étudier avec application les circonstances de l'expédition de Labiénus contre les *Parisii*. Ce lieutenant de César part d'*Agedincum*, ou de Sens; & aux approches de *Lutecia*, ayant inutilement tenté de traverser un marais, formé selon ce qu'il y a de plus vraisemblable, par la rivière de Bièvre, sur la rive gauche de la Seine; il retourne par le même chemin jusqu'à *Melodunum*, ville des *Senones*, dans une isle de la Seine, comme il est rapporté ci-dessus. S'en étant rendu maître, il y passe de l'autre côté de la rivière pour revenir se camper devant Lutèce. L'énemi resté sur un des bords de la rivière, en face de la ville, avoit son camp vis-à-vis de celui de Labiénus. Dans cette position, on voit que ce n'eſt plus le marais dont il a été parlé, mais le cours de la Seine, & l'emplacement de Lutèce, qui féparent les deux armées : celle des *Pariſii* & de leurs confédérés demeure fur la rive gauche, & c'eſt fur la droite que l'armée romaine eſt campée. Cependant, la nouvelle ſe répand auſſitôt de toutes parts, que Céſar a levé le ſiége de *Gergovia*, & que les *Ædui* ont pris le parti de la révolte. Labiénus eſt en même tems informé, que fur ſes derrières les *Bellovaci* prennent les armes, tandis que l'énemi qu'il a devant lui ferme le paſſage du retour. Il confie la garde de ſon camp à cinq cohortes, & il en fait partir cinq autres, accompagnées de bâteaux pour remonter le fleuve, *adverſo flumine*, avec grand bruit, dans la vue d'attirer de ce côté-là l'attention de l'énemi. Pour lui, ayant à l'entrée de la nuit, & ſourdement, raſſemblé cinquante barques, pour deſcendre la Seine à quatre milles au-deſſous de ſon camp, il traverſe la rivière fur ces barques vers le point du jour. L'énemi apprenant les mouvemens des Romains, & croyant qu'ils prennent la fuite, veut également agir par trois endroits. Il laiſſe un corps vis-à-vis du camp romain, qui eſt demeuré devant Lutèce. Il en détache un autre pour ſuivre la route des bateaux le long du fleuve, & c'eſt en cet endroit que le nom de *Metioſedum* ſe rencontre dans le texte : *parvâ manu Metioſedum verſus miſſâ, quæ tantùm progrederetur, quantùm naves proceſſiſſent*. Avec le reſte de ſes forces, il marche contre Labiénus. Sanſon en écrivant fur ce ſujet, veut que le corps détaché vers *Metioſedum*, pour côtoyer la navigation des bateaux qui remontoient, ait pour objet de ſuivre les barques qui avoient deſcendu la rivière. Il ne prend pas garde, que le ſtratagème de Labiénus, & le ſuccès qui en réſulta, conſiſtent préciſément à avoir fait exécuter cette manœuvre de nuit & ſans bruit, pour en dérober la connoiſſance : *primâ con-*

fectâ vigiliâ, secundo flumine progredi silentio, jubet. Ce qu'il ordonne au contraire en remontant la rivière, de le faire d'une manière tumultueuse & bruiante, s'est fait entendre de l'énemi : *magnum ire agmen adverso flumine sonitumque remorum in eâdem parte exaudiri.* Et cet énemi, qui se persuade que les Romains cherchent les moyens de fuir, & par trois côtés différens, *quod existimabant tribus locis transire legiones, atque omnes fugam parare;* ne se porte aussi vers trois différens côtés, que pour s'opposer également par tout à une retraite qu'il croit précipitée. Or, il est aisé de remarquer, que si l'on fait marcher un de ces détachemens vers le bas de la rivière, en même tems que le gros de l'armée gauloise marche vers Labiénus, c'est diriger deux différens corps vers un seul & même côté, & ne pas satisfaire à tout ce que l'énemi se propose & entreprend, en lui faisant négliger & laisser en arrière le détachement romain qui remonte la rivière, quoique dans l'opération de Labiénus, ce mouvement se fasse avec éclat, tandis que de l'autre côté il est secret & clandestin. Je n'ai pu me dispenser d'entrer dans un pareil détail, nonobstant mon intention d'éviter la prolixité dans cet ouvrage. J'ai vu avec surprise, que M. de Valois, qui n'est pas volontiers d'accord avec Sanson, adoptoit ici son opinion, & l'interprétation sur laquelle elle est fondée : *suam opinionem,* en parlant de Sanson, *Cæsarianâ relatione stratagematis Labieni confirmat, ac verisimillimam reddit.* Cellarius accède aussi au même sentiment, entraîné à ce qu'il paroît par l'autorité de M. de Valois. Au-reste, il paroîtra plus aisé de se convaincre que la position de *Metiosedum* ne doit point être placée au-dessous de Lutèce, en descendant la Seine, que de décider quelle est sa position du côté contraire, ou en remontant. Il semble néanmoins, quand on y fait attention, que le nom de *Metiosedum* soit employé dans le texte des Commentaires, comme celui d'un lieu dont il a déja été question,

tion, & qui a été précédemment désigné dans le cours de l'expédition, ce qui ne peut concerner que *Melodunum*. Joseph Scaliger va plus loin que de prendre *Metiosedum* pour *Melodunum* : il prétend que dans les manuscrits de César, on lit *Metiosedum*, au lieu de *Melodunum*, ce qui est suspect de faux à M. de Valois. Quoi qu'il en soit, la manière diverse dont on lit le nom du même lieu, *Methetum*, *Meteglum*, *Mecledum*, a plus d'affinité au *Metiosedum*, que la dénomination même de *Melodunum*. Marlien, & quelques autres après lui, veulent qu'on lise *Josedum*, plutôt que *Metiosedum*, ce qui est rejetté par Scaliger.

44°, 24°.

MEMINI. Il en est mention dans Pline, en leur donnant pour ville *Carpentoracte*, & le nom des *Memini* est répété dans un autre endroit. On lit *Mimeni* dans Ptolémée, avec *n* dans la seconde syllabe, & en leur atribuant une ville sous le nom de *Forum Neronis*. J'expose dans l'article *Carpentoracte*, plusieurs raisons de croire que Carpentras a dû appartenir aux *Cavares*, plutôt qu'à un autre peuple : & comme la position du *Forum Neronis* de Ptolémée, peut se retrouver dans celle de Forcalquier; il s'ensuit que les *Memini* ou *Miméni*, étoient placés entre les *Vulgientes* & la Durance, dans le diocèse de Sistéron.

Lib. III, cap. 4. & lib. XVIII, cap. 3.

52°, 23°.

MENAPII. Quand on lit dans le quatrième livre des Commentaires, que César fit marcher des détachemens de son armée *in Menapios, atque in eos pagos Morinorum, à quibus ad ipsum legati non venerant*; on est induit à croire que les *Menapii* & les *Morini* étoient contigus. Strabon qui suit César en beaucoup d'endroits, semble l'avoir entendu de même. Cependant, cette contiguité de position souffre difficulté, comme on peut voir à l'article *Nervii*. Dans un autre endroit du même livre des Commentaires, César place les *Menapii* sur le Rhin, leur attribuant même au-delà du fleuve des terres, que les *Ufipetes*, nation Germanique, chaffés par les *Suevi*, vinrent occuper : *quas regiones Menapii incolebant, & ad utramque ripam fluminis agros, ædificia, vicofque habebant.* Au fixième livre il eft parlé des *Menapii* comme étant voifins des *Eburones*, *propinqui Eburonum finibus* ; en ajoutant, *perpetuis paludibus filvifque muniti.* Les *Menapii* furent enfuite plus refferrés. Un refte de la nation des Sicambres, les *Gugerni*, tranfportés en-deçà du Rhin fous Augufte, habiterent un canton de pays entre les *Ubii* & les *Batavi*. Les *Toxandri* en s'aggrandiffant dans la partie feptentrionale du Brabant, prirent la place que les *Menapii* occupoient du tems de Céfar en confinant aux *Eburones*. Quoique la Notice de l'Empire faffe encore mention de quelques milices fous le nom des *Menapii*, on ne voit point d'indice de cette nation par quelque cité qui la repréfente, dans la Notice des provinces de la Gaule, foit Belgiques, foit Germaniques. Leur nom ne s'éteignit pas néanmoins, & il fubfifta fous la domination Françoife dans celui de *pagus Ménapifcus* ou *Menpifcus*, dont il eft mention dans le partage que Louis le Débonnaire fit de fes Etats entre fes enfans. Mais, ce n'étoit plus qu'un canton refferré vers la partie inférieure du cours de l'Efcaut, par le Brabant d'un côté, & de l'autre par la Flandre proprement dite, qui s'étendoit le long de la mer aux environs de Bruges. Enfin, fi l'on en croit la chronique des Normans, ces pirates exerçant leurs brigandages le long de l'Efcaut, détruifirent totalement le refte des *Menapii* l'an 800.

43°, 25°.

MESE. On peut voir dans l'article *Stœchades infulæ*, que comme ces ifles font rangées de fuite, ce qui les a fait appeller ainfi par les Marfeillois, les noms qui diftinguent chacune des trois *Stœchades* en particulier, font tirés de l'ordre qu'elles gardent entr'elles, & c'eft Pline

Lib. III, cap. 5.

NOTICE DE LA GAULE. 459

qui nous les indique. Or, il réfulte de la néceffité qu'il y a d'y reconnoître les ifles d'Ières, nonobftant une opinion contraire dans M. de Valois, que l'ifle qui eft appellée *Mefe*, ou celle du milieu, doit être Portcroz, que Porqueroles précède, & que fuit l'ifle du Levant. Mais, Pline qui veut que *Mefe* porte en même tems le nom de *Pomponiana*, peut bien ne pas accufer jufte en cette circonftance, parce que *Pomponiana*, felon qu'il en eft mention dans l'Itinéraire Maritime, demande une pofition différente de *Mefe*; & fur ce point on peut confulter un article particulier concernant *Pomponiana*. Honoré Bouche en contredifant Pline fur l'application du nom de *Pomponiana* à *Mefe*, le tranfporte à l'ifle antérieure, c'eft-à-dire *Prote*. C'eft pour n'avoir pas connu dans *Pomponiana* une pofition différente de l'une & de l'autre de ces ifles.

Chorog. de Prov. liv. I, ch. 7.

44°, 22°.

MESUA. Dans la defcription que donne Méla de la partie maritime de la Narbonoife, il s'explique ainfi fur ce lieu: *Mefua collis, incinctus mari penè undique, ac nifi quod angufto aggere continenti annectitur, infula.* Il eft ici queftion de Mefe, fur le bord de l'étang de Tau, quoique cet étang plutôt que la mer, ne referre plus Mefe de la même manière dont parle Méla. Mais, ce lieu eft fitué, comme l'a remarqué M. Aftruc, entre deux vallons profonds, prefque au niveau de l'étang, & dans lefquels il a pu s'épancher autrefois. Il eft mention de *Mefua* dans Feftus-Aviénus (*in Ora maritima*) en lifant *Mefa*, au lieu de *Manfa*, dans ce paffage, *tùm Mefa vicus*. Entre les pièces qui compofent les preuves de l'hiftoire de Languedoc, un diplome de Charle le Chauve fait mention de Mefe en ces termes: *res in pago Agathenfe, hoc eft qui nuncupatur caftrum de Mefoæ*. M. de Valois cite d'autres actes, qui quoique poftérieurs de plufieurs fiècles, confervent également le nom de *Mefoa*. Voffius, & ce qui eft plus furprenant, Catel, qui

Lib. II, cap. 5.

Hift. natur. de Langued. p. 36.

Tom. I, col. 77.

P. 337.

étoit du pays, ont cru que *Mefua* étoit la montagne de Sette, croyant la voir dans ces termes de Méla, *collis incinctus mari penè undique*.

44°, 23°.

Lib. III, cap. 5. **METAPINA INSULA.** Pline cite une ifle dans l'embouchure du Rhône, *in Rhodani oftio*, dont le nom qui fe lit *Metina* dans les éditions, eft *Metania* dans les manufcrits, comme le remarque le P. Hardouin; & j'adopte la conjecture de ce fçavant commentateur, & du P. Labbe, qui eft de lire *Metapina*, au lieu de *Metania*. Car, l'une des embouchures du Rhône, & la plus voifine de l'*oftium Maffilienfe*, étant nommée *Metapinum oftium*, felon Pline, il eft vraifemblable que le terrain refferré par ces embouchures ait pu participer à la dénomination par laquelle un des canaux étoit diftingué, & peut-être même lui communiquer le nom qui lui étoit propre, plutôt que de le recevoir de *Hift. nat. de* ce canal qui la renfermoit. M. Aftruc eft d'un avis diffé-*Lang. p. 48.* rent, croyant retrouver le nom de *Metina* dans celui des Tignes, que l'on donne à de petites ifles fort baffes & prefque au niveau de la mer, que les alluvions du Rhône ont formées à l'embouchure qui eft l'*oftium Maffilienfe*.

44°, 23°.

Lib. III, cap. 4. **METAPINUM OSTIUM.** Nous fommes redevables à Pline de nous indiquer les noms des bouches du Rhône; & le nom de *Metapinum* convient à celle des embouchures qui tient le milieu entre deux autres, *os Hifpanienfe*, & *os Maffalioticum*, ou *Maffilienfe*. On ne découvre point ce que le nom de *Metapinum* peut fignifier, comme on voit ce qui a donné lieu aux deux autres dénominations. Cette bouche fervoit d'iffue à un canal, qui fe détachoit du lit principal du Rhône, près d'une tour nommée Tanpan, comme il eft vraifemblable, & qui s'ouvroit à la mer fur une plage qui garde le même nom. Voyez l'article concernant *Rhodani oftia*.

NOTICE DE LA GAULE.

51°, 21°.

MINARIACUM. Dans l'Itinéraire d'Antonin, la position de *Minariacum*, en partant de *Castellum*, ou de Caffel, conduit d'un côté à *Turnacum*, Tournai, de l'autre à *Nemetacum*, qui eft Arras. La diftance de *Caftellum* à *Minariacum* eft marquée XI ; & la trace de cette route fubfifte, en paffant près d'un lieu nommé Caeftre, puis par un autre dont le nom de *Strafella* eft dérivé indubitablement de *Strata*. Les Flamands qui parlent la langue Flamingante, plutôt que la Walone, appellent ce chemin *de groote Steen-ftraet*, comme on peut voir dans la carte du Bell-ambacht de Sanders, c'eft-à-dire grand chemin de pierre ou pavé. Il conduit directement à Efterre, fur le bord de la Lis. Cluvier, Sanfon, Adrien de Valois, & d'autres fçavans, fe font mépris en plaçant *Minariacum* à Merghem ou Merville, au-deffus d'Efterre. Outre que la voie qui exifte n'y conduit pas, je remarque que ce qu'il y a d'efpace entre Caffel & Merville n'étant que de 10 à 11000 toifes, l'indication de l'Itinéraire n'eft point remplie. Le nom de Merville, qui eft *Mauronti villa*, felon Aubert le Mire, n'a point d'affinité à celui de *Minariacum* : & fi la diftance ne convient point à Merville, il n'en eft pas de même à l'égard d'Efterre. Car, étant en droite-ligne de plus de 12000 toifes, la mefure itinéraire peut remplir ce que valent 11 lieues gauloifes, c'eft-à-dire 12500 toifes ou environ. La continuation de la même voie par la Baffée, & paffant à côté de Lens, conduit à Arras. L'indication de l'Itinéraire entre *Minariacum* & *Nemetacum*, qui eft XVIIII, paroît convenable, en ce que l'efpace en droite-ligne étant de 21000 toifes, la mefure itinéraire de 19 lieues gauloifes bien complettes n'y ajoute que 546 toifes. Quant à la diftance de *Minariacum* à Tournai, l'efpace qui n'eft que de 24 à 25000 toifes, n'admet point ce qu'indique l'Itinéraire fur le pied de XXVII, & réduit néceffairement cette indication à XXII.

50°, 22°.

MINATICUM. Ce lieu est placé sur la route de *Bagacum* à *Durocortorum*, ou de Bavai à Reims, dans l'Itinéraire d'Antonin, & pareillement dans la Table Théodosienne, quoique le nom y soit étrangement écrit *Nintecasi*. La distance à l'égard de *Verbinum*, partagée en deux distances particulieres dans l'Itinéraire, dont il résulte 13, est également marquée xiii dans la Table, & elle convient à la position d'un lieu nommé Nizi-le-Comte. Ce lieu conduit, en suivant la même direction de route, au passage de la rivière d'Aisne, entre Avaux & Neuchâtel, & ce passage est bien désigné par le nom d'*Axuenna* dans la Table. La distance actuelle peut s'estimer de 8 à 9 lieues gauloises. La Table marque ix, & dans l'indication de l'Itinéraire, qui est xviii, le chiffre qui fait dixaine doit être supprimé. C'est précisément par cet endroit que la somme des distances entre Bavai & Reims, se réduit à 53, au lieu de 63, comme on peut voir dans l'article *Verbinum*.

47°, 25°.

MINNODUNUM. On lit *Minnidunum* dans quelques exemplaires de l'Itinéraire d'Antonin : mais, une inscription qui porte *Minnodunenses*, nous instruit de la vraie leçon. Ce lieu est placé sur la voie romaine, entre *Viviscus*, ou Vevai, sur le lac Léman, & *Aventicum*. Il en est aussi mention dans la Table Théodosienne, où on lit *Minodum*. La distance à l'égard d'*Aventicum* est marquée xiii dans l'Itinéraire, xviii dans la Table. Les cartes de la Suisse ne sont pas d'accord sur l'espace qui y correspond, & la mesure en est trop forte dans quelques-unes. L'estime que je fonde sur les hauteurs que je crois convenables aux points de Lausane & de Neuchâtel, dont la différence d'environ un demi degré renferme l'espace dont il s'agit, me fait conclure la distance entre Moudon, qui est *Minnodunum*, & la position d'*Aventicum* à Avanche, d'environ 13 lieues

NOTICE DE LA GAULE. 463

gauloises, & rien de plus. Ainsi, l'indication de l'Itinéraire est préférable à celle de la Table. Il n'y a point de différence entre l'Itinéraire & la Table sur la distance de *Minnodunum* à *Viviscus*, comme on peut voir dans l'article *Bromagus*, qui est un lieu intermédiaire de *Minnodunum* & de *Viviscus*.

50°, 27°.

MOGONTIACUM. Il n'en est point mention avant Tacite. Cependant, si nous en croyons Eutrope, ce lieu étoit antérieurement décoré d'un monument élevé à Drusus & à son fils Germanicus. On lit *Maguntiacum* dans Tacite, & dans S. Jérôme; selon d'autres auteurs, & dans la Notice de l'Empire, c'est *Mogontiacum*. Ptolémée y emploie le κ, au lieu du γ. On trouve *Magoncia* dans Eutrope, comme dans les écrivains postérieurs & du moyen-âge, Fortunat, Nithard, & autres. De-là s'est formé le nom de Maïence, & avec plus d'altération chez les Alemans celui de Mentz. Cette ville, par l'avantage de sa situation, devint la métropole de la Germanie première ou supérieure, & la résidence d'un général, qui sous le titre de *Dux*, commandoit depuis la frontière du district particulier d'*Argentoratum*, confié à un Comte, jusqu'aux limites de la Germanie seconde ou inférieure. La première des places sous les ordres de ce Duc, selon la Notice de l'Empire, étoit *Saletio*, ou Seltz, & la dernière *Antunnacum*, ou Andernach.

Lib. VII.

44°, 47°.

MONESI. Pline, en décrivant l'Aquitaine: *Saltus Pyrenæus, infraque Monesi.* On reconnoît leur nom dans celui de Monein, entre Pau & Navarreins. C'est un de ces peuples que l'on ne juge pas du rang des plus considérables, & dont cette partie de la Gaule abonde singulierement dans Pline.

Lib. IV, cap. 19.

49°, 26°.

MONS BRISIACUS. L'Itinéraire d'Antonin, qui en fait mention en plusieurs endroits, convient précisément à la position de Brisac dans les distances qu'il indique à l'égard d'*Helvetus*, ou d'*Helcebus*, d'un côté, & à l'égard d'*Urunci* de l'autre, comme on peut voir dans les articles *Helcebus* & *Urunci*. Mais, vu que toutes les positions que parcourent l'Itinéraire & la Table le long du Rhin, se trouvent situées en-deçà du fleuve, il ne convient pas d'en excepter Brisac, quoiqu'on le voie aujourd'hui sur la rive ultérieure du Rhin. Il est constant que ce fleuve a changé de lit en plusieurs endroits : & selon Luitprand de Pavie, le Rhin dans le dixième siécle enveloppoit Brisac d'un côté comme de l'autre : *in Alsatiæ partibus castellum, Brisecgauve patrio vocabulo nuncupatum, quod & Rhenus in modum insulæ cingens, & naturalis ipsa loci asperitas munit.* M. Schœpflin cite des annales des Dominiquains de Colmar, ville voisine de Brisac, qui portent que l'an 1295, le Rhin séparant depuis longtems Brisac d'avec l'Alsace, s'étoit porté de l'autre côté de la montagne sur laquelle cette ville est située : *Rhenus, qui longo tempore oppidum Brisacum ab Alsatia diviserat, isto anno pro parte ad latus montis se aliud transferebat.* Il est donc constant, que le Rhin a varié dans son cours par rapport à la position de Brisac ; & quand on examine les circonstances du local sur un plan, on reconnoît des vestiges du lit par lequel il séparoit Brisac de ce canton de la Souabe qui a pris le nom de *Brisigavia*. Entre les milices romaines qui prenoient leurs noms de quelques lieux en particulier, on trouve dans la Notice de l'Empire les *Brisigavi seniores & juniores*.

Lib. IV, cap. 14.

Alsatiæ illustr. Tom. I, p. 191.

45°, 24°.
MONS SELEUCUS. Ce lieu est mémorable par la victoire que l'empereur Constance y remporta sur Magnence l'an 353. On trouve *Mons Seleucus* dans l'Itinéraire d'Antonin, & dans celui de Bourdeaux à Jérusalem. Les distances qui y ont rapport sont discutées dans l'article des lieux que donne l'Itinéraire de Jérusalem

entre

entre *Lucus Augusti* & *Mons Seleucus*, & entre *Mons Seleucus* & *Vapincum*. Les indications de l'Itinéraire d'Antonin, sçavoir de *Vapincum* à *Mons Seleucus* XXIIII, & de *Mons Seleucus* à *Lucus* XXVI, excédent ce que le local fournit d'espace : & l'Itinéraire de Jérusalem paroîtra dans le même cas en consultant l'article *Vologatis*, & un de ceux qui sont compris sous la dénomination de *Fines*. Dans les plus anciens titres du Daufiné, un château qui tient l'emplacement de *Mons Seleucus*, est appellé *Bastida Montis Seleuci*, & postérieurement *Montis Solei*, comme je l'ai appris de M. le Baron de la Bâtie, seigneur de ce lieu. On dit aujourd'hui la Bâtie Mont-Saléon.

46°, 24°.

MORGINNUM. On trouve ce lieu dans la Table Théodosienne, sur la route de Vienne à *Cularo*, ou Grenoble ; & la distance à l'égard de *Cularo* est marquée XIIII. Cette distance est très-convenable entre Grenoble & Moiran, selon la mesure du mille, comme on ne peut se dispenser de l'employer dans l'étendue de la province romaine : & le nom de Moiran conserve encore du rapport à la dénomination que donne la Table. Dans les titres du Daufiné ce nom est *Moirencum*, & il n'est pas encore hors d'usage d'écrire Moirenc. M. de Valois transporte *Morginnum* à un lieu nommé Morges, & on peut dire de cette position qu'elle est fort étrange. Car, ce lieu est situé sur le Drac entre Grenoble & Gap, & à peu près à égale distance, ce qui tourne le dos à la route de Grenoble à Vienne, sur laquelle néanmoins la position de *Morginnum* nous est indiquée. Je dis que la distance de Moiran s'accorde avec celle de la Table, parce qu'un espace en droite-ligne de près de 10000 toises peut se comparer à la mesure itinéraire de 14 milles romains, dont le calcul en rigueur est de 10584 toises. En mesurant avec précision la trace de la voie actuelle, qui est bien figurée dans la carte que le

P. 164.

Roi a fait lever de la frontière des Alpes, cette mesure me donne environ 10500 toises. L'intervalle de Grenoble à la position que M. de Valois prend pour *Morginnum*, fourniroit à peu près le double de ce qui convient.

51°, 20°.

MORINI. La situation du pays qu'ils habitoient le long de la mer, leur a fait donner ce nom, qui dérive d'une source commune avec le nom d'*Armorici*. Le port où César assembla une flote pour passer dans la Grande-Bretagne, étoit du pays des *Morini*. Reculés ainsi dans l'extrémité de la Gaule, & jusqu'à la mer, ils sont appellés *extremi hominum* dans Virgile; dans Méla, *ultimi Gallicarum gentium*. Selon Dion-Cassius, ils étoient dispersés dans des cabanes du tems de César. Ptolémée leur attribue le port de *Gesoriacum*, & dans les terres la ville de *Taruana*. En y joignant le *castellum Morinorum*, on voit qu'outre le diocèse de Boulogne, le territoire des *Morini* embrasse les nouveaux diocèses de S. Omer & d'Ipre, qui ont succédé à celui de Térouenne. Quant au diocèse de Tournai, dont ceux de Gand & de Bruges sont des démembremens, & que Sanson ajoute encore aux *Morini*, je crois qu'il est plus convenable de l'attribuer aux *Nervii*, sur les indices qu'il y a que leurs dépendances se sont étendues jusqu'à la mer.

Lib. XXIX.

49°, 24°.

MOSA. L'Itinéraire d'Antonin place un lieu de ce nom sur la route d'*Andomatunum*, ou de Langres, à *Tullum Leucorum*, Toul. La distance à l'égard d'*Andomatunum* est marquée XII, & on compte 31 en deux distances de *Mosa* à *Tullum*. Ce lieu est Meuvi, situé au passage de la Meuse, & sur la direction de l'ancienne voie romaine, dont on reconnoît la trace par des vestiges, ce qui ne convient point également au lieu nommé Meuse, dont la position remonte aux sources de la

NOTICE DE LA GAULE.

rivière. Ainsi, ce qu'on lit dans la vie de sainte Salaberge, que cite M. de Valois, *villam quamdam Mosam nomine, ob amnem in eo loco defluentem sic appellatam*, n'est point applicable à la position de *Mosa* que donne l'Itinéraire, si ces paroles *in eo loco defluentem*, doivent s'entendre précisément de la source de la Meuse. L'indication de l'Itinéraire entre Langres & *Mosa* ne paroîtroit pas décisive sur ce point, en ce qu'elle ne remplit pas ce qu'il y a d'espace réel, qui est de 15 à 16000 toises. Mais, elle conviendroit encore moins à Meuse, qui ne s'éloigne de Langres que de 10 à 11000 toises. Et quand on fait usage de l'Itinéraire dans l'intervalle de *Mosa* à *Tullum*, on trouve que cet intervalle convient à la position de Meuvi, comme on peut voir dans l'article *Solimariaca*, & ce qui quadre à la position de Meuvi ne sçauroit quadrer à celle de Meuse. Je n'oublierai point de dire, qu'on trouve aussi *Mosa* dans la Table Théodosienne, mais d'une manière où l'ordre des lieux paroît confus & mal disposé. La distance marquée VIIII à l'égard de *Novimagus*, qui est Neuchâteau, demande environ XIII sur le local.

P. 361.

49°, 24°, & 52°, 23°.

MOSA FLUV. César fait sortir la Meuse *ex monte Vogeso, qui est in finibus Lingonum*. Il est vrai que la source de cette rivière est sur les confins du pays des *Lingones* : mais, en suivant la chaîne des Vosges, on la trouve presque anéantie avant que d'arriver à la source de la Meuse. De toutes les rivières que reçoit la Meuse dans l'étendue de son cours jusqu'à la jonction du Wahal, on ne connoît dans l'âge romain de la Gaule, que *Sabis*, ou la Sambre. Il est à présumer, que l'union du Wahal avec la Meuse se faisoit autrefois près de Dor-drecht, comme on peut voir à l'article *Vahalis*. Les communications qui existent aujourd'hui beaucoup au-dessus, sont d'un tems postérieur, & ont apporté du changement au cours de la Meufe, qui étoit plus direct au-deffous de Batenbourg, & paffoit fous *Mons-littoris*, avant que la mer pénétrât dans les terres, par la fubmerfion du Bies-bos en 1421. Le veftige de l'ancien lit entre Heufden & Gertrudenberg, qui eft *Mons-littoris*, conferve le nom de vieille Meufe. A Dor-drecht, le bras qui fe détache fur la droite, reçoit le Leck, dont l'exiftence du tems de l'antiquité eft incertaine, & on croit que l'induftrie a eu part à ce canal, qui fe nomme Merwede. L'autre bras eft appellé Oude-Maes, ou vieille Meufe ; & la réunion du précédent avec celui-ci, qui fe fait fous Vlarding, forme l'embouchure de la Meufe, que Tacite appelle *os immenfum*, & qui porte le nom de *Helium* dans Pline, comme je le remarque dans l'article *Helium oftium*. Quoique cette embouchure appartienne à la Meufe, cependant le Rhin en y communiquant par le Wahal, femble la revendiquer dans un endroit de Tacite, où en parlant d'un combat naval que Civilis hazarda contre la flote romaine, l'hiftorien s'explique ainfi : *fpatium velut æquoris electum, quo Mofæ fluminis amnem Rhenus Oceano adfundit.*

Hiftor. lib. V, 23.

44°, 17°.
MOSCONNUM. Dans l'Itinéraire d'Antonin, entre *Aquæ Tarbellicæ* & *Segofa*. Voyez l'article *Segofa*.

49°, 25°.
MOSELLA FLUV. Cluvier conjecture que dans l'endroit du quatrième livre des Commentaires où il eft dit, que la multitude des *Tuncteri* & des *Ufipetes*, pourfuivie par la cavalerie de Céfar, arriva en fuiant *ad confluentes Mofæ & Rheni*, il convient de lire *Mofellæ*, plutôt que *Mofæ*. M. de Valois approuve fort cette conjecture. Sanfon en a jugé de même, & ce qui me détermine également, nonobftant le témoignage des manufcrits, c'eft de voir dans Céfar, que ces Germains ayant d'abord paffé le Rhin vers la partie inférieure de

P. 363.

NOTICE DE LA GAULE. 469
son cours, & dans le territoire des *Menapii*, avoient pénétré chez les *Eburones*, & jusque chez les *Condrusi*; c'est-à-dire qu'ils s'étoient avancés jusque dans le Luxembourg, sur la frontière de l'évêché de Liége. Or, il est évident, que dans cette position, la retraite vers le Rhin immédiatement au-dessous du confluent de la Moselle, est plus vraisemblable, que de la prolonger jusqu'à la jonction du Wahal avec la Meuse, puisque le Rhin ne communique à cette rivière que par le canal du Wahal. Tacite parle de la Moselle, en disant *Annal. XIII.* que L. Vetus eut dessein d'entreprendre un canal pour *sect. 53.* joindre cette rivière à la Saône : *Mosellam atque Ararim factâ inter utrumque fossâ, connectere parabat.* Dans Florus, le nom de la Moselle est *Mosula*. On connoît le *Epist. lib. III.* poëme par lequel Ausone a célébré la Moselle, & qui a été commenté par Marquard Freher. Les raisons qui peuvent faire douter que Ptolémée ait indiqué cette rivière sous un autre nom, sont exposées dans l'article *Obringa fluvius*.

50°, 23°.
MOSOMAGUS. La Table Théodosienne trace une route, qui d'un lieu nommé *Noviomagus*, que je retrouve sous le nom de la Neuville en suivant une voie romaine qui de Reims conduisoit à Trèves, passe à un autre lieu dont le nom de *Mose* ou de *Mosa*, désigne indubitablement le passage de la Meuse en suivant la même route. Ce lieu ne sçauroit être que Mouson, dont le nom de *Mosomagus*, ainsi que nous l'ont transmis les plus anciens écrits du moyen-âge, est devenu *Mosomum*, par une contraction pareille à celle que plusieurs autres noms qui avoient la même terminaison, ont éprouvée. Mais, il convient d'observer, que la distance marquée xxv entre *Noviomagus* & *Mosa* n'est pas suffisante. La Table en marquant xii entre *Durocortorum* & *Noviomagus*, paroît d'accord avec ce qu'il y a de distance entre Reims & le lieu appellé la Neuville,

qui repréfente *Noviomagus*. Mais de ce lieu à Moufon, l'indication de xxx conviendroit mieux que xxv, parce que l'efpace actuel le veut ainfi, & que l'Itinéraire d'Antonin faifant compter 44 entre *Durocortorum* & *Epoiffum*, qui eft Ivois, Moufon n'eft plus près de Reims qu'Ivois que d'environ 3400 toifes, ou de 3 lieues gauloifes. Il faut donc admettre 42 entre Reims & Moufon : fur quoi défalquant 12 entre Reims & la Neuville, refte 30 entre la Neuville & Moufon. Pour ce qui eft d'une continuation de route au-delà de *Mofa*, ou de *Mofomagus*, voyez l'article *Meduantum*.

47°, 24°.

MURUS CÆSARIS. Céfar voulant fermer aux *Helvetii* le paffage dans la province romaine, fit élever un retranchement, qu'il appelle *murum*, depuis le lac Léman jufqu'au mont Jura, *à lacu Lemano ad montem Juram*. Des veftiges de retranchement, s'il en exifte comme on les a tracés dans quelques cartes, à une diftance du Rhône affez confidérable, & fur un terrain occupé par les *Helvetii*, qui s'étendoient jufqu'au bord du Rhône, ne conviennent point au retranchement de Céfar. Appien (*in fragmentis Urfini*) dit en termes clairs & formels, que la rive du Rhône fut fortifiée par Céfar d'un mur ou retranchement. D'ailleurs, ce qu'on lit dans les Commentaires, que les *Helvetii*, qui tenterent de s'ouvrir un paffage en traverfant la rivière, ne purent exécuter cette entreprife, *operis munitione, & militum concurfu & telis repulfi*, fait bien voir que le retranchement bordoit cette rivière, & qu'il étoit élevé fur la rive citérieure à l'égard de la province romaine. Céfar indique la longueur de ce retranchement, fçavoir 19 milles. Appien, auteur grec, qui compte par ftades, en marque 150 de compte rond, auquel il ne manque que deux ftades, pour completter rigoureufement 19 milles romains, à raifon de 8 ftades pour un mille, felon la compenfation du mille romain & du fta-

NOTICE DE LA GAULE. 471
de grec le plus ordinaire. Cet espace se renferme entre Genève, où le Rhône sort du lac Léman, & le mont du Wache, qui resserre la rive gauche du Rhône, en même tems que le Credo, qui tient au mont Jura, resserre la rive droite, dans l'endroit où le fort de la Cluse défend cette gorge, au passage de laquelle le Rhône est presque couvert par ces deux croupes de montagne. En mesurant la rive du Rhône sur une carte particulière des environs de Genève, cette mesure est égale à environ 15 minutes de la graduation de latitude appliquée à cette carte : donc, environ 14265 toises, à raison de 951 toises par minute ; & la supputation rigide du mille romain évalué à 756 toises, en comptant 19 milles complets, est de 14364 toises.

N.

48°, 16°.

NAMNETES. César, Strabon, Pline, Ptolémée, font mention des *Namnetes*. Le cours de la Loire bornoit leur territoire ; & Strabon s'est expliqué exactement en disant, que cette rivière coule entre les *Pictones* & les *Namnetes*. Le pays de Retz, *pagus Ratiatensis*, qui borde le rivage méridional de la Loire, faisoit partie de la cité des *Pictavi* ou *Pictones*; il étoit du du diocèse de Poitiers, avant qu'il fût cédé à Herispoé, prince Breton, & fils de Nominoé, par Charle le chauve en 851. La politique des princes Bretons de soumettre aux évêques qui leur obéissoient tout ce qui étoit de leur domaine, a fait l'aggrandissement de la jurisdiction spirituelle des évêques de Nantes. Il y a apparence que ces faits ont échappé à la connoissance de Nicolas Sanson, & de ceux qui en le copiant étendent le territoire des anciens *Namnetes* à tout ce qui est aujourd'hui du Diocèse de Nantes. D'un autre côté, on trouve quelque indice que les limites de ce Diocèse se seroient portées au-delà des bornes actuelles, & jusqu'à

Lib. IV, p. 190.

une petite rivière nommée la Sénone, en empiétant sur ce qui appartient au diocèse de Rennes. Car, un lieu nommé Meſſac, ſitué en-deçà de la Sénone à l'égard de Nantes, étoit du territoire de cette ville: *Meſſiacum territorii Namnetici*, ſelon une chronique publiée par D. Lobineau. On lit encore dans la même chronique, qu'un évêque inſtallé par Nominoé ſur le ſiège de Nantes, & qui s'étoit maintenu après la mort de ce prince dans une partie de ce diocèſe le long de la Vilaine, étendoit ſa juriſdiction *uſque ad Semenonem*, juſqu'à la Sénone, qui ſe rend dans la Vilaine. En général, les limites des anciennes cités n'ont pas été auſſi reſpectées dans l'étendue de la Bretagne, qu'en d'autres parties de la Gaule. Le *comitatus Mediæ*, dont Robert, Abbé du Mont-Saint-Michel, fait mention dans ſa chronique, ſous l'an 1174, eſt une partie du Nantois qu'on nomme la Mée, ce que M. de Valois n'explique point dans ſa Notice, p. 367.

47°, 25°.

NANTUATES. On lit dans le quatrième livre des Commentaires, que le Rhin prenant ſa ſource chez les *Lepontii*, traverſe le territoire des *Nantuates* : *Rhenus oritur ex Lepontiis, qui Alpes incolunt, & longo ſpatio per fines Nantuatium, Helvetiorum, &c. citatus fertur.*

Lib. IV, p. 192. Selon Strabon, les *Nantuates* habitent les premiers ſur le Rhin ſorti du mont *Adula*. Cette poſition ne paroît pas néanmoins convenir aux *Nantuates*, ſelon celle qui leur eſt aſſignée dans un autre endroit des Commentai-

Comment. III. res : *Nantuates, Veragros, Sedunoſque, à finibus Allobrogum, & lacu Lemano, & flumine Rhodano, ad ſummas Alpes pertinère.* Ces peuples ſont ici rangés dans l'ordre de leur poſition, depuis la frontière des *Allobroges*, & le lac Léman, en remontant vers les ſources du

P. 204. Rhône : & dans Strabon on trouve le nom des *Nantuates*, entre celui des *Veragri*, & le lac Léman. Ainſi, les *Nantuates* devoient habiter entre les *Allobroges* & les

Veragri,

Veragri, & on connoît la place de ceux-ci à *Octodurus*, en-deçà des *Seduni*. Une inscription en l'honneur d'Auguste, que Guichenon témoigne avoir été trouvée à S. Maurice, peut servir d'indice que les *Nantuates* tenoient la partie du Walais qui touche au lac Léman. Cette inscription parle en leur nom, *Nantuates patrono*. Pour que les *Nantuates* fussent voisins des *Allobroges*, il faut admettre qu'ils s'étendoient dans le Chablais, dont les limites bordoient le Rhône, avant que les Wallésans eussent conquis sur les ducs de Savoie la partie qui tenoit à la rive gauche de ce fleuve. Dirons-nous, par égard pour César lorsqu'il parle du Rhin, comme pour Strabon qui le suit, qu'il y avoit une portion de *Nantuates* vers le commencement du cours du Rhin ? Selon Pline, *Sarunetes*, entre les *Rhæti*, *ortus Rheni amnis accolunt* : mais, ce qu'il y a d'éloignement dans la position de Sargans, qui représente les *Sarunetes*, pourroit donner quelque territoire dans les vallées du Rhin à une communauté peu considérable, comme il convient de regarder la plûpart de ces nations des Alpes, qui sont citées dans l'inscription du Trophée élevé en l'honneur d'Auguste. Les *Nantuates* y paroissent entre les *Lepontii* & *Viberi* d'un côté, & les *Seduni* & *Veragri* de l'autre. Il faut convenir de l'obligation que nous avons à deux mots d'inscription, déterrés à S. Maurice en Walais ; & la manière dont Cellarius s'explique sur les *Nantuates*, sçavoir, *ubi inquiramus incertum planè est*, ne sçauroit plus avoir lieu. M. de Valois auroit vraisemblablement abandonné sa conjecture sur un petit endroit du haut Walais, appellé Naters, si l'inscription lui avoit été connue.

Tom. I. p. 249.

44°, 21°.
NARBO MARTIUS. Cette ville existoit dans un état florissant avant les premières conquêtes des Romains dans la Gaule. Pithéas, qui vivoit du tems de Ptolémée Philadelphe, environ 280 ans avant l'Ere

Chrétienne, en parle comme d'une des plus opulentes villes de la Gaule, au rapport de Polybe, cité par Strabon. L'établissement d'une colonie romaine à Narbone a précédé l'Ere Chrétienne de 116 ans : & quoique ce fût sous le gouvernement de *Marcius Rex*, les médailles & les inscriptions, où le surnom de Narbone est par un T, MART, non par un C, font voir que le nom de ce consul n'y a point eu de part. César renouvella cette colonie, en y envoyant les vétérans de la dixième légion : & de-là vient que dans Méla, & dans Pline, Narbone porte le titre de *Decumanorum colonia* ; & que sur une médaille de Tibère, on lit *Col. Narbo Mart. Decumanor*. C'est aussi la raison pour laquelle cette ville prit sous Auguste le titre de *Julia paterna*, comme on le voit dans une inscription du recueil de Gruter, *Col. Jul. Patern. Narb. Mart.* Cicéron (*pro Fonteio*) appelle Narbone *speculam populi Romani*, & *propugnaculum*. Méla s'exprime ainsi sur la même ville : *undè olim terris auxilium, nunc & nomen & decus est, Martius Narbo*. En-effet, dans la distinction que fit Auguste des provinces de la Gaule, l'ancienne province romaine prit le nom de *Narbonensis*. On peut voir dans Sidoine-Apollinaire une énumération des édifices publics, & des circonstances locales, qui décorent Narbone, ou dont elle tire avantage. Le commerce la rendoit très-florissante ; & Strabon en disant que cette ville est le port des *Arecomici*, ajoute qu'elle est plutôt l'entrepôt de toute la Gaule. Il semble selon l'expression d'Ausone (*in claris urbibus*) que l'on ne traversoit les mers que pour l'enrichir. Pline marque sa distance de la mer comme étant de 12 milles, ce qui est juste, si on l'entend de son port, en descendant le canal de l'*Atax*, ou de la rivière d'Aude, jusqu'à l'issue du lac de Sigean.

Lib. IV, p. 190.
Méla, lib. II, cap. 5.
Plin. lib. III, cap. 4.
Apud Goltz.
P. 229.
Ubi suprà.
Carm. 23.
Lib. IV, p. 185.

49°, 24°.

NASIUM. Ptolémée nomme deux villes dans la cité des *Leuci*, *Tullum* & *Nasium*. On trouve *civitas Na-*

sium, dans des lettres de Gauzelin, évêque de Toul, de l'an 937. Frédégaire, antérieur à cette époque, dans le dernier livre de sa chronique, fait mention de *Nasium castrum*, entre *Andelaus*, ou Andelot, & *Tullum*: & l'auteur de la chronique de S. Bénigne de Dijon, parlant du même événement que Frédégaire, indique la situation de cette place *super Ornam fluvium*. On en reconnoît en-effet la position sur la rivière d'Ornez, au-dessus de Ligni en Barrois, à Nas ou Nais. Dans des inscriptions qu'on y a déterrées, plusieurs citoyens qui y sont nommés, sont appellés *Nasienses*, comme on peut voir dans l'histoire de Toul du P. Benoît. L'Itinéraire d'Antonin marque XVI entre *Nasium* & *Tullum* : mais la distance sur le local étant d'environ 19500 toises entre Toul & Nais, elle est égale à 17 lieues gauloises.

50°, 26°.

NAVA FLUV. Dans Tacite, & dans le poëme d'Ausone intitulé *Mosella*, aujourd'hui Nahe, qui se rend dans le Rhin sous Bingen. *Histor. lib. IV.*

52°, 22°.

NEHALLENIA DEA. On découvrit en 1647 dans l'isle de Walkeren, en Zéelande, des inscriptions en l'honneur de cette divinité ; & une vieille bâtisse dans le lieu nommé West-capel, près des dunes qui bordent la mer, a paru être un *Sacellum* consacré au culte de la déesse. Reinesius & Spon, & avant eux Vredius, ont publié ces inscriptions ; par l'une desquelles, en lisant, *ob merces rite conservatas M. Secund. Silvanus negotior* (pour *negotiator*) *cretarius Britannicianus V. S. L. M.* (*votum solvit lubens merito*) ; on connoît que les habitans du pays trafiquans par mer, croyoient devoir le succès de leur commerce à la protection de *Nehallenia*.

45°, 25°.

NEMALONI. Ils sont cités dans l'inscription du Trophée des Alpes, rapportée dans Pline. L'historien *Lib. III, cap. 20.*

de Provence, Honoré Bouche, écrit *Nemolani*; & il conjecture que ce peut être Miolans (ou Méolans). En ce cas, ce petit peuple auroit occupé la partie inférieure de la vallée de Barcelonette; & on peut appuyer cette conjecture sur ce que les *Edenates*, qui suivent les *Nemaloni* dans la même inscription, sont placés à Seine, dans un canton limitrophe.

44°, 23°.

Lib. IV, p. 186. NEMAUSUS. Strabon, qui est le plus ancien auteur que nous ayons à citer sur le compte de cette ville, en parle comme de la capitale des *Arecomici*. Il ajoute, que cédant à Narbone pour l'affluence des étrangers & des commerçans, *Nemausus* prévaut par les avantages de son gouvernement, qui n'est point assujetti à des préfets envoyés de Rome, & qui domine sur 24 villes ou bourgades, lesquelles jouissent du droit de villes Latines. *Lib. III, cap. 4.* Pline confirme l'étendue de cette jurisdiction de Nîmes : XXIV (*oppida*) *Nemausensibus attributa*. On fait remonter l'établissement d'une colonie romaine à *Nemausus* jusqu'au tems d'Auguste : ce qu'il y a de certain par les médailles & par les inscriptions, c'est qu'elle a *Lib. II, cap. 5.* porté le nom d'*Augusta*. On trouve dans Méla, entre les villes de la Narbonoise qui se distinguent par leur opulence, *Arecomicorum Nemausus*; dans Ptolémée, *Nemausus colonia*. Aucune ville de la Gaule ne conserve des restes aussi considérables de son ancienne magnificence; & son amphithéâtre, appellé dans les écrits du moyen-âge *castrum* ou *claustra Arenarum*, est un des plus entiers qui subsistent. Un intendant des finances résidoit à Nîmes; *præfectus thesaurorum Nemausensium*, selon la Notice de l'Empire. On peut rassembler différens témoignages, qui donnent une idée de l'étendue qu'occupoit le territoire de Nîmes. Quoique la position de l'ancien *Ugernum*, ou de Beaucaire, soit aujourd'hui du diocèse d'Arles, on voit par le numéro des colonnes milliaires qui subsistent sur la voie romaine qui y conduisoit, qu'elles se comptoient jusque-là en partant de Nîmes, ce que les capitales avoient droit de faire jusqu'au terme de leurs dépendances. Pline renferme *in Nemausensi agro*, le *stagnum Latera*, qui est l'étang de Maguelone; d'où il suit que l'ancien diocèse de la ville de Maguelone, dont on n'a aucune connoissance certaine avant la fin du sixième siècle, étoit compris dans le district de Nîmes. On sçait que le diocèse d'Alais n'a été formé de nos jours, qu'en ôtant au diocèse de Nîmes la partie septentrionale, par laquelle il confinoit au diocèse de Rodez, ou aux *Ruteni*. Un diplôme de l'empereur Loüis le débonnaire, en faveur du monastere d'Aniane, & dont la date revient à l'an 837, décide de ces limites: *inter confinia de pago Rutenico, seu Nemausense, Alpes ad pecora alenda*. Ce terme d'*Alpes*, qui est remarquable par son emploi comme terme générique, désigne avec évidence la branche des Cévennes qui sépare le Rouergue du bas Languedoc en général, & de l'ancien territoire de Nîmes en particulier. Si on considère, après cela, qu'il n'est mention d'*Ucetia* dans la plus ancienne des Notices de la Gaule, qu'avec le simple titre de *castrum*, auquel la prérogative dominante de cité n'est point attachée; on en conclura, que son diocèse, qui par une pointe avancée pénètre actuellement dans celui de Nîmes, devoit dépendre d'une ville, dont le territoire très-étendu ne pouvoit être resserré de cette manière. Nous ne connoissons d'ailleurs aucun peuple, qui séparât les *Arecomici* d'avec les *Helvii*, au territoire desquels confine le diocèse d'Uzez à la chute de l'Ardèche dans le Rhône. Nîmes étoit sur la grande voie qui conduisoit en Espagne, & que Strabon dit être incommode en hiver, comme étant fangeuse & inondée par les rivières, ce que les historiens de Languedoc entendent de la ville même de Nîmes, plutôt que de la route. Cette route est décrite fort en détail dans les Itinéraires. Selon Strabon, la distance entre Nîmes &

Lib. IX, cap. 8.

Hist. de Lang. Tome I, preuves, col. 71.

Lib. IV, p. 187.

Tome I. p. 58.

P. 178.

Narbone est de 88 milles. Le moins que les Itinéraires en fassent compter est 91 ; sçavoir, de Narbone à Béziers 16, de Beziers à *Cessero* 12, de *Cessero* à *Forum Domitii* 18, de *Forum Domitii* à *Sextantio* 15, de *Sextantio* à *Ambrussum* 15, & pareillement 15 d'*Ambrussum* à Nîmes. Il y a même apparence, que c'est en négligeant des fractions en quelques parties. Car, par une analogie de proportion entre les différentes positions qui coupent cette suite de route, on compteroit bien 92. J'entre dans ce détail, parce qu'on a tenté de conclure de cet espace la longueur du mille romain. L'intervalle en droite-ligne est d'environ 67500 toises. En ne comptant que 88 milles, le mille montera à 767 toises. En comptant 91, le mille se réduit à 742, ou à peu près, & 92 à 735. Mais, il faut être prévenu, que par la disposition du local en différens endroits, la route n'est pas également directe par tout, & sur un même alignement. Ainsi, la mesure itinéraire, où le compte des milles assujetti à la trace de cette route, doit surpasser la mesure en droite-ligne, qui par cette raison ne devoit pas paroître propre à indiquer avec une sorte de précision la longueur du mille. On n'a pas observé d'ailleurs, que la somme de distance dans Strabon est insuffisante vis-à-vis des Itinéraires combinés avec le local. Il est à remarquer même, que Strabon, à quelques pages au-dessous de l'endroit où son texte porte 88 milles, marque la distance de Nîmes à Narbone de 720 stades, dont à raison de 8 stades par mille, il résulte 90 milles. Or, si l'on veut se conformer scrupuleusement à une longueur de mille prise dans le pays même, M. Astruc la donne de 754 toises entre deux colonnes milliaires qui sont sur pied, & élevées sous le même empereur, qui est Tibère, sur la voie de Nîmes à Beaucaire. Selon cette mesure du mille, les 90 milles qui résultent de 720 stades, font 67860 toises, ce qu'on doit juger insuffisant, en ce que la mesure directe seroit, à trop peu de chose près, au niveau de la mesure itinéraire. En comptant 91 avec les anciens Itinéraires, la somme des toises est 68614. Enfin, en admettant jusqu'à 92 milles, selon ce que la route paroît demander, le calcul de 69368 toises n'a point un excédent sur la ligne aérienne & directe, qui soit hors de vraisemblance. Je reviens à ce qui concerne Nîmes plus particulièrement. Dans des actes du moyen-âge, le nom de cette ville est *Nemse*, en s'éloignant moins qu'aujourd'hui de sa forme primitive. La manière d'écrire Nismes avec l'*s* à la suite de l'*i*, n'a point de rapport à la dénomination dont ce nom dérive ; & il est plus convenable de faire la première syllabe longue par le moyen de l'accent qui a cette propriété, comme j'ai cru devoir le faire.

51°, 25°.

NEMESA FLUV. Dans le poème d'Ausone sur la Moselle, *Nemesa* & *Pronea* sont deux rivières qui grossissent celle de *Sura* ; & en effet Nyms réunie à la rivière de Prum, est reçue par la rivière de Sour, qui se rend dans la Moselle.

51°, 21°.

NEMETACUM (*vel* NEMETOCENNA) *posteà* ATREBATES. Que *Nemetacum* soit la même ville qui a pris le nom d'*Atrebates*, ainsi que la plupart des autres capitales, c'est ce que les voies romaines, que les Itinéraires conduisent à *Nemetacum* dans une position qui ne peut convenir qu'à Arras, mettent dans la plus grande évidence, quoique M. de Valois ait voulu répandre quelque incertitude sur ce point. Dans les articles *Minariacum* & *Teucera*, on peut voir que les distances, qui de *Samarobriva* d'un côté, & de *Castellum Morinorum* de l'autre, c'est-à-dire d'Amiens & de Cassel, s'adressent à *Nemetacum*, tombent sur la position d'Arras. Je m'expliquerai ici sur quelques autres distances, notamment sur celles de *Taraenna* & de *Camaracum* à *Nemetacum*. La trace des voies romaines, qui partent d'Arras pour conduire à Térouenne & à Cambrai, exifte encore. La diftance de *Taruenna* à *Nemetacum* eft marquée XXII dans l'Itinéraire & dans la Table, & de *Nemetacum* à *Camaracum* XIV dans l'Itinéraire. Le calcul des 22 lieues gauloifes d'une part fournit 24948 toifes, & celui des 14 lieues de l'autre part eft de 15876. Ces évaluations ne paroîtront pas remplir les intervalles auxquels elles doivent répondre. Car, ce qu'il y a d'efpace entre Térouenne & Arras eft de 27 à 28000 toifes, qui contiennent 25 lieues gauloifes; & de Cambrai à Arras il faut compter environ 18000 toifes, qui valent à peu près 16 des mêmes lieues. Mais, fi l'on trouve ainfi un vuide entre ces diftances, c'eft dans l'étendue de ce vuide que fe rencontre la pofition d'Arras : & de telle manière, que fi l'on divifoit tout l'efpace qu'il y a entre Térouenne & Cambrai en autant de parties que l'on compte de nombres dans les deux diftances indiquées, Arras fe trouveroit à 22 de Térouenne, & à 14 de Cambrai. En lifant XXV au lieu de XXII entre *Taruenna* & *Nemetacum*, & XVI au lieu de XIV entre *Nemetacum* & *Camaracum*, il ne refte plus de vuide dans cet intervalle. Car, il eft plus fimple de prendre ce parti-là, que de créer une mefure de lieue particulière, & plus forte que celle qui eft fuffifamment connue d'ailleurs, & qui convient fpécialement aux diftances qui fur d'autres voies s'adreffent au même lieu de *Nemetacum*. Bien-loin de fe porter à ufer d'une plus grande mefure, on la racourciroit volontiers dans la diftance que l'Itinéraire marque XXVII entre *Nemetacum* & *Turnacum*. Car, l'efpace abfolu d'Arras à Tournai ne paffe guère 28000 toifes, & les 27 lieues gauloifes en demandent 30600. Au-refte, j'embraffe l'opinion de ceux qui ne diftinguent point d'avec *Nemetacum*, une ville du *Belgium*, dont le nom eft *Nemetocenna* dans le huitième livre des Commentaires. Céfar y paffa un quartier d'hiver, ayant à ce qu'il paroît pour objet en particulier de

veiller

NOTICE DE LA GAULE. 481

veiller sur les entreprises de Comius, qui étoit *Atrebas*, ou Artésien, & qui s'efforçoit de porter ses compatriotes à la guerre. Au nom de *Nemetacum* a succédé celui d'*Atrebates*, lorsque la plûpart des capitales ont été désignées par le nom qui étoit propre au peuple ou à la cité. Dans la Notice de l'Empire on lit au génitif *Atrabatis*, & chez les Alemans le nom d'Arras est Atrect.

50°, 26°.

NEMETES. César range les *Nemetes*, ainsi que les *Vangiones* & les *Triboci*, sous les enseignes d'Arioviste; & ces trois nations également Germaniques, en passant le Rhin occuperent des terres, que l'on suppose avoir fait partie de ce qui appartenoit aux *Médiomatrici*. On ne sçait point précisément si cet établissement fut antérieur à l'entrée de César dans les Gaules. Les *Nemetes* étoient placés entre les *Vangiones*, qu'ils avoient au nord, & les *Triboci*, qui les bornoient vers le midi. Ainsi, Pline ne garde point l'ordre de position entre ces peuples : *Nemetes*, *Tribochi*, *Vangiones*. Tacite est dans le même cas : *ipsam Rheni ripam haud dubiè Germanorum populi colunt, Vangiones, Triboci, Nemetes*. Ptolémée transpose les *Nemetes* & les *Vangiones*, quand il place les *Nemetes* avant les *Vangiones*, en remontant du bas Rhin vers le haut; & il est corrigé sur ce point dans la carte de Gaule de l'édition de Bertius, quoique mal-à-propos, puisque ce n'est pas rendre la géographie de Ptolémée. C'est une question que de sçavoir, si le nom de *Nemitzi*, que les nations qui parlent la langue Slavone donnent aux Alemans en général, a quelque rapport à celui des *Nemetes*. Il seroit assez extraordinaire qu'une aussi grande nation que la Germanique, ne fût connue que par le nom d'un peuple particulier, & resserré dans des bornes étroites, dont le nom même est oublié depuis long-tems.

Lib. IV, cap. 17.

52°, 21°.

NERVICANUS TRACTUS. Il en est mention dans

la Notice de l'Empire comme d'une continuation de *l'Armoricanus tractus* : & une lettre de S. Paulin à Victricius, qui occupoit le siége de Rouen, dit que l'évangile a été prêché, *in remotissimo Nervici littoris tractu*. Ainsi, le nom des *Nervii* s'est étendu jusqu'à la mer, dans un espace qui devoit séparer le pays des *Morini* d'avec l'embouchure de l'Escaut. Un port sur cette côte, *portus Æpatiaci*, étoit gardé par une milice Nervienne, selon la Notice que je viens de citer.

51°, 22°.

NERVII. Le témoignage de César sur la bravoure des *Nervii*, & sur leur éloignement pour tout ce qui peut amollir les courages, a rendu leur nom célèbre. Les *Nervii*, ainsi que le *Treveri*, au rapport de Tacite, tiroient vanité d'être sortis des Germains : *circà affectationem Germanicæ originis ultrò ambitiosi sunt*. Strabon cite aussi les *Nervii* comme une nation Germanique. Pline leur donne la qualité de *liberi*. Ptolémée, & la Table Théodosienne, nous apprennent qu'elle a été leur capitale. Cette nation étoit très-puissante ; & César nomme plusieurs peuples, *qui omnes sub Nerviorum imperio sunt*. Entre ces peuples, il y en a qui paroissent avoir été reculés jusque vers la mer. C'est par cette raison vraisemblablement, que le pays maritime est appellé *Nervicanus tractus, Nervici littoris tractus*, comme il est dit dans l'article précédent. Ainsi, quoique dans César, dans Strabon, dans Pline, les *Menapii* & les *Morini* nommés de suite, ne paroissent point laisser d'intervalle qui les sépare ; c'est que le centre du pays des *Nervii* étant reculé dans le Hainau, on n'a pas tenu compte d'un canton détaché du gros de la nation, & qui obéissoit aux *Nervii*, plutôt qu'ils ne l'occupoient. Si l'on objecte, que l'on reconnoit les *Menapii* dans le *pagus Menpiscus* vers le bas de l'Escaut ; je réponds, qu'il faut distinguer les tems, & remarquer que les *Toxandri*, qui se sont aggrandis au point d'occuper tout le nord du Bra-

NOTICE DE LA GAULE. 483

bant, ont dû contraindre les *Menapii* de reculer dans ce canton, qui a pris le nom de *Menpifcus*. Le nom des *Nervii* ne paroit point dans la Notice des provinces de la Gaule, comme beaucoup d'autres peuples s'y font connoître fous le nom qui étoit devenu propre à leur capitale : c'eft que le territoire Nervien y eft repréfenté par les cités de *Camaracenfium* & *Turnacenfium*, entre lefquelles il fe trouvoit divifé. Ces cités n'avoient peut-être point encore de diftrict féparé vers le milieu du quatrième fiècle, puifqu'entre les évêques qui ont foufcrit au concile tenu à Cologne en 346 ou 47, on trouve *Senator Nerviorum*. Les villes épifcopales du pays qu'ont poffédé les *Nervii*, Cambrai & Tournai, revendiquent chacune en particulier cet évêque pour leur fiége. Et il eft à remarquer par rapport à l'extenfion qu'il convient d'attribuer aux *Nervii*, que l'ancien diocèfe de Tournai comprenoit ce qui compofe les nouveaux diocèfes de Gand & de Bruges, ne reconnoiffant ainfi d'autres limites que la mer. S. Ouen, dans la vie de S. Eloi, qui fut évêque de Tournai ainfi que de Noyon, dit précifément que les villes de Bruges & de Gand, de même que celle de Courtrai, qui eft demeurée au diocèfe de Tournai, étoient confiées aux foins de ce prélat : *municipiorum Flandrenfis, Gandenfis, & Corturiacenfis cuftos conftitutus*. Le *municipium Flandrenfe* repréfente la ville qui eft nommée ailleurs *Bruzziæ* ou *Brugiæ*.

44°, 25°.

NERUSI. Ils font nommés dans l'infcription du Trophée des Alpes, rapportée dans Pline. Leur nom s'écrit *Nerufii* felon Ptolémée, qui les comprend dans l'étendue de l'Italie, quoiqu'il les indique avoir été placés en deçà du Var, en leur attribuant pour ville *Vintium*, qui eft Vence. Mais, ce qui regarde les limites refpectifs de la Gaule & de l'Italie, demande que l'on diftingue les tems, comme je l'ai remarqué dans le préliminaire.

Lib. III, cap. 20.

44°, 26°.

NICÆA. C'eſt une ville conſtruite par les Marſeillois contre les *Ligures*, ſelon Strabon : & apparemment qu'une victoire remportée ſur les habitans du pays aura donné lieu de la nommer ainſi. Méla, Pline, Ptolémée, en font mention. L'Itinéraire Maritime diſtingue ce lieu par le terme de *plagia*, plutôt que d'y employer celui de *portus*, & avec raiſon. Quoiqu'en reculant les limites de l'Italie juſqu'au Var, *promoto limite*, ſelon que s'en exprime Lucain, *Nicæa* parut ſéparée de la Narbonoiſe, cependant Strabon remarque que les Marſeillois en avoient conſervé la poſſeſſion. D'ailleurs, les Alpes qui font la ſéparation naturelle de l'Italie d'avec la Gaule, ſelon le témoignage même de pluſieurs monumens romains, renferment Nice dans la Gaule, & ſpécialement dans la province des Alpes Maritimes. Des prélats qui ont ſiégé à Nice avant l'extinction de l'Empire Romain en occident, ſouſcrivent à des conciles en qualité de membres de l'Egliſe Gallicane : & les évêques de Nice ont reconnu Embrun pour métropole. Eginhard, ſous l'an 813, parle de *Nicæa* comme étant *provinciæ Narbonenſis*. Elle a toujours dépendu du comté de Provence; & le dénombrement qui eſt aux archives du Roi à Aix, porte *civitas Niciæ, poſita in capite Provinciæ . . . . eſt in dominio comitis Provinciæ, cum toto ſuo epiſcopatu*. Cette poſſeſſion s'eſt ſoutenue juſqu'en 1388, que ceux de Nice ſe donnerent à Amédée VII, comte de Savoie; ce qui fut ratifié par la ceſſion d'Iolande, comteſſe de Provence, en 1419. Les évêques de *Cemenelium*, ou *Cimelion* (Cimies) ont conteſté à ceux de Nice le droit d'occuper un ſiège diſtinct & ſéparé du leur; & la conteſtation a été jugée en faveur du ſiége de *Cimelion*. Dans une lettre du pape Hilaire, de l'an 464, *Cimelion* eſt qualifié *civitas*, & *Nicæa* de *caſtellum* ſimplement. Ce n'eſt qu'après la ruine de Cimies, & l'extinction de ſon épiſcopat, que celui de Nice a prévalu ſans retour.

Lib. IV, p. 180.

53°, 23°.

NIGER-PULLUS. Dans la Table Théodosienne, sur la trace d'une route qui conduit de *Lugdunum* des *Batavi*, ou de Leyde, à *Noviomagus*, Nimégue ; & la distance est marquée 11 à l'égard d'*Albiniana*, en remontant le long du Rhin. On retrouve *Abiniana* dans la position d'un lieu nommé Alfen, & c'est en s'appuyant sur cette position qu'on peut marquer la place de *Niger-pullus*.

45°, 19°.

NITIOBRIGES. César parle d'un roi des *Nitiobriges*, dont le père avoit obtenu du Sénat d'être déclaré ami du peuple Romain. Strabon nomme les *Nitiobriges* entre les *Petrocorii* & les *Cadurci*, auxquels ils sont effectivement contigus. Ptolémée les fait également voisins des *Petrocorii* d'un côté, & des *Vasatii*, ou *Vasates*, de l'autre ; position plus convenable que beaucoup d'autres dans sa description de la Gaule. On lit *Antobroges* dans Pline : & on peut voir à l'article *Petrocorii*, que la correction proposée par Joseph Scaliger, sur ce qui suit le nom d'*Antobroges* dans Pline, n'est pas recevable, par la raison que le territoire des *Nitiobroges* ne s'est point étendu sur le Tarn, dont la rive appartient aux *Cadurci*. Quant à la leçon d'*Antobroges*, il peut suffire de la réformer dans les premières lettres. Sidoine-Apollinaire écrit *Nitiobroges* ; & le dernier membre de ce nom peut avoir été le même que dans celui d'*Allobroges*, qui dans Ptolémée se lit *Allobryges*. On trouve aussi *Nitiobroges* dans la Table Théodosienne ; mais à la vérité dans un emplacement bien éloigné de son lieu, sçavoir, entre *Durocortorum*, Reims, & *Augustobona*, Troies ; ce qui fait bien voir le peu de fond qu'il y a à faire sur des noms de peuples & de pays, semés ainsi dans la Table, pour juger de leur position, quand elle n'est point connue par d'autres endroits. Les dépendances des *Nitiobriges* s'éten-

Comment. VII.

Lib. VIII, epist. 11.

doient au-delà des limites actuelles du diocèse d'Agen leur capitale, & fur ce qui compofe le diocèfe de Condom, qui en eft un démembrement, auquel l'érection d'un fiége épifcopal à Condom en 1317 a donné lieu. On lit dans Aimoin, qui écrivoit deux fiècles auparavant : *ferunt in regione Vafconiæ, ultra Garumnam fluvium, in pago Aginnenfi, annonam de cælo pluiffe.* Le titre qui fubfifte de Sénéchal d'Agenois & de Gafcogne, eft une fuite de cette ancienne extenfion de l'Agenois. On peut ajouter, que le vicomté de Brulois, fitué à la gauche de la Garonne entre Agen & Leitoure, relevoit des évêques d'Agen, & non des Ducs de Gafcogne.

49°, 18°.

NŒODUNUM, *poftea* DIABLINTES. Ptolémée nous indique la ville principale des *Diablintes* fous le nom de *Nœodunum*; & on ne fçauroit douter que celui du peuple n'ait pris la place de ce nom primitif, comme il eft arrivé au plus grand nombre des capitales. C'eft fous le nom de *civitas Diablintum* que la Notice des provinces de la Gaule en fait mention dans la Lionoife troifième : & en feuilletant les écrits du moyen-âge, on découvre fa pofition dans le Maine fous le nom de *Diablintes*. Un acte inféré dans le recueil du P. Mabillon intitulé *Analecta*, & qui fuppofe une donation faite à Julien, évêque du Mans, que l'on prétend avoir reçu fa miffion de S. Clément, le troifième des fucceffeurs de S. Pierre, doit être regardé comme un faux titre, & le paroît évidemment en ce qu'il défigne par le terme de *vicus Diablinticus*, une ville, qui dans la Notice de la Gaule au commencement du cinquième fiècle, conferve le rang de cité. Dans le teftament de l'évêque Bertchramn, daté de l'an 32 du regne de Clotaire II, c'eft-à-dire de 615 ou 616, on trouve *oppidum Diablintis*. Ce nom ayant fouffert de l'altération, il eft écrit *Jublent* dans un acte de l'évêque Hildebert, qui de l'évêché du Mans passa à l'Archevêché de Tours en 1225 : & Jubleins subsiste comme un bourg dans le doyenné d'Evron, à quelques lieues de Maïenne, en tirant vers le Mans. Les débris qu'on y voit d'un ancien édifice sont regardés sur le lieu comme un monument des Romains. On remarque dans la Table Théodosienne la trace d'une route, entre *Aræegenus*, qu'il faut prendre pour Baïeux, & *Subdinnum*, qui est le Mans; & dans cet intervalle, une position en forme de capitale, sous le nom de *Nudionnum*. Or, il est indubitable, par la disposition des deux termes de cette route, & par la direction de la route, que le lieu intermédiaire est le *Nœodunum* des *Diablintes*. Il y a dans la Table beaucoup de noms de lieu, qui ressemblent moins à des dénominations plus correctes dont ils tiennent la place, que *Nudionnum* ne paroît différent de *Nœodunum*. L'omission des distances sur cette route, nous prive de l'usage qu'on en feroit dans l'application de cette position à l'emplacement connu de la capitale des *Diablintes*. Selon quelques Notices de la Gaule, interpolées par des additions de la main de gens peu instruits, & dans un tems fort postérieur à l'âge Romain, la ville des *Diablintes* est appellée *Carifes*, & d'un autre nom, qui est *Adala*. Mais, ces interprétations arbitraires dérivent d'une fausse opinion sur l'emplacement des *Diablintes* dans la Bretagne, comme le nom de *Carifes*, qui paroît du langage Breton, le fait connoître; & rien ne souffre moins de difficulté actuellement que la demeure des *Diablintes* dans un canton du Maine.

$50°, 21°.$

NŒOMAGUS. C'est sous ce nom que Ptolémée fait mention de la ville principale des *Vadicassii*, qui ont occupé le Valois, dont le nom est *Vadisus pagus*; & sur ce sujet voyez l'article *Vadicasses*. On croit qu'un lieu nommé Vez, renfermé dans le demi-cercle que décrit la forêt de Villers-cote-Rets, a donné le nom au *pagus Vadisus*. Mais, il est plus convenable de dire, que le nom de Vez est tiré de celui des *Vadicasses*. Car, on reconnoît ici, ce que l'on sçait de beaucoup d'autres villes du même tems, qui en perdant leur nom propre & primitif, ont pris celui du peuple chez lequel elles tenoient le premier rang. Ainsi, par le nom de *Vadicasses* nous remontons à celui de *Nœomagus* rapporté dans Ptolémée, puisque l'une de ces dénominations a été remplacée par l'autre. L'état actuel de Vez, réduit à une simple paroisse de campagne, n'est point un obstacle à son ancienne dignité, d'autant moins qu'entre les capitales des anciennes cités de la Gaule, on en trouvera quelque autre dont le sort n'a pas été différent.

44°, 20°.

AD NONUM. Dans l'Itinéraire de Bourdeaux à Jérusalem, la distance exprimée par le nom du lieu étant comptée de Toulouse, & composée de milles romains, selon l'usage établi dans la Province romaine, & comme l'Itinéraire l'indique formellement, *ad Nonum* MIL. VIIII.

45°, 23°.

NOVEM CRARIS. C'est du même Itinéraire cité dans l'article précédent, que se tire cette position. La distance est marquée x à l'égard de *Lectoce*, qui designe le passage d'une petite rivière dont le nom est Lez ; & à l'égard d'*Acunum*, qui est Ancone sur le bord du Rhône, elle est marquée xv. Les 25 milles qui sont indiqués ainsi entre la rivière de Lez & Ancone, conviennent à l'espace de 18 à 19000 toises que donne le local : & le lieu intermédiaire, selon la proportion que les distances particulières gardent entre elles, se rencontre vers l'endroit où une petite rivière nommée Berre, traverse la route.

52°, 25°.

NOVESIUM. Ce lieu est fort connu dans l'âge romain de la Gaule. Tacite, Ammien-Marcellin, l'Itinérair raire d'Antonin, & la Table Théodosienne, en font mention. Je n'affirmerai point que le *Novesium*, placé dans Ptolémée au-delà du Rhin, & assez avant dans la Germanie, doive se rapporter à celui dont il s'agit, ce qui supposeroit un étrange déplacement dans Ptolémée. Les distances des lieux en situation immédiate à l'égard de *Novesium*, sur la voie qui le long du Rhin faisoit la communication des garnisons romaines de cette frontière, sont discutées dans les articles qui concernent ces lieux en particulier, parce que leur position demande des recherches, & n'est pas également en évidence comme celle de Neuss ou de Nuis. Je me contenterai de faire une observation sur ce que dit un auteur Allemand cité par M. Wesseling, que *civitas Nussia* est distante *quinque milliaribus à Coloniâ civitate magnâ*. Cette distance est de 16 à 17 lieues gauloises, comme on peut voir à l'article *Buruncus*, & se compare ainsi à environ 25 milles romains. Donc, les cinq lieues entre Neuss & Cologne sont des lieues égales à 5 milles romains, & qui sur ce pied-là deviennent des lieues ou milles Rhinlandiques, comme on les appelle, dont environ 15 font un degré, comme 75 milles romains remplissent à peu près le même espace.

Itiner. p. 255.

49°, 24°.

NOVIMAGUS. Dans la Table Théodosienne ce lieu est placé à la suite de *Mosa*; & *Mosa* se rencontre sur la route d'*Andomatunum*, ou de Langres, à *Tullum Leucorum*, Toul, dans l'Itinéraire d'Antonin. On reconnoît la position de *Novimagus* dans Neuchâteau, sur le même bord de la Meuse que Meuvi, qui est *Mosa*, en tendant vers Toul. Mais, la distance marquée VIIII dans la Table n'est pas suffisante, & l'espace du local paroit demander XIII.

48°, 21°.

NOVIODUNUM (*in Biturigibus*). César, après avoir passé la Loire à *Genabum*, ou Orléans, marchant au secours de la ville des *Boii*, assiégée par Vercingetorix, entre dans le pays des *Bituriges* : *exercitum Ligerim transducit, atque in Biturigum fines pervenit.* Il trouve sur son passage une ville nommée *Noviodunum* : *oppidum Biturigum, positum in viâ, Noviodunum.* La position qui convient à cette ville est discutée fort en détail dans les éclaircissemens géographiques sur l'ancienne Gaule, p. 233. & suiv. En la plaçant à Nouan-le Fuzelier, M. Lancelot dans le sixième volume de l'Académie, n'a pas fait attention que ce Nouan, renfermé dans le diocèse d'Orléans, qui est un démembrement de l'ancien territoire des *Carnutes*, n'est point de la dépendance des *Bituriges*. Il en est de même de Neuvi sur Baranjon, que M. de Valois prend pour le *Noviodunum* des *Bituriges* ; outre que le nom de Neuvi, *Novus-vicus*, est purement latin, & ne vient point du *Noviodunum* celtique. En dirigeant la marche de César vers les *Boii*, renfermés entre la Loire & l'Allier, il se présente un lieu à la hauteur d'*Avaricum*, ou de Bourges, dont le nom de Nouan répond à l'ancienne dénomination de *Noviodunum*. Et cette position convient également à ce qui est rapporté dans le septième livre des Commentaires, sçavoir, que César tournant ensuite du côté d'*Avaricum*, pour en faire le siége, il est suivi dans sa marche par Vercingetorix, qui sur la nouvelle des mouvemens de César avoit levé le siège de devant la ville des *Boii*. Car, pour que Vercingetorix puisse suivre César, selon que l'expression des Commentaires y est formelle, *Vercingetorix minoribus Cæsarem itineribus subsequitur* ; il faut tomber d'accord, qu'arrivé à *Noviodunum*, César venant d'Orléans avoit dépassé *Avaricum* en le laissant sur sa droite ; & que Vercingetorix n'étoit pas assez avancé depuis son départ du canton des *Boii*, pour se trouver à la hauteur d'*Avaricum*. Ces circonstances ne se concilieroient point avec la position de Nouan-le Fuzelier, & de

NOTICE DE LA GAULE. 491

Neuvi-sur Baranjon, dans l'étendue du diocèse d'Orléans, & avant que César eût pénétré dans le pays des *Biruriges*.

47°, 21°.

NOVIODUNUM, *posteà* NEVIRNUM. Il est mention de *Noviodunum* dans César comme d'une ville des *Ædui*, située avantageusement sur le bord de la Loire : *Noviodunum erat oppidum Æduorum, ad ripam Ligeris opportuno loco positum.* On convient que cette ville est la même que Nevers, qui a pris le nom de *Nevirnum* ou *Nivernum*, de la petite rivière de Nievre, *Neveris* ou *Niveris*, qui s'y rend dans la Loire. Joseph Scaliger & Sanson ont cité une Notice de la Gaule, dans laquelle *Noviodunum Nivernensium*, autrement *Nivernensium civitas, id est Noviodunum*, étoit au rang des cités de la quatrième Lionoise. On lit dans Hugue de Fleuri, qui écrivoit au commencement du douzième siècle, *Nivedunus, quæ & Nivernis*; & Robert d'Auxerre s'explique de même dans sa chronique. M. de Valois trouve à redire qu'Aimoin, contemporain du roi Robert, ait parlé moins affirmativement que les autres sur ce sujet. La plus ancienne des Notices de la Gaule, & que l'on peut rapporter au tems d'Honorius, ne fait point mention de *Nevirnum*; d'où il faut conclure, que cette ville n'étoit point encore élevée au rang des cités : & il sembleroit qu'ayant été dans la dépendance des *Ædui*, & renfermée par conséquent dans la première Lionoise, elle devroit augmenter le nombre des cités de cette province, au lieu d'en être détachée, & de faire un accroissement à la Sénonoise, ou quatrième Lionoise, selon les Notices postérieures, & comme en-effet le siége de Nevers est suffragant de la métropole de Sens. Cependant, le silence qu'une Notice de l'âge Romain dans le dénombrement des cités, garde sur *Nevirnum*, qui en cette qualité auroit eu son district ou territoire particulier, ne permet pas d'incorporer à la Sé-

Comment. VII.

nonoife le territoire actuel de Nevers, lorfqu'il est queftion de repréfenter la Gaule dans fon état fous la domination Romaine, & fans rien ôter à un peuple auffi diftingué que les *Ædui*, de ce qui a été compris dans fes poffeffions. Sanfon fe croyant apparemment autorifé à en détacher le *Noviodunum* ou *Nevirnum*, fait de fon territoire le partage d'un peuple fous le nom de *Vadicaffes*, dont l'emplacement eft néanmoins fort éloigné de Nevers. D'ailleurs, on ne voit point de cité dans les Notices, que l'on fçache fe rapporter aux *Vadicaffes* ou *Vadicaffii*, mentionnés dans Ptolémée. Les noms de *Noviodunum* & de *Nevirnum* ne fuffifent pas à la même ville, felon Sanfon : il y ajoute le *Noviomagus*, propre à la capitale des *Vadicaffes*, & le *Nemoffus* des *Arverni*, que l'on trouve dans Strabon ; & on peut bien être furpris, qu'il n'ait pas vu quelque chofe d'étrange à raffembler autant de dénominations différentes fur une feule & même ville. Je terminerai cet article par remarquer, que les confins du diocèfe de Nevers du côté de celui d'Auxerre, fur le bord de la Loire, font indiqués par le nom de la Marche, que porte un lieu fitué au paffage de la voie romaine, qui de *Nevirnum* tend à *Maffava*, ou Mefve, qui eft dans les limites d'Auxerre. Cette dénomination de *Marche*, propre à nos anciens François, tient ici lieu du terme de *Fines*, que la domination romaine avoit mis en ufage dans la Gaule ; & comme on ne connoît par les monumens de cet âge de lieux ainfi nommés, qu'autant que placés fur les grandes voies il en eft mention dans les Itinéraires, c'eft ce que l'on rencontre également dans la pofition du lieu dont il s'agit fous le nom de la Marche.

50°, 18°.

NOVIOMAGUS, *pofteà* LEXOVII. Le nom de la capitale des *Lexovii* eft *Nœomagus*, felon Ptolémée, & cette ville feroit un port de mer, *Limen*, felon le manufcrit Palatin de Ptolémée. L'Itinéraire d'Antonin

NOTICE DE LA GAULE.

décrit une route, qui partant de *Juliobona*, ou de Lilebone, conduit par *Breviodurus*, ou le Pont-Audemer, à *Noviomagus* ; & de *Noviomagus* à *Durocaſſes*, ou Dreux, en paſſant par *Condate*, qui eſt Condé-ſur Iton, dans le dioceſe d'Evreux. La poſition qui convient aux différens lieux de cette route, détermine celle de *Noviomagus* à Lizieux. Cette ville, comme la plûpart des autres capitales, a quitté ſon nom primitif pour prendre celui de *Lexovii*, par lequel on doit remonter à un nom antérieur, qui eſt *Nœomagus*, ou *Noviomagus*. Quoique le territoire des *Lexovii* borde le rivage de la mer, c'eſt une erreur dans Ptolémée de faire de leur capitale une ville maritime. Il n'eſt pas étonnant que M. de Valois trouve de la difficulté à reconnoître la poſition de *Noviomagus* de l'Itinéraire dans celle de Lizieux, en partant de Dieppe, qu'il prend pour *Juliobona*, plutôt que du véritable emplacement de *Juliobona* à Lilebone. L'application des Itinéraires aux poſitions actuelles, n'eſt pas l'endroit par lequel l'ouvrage de ce ſçavant homme paroît le plus eſtimable.

50°, 27°.

NOVIOMAGUS, *poſteà* NEMETES. Le nom de cette ville eſt *Nœomagus* dans Ptolémée, *Noviomagus* dans l'Itinéraire d'Antonin, & dans la Table Théodoſienne. Ammien-Marcellin, & la Notice de l'Empire, en font mention ſous le nom du peuple dont elle étoit la capitale, *Nemetæ*, ou *Nemetes* ; & dans la Notice des provinces de la Gaule, *civitas Nemetum* eſt de la Germanie première. Une petite rivière qui donne aux environs le nom de Speir-bach, a fait changer de nom à cette ville ; & dans des Notices d'un tems poſtérieur on lit, *civitas Nemetum, id eſt Spira*. L'Itinéraire d'Antonin marque la diſtance à l'égard de *Tabernæ* xi, la Table xii. Ce qu'il y a d'eſpace entre Rhin-zabern & Spire s'eſtime d'environ 12500 toiſes, dont il réſulte 11 lieues gauloiſes ; & ce que la meſure itinéraire peut avoir de plus que la mesure directe, prend un milieu entre 11 & 12. Quant à la distance de *Noviomagus* à *Borbetomagus*, ou Worms, je la trouve d'environ 18000 toises, qui renferment 16 lieues gauloises. Ainsi, ce que porte l'Itinéraire en cette distance, sçavoir xiv, & la Table xiii, doit tenir lieu de xvi.

52°, 24°.

NOVIOMAGUS (*in Batavis*). Il est à présumer que le *Noviomagus* situé sur la rive gauche du Wahal, a été compris dans l'étendue de pays qu'ont occupé les *Batavi*, parce qu'il y a des raisons de croire que cette nation n'étoit pas renfermée entierement dans l'isle qui en a porté le nom. Mais, nonobstant que *Noviomagus* paroisse appartenir à la contrée des *Batavi*, on ne sçauroit douter que ce lieu n'ait dominé sur un district particulier. La Table Théodosienne donne à *Noviomagus* la figure qui y paroît affectée aux capitales ; & un lieu nommé *Duodecimum*, sur la voie romaine tracée dans la Table, & en position immédiate de cette ville, prouve qu'elle étoit en possession d'un territoire. Car, c'étoit le droit des capitales, de compter les distances à partir de leur emplacement jusqu'aux extrémités du district de leur obéissance. Cette ville fut décorée d'un grand palais par Charlemagne, comme on l'apprend d'Eginhard. Son nom de *Noviomagus* est devenu *Numaga* par altération, aujourd'hui Nimegen, ou Nimégue.

46°, 17°.

NOVIOMAGUS (*in Bitur. Vivifcis*). Ptolémée nomme deux villes chez les *Bituriges Vivifci*, *Noviomagus*, & *Burdigala* ; & la raison qu'on peut donner de ce qu'il nomme *Noviomagus* en premier lieu, c'est de devancer par sa position celle de *Burdigala* dans le compte de la longitude, en procédant d'occident en orient. Il fait aussi cette position plus septentrionale, en l'approchant de la latitude qu'il attribue à l'embouchure de la Garonne. Si l'on peut faire quelque fond sur ces

NOTICE DE LA GAULE.

circonſtances, *Noviomagus* doit avoir exiſté plus bas que l'emplacement de Bourdeaux en deſcendant la Gironde, & dans le pays de Médoc. Quoiqu'on n'ait d'ailleurs aucune notion particulière de ce lieu, j'avoue que le motif d'éviter une omiſſion dans ce que Ptolémée fournit de détail ſur la Gaule, me porte à conjecturer que cette poſition chez les *Meduli*, habitans du Médoc, repréſente la ville principale de leur canton, & qu'elle pourroit être la même qu'un lieu dont il eſt mention ſous le nom de *Metullium* dans l'article *Meduli*. J'avertis du moins, que c'eſt la place que j'ai cru devoir donner à ce *Noviomagus* dans la carte.

NOVIOMAGUS (*in Remis*) 50°, 23°. La Table Théodoſienne indique ce lieu ſur une route, qui ſortant de *Durocortorum*, ou de Reims, & tendant vers une poſition dont le nom eſt *Moſa*, doit traverſer la Meuſe à Mouſon, comme on peut voir dans l'article *Moſomagus*. Le premier lieu indiqué ſur cette route eſt *Noviomagus*, & la diſtance à l'égard de *Durocortorum* eſt marquée XII. Elle eſt convenable dans l'intervalle de Reims & de Mouſon, à la poſition d'un lieu nommé la Neuville, ſitué ſur la direction de la voie, & diſtant de Reims de 13 à 14000 toiſes.

NOVIOMAGUS (*in Treveris*) 50°, 25°. Dans l'Itinéraire d'Antonin la diſtance de ce lieu à l'égard de Trèves eſt marquée XIII, dans la Table VIII : mais, l'indication de l'Itinéraire eſt plus convenable au local que celle de la Table, où il faut ſuppoſer que le v tient lieu d'un x. Les replis de la Moſelle au-deſſous de Trèves, & les hauteurs qui la reſſerrent en pluſieurs endroits, font circuler la route pour arriver à Numagen, dont la poſition eſt dans l'enfoncement d'un coude que fait la rivière. Conſtantin, dans la guerre qu'il fit aux Francs, raſſembla en ce lieu l'armée romaine dans un camp, comme

on l'apprend de ce vers d'Aufone, *in Mofellâ* :
Nivomagum, divi caftra incluta Conftantini.
50°, 21°.

NOVIOMAGUS (*in Veromanduis*). L'Itinéraire d'Antonin, & la Notice de l'Empire, font les plus anciens monumens qui en faffent mention. Selon la Notice, le commandant des *Batavi Contraginenfes*, lefquels tiroient ce nom d'un lieu peu éloigné de *Noviomagus*, avoit fon pofte à *Noviomagus Belgicæ fecundæ*. Quant à l'Itinéraire, il marque la diftance de *Noviomagus* à l'égard de Soiffons, M. P. XXVII, *leugas* XVIII ; & entre *Noviomagus* & Amiens, M. P. XXXIIII, *leugas* XXIII. Or, l'examen des diftances actuelles me fait connoître, que ces indications ne font point correctes. Car, ce qu'il y a d'efpace entre Noyon & Amiens étant d'environ 32000 toifes, cet efpace admet 28 lieues gauloifes, ou 42 milles romains : & de Noyon à Soiffons, l'efpace de 16 à 17000 toifes en droite-ligne ne répond qu'à 15 lieues gauloifes, & n'en vaut pas 18 ou 27 milles romains, felon l'Itinéraire. La Table Théodofienne, en traçant une route d'Amiens à Soiffons, ne fait point mention de *Noviomagus*, ce qui procède de ce que cette route au-delà d'une pofition fous le nom de *Rodium*, laiffe *Noviomagus* fur la gauche, pour paffer la rivière d'Oife à l'endroit que l'on nomme Pont-l'Evêque, au lieu qu'à partir de Noyon pour fe rendre à Soiffons, il étoit plus convenable de paffer la même rivière un peu plus haut, & dans l'endroit qui fe nomme Pont-oife. C'eft ce que la repréfentation exacte du local me donne lieu de conclure. On fçait que la deftruction d'*Augufta Veromanduorum* dans le cinquième fiècle, a fait l'élévation de *Noviomagus*, où le fiége épifcopal des *Veromandui* fut transféré dans le fiècle fuivant par S. Médard, au rapport de Fortunat, qui s'en explique en ces termes : *beatus Medardus, veritus iterandam paganorum irruptionem, Noviomum fedem conftituit epifcopalem.*

NOTICE DE LA GAULE.

lem. L'altération que le tems a apporté aux anciennes dénominations de lieu, en les tronquant, a ainsi changé *Noviomagus* en *Noviomum*.

46°, 17°.

NOVIOREGUM. L'Itinéraire d'Antonin décrivant une route qui conduit de Bourdeaux à *Mediolanum Santonum*, ou Saintes, place *Novioregum* entre *Tamnum*, qui est Talmon, & *Mediolanum*. La Table Théodosienne ne fait point mention de ce lieu en passant de *Tamnum* à *Mediolanum*, parce que c'est en droiture qu'elle s'y rend (comme on peut voir à l'article *Tamnum*) & que la position de *Novioregum* dans l'Itinéraire fait circuler la route, en s'écartant d'une voie directe. La distance de *Novioregum* à l'égard de *Tamnum* est marquée XII, & à l'égard de *Mediolanum* XV. Or, je ne vois que Royan, au-dessous de Talmon, qui puisse être *Novioregum*. Il faut remarquer que dans ce nom de *Novio-regum*, la première des deux parties qui le composent lui est commune avec d'autres dénominations locales, *Novio-dunum*, *Novio-magus*, *Noviogentum*; & le nom de Royan peut dériver de la dernière, d'autant que l'effet ordinaire de l'altération des noms anciens a été de les tronquer d'une manière ou d'autre. Royan n'est pas aujourd'hui aussi considérable qu'il l'a été, & l'avantage d'avoir un port, où la pêche est abondante, a dû rendre cette position recommendable dans les tems antérieurs. Il est vrai, que ce qu'il y a de distance entre Talmon & Royan ne remplit pas ce que paroît demander l'indication de l'Itinéraire, la route dans cet intervalle ne pouvant s'évaluer qu'à environ 8000 toises, qui ne répondent qu'à 7 lieues gauloises. Mais, de cette évaluation résulte la manière la plus simple de rectifier l'Itinéraire, en substituant VII à XII; & le local veut en plus d'une rencontre qu'il se fasse ainsi une permutation de ces chiffres romains, pour corriger une méprise de la part des copistes.

R r r

Quant à ce que marque l'Itinéraire entre *Novioregum* & *Mediolanum*, la distance de Royan à Saintes étant à peu près de 17000 toises, elle fixe indubitablement *Novioregum* à Royan, puisque les 15 lieues gauloises calculées en rigueur font 17000 & quelques toises.

O.

46°, 25°.

OBILUNUM. C'est ainsi qu'il semble qu'on doive écrire le nom, qui se lit *Oblimum*, autrement *Bilumnum*, dans l'Itinéraire d'Antonin, *Obilonna* dans la Table Théodosienne, *Obelon* dans l'anonyme de Ravenne. Ce lieu est marqué sur une route, qui par la Tarentaise conduit au passage de l'*Alpis Graia*, ou du petit S. Bernard. La distance est également marquée III par l'Itinéraire & par la Table, à l'égard d'un lieu nommé *ad Publicanos*, dont la position paroît être celle de l'hôpital de Conflans, au passage de la rivière d'Arli, qui tombe dans l'Isère à près de deux milles plus bas que le pont sur lequel on traverse cette rivière. Les 3 milles de l'Itinéraire & de la Table, ne sçauroient entrer dans ce qu'il y a d'espace entre l'hôpital de Conflans & le bourg situé au passage de l'Arli, sous le nom de Conflans. Ainsi, l'emplacement d'*Obilunum* ne seroit pas précisément celui que Conflans occupe aujourd'hui, & remonteroit un peu plus haut vers *Darantasia*, où tend la route à la suite d'*Obilunum* immédiatement.

51°, 25°.

OBRINGA FLUV. Le nom d'*Obringa* est la leçon du texte Grec de Ptolémée : selon la version Latine, c'est *Obrincus*. Cette rivière est marquée dans Ptolémée comme faisant la séparation de la Germanie supérieure d'avec l'inférieure ; & il pourroit même venir en pensée, que le nom d'*Obring* dériveroit du terme de la langue Germanique *Ober*, qui signifie supérieur.

NOTICE DE LA GAULE.

Comme Ptolémée ne fait point mention de la Moselle, quoique cette rivière ne paroisse pas à omettre plutôt que toute autre moins considérable, plusieurs sçavans, entre autres Rhenanus & M. de Valois, veulent que l'*Obringa* soit la Moselle. On peut alléguer, pour soutenir cette opinion, que Ptolémée désigne des rivières sous des noms particuliers, & qu'on ne trouve point ailleurs, comme est celui de *Tabuda*, qui ne peut se rapporter qu'à l'Escaut. Mais, s'il faut prendre en rigueur que l'*Obringa* divise les deux Germanies, cette circonstance ne convient pas exactement à la Moselle, puisque selon la Notice de l'Empire, le district du général résidant à Maïence, la métropole de la Germanie supérieure, comprenoit *Autunnacum*, Andernach, qui est en descendant le Rhin au-dessous du confluent de la Moselle. On pourroit encore être surpris, qu'Ausone célébrant la Moselle dans un poëme, où il entre dans un grand détail sur ce qui concerne cette rivière, ne fasse aucune mention d'un autre nom qu'elle auroit porté, & ne s'en prévale pas pour lui appliquer l'épithète de *binominis*, pour la mettre en parallele avec le Danube, dont on a désigné les deux noms de cette manière. C'est apparemment par ces considérations, que Cluvier a cru devoir distinguer l'*Obringa* de Ptolémée d'avec la Moselle ; & la rivière d'Ahr lui a paru propre à représenter l'*Obringa*, comme elle coule en-effet sur des limites convenables aux deux Germanies. Sanson a eu la même opinion, & elle ne m'a pas paru sans fondement. Comme il ne faut pourtant rien dissimuler, ce n'est pas être d'accord avec Ptolémée, en ce qu'il suppose que l'*Obringa* se joint au Rhin au-dessus de la position qu'il donne à Maïence. Mais en ce cas, comment Ptolémée a-t-il pu dire précisément, que l'*Obringa* fait la séparation des Germanies, puisque Maïence, qui a été choisie pour métropole de la Germanie supérieure, seroit renfermée dans l'inférieure ? Cette observation auroit plus de force qu'elle n'en a dans la réalité, si l'on ne voyoit Ptolémée avoir transposé diverses positions sur cette frontière du Rhin, comme de placer les *Nemetes* au-dessous des *Vangiones*, c'est-à-dire Spire au-dessous de Worms, & d'attribuer l'*Argentoratum* des *Triboci*, ou Strasbourg, aux *Vangiones*, ou à ceux de Worms. Il semble donc qu'on soit en droit de soupçonner, que la position de Maïence pourroit être également dérangée : & cette discussion est propre à faire voir ce qu'il faut employer de critique, pour établir la correspondance de certains points géographiques de l'antiquité, avec ce qui les représente actuellement.

46°, 25°.

OCELUM. Il en est mention dans le premier livre des Commentaires, comme d'une position à l'extrémité de la province citérieure, *citerioris provinciæ extremum*, ce qu'il faut entendre de la manière dont usoient du terme de province citérieure les Romains, pour qui la Gaule étoit trans-Alpine. On trouve pareillement *Oce-* [Lib. IV, p. 179.] *lum* dans Strabon, qui dit que c'est-là que le pays de Cottius se termine. Cluvier, Sanson, M. de Valois, placent *Ocelum* à Exilles ; d'autres veulent que ce soit Oulx ; & l'un & l'autre de ces lieux sont entre Sézane & Suse, sur une route, où aucun des anciens Itinéraires, qui néanmoins se réunissent tous pour décrire cette route fort en détail, ne connoît *Ocelum*. Le nom d'Exilles est *Exiliæ*, & celui d'Oulx est *Ultium*, dans des Lettres de Cunibert, évêque de Turin, de l'an [Liv. III, ch. 58.] 1165, ou environ, que Gabriel Pennot, auteur d'une histoire des Chanoines réguliers, a rapportées. Outre que ces noms d'*Exiliæ* & d'*Ultium* ne rendent point celui d'*Ocelum*, il faut observer, que les lieux ainsi nommés étant renfermés entre l'*Alpis Cottia* & *Segusio* Suse, qui étoit la résidence de Cottius, ne sont point l'extrémité de l'état de ce prince, & par conséquent ne peuvent représenter *Ocelum*, qui termine cet état,

NOTICE DE LA GAULE. 501

selon le témoignage de Strabon. J'ai fait voir dans un ouvrage sur l'Italie, qu'*Ocelum* devoit être Uxeau, situé dans la vallée de Pra-gelas & de Clufon, qui conduit dans la plaine de Pié-mont par Pignerol. Le nom d'*Ocelum*, ou *Occellum*, en appuyant sur les confones, comme dans l'anonyme de Ravenne, est le même qu'*Uxellum*, qui dans la langue des Celtes, défigne un lieu fort élevé, ainsi qu'il est employé dans le nom d'*Uxellodunum*. Or, c'est précisément fous le nom d'*Uxellum*, qui nous repréfente *Ocelum*, qu'il est mention d'Uxeau, dans l'acte de fondation de l'abbaye de Pignerol, par Adelaïde, femme d'Odon, comte de Sufe, en date de l'an 1064, & qui est rapporté par Guichenon, dans l'histoire de la maifon de Savoie. J'ai cru devoir comprendre ici *Ocelum*, quoique situé au-delà du fommet des Alpes. Il femble que le pays de Cottius appartienne à la Gaule, sur laquelle il prend plus d'étendue que sur l'Italie. D'ailleurs, *Ocelum* avoit été déplacé, au lieu d'être connu, & tout lecteur des Commentaires de Céfar fur la guerre des Gaules, étoit en droit d'en demander la pofition.

P. 35.

Lib. V, fect. 30.

47°, 25°.

OCTODURUS. Céfar appelle ce lieu *Vicum Veragrorum*, & dit qu'il est fitué entre des montagnes, & traverfé par une rivière. On fçait que c'est Martigni ou Martinach, dans la partie inférieure du Walaïs, & fur la Drance, qui tombe près de là dans le Rhône, différente de la Drance du Chablais, que reçoit le lac de Genève. Les *Veragri* font défignés dans Pline par le nom d'*Octodurenfes*. On trouve *Octodurus* dans l'Itinéraire d'Antonin, & dans la Table Théodofienne, fur une route qui conduifoit en Italie par l'Alpe Pennine, ou le grand S. Bernard. Cette ville a tenu le premier rang *in Valle Penniná*. Dans la Notice des provinces de la Gaule, *civitas Vallenfium Octoduro* est la feconde des deux cités dont il est mention dans la province des Al-

Comment. III.

pes Gréques & Pennines, la première étant *Darantasia*. Et la capitale des *Seduni*, ou Sion, n'est devenue le siége épiscopal que par la translation de celui d'*Octodurus*, & cette translation étoit faite avant la fin du sixième siècle. Une inscription trouvée à Martigni, qui porte FOR. CL. VAL. c'est-à-dire *Foro Claudienses Vallenses*, fait entendre qu'*Octodurus*, avoit pris le nom de *Forum Claudii*.

44°, 25°.

OLBIA. C'étoit une des villes maritimes, que les Marseillois avoient mises en défense contre les entreprises des habitans naturels du pays, *Salyes* & *Ligures*, selon le témoignage de Strabon; & il la nomme dans l'intervalle de *Taurentum* à *Antipolis*, ce qui ne resserre pas cette position dans les limites d'un petit espace. *Olbia* paroît aussi dans *Méla*, à la suite d'*Athenopolis*, en procédant le long de la côte d'orient en occident. On trouve *Olbia* dans Ptolémée, entre le promontoire *Citharistes*, ou cap Cicier, & le fleuve *Argenteus*, qui tombe dans la mer peu en-deçà de Fréjus. L'opinion qui place *Olbia* à Yères paroît universelle; & néanmoins on ne voit point d'autre raison de jetter ainsi les yeux sur Yères, dont le nom est *Areæ*, si ce n'est qu'ayant été un domaine particulier des comtes de Provence, qui tiroient un revenu de la saline qui est auprès, ce lieu est devenu le plus considérable de son canton. Je crois qu'il convient de s'attacher au rivage de la mer, comme un emplacement plus propre aux Marseillois, & semblable aux autres positions de lieu qui sont bien connues pour avoir été des établissemens formés par eux. Je retrouve même un reste du nom d'*Olbia* dans le port de l'Eoube, entre un cap nommé la Combe, & Brégançon, qui est un château sur un écueil, vis-à-vis de Portcros, ou de l'isle *Mese* entre les *Stœchades*. Il y a de vieux vestiges d'habitations sur une éminence qui tient au port de l'Eoube, & il est à souhaiter que quel-

Lib. IV, p. 180.

que personne intelligente, à portée de visiter les lieux, en fasse l'objet de sa curiosité.

50°, 18°.

OLINA FLUV. Ptolémée marque l'embouchure de cette rivière sur la côte de la Lionoise, dans l'intervalle des *Veneli* & des *Lexubii*. Il est aisé d'y reconnoître la rivière d'Orne, dont le nom est *Olna* dans les écrits du moyen-âge, & qui se rend dans la mer, près d'Oistreham ou Estreham, au-dessous de Caen. Je remarquerai en passant, que le nom d'Oistreham paroît venir de sa situation sur le rivage occidental de l'entrée de la rivière d'Orne, que ce nom est *Wester-hamus*, & n'est point *Stratæ-hamus*, selon l'opinion de M. de Valois. *Pag.* 391. La partie supérieure du cours de l'Orne appartient aux *Saii*, l'inférieure aux *Viducasses*.

48°, 26°.

OLINO. Il est difficile d'en fixer la position d'une manière indubitable, la Notice de l'Empire étant le seul monument qui en fasse mention, comme de la résidence du commandant de la frontière Séquanoise : *sub dispositione viri spectabilis ducis provinciæ Sequanici (subaudi limitis) milites Latavienses Olinone*. L'opinion de Rhenanus, que ce lieu est Holé, près de Basle, où l'on a découvert quelques antiquités, & qu'une tradition populaire veut avoir été la demeure d'un roi, paroît assez généralement adoptée. M. de Valois est dans l'opinion que le nom d'*Olino* cache celui de *Vesontio*, par *P.* 599. l'altération de quelques lettres, ce qui paroît trop hazardé. Sanson, en plaçant *Olino* tout-à-fait sur les derrières des *Sequani*, ne lui donne point un emplacement qui convienne au poste que devoit occuper un général dont l'emploi étoit de veiller sur la frontière.

44°, 26°.

OLIVULA PORTUS. L'Itinéraire Maritime, qui suit la côte d'orient en occident, indique ce port entre celui qu'il nomme *Anao*, & la plage de Nice ; & il marque XII entre *Anao* & *Olivula*, & V d'*Olivula* à *Nicia plagia*. Il a exifté vis-à-vis de Ville-franche un lieu, qui dans le dénombrement du diocèfe de Nice, tiré des archives d'Aix par Honoré Bouche, eft nommé *caftrum de Monte Olivo*. Les franchifes & priviléges accordés à Ville-franche par le comte de Provence Charle II, ont invité les habitans de *Mons Olivi* à s'y tranfporter vers l'an 1300; & quoique le port *Olivula* ne fût pas précifément celui de Ville-franche, mais une anfe qui lui eft oppofée, & à la droite de la baye en entrant; cependant l'auteur de la relation du voyage de Grégoire XI d'Avignon à Rome en 1376, confond l'un avec l'autre, en difant, *Villam francam, five portum Olivæ, intravimus*. Au-refte, je vois par le local, dont j'ai fous les yeux la repréfentation la plus exacte, qu'à partir de l'enfoncement du port qui paroît être *Anao*, & en doublant deux pointes, l'une du nom de S. Hofpice, l'autre appellée Mala-langue, pour donner fond dans le port *Olivula*, la route ne vaut qu'environ 5 milles; & de ce port à la plage de Nice 4 milles au plus. Ces mefures ne fouffrent point de contradiction, fous prétexte de n'être pas conformes aux indications de l'Itinéraire.

Chorogr. de Prov. liv. III, chap. 5.

45°, 20°.

OLTIS FLUV. Je fuis de l'opinion de M. de Valois, que dans ce vers où Sidoine-Apollinaire fait une énumération de rivières,

P. 392.

Clitis, Elaris, Atax, Vacalis,

il convient de lire *Oltis* plutôt que *Clitis*. Dans un poëme de Théodulfe d'Orléans, la même rivière eft appellée *Olitis*. Quoiqu'on dût nommer cette rivière Olt, ou l'Olt; cependant il femble que l'ufage ait prévalu, quoique vicieux, d'y joindre l'article, de forte que c'eft l'employer doublement que de dire, comme on fait communément, le Lot.

44°, 18°.

ONOBUSATES. Je ne puis m'abftenir de hazarder une

NOTICE DE LA GAULE.

une conjecture sur ce petit peuple, dont le nom se lit *Onobrisates* dans Pline, entre ceux qu'il cite en assez grand nombre dans l'Aquitaine, & qu'on juge avoir été cantonnés vers les Pyrénées. Une correction assez légère dans la leçon du texte de Pline, fait retrouver l'ancienne dénomination, sans la voir altérée sensiblement, dans le nom actuel de Nébousan, que conserve un canton situé à la gauche du Neste, vers le bas de son cours. Je remarque qu'un lieu nommé *Cioutat*, entre l'Adour & le Neste, & limitrophe des *Bigerrones*, représente presque infailliblement par ce nom le chef-lieu d'un peuple, ou d'une communauté particulière, si peu considérable que son district puisse avoir été; & ce lieu étant renfermé dans le Nébousan, ne pourroit-on pas y rapporter les *Onobusates* ?

Lib. IV, c p. 9.

44°, 19°.

OPPIDUM NOVUM. Il est placé dans l'Itinéraire d'Antonin sur la route *ab Aquis Tarbellicis Tolosam*, entre *Beneharnum* & *Aquæ Convenarum*; & on peut recourir à l'article *Beneharnum*, pour voir que la position actuelle qui peut répondre à *Oppidum novum* est celle de Naye. Mais, la distance qui paroît dans l'Itinéraire entre ce lieu & *Aquæ Convenarum*, sçavoir VIII, ne convient point à ce qu'il y a d'espace entre Naye & les eaux de Cap-bern, qui sont celles des *Convenæ*. Car, cet espace peut s'étendre à environ 23000 toises, qui renferment au moins 20 lieues gauloises. Il y a toute apparence, que l'omission d'une mansion intermédiaire, fait ici une lacune dans l'Itinéraire. Sanson a transporté *Oppidum novum* à Tarbe, qui portant déja deux noms dans les monumens Romains, *Turba*, & *castrum Bigorra*, n'en demande pas vraisemblablement un troisième. Le *Novum oppidum* se rapprocheroit à la vérité d'*Aquæ Convenarum*, & la distance ne seroit pas autant écartée de ce qui paroît indiqué dans l'Itinéraire. Il me semble au-reste, reconnoître la trace de la voie dans le nom d'Eſtrade, ou de *Strata*, que conſerve un lieu ſitué à quelques 1000 toiſes au nord de Lourde; & je remarque que la meſure des 8 lieues gauloiſes, à compter de Naye, y conviendroit. C'eſt en conſéquence qu'on trouvera une poſition anonyme dans la carte ſur cette voie.

51°, 21°.

ORIGIACUM. C'eſt la ville que Ptolémée donne aux *Atrebates*. On lit *Rigiacum* dans la verſion Latine. Ortelius témoigne qu'il y a des éditions qui portent *Metacum*, & le même nom ſe trouve dans le manuſcrit Palatin de Ptolémée. On pourroit ſoupçonner qu'il eſt de la main de quelque critique, qui a trouvé mauvais que *Nemetacum* (plutôt que *Metacum*) ne fût pas nommé par Ptolémée, préférablement à toute autre ville chez les *Atrebates*. Mais, comme on n'effacera point des autres textes de Ptolémée une dénomination de lieu, qui ne reſſemble point à celle qu'on a pu vouloir y ſubſtituer, je ne crois pas qu'il ſoit permis de confondre *Origiacum* avec *Nemetacum*; & je défère à l'opinion de Cluvier & de Sanſon, qui ont reconnu *Origiacum* dans le nom d'Orchie; car, il ne ſçauroit y avoir d'analogie plus marquée. Qu'Orchie paroiſſe à M. de Valois, *locus in Atrebatibus humilis & ignobilis*, quoiqu'il tienne le rang de ville, & qu'il ſoit renfermé d'une double enceinte, il ne s'enſuit pas que ce lieu n'ait pu être autrefois plus conſidérable. Bavai, pour être aujourd'hui fort déchu de ſa grandeur, n'en eſt pas moins l'ancien *Bagacum*. M. de Valois pouvoit objecter, qu'Orchie, au lieu d'être actuellement du dioceſe d'Arras, eſt compris dans celui de Tournai: mais, on n'eſt point aſſuré qu'il en ait toujours été de même. Il faut obſerver, que dans la Notice des provinces de la Gaule, les cités de la Belgique, *Camaracum*, *Turnacum*, & pluſieurs autres, ne répondent pas diſtinctement & ſéparément à d'anciens peuples, comme les cités y répondent dans d'autres

NOTICE DE LA GAULE. 507

provinces. Leurs districts formés postérieurement par des divisions & des démembremens, n'ont pas dans leurs limites la même correspondance qu'on reconnoît ailleurs avec les territoires primitifs. Il en a même résulté des mutations en différens tems. On prétend, par exemple, que Béthune, qui est très-à-portée d'avoir appartenu aux *Atrebates*, comme en-effet cette ville est aujourd'hui du diocèse d'Arras, a été un tems sous la jurisdiction spirituelle des évêques de Tournai. D'ailleurs, vu l'incertitude où l'on peut être que Ptolémée ait connu infailliblement la ville qui tenoit le premier rang chez les *Atrebates*, seroit-il surprenant qu'il se fût mépris en leur attribuant une ville qui ne leur appartenoit pas ?

44°, 21°.

OROBIS FLUV. On lit *Obris* dans Strabon, & dans quelques éditions de Méla, dans d'autres *Orbis*, & dans Ptolémée & Festus-Aviénus *Orobis*. La rivière d'Orb, qui passe à Béziers : *secundum Beterras Orbis fluit*, dit Méla.

50°, 24°.

OROLAUNUM. Dans l'Itinéraire d'Antonin, sur la route de *Durocortorum*, ou de Reims, à Trèves, ce lieu est placé entre *Epoissum* & *Andethanna*, à égale distance de l'un & de l'autre de ces lieux, sçavoir *leugas* XX. C'est ce qui convient à l'espace qui sépare Ivois d'avec Arlon, & Arlon d'avec Epternach. Le nom d'*Orolaunum* étoit changé en celui d'Arlon dès le neuvième siècle, comme on le trouve dans le partage des Etats du roi Lothaire, entre ses oncles Louis le Germanique & Charle le Chauve.

50°, 20°.

OROMARSACI. Quoique dans les éditions de Pline on lise *Oromansaci*, le P. Hardouin nous apprend que la leçon des manuscrits est *Oromarsaci*. Pline parlant de l'Escaut (*à Scaldi*) s'explique ainsi : *deindè* *Lib. IV, cap. 17.*

Menapii, Morini, Oromarsaci, juncti pago qui Gessoriacus dicitur. Je ne vois rien de plus convenable à la position, & au nom d'*Oro-marsaci*, que le canton de pays vers Calais & Gravelines, qui est appellé terre de Mark ou de Merk, & qui se trouve limitrophe de la partie du Boulonois la plus voisine de *Gesoriacum*, ou de Boulogne, & par conséquent de *Gesoriacus pagus*, auquel le canton d'*Oromarsaci* doit être adhérant, selon le rapport de Pline.

45°, 18°.

OSCINEIUM. Dans l'Itinéraire de Bourdeaux à Jérusalem, sur la route de *Vasatæ* à *Elusa*, & entre le lieu nommé *Tres-arbores*, & *Scittium*, ou plutôt *Sotium*, on trouve *Oscineium*; & la distance est également marquée VIII à l'égard de l'une & de l'autre de ces positions. Je remarque sur ce passage un lieu, dont le nom d'Esquies paroît conserver de l'analogie à l'ancienne dénomination d'*Oscineium*; & l'indication des distances ne paroît pas contraire à la manière dont ce lieu d'Esquies est placé sur la représentation du local.

49°, 14°.

OSISMII. Tout ce qu'on peut citer d'auteurs anciens en traitant de la Gaule, César, Strabon, Méla, Pline, Ptolémée, font mention des *Osismii*. Mais, ce qui concerne cette cité, ou ce peuple, me donne lieu de remarquer, qu'il n'y a en Gaule aucune contrée, sur laquelle l'ancienne Géographie paroisse plus couverte d'obscurité. Il semble qu'on se soit accordé jusqu'à présent à borner le territoire des *Osismii* au rivage septentrional de la basse Bretagne, quoiqu'il y ait les plus fortes raisons pour croire qu'ils occupoient l'extrémité du même continent dans toute sa largeur, & que le diocèse de Kimper n'en faisoit pas moins partie que celui de Léon. Les évêchés établis par les Bretons, & dont quelques-uns sont antérieurs à ceux que Nominoé, qui prit le titre de roi, érigea de son autorité dans le neuvième siècle, à S. Tugdual dans la presqu'isle de Trécor, & à S. Brieuc, ont apporté du changement aux anciennes cités qui partageoient cette étendue de pays. On peut voir à l'article *Vorganium*, comment la position de cette ville, qui étoit la capitale des *Osismii*, prend le même emplacement qu'occupe aujourd'hui Karhez, quoique Karhez soit renfermé dans le diocèse de Kimper. M. de Valois paroît embarrassé de sçavoir comment Méla pouvoit dire que l'isle de Sein, *Sena insula*, étoit placée vis-à-vis du rivage des Osismiens, *Osismicis adversa littoribus*. La difficulté disparoît, en reconnoissant que ce qui compose actuellement le diocèse de Kimper, dont une pointe n'est séparée de l'isle de Sein que par un canal qu'on nomme le passage du Raz, appartenoit aux *Osismii*. La légende de S. Ménulfe, ou Ménou, que l'on trouve dans la Bibliothéque du P. Labbe, tome II, & dans les Bollandistes, au tome III du mois de Juillet, rapporte que ce saint personnage quittant la Grande-Bretagne, aborda au territoire des Osismiens, où S. Chorentin étoit évêque : *pervenit ad minorem (Britanniam) in provinciam civitatis, quæ ab antiquis Oximorum nuncupatur, cujus sanctus Chorentinus antistes erat.* Que le siège épiscopal de S. Chorentin fut Kimper, c'est sur quoi on peut consulter l'article *Corisopiti*. Ainsi, lorsque dans la vie de S. Gildas, on lit que S. Paul fut évêque des Osismiens, on ne doit pas en conclure, que le nom d'*Osismii* ne convient exclusivement qu'au district du diocèse de Léon. Le même nom s'étendant également au diocèse de Kimper, on ne sçauroit mieux comparer le pays qui dans le moyen-âge a pris le nom de *Cornubia*, autrement *Cornu Galliæ*, Cornouaille, & selon le langage Breton *Kerneou*, qu'au territoire entier de l'ancienne cité des *Osismii* ; *provinciæ civitatis quæ ab antiquis Oximorum nuncupatur*, selon les termes de la légende de S. Ménou.

P. 395.

Acta SS. Ord. S. Bened. Tom. I.

44° & 45°, 18°.

OSQUIDATES. Entre les peuples de l'Aquitaine qui sont dénommés dans Pline, & qui ne paroissent pas du rang des plus considérables, on trouve *Osquidates montani*, & *Osquidates campestres*. M. de Valois, en écrivant *Ossidates* pour *Osquidates*, veut en faire les *Datii* de Ptolémée, convertissant leur nom en *Osdatii*. Mais, n'est-ce point se trop livrer à la conjecture? Il me semble que la vallée d'Ossau, qui du pied des Pyrénées s'étend jusqu'à Oloron, convient aux *Osquidates montani*, dont le nom est suivi dans Pline de celui des *Sibyllates*, placés dans le pays de Soule, qui est à peu près limitrophe. Quant aux *Osquidates campestres*, dont il est fait mention à l'écart des autres; si on juge de leur position par celle des peuples au milieu desquels leur nom se rencontre; *Elusates* & *Sotiates*, d'un côté; *Tarusates*, *Basabocates* ou *Vocates*, de l'autre; leur demeure doit avoir été sur la frontière commune des diocèses d'Auch, de Basas, & d'Aire. La distinction de *Campestres* dans ce canton en pays très-uni, est aussi convenable à ceux-ci, que celle de *Montani* se rapporte à l'emplacement des autres.

44°, 25°.

Lib. IV, p. 185. **OXYBII.** Selon Strabon, un port qu'il nomme *Oxybius*, tire ce nom des *Oxybii*, nation Ligurienne. Pline *Lib. III, cap. 4.* répète en deux endroits la mention qu'il fait des *Oxybii* : 1°, de cette manière ; *amnis Argenteus*, *regio Oxybiorum*, *Ligaunorumque* : 2°, le nom des *Oxybii* suit *Lib. II, cap. 3.* celui des *Deciates* ; & il en est de même dans Florus. *sect. 134.* Polybe (*in excerptis legationibus*) joint pareillement, & à différentes reprises, les *Oxybii* & les *Deciates*, ou, selon qu'il écrit, *Decietæ* ; & il est même cité par *P. 202.* Strabon sur ce sujet. On ne sçauroit rien dire de positif sur le nom de *Ligauni*, qui succède à celui d'*Oxybii* dans le premier passage de Pline. L'opinion de Daléchamp, & d'Honoré Bouche, qui est d'en faire l'appli-

NOTICE DE LA GAULE. 511
cation aux *Ingauni*, n'eſt pas recevable, parce qu'*Albium Ingaunum*, aujourd'hui Albinga, eſt au-delà des Alpes, & aſſez loin des limites de la Narbonoiſe, dont Pline traite en particulier. On ſçait par rapport au ſecond paſſage, que les *Deciates* qui y ſont nommés d'une manière conforme à l'union des *Oxybii* avec cette nation dans Polybe; on ſçait, dis-je, qu'ils habitoient aux environs d'Antibe. En raſſemblant ainſi ce qu'on trouve ſur les *Oxybii*, il en réſulte qu'ils étoient placés au-delà de l'Argents, & en-deçà d'Antibe; qu'ils étoient voiſins de la mer, puiſqu'un des ports ſur la côte étoit déſigné par leur nom. Le P. Hardonin prend *Forum Julii*, qui étoit une ville romaine, pour la capitale des *Oxybii*, qui étoient Liguriens. Dans Etienne de Byzance, la ville qui porte le nom d'*Oxybium* doit être celle des *Oxybii*. Selon le récit que fait Polybe de ce qui donna lieu aux Romains de porter la guerre chez les *Oxybii*, ils avoient une ville où l'on abordoit par mer ſous le nom d'*Ægitna*, à laquelle il eſt vraiſemblable que le port *Oxybius* de Strabon doit ſe rapporter. Dans le ſommaire du livre XLVII de Tite-live, où il eſt parlé de l'expédition de Q. Opimius, ou de celle dont Polybe fournit le détail; les *Oxybii* & *Deciates* ſont déſignés par le nom général de *Ligures Tranſalpini*; & ce qui attira chez eux les armes romaines, comme le marque ce ſommaire, ſçavoir qu'ils déſoloient les villes Marſeilloiſes d'Antibe & de Nice, ſeroit un indice de leur poſition.

P.

50°, 24°.

PÆMANI. Ils ſont nommés dans Céſar avec les *Eburones*, les *Condruſi*, les *Cæreſi*, comme une nation Germanique d'en-deçà du Rhin; & on peut conjecturer qu'ils étoient voiſins des *Condruſi*, dont le pays eſt ſuffiſamment connu ſous le nom de Condroz. Comme un

Comment. II.

canton qui tient au Condroz, a porté le nom de *Famenna* ou *Falmenna*, aujourd'hui Famenne ou Famine ; quelque rapport dans cette dénomination avec le nom des *Pœmani*, peut porter à croire qu'ils ont occupé ce canton.

50°, 25°.

PALATIUM. Il est mention de ce Palais, que les empereurs avoient auprès de Trèves, dans une lettre de S. Ambroise à Valentinien I, en ces termes : *quùm perveniſſem Treviros, poſtridiè proceſſi ad Palatium*. Le lieu où étoit ce palais en conserve le nom, en prenant la forme de l'idiome Tudesque ou Germanique, étant appellé *Pfaltz*. Il est situé à deux lieues gauloises, ou à une raste françoise au-dessous de Trèves, sur la rive gauche de la Moselle. Dagobert I convertit ce lieu en une abbaye de filles, en faveur de sa fille Adèle, vers l'an 643.

49°, 20°.

Comment. VI. PARISII. Selon César, les *Pariſii* étoient limitrophes des *Senones*, avec lesquels ils s'étoient unis en un même corps de cité quelque tems avant son arrivée dans la Gaule : *confines hi erant Senonibus, civitatemque patrum memoriâ conjunxerant*. Ils se gouvernoient néanmoins séparément lors de la conquête, puisqu'ils refuserent de prendre part au soulèvement que méditoient les *Senones*, comme César le rapporte. L'expédition particulière de Labiénus contre les *Pariſii* étant de la septième année du gouvernement de César, est décrite dans le septième livre des Commentaires : & dans l'article *Melodunum*, on peut voir ce que l'application qu'il convient de faire du nom de *Metioſedum*, dont il est mention dans le détail de cette expédition, me donne lieu d'en rapporter. Les *Pariſii* sont cités dans Strabon, & rangés dans la Lionoise par Pline & par Ptolémée. Et pour ne rien négliger de ce qui peut y avoir quelque rapport, on remarquera que dans la Table Théodosienne

NOTICE DE LA GAULE.

ſienne le nom de *Pariſi* ſe trouve inſcrit entre *Aduaca*, ou Tongres, & *Vetera* ſur le bas Rhin, poſition par laquelle on ſeroit étrangement dépayſé, ſi ce peuple étoit inconnu d'ailleurs. On voit des *Pariſi* entre les peuples d'Albion, ou de la Grande-Bretagne, dans Ptolémée.

44°, 26°.

PAULON FLUV. On lit dans Méla : *Paulon & Varus fluinina, utraque ex Alpibus delapſa ; ſed Varus, quia Italiam finit, aliquantò notior*. Il pouvoit dire, que ce torrent, qui tombe dans la mer à Nice, & que l'on nomme Paillon, n'eſt pas comparable au Var, indépendamment de quelque autre raiſon d'être moins connu. J'adhère à l'opinion de Cluvier, qui veut que le texte de Pline ſoit corrigé dans l'endroit où en ſuivant la côte, il nomme *Fluvius Padus* à la ſuite de *Nicæa*. Le P. Hardouin dit avoir lu *Pado* dans les manuſcrits, Iſaac Voſſius *Palo*. Il eſt évident que c'eſt du *Paulon* de Méla dont il s'agit, & que le Pô n'y convient pas.

Lib. II, cap. 4.

Ital. ant. lib. I, cap. 9. Lib. III, cap. 5.

47°, 25°.

PENNI-LUCUS. Dans l'Itinéraire d'Antonin on lit *Pennelocos*, dans la Table Théodoſienne *Pennolucos*. Ce lieu, ſitué *in Valle Penninâ*, étoit apparemment conſacré au dieu *Penn*. Il doit trouver ſa place entre *Viviſcus* & *Tarnadæ*, ſelon la Table, & ſelon l'Itinéraire. La diſtance eſt marquée VIII à l'égard de *Viviſcus*, XIII ou XIIII à l'égard de *Tarnadæ*, y ayant cette différence entre l'Itinéraire & la Table. Pluſieurs ſçavans prennent Villeneuve ſur le lac Léman pour le *Penni-lucus*, ſans alléguer de circonſtance qui ſoit propre à déterminer cette poſition. On peut oppoſer, que Villeneuve n'eſt pas un lieu aſſez éloigné de Vevai, qui eſt *Viviſcus*, en réduiſant même la diſtance à la meſure du mille romain, plutôt que d'y employer la lieue gauloiſe. Les anciennes cartes indiquent ſur la direction de la voie, un petit endroit ſous le nom de *Penne*, & on ne peut ſe diſpenſer de faire attention à l'identité de la dénomination, quelque obscur que ce lieu puisse être aujourd'hui. Il est vrai que selon les cartes, il paroît moins distant de S. Maurice, qui est *Tarnadæ*, que de *Viviscus*, ou de Vevai, au contraire de ce que veut l'indication des distances, vu qu'elle est plus forte où on la trouve ici plus foible. Mais, ce ne seroit pas l'unique endroit, où la nécessité de rendre les Itinéraires conformes aux positions locales, feroit transposer la distance d'un intervalle à l'autre qui est immédiat. Au-reste, je crois que c'est sur le pied du mille romain que les distances sont données entre *Tarnadæ* & *Viviscus*, de quelque manière qu'il soit convenable de les distribuer.

44°, 25°.

PERGANTIUM, ville Ligustique, selon Etienne de Byzance. On reconnoît son nom dans celui de Bréganson, petite isle avec un château, & séparée par un canal étroit d'une pointe du continent, qui regarde *Mese* ou Portcroz, l'une des *Stœchades*, ou des isles d'Ières.

51°, 23°.

PERNICIACUM. Ce lieu est placé dans l'Itinéraire d'Antonin, & dans la Table Théodosienne, sur la route de Bavai à Tongres, entre *Geminiacum*, ou Gemblou, & Tongres. Dans la Table on lit *Pernacum*; & on est fort incertain sur la manière dont les distances doivent être comptées dans cet intervalle de Gemblou à Tongres, où se rencontre le lieu dont il s'agit. L'Itinéraire marque de *Geminiacum* à *Perniciacum* XII, dans la Table on voit XLIII. De *Perniciacum* à *Aduaca Tungrorum* XIV dans l'Itinéraire, XVI dans la Table. L'espace en droite-ligne de Gemblou à Tongres, fixé par des opérations sur les lieux, n'est pas tout-à-fait de 31000 toises, & en suivant sur les cartes manuscrites du Roi, la trace même de la voie, qui circule dans une partie de cet espace, je ne trouve que 32 à 33000 toises, dont il ne résulte qu'environ 29 lieues gauloises. La difficulté qui reste après cela, c'est de sçavoir le lieu qui peut convenir, plutôt qu'un autre, à *Perniciacum* dans cet espace. Plusieurs ont jetté les yeux sur Perwez, qui est situé à quelque distance du passage de la voie sur la gauche. Ils veulent pour plus d'analogie lire *Perviciacum*, au lieu de *Perniciacum*; & ils ne considèrent pas que Perwez est peu distant de Gemblou, n'en étant éloigné que d'environ 5500 toises, qui font à peine 5 lieues gauloises. En s'attachant à la distance entre Tongres & *Perniciacum*, par égard à ce que l'Itinéraire & la Table se rapprochent davantage que sur l'autre; je vois que 14 ou bien 16 lieues gauloises étant mesurées sur la voie prise en rétrogradant depuis Tongres, on se rencontre dans un canton vague, où aucun lieu qui puisse convenir à celui qu'il est question de trouver, ne se distingue. Après avoir bien considéré le local sur une topographie très-circonstanciée, la nécessité de ne pas omettre ce lieu sur une carte, où l'on trouveroit à redire qu'il ne parût pas sur la route qui y est tracée, me fait prendre une position près de la Méhaigne, le nom de Prenson ou Brenchon paroissant avoir quelque chose de *Perniciacum*. La distance à l'égard de Gemblou seroit indiquée en marquant x, & à l'égard de Tongres xix.

48°, 26°.

PETINESCA. Il paroît plus convenable d'écrire ainsi, que *Penestica*, selon l'édition de l'Itinéraire d'Antonin par Surita. Dans la Table Théodosienne on lit *Petenisca*. La distance à l'égard d'*Aventicum* est marquée xiii dans l'Itinéraire, xiiii dans la Table: & entre *Petinesca* & *Salodurum* l'Itinéraire & la Table sont d'accord à marquer x. En plaçant ce lieu à Buren avec Simler, qui est suivi par M. de Valois, c'est ne pas connoître que la dernière de ces distances ne peut convenir à l'égard de *Salodurum*, ou de Soleure, dont la position de Buren ne s'éloigne que de 7 à 8 milles romains, ou d'environ 5 lieues gauloises. Mais, en même tems que cette distance ne se rapporte point à Buren, on voit qu'elle convient à Bienne. De Bienne à Soleure on comptera 10 lieues gauloises, comme de Bienne à Avanche 13 à 14, selon ce qu'on peut conclure des indications de l'Itinéraire & de la Table. Dans ces distances, l'emploi du mille romain ne rempliroit pas l'espace que donne le local, & le mille conviendroit encore moins par la position de Buren, que par celle de Bienne, parce qu'entre Avanche & Buren, la distance peut s'estimer d'environ 26 milles romains.

46°, 19°.

PETROCORII. César, Strabon, Pline, Ptolémée, en font mention. Il y a de la méprise dans Pline, quand il dit des *Petrocorii* ce qui convient aux *Cadurci*, que le Tarn les sépare du territoire de Toulouse. Voici comment il s'explique : *Cadurci, Antobroges, Tarneque amni discreti à Tolosanis Petrocori*. Le P. Hardouin attribue ce qu'on lit ainsi dans son auteur favori, à une conquête que ceux du Périgord auroient faite du Querci, de l'Agénois, & de l'Albigeois : *Petrocoris Cadurcos, Agennenses, & Albienses, usque ad Tarnem amnem, armis & vi sibi subjicientibus*. J'ignore qu'il y ait dans l'histoire quelque trace de cette entreprise de la cité de Périgueux sur les cités voisines ; & il est même difficile de l'admettre par supposition. Les mouvemens de guerre chez les peuples Gaulois sous la domination romaine, pour se rapporter au tems où Pline traite de la Gaule, ont plutôt été des soulevemens contre la puissance dominante, que des guerres intestines entre les cités. S'il étoit arrivé des révolutions dans l'état des cités lorsque la Gaule jouissoit d'une pleine liberté, il n'en étoit pas de même depuis qu'elle étoit assujettie, & réduite *in formam provinciæ*. Les changemens dans les provinces particulières ont été l'ouvrage du pouvoir impérial, &

Lib. IV, cap. 9.

NOTICE DE LA GAULE.

non pas l'effet d'un arrangement de la part des peuples. Nous voyons que la plûpart des anciennes cités font contenues dans l'emplacement qui les diftingue, & qu'elles confervent leurs limites. Joseph Scaliger, en écrivant fur Aufone, a cru faire difparoître la difficulté par deux points, qui détachent les *Petrocorii* de la mention qui eft faite des *Tolofani* dans Pline, & en lifant : *Cadurci, Nitiobriges* (au lieu d'*Antobroges*) *Tarne amni difcreti à Tolofanis* : *Petrocori*. Mais, pour adopter la folution propofée par Scaliger, il faudroit que les *Nitiobriges* euffent étendu leur territoire fur le Tarn, ce que la connoiffance pofitive que l'on a des *Fines* des *Cadurci*, près de cette rivière, ne fouffre pas qu'on admette. Pour revenir aux *Petrocorii*, ils occupoient avec ce que contient le diocèfe de Périgueux, celui de Sarlat, dont l'évêché eft de la création du pape Jean XXII, au commencement du quatorzième fiècle : *Sarlatum in epifcopatu Petragoricenfi*, dit l'auteur de l'hiftoire des Albigeois, qui eft antérieur à l'établiffement d'un évêché à Sarlat.

Lib. II, cap. 10.

50°, 20°.

PETROMANTALUM. On trouve ce lieu dans l'Itinéraire d'Antonin, fur une route qui en partant de *Carocotinum*, paffe par *Juliobona* & *Rotomagus*, & conduit à *Lutecia*. Ce lieu eft encore indiqué entre *Cæfaromagus*, ou Beauvais, & *Briva Ifaræ*, ou Pont-Oife. La Table Théodofienne en fait auffi mention, quoique le nom foit écrit *Petrum-viaco*. L'Itinéraire & la Table ne font point d'accord fur la diftance à l'égard du lieu nommé *Ritumagus*, qui fuit *Rotomagus*, & qui précède *Petromantalum*, & dont on reconnoît la pofition dans celle de Radepont, comme on peut voir à l'article *Ritumagus*. L'Itinéraire marque XVI, la Table XII. De *Petromantalum* à *Briva Ifaræ*, la diftance qui n'eft point indiquée par la Table, eft marquée XIV dans l'Itinéraire. Or, ce que le local fournit d'efpace entre les pofitions de *Ritumagus* & de *Briva Isaræ*, c'est-à-dire depuis Radepont jusqu'au passage de l'Oise, est d'environ 34000 toises, ce qui répond précisément à 30 lieues gauloises, comme l'Itinéraire les indique en rassemblant les deux distances, XVI, & XIV. C'est donc dans cet intervalle que se place *Petromantalum*, & il est fait mention dans l'article *Briva Isaræ* de la trace de l'ancienne voie, qui à partir du passage de l'Oise tend directement à Magni. Il est vrai que la position de Magni n'étant distante du bord de l'Oise qne d'environ 13400 toises, on n'en peut conclure que 12 lieues gauloises, au lieu de 14 : & que d'autre part, l'espace entre Radepont & Magni étant d'environ 20600 toises, il en résulte 18 lieues gauloises, au lieu de 16. Mais, l'application des Itinéraires au local fait voir quelquefois, que le défaut de précision dans les distances particulières, se trouve compensé dans la réunion de ces distances en un total. Il est à remarquer, que la trace de la voie laisse Magni à quelque distance sur le côté, passant par un lieu dont le nom d'Estrez indique cette voie ; & qu'à environ 1400 toises au-delà de Magni, en partant du passage de l'Oise, & sur la même direction de voie, il existe un lieu appellé Magni-tot, dont la position ainsi déterminée fera trouver 13 lieues gauloises d'un côté, & 17 de l'autre, ce qui diffère moins des indications de l'Itinéraire. Ainsi, ce lieu pourroit être celui que désigne l'Itinéraire, préférablement à Magni. Il peut suffire de n'avoir point d'autre sujet d'incertitude sur cette position, & de ne point aller chercher *Medunta*, ou Mante, pour en faire *Petromantalum*, en suivant l'avis de M. de Valois. Sanson ne s'est point mépris sur cet article, & M. l'Abbé Bellei, dans un Mémoire donné à l'Académie, reconnoît *Petromantalum* dans l'emplacement de Magni. Quoique Magni existe en qualité de ville, je suis informé que pour la Seigneurie il relève d'un lieu voisin, dont le nom de Bantelu a trop d'analogie à l'un des deux membrés dont le nom de *Petro-mantalum* paroît composé, pour n'être pas tenté d'en faire la remarque. Il reste à parler de la distance à l'égard de *Cæsaromagus* : elle sera à peu près la même pour l'une ou l'autre des positions entre lesquelles on pourroit balancer sur le lieu de *Petromantalum*. Cette distance est marquée XVII dans l'Itinéraire, XV dans la Table : & vu que la mesure du local passe 19000 toises, elle répond ainsi aux 17 lieues gauloises indiquées par l'Itinéraire. Au-reste, il y a toute apparence, que cette branche de voie dirigée de *Cæsaromagus* vers *Petromantalum*, ne s'y arrêtoit pas, & qu'elle faisoit en traversant le pays des *Veliocasses*, la communication des *Bellovaci* avec les *Carnutes* & leur capitale, comme on peut remarquer sur la carte que la direction donnée y conduit. La continuation de cette voie au-delà de *Petromontalum* peut bien être une omission dans les Itinéraires, comme on ne sçauroit douter qu'il n'y en ait.

44°, 24°.

PETRONII VICUS. L'historien de Provence, Honoré Bouche, rapporte une inscription trouvée à Pertuis sur la droite de la Durance, à environ quatre lieues au nord d'Aix, où le lieu est désigné *vicus C. Petronii ad ripam Druentiæ*. Quand on se rappelle que le fameux Pétrone, *C. Petronius Arbiter*, étoit né dans la Province romaine de la Gaule, selon le témoignage des écrivains qui ont parlé de ce personnage, on seroit tenté de conjecturer, que ce lieu lui devroit le nom qui nous est transmis dans l'inscription.

47°, 18°.

PICTONES, *vel* PICTAVI. Ils sont cités en plusieurs endroits des Commentaires, & comme leurs dépendances s'étendoient jusqu'à la mer, César dit en avoir tiré des bâtimens, ainsi que du pays des *Santones*, dans la guerre qu'il fit aux *Veneti*. Strabon & Ptolémée font connoître, que les *Pictones* s'étoient bornés que par la Loire, qui les féparoit des *Namnetes*. Car, felon Strabon, la Loire fe rend dans la mer entre les *Pictones* & les *Namnetes* : & felon Ptolémée, les *Pictones* occupent la partie feptentrionale de l'Aquitaine, le long de la mer & fur la Loire. Ainfi, les géographes, qui dans les cartes précédentes de la Gaule, ont limité les *Pictones* par les bornes actuelles du diocèfe de Nantes, ne font point conformes au témoignage formel des anciens. Ils paroiffent avoir ignoré, que le diocèfe de Nantes ne s'étend au midi de la Loire, que parce qu'au neuvième fiècle la jurifdiction fpirituelle des évêques de Poitiers a fouffert un démembrement de ce côté-là, comme je l'expofe plus particulièrement dans l'article concernant *Ratiatum*, qui a été une ville des *Pictones*. On voit auffi dans l'article intitulé *Andes*, que l'ancien territoire des *Pictones* renfermoit un canton, qui a été uni au diocèfe d'Angers, & qui fe nomme les Mauges. Au-refte, perfonne n'ignore, que le diocèfe de Maillezais, dont le fiége a été transféré à la Rochelle, & pareillement celui de Luçon, font des parties détachées du diocèfe de Poitiers par Jean XXII, pour l'établiffement de ces évêchés en 1317. Quant au nom de *Pictones*, comme il fe lit dans les plus anciens auteurs, Céfar, Strabon, Pline, Ptolémée ; la forme un peu différente qu'il a prife dans le nom de *Pictavi*, doit avoir été ufitée avant la chute de l'Empire dans la Gaule, puifque c'eft ainfi que la capitale, lorfqu'elle a été défignée comme la plûpart des autres par le nom du peuple, eft appellée dans Ammien-Marcellin, & dans les Notices, ainfi que j'ai dû le remarquer dans l'article fous le titre de *Limonum pofteà Pictavi*.

47°, 17°.

PICTONUM PROMONTORIUM. Ptolémée, qui feul nous l'indique en parcourant la côte Aquitanique, le place entre l'embouchure du fleuve *Canentelus*, qui

eft

est la Charente, & le *Secor Portus*, auquel succède immédiatement l'embouchure de la Loire. Sur cette indication, je ne vois point qu'on puisse jetter les yeux sur quelque autre endroit du rivage des *Pictones*, que la pointe de terre fort déliée, & recourbée vers l'entrée de la Sevre Niortoise, & qui se nomme l'Aiguillon. Cette pointe devoit avoir autrefois une saillie d'autant plus apparente, que la partie maritime du Poitou étoit inondée jusqu'auprès de Luçon, & en remontant la Sevre jusqu'auprès de Maillezais. Car, les terres ne sont aujourd'hui desséchées en partie, que par le grand nombre de coupures qu'on a faites pour y rassembler les eaux qui stagnoient auparavant, travaux dont les commencemens sont dûs au regne d'Henri IV ; quoique dans quelques monumens d'un tems plus reculé, il soit parlé de l'ouverture de quelques canaux dans le même canton.

44°, 23°.

PISAVÆ. Ce lieu est marqué dans la Table Théodosienne, à la distance de XVIII milles d'*Aquæ Sextiæ*, ou d'Aix, en tendant vers *Glanum*, qui est S. Remi, près de Tarascon. Cette distance conduit, en suivant la trace de la voie Aurélienne, au passage d'une petite rivière, nommée Touloubre. Car, une grande carte manuscrite de la Provence m'indique 13 à 14000 toises, & le calcul des 18 milles romains est de 13600 toises. Honoré Bouche nous apprend, que dans le territoire d'un lieu nommé Alenson sur la gauche de cette voie, on a trouvé des colomnes milliaires, sur l'une desquelles on lisoit VIAM AVRELIAM. A la droite, & près de la rivière ci-dessus nommée, est un autre lieu, sous le nom de Pelissane, auquel celui qu'on lit dans la Table paroît se rapporter à quelques lettres près.

Chorog. de Prov. liv. IV, ch. 4.

44°, 22°.

PISCENÆ. Pline comprend ce lieu dans un dénombrement des principaux de la Narbonoise ; & on en fait

Lib. III, cap. 4.

l'application à Pezenas, fur la droite de l'*Arauris*, ou de l'Eraut, au-deſſus d'Agde. Il eſt encore mention de *Piſcenæ* dans Pline, au ſujet d'une eſpece de laine, qui ſe trouve dans les environs. M. Aſtruc croiroit vrai-ſemblable de reconnoître *Piſcenæ* dans un petit lieu, dont le nom eſt Pezene, à quelque diſtance de Pezenas, parce que c'eſt-là préciſément que croît la laine plus ſemblable à du poil qu'à de la laine, dont parle Pline. Mais, l'expreſſion de Pline, *circà Piſcenas*, admet de l'extenſion; & d'ailleurs il répugne, qu'un endroit obſ-cur tienne une place entre les lieux plus conſidérables de la province Narbonoiſe. Dans les écrits du moyen-âge, le nom de Pezenas eſt *Peſenatium*, & *Peſenacum*, en le latiniſant ainſi d'après celui de Pezenas, que l'u-ſage avoit établi dès le douzième ſiècle. Au-reſte, il paroît que Pezenas & Pezene doivent également leur nom à la petite rivière de Peſne, qui prend ſa ſource à Pezene, ſelon la grande carte du Languedoc de Cava-lier, & qui ſe perd dans l'Eraut, près de Pezenas, im-médiatement au-deſſus de ſa poſition.

Lib. VIII, cap. 48.

Hiſt. nat. de Lang. p. 53.

47°, 22°.

POCRINIUM. On trouve ce lieu dans la Table Théodoſienne, ſur une route qui conduit d'*Aquæ Bor-monis*, ou de Bourbon-l'Archambaut, à *Auguſtodunum*, Autun. Pluſieurs circonſtances particulières concourent à faire connoître la poſition de *Pocrinium* dans celle d'un lieu nommé Perrigni, ſitué au rivage droit de la Loire; & on ne ſçauroit diſconvenir que ce nom de Perrigni ne conſerve de l'analogie à la dénomination de *Pocrinium*, comme elle ſe lit dans la Table. On peut recourir à l'article *Aquæ Bormonis*, pour voir que l'eſ-pace actuel entre Bourbon & Perrigni répond à ce qui eſt indiqué par la Table. La poſition d'un lieu dont le nom eſt *Telonnum*, entre *Pocrinium* & *Auguſtodunum*, ne contribue pas moins à déterminer l'emplacement de *Pocrinium* à Perrigni. Sanſon a été placer *Pocrinium* à

S. Porçain : & comme l'indication des diſtances ne l'y conduiſoit pas, puiſque de Bourbon à S. Porçain, il s'en faut beaucoup que l'on trouve 30 lieues gauloiſes que demande la Table ; il feroit ſingulier que Sanſon ſe fût déterminé par quelque reſſemblance entre le nom de *Pocrinium* & celui d'un faint Abbé, qui au rapport de Grégoire de Tours, vivoit fous Thierri, fils de Clovis.

44°, 24°.

POMPONIANA. C'eſt un lieu ſur la côte dans l'Itinéraire maritime, & dont le nom feroit *Pompeiana*, felon pluſieurs manuſcrits. Il faut en trouver la place entre le port de Toulon, & *Heraclea Caccabaria*, qui eſt S. Tropez. La diſtance à l'égard de *Telo Martius* indiquée XVI, me conduit préciſément ſur une grande carte manuſcrite & bien levée de la côte de Provence, à la calle de Giens, ouverte au ſud, vis-à-vis de la pointe occidentale de *Prote*, ou de la premiere des iſles d'Ières, qui eſt Porqueroles. La route de mer valant environ 12000 toifes, répond bien à 16 milles romains. Il me paroît d'autant moins douteux que *Pomponiana* ne ſoit Giens, que les diſtances qu'indique l'Itinéraire en partant d'*Heraclea*, ſe terminent également au même lieu, comme on peut voir dans l'article *Alconis*. On connoît la terre de Giens pour être en faillie dans la mer, & dont le côté qui regarde le continent eſt preſque couvert d'une lagune, de laquelle il fort des canaux de communication avec la mer de droite & de gauche, ce qui renferme cette terre comme une iſle. Le motif que j'ai de faire cette remarque eſt de voir, que Pline, & Marcianus Capella après lui, ont pris *Pomponiana* pour une iſle, mais en attribuant ce nom à celle des trois iſles *Stœchades* qui tient le milieu entr'elles, & à laquelle par cette raiſon le nom de *Meſe*, qui la diſtingue dans Pline de *Prote* & d'*Hypæa*, c'eſt-à-dire de la premiére & de l'ultérieure, convient particulièrement. Or, ne peut-on pas juger, que c'est une méprise de la part de Pline, de confondre *Pomponiana* avec *Mese*, puisque *Pomponiana* existe séparément. Ce qu'il y a de bien certain, c'est que les distances de l'Itinéraire qui déterminent *Pomponiana*, ne vont point du tout à Portcroz, qui est cette isle du milieu entre les isles d'Ières ou *Stœchades*. Car, l'aterrage de Portcroz s'éloignant de la calle de Giens d'environ 10000 toises, la distance qui à l'égard de Toulon ne doit aller qu'à 16 milles, selon l'Itinéraire, en passe 28 : & d'un autre côté, la distance à l'égard d'*Heraclea* perd conséquemment une grande partie de ce que demande le même Itinéraire.

44°, 23°.

PONS ÆRARIUS. Il est placé dans l'Itinéraire de Bourdeaux à Jérusalem entre *Nemausus* & *Arelate*, à XII au-delà de *Nemausus*, & VIII en-deçà d'*Arelate*. La distance de Nîmes à Arles, qui approche de 15000 toises en droite-ligne, & qui peut valoir quelque chose de plus en mesure de chemin, convient aux nombres marqués par l'Itinéraire, puisque dans ce que renferme la Province romaine, le calcul de 20 milles, XII & VIII, est de 15120 toises. L'Itinéraire d'Antonin ne diffère ici que d'un mille, en marquant XVIIII entre *Arelate* & *Nemausus* en une seule distance. Il faut contredire ces indications des Itinéraires, si l'on veut, en s'attachant à l'opinion de quelques sçavans, que le *Pons Ærarius* soit celui d'entre Beaucaire & Tarascon. Car, la distance de Nîmes à *Ugernum*, ou Beaucaire, est de 15 milles, comme la Table Théodosienne l'indique, & du passage du Rhône entre Beaucaire & Tarascon jusqu'à Arles, l'intervalle de 7 à 8000 toises est égal à 10 milles. Ainsi, au lieu de 20, il faut compter 25 entre Nîmes & Arles, en prenant la route de Beaucaire. Je ne vois pas les mêmes difficultés sur une route plus directe, & qui existe de Nîmes à Arles. Cette route n'est pas moins une ancienne voie romaine que celle qui tend à *Ugernum*. Elle

Voyez l'Hist. natur. de Lang. p. 217.
Et l'Hist. de Nîmes, T. I. notes, p. 27.

NOTICE DE LA GAULE.

est commune avec cette voie jusqu'au pont de Quart (*de Quarto*) sur le Vistre, au-delà duquel elle s'en détache sur la droite. Les milles y ont été distingués par des colomnes milliaires comme sur l'autre, & M. Astruc en parle dans ses Mémoires sur le Languedoc. En suivant cette branche de voie, la mesure de 12 milles depuis Nîmes, selon que l'indication de l'Itinéraire le prescrit, ou de 8 milles au-delà du *Quartus lapis*, conduit au passage d'un canal dérivé du Rhône depuis Beaucaire, & qui se rend dans l'étang d'Escamandre, canal ancien, & faisant la séparation des diocèses de Nîmes & d'Arles quant au spirituel. Sur ce canal est un pont, dont l'abord a été défendu du côté de Nîmes par un château nommé Belle-garde : & depuis ce pont jusqu'à Arles, la distance m'est indiquée d'environ 6000 toises par une carte topographique, que les Etats de Languedoc ont fait lever pour le desséchement des marais entre Beaucaire & Aigues-mortes. Or, les 6000 toises que donne l'échelle de cette carte, répondent exactement aux 8 milles de l'Itinéraire ; & il est difficile de se refuser à une parfaite convenance entre cet Itinéraire & le local actuel, ou pour mieux dire, il convient de s'y soumettre. D'ailleurs, on ne voit pas pourquoi *Ugernum*, ou bien *Tarasco*, ne seroient pas cités dans l'Itinéraire, plutôt que le *Pons Ærarius*, si ce pont appartenoit à ces villes, & en faisoit la communication. Il semble que le nom de *Pons Ærarius* vienne de ce qu'on y étoit assujetti à un péage, en passant du territoire de *Nemausus* dans celui d'*Arelate*, puisque, comme je l'ai remarqué ci-dessus, le canal que l'on traverse sur ce pont, sépare la jurisdiction spirituelle de Nîmes d'avec celle d'Arles. Quant à l'opinion par rapport au péage, elle est autorisée par le témoignage de Sénèque : *in pontibus quibusdam pro transitu dabatur*. L'historien de Provence Honoré Bouche, & Catel en écrivant sur le Languedoc, ont déplacé *Ugernum*, en l'établissant dans la position

Hist. natur. p. 216.

Constant. Sap. cap. 14.

du lieu dont il est parlé ci-dessus sous le nom de Belle-garde.

44°, 25°.

PONS ARGENTEUS. Lépidus mandant à Cicéron, qu'il campe près du fleuve *Argenteus*, date sa Lettre *ex ponte Argenteo*. Comme il lui marque dans cette lettre, qu'il avoit passé pour arriver là par *Forum Voconium*, cette circonstance fixe le *Pons Argenteus* au passage de la voie Aurélienne, qui de *Forum Julii* conduit à *Forum Voconii*. Or, ce pont est encore sur la trace de cette voie, entre les Arcs, & un autre lieu nommé Vi-dauban.

47°, 23°.

PONS DUBIS. Il est marqué dans la Table Théodosienne, sur la voie qui conduisoit de Challon à Besançon. En suivant cette route, on rencontre le Doux, près d'un lieu nommé Pontoux, & je suis informé qu'en effet on y voit les ruines d'un pont de construction romaine. Quoique la distance soit marquée xiiii dans la Table, la trace du chemin sur le local ne fait trouver depuis Challon jusqu'à Pontoux que 11 lieues gauloises & demie.

51°, 24°.

PONS MOSÆ. Tacite en fait mention ; & on peut recourir à l'article *Coriovallum*, pour voir que ce pont est *Trajectum*, par lequel la voie romaine, qui conduisoit de Tongres à Cologne en passant à Juliers, traversoit la Meuse. Dans les écrits du moyen-âge, on lit communément & par contraction, *Trectis*, & selon l'idiome Germanique, le nom est *Maestricht*.

49°, 25°.

PONS SARAVI. Il est placé dans la Table Théodosienne entre *Decem-pagi*, ou Dieuze, & *Tabernæ*, Zabern ou Saverne. La distance est marquée x à l'égard de *Decem-pagi*, xii à l'égard de *Tabernæ*. La première paroît un peu foible comme mesure itinéraire, en la

NOTICE DE LA GAULE.

comparant à ce que l'espace vaut en droite-ligne sur le local. La seconde n'est pas dans le même cas, & pourroit même suppléer en quelque chose à la précédente, par la compensation que l'on reconnoît quelquefois avoir lieu entre plusieurs distances rassemblées. L'Itinéraire d'Antonin est défectueux dans l'indication qu'on y trouve entre *Divodurum* & *Ponte Sarvix* de XXII seulement. La Table est plus correcte en faisant compter 34 en plusieurs distances. Il y a pareillement erreur dans l'Itinéraire, & dans le même sens, en ne marquant que XXII entre *Ponte Sarvix* & *Argentoratum*. M. de Valois & Cellarius, trompés par la signification Alemande du nom de Sar-bruk, y transportent le *Pons Saravi*, dont la position, & par les distances & par la direction de la route, ne peut convenir qu'à Sar-bourg, parce que Sarbruk s'en écarte de toute manière, sa position sur la Sare étant à 10 lieues actuelles, ou 20 lieues gauloises au moins, plus bas que Sarbourg.

51°, 22°.

PONS SCALDIS. L'Itinéraire d'Antonin, & la Table Théodosienne nous l'indiquent entre *Turnacum* & *Bagacum*, Tournai & Bavai : & la distance est marquée XII également à l'égard de l'une & de l'autre de ces villes, dans l'Itinéraire. La Table y est conforme entre *Turnacum* & *Pons Scaldis* : elle marque X entre *Pons Scaldis* & *Bagacum*. Ce lieu est Escaut-pont, entre Valenciennes & Condé. La distance de Bavai à Escautpont répond à 10 lieues gauloises, conformément à l'indication de la Table : & du terme de cette mesure jusqu'au centre de l'ancienne enceinte de Tournai, quoique l'espace en droite-ligne ne réponde qu'au même nombre de lieues, cependant la mesure itinéraire paroît en valoir 11 à 12, parce que l'Escaut fait circuler la route sur la gauche de son cours. Chifflet (*in Anastasi Childerici*) rapporte un diplôme émané d'un des rois qui ont porté ce nom, où le *teloneum de ponte super flumen*

Scalt, paroît convenable au lieu actuel que désigne le passage d'une grande voie entre Bavai & Tournai.

51°, 20°.

PONTES. L'Itinéraire d'Antonin nous donne la route d'Amiens à Boulogne de cette manière : *Pontibus* M. P. XXXVI, *leugas* XXIV. *Gessoriaco* M. P. XXXIX, *leugas* XXVI. L'espace en droite-ligne est d'environ 54000 toises, comme je le rapporte également dans l'article qui a pour titre *Duroicoregum*. Or, les 75 milles romains, ou les 50 lieues gauloises, que l'Itinéraire indique, produisent un calcul de 56700 toises, & un excédent de près de 3000 toises peut faire croire qu'il y a quelque chose à corriger dans le détail de l'Itinéraire. La Table Théodosienne, où l'on trouve la trace d'une route entre *Gesoriacum* & *Samarobriva*, ne connoît point ce lieu de *Pontes*, mais un autre sous le nom de *Duroicoregum*. Quant à celui de *Pontes*, je remarque qu'en suivant précisément la trace de l'ancienne voie, qui subsiste sous la dénomination de Chaussée de Brunehaut, on rencontre sur le bord de l'Autie un lieu, dont le nom de Ponches ne permet pas de méconnoître celui de *Pontes*. La mesure du chemin depuis Amiens paroît valoir 25 lieues gauloises, quoique l'Itinéraire ne marque que 24. De cette position jusqu'à celle qui sous le nom de Douriers représente le *Duroicoregum* de la Table, l'intervalle qui n'est que d'environ 1400 toises, ne surpasse guère une lieue gauloise. On peut voir dans l'article *Duroicoregum*, que ce qu'il y a de distance entre ce lieu & *Gesoriacum*, ou Boulogne, fournit un compte de 22 lieues gauloises. Ainsi, on n'en conclura que 23, sans entrer dans le détail de quelque fraction, entre *Pontes* & *Gesoriacum*, quoique l'Itinéraire marque 26. En joignant ces 23 aux 25 qui précèdent depuis Amiens jusqu'à *Pontes*, le total qui est 48, peut donner lieu de compter environ 54500 toises ; & cette supputation convient mieux à la distance réelle & absolue

NOTICE DE LA GAULE. 529

lue de 54000 toises, que la somme de 56700, qui résulte du compte de 50 lieues dans l'Itinéraire. Il ne seroit point indifférent de sçavoir, d'où est venu le nom de Pontieu, au canton de pays situé vers l'embouchure de la Somme, entre le Boulonois & la frontière de Normandie, & qui est nommé *Pontium* par le continuateur de Frédégaire, *Pontivus pagus* dans le partage de Louis le Débonnaire entre ses enfans, & ailleurs. M. de Valois n'est point d'avis qu'il dérive du lieu qui fait la matière de cet article, & indiqué par l'Itinéraire sous le nom de *Pontes*.

48°, 24°.

PORTUS ABUCINI. La Notice des provinces de la Gaule en fait mention dans la Séquanoise, *in provinciâ Maximâ Sequanorum*, en joignant aux cités que renfermoit cette province, plusieurs places sous le simple titre de *castrum*, & en dernier lieu *Portum Abucini*. On ne sçauroit douter que ce lieu ne soit Port-sur-Saône. M. de Valois cite une vie manuscrite de S. Urbain, évêque de Langres, qui porte que S. Valier, archidiacre de la même église, étant entré dans le territoire des *Sequani, iter Sequanicum ingressus*, s'acheminoit vers le mont Jura, *ad Alpium Jurensium partes tendebat*, & que sur cette route il arriva à un lieu peu éloigné, *quem haud longè positum, ex antiquo incolæ appellant Portum Bucinum*. En-effet, S. Valier, qui fut mis à mort par les Vandales en ce lieu, est particulièrement honoré à Port-sur-Saône ; & la fête qu'on y célèbre le 23. Octobre, est marquée dans l'ancien calendrier de l'église de Besançon, cité par M. Dunod, 10 *Kal. Nov. apud castrum Bucinum, S. Valerii Archid. Lingon.* On peut juger qu'anciennement Port-sur-Saône prévaloit sur tout autre lieu des environs, puisque le pays a été appellé *pagus Portisiorum*, le Portois.

P. 456.

Histoire des Séquan. p. 209.

52°, 21°.

PORTUS ÆPATIACI. La Notice de l'Empire

Xxx

décrivant le département du général de la seconde Belgique, *sub dispositione viri spectabilis ducis Belgicæ secundæ* ; après avoir fait mention de *Marcis*, *in littore Saxonico*, & de la flote de la Sambre, *in loco Quartensi, sive Hornensi* ; elle ajoute, *tribunus militum Nerviorum portu Æpatiaci*. Je ne sçache pas que l'endroit où ce port pouvoit exister ait été connu jusqu'à présent, & dans cette recherche on ne peut former que des conjectures. La garde en étant confiée à des Nerviens, & le *Tractus Nervicanus* ayant été une continuation du pays maritime appellé particulièrement *Armoricanus* ; c'est donc sur la côte qui s'étend depuis le district des *Morini*, jusqu'à l'embouchure de l'Escaut, où se terminoit la Belgique, qu'il faut chercher le *portus Æpatiaci*. Le lieu que l'on tient avoir été autrefois le plus fréquenté dans le canton voisin de la mer, est celui que pour cette raison on a appellé *Alde-burgum*, Ouden-borg, ou le vieux Bourg. La rivière d'Iper, dont l'embouchure est aujourd'hui à Nieuport, ne s'y rendoit autrefois que par un bras qu'elle détachoit, & elle continuoit son cours parallélement à la côte, communiquant à la mer par une seconde embouchure près d'Ostende, puis d'Aldeborg tendant à Bruges, en conservant le nom d'Iper. Les cartes dressées il y a 200 ans nous représentent les choses dans cet état, auquel en creusant plusieurs canaux on a apporté du changement depuis ce tems-là. On sçait encore que Bruges communiquoit à la mer, non-seulement par un canal vers Lamins-fleet, qui a pris le nom de Sluys ou d'Ecluse, mais encore par un autre, qui se débouchoit dans un port, dont le nom étoit Scarp-haut, qui fut détruit par la violence des marées en 1334, & dont on voit quelques vestiges auprès de Blankenberg. Or, en supposant que la position d'Ald-borg, comme n'étant pas précisément sur le rivage, ne puisse représenter le *portus Æpatiaci* ; il y a quelque apparence que celui dont on vient de faire la

NOTICE DE LA GAULE.

découverte, peut en tenir lieu. M. de Valois ne cherchant point d'emplacement au *portus Æpatiaci*, croit qu'il faut convertir le nom qu'il porte dans la Notice de l'Empire en celui de *Gesoriacum*, & lire *Gesoriaci*. Mais, outre qu'il y a quelque hardiesse à faire ce changement, il est à propos d'observer, que le nom de *Gesoriacum* étoit remplacé par celui de *Bononia* dans le siècle où la Notice, qui seule fait mention du port en question, a été dressée; & l'auteur anonyme de la vie de Constantin, publiée par Henri de Valois, & dont je rapporte un passage dans l'article *Gesoriacum*, le témoigne formellement. On peut dire encore, qu'un poste gardé par des *Nervii* convient mieux *in tractu Nervici littoris vel Nervicano*, qu'à *Bononia*: & quoi qu'il en soit, on tirera cet avantage de la recherche du *portus Æpatiaci*, d'avoir donné lieu de reconnoître plusieurs circonstances locales de ce canton dans un état antérieur & différent de celui d'aujourd'hui.

Pag. 232.

43°, 21°.
PORTUS VENERIS, & FANUM.

On lit dans Méla: *inter Pyrenæi promontoria* (ou selon d'autres éditions que celle de Vossius, *in Pyrenæi promontorio*) *Portus Veneris, in sinu salso*. C'est une chose connue que le nom de Port-Vendres, près de Collioure, est celui de *Portus Veneris*. M. de Marca rapporte le *sinus salsus* de Méla à des sources voisines, & plus salées que la mer même; *salsioribus etiam quam marinæ sunt*, selon que Méla s'exprime en parlant de la fontaine de *Salsulæ*, ou de Salsès. Vossius change le texte; & au lieu de lire *in sinu salso*, il substitue *insignis fano*, ce qui n'est appuyé de l'autorité d'aucun manuscrit. Il est vrai que le *Fanum Veneris*, dont Strabon, Pline, & Ptolémée font mention, pourroit avoir donné le nom à ce port: & je remarque que Pline décide précisément de la position de ce Temple au port Vendres, par les circonstances que renferme un passage qui suit immédiate-

Lib. II, cap. 5.

Marca Hispa. lib. I, cap. 9.

ment la position d'*Emporiæ : Flumen Tichis : ab eo Py-* *renæa Venus, in latere promontorii altero*, XL M. Il part donc de l'embouchure de la rivière, près de laquelle sont les vestiges d'*Emporiæ* sous le nom d'Ampurias. Le promontoire dont il parle entre cette rivière & *Pyrenæa Venus*, est le *caput Crucum*, cap de Creuz, comme on l'appelle aujourd'hui; dont la grande saillie dans la mer, & qui s'élève à une grande hauteur, se trouve exprimée dans la Table Théodosienne, sous le nom qui lui convient fort de *promontorium Pyrenæum*. C'est sur la pointe de ce promontoire que plusieurs sçavans, & entr'autres Mariana, placent l'*Aphrodisium*, ou le temple consacré à Vénus. Mais, ils n'ont pas pris garde, que Pline indique précisément le revers du promontoire, *latus promontorii alterum*. Ils n'ont pas assez connu ou examiné le local, pour voir que les 40 milles marqués par Pline, exigent un plus grand éloignement à l'égard du lieu d'où cette distance est comptée. Car, cet éloignement n'est que de 4 à 5 lieues, ou d'environ 18 milles, à raison de 4 milles par lieue, comme me l'indique une carte manuscrite & topographique du Roussillon, & qui s'étend dans les environs de Roses jusqu'à Ampurias précisément. Et vu que cette carte me fait compter plus de 20 milles depuis la pointe du cap de Creuz jusqu'au port Vendres, je retrouve ainsi les 40 milles, à la distance desquels Pline indique la *Venus Pyrenæa*, ou le *Fanum Veneris Pyrenææ*. Il est très-naturel que le port distingué par le nom de Vénus, se trouve voisin du temple consacré particulièrement au culte de cette déesse. La position de ce temple en cet emplacement, & non sur la pointe du promontoire Pyrénéen, étoit moins convenable à faire la séparation de la Gaule d'avec l'Ibérie, que les Trophées de Pompée *in summo Pyrenæo*, & placés au passage de la route, par laquelle on sortoit d'un pays pour entrer dans l'autre. Strabon en marque positivement la distinction; &

on sçait d'ailleurs, que la Gaule s'étendoit plus loin que le *Portus Veneris*, jusque & compris *Cervaria*. Je crois être dans l'obligation d'avertir, que la carte dont j'ai parlé ci-dessus, me donne lieu de trouver bien de l'imperfection dans toutes les cartes qui renferment ce parage, sans en excepter la grande carte de la frontière des Pyrénées en 8 feuilles.

47°, 20°.

PRÆTORIUM. Cassiodore nous donne une grande idée de la magnificence des Prétoires construits par les Romains dans les provinces de l'Empire : *Prætoria longè latèque lucentia, in margaritarum speciem putes esse disposita*. On trouve des lieux ainsi nommés dans la Gaule, en Espagne, dans la Grande-Bretagne, en Pannonie. La Table Théodosienne indique un *Prætorium* sur une route qui sort d'*Augustoritum*, ou de Limoges, & qui de ce Prétoire se divisant en deux branches, tend d'un côté à *Augustonemetum*, ou Clermont en Auvergne, par *Acitodunum*, ou Ahun, & de l'autre à *Avaricum*, ou Bourges, par *Argantomagus*, ou Argenton. Selon les distances marquées par la Table, d'*Augustoritum* au *Prætorium* XIIII, & du *Prætorium* à *Acitodunum* XVIII, on juge que cette position peut tomber sur un lieu, dont le nom qui est Arènes, & purement romain, aura été appliqué aux restes de quelque vaste édifice, qui n'a point été distingué d'un Amphithéatre. La distance, à partir d'*Argantomagus*, comme en partant d'*Augustoritum* d'un côté & d'*Acitodunum* de l'autre, auroit pu concourir à déterminer le même point, si cette distance n'étoit pas omise dans la Table.

Lib. XII, Var. epist. 22.

53°, 23°.

PRÆTORIUM AGRIPPINÆ. Une autre *Prætorium* se distingue dans la Table par la représentation d'un grand édifice, qui paroît répondre à ce que je viens de rapporter de Cassiodore. Celui-ci porte le nom d'Agrippine, dans lequel on doit reconnoître la fille de

Germanicus, qui a fait également porter son nom à la colonie établie dans le lieu de sa naissance, selon le témoignage de Tacite. Le *Prætorium Agrippinæ* est placé au-dessus de *Lugdunum* des *Batavi*, eu égard au cours du Rhin; & on est persuadé sur les lieux que son emplacement conserve la mémoire de son existence du tems de la domination romaine sous le nom de Roomburg. La distance à l'égard de *Lugdunum*, ou de Leyde, est marquée 11 dans la Table. Je trouve qu'à mesurer la voie qui y conduit, en suivant le canal qui se nomme Ouden-Rhyn, ou vieux Rhin, & à prendre pour point de partance ce qu'on nomme *den Burgt* dans Leyde, qui est l'ancien *dunum*, cette mesure se borne à environ 750 verges du Rhin. La verge du Rhin valant 11 pieds 7 pouces 2 lignes, il en résulte environ 1450 toises, qui font à peu-près deux milles romains, ce qui est conforme à ce que j'ai remarqué en général dans l'étendue de la Batavie, que les distances ne pouvoient se rapporter qu'au mille romain, & ne convenoient point à la lieue gauloise.

Annal. XII, 27.

$51°, 25°$.

PRONEA FLUV. Ausone, dans son poëme intitulé *Mosella*, dit que *Pronea* & *Nemesa* grossissent une autre rivière nommée *Sura*, comme en effet les rivières de Prum & de Nyms réunies se rendent dans celle de Sour, qui tombe dans la Moselle.

$43°, 24°$.

PROTE. Les isles STŒCHADES ont été ainsi appellées par les Marseillois, selon Pline, *propter ordinem*, parce qu'elles sont rangées de suite; & le nom qu'il rapporte de chacune des trois isles est rélatif à cet ordre: *Prote, Mese, Hypœa*. Ces isles étant reconnues pour celles qu'on appelle aujourd'hui les isles d'Ières, *Prote*, ou la première qui se présente aux Marseillois, qui ont imposé ces noms, doit être Porqueroles, puisqu'elle devance les deux autres, Portcroz, & l'isle du Levant.

Lib. III, cap. 5.

46°, 25°.

AD PUBLICANOS. Dans l'Itinéraire d'Antonin, & dans la Table Théodosienne, ce lieu est placé sur une route, qui en partant de Vienne, conduit par la Tarentaise jusqu'au passage de l'*Alpis Graia*, ou du petit saint Bernard. Et parce qu'en suivant ainsi cette route la position dont il s'agit succède à celle qui porte le nom de *Mantala*, c'est précisément à l'entrée du territoire de *Darantasia*, ou des *Centrones*, qu'il faut la chercher. M. Wesseling remarque judicieusement, que la dénomination *ad Publicanos* désigne un péage sur un pont, conformément à ce passage de Sénèque, *in pontibus quibusdam pro transitu dabatur*. Or, le pont ici désigné est celui de la rivière d'Arli, près duquel est un ancien *Hospitium*, ou ce qu'on appelloit *Stabulum*, comme on en rencontre plusieurs sur les anciennes voies romaines, & celui-ci se nomme aujourd'hui l'Hôpital de Conflans. Il est encore à remarquer, que ce lieu situé sur les limites qui séparent les anciennes dépendances des *Allobroges* d'avec les *Centrones*, est en même tems un passage qui de la province Viennoise donne entrée dans celle des Alpes Grèques; & il y avoit apparemment un droit à acquitter dans ce passage. Je ne vois d'ailleurs autre chose à dire sur cette position, si ce n'est que l'indication de la distance à l'égard de *Mantala* sur le pied de XVI n'est pas recevable, l'espace que fournit le local se réduisant à VIII, en y employant comme il convient dans la province romaine la mesure du mille.

Itiner. p. 346.

Q.

52°, 24°.

QUADRIBURGIUM, Forteresse romaine sur le Rhin, entre *Castra Herculis* & *Tricesimæ*, selon la mention qu'en fait Ammien-Marcellin. Voyez l'article *Burginatium*.

45°, 25°.

QUARIATES. C'est le nom d'un peuple dans la partie de la Narbonoise que décrit Pline, située entre le Rhône & les Alpes. Je pense qu'on en retrouve le nom dans celui de la Vallée de Queiras, sur la gauche de la Durance, au-dessous de Briançon, & un peu au-dessus d'Embrun. Dans l'inscription de Suse, donnée par le Marquis Maffei, & qui est un dénombrement des peuples des Alpes qui obéissoient à Cottius, on trouve le nom de QUADIATIUM, à la suite de celui de *Vesubianiorum*. Ceux-ci, que l'on croit avoir occupé les rives de l'Ubaye, dans la vallée de Barcelonette, détermineroient les autres par le voisinage immédiat : & comme il a pu être difficile de distinguer sur la pierre, dont un laps de tems considérable a dû endommager la surface, un D majuscule d'avec l'R, ne seroit-il pas permis de lire QUARIATIUM, en conformité de ce qu'on lit *Quariates* dans Pline, & de ce que le nom actuel de Queiras demande également? Il naît encore une autre conjecture de ce que dans les titres le nom de Queiras est *Quadratium*. Car, en conservant le D, & supposant que l'I qui le suit doit être un R, on lira QUADRATIUM, selon que les titres donnent le nom de Queiras précisément. Il y a tout lieu d'être étonné qu'Honoré Bouche, dans la carte intitulée *Provinciæ Romanorum antiquiæ chorographia*, ait placé le nom de *Quariates* dans l'alignement d'*Augusta Taurinorum* à *Savona*, c'est-à-dire, en avant dans le Pied-mont, & fort à l'écart des limites de la Narbonoise, contre ce que veut le témoignage de Pline. Je vois que le nom de Cherasco sur le Tanaro, en a imposé à l'historien de Provence.

Lib. III, cap. 3.

51°, 22°.

QUARTENSIS LOCUS. On trouve dans la Notice de l'Empire, sous le commandement du général de la seconde Belgique, *præfectus classis Sambricæ in loco Quartensi, sive Hornensi*. Ortelius dans son Trésor géographique,

graphique, plaçant ce *Quartensis locus*, & le *Hornensis*, à Wert & à Horn, n'a pas fait attention que Wert & Horn étant situés fort bas sur la Meuse, & au-delà de Tongres, dont le territoire faisoit partie de la seconde Germanie, selon la Notice des provinces de la Gaule, ces lieux n'entrent point dans le département de la seconde Belgique. Sanson, sans sortir des limites de la Belgique, a cru reconnoître le nom du *locus Quartensis* dans celui du Crotoi, à l'embouchure de la Somme. Mais, ce nom de *Quartensis locus* est conservé très-purement dans celui de *Quarte*, sur le bord de la Sambre, en conformité de ce que porte la Notice, *classis Sambrica in loco Quartensi*. On peut tenir pour certain, que ce nom de Quarte vient de la distance à l'égard d'un lieu principal & dominant dans la contrée. C'étoit le droit des capitales de compter ainsi les distances sur les grandes voies qui en sortoient, jusqu'aux confins de leurs dépendances. Bavai est le chef-lieu voisin de Quarte, & dans le territoire duquel Quarte se trouve compris. La grande voie romaine qui conduisoit de Bavai à Reims, & dont on reconnoît la direction & les vestiges en beaucoup d'endroits, passe à Quarte. La mesure que je me suis procurée du centre de Bavai à Quarte est de 4500 toises, peu de chose de plus, ce qui répond précisément à quatre lieues gauloises, selon l'évaluation de la lieue gauloise à 1134 toises. Que le nom de Quarte soit effectivement *Quarta*, c'est ce que l'on apprend d'un titre de la collégiale de S. Geri (*S. Gaugerici*) à Cambrai, & de l'an 1125, dans lequel *Altare de Quartâ supra Sambram* désigne l'église de Quarte.

R.

45°, 25°.

RAMA. L'Itinéraire d'Antonin, la Table Théodosienne, & l'Itinéraire de Bourdeaux à Jérusalem font mention de ce lieu, dont le nom est écrit *Rame* par un *e* simple, plutôt que *Ramæ*, selon l'usage des copistes de qui nous tenons les manuscrits. Il est placé sur la route qui tend au passage de l'*Alpis Cottia*, ou du mont Genèvre, entre *Ebrodunum*, Embrun, & *Brigantio*, Briançon. Selon l'Itinéraire d'Antonin, la distance d'*Ebrodunum* à *Rama* est XVII ou XVIII, & celle de *Rama* à *Brigantio* XVIII ou XVIIII. Car, cet Itinéraire varie ainsi dans la répétition qu'il fait de la même route en deux différens endroits. La Table marque XVII dans la première distance, XVIIII dans la seconde. Ainsi, le total est 35 ou 37 dans l'Itinéraire, 36 dans la Table. L'Itinéraire de Jérusalem indique les distances égales entre *Ebrodunum* & *Rama*, & entre *Rama* & *Brigantio*, sçavoir XVII dans l'une comme dans l'autre. Or, en consultant le local, ce qu'il y a d'espace absolu d'Embrun à Briançon paroît d'environ 21000 toises, qui ne composent que 28 milles romains ; & quoique la route circule dans une vallée serrée entre les montagnes, & où coule la Durance ; on ne voit point que la mesure itinéraire puisse surpasser la mesure directe, selon l'excédent de 36 ou environ sur 28. Donc, ce seroit au plus foible compte de la distance que le local donneroit la préférence. On trouve le nom de Rame subsistant dans un lieu près de la Durance, du même côté qu'Embrun & Briançon, & à l'endroit où un torrent nommé la Biesse vient s'y rendre. Rame est à peu près à égale distance d'Embrun & de Briançon, quoiqu'en rigueur sa position approche un peu plus de Briançon en s'éloignant d'Embrun. Si le défilé taillé dans le roc, & appellé Pertuis-Rostan, *Pertusum Rostagni*, est un ouvrage des Romains pour donner passage à cette voie, elle suivoit entre Rame & Briançon un autre côté de la Durance qu'entre Embrun & Rame. Le nom de *Rama* se retrouve dans les titres du Daufiné.

NOTICE DE LA GAULE.
48°, 16°.

RATIATUM. C'eſt ainſi qu'on lit dans pluſieurs manuſcrits de Ptolémée, au lieu de *Ratiaſtum* : & dans les premières cartes dreſſées d'après Ptolémée, & gravées en bois à Vienne en Autriche par Trechſel en 1541, on lit pareillement *Ratiatum*. Ce qui appuie cette leçon, c'eſt d'être la même dans le ſiècle qui ſuit immédiatement la chute de l'Empire Romain en occident, comme on voit entre les ſouſcriptions du concile tenu à Orléans l'an 511, que l'évêque des *Pictavi* ſouſcrit *de civitate Ratiaticâ*, autrement *de Ratiate*. Selon l'édition de Bertius, & pluſieurs autres, la ville de *Ratiaſtum*, dans le texte de Ptolémée, eſt celle des *Lemovici*, ou *Lemovices*. Mais, outre qu'*Auguſtoritum* revendique d'une manière inconteſtable l'emplacement de la capitale des *Lemovices* : deux manuſcrits de la Bibliotheque du Roi, cités par M. l'abbé Belley, rangent ſous les *Pictones*, & nomment même en premier lieu, comme première en longitude dans ce territoire, la ville dont le nom eſt *Ratiatum* : & je remarque que les cartes de Ptolémée dont j'ai parlé ci-deſſus, y ſont conformes ſur cette poſition. Sanſon ayant bien reconnu qu'*Auguſtoritum* devoit être Limoges, & ne voulant point oublier *Ratiaſtum* dans ſa carte de la Gaule, tranſporte cette ville à Angoulême, comme ſi Angoulême n'avoit pas ſon nom propre & particulier d'*Iculiſna* dès le tems des Romains. Le nom de *Ratiatum* ſubſiſte dans la dénomination de *pagus Ratiatenſis*, qui eſt celle du pays de Retz, comme on écrit communément aujourd'hui. Ce canton faiſoit autrefois partie du territoire des *Pictones*. Strabon s'explique avec exactitude, en diſant que la Loire ſe rend dans la mer entre les *Pictones* & les *Namnetes*. On conclura la même choſe de ce qu'on lit dans Ptolémée, que le nord de l'Aquitaine, ſur le fleuve, qui eſt la Loire, eſt occupé par les *Pictones*. Grégoire de Tours parlant du lieu qu'il

Tome XIX. des Mém. de l'Acad. p. 729.

Y y y ij

De Glor. Con-
feff. cap. 54.

appelle *vicus Ratiatenfis*, le dit fitué *infrà Piftavorum terminum, qui adjacet civitati Namneticæ*. On fçait que le *pagus Ratiatenfis* n'a été diftrait de la jurifdiction fpirituelle des évêques de Poitiers, pour être incorporé au diocèfe de Nantes, que par une fuite des ufurpations de Nominoë, prince des Bretons, dans le neuvième fiècle. Erifpoë, fils de Nominoë, obtint de Charle le Chauve en 851, felon les annales de S. Bertin, la ceffion de plufieurs diftricts particuliers, & entr'autres le *pagus Ratenfis*, ou *Ratiatenfis*. Ces notions hiftoriques ont apparemment échappé à Sanfon, comme à ceux qui n'ont fçu mieux faire que de le copier, puifque dans leurs cartes, les limites réciproques des *Piftones* & des *Namnetes* ne font point différentes des bornes actuelles qui féparent le diocèfe de Poitiers d'avec celui de Nantes. Il eft difficile de fixer d'une manière pofitive le lieu qu'occupoit *Ratiatum*. Le pays où cette ville étoit fituée fut cruellement dévafté par les Normans, & réduit en folitude, felon la chronique de Nantes, que D. Lobineau a inférée dans les preuves de l'hiftoire de Bretagne. On peut néanmoins préférer à toute autre pofition, celle de faint Pierre & de fainte Opportune de Retz, dont il eft mention dans un titre de Marmoutier du neuvième fiècle, en ces termes : *ecclefia fancti Petri de Radefio, juxtà caftrum quod vocatur ad fanctam Opportunam*. Et dans un autre titre de la même églife : *in Razezio, in ecclefiâ S. Petri, quæ eft fita juxta S. Opportunam. Anno ab Inc. Dom.* MLXV. M. l'Abbé Belley a la même opinion fur l'emplacement qui convient à *Ratiatum*.

48°, 26°.

RAURACI. Quoique ce nom foit écrit ainfi dans Céfar, cependant quelques infcriptions font d'accord avec Pline & avec Ptolémée pour qu'on dût écrire *Raurici*. Les *Rauraci*, ou *Raurici*, fe joignirent aux *Helvetii*, lorfque ceux-ci fortirent de leur pays pour s'établir ailleurs dans la Gaule. Mais, Céfar fit rentrer les uns

& les autres dans leur ancienne demeure. Alors les *Sequani* pouffoient leurs limites jufqu'au Rhin, comme on l'infére de plufieurs endroits des Commentaires, & ne laiffoient ainfi entre eux & les *Helvetii* que peu d'efpace fur le Rhin aux *Rauraci*. Mais, à en juger par l'étendue du diocèfe de Bafle, qui occupe l'ancien territoire des *Rauraci*, on peut conjecturer, que fous la domination romaine le terrain qu'occupoient les *Sequani* près du Rhin, paffa aux *Rauraci*, comme il dépend encore du diocèfe qui les repréfente. Ptolémée adjugeant aux *Rauraci* la pofition d'*Argentuaria*, qui eft de la haute Alface, & peu loin des limites des *Triboci*, fert d'appui à cette conjecture. Quoique Ptolémée foit fouvent en faute dans le détail de la Gaule, il ne convient, felon les loix d'une critique équitable, de l'en accufer, que dans le cas où ce qui lui eft contraire ne fouffre aucune difficulté. L'établiffement d'une colonie romaine par Munatius-Plancus chez les *Rauraci*, dans un tems où le gouvernement d'Augufte apporta de grands changemens dans la Gaule, peut bien être l'époque de l'aggrandiffement des *Rauraci*.

47°, 18°.

RAURANUM. Ce lieu eft placé dans la Table Théodofienne, comme par l'Itinéraire d'Antonin, fur la route qui communique de *Mediolanum* des *Santones*, Saintes, à *Limonum*, Poitiers, quoique le nom fe life *Rarauna* dans la Table. Mais, on eft inftruit de la vraie leçon par une lettre de S. Paulin à Aufone, en fpécifiant même que ce lieu eft fitué *Pictonicis in arvis*, ce qui ne permet point qu'on s'y méprenne. On reconnoît fa pofition, ainfi que la dénomination, quoiqu'altérée, dans l'emplacement & dans le nom de Rom, qui eft un archiprêveré dans le diocèfe de Poitiers. Il faut recourir à l'article *Brigiofum*, pour voir que la diftance de *Rauranum* à l'égard de ce lieu doit être XV plutôt que XII dans la Table ; & que l'Itinéraire eft pareillement en défaut fur l'indication d'*Aunedonacum* à *Rauranum*, fans faire mention de *Brigiofum*. On ne le trouve point d'accord avec la Table dans la diftance de *Rauranum* à *Limonum*, en marquant XXI lorfque la Table marque XVI. Mais, la Table mérite la préférence, parce que l'intervalle de Rom à Poitiers s'eftimant d'environ 19000 toifes, il n'en réfulte que 16 ou 17 lieues gauloifes.

49°, 16°.

REDONES. On les trouve cités dans Céfar, dans Pline, dans Ptolémée, qui paroît mal informé de leur fituation en les plaçant fur la Loire. Il y a apparence que leur territoire s'étendoit au-delà des limites actuelles du diocèfe de Rennes, dans les diocèfes de S. Malo & de Dol : fans quoi on pourroit accufer Céfar d'être peu exact, en rangeant ce peuple dans le nombre de ceux qui font contigus à la mer ; *inter civitates quæ Oceanum attingunt, quæque Gallorum confuetudine Armoricæ appellantur.*

Comment. VII.

49°, 16°.

REGINEA. La Table Théodofienne indique une voie romaine, qui, partant du *Condate*, qui eft Rennes, vient aboutir fur le bord de la mer à un lieu nommé *Reginea*. Tout ce qui convient aux circonftances de cette pofition fe retrouve dans Erquies, où la mer forme un port de marée entre S. Brieuc & S. Malo. Indépendamment de l'analogie qui fubfifte entre le nom actuel d'Erquies, & l'ancienne dénomination de *Reginea*, la diftance à l'égard de *Condate* conduit à la pofition d'Erquies. Elle peut s'eftimer en droite-ligne d'environ 42000 toifes, en conféquence de quelques points fixés en rigueur géométrique par des opérations. Les 39 lieues gauloifes, que l'on compte dans la Table en deux diftances, XXV & XIIII, fourniffent 1900 ou 2000 toifes de plus, comme il eft naturel que la mefure itinéraire ait un excédent fur la mefure directe & aërienne. Tout autre lieu maritime de la Bretagne paroît ou trop près, ou

NOTICE DE LA GAULE. 543

un peu trop loin de Rennes, pour être aussi convenable à la distance marquée entre *Condate* & *Reginea.* Sanson a placé *Reginea* à Rohan, trouvant apparemment quelque ressemblance dans la dénomination. Mais, par quel endroit a-t-on connoissance de *Reginea*? C'est uniquement par la Table, & cette position y est le terme absolu d'une route qui rencontre le bord de la mer. C'est donc se méprendre, que de transporter un lieu situé de cette manière dans un autre lieu également éloigné des deux mers qui bordent la Bretagne. Quoiqu'il n'y ait qu'un seul endroit du nom de *Reginea* qui soit indiqué par la Table, & nulle part ailleurs, on en trouve deux dans une carte de l'Armorique, mise à la tête d'une histoire de Bretagne : d'un côté de Rennes est *Reginea*, selon la manière dont Sanson en a disposé ; & de l'autre on voit *Reginea* dans une position que l'on prend pour Ernée dans le Maine.

44°, 24°.

REII APOLLINARES. Cette Ville paroît ainsi dans la Table Théodosienne accompagnée d'un surnom, qui est donné également au peuple dont elle étoit la capitale. Car, on doit lire dans Pline, *Alebece Reiorum Apollinarium*, selon que le P. Hardouin a reformé d'après les manuscrits, le texte de Pline, où on lisoit auparavant *Alebeciorum Apollinarium*. Il paroît que cette capitale avoit son nom particulier avant que de prendre celui du peuple : & le P. Hardouin voudroit avoir lu *Albiœce* dans les manuscrits, plutôt qu'*Alebece*, ce qui seroit tout-à-fait conforme au nom d'*Albiœci*, par lequel le peuple est désigné dans Strabon. Pline, dans le détail qu'il donne de la Narbonoise, distinguant *oppida latina*, les villes qui jouissoient du droit latin, d'avec les colonies, met la ville de *Reii* au nombre des premières. Cependant, on connoît plusieurs inscriptions qui portent COL. REIOR. APOLL. Dans la Notice des provinces de la Gaule, *civitas Reiensium* est une de celles de la se-

Lib. III, cap. 4.

conde Narbonoife. On a dit depuis *Regium*, & *Reius*. 50°, 22°.

REMI. Selon Céfar, les *Remi*, qui font partie des Belges, font limitrophes de la Gaule Celtique ; *proximi Galliæ ex Belgis funt*. Les fervices qu'ils lui rendirent dans la conquête de la Gaule, mériterent qu'il les eût en grande confidération, de forte qu'ils tenoient un rang immédiat à celui des *Ædui* : *Remos præcipuo femper honore Cæfar habuit, pro recentibus belli gallici officiis. Eo tùm ftatu res erat, ut longè principes haberentur Ædui ; fecundum locum dignitatis Remi obtinerent*. Auffi les voit-on qualifiés de *fæderati* dans Pline ; & on lit dans une infcription du recueil de Spon, *civit. Remi fæderata*. Strabon fait en particulier une mention honorable de leur capitale, qui fut élevée à la dignité de métropole de la feconde Belgique. Ptolémée les place fur la Seine, faute apparemment d'avoir connu la diftinction de la Marne, qui traverfe la frontière des *Remi*, d'avec la Seine. Quant à l'étendue de leur territoire, on ne fçauroit douter que le diocèfe de Laon, du moins en partie, n'y fût compris. Le lieu où Céfar vint camper, dans fon expédition contre les Belges, fur la rivière d'Aifne, *quod (flumen) eft in extremis Remorum finibus*, & la pofition de *Bibrax*, *oppidum Remorum*, à huit mille, au-delà de cette rivière, prouvent que ce qui eft actuellement du diocèfe de Laon appartenoit alors aux *Remi*. Mais, on n'eft point affûré, qu'un nouveau diocèfe, formé par S. Remi, qui jouiffoit d'un grand crédit, & qui favorifa cette églife au point de la doter de fes propres biens, n'ait été compofé que du démembrement de celui de Reims, & fans rien prendre des anciens territoires des *Sueffiones* & des *Veromandui*, dont les églifes reconnoiffoient ce prélat pour métropolitain. Dans la comparaifon des diocèfes aux anciennes Cités, il eft naturel d'appréhender que les nouveaux diocèfes n'ayent apporté quelque dérangement aux li-

Mifcell. Erud. Antiq. p. 203.

mites des anciens. Au-reste, Sanson, & ceux qui l'ont copié, ne sont point excusables d'avoir adjugé le diocèse de Laon dans ses limites actuelles aux *Suessiones*, en ôtant aux *Remi* ce qu'on connoît indubitablement par César avoir été de leur dépendance.

46°, 22°.

REVESSIO, *postea* VELLAVI. Le nom de la capitale des *Vellavi*, ou comme on lit dans Ptolémée *Velauni*, qui selon lui est *Ruessium*, ou *Ruessium*, se lit *Revessio* dans la Table Théodosienne; & M. de Valois préfère la leçon de la Table à celle de Ptolémée. Nous n'avons point d'autre auteur ou monument à produire sur cette dénomination, cette ville n'étant connue d'ailleurs que sous le nom du peuple, *civitas Vellavorum* dans la Notice des provinces de la Gaule, *Vellava urbs* dans Grégoire de Tours. Le siége épiscopal ayant été transféré à *Anicium*, ou *Podium*, le Pui, l'ancienne résidence des évèques a été appellée *civitas vetula*, où le moine Falco dit que Bernard, archevèque de Vienne, assembla un concile dans le neuvième siècle : & quoique M. de Valois l'entende d'*Anicium*, c'est contre l'autorité des actes du pays, qui témoignent que la translation à *Anicium* a été faite à *civitate vetulâ*. Le P. Mabillon prouve à la fin de la première partie du quatrième siècle Bénédictin, que le lieu de *civitas vetula* est celui qui porte aujourd'hui le nom de l'apôtre du Vellai, S. Paulien, ou Paulhan, comme on dit dans le pays, & les inscriptions qu'on y a trouvées en font connoître l'antiquité.

P. 589.

P. 590.

47°, 27°, & 53°, 23°.

RHENUS FLUV. César fait sortir le Rhin *ex Lepontiis*; & il est vrai que les *Lepontii* habitoient le dos des Alpes, d'où sortent les trois branches qui le forment; *Vorder-Rhin*, ou Rhin antérieur, *Hinder-Rhin*, ou Rhin postérieur, & *Mitler-Rhin*, ou Rhin du milieu, qui se joint au premier. A quelque distance de son

Z z z

origine, il forme, selon Méla, deux lacs, *Venetum &* *Acronium*, qui ne sont point connus d'ailleurs sous ces noms. Le premier, ou *Venetus*, doit être le *Boden-sée*, comme on l'appelle aujourd'hui, nommé *Brigantinus* dans Pline, & tirant ce nom de *Brigantia*, située à l'une de ses extrémités. Le second, ou *Acronius*, d'une étendue beaucoup moins considérable, & au-dessous de Constance, est actuellement nommé *Unter-sée*, ou Lac inférieur. Entre les rivières que reçoit le Rhin, & dont il est fait quelque mention dans l'antiquité, je crois devoir citer ici celles qui ayant leurs cours dans la Germanie, ne doivent point être mentionnées en particulier dans cet ouvrage. Ptolémée n'en connoît aucune. *Nicer*, ou le Necre, n'est connu que depuis le tems de Constantin. Eumène, dans un panégyrique de ce prince, l'appelle *barbarus Nicer*, parce que vers ce tems-là les terres que sépare le cours du Rhin étoient distinguées par le terme de *Romania* d'un côté, & de l'autre par celui des *Barbaries*. *Mœnus*, le Mein, est cité dans Méla, dans Pline, dans Tacite, dans Ammien-Marcellin. *Lupia*, la Lippe, est devenue célèbre chez les Romains par leurs expéditions dans le canton de la Germanie que traverse cette rivière. Pour parler ensuite de la séparation du Rhin en plusieurs branches, on ne peut mieux faire que d'emprunter d'abord les paroles de Tacite : *Rhenus uno alveo continuus, aut modicas insulas circumveniens, apud principium agri Batavi velut in duos amnes dividitur, servatque nomen, ac violentiam cursus, quâ Germaniam prævehitur, donec Oceano misceatur : ad Gallicam ripam latior & placidior defluens; verso cognomento Vahalem incolæ dicunt : mox, id quoque vocabulum mutat Mosâ flumine, ejusque immenso ore eumdem in Oceanum infunditur.* César avoit déja parlé du bras, qui se séparant du Rhin sur la gauche, va se rendre dans la Meuse : *Mosa.... parte quadam Rheni receptâ, quæ appellatur Vahis, insulam efficit Batavo-*

Annal. II, 6.

num. Il n'en est point mention dans Méla, qui regarde comme *sinister* le bras qui conserve le nom du Rhin jusqu'à la mer, & qui est *dexter* à l'égard du Wahal : *ad sinistram amnis, etiam tum, & donec effluat, Rhenus*. Mais, en revanche, on doit à Méla une description particulière de la branche qu'il prend pour la droite du Rhin : *ad dextram, primò angustus, & sui similis ; post, ripis longè ac latè recedentibus, jam non amnis, sed ingens lacus, ubi campos implevit, Flevo dicitur, ejusdemque nominis insulam amplexus, fit iterum arctior, iterumque fluvius emittitur*. Cette branche, dont Tacite ne fait point mention ci-dessus, est l'émanation du Rhin par le canal de Drusus, comme on peut voir à l'article *Fossa Drusiana*. Selon Pline, plusieurs isles, outre celle des *Batavi*, sont renfermées entre les embouchures qu'il appelle *Helium* & *Flevum* : *ita adpellantur ostia, in quæ effusus Rhenus, ab septentrione in lacus, ab occidente in amnem Mosam se spargit ; medio inter hæc ore modicum nomini suo custodiens alveum*. On voit distinctement, que la première des deux embouchures dans ce passage est le *Flevo* de Méla ; que la seconde est l'*os immensum* de Tacite, sous un nom particulier, sçavoir *Helium* ; & que la bouche intermédiaire est la branche du Rhin dont parle Tacite, *servat nomen & violentiam cursus, donec Oceano misceatur*. Il n'y a d'autre remarque à faire, si ce n'est que l'expression *servat violentiam cursus* dans Tacite, ne donne pas la même idée que celle de *modicum custodiens alveum* dans Pline. On conviendra seulement avec Tacite, que le bras antérieur, ou le Wahal, l'emporte sur l'autre, étant *latior & placidior*. Quoique selon l'état actuel, le Rhin finisse en dépérissant, il paroît que les Romains, dont il couvroit la frontière, *quâ Germaniam prævehitur*, sentoient un intérêt à maintenir cette branche du fleuve dans sa force, & que ce fut l'objet de Drusus en construisant une digue, pour assurer l'écoulement des eaux dans ce canal.

Lib. III, cap. 2.

Lib. IV, cap. 15.

On voit même dans Tacite, que Civilis fit une brèche à cette digue, pour que la plus grande partie des eaux prenant son cours par une pente naturelle vers la Gaule, le canal du Rhin en fût tellement affoibli, qu'il n'y eût plus de séparation entre l'isle des Bataves & les Germains : *diruit molem á Druso Germanico factam, Rhenumque prono alveo in Galliam ruentem, disjectis quæ morabantur, effudit. Sic, veluti abacto flumine, tenuis alveus, insulam inter, Germanosque, continentium terrarum speciem fecerat.* Plusieurs sçavans ont attribué l'ouverture du Leck à cette manœuvre de Civilis ; quoique Cornelius Aurelii & Hadrianus Junius rapportent d'après les annales d'Utrecht, que le canal du Leck, & les digues qui le contiennent, sont l'ouvrage des habitans de la Betuwe, vers le milieu du neuvième siècle. Il est constant que le Leck emporte aujourd'hui la plus grande partie des eaux, que le Wahal avoit laissées au Rhin ; & la dérivation qui s'est faite plus bas à Utrecht, dans le Vecht, qui se rend dans le Zuyderzée, ou dans le *Flevo lacus* aggrandi par la mer, cause un autre dommage au vieux Rhin. Ce n'est pas même une circonstance récente, que de le voir devenir à rien avant que d'arriver à la mer, puisqu'un diplôme de l'empereur Frédéric Barbe-rousse, dans le douzième siècle, ordonne, que l'embouchure du Rhin obstruée sera dégagée, & qu'on lui ouvrira un passage dans la mer. Voilà ce qui peut servir d'éclaircissement sur ce qui concerne la division de ce grand fleuve en plusieurs bras, & son écoulement par diverses embouchures. C'est une matière qui a donné lieu aux sçavans, divisés dans leurs opinions, de composer des volumes entiers, de la lecture desquels Adrien de Valois prétend que l'on sort moins instruit qu'on ne croyoit l'être auparavant. Il faut l'entendre s'expliquer sur ce sujet : *De fossis quidem ac de ostiis tanti fluvii, tàm immodica prodentium discordia est, tot tamque diversæ sententiæ vel*

NOTICE DE LA GAULE. 549

conjecturæ, tot ex omnibus partibus argumenta; ut postquam ingentes singulorum ac universorum libros evolveris, aliorum alios impugnantium, jacturam temporis fecisse te agnoscas, nec statuere possis quid potissimum sequaris; sed multo quam anteà incertior, multo magis dubius, & in his etiam quæ optimè te scire putaveras, hæsitans recedas. Il semble néanmoins que les difficultés que M. de Valois relève avec tant de chaleur, sont fort applanies par les circonstances qui viennent d'être exposées sans une trop longue discussion. Les différends entre les sçavans sur de pareils sujets, n'ont souvent leur cause que dans ce que l'étude du local n'y prend pas autant de part qu'elle doit en prendre, & n'accompagne pas assez étroitement les recherches de pure érudition. Malgré les changemens qu'on ne peut douter être arrivés dans la partie inférieure du Rhin, on démêle suffisamment quel a été l'état ancien des lieux, pour pouvoir le concilier avec le rapport des auteurs de l'antiquité, & sçavoir à quoi peut s'appliquer ce que chacun d'eux rapporte en particulier.

47°, 26°, & 44°, 23°.
RHODANUS FLUVIUS, & RHODANI OSTIA.

Aulu-Gelle, & Solin, citent Varron, le plus sçavant des Romains, comme ayant compris le Rhône dans les trois plus grands fleuves de l'Europe, en prenant le Danube & le Rhin pour les deux autres. On sent bien que descendant dans la Méditerranée, que plusieurs écrivains Romains appellent *mare nostrum*, cette rivière a été plus connue, & connue de meilleure heure, que les autres rivières de la Gaule. La rapidité de son cours a pu faire croire, par allusion à un terme Grec, que le nom de *Rhodanus* venoit des Grecs établis sur la côte. Pline dérive ce nom d'une ville nommée *Rhoda*, que l'on ne connoît point, & qui étant appellée *Rhodanusia* par Marcien d'Héraclée, & dans Etienne de Byzance, auroit plutôt reçu son nom du

A. Gell. lib. X, cap. 7.
Sol. cap. 8.

Lib. III, cap. 4.

fleuve, que de lui communiquer le sien. A cela près, la description que Pline fait du Rhône est convenable en peu de mots : *Galliarum fertilissimus Rhodanus amnis, ex Alpibus se rapiens per Lemannum lacum, segnemque deferens Ararim, nec minus se torrentes, Isaram, & Druentiam.* Ce qu'il dit ensuite d'une manière plus circonstanciée qu'aucun autre des auteurs de l'antiquité, sur les embouchures, sera expliqué séparément. Je crois pouvoir me dispenser de citer Strabon, Méla, Ptolémée, sur ce qui concerne le Rhône. La Notice de l'Empire fait mention de la flote du Rhône, *Classis fluminis Rhodani*, dont le commandant étoit établi à Vienne, ou à Arles.

44°, 23°.

Je viens à l'article concernant les bouches du Rhône en particulier, & qui demande de la discussion. Les anciens ont varié sur le nombre de ces bouches, comme sur celles de plusieurs autres fleuves qui se partagent en divers bras pour se rendre dans la mer. Polybe, selon Strabon, reprenoit Timée d'en compter cinq, n'en reconnoissant que deux. Artémidore en connoissoit trois; & Pline distingue en effet trois bouches par des noms particuliers : *Libyca appellantur duo (Rhodani) ora modica : ex his, alterum Hispaniense, alterum Metapinum : tertium, idemque amplissimum, Massalioticum.* Marcianus Capella en parle de même. Ptolémée ne distingue que deux embouchures, l'occidentale & l'orientale : mais, on peut regarder comme une troisième bouche du Rhône, le canal qu'il prend pour celui de Marius, & qu'il indique avant que d'arriver à la bouche occidentale, en procédant, comme il fait, d'occident en orient. Si l'on applique aux embouchures que désigne ainsi Ptolémée, les noms qu'on trouve dans Pline ; l'embouchure orientale, & par conséquent la plus voisine de Marseille, est l'*ostium Massalioticum* ; l'occidentale représente l'*ostium Metapinum*, & la troisième l'*ostium*

Lib. III, p. 183.

Lib. III, cap. 4.

Lib. VI.

NOTICE DE LA GAULE. 551

Hispaniense. Il n'y a rien de moins équivoque que la méprise de Ptolémée, en confondant cette troisième bouche avec le canal de Marius, comme on peut voir à l'article intitulé *Fossa Mariana*. L'*ostium Massalioticum* s'y trouve fixé par la distance de XVI milles, que l'Itinéraire maritime indique entre le canal & cette bouche, qui est appellé *Gradus Massilitanorum* dans cet Itinéraire. Le terme de *Gradus* pour désigner les entrées du Rhône, n'est point particulier à cette rivière : il lui est commun avec plusieurs autres, sur les côtes d'Espagne & d'Italie, où il se prononce *Grao*, & *Grado*. Je crois pouvoir me dispenser d'entrer en discussion sur le sens propre & métaphorique de ce terme, au sujet duquel M. du Cange se refuse à ce que propose Surita dans une note sur l'Itinéraire maritime. On voit dans Ammien-Marcellin, que la mer dans laquelle s'ouvrent les bouches du Rhône, étoit appellée *sinus ad Gradus*. Les changemens arrivés dans ces embouchures peuvent mettre de la difficulté à reconnoître les anciennes. Un bras, qui sous le nom de Passon étoit considérable il y a un siècle, avoit été abandonné par le Rhône sept ou huit ans avant le tems où Honoré Bouche composoit la Chorographie, qui précède son histoire de Provence. C'est lui-même qui le témoigne, en disant, que le fleuve s'étoit porté tout entier dans un autre canal sur la droite en descendant. Or, ce même canal, que l'on nomme Bras de fer, a perdu depuis ce qu'il avoit gagné sur le canal de Passon, la plus grande partie des eaux du Rhône ayant repris leur cours sur la gauche, & formant aujourd'hui ce qu'on appelle le canal des Losnes. L'indication de 16 milles entre *Fossa Mariana* & *Gradus Massilitanorum*, ne sçauroit convenir au débouchement du Rhône dans la mer par l'ancien Gras de Passon, ou par le canal actuel des Losnes, parce que l'espace n'est pas suffisant. Pour trouver les 16 milles, il faut arriver au débouchement du canal appellé Bras de fer, dont la

Alexiad. p. 313.

Liv. I, ch. 5.

distance à l'égard de *Fossa Mariana* en suivant la côte étant d'environ 12000 toises, répond de fait à 16 milles romains. Suivant un plan que j'ai manuscrit, dressé en 1692, l'issue de ce canal se partage en trois ouvertures ; la première appellée Gras du midi, ou Grand-Gras, la seconde Gras de sainte Anne, & la troisième qui regarde le couchant, Gras de Sausé ; & les isles fort basses qui séparent ces ouvertures, s'appellent les Tignes. Pour avoir ensuite quelque idée du *Metapinum ostium*, il faut être informé, que du canal dont on vient de parler, il s'est détaché sur la droite, à environ cinq milles de la mer, & sous une tour nommée Tanpan, un bras beaucoup moins considérable, ayant son débouchement vers l'ouest sur la plage qui est distinguée par le même nom de Tanpan ; & je ne serois point étonné qu'on voulût retrouver dans cette dénomination un reste de celle de *Metapinum ostium*. Après avoir reconnu de cette manière deux des bouches du Rhône, il s'ensuit que la troisième qui ne pouvoit être appellée *ostium Hispaniense* que parce qu'elle étoit reculée vers l'Espagne, doit être la décharge du bras du Rhône, qui se détache du grand canal un peu au-dessus d'Arles, près de l'endroit nommé Fourques, & que l'on nomme le petit Rhône. Il est très-probable que Polybe ne faisant état que de deux embouchures du Rhône, celle-ci doit être regardée comme la seconde, parceque l'étendue du canal auquel elle sert d'issue, & qui renferme ce qu'on appelle la Camargue, a dû la faire distinguer préférablement au *Metapinum*. Son entrée est actuellement nommée le Gras d'Orgon. De la droite du petit Rhône il sort une branche particulière, qui s'est étendue par divers rameaux jusqu'au-delà d'Aigues-mortes, ayant des communications avec les lagunes que Méla appelle *Stagna Volcarum* ; & l'ouverture qu'on lui a donnée dans la mer au-dessous de Pécais se nomme le Gras Neuf. Le tems a apporté du changement dans les circonstances locales

NOTICE DE LA GAULE. 553

locales en ce canton, & l'art a eu beaucoup de part aux communications dont je viens de parler, en ayant pour objet de dessécher par des coupures une terre basse & marécageuse. Ce que la terre a pris sur la mer s'appelle la terre neuve, & l'issue du canal qui d'Aigues-mortes conduit à la mer, se nomme le Gras du Roi, ce que l'on pourroit attribuer à l'embarquement de S. Louis, que l'histoire dit s'être fait au port d'Aigues-mortes. Le désir de bien distinguer les anciennes bouches du Rhône, au travers de tout ce que présente le local actuel, m'a engagé dans ce détail. Les sçavans ont paru embarassés sur le nom de *Libyca*, que Pline attribue par distinction aux deux embouchures du Rhône qui suivent la grande, ou le *Massalioticum ostium*. On a pensé que ce pays maritime ayant été peuplé de Liguriens entre *Emporiæ* & le Rhône, comme ils y paroissent établis dans le Périple de Scylax, le nom de Λίγυες devoit faire substituer à la dénomination de *Libyca* celle de *Ligustica*. Mais, le P. Hardouin a pris soin de remarquer, que tous les textes sont d'accord sur la leçon de *Libyca*. La difficulté disparoissoit, si l'on avoit considéré que les canaux du Rhône qui conduisent à ces embouchures, étant tournés vers le rhumb de vent qui du sud participe de l'ouest, & que les Grecs désignent par le nom de Λίψ; ça été une raison pour les Marseillois dominans sur la côte, de distinguer ces embouchures par ce nom-là. Cette distinction avoit d'autant plus lieu, qu'elle pouvoit être fondée sur ce que l'embouchure antérieure ou plus voisine de Marseille, s'ouvroit à une autre direction de vent. La même manière de désigner différentes passes, qui sortent d'un canal commun, n'est pas sans exemple.

50°, 25°.
RICCIACUM. On peut voir dans l'article *Caranusca*, comment la Table Théodosienne donne le détail d'une route de *Divodurum*, ou Metz, à *Augusta Tre-*

verorum. On y trouve le lieu nommé *Ricciacum* entre *Caranufca* & Trèves ; & la diftance eft également marquée x à l'égard de *Caranufca* comme de Trèves. Or, je ne vois aucune pofition qui convienne auffi bien à *Ricciacum* par les diftances & par la direction de la route, que Remich fur la Mofelle. Je fubftituerois même volontiers *Rimiciacum* ou *Rimiacum*, à *Ricciacum*, dans la Table, puifque l'on y connoît tant d'endroits où elle eft incorrecte fur les dénominations de lieu.

50°, 16°.

RIDUNA INSULA. Dans l'Itinéraire maritime, entre les ifles de l'Ocean qui baigne les côtes de la Gaule & de la Grande-Bretagne. Il eft aifé d'y reconnoître l'ifle d'Aurigni, vis-à-vis de la pointe de la Hague, d'autant que l'Itinéraire nomme de fuite *Sarnia* & *Cæfarea*, qui ne fçauroient être que Gernfei & Gerfei, voifines d'Aurigni.

50°, 25°.

RIGODULUM. Selon Tacite, ce lieu eft environné par la Mofelle & par des hauteurs ; *montibus aut Mofella amne feptus :* & on doit juger qu'il étoit peu éloigné de Trèves, fur ce que rapporte cet hiftorien, que Cerealis le lendemain du jour qu'il avoit combattu à *Rigodulum*, entra dans Trèves. On croit qu'un endroit qui fe nomme Reol eft un veftige de *Rigodulum :* & Ortelius dit avoir appris fur les lieux, que le même nom de *Rigodulum* eft employé dans une donation que Dagobert avoit faite à l'abbaye de S. Maximin, près de Trèves. Le titre eft rapporté par un auteur qui a écrit en faveur de cette abbaye, & c'eft fous le nom de *Regiodola vallis* qu'il y eft mention de *Rigodulum.* Quand Ammien-Marcellin s'explique fur la fituation de ce lieu, en difant, *apud Confluentes, locum ita cognominatum ubi Mofella infunditur Rheno ;* il en paroît mal informé. M. de Valois n'eft pas tout-à-fait exact fur le lieu qui répond à *Rigodulum*, quand il l'indique *è regione Palatii.* Car, la

NOTICE DE LA GAULE. 555

distance au-dessous de Trèves pouvant s'estimer d'environ cinq lieues gauloises, ou de deux à trois lieues françoises, Pfaltz, dans cet intervalle, est plus près de Trèves que de Reol. Entre autres biens donnés à saint Maximin par Dagobert, il est mention dans le diplome de ce prince d'un domaine royal, *curtis regia*, dont le nom est *Decima* ; & je trouve ce lieu dénommé actuellement Deutzen, près de la Moselle peu au-dessous de Reol. Si l'on soupçonne que cette dénomination ait rapport à la distance du lieu à l'égard de Trèves, je remarque que l'espace que donne le local ne peut admettre cette distance qu'en milles romains, & qu'il ne suffit pas pour des lieues gauloises.

51°, 25°.

RIGOMAGUS. Ce lieu est placé dans la Table Théodosienne entre *Bonna* & *Antunnacum*. La distance est marquée VIII à l'égard de *Bonna*, VIIII à l'égard d'*Antunnacum*. L'Itinéraire d'Antonin, qui ne faisant point mention de *Rigomagus*, marque XVII de *Bonna* à *Antunnacum*, confirme les nombres de la Table dans leur total ; si ce n'est que par la remarque que je fais dans l'article *Antunnacum*, un peu plus d'espace de Rimagen, qui est *Rigomagus*, à Andernach, que d'Andernach à Coblentz, supplée à une fraction de lieue, qui manque dans la distance de Coblentz à Andernach. Mais, il faut bannir d'un autre endroit de l'Itinéraire que celui qui est allégué ci-dessus, *Baudobrica*, qui se trouve mal-à-propos entre *Antunnacum* & *Bonna*, puisque sa place est bien décidée en remontant de *Confluentes* à *Bingium*. Dans un ouvrage composé sur les faits mémorables de S. Bernard, & cité par M. de Valois, il est fait mention de *Riegemach*, *inter Confluentiam & Coloniam*, ce qui retrace le nom de *Rigomagus* avec moins d'altération que dans Rimagen.

P. 477.

49°, 21°.

RIOBE. Une route que l'on prend dans la Table

A aa a ij

Théodosienne à des endroits suffisamment connus, *Cæ-saromagus*, ou Beauvais, *Augustomagus*, ou Senlis, & qui de la position de Senlis passe à une autre qui convient à Meaux, puis à *Calagum*, que l'on reconnoît également bien dans un lieu nommé Chailli, indique ensuite *Riobe*, où la route se divisant en plusieurs branches, se rend d'une part à *Condate*, & de l'autre à *Agedincum*. La distance est omise entre *Calagum* & *Riobe*. Mais, une voie actuelle, partant de Chailli précisément, & qui par la direction de son alignement ressemble fort à une ancienne voie romaine, nous conduit à un lieu nommé Orbi, sur les limites des diocèses de Meaux & de Sens, & on remarquera l'analogie qui subsiste dans le nom d'Orbi avec celui de *Riobe*. Ces indices paroissent d'autant moins équivoques, qu'ils se soutiennent par la distance qu'indique la Table entre *Riobe* & *Condate*, ou Montreau-faut-Ionne, sçavoir XIIII. Car, les 14 lieues gauloises s'évaluant à 16000 toises, ou à peu près, c'est en-effet ce que l'on mesure d'espace entre Orbi & Montreau. Et quant au nombre XXVI, qui paroît dans la Table entre *Riobe* & *Agedincum*, je remarque que la mesure du chemin en passant par Brai sur Seine, s'évaluant à environ 27000 toises, qui répondent à 24 lieues gauloises au lieu de 26, une simple transposition de l'unité dans le nombre de XXVI, le réduit au nombre XXIV, qui convient au local. On voit partir de *Riobe* dans la Table une troisième branche de voie, qui conduit à *Augustobona*, ou Troies : mais l'indication de la distance est omise.

50°, 19°.

RITUMAGUS. C'est une mansion intermédiaire de *Rotomagus* & de *Petromantalum*, dans l'Itinéraire d'Antonin, & dans la Table Théodosienne. On peut voir à l'article *Lotum*, que la position dont le nom se lit *Latomagus* dans l'Itinéraire, est celle de *Rotomagus*. La Table l'indique précisément sous le nom de *Rattuma-*

gus, avec la figure dont elle défigne les villes capitales. Or, entre cette pofition & celle de *Ritumagus*, on trouve VIII dans la Table : l'indication de l'Itinéraire eft IX. La direction de la route qui tend vers *Lutecia*, conduit au paffage de la Rivière d'Andelle, près de Radepont, qui repréfente indubitablement *Ritumagus*. Ce qu'il y a de diftance entre Rouen, à partir de l'églife métropolitaine, jufqu'à Radepont, eft d'environ 9900 toifes, qui font plus de huit lieues gauloifes, mais un peu moins de neuf. Radepont a été une forterefle, qui foutint un fiége devant Philippe-Augufte en 1202. Quant à la diftance de *Ritumagus* à une pofition ultérieure, en fuivant la même route, voyez l'article *Petromantalum*.

48°, 18°.

ROBRICA. Ce lieu eft placé dans la Table Théodofienne entre *Juliomagus*, ou Angers, & *Cæfarodunum*, ou Tours. La diftance eft marquée XVII à l'égard de *Juliomagus*, & à l'égard de *Cæfarodunum* XXVIIII. Ce qu'il y a d'efpace entre Angers & Tours eft fixé en droite-ligne à environ 49000 toifes, qui ne contiennent guère plus de 43 lieues gauloifes, quoique le compte de la Table foit de 46, parce que la route ne paroît pas avoir été directe. Sanfon, qui en s'écartant beaucoup, va chercher Saumur au midi de la Loire, pour y placer *Robrica*, feroit compter plus de 20 lieues gauloifes dans la diftance qui n'eft marquée que 17. En prenant une route moins divergeante d'une ville à l'autre, je remarque qu'à 18000 toifes, ou un peu plus en mefure itinéraire, c'eft-à-dire, 16 lieues gauloifes en partant d'Angers, on rencontre au paffage de la voie les ponts de Longué, qui me paroiffent convenir à la pofition de *Robrica*. Car, dans cette dénomination de *Robrica*, on peut reconnoître le *Briga* terme Celtique, ayant la même fignification que *Briva*, qui défigne un Pont. Des ponts de Longué en s'avançant dans la vallée d'Anjou par Bourgueil,

558　NOTICE DE LA GAULE.

pour joindre le bord de la Loire au-delà d'Ingrande, la route jusqu'à Tours peut s'évaluer à environ 34000 toises, dont il résulte 30 lieues gauloises : & si la distance précédente ne fournit que 16 lieues gauloises où laTable marque 17, cette seconde distance y supplée en donnant 30 au lieu de 29 que donne la Table. De-sorte que dans le total de l'intervalle d'Angers à Tours, la somme des distances se trouve égale & très-complette. Ces compensations entre plusieurs distances se présentent assez souvent dans l'application des Itinéraires au local actuel.

48°, 26°.

Lib. XXX.　ROBUR. On voit dans Ammien-Marcellin, que Valentinien I fit construire près de Basle une forteresse, qui fut appellée *Robur* par les gens du pays : *Valentiniano, post vastatos aliquos Alamanniæ pagos, munimentum ædificanti propè Basiliam, quod appellant accolæ Robur.* M. Schœpflin croit que l'emplacement de l'église cathédrale de Basle est celui de cette forteresse, alléguant que le nom de *burg*, ou de château, lui en est resté, & je ne vois point d'opinion plus plausible sur ce sujet. J'apprends que la situation du lieu est avantageuse, & qu'elle domine sur le Rhin, qui passe au pied.

50°, 21°.

RODIUM. Ce lieu est marqué dans la Table Théodosienne, sur la route de *Samarobriva*, ou d'Amiens, à *Augusta Suessionum*, ou Soissons. La distance à l'égard de *Samarobriva* est indiquée 20, en deux distances, chacune de x. L'ancienne voie est existante, & très-directe, sous le nom de chaussée de Brunehaut, & elle conduit à Roie. Mais je remarque, que pour retrouver les 20 lieues gauloises complettes, en partant d'Amiens, il ne faut pas s'arrêter à l'emplacement actuel de Roie : il faut aller jusqu'au clocher dont le nom est Roie-église, & vulgairement Roiglife, sans quoi la mesure du chemin ne remplit pas 19 lieues. La position qui convient au

NOTICE DE LA GAULE. 559

lieu que la Table marque entre *Samarobriva* & *Rodium*, sous le nom de *Setucis*, demande que l'indication de la distance jusqu'à *Rodium* soit employée de cette manière, comme on peut voir à l'article *Setucis*. J'ajoute, que la distance qui au-delà de *Rodium* est marquée VIIII, & qui doit s'étendre jusqu'au passage de la rivière d'Oise sous Noyon, comme je crois le montrer dans l'article *Isara*, convient mieux à Roiglise qu'à Roie, parce que Roie étant éloigné du passage de l'Oise d'environ 11000 toises, cette mesure directe passe l'étendue de 9 lieues gauloises. Ainsi, Roie se trouve trop loin de la rivière d'Oise, en même tems qu'il est trop près d'Amiens. C'est une méprise dans M. de Valois de dire, que *Rodium* est placé dans la Table entre *Augusta Veromanduorum* & *Augusta Suessionum*. P. 466.

47°, 22°.

RODUMNA. Ptolémée attribue deux villes aux *Segusiani*, *Rodumna*, & *Forum*. Dans la Table Théodosienne on trouve *Roidumna*, sur une route qui conduit à *Lugdunum* en passant par *Forum*. Ce qu'il y a à redire dans la Table, par la transposition d'un lieu qu'elle marque entre *Rodumna* & *Forum*, est développé dans un des articles sous le nom de *Mediolanum*. *Rodumna* & le *pagus Rodumnensis* ont donné le nom à Rouanne & au Rouannez.

50°, 19°.

ROTOMAGUS. Ptolémée est le premier qui en fasse mention, comme de la ville principale des *Veliocasses*. Ce nom est aussi écrit *Ratomagus*. On trouve *Rattumagus* dans la Table Théodosienne, avec la figure dont les capitales y sont distinguées. Il en est mention également dans l'Itinéraire d'Antonin, en lisant *Ratomagus* pour *Latomagus*, sur la route qui part du lieu nommé *Carocotinum*. M. de Valois reprend avec raison Ammien-Marcellin d'employer ce nom au pluriel, *Rotomagi*, parce qu'il n'en est pas de cette dénomination comme des autres capitales, qui ayant ceffé de porter leur nom propre, ont pris celui de la cité ou du peuple *numero plurali*. L'altération que le tems a apporté aux dénominations dans leur état primitif, & en les tronquant, a fait changer le nom de *Rotomagus* en *Rotomum* ou *Rodomum*, comme de *Noviomagus* on a fait *Noviomum*, & ainfi de plufieurs autres. La Lionoife formée par Augufte ayant été divifée depuis en deux provinces, *Rotomagus* devint la métropole de la feconde des Lionoifes, & le fiége de Rouen ne reconnoît pas même la primatie du fiége de Lion.

45°, 21°.

Lib. II, cap. 5. RUBRESUS LACUS. Méla dit, en parlant de l'Atax : *lacus accipit eum, Rubrefus nomine, fpatiofus admodùm, fed quâ mare admittit, tenuit aditu*. On lit dans *Lib. III, cap. 4.* Pline : *Atax è Pyrenæo, Rubrenfem permeans lacum.* Il faut être prévenu, que l'*Atax*, ou la rivière d'Aude, à environ cinq milles au-deffus de Narbone, fe partage en deux bras ; dont l'un, qui eft celui de la gauche, confervant fon nom, tombe dans l'étang de Vendres ; & l'autre, qui fe rend à Narbone, eft appellé la Robine d'Aude. Ce nom de Robine eft commun en Languedoc à plufieurs canaux, qui paroiffent avoir été ouverts pour la décharge ou l'écoulement des eaux. La Robine d'Aude paffant entre les étangs de Sigean & de Gruiffan, fe rend dans celui de Sigean, à environ deux milles de la mer : & dans la partie de cet étang qu'il traverfe, les Romains lui ont creufé un canal, revêtu & pavé de grandes pierres, jufqu'à l'iffue du lac dans la mer, qui étoit bordée de deux fortes levées pour contenir cette ouverture, que l'on nomme le Grau de la Nouvelle. Le nom de Sigean, qui, felon une charte de l'empereur *Hift. de Lang.* Louis le Débonnaire en faveur du monaftère d'Aniane, *Tome I, preuves,* eft *ad Signa*, fembleroit témoigner, qu'on avoit établi *col. 60.* des fignaux, pour donner connoiffance de l'entrée du port aux bâtimens, qui approchoient d'une côte plate

&

& découverte. La distance que Pline marque de XII milles entre Narbone & la mer, est fort convenable à l'éloignement de son port. Celle que Catel indique à M. de Valois, & au P. Hardouin, sur le pied de sept milles, ne peut convenir, qu'en composant, à dessein de remplir cet espace, un mille particulier d'environ 1300 toises, ce qui n'est pas recevable.

Ubi suprà.

Cat. lib. II, p. 58.
Vales. p. 370.
Hard. not. in Plin.

48°, 26°.

RUFIANA. Quoique Ptolémée en fasse une ville des *Nemetes*, plusieurs sçavans se réunissent pour y reconnoître la ville de Rufach dans la haute Alsace, & elle passe ainsi dans le territoire des *Rauraci*. Il n'est pas plus extraordinaire de trouver cette position déplacée dans Ptolémée, que de lui voir attribuer *Argentoratum* aux *Vangiones*. Le nom de Rufach dans le moyen-âge est *Rubeacum*.

43°, 21°.

RUSCINO. Polybe & Tite-live font mention de cette ville en parlant de l'entrée d'Annibal dans la Gaule. Strabon cite une ville du même nom que le fleuve, qu'il nomme *Ruscinon*, & Ptolémée pareillement. Dans Méla, on trouve *colonia Ruscino*; dans Pline, *Ruscino Latinorum*, c'est-à-dire, jouissant simplement du droit des villes Latines. On lit *Ruscione*, pour *Ruscinone*, dans l'Intinéraire d'Antonin, & dans la Table Théodosienne; & les positions qui y ont un rapport immédiat, sur la voie qui conduit au passage des Pyrénées, sont, d'un côté *Combusta*, & de l'autre *Illiberis*. Cette ville existoit encore sous Louis le débonnaire, & elle est nommée *Roscilionа* dans des lettres de privilége, en faveur des Espagnols qui se retiroient en France. Mais, elle fut ruinée peu de tems après par les Normans; & tandis que son nom s'étend sur une province, tout ce qui reste de cette ville consiste dans une vieille fabrique sur une colline, à environ deux milles du glacis de Perpignan, & qui se nomme Tour de Roussillon. Perpignan,

Lib. IV, p. 182.

Méla, lib. II, cap. 5.
Plin. lib. III, cap. 4.

dont on a connoissance dès le douzième siècle, s'est élevé sur les débris de *Ruscino*, & a profité de la décadence d'Elne, en lui enlevant son siége épiscopal. M. de Marca a découvert, qu'antérieurement il y existoit un lieu sous le nom de *Flavius-Ebusus*.

45°, 21°.

RUTENI. César, Strabon, Pline, font mention des *Ruteni*, comme d'un peuple limitrophe de la Province romaine, ou Narbonoise. Dans Ptolémée leur nom est *Rutani*, & ce qui est fort étrange, leur position près des *Convenæ*, au pied des Pyrénées. Le diocèse de Rodez, & celui de Vabre, qui est un démenbrement de Rodez fait dans le quatorzième siècle par le pape Jean XXII, autrement le Rouergue entier, représentent le territoire des *Ruteni*, indépendamment de ce qui paroît leur avoir appartenu au-delà de ces limites, comme on peut voir dans l'article suivant.

44°, 20°.

RUTENI PROVINCIALES. Ils sont ainsi distingués dans César, comme faisant partie de la Province romaine, d'avec les *Ruteni*, qui n'y étoient point renfermés, & que dans le soulèvement de la Gaule, Vercingétorix détacha pour ravager les terres des *Volcæ Arecomici*, dont en-effet la haute partie du Rouergue est limitrophe. Les *Ruteni* avoient été les confédérés des *Allobroges* dans la guerre que ceux-ci soutinrent contre les Romains : & quoique César, en parlant à Arioviste de la défaite des *Allobroges* & des *Ruteni* par Fabius Maximus, dise qu'ils n'avoient point été assujettis ; *quibus populus Romanus ignovisset, neque in provinciam redegisset* ; cependant les *Allobroges* étant incorporés à la Province romaine dans tout ce que leur territoire avoit d'étendue, il faut croire que les *Ruteni* avoient souffert le démembrement d'une partie du leur. C'est par cette raison, que dans Pline les *Ruteni* sont placés dans la Narbonoise, indépendamment de la mention spéciale

Comment. VII.

Commentar. I.

Lib. III, cap. 4.

Lib. IV, cap. 19.

qu'il fait des *Ruteni*, comme faisant partie de l'Aquitaine, sur la frontière de la Narbonoise; *rursus Narbonensi provinciæ contermini Ruteni*. La question n'est donc pas de révoquer en doute, qu'il y eût des *Ruteni provinciales*, quoique Sanson le veuille ainsi; mais de sçavoir, où il est plus convenable de les placer. On peut assurer que le diocèse de Vabre, sur lequel Sanson jette les yeux, en supposant la nécessité d'admettre ces *Ruteni*, ne leur convient pas. La chaîne des Cévennes mettoit une séparation naturelle entre la Province romaine & le reste de la Gaule. C'est ce qui fait dire à Méla, lors- *Lib. II, cap. 5.* qu'il entreprend de décrire la Narbonoise, que la Gaule est divisée en deux régions ou parties par les Cévennes; *Gebennicis montibus in duo latera divisa*. D'ailleurs, les *Ruteni*, que Vercingétorix chargeoit d'attaquer les *Volcæ Arecomici*, comme il est rapporté ci-dessus, en auroient été séparés par les *Ruteni provinciales*. Il auroit donc fallu vaincre la résistance de ceux-ci, soutenus des postes que César avoit eu la précaution d'établir chez eux, *præsidia in Rutenis provincialibus constituerat*, pour pouvoir entamer les *Arecomici*. Quand on examine la disposition des divers cantons de pays qui sont à portée des *Ruteni*, sans rien prendre de ce qu'on sçait avoir appartenu aux peuples voisins; il n'y a que ce qui leur est contigu, & pour ainsi dire de plein-pied, & par arrondissement du côté d'Albi, qui puisse convenir aux *Ruteni provinciales*. On peut voir dans l'article *Lucteri Cadurci*, ce qu'on doit penser des *Heleutheri*, auxquels Sanson donne l'Albigeois. Il ne faut point objecter, que lorsqu'il est mention du territoire d'Albi, ce n'est point comme étant compris dans l'ancienne Province romaine, mais dans l'Aquitaine. Car, si dans la Notice des Provinces de la Gaule, *civitas Albigensium* est de l'Aquitaine première, plutôt que de la première Narbonoise, c'est ce qu'il convient d'attribuer aux grands changemens arrivés dans les limites des provinces, qui dans un écoulement de plusieurs siècles, du nombre de quatre étoient multipliées jusqu'à dix-sept, lorsque la Notice a été dressée. En joignant à l'Aquitaine le territoire des *Ruteni provinciales*, on n'avoit fait que réunir au corps des *Ruteni* ce qui n'en étoit auparavant séparé que par un démembrement. Il est à remarquer, que dans l'ordre des cités de l'Aquitaine première, *civitas Albigensium* dans la Notice suit immédiatement celle des *Ruteni*, nonobstant que cette liaison lui fasse devancer les cités de *Cadurci*, de *Lemovices*, & d'autres peuples de plus ancienne date que n'est l'existence d'*Albiga* par la Notice.

S.

51°, 23°.

SABIS FLUV. Ce nom de la Sambre est connu dans César, lorsqu'il dit que les *Nervii*, & leurs confédérés, avoient rassemblé leurs forces *trans flumen Sabin*. Mais, il y a déja très-longtems que le nom de la même rivière s'est écrit d'une manière plus conforme à la dénomination actuelle. M. de Valois a remarqué, qu'il s'est écoulé dix siècles depuis que l'auteur de la vie de S. Ansbert emploie le nom de *Sambra*. Nous remonterons encore plus haut par la Notice de l'Empire, qui fait mention d'une flote, *classis Sambricæ*, laquelle étoit placée sur la Sambre, comme la position de *Quartensis locus*, dont il est question dans un article particulier, ne permet pas d'en douter.

52°, 24°.

SABLONES. L'Itinéraire d'Antonin en fait mention sur une route, qui de *Colonia Trajana*, dont l'emplacement est voisin de Clève, conduit à *Juliacum*, ou Juliers, & à *Colonia Agrippina*. On peut consulter l'article *Mediolanum*, pour voir ce qu'une position de ce nom, placée dans l'Itinéraire entre *Colonia Trajana* & *Sablones*, donne lieu de conclure par rapport aux dif-

NOTICE DE LA GAULE.

tances. Il eſt conſtant, que par le compte de 16 lieues gauloiſes depuis *Colonia Trajana*, la poſition de *Sablones*tombe ſur un lieu ſitué entre Gueldre & Venlo, & dont le nom actuel d'*int-Sant* conſerve la même ſignification dans le langage du pays, que celle qui eſt propre à *Sabulum* dans le Latin.

49°, 18°.

SAII (*forté* & ESSUI.) C'eſt un peuple, dont on a ſoupçonné que le nom ſe trouve dans Céſar ſous une forme différente, & peut-être également dans Pline; mais dont Strabon & Ptolémée ne font mention en aucune manière. La Notice des Provinces de la Gaule eſt le plus ancien monument où ſe rencontre le nom de *Sagii*; & j'adhère à l'opinion de M. de Valois, que la dénomination plus correcte eſt *Saii*. Il n'y a point de doute que le peuple de ce nom ne doive ſe rapporter au dioceſe de Sées. Mais, ce qui n'eſt pas auſſi bien décidé, c'eſt de ſçavoir ſi le peuple nommé *Eſſui* dans Céſar, ou celui dont le nom, dans Pline, ſe lit *Ateſui* & *Iteſui*, & que Ciacconius croit être le même qu'*Eſſui*, peut ſe rapporter aux *Saii*, & être placé dans le même diſtrict. M. de Valois, ainſi que Voſſius & Clark, veulent que l'on ſubſtitue le nom d'*Ædui* à celui d'*Eſſui* dans Céſar; mais, il ne paroît pas probable à Oudendorp, l'éditeur des Commentaires le plus récent, que les copiſtes ayent corrompu un nom répété autant de fois que celui des *Ædui* dans Céſar. Le P. Hardouin eſt d'avis de ſupprimer le nom d'*Ateſui* dans Pline, & d'y ſubſtituer le mot *item*, pour faire la liaiſon des *Secuſiani* aux autres peuples, dans l'énumération de ceux que comprend la Lionoiſe. Mais, cette correction paroît violente, & il ſeroit plus ſimple de lire & *Eſui*, parce que ce peuple paroît avoir été moins écarté de ceux qui le précèdent, que des *Secuſiani* qui le ſuivent. Papire Maſſon rapporte aux *Saii* le nom de *Seſuvii*, qu'on lit dans le ſecond livre des Commentaires, entre

P. 495.

les peuples maritimes, ce qui ne peut être entendu à la rigueur du diocèse de Sées, qui ne touche point à la mer ; & M. de Valois prétend que le nom de *Sesuvii* n'est autre chose qu'une mauvaise leçon de celui des *Lexovii*. Il est au-reste plus facile de voir quelque endroit foible dans ces différentes opinions, que de proposer quelque chose de plus solide. Ce qui est hors de doute, c'est que le territoire actuel de Sées ne paroît point rempli ailleurs que dans la Notice des provinces en faisant mention de la capitale, tandis que les territoires voisins de Lizieux & de Baïeux sont occupés par des peuples connus : & je ne vois rien qui contredise formellement la conjecture de ceux qui y placeroient les *Essui* de César, que l'on peut croire répétés dans Pline, quoiqu'avec quelque diversité dans la manière dont le nom y paroît écrit. Sanson en attribuant au diocèse de Sées les *Arvii*, mentionnés dans Ptolémée, & faisant de la position de Sées celle de *Vagoritum*, capitale des *Arvii*, ne prévoyoit pas qu'un établissement aussi hazardé seroit détruit par la découverte de la cité des *Arvii* dans un canton du Maine. Je n'ai point lû un ouvrage qui a paru il y a environ quinze ans, dont l'auteur place les *Osismii* dans le diocèse de Sées. Il est constant que la ville d'Exme, ou d'Iesme, *Oximum*, renfermée dans ce diocèse, a donné le nom à un *pagus*, qui paroît avoir occupé le diocèse de Sées, & s'être même étendu dans le diocèse de Baïeux, dont un des archidiaconés est celui d'Iesme. Plusieurs auteurs ont même fait mention d'*Oximus* comme d'une cité de la Lionoise seconde ; & il y a des raisons pour croire, que pendant un tems le siége épiscopal y a été établi.

Pour ce qui concerne en particulier la capitale des *Saii*, le nom qu'elle peut avoir porté antérieurement nous est inconnu. Dans quelques Notices postérieures à l'âge romain, on la trouve nommée *civitas Salarum Saius* ; & M. de Valois croit qu'il convient de lire *Saio-*

rum, au lieu de *Salarum*. Le nom de *Sagius* est celui dont on a fait usage dans le moyen-âge.

49°, 26°.

SALETIO. Le nom de ce lieu dans Ammien-Marcellin est *Saliso*; dans la Notice de l'Empire, dans l'Itinéraire d'Antonin, & dans la Table Théodosienne, *Saletio*. Un de nos plus anciens historiens, Frédégaire, a écrit *Saloissa*. Dans un diplome d'Othon le grand, rapporté par Marquard Freher, on lit *Salise in Elisazium*. La Notice faisant le dénombrement des postes établis le long du Rhin, sous les ordres du général résidant à Maïence, commence par *Saletio*, qui étoit ainsi limitrophe du département où commandoit un comte résidant à *Argentoratum*. *Saletio* dans l'Itinéraire d'Antonin est placé entre *Argontoratum* & *Tabernæ*. La distance marquée VII à l'égard d'*Argentoratum*, ne peut convenir entre Strasbourg & Selz, puisque l'intervalle en droite-ligne est de 22 à 23000 toises. Mais, celle de XIII à l'égard de *Tabernæ* répond à un espace qui ne va pas tout-à-fait à 15000 toises entre Seltz & Rhin-Zabern, le calcul de 13 lieues gauloises étant de 14740. Dans la Table, *Saletio* est entre *Tabernæ* & *Brocomagus*. La distance qu'elle marque XI entre *Tabernæ* & *Saletio* est trop courte, en conséquence de la justesse que l'on trouve dans l'indication de l'Itinéraire : & je remarque au contraire, que la distance de *Saletio* à *Brocomagus* marquée XVIII, renferme précisément ce qui manque à la précédente. Ainsi, c'est sur la distribution des distances que la Table est en faute, lorsqu'elle se trouve juste en les rassemblant. M. Schœpflin nous apprend, que le Rhin, se portant sur le rivage de l'Alsace, a couvert une partie de l'emplacement qu'occupoit Seltz, ou la fait reculer en-deçà de son ancienne position.

In Orig. Palat. parte II.

Alsatia illustr. Tom. I, p. 228.

44°, 25°.

SALINÆ. C'est la ville que Ptolémée donne aux *Suetri* ; & on trouve dans Spon une inscription, qui

Miscell. p. 198.

porte *Decc. civitatis Salin*. Je crois que le lieu nommé Seillans, dans la partie septentrionale du diocèse de Fréjus, peu loin de *Faventia*, ou de Fayence, répond à *Salinæ*. Cette position paroît convenable à l'emplacement que l'on peut estimer avoir été celui des *Suetri*, à l'égard de quelques peuples voisins, selon la mention qui en est faite, comme on peut voir à l'article *Suetri*. J'avoue que les moyens qu'emploie Honoré Bouche pour fixer *Salinæ* à Castellane, ne me paroissent pas décisifs. Une colomne milliaire qu'il cite, n'est pas déterminée avec assez de précision dans sa place; & si elle se renferme dans le district du petit lieu nommé Taulane, elle se rapporteroit plutôt à Senez qu'à Castellane. Je suis frappé d'une remarque générale que fournit cette contrée, qui est que toutes les villes conservent leurs noms anciens. Je vois en même tems, que selon l'ordre que gardent les peuples dans l'inscription du Trophée des Alpes, où les *Suetri* sont nommés les derniers, & après les *Nerusi* qui tiennent à la mer, la position de Castellane remonte trop haut dans les terres, pour être aussi convenable que Seillans à l'emplacement des *Suetri*. Il reste à sçavoir, si dans la Notice des provinces de la Gaule, *civitas Sollinensium* entre les villes des Alpes maritimes, est Seillans. Je crois qu'il est plus à propos de l'estimer ainsi, que d'adhérer à l'opinion de ceux qui franchissent les Alpes, & sortent des limites de la Gaule, pour placer *Salinæ* à Saluces.

<small>Chorogr. de Prov. liv. III, chap. 2.</small>

49°, 20°.

SALIOCLITA. L'Itinéraire d'Antonin indique ce lieu sur la route de *Genabum*, ou d'Orléans, à *Lutecia*. La distance est marquée XXIIII à l'égard de l'une & de l'autre de ces villes. On ne sçauroit douter que ce ne soit Saclas, qui est précisément sur la direction de la voie, dont la trace entre Orléans & Saclas subsiste en quelques endroits, & est appellée le vieux chemin. L'altération des anciennes dénominations, dont l'effet ordinaire

NOTICE DE LA GAULE.

naire a été de les abréger, a fait dire *Salclita*, au lieu de *Salioclita*, & il est mention de Saclas à peu-près sous cette forme, dans un diplome de Dagobert I : *villa Sarclita, super fluvium Joina* (la Juine) *in pago Stampense* (le canton d'Etampes) ce qui désigne indubitablement Saclas. Mais, il est à-propos de faire l'examen des distances qui s'y rapportent. Celle que donne le local, à partir d'un point pris au centre d'Orléans, jusqu'au clocher de Saclas, est d'environ 27900 toises, suivant les opérations géométriques dans cet intervalle, & l'indication de l'Itinéraire y correspond, à une fraction de lieue près, le calcul de 24 lieues gauloises étant de 27216 toises. De Saclas au centre de Lutece, ou de la Cité de Paris, l'espace en droite-ligne, sans avoir égard à quelques détours & variations dans la direction de la route, se trouve prolongé par les mêmes opérations jusqu'à 29500 toises, ce qui fait connoître que la position intermédiaire de *Salioclita* n'est pas à la même distance de *Lutecia* que de *Genabum*, comme les nombres de l'Itinéraire paroissent le marquer. Un espace direct de 29500 toises étant égal à 26 lieues gauloises, le nombre de distance figuré xxiiii doit être défectueux; & le moyen de correction le plus simple dans ces chiffres est xxvii, en conservant une égalité de traits ou de jambages dans ce qui suit les dixaines. Si l'on a remarqué, qu'en évaluant la première des deux distances entre *Genabum* & *Lutecia*, le nombre xxiiii ne remplit pas complettement ce qu'il y a d'espace absolu entre Orléans & Saclas, il s'ensuit que le nombre xxvii est exigible entre Saclas & Lutece pour y suppléer, par une compensation qui a souvent lieu dans un cas pareil, & en appliquant des distances immédiates & qui se suivent dans les Itinéraires, aux positions actuelles. Les deux espaces mesurés entre les points de *Genabum* & de *Lutecia*, sçavoir 27900 d'une part, & 29500 de l'autre font en total 57400 toises. Or, cette somme de toises

Cccc

répond à 51 lieues gauloises, moins un tiers de cette lieue; & on ne sçauroit refuser un moindre excédent à la mesure itinéraire sur la directe. La première des deux distances qui composent ce total, étant en correspondance avec le nombre marqué XXIIII, il est clair que pour arriver à 51, il faut admettre XXVII dans l'espace ultérieur. Avant que la position de Saclas fût déterminée en rigueur, & lorsqu'on l'estimoit également écartée d'Orléans comme du centre de Paris, par égard pour les indications de l'Itinéraire; la faculté d'en juger par une analyse aussi sévère que celle qui précéde, n'étoit point donnée. Et si dans la Table Théodosienne il paroît un nombre XLVII resserré entre les noms de *Cenabo* & de *Luteci*, on ne sçauroit douter que ce nombre ne soit insuffisant, puisque l'Itinéraire, en n'y comptant que 48, ne remplit pas tout ce qu'il y a d'intervalle. On pourroit conjecturer, que ce qui paroît ainsi XLVII tient lieu de XXIIII, ou bien de XXVII, c'est-à-dire, de l'une ou de l'autre des deux distances particulières qui entrent dans cet intervalle. La disposition de la Table, par faute de place, ayant fait omettre *Salioclita*, c'est une raison pour que l'une de ces distances soit omise; puisque celle qui est exprimée ne conduit pas de *Genabum* à *Lutecia*. Et je ne vois point d'autre manière de s'expliquer sur une défectuosité de la Table qui n'est point équivoque.

50°, 26°.

SALISSO. Ce lieu est placé dans l'Itinéraire d'Antonin au passage d'une route qui conduit de Trèves à *Argentoratum*, en se rendant sur le bord du Rhin à *Bingium*; & cet Itinéraire marque de Trèves à *Baudobrica* XVIII, de *Baudobrica* à *Salisso* XXII, & de *Salisso* à *Bingium* XXIII. Le total de ces distances, qui est 63, ne convient point au local, parce que l'espace entre Trèves & Bingen ne s'estime que d'environ 45 lieues gauloises en droite-ligne, & ne sçauroit donner 63, au lieu de

NOTICE DE LA GAULE. 571

45. En examinant la route sur des cartes très-circonstanciées, je crois devoir m'arrêter à un lieu nommé Sultz-bach, dont la distance à partir de Bingen paroît assez convenable à l'indication de l'Itinéraire, en même tems qu'on reconnoît quelque analogie dans la dénomination. Le pays étant inégal & montueux entre Bingen & Sultz-bach, une distance de 20 lieues gauloises en droite-ligne, doit donner quelques lieues de plus en mesure itinéraire. Je ne connois donc rien de mieux à l'égard de *Salisso*, en le cherchant par le côté de Bingen. De Sultzbach à Trèves, ce qui reste d'espace n'étant que d'environ 25 lieues gauloises en droite-ligne, il faut en conclure que cette partie de la route est celle où l'excès d'indication dans l'Itinéraire se manifeste davantage. Vers la moitié de cette distance, un lieu nommé Berik, paroît conserver un reste du nom de *Baudobrica*, & j'entrevois que la mesure itinéraire, par la disposition du local, peut aller à 28 lieues gauloises entre Trèves & la position de *Salisso*. Au-reste, la Table Théodosienne fournit une route dans ce même espace de Trèves à Bingen, passant par *Noviomagus*, qui est Numagen sur la Moselle, par *Belginum*, & par *Domnus* ou *Dumnissus*. *Noviomagus* paroît s'écarter un peu sur la gauche de la direction qui tend plus précisément à *Baudobrica*, ou Berik. Mais, *Belginum* prenant la place de Baldenau, est sur la voie de *Baudobrica* à *Salisso* ou Sultzbach. *Dumnissus*, selon la description qu'en fait Ausone (*in Mosellâ*) est un canton de pays sauvage, plutôt qu'un lieu particulier, & qu'il faut traverser en se rendant de Trèves à Bingen. Une même route présente quelquefois des mansions différentes dans les Itinéraires.

50°, 25°.
SALMONE FLUV. Dans le poëme d'Ausone sur la Moselle : aujourd'hui Salme, que la Moselle reçoit sur sa rive gauche, un peu au-dessus de Numagen.

Ccccij

48°, 26°.

SALODURUM. L'Itinéraire d'Antonin & la Table Théodosienne sont d'accord à marquer x entre *Petinesca* & *Salodurum*, & xxII de *Salodurum* à *Augusta Rauracorum*. Ces distances conviennent au local, & à l'égard de la première, on peut voir ce qui en est dit dans l'article *Petinesca*. Quoiqu'on ne puisse estimer l'espace direct entre *Salodurum* & *Augusta* des *Rauraci* que d'environ 20 lieues gauloises, cependant les défilés que l'on nomme Cluse, & le passage des montagnes qui séparent le canton de Soleure de celui de Basle, allongent assez la mesure itinéraire pour juger qu'elle remplit l'indication de la distance. Le nom de *Salodurum* est bien conservé dans celui de Soloturn, qui est en usage chez les Alemans. Cluvier a pensé qu'un lieu cité par Ptolémée dans l'Helvétie sous le nom de *Ganodurum*, pouvoit être le même que *Salodurum*.

45°, 17°.

SALOMACUM. La situation qui convient à ce lieu sur une voie romaine que décrit l'Itinéraire d'Antonin entre *Aquæ Tarbellicæ*, ou Aqs, & Bourdeaux, est déterminée dans l'article *Cocosa*, auquel on peut recourir. Je me contenterai de répéter ici, que la position correspondante à *Salomacum*, conserve un reste de l'ancienne dénomination dans le nom de Sales.

43°, 21°.

Lib. II, cap. 5. **SALSULÆ.** On lit dans Méla : *Salsulæ fons, non dulcibus, sed salsioribus etiam quam marinæ sunt; aquis defluens*. Les fontaines qui sont près de Salses se distinguent encore par cette qualité. On trouve *Salsulæ* dans l'Itinéraire d'Antonin, sur la route qui conduit de Narbone au passage des Pyrénées. La distance qui est marquée xxx à l'égard de Narbone, peut avoir lieu, parce qu'un intervalle de plus de 21000 toises en droite-ligne de Narbone au bourg de Salses, situé sous le château de même nom, répondant à environ 28 milles romains, la

NOTICE DE LA GAULE.

mesure itinéraire par les détours de la route peut consumer environ 30 milles. Mais, il n'en est pas de même de l'indication de XLVIII entre *Salsulæ* & la station *ad Stabulum*, qui ne peut tenir lieu que de XXVIII, comme je l'observe dans l'article *ad Stabulum*, qui est le Boulou sur le Tec. Méla veut que la terre dans le voisinage de Salses soit portée par les eaux d'un étang, que l'on connoît entre Salses & Leucate, & tout près de la mer : *juxtà campus, minutâ arundine gracilique perviridis, cæterùm stagno subeunte suspensus*. M. de Valois remarque, qu'Aristote & Polybe sont du nombre des auteurs Grecs, dont Méla fait ensuite la critique, pour avoir prétendu que le poisson que l'on prenoit en cet endroit par des ouvertures faites dans la terre, *è terrâ penitùs oriri*. Selon l'usage des tems postérieurs, le nom de Salses est *Salsæ*, au lieu de *Salsulæ*. P. 499.

44°, 24°.

SALYES, *vel* SALLUVII. La première manière d'écrire ce nom paroît la plus usitée : l'autre est autorisée par les fastes des triomphes romains, qui portent que Fulvius-Flaccus triompha *de Liguribus, Vocontieis, & Salluvieis*. On lit *Salyes* dans Strabon, & dans Appien, *Salices* incorrectement dans Ptolémée, *Salluvii* dans les manuscrits de Pline. C'étoit une nation de *Ligyes*, ou de Liguriens, selon Strabon ; & ils étoient *Ligurum celeberrimi ultra Alpes*, selon l'expression de Pline. Ce fut le premier des peuples renfermés dans la Gaule, qui y attira les armes romaines : *prima trans Alpes arma nostra sensere Salyi*, dit Florus, sur les plaintes que Marseille porta contre eux. Leur puissance s'étendoit depuis le Rhône jusque près des Alpes, & jusqu'au rivage de la mer ; quoiqu'on voye plusieurs peuples de moindre considération placés dans une partie de cette étendue. Mais, le pays de plaine aux environs d'Aix paroît avoir été leur quartier principal.

Lib. IV, p. 283.
Lib. III, cap. 4.
Lib. III, cap. 2.

51°, 20°.

SAMARA FLUV. Quoiqu'il ne soit point fait mention expresse du nom de la Somme dans aucun monument romain dont j'aie connoissance, cependant le nom de *Samaro-briva* qu'Amiens a porté, & qui signifie pont de Somme, fait connoître que cette rivière s'appelloit *Samara*. C'est donc par une altération de ce nom qu'on trouve *Sumina* dans Grégoire de Tours, *Somena* dans Fortunat. On peut voir dans l'article *Frudis*, ou *Phrudis*, que la Somme à son embouchure est désignée sous ce nom par Ptolémée.

50°, 20°.

SAMAROBRIVA, *postea* **AMBIANI**. Il en est mention dans César, qui y tint les Etats de la Gaule; & *Samarobriva* est citée dans les lettres de Cicéron. Ptolémée a connu cette ville comme la principale des *Ambiani*. On la trouve dans l'Itinéraire d'Antonin, & dans la Table Théodosienne. Cette dénomination purement Celtique désigne un pont sur la Somme, qui n'est appellée *Samena*, au lieu de *Samara*, que dans les tems postérieurs. Le nom d'*Ambiani* a pris la place de *Samarobriva*; & dans la Notice des provinces de la Gaule, *civitas Ambianorum* est une de celles de la seconde Belgique. On lit dans Ammien-Marcellin, *Ambiani urbs inter alias (secundæ Belgicæ) eminens*. La Notice de l'Empire parle d'une fabrique d'armes en cette ville; *fabricæ Ambianensis Spatariæ & Scutariæ* ; & il est remarquable, par rapport à cette fabrique de boucliers, que la relation du martyre de S. Firmin, évêque d'Amiens, citée par M. de Valois, fait mention d'une porte de la ville sous le nom de *Clypeana*.

Lib. XV.

P. 539.

44°, 25°.

SAMBRACITANUS SINUS. L'Itinéraire maritime nous indique ce golfe, entre *Forum Julii* & la position d'une Héraclée surnommée *Caccabaria*, en procédant le long de la côte d'orient en occident; ce qui convient

NOTICE DE LA GAULE.

indubitablement au Golfe de Grimaud. On eſt inſtruit par des titres de l'égliſe de Fréjus, où le nom de ce golfe ſe lit *Gambracitanus*, qu'il fut inféodé vers l'an 900, par Guillaume I. comte de Provence, à un Grimaldi fils du ſeigneur de Monaco, comme on peut voir dans l'hiſtorien de Provence Honoré Bouche. Il faut recourir à l'article *Heraclea Caccabaria*, pour connoître le vice de l'Itinéraire, en ce qu'il ſépare le golfe dont il s'agit d'avec cette Héraclée par une diſtance particulière.

Lib. VIII, ſect. 8.

$48°, 26°$

SANCTIO. Ammien-Marcellin rapporte qu'un Officier romain fut tué près de ce lieu par les Alemans, qui ravageoient le pays voiſin de la Rhétie, ce qui engagea Julien à paſſer le Rhin. Rhenanus & Cluvier ont cru qu'il étoit queſtion de Sekingen, une des villes foreſtières.

$44°, 25°$

SANITIUM. Ptolémée nous donne la connoiſſance de cette ville. Mais, c'eſt en l'attribuant aux *Veſdiantii*, ou *Vediantii*; & il eſt difficile de croire, que ce peuple, qu'il établit en Italie, & dont la capitale *Cemenelium* eſt au-delà du Var, près de Nice, ſe ſoit étendu juſqu'à *Sanitium*, ou Senez, qui eſt fort en-deçà du Var, & des Alpes. Je ſuis étonné que M. de Valois n'ait point ſenti cette difficulté, en intitulant un article *Sanitium Veſdiantiorum*. Dans la Notice des provinces de la Gaule, *civitas Sanitienſium* eſt une des villes des Alpes maritimes. On a écrit depuis *Sanetium* & *Saneſium*, comme le remarque M. de Valois. Le peuple auquel cette ville pouvoit appartenir ne nous eſt point indiqué. Quelque reſſemblance dans la dénomination avec celle des *Sentii*, auxquels Ptolémée attribue *Dinia*, qui étoit aux *Bodiontici* ſelon Pline, pourroit ſervir de fondement à une conjecture. Il s'enſuivroit que Ptolémée ne ſe ſeroit pas écarté de l'emplacement des *Sentii*, vu la

P. 501.

proximité immédiate des territoires de *Dinia* & de *Sanitium*: & pour que l'erreur ne soit point grossière de sa part, il faut que les *Sentii* soient dans le voisinage de *Dinia*.

46°, 18°.

SANTONES. Comme on a varié sur la déclinaison de plusieurs noms propres, il ne faut point trouver extraordinaire de lire quelquefois *Santoni*, au lieu de *Santones*. Strabon parle exactement de l'emplacement des *Santones*, en disant qu'ils sont voisins de la Garonne, comme les *Pictones* de la Loire, & que la Garonne se rend dans la mer entre les *Santones* & les *Bituriges Iosci*, ou *Vivisci*. C'est en conformité de cet emplacement, que Pline nomme les *Santones*, auxquels il donne la qualité de *liberi*, entre les *Pictones* & les *Bituriges Ubisci*; & que dans Ptolémée, les *Santones* sont placés au midi des *Pictones*, & au nord des *Ubisci*. Quand on lit dans César, que les *Santones* ne sont pas éloignés *à Tolosatium finibus*, il ne faut pas en conclure, que leur territoire dût être plus voisin qu'il ne paroît de cette partie de la Province romaine où est Toulouse, en aggrandissant ce territoire au préjudice des peuples qui remplissent l'intervalle. Ce qu'on doit attribuer aux *Santones*, comme leur ayant appartenu au-delà des limites actuelles du diocèse de Saintes, c'est le pays d'Aunis, où il est constant par des titres qui concernent plusieurs positions renfermées dans ce pays, que les évêques de Saintes ont étendu leur jurisdiction spirituelle. Cette portion du diocèse de la Rochelle n'a été distraite de Saintes, que lorsqu'il a été question de transférer le siége épiscopal de Maillezais à la Rochelle. La bulle du pape Innocent X, qui est de l'an 1648, s'en explique en ces termes: *cui novæ sedi (Rupellensi) præter urbem Rupellam, priùs ad Santonensem diæcesim pertinentem, annectitur pagus Alnizensis, cum Reâ insulâ, quæ priùs regebatur ab episcopo Santonensi.* On ne disconvient pas

que

NOTICE DE LA GAULE. 577
que le diocèse de Maillezais ne fût dans ce qu'il contenoit avant cette translation, un démembrement du territoire des *Pictones*. Mais, l'exercice de la Justice en Aunis par les sénéchaux du Poitou, selon qu'il convenoit à des princes, sous lesquels l'Aunis étoit dans la mouvance du Poitou, ne détruit point ce qui est établi par le gouvernement ecclésiastique, auquel correspondent les anciennes cités de la Gaule. Ce que l'on peut estimer avec vraisemblance avoir fait également partie des *Santones*, c'est le diocèse d'Angoulême, qu'aucun peuple particulier qui soit bien connu ne revendique, quoiqu'on sçache qu'Angoulême étoit ville épiscopale dès le cinquième siècle. Car, les *Agesinates*, que Sanson y a placés sans en apporter de preuve, & qui étoient joints aux *Pictones*, comme on l'apprend de Pline, ont trouvé leur position avec plus de fondement dans la partie occidentale du Poitou. Et quand on considère la situation du diocèse d'Angoulême, & ce qu'il occupe de terrain, on voit qu'il étoit sous la main, pour ainsi dire, des *Santones*, & plus à leur portée que des *Pictones*.

46°, 17°.
SANTONUM PORTUS. Ptolémée décrivant la côte Aquitanique, en procédant du sud au nord, indique ce port, entre l'embouchure de la Garonne & celle du *Canentelus*, qui est la Charente. C'est faire violence à cette indication, la seule qui nous soit donnée sur cet objet, que d'en faire l'application avec Sanson, & plusieurs autres, à la Rochelle. Car, la Rochelle suit la Charente, au lieu de la précéder, & le port des *Santones* doit précéder la Charente dans l'ordre de Ptolémée. En jettant les yeux sur la Rochelle, par préférence à tout autre lieu, en considération de l'état actuel de cette ville, on ignoroit apparemment que ce n'étoit qu'une retraite de pêcheurs il y a environ sept cens ans. Mais, on auroit dû reconnoître le port des *Santones* dans l'em-

Dddd

bouchure de la Seudre, cette longue manche, qui pénètre dans les terres à la hauteur de Saintes précisément; & par laquelle la haute-mer en montant jusqu'à Saujon, n'est distante de la capitale des *Santones*, que d'environ quatre lieues de plaine fort unie. La Seudre par plusieurs émanations de son embouchure, a ouvert des débouchemens vers divers endroits de la côte, formant d'un côté l'isle d'Arvert, & celle d'Armotte, que la grande mer a couverte de dunes de sable; & de l'autre ayant quelque communication avec le chenal de Brouage, en renfermant Marennes. Je n'oublirai point que Ptolémée fait mention d'un promontoire des *Santones* à la suite du port, & entre ce port & l'entrée du *Canentelus* dans la mer. Mais, je remarque en même tems que plusieurs cartes qui ont été dressées sur Ptolémée sont contraires à cet ordre de position, en plaçant le promontoire entre la Garonne & le port, au lieu de le placer entre le port & la Charente. On ne sçauroit même disconvenir, que la disposition du local n'y soit conforme, la terre des *Santones* étant en plus grande saillie dans la mer de ce côté-là que de l'autre, & par une pointe opposée à celle d'Oleron resserrant le pertuis de Maumusson, qui donne entrée dans la Seudre. D'ailleurs, si par déférence pour la graduation de Ptolémée, on veut élever le promontoire de la quantité de latitude qu'il marque au-delà de celle du port, sçavoir d'un demi-degré; ce promontoire sortira des limites qui le renferment dans Ptolémée, & ne sera plus contenu entre le port & *Canentelus*: sa latitude dépassant la Rochelle, deviendra celle de l'entrée de la Sevre Niortoise. Ces considérations me laissant indécis sur le promontoire des *Santones*, j'ai cru devoir m'abstenir d'en inscrire le nom sur la carte.

46°, 24°.

SAPAUDIA. Ce nom ne paroît que dans les derniers tems de l'âge romain, & en premier lieu dans Ammien-

NOTICE DE LA GAULE.

Marcellin, qui a écrit vers la fin du quatrième siécle. Il dit, que le Rhône sortant du lac Léman, *per Sapaudiam fertur & Sequanos*. Il en est encore mention dans la Notice de l'Empire, où on lit: *in Galliâ Ripense, præfectus militum Barcariorum Ebruduni Sapaudiæ*, ce qui me paroît devoir se rapporter à Iverdun, situé à une des extrémités du lac de Neuchatel, comme je le remarque dans l'article *Ebrodunum*. La Notice ajoute, *tribunus cohortis primæ Flaviæ, Sapaudiæ Calarone*, ou plutôt, *Cularone*, qui est Grenoble. Ainsi, le nom de *Sapaudia* s'étendoit dans le pays des *Allobroges*, comme au nord du lac Léman dans celui des *Helvetii*. On trouve dans la chronique de Prosper Tyro, sous la vingtième année de Théodose le jeune depuis la mort d'Honorius (de l'Ere Chrétienne 443) que le pays appellé *Sabaudia* fut laissé aux Bourguignons, *Burgundionum reliquiis datur*. C'est d'une manière beaucoup plus resserrée qu'il n'est dit ci-dessus, que le nom de ce pays s'est conservé dans celui de *Saboia*, comme il est employé dans le partage des Etats de Charlemagne entre ses trois enfans, étant distingué même de la Maurienne & de la Tarentaise, d'où vient qu'actuellement on fait distinction dans la Savoie d'un canton, auquel ce nom de Savoie convient en particulier.

Lib. XV.

50°, 25°.

SARAVUS FLUV. L'Itinéraire d'Antonin & la Table Théodosienne font mention de cette rivière, en plaçant le *Pons Saravi*, sur la route de *Divodurum*, ou Metz, à *Argentoratum*, ou Strasbourg. Dans le poëme d'Ausone sur la Moselle, on trouve *naviger Saravus*. Le pays des environs de la Sare est appellé *Sarachouva* dans le partage fait en 870 des Etats du roi Lothaire entre ses oncles Louis le Germanique & Charles le Chauve.

43°, 21°.

SARDONES. On lit dans Méla: *indè (à Salsulæ* *Lib. II, cap. 5.*

fonte) *ora Sardonum, & parva flumina Telis & Tichis; colonia Ruscino, vicus Eliberis, &c.* Pline commence la description de la Narbonoise dans le détail, en partant du pied des Pyrénées, par dire : *in orâ regio Sardonum ; intusque Consuaranorum ; flumina Techum, Vernodubrum ; oppida Illiberis, Ruscino.* Festus-Avienus (*in Orâ maritimâ*) parlant de la rivière qui passe près de *Ruscino*, & qu'il appelle *amnis Roschinus*, appelle en même tems *Sordicenæ glebæ solum* le canton des environs, & *Sordicen* un étang, qui doit être celui de Salses, & dont l'issue dans la mer est aussi appellée *Sordus amnis.* Julien de Tolède, dans une expédition du roi Wamba, fait mention d'un château sous le nom de *Sordonium*, entre *Clausuras* & Narbone, & par *Clausuras* il faut entendre le col de Pertus dans les Pyrénées, défendu par le château de Bellegarde. Dans cette dénomination, qui est ainsi appliquée à différens objets, mais sans sortir d'un même canton de pays, on croit voir du rapport au nom des *Sardones*, qui occupoient ce territoire. Ptolémée, faute de connoître les *Sardones*, donne *Illiberis* & *Ruscino* aux *Tectosages*, qu'il paroît avoir fort aggrandis aux dépens de leurs voisins. Plusieurs sçavans veulent borner les *Sardones* aux terres voisines de la mer, & leur refuser de s'étendre en profondeur dans le pays. Ils se fondent sur l'expression de Pline, *intusque Consuaranorum*, parce qu'ils font de ces *Consuarani* un peuple différent des *Consoranni*, & qu'ainsi il faut leur ménager une place. Mais, cette distinction, qui peut être douteuse & hazardée, n'est pas une raison dont on puisse s'autoriser pour donner moins d'extension aux *Sardones.* Dans le pays voisin de la mer, ils devoient posséder *Illiberis*, de même que *Ruscino* : & quand *Illiberis* sous le nom d'Elne a eu des évêques, leur jurisdiction n'a point eu de bornes plus étroites que le Roussillon. C'est à cette seule observation qu'il faut s'en tenir ; quoiqu'on puisse présumer, que des monumens plus circonstanciés que ce qui nous reste, nous feroient connoître dans les différentes vallées que renferment les Pyrénées, des peuples de moindre considération, ou des communautés particulières, comme l'inscription du Trophée d'Auguste, & celle de Suse, nous en indiquent en grand nombre dans les Alpes.

50°, 26°.

SARMATÆ. On sera peut-être surpris de trouver ici des Sarmates, dont le pays partagé entre l'Europe & l'Asie, étoit si éloigné de la Gaule. Mais, Ausone, dans son poëme sur la Moselle, dit avoir vu des Sauromates, ou Sarmates, établis sur la route qu'il a faite en partant du voisinage du Rhin, & du passage de la rivière de *Nava*, pour se rendre sur la Moselle aux environs de Trèves : *Arvaque Sauromatum nuper metata colonis*. Le siècle d'Ausone, que l'empereur Gratien eut pour précepteur, étant compris dans l'âge Romain de la Gaule, cette mention des Sarmates est de notre sujet. Plusieurs empereurs ont cru qu'il étoit avantageux à l'Empire, de transporter & d'établir en divers cantons des provinces romaines, des troupes de barbares, dont la guerre les avoit rendu maîtres, & Ausone dans son panégyrique de Gratien, lui donne entre plusieurs titres celui de Sarmatique. La Notice de l'Empire fait mention des milices de Sarmates répandues en plusieurs endroits de la Gaule. Quoique l'opinion commune veuille, que le nom de Hunds-ruk, qu'on applique actuellement au canton de pays où nous trouvons des Sarmates, ne signifie autre chose que dos de chien ; on se croiroit mieux fondé à le dériver du nom des Huns, qui ont habité la Sarmatie, où l'on connoit dans l'antiquité une nation sous le nom de *Chuni*. En plusieurs passages d'Ausone & de Sidoine-Apollinaire, le nom des *Chuni* accompagne celui des Sauromates. Il y avoit des *Chuni* dans les armées romaines qui défendoient les Gaules, suivant ce vers de S. Paulin dans la vie de S. Martin :

Auxiliatores pateretur Gallia Chunos.

Il ne faut voir d'autre différence entre le nom de *Chuni* & celui des Huns que celle de l'ortographe, parce que l'aspirée dans le nom des Huns, répond à peu-près, selon l'ancienne prononciation des nations du nord, au χ des Grecs; d'où vient que chez les Francs nos ancêtres, *Hunimundus* & *Chunimundus*, *Hlotharius* & *Clotharius*, quoique écrits diversement, sont néanmoins les mêmes dénominations.

50°, 15°.

SARNIA INSULA. Elle est nommée dans l'Itinéraire maritime, entre les isles de l'Ocean qui baigne les côtes de la Gaule de même que celles de la Grande-Bretagne. On s'accorde à vouloir que ce soit Gernsei; & quoiqu'on lise *Sarmia* plus communément que *Sarnia*, cette dernière leçon semble mériter la préférence comme étant plus analogue au nom actuel, ce qui peut avoir engagé Sanson à l'employer dans ses cartes.

46°, 18°.

SARRUM. Ce lieu est placé dans la Table Théodosienne entre *Condate*, qui est Coignac, & *Vesunna*, ou Périgueux. Mais, il ne faut point dissimuler, que les distances, sçavoir, de *Condate* à *Sarrum* x, de *Sarrum* à *Vesunna* xx, ne conviennent point au local. Car, l'espace de Coignac à Périgueux s'étend à environ 51000 toises, ce qui surpasse considérablement la somme de 30 lieues gauloises, dont le calcul ne donne qu'environ 34000 toises. La direction de la voie en tendant de Coignac à Périgueux, fait trouver à peu-près à mi-chemin un lieu, dont le nom de Charmans a beaucoup d'analogie à la dénomination de *Sarrum*. Le trajet de la rivière de Lisone sur la trace de cette voie entre Charmans & Périgueux, se nomme le Pas vieux.

44°, 19°.

SARTALI. Dans la Table Théodosienne, entre Toulouse & *Lactora*, ou Leitoure, la distance de ce lieu est

NOTICE DE LA GAULE.

marquée XX à l'égard de Toulouse, XVI à l'égard de *Lactora*. Or, ce qui paroît d'espace actuel de Toulouse à Leitoure, sçavoir, 38 à 39000 toises, réduiroit le compte de la distance à 34 lieues gauloises, au lieu de 36 : & je remarque qu'environ 16000 toises qu'il y a de Leitoure à un bourg nommé Sarrant, sur la direction de la voie, & dont il ne résulte que XIV au lieu de XVI, semblent déterminer la position de *Sartali* à Sarrant, & opérer en même tems la réduction dont je viens de parler.

47°, 28°.

SARUNETES. Il n'en est mention que dans Pline; ce qui fait dire à Cellarius, *obscurius nomen*. Le Pere Hardouin soupçonne qu'il faudroit lire *Suanetes*, parce-qu'on trouve un peuple de ce nom dans l'inscription du Trophée des Alpes. Mais, il ne faut point d'autre leçon; & les *Sarunetes* ne sont pas aussi couverts d'obscurité que plusieurs autres nations qui ont été renfermées dans les Alpes. Sargans sur les confins de la Suisse & des Grisons, nous désigne les *Sarunetes*. Pline en les plaçant vers les sources du Rhin, *ortus Rheni amnis accolunt*, ne contredit point leur position à Sargans, comme dans le lieu principal, dont on connoît la situation au-dessus du lac de Constance, & peu au-dessous de l'endroit où se fait la jonction des deux branches qui forment le Rhin. Quoique Pline compte les *Sarunetes* entre les nations Rhétiques, plutôt que de les comprendre dans l'Helvétie, néanmoins la situation de ce lieu de Sargans en-deçà du Rhin par rapport à la Gaule, a paru vouloir qu'on les admît ici. L'examen du local m'a fait découvrir une circonstance bien propre à déterminer l'idée d'un chef-lieu, & à montrer en même tems l'extension du territoire des *Sarunetes* du côté de l'ancienne Helvétie, & au couchant du Rhin. C'est une suite de positions, dont la dénomination qui subsiste de Tertz, Quart, Quinten, indique manifestement des dif-

Lib. III, cap. 20.
Tom. I, p. 508.

tances, & j'obſerve que le compte de ces diſtances ne peut ſe rapporter qu'à l'emplacement de Sargans, ſur une direction de route qui paroît tendre vers Zurich. Je ne ſuis pas aſſez inſtruit pour décider quelle eſt préciſément la meſure itinéraire employée dans l'intervalle de ces lieux. On ne peut balancer qu'entre le mille romain & la lieue gauloiſe; & à en juger par les cartes, l'eſpace de la lieue y convient beaucoup mieux que celui du mille.

45°, 25°.

SAVINCATES. Dans l'inſcription de l'Arc de Suſe, qui fait le dénombrement des peuples ſoumis au gouvernement de Cotrius, le nom de *Savincatium* eſt placé à la ſuite d'*Adanatium*, qui paroît le même que celui d'*Edenates* dans l'inſcription du Trophée des Alpes, & dont l'emplacement eſt celui de *Sedena*, Seine, dans le dioceſe d'Embrun, ſur les confins de celui de Digne. Or, il ſemble que le nom de *Savincates*, ſubſiſte dans celui de Savines, près de la Durance au-deſſous d'Embrun : & cette poſition eſt propre à nous faire voir pourquoi le nom des *Savincates* dans l'inſcription ſe trouve voiſin de celui des *Adanates*. On trouve une extenſion du nom de Savines dans celui d'un vallon, qui eſt autrement appellé la Combe noire, ſur le côté droit du torrent de Vachères, reçu par la Durance un peu plus bas que vis-à-vis d'Embrun.

50°, 18°.

SAXONICUM LITTUS. La Notice de l'Empire fait mention de deux poſtes établis *in littore Saxonico*; ſçavoir, *Grannona*, ſous les ordres du général de l'*Armoricanus tractus*, & *Marci* dans le département de la ſeconde Belgique. Les côtes de la Gaule, & celles de la Grande-Bretagne qui regardent la Gaule, étoient également expoſées aux courſes des pirates Saxons. Eutrope, dont l'hiſtoire eſt adreſſée à l'empereur Valens, écrit, que ſous Dioclétien, Carauſius fut envoyé à Boulogne,

logne, & chargé de rendre la mer libre le long de la Belgique & de l'Armorique, que les Francs ainsi que les Saxons infestoient par leurs pirateries : *Carausium apud Bononiam, per tractum Belgicæ & Armoricæ pacandum mare accepisse, quod Franci & Saxones infestabant.* Les Saxons avoient même formé quelques établissemens dans les cantons du pays maritime, comme on peut voir à l'article *Grannona.*

51°, 22°.

SCALDIS FLUV. César parle de l'Escaut, & dit que cette rivière se rend dans la Meuse : *flumen Scaldim, qui influit in Mosam.* Pline termine la Belgique *ad Scaldim fluvium,* attribuant aux nations Germaniques tout ce qui est au-delà. Ptolémée paroît faire mention de l'Escaut sous le nom de *Tabuda,* comme on peut voir dans un article particulier de ce nom. Il ne peut y avoir d'incertitude & de discussion dans ce qui concerne cette rivière, qu'à l'égard de ses embouchures, par rapport aux changemens qui sont arrivés dans la Zée-lande. Je crois néanmoins qu'on peut regarder comme son issue naturelle & plus décidée, le bras que l'on nomme aujourd'hui Ooster-Scheld, ou Escaut oriental. Il rase le bord de l'ancien canton désigné par le nom de *Scaldia,* & sépare Schouwen, qui est ce canton, d'avec *Walachria,* ou Walkeren, & *Bevelandia.* On est suffisamment instruit que l'autre bras, sous le nom de Wester-Scheld, & autrement appellé le Hont, est originairement, & avant que la mer l'eut fort élargi, un canal creusé par l'empereur Othon I. dans le milieu du dixième siècle, d'où vient que ce canal est appellé *Fossa Othonis.* Je ne hasarderai point avec Menso-Alting, de supposer un troisième canal, en-deçà de celui qui n'a existé que par industrie, & moins encore d'en faire l'embouchure de la Meuse selon Ptolémée, & celle de l'Escaut selon Pline. En prenant pour fondement sur ce sujet des hauteurs données par les Tables de Pto-

Eeee

lémée, c'est ne pas prendre garde que les positions qui résultent de ces Tables n'ont aucune précision. Un simple coup-d'œil sur les cartes dressées d'après Ptolémée suffit pour en être convaincu, parce que le défaut des positions les plus connues doit fair ejuger de celles qui le sont moins. Ce qu'on fait ici difficulté d'adopter ne se soutient par aucune indice dans les plus anciennes représentations du pays, quoiqu'il y en ait une selon l'état des lieux sous Gui de Dampierre, comte de Flandre, mort en 1304, avant les accidens qui ont le plus contribué à apporter du changement au local. Je ne crois pas qu'on soit à portée d'alléguer rien de positif qui soit antérieur. Quant à la communication de l'Escaut avec la Meuse, pour satisfaire au témoignage de César, on peut croire que l'Escaut du côté de Tolen, ou sur la droite, détachoit un bras vers la Meuse. Il avoit paru important aux Romains d'établir un poste couvert d'un retranchement vis-à-vis de cette séparation du bras de l'Escaut. Car, l'angle de terrain, que son élévation au-dessus du niveau des eaux maintient isolé, au milieu de ce que la mer a couvert, se nomme Romers-wall, *Romanorum vallum*. Si l'on cherche la jonction de ce bras avec la Meuse, le nom de Geer-vliet, dont la signification est celle de confluent, & qui se trouve sur le bord du fleuve, directement vis-à-vis de Vlaerding, la plus distinguée des villes de la Hollande dans les siècles précédens, peut servir à indiquer cette jonction. J'y trouve plus de probabilité, qu'à rapporter le même Geer-vliet, selon l'opinion de Cluvier, au confluent du Wahal avec la Meuse. Une description très-énergique de la nature du pays voisin de l'embouchure de l'Escaut doit trouver place ici : je la tire du rhéteur Eumène, dans le panégyrique de Constance-Chlore :

Illa regio ... quam obliquis meatibus Scaldis interfluit, quamque divortio suo Rhenus amplectitur, penè, ut cum verbi periculo loquar, terra non est. Ita penitùs aquis im-

buta permaduit, ut non solùm, quâ manifestè palustris est, cedat ad nixum, & hauriat pressa vestigium, sed etiam ubi paulò videtur firmior, pedum pulsu tentata, quatiatur, & sentire se procul motu pondus testetur. Pour qu'on vît à l'inspection de la carte, comment les choses ont changé aux environs des bouches de l'Escaut, j'ai cru qu'il étoit à propos de figurer l'état actuel par le moyen d'une trace légère, qui se distingue suffisamment de l'idée qu'on peut se former d'un état antérieur sur le peu de connoissance qui en reste.

49°, 24°.

SCARPONA. Ce lieu est placé entre *Tullum* & *Divodurum* dans l'Itinéraire d'Antonin, & dans la Table Théodosienne. La distance est également marquée x entre *Tullum* & *Scarpona*. De *Scarpona* à *Divodurum* xii dans l'Itinéraire, xiiii dans la Table, & cette indication plus forte est préférable à la plus foible. Car l'espace actuel entre Toul & Metz, fixé par des opérations, s'étend à environ 28000 toises, ce qui est égal pour le moins à 24 lieues gauloises ; & il s'ensuit que ce qui paroît marqué xii dans l'Itinéraire tient lieu de xv, selon la plus grande apparence de méprise d'un nombre à l'autre. Il est aussi mention de *Scarpona* dans l'histoire, au sujet d'une victoire que Jovinus, général de la cavalerie, y remporta sur les Alemans l'an 366, comme Ammien-Marcellin & Zosime l'ont rapporté : & on lit dans l'ouvrage de Paul-Diacre sur les évêques de Metz, que *Scarpona* soutint un siége contre Attila. C'étoit un lieu assez considérable pour donner le nom de *pagus Scarponensis* au pays des environs. Aujourd'hui ce n'est qu'un village, qu'on nomme Charpagne, situé sur la Moselle, qui en changeant de cours a rangé ce lieu dans le diocèse de Metz, en le détachant du diocèse de Toul ; & eu égard à cette circonstance, il est remarquable dans la Table, que le trait servant à désigner la route qui tend de *Scarpona* à *Divodurum*, est coupé par un cours de rivière, dont le nom se lit *fluv. Musallas*. Le P. Benoît, dans l'histoire de Toul, rapporte une inscription, qui fait mention d'un *quartumvir viarum curandarum*, avec ces mots, *Scarp. civ. Leuc.* c'est-à-dire, *Scarponæ civitatis Leucorum*, à Scarpone, dans la cité (ou territoire) des *Leuci*.

45°, 25°.

Lib. IV, p. 179.
Lib. II, cap. 108.

SCINGOMAGUS. Strabon fixe la position de ce lieu entre *Brigantio* & *Ocelum*. Dans le texte de Pline, le P. Hardouin substitue *Scingomagum*, d'après Strabon, au nom qu'on y lisoit *Cincomagum* : & Pline place ce lieu, qu'il appelle *vicum*, au pied des Alpes, & comme étant situé à l'extrémité de l'Italie en partant de Rome. J'ai été dans l'opinion, en composant un ouvrage sur l'Italie, que *Scingomagus* pouvoit être l'une des portions de Sezane, que la Doria partage en deux, en même tems que l'autre convient au lieu nommé *Gesdao* dans l'Itinéraire de Bourdeaux à Jérusalem, *Gadao* dans la Table Théodosienne. Ces deux quartiers de Sézane m'ont été indiqués comme bien distincts & séparés, par une carte topographique & manuscrite du pays. Mais actuellement, & sans m'écarter beaucoup de cette position, je découvre dans une autre représentation du local, & encore plus circonstanciée de la vallée de Sézane, des vestiges de *Scingomagus* dans un lieu nommé Chamlat de Siguin, à l'entrée du col de Cestrières, qui de la vallée de Sézane conduit dans celle de Pra-gelas. On trouve plusieurs emplacemens distingués par le nom de Chamlat dans ce canton; & Siguin, qui est le nom propre & particulier de celui-ci, conserve beaucoup d'analogie avec l'ancienne dénomination de *Scingomagus*. A cette analogie se joint la situation la plus convenable entre *Brigantio*, ou Briançon, & *Ocelum*, qui est Uxea dans la vallée de Pragelas, comme cette position paroît démontrée dans un article sur *Ocelum*. La route directe, & la seule même que la nature ait ouverte, pour se rendre de Briançon à Uxeau & Fenestrelles, après avoir passé le mont Genèvre, est par le col mentionné ci-dessus ; & c'est précisément au pied de ce col que nous retrouvons *Scingomagus*, marqué par Strabon entre *Brigantio* & *Ocelum*. Honoré Bouche, historien de Provence, transporte *Scingomagus* à Suse : & on peut être étonné que le sçavant commentateur de Pline adhère à cette opinion, la reconnoissant pour être *ex verbis* (*Strabonis*) *& aliis idoneis argumentis, egregiè probatam*. Il falloit faire attention, que Pline connoît *Segusio* par le nom qui lui est propre, & distinctement de *Scingomagus*. Car, ce seroit gratuitement qu'on supposeroit que le même lieu a porté dans le même tems deux noms différens, quoique tirés du même idiome, le nom de *Segusio*, semblable à celui des *Segusiani* de la Gaule, n'étant pas moins celtique que le nom de *Scingomagus*.

Cliorog. liv. III, ch. 3.

Plin. in-fol. Tom. I, p. 133. Lib. III, cap. 17.

47°, 16°.

SECOR PORTUS. On n'en a point d'autre indication, que d'être marqué dans Ptolémée immédiatement en-deçà de l'embouchure de la Loire, en suivant la côte Aquitanique du sud au nord, & au-delà du fleuve *Canentelus*, ou de la Charente, & d'un promontoire distingué par le nom des *Pictones*. On ne sçauroit donc se flatter de pouvoir le désigner avec certitude : & si on jette les yeux sur le port des sables d'Olonne, c'est qu'il paroît le principal dans l'étendue de côte qui renferme l'indication de Ptolémée. On lit *Sicor* dans la version latine du texte grec de Ptolémée, & de même dans Marcien d'Héraclée.

47°, 26°.

SEDUNI. César en fait mention, nommant de suite, *Nantuates*, *Sedunos*, *Veragrosque*. On lit dans l'inscription du Trophée des Alpes, *Nantuates*, *Seduni*, *Veragri*. Leur ville capitale n'est connue que sous le nom du peuple, & dans le moyen-âge on a dit au nombre singulier *Sedunum*. Les François l'appellent Sion, les Alemans Sitten.

45°, 23°.

SEGALAUNI. M. de Valois emploie la dénomination de ce peuple sous cette forme, plutôt que comme on lit dans Pline *Segovellauni*. Il y rapporte la mention qui est faite du *Tractus Segolaunorum* dans la Notice de l'Empire ; & il veut que dans une lettre de Plancus à Ciceron, on lise *fratres Segalauni*, au lieu de *Segaviani*, parce qu'en effet Plancus commandoit une armée dans le canton de la Gaule où habitoient les *Segalauni*. Je pense néanmoins que cette manière d'écrire peut n'être que par contraction de *Sego-vellauni*. Ptolémée indiquant *Valentia* chez les *Segalauni*, entre Vienne des *Allobroges* & les *Tricastini*, ne laisse aucun doute sur l'emplacement de ce peuple.

49°, 23°.

SEGESSERA. Ce lieu est placé dans la Table Théodosienne entre *Corobilium* & *Andomatunum*, ou Langres ; & la distance est marquée également XXI de *Corobilium* à *Segessera*, & de *Segessera* à *Andomatunum*. J'expose dans l'article *Corobilium*, que la somme de ces deux distances ne remplit pas ce qu'il y a d'espace réel depuis la position du lieu où l'on distingue *Corobilium* dans le nom de Corbeil, jusqu'à Langres, en sorte que l'une des deux distances seroit plutôt XXV que XXI. Selon l'opinion des gens du pays, cette voie conduisoit à Bar-sur-Aube ; & entre Corbeil & cette ville la distance qui en droite-ligne est de 22 à 23000 toises, peut répondre en mesure itinéraire à 21 lieues gauloises, dont le calcul est rigoureusement de 22814 toises. C'est de quoi se concilier avec une des deux distances indiquées par la Table, & entre ces distances on pourroit arbitrer, que c'est sur celle de *Segessera* à *Andomatunum* que tombe le défaut de distance dont il vient d'être question.

NOTICE DE LA GAULE. 591

51°, 23°.

SEGNI. Il en est mention dans César, en même tems que des *Condrusi*, dont l'emplacement est bien connu par le nom que porte le Condroz dans l'évêché de Liége : *Segni, Condrusique, ex gente & numero Germanorum, qui sunt inter Eburones, Treverosque*. Le nom de Sinei, ou Signei, qui est celui d'une petite ville voisine du Condroz, sur la frontière du comté de Namur, a beaucoup d'analogie au nom de *Segni*. Sanson a cru pouvoir confondre les *Segni* avec les *Sunici*, dont il est parlé dans Tacite.

Comment. IV.

48°, 24°.

SEGOBODIUM. Dans la Table Théodosienne on trouve ce lieu sur la trace d'une route, qui conduit d'*Andomatunum*, ou de Langres, à *Vesontio*, Besançon. L'Itinéraire d'Antonin qui donne la même route, omet *Segobodium*. En partant de Besançon, la direction vers Langres fait rencontrer sur le bord de la Saône un lieu nommé Seveux, & M. Dunod m'a prévenu en y plaçant *Segobodium*. La distance indiquée XVIII dans la Table, s'accorde à une fraction de lieue près, à l'espace que donne le local d'environ 21000 toises : & quoiqu'il ne convienne pas d'affecter trop de délicatesse sur ce sujet, je crois néanmoins que l'excédent d'espace en cette partie tient lieu de quelque chose de moins dans l'intervalle de Langres à Seveux, sur quoi voyez l'article *Varcia*.

45°, 21°.

SEGODUNUM, *posteà* RUTENI. Ptolémée indique la capitale des *Ruteni* sous le nom de *Segodunum*. Dans la Table Théodosienne on trouve *Segodum* comme par abréviation, avec la position dont la plupart des capitales y sont représentées. Cette ville ayant ensuite été désignée par le nom du peuple, elle est appellée dans la Notice des provinces de la Gaule *civitas Rutenorum*, dans Grégoire de Tours *civitas Rutena* ; & de *Rodeni* ou *Rodenus* qu'on a dit postérieurement, est dérivé le nom actuel de Rodez. Mais, ce que deviennent les anciennes dénominations, par diverses manieres de les altérer, est remarquable dans le nom de *Ruteni*, duquel sont également sortis ceux de Rouergue & de Rodez, aussi dissemblables entre eux pour le moins que les noms de Berri & de Bourges, qui ont de même une source commune dans celui de *Bituriges*.

47°, 18°.

SEGORA. La Table Théodosienne donne la trace d'une route, qui de *Portus Namnetum* conduit à *Lemunum*, ou *Limonum*, qui est Poitiers, & la distance à l'égard de *Limonum* est marquée XXXIII. Or, en partant de la position de Poitiers, cette distance paroît aboutir à Bressuire. Car, ce qu'il y a d'espace en droite ligne de Poitiers à Bressuire est de 36 à 37000 toises; & la mesure itinéraire des 33 lieues gauloises, qui doit fournir un excédent sur celle de droite-ligne, est de 37400 toises. Bressuire se rencontre précisément dans la direction de Poitiers à Nantes, qu'il convient de reconnoître dans le *Portus Namnetum* de la Table: & je remarque un indice du passage de la voie romaine dans le nom de Breuil-Chaussé, que porte un lieu voisin de Bressuire. Mais, entre *Segora* & Nantes, l'indication de la Table n'est pas à beaucoup près suffisante, si le nombre qu'on y trouve est pris pour XVIII, selon qu'il paroît. L'intervalle étant de près de 47000 toises, ce qui passe 41 lieues gauloises, & même quelque chose de plus en mesure itinéraire; on ne peut rendre la Table conforme au local, qu'en supposant que ce qui paroît XVIII tient lieu de XLIII, par un moyen de correction aussi simple qu'il a été facile de se méprendre dans le chiffre romain.

45°, 17°.

SEGOSA. L'Itinéraire d'Antonin fait mention de ce lieu sur une voie qu'il décrit d'Aqs à Bourdeaux, par
le

NOTICE DE LA GAULE. 593

le chef-lieu des *Boii*, ou Cap de Busch : *ab Aquis Tar-bellicis Mosconnum* XVI : *Segosa* XII : *Losa* XII : *Boios* VII. Par la direction d'Aqs à Cap de Busch, on rencontre Escoussé, ou Escoursé, dont le nom conserve de l'analogie à celui de *Segosa*. Le lieu intermédiaire d'*Aquæ Tarbellicæ* à *Segosa*, sçavoir *Mosconnum*, ne m'est point connu. J'ajoute, que ce qu'il y a d'espace entre Aqs & Escoussé, ne remplit pas le compte de 28 lieues gauloises que donne l'Itinéraire, & ne peut se comparer qu'à environ 25 ; & pour ne compter en-effet que 25, il suffit de prendre pour XIII la première des deux distances, au lieu de XVI, ce qui est facile en chiffre romain. Je remarque le contraire dans l'espace de *Segosa* à *Boii*, parce que la route peut admettre 24 lieues gauloises, au lieu de 19 que fait compter l'Itinéraire ; & toutefois l'Itinéraire se trouvera conforme au local, en substituant XII à VII dans l'une des deux distances qui partagent cet intervalle, celle de *Losa* à *Boii*. On voit dans une carte de l'ancienne Gaule, qu'une collection vaste & respectable des matériaux de notre histoire demandoit moins fautive, que la route dont je viens de parler est tracée en partant de *Lapurdum*, nonobstant que *Lapurdum* ne paroisse dans aucun des anciens Itinéraires. Il paroît que sans consulter l'Itinéraire d'Antonin, on a copié Sanson, qui prenant *Lapurdum* pour *Aquæ Tarbellicæ*, a dirigé cette route en conséquence de la place qu'il donnoit à la capitale des *Tarbelli*, dont la position est toutefois celle d'Aqs, non pas celle de Baïone. Et puisque dans la carte dont je parle, on a jugé à propos de s'écarter de Sanson sur *Aquæ Tarbellicæ*, il ne convenoit plus de faire sortir de *Lapurdum* la voie romaine qui part d'un autre endroit dans l'Itinéraire.

46°, 22°.

SEGUSIANI. Ils sont les premiers au-delà du Rhône, en sortant de la Province romaine, selon César : *extra Provinciam, trans Rhodanum primi*. Strabon, qui

Commentar. I.

Ffff

les place entre le Rhône & le Doux, auroit dû nommer la Loire plutôt que le Doux, dont le cours est renfermé dans le territoire des *Sequani*. Les *Segusiani*, qui du tems de César étoient dans la dépendance des *Ædui*, *clientes*, sont qualifiés *liberi* dans Pline. Quoique leur territoire ne paroisse pas avoir été borné par la Saône, il y a lieu de croire qu'il n'avoit pas à la gauche du cours de cette rivière toute l'extension que prend le diocèse de Lion, comme on peut voir dans l'article qui concerne les *Sequani*.

46°, 25°.

SEGUSINI. C'est un ethnique dérivé de *Segusio*, & désignant le peuple qui occupoit le territoire de cette ville, & dont les limites du côté des *Taurini* sont indiqués dans les Itinéraires, & dans la Table Théodosienne, par un lieu nommé *Fines*, à 24 milles au-delà de *Segusio*, & 16 en-deçà d'*Augusta Taurinorum*, ou de Turin, selon les Itinéraires. La Table qui ne marque que 22 d'un côté, donne en compensation 18 de l'autre, & le compte revient au même dans le total. On trouve le nom de *Segusianorum* précédé d'un autre, sçavoir *Segoviorum*, dans l'inscription de l'Arc de Suse, ce qui a lieu de surprendre, en ce que *Segusio* étant le chef-lieu du domaine de Cottius, on pense que les *Segusini* doivent occuper la première place entre les peuples soumis à ce prince. C'est au-reste, l'unique endroit où il soit mention de ce nom de *Segovii*; & s'il y a eu des *Segovii* séparément des *Segusini*, on pourroit conjecturer, que situés plus haut dans les Alpes, en remontant jusqu'à l'*Alpis Cottia*, l'ordre de position les a fait nommer les premiers, & avant les *Segusini*. Quoi-qu'il en soit, l'incertitude sur ce sujet, autant que le défaut de place dans la carte, ne m'a pas permis d'y inscrire le nom de *Segovii*.

46°, 25°.

SEGUSIO. Il faut considérer cette ville comme la

résidence de Cottius. C'est à Suse qu'il subsiste un monument en forme d'Arc de triomphe, sur lequel sont inscrits les peuples qui obéissoient à Cottius du tems d'Auguste. Son tombeau se voyoit près de l'enceinte de cette ville, selon Ammien-Marcellin. Il paroît, à en juger par les noms des peuples, que le domaine de ce prince prenoit plus d'espace en Gaule qu'en Italie : & selon l'Itinéraire de Bourdeaux à Jérusalem, on n'entre en Italie qu'après être arrivé à Suse, marquant à la suite de *Segusio*, *indè incipit Italia*. Ces considérations m'ont engagé à comprendre ici *Segusio*, quoique situé au-delà des Alpes à l'égard de notre Gaule. L'orthographe varie dans la dénomination, à la tirer même des inscriptions. Entre celles que Spon a recueillies, on lit *ordo splendidiss. civitatis Secusiæ* ; & sur un marbre trouvé à Turin, & cité par Gruter, *gemio muncipI Segusini*. Cette qualité de municipe fait voir que Suse étoit devenue une ville romaine, & qu'elle se gouvernoit par ellemême, après la réunion de l'Etat de Cottius à l'Empire, qui fut faite sous Néron.

Lib. XV.

Miscell. p. 189.

P. 111.

45°, 24°.

SEGUSTERO. On en trouve la position dans l'Itinéraire d'Antonin, & dans la Table Théodosienne ; & les distances qui s'y rapportent sont discutées dans l'article des lieux qui sont immédiatement voisins de cette ville. Dans la Notice des provinces de la Gaule, *civitas Segesteriorum* est une de celle de la seconde Narbonoise. On a dit depuis *Segesterium*, & par contraction *Sistericum*. Du reste, à quel ancien peuple *Segustero*, ou Sisteron, pouvoit appartenir, c'est sur quoi on n'est point en état de prononcer.

49°, 13°.

SENA INSULA. Méla en fixe la situation vis-à-vis de la côte des *Osismii* : *Sena insula, in Britannico Oceano, Osismicis adversa littoribus* ; & cette situation se rapporte évidemment à l'isle de Sein, nommée par pure

Lib. III, cap. 6.

ignorance isle des Saints dans les cartes, & qui n'est séparée d'une pointe de la Bretagne dans le diocèse de Kimper, que par un canal d'environ 4000 toises. Dans l'Itinéraire maritime, il convient de détacher le nom de *Sena* d'avec celui d'*Uxantis*, & de ne point lire *Uxantissina* de suite & sans distinction, comme on lit dans plusieurs exemplaires. Pline paroît faire mention de la même isle, lorsqu'il cite à la suite des isles voisines de la Grande-Bretagne, *infra*, celle de *Siambis*, ou *Amnis*, selon plusieurs manuscrits, & *Axantos*, qui est évidemment *Uxantis*, ou Ouessant. *Sena* tiroit une distinction particulière dans l'antiquité, d'une communauté de prêtresses, du même nom que cette isle, & dont Méla parle en ces termes : *Gallici numinis oracula (Sena) insignis est; cujus antistites, perpetuâ virginitate sanctæ, numero novem esse traduntur : Galli Senas vocant*, &c. Il y a toute apparence que les femmes entousiastes dont parle Strabon, comme faisant leur séjour dans une petite isle de l'Océan, peu loin du continent, & qu'ils nomment *Samnitiques*, sont les mêmes que les prêtresses de *Sena*, quoiqu'il diffère du rapport de Méla en ce qu'il dit, que ces femmes passent dans le continent pour habiter avec leurs maris. Il a pu être moins bien informé que Méla sur la situation de cette isle, en la plaçant vis-à-vis de l'embouchure de la Loire. On ne sçauroit mettre de distinction entre le nom de Samnitiques rapporté par Strabon, & celui de *Samnis*, qui paroît dans Pline, & que l'on peut juger plus correct que les variantes d'*Amnis* & de *Siambis*. Ce nom de *Samnis* se confond d'ailleurs avec *Sena*, vû l'immédiateté de position de *Samnis* & d'*Axantos* dans Pline, comme on connoît la proximité de *Sena* à l'égard d'*Uxantis*. M. Freret a cru que le nom d'isle de Sein en bas-Breton est *Enes-Sizun* : mais, on peut voir dans l'article *Siata*, qu'à en juger par les titres, le nom de Sizun ne tombe point sur l'isle de Sein, étant propre à un

Ubi suprà.

Lib. IV, p. 198.

Mém. de l'Acad. Tome XXIV. p. 405.

NOTICE DE LA GAULE.

canton du continent, qui forme la pointe dont j'ai parlé ci-dessus vis-à-vis de cette isle.

49°, 21°.

SENONES. Entre les nations Celtiques, qui du tems que le premier des Tarquins régnoit à Rome, passerent les Alpes, pour occuper des terres en Italie, les *Senones* ont le glorieux avantage, que la défaite des Romains, & la prise de Rome par les Gaulois, leur sont attribuées en particulier. Florus, en les faisant partir *ab ultimis terrarum oris*, *& cingente omnia Oceano*, n'étoit point informé de la situation du pays que les *Senones* possédoient dans la Gaule; & ce qu'il pouvoit dire en général des nations Celtiques, ne convient point séparément aux *Senones*. Ils jouissoient d'une grande considération du tems de César : *est civitas*, dit-il, *in primis firma*, *& magnæ apud Gallos auctoritatis*. Pline & Ptolémée en font mention en décrivant la Lionoise. Leur territoire confinant d'un côté à la Belgique, conformément à ce qu'on lit dans César, *finitimi Belgis*, étoit très-étendu : le diocèse d'Auxerre s'y joignoit au diocèse de Sens. Il a résulté de cette distinction comme de la puissance des *Senones*, que lorsqu'une quatrième Lionoise a été formée, cette province a pris le nom de *Senonia*.

44°, 25°.

SENTII. Ils sont cités dans Ptolémée, en leur attribuant pour ville celle de *Dinia*, que Pline donne à un autre peuple sous le nom de *Bodiontici*, en quoi il paroît plus autorisé que Ptolémée, comme je le remarque dans l'article *Dinia*. Le territoire de Senez, limitrophe de celui de Digne, pourroit convenir aux *Sentii*, comme je le propose par conjecture dans l'article qui concerne *Sanitium*.

49°, 22°. & 50°, 18°.

SEQUANA FLUV. César parle de la Seine comme faisant avec la Marne la séparation des Celtes d'avec les

Belges. Strabon étoit mal informé sur l'origine de cette rivière, la faisant sortir des Alpes, & traverser les *Sequani*, dont le nom est semblable. Il parle plus convenablement de son embouchure, dans le voisinage des *Caleti* & des *Lexovii*. Ptolémée marque cette embouchure près des *Caleti*, de manière néanmoins à la faire croire plutôt au nord qu'au midi des *Caleti*, & ce qui est encore plus écarté du vrai, après avoir passé sur les confins des *Abrincatui*. Selon Ammien-Marcellin, la Seine unie à la Marne se rend dans la mer près de Coutances : *Matrona & Sequana, amnes magnitudinis geminæ, qui fluentes per Lugdunensem, post circumclusum ambitu insulari Parisiorum castellum, Luteciam nomine, consociatim meant, meantesque protinus propè castra Constantia funduntur in mare*. Avec tout le respect que l'on doit à l'antiquité, on ne peut s'empêcher de remarquer combien nous serions mal instruits, s'il s'agissoit d'un objet appartenant à quelque contrée dont le local nous fût moins connu : & cela doit donner à penser à quelques érudits, qui ne permettent point à la critique de déroger en aucun cas à ce qu'ils trouvent écrit dans les anciens, auxquels ils sont disposés de soumettre tout ce qui peut leur être contraire. La Seine a porté un autre nom, qui dans la Cosmographie d'Æthicus est *Geon*, ou *Geobonna* ; & M. de Valois rencontre heureusement dans un chroniqueur de S. Vandrille du neuvième siècle, un passage, où le même nom de *Gion* se rapporte à la Seine, dont le monastère de Fontenelles, ou de S. Vandrille, est peu écarté. Les monumens qui nous restent de l'âge Romain font connoître les rivières que reçoit la Seine sur la droite de son cours, la Marne, l'Oise, l'Aisne qui est reçue par l'Oise. Sur la gauche nous pouvons faire mention de l'Ionne d'après une inscription trouvée à Auxerre. Il y a des rivières assez considérables, dont les noms nous sont comme interdits, pour n'être point cités précisément dans l'espace

de tems qui met des bornes au sujet que nous traitons.
 48°, 24°.

SEQUANI. Cette cité, une des plus puissantes de la Gaule, ne se renfermoit pas autrefois dans les bornes actuelles du diocèse de Besançon. César en prolonge l'étendue jusqu'au Rhin, en disant que des trois parties de la Gaule, celle qu'occupent les Gaulois proprement dits, distingués des Belges & des Aquitains, est contigue au Rhin par les *Sequani*, comme par les *Helvetii* : *attingit à Sequanis & Helvetiis flumen Rhenum*. Il dit dans un autre endroit, que le Rhin dans son cours passe sur les confins des *Helvetii*, des *Sequani*, & autres peuples situés plus bas aux rives du même fleuve. On a des raisons pour conjecturer, que les *Rauraci*, dont César ne fait point ici mention, & plus resserrés de son tems que par la suite, ont occupé ces terres voisines du Rhin jusqu'aux limites des *Triboci* dans la haute Alsace. On ne voit point de changement marqué du côté du mont *Jura*, qui selon César, sépare les *Sequani* d'avec les *Helvetii*, non plus que du côté du *Vogesus*, qui fait également une séparation naturelle d'avec les *Leuci*. L'*Arar*, ou la Saône, descendant du nord au midi, a divisé les *Sequani* d'avec les *Lingones* & les *Ædui* : & il y a des preuves, que la partie des diocèses de Challon & de Mâcon qui s'étend au levant de la Saône, est un démembrement de l'ancien domaine des *Sequani*. Frédégaire parlant de la fondation du monastère de S. Marcel par Gontran, roi de Bourgogne, dit positivement, que quoique cette église soit *in suburbano Cabillonensi*, elle est néanmoins *Sequani territorii*. D'un autre côté, ce territoire des *Sequani* atteignoit le bord du Rhône dans l'endroit où ce fleuve passe au pied du mont Jura. On ne sçauroit en douter, puisque le passage des *Helvetii* du tems de César, par le sentier resserré entre la rive du Rhône & la montagne, étoit de la dépendance des *Sequani* : *per Sequanos (iter) angustum & difficile, inter montem Juram & flumen Rhodanum.* Mais, en reconnoiſſant que les *Sequani* s'étendoient ainſi juſqu'au Rhône, il ne faut pas croire que cette extenſion comprît ſans réſerve tout ce qui eſt ſur la même rive du Rhône en deſcendant juſqu'au confluent de la Saône. Il eſt vrai que l'évêché de Bellei reconnoiſſant pour métropole l'égliſe de Beſançon, favoriſeroit en partie cette extenſion. Mais, cet évêché de Bellei, qui ne repréſente point une cité de l'ancienne Gaule, & ſur lequel les *Allobroges* revendiquent ce qu'il tient au-delà du Rhône du côté de la Savoie, n'eſt pas ce qui peut détruire le témoignage de Céſar, que les *Allobroges* avoient des terres ſur ce même bord du Rhône où eſt Bellei. Le Val-Romei, ainſi que le diſtrict de Châtillon de Michaille au nord de Bellei, qui ſont reſtés au dioceſe de Genève, ſont un indice ſubſiſtant de cette ancienne poſſeſſion des *Allobroges*. En approchant enſuite de la Saône, non-ſeulement les *Seguſiani*, ſelon la marche de Céſar contre les *Helvetii*, devoient occuper du terrain au nord du Rhône courant en cette partie d'orient en occident; mais encore les *Ambarri*, clients des *Ædui*, avoient été pillés par les *Helvetii*, avant que ceux-ci euſſent traverſé la Saône. Le récit de Céſar y eſt formel. En faiſant voir ainſi que les limites des *Sequani* ne deſcendoient pas juſqu'à la jonction du Rhône & de la Saône, on eſt en même tems perſuadé que la juriſdiction ſpirituelle des archevêques de Lion s'eſt aggrandie en prenant ſur les *Sequani*. Pour n'avoir point de doute qu'elle ne ſorte des limites qui conviennent aux *Seguſiani*, dans le territoire deſquels la ville de Lion a été fondée, il ſuffit de voir comment ſon dioceſe empiéte aujourd'hui ſur le territoire des *Allobroges*, en s'étendant ſur la rive méridionale du Rhône. Il ſera permis de déroger aux limites des dioceſes, & au rapport qu'ils ont en général avec les anciennes cités de la Gaule, lorſque les changemens arrivés dans ces limites ſeront conſtatés par des faits particuliers.

46°,

NOTICE DE LA GAULE.

46°, 18°.

SERMANICOMAGUS. On voit dans la Table Théodosienne la trace d'une route, qui paroissant se détacher à *Aunedonacum* de celle qui conduit de *Mediolanum Santonum*, ou Saintes, à *Limonum*, ou Poitiers, tend à *Augustoritum*, ou Limoges. Le premier lieu sur cette branche de voie est *Sermanicomagus*, dont je crois reconnoître la dénomination dans celle de Chermez, qui se rencontre précisément sur la direction de la route, avant que d'arriver au passage de la Charente. La distance entre *Aunedonacum* & *Sermanicomagus* est omise dans la Table. Celle qui paroît marquée XIII, entre *Sermanicomagus* & la position qui suit sous le nom de *Cassinomagus*, paroît défectueuse, ne pouvant conduire jusqu'au lieu nommé Chassenon, où *Cassinomagus* trouve la place qui lui convient ; & ce que le local donne d'espace entre Chermez & Chassenon demande XXIII, au lieu de XIII.

44°, 22°.

SETIUS MONS. Strabon parle évidemment de cette montagne, quoique dans son texte le nom soit Σίγιον, pour Σίτιον, en disant que s'élevant sur le rivage, elle divise en deux parties le golfe qui est appellé dans l'antiquité *Sinus Gallicus*. C'est à la plus considérable de ces parties qui reçoit le Rhône, qu'il veut que ce nom soit attribué plus particulièrement ; l'autre partie, qui regarde Narbone, étant bornée au promontoire des Pyrénées. Dans Ptolémée, Σήτιον ὄρος est placé entre Agde & le canal de Marius, qui précède, selon lui, les bouches du Rhône. On trouve dans Festus-Avienus (*in Orâ maritimâ*) Setius indè mons tumet

Procerus arcem.

Et l'expression d'*arx* peut ne signifier que l'élévation de cette montagne, qui se distingue sur une plage fort basse aux environs. Dans un diplôme de l'empereur Louis-le-débonnaire, en faveur du monastère d'Aniane,

Lib. IV, p. 181.

Hist. de Lang. Tome I, preuves, col. 72.

& dont la date revient à l'an 837, la position de Sette est décrite en ces termes : *fiscum nostrum qui nuncupatur Sita, qui est inter mare & stagnum, & subjungit pago Agatensi.* L'usage semble avoir prévalu d'employer le C dans le nom de Cette. Bernard Gui, qui écrivoit vers l'an 1300, s'en sert en disant, *podium Cete, juxtà civitatem Agatensem vulgariter appellatur.*

50°, 21°.

SETUCI. On trouve ce lieu dans la Table Théodosienne, sur la route qui conduit de *Samarobriva*, ou d'Amiens, à *Augusta Suessionum*, Soissons ; & il y est placé entre *Samarobriva* & un lieu nommé *Rodium*. Quant à la distance, elle est également marquée x de *Samarobriva* à *Setuci*, & de *Setuci* à *Rodium*. La voie est encore existante, & très-directe, sous le nom de chaussée de Brunehaut. Il est vrai qu'on ne trouve point de lieu qui soit assis précisément au passage de la voie pour y rapporter la position de *Setuci*. Mais, après avoir pris la mesure qui convient à 10 lieues gauloises, en partant du centre d'Amiens, c'est-à-dire 11000 & 3 à 400 toises, on se trouve vis-à-vis d'un lieu nommé Cayeux ; & la même mesure de 10 lieues étant prise de la position qui convient à *Rodium*, en retournant vers Amiens, conduit au même point de la route par le travers de la position de Cayeux. Ainsi, quoique le lieu habité de Cayeux soit écarté du passage de la voie d'une lieue gauloise au moins, je me persuade qu'il répond au *Setuci* de la Table ; & le nom de ce lieu pourroit avoir été *Catuci*, par analogie à celui de Cayeux, plutôt que *Setuci*, selon la leçon de la Table, vu que la Table est souvent incorrecte sur les dénominations de lieu.

44°, 22°.

SEXTANTIO. C'est ainsi que ce nom doit être écrit, selon une inscription trouvée à Nîmes, & publiée par M. Ménard, où on lit SEXTANT. Théodulfe, évêque d'Orléans sous Louis-le Débonnaire, écrit pa-

Histoire de Nîmes, T. I. notes, p. 22.

reillement (*in parœnesi ad judices*) *Sextantio*. Dans l'Itinéraire d'Antonin le nom est *Sextatio*, dans celui de Bourdeaux à Jérusalem *Sostantio*, comme il est constant qu'on a dit depuis Souftantion. La destruction de Maguelone par Charle-Martel en 737, donna lieu de transférer le siége épiscopal à *Sextantio*, où il a subsisté 300 ans : & des seigneurs du pays depuis le dixième siècle se sont intitulés du même nom, avant que de prendre le titre de Melgueil, *Melgorii*, ou de Mauguio. La contrée est appellée *pagus Substantionensis* dans un diplôme de Charle-le Chauve. On connoît des vestiges de *Sextantio* à environ 3 milles au nord de Montpellier en déclinant vers le levant, sur le bord du Lez, & en situation élevée ; *podiis scabris cinctum*, selon Théodulfe. Je vois des sçavans fort indisposés contre les Itinéraires, sur ce que la distance de *Sextantio* à *Forum Domitii*, marquée xv dans celui d'Antonin, & dans la Table Théodosienne, n'est pas précisément la même dans l'Itinéraire de Jérusalem, étant marquée xvii. Mais, je vois aussi, que le principe de ce ressentiment vient de ce qu'on veut donner au *Forum Domitii* une position qui ne quadre point aux Itinéraires. Entre *Sextantio* & Nîmes, le compte de 30 milles est égal dans les deux Itinéraires, en passant par *Ambrussum*, ce qui convient au local, parce que l'intervalle en droite-ligne de *Sextantio* à Nîmes peut s'estimer de 22000 toises, & que le calcul rigoureux de la mesure itinéraire sur le pied de 22680 toises, ne diffère qu'autant qu'il convient à cette mesure de surpasser la ligne aérienne & directe.

Pr. de l'hist. de Lang. T. I. col. 95.

44°, 19°.

AD SEXTUM. Dans l'Itinéraire de Bourdeaux à Jérusalem, la distance à l'égard d'*Auscius*, ou d'Auch, est marquée L. vi, selon que la dénomination le prescrit, & en tendant vers Toulouse. Les 6 lieues gauloises conduisent au passage d'une rivière, dont je trouve le nom écrit diverfement, la Ratz, ou Arratz; & j'ai quelque indice que la trace de la voie romaine fubfifte, dirigée vers Gimond, aux confins des dioçèfes d'Auch & de Lombez.

48°, 15°.

SIATA INSULA. Il en eft mention dans l'Itinéraire maritime, entre les ifles de l'Océan qui baigne le rivage de la Gaule comme celui de la Grande-Bretagne. J'ai cru d'abord que cette dénomination pouvoit avoir quelque analogie avec le nom de *Seidzun*, que l'on trouve dans un titre de Landevenec, attribué au roi Gradlon : *infulam quæ vocata eft Seidzun*. Il y a dans l'extrémité occidentale de la Bretagne une langue de terre, qui ne paroît aujourd'hui qu'une prefqu'ifle, dont la pointe fe nomme le Bec du Raz; & cette terre eft appellée dans un titre de l'églife de Kimper, *pagus Cap-Zizun* : le lieu qui conferve le nom de Buzec-Cap-Sizun eft cité dans le même titre ; *in pago Cap-Sizun, in plebe quæ dicitur Buzoc*. Mais, ce qui me détache de cette opinion, c'eft que *Siata* dans l'Itinéraire vient à la fuite de *Vindilis*, de manière même que dans quelques imprimés de l'Itinéraire on lit *Vindiliffiata*, fans diftinction entre deux dénominations particulières. Or, *Vindilis* étant Bellifle, dont le nom eft *Guedel* dans les titres du moyen-âge, on ne peut appliquer plus convenablement *Siata*, qu'à l'ifle de Houat, dont le nom devroit peut-être fe lire *Huata*, plutôt que *Siata*.

44°, 17°.

SIBUTZATES. Ils font nommés dans le troifième livre des Commentaires, entre les peuples que l'expédition de Craffus dans l'Aquitaine réduifit à l'obéiffance. M. de Valois eftime que c'eft Sobuffe, fur l'Adour, entre Aqs & Baïone. Je m'explique dans l'article *Sibyllates*, fur ce qui doit empêcher de confondre ces *Sibyllates* nommés dans Pline, avec les *Sibutzates*, nonobftant qu'il paroiffe peu de différence dans la dénomination, & qu'il semble que quelques lettres sur lesquelles on pourroit accuser les copistes de s'être mépris, en fassent toute la distinction.

44°, 17°.

SIBYLLATES. Entre les nations Aquitaniques, que Pline cite en assez grand nombre, & dont il est difficile de trouver également toutes les positions, les *Sibyllates* paroissent conserver leur nom dans celui de *Vallis Subola*, qu'on lit dans Frédégaire, au sujet d'une expédition que firent les François sous Dagobert, pour réprimer les *Vascones* cantonnés dans les Pyrénées. Les seigneurs qui ont possédé cette vallée, sont appellés *Vicecomites Subolæ* dans les titres de l'abbaye de Sauvelade, du diocèse de Lescar. Selon Oihenart, ce nom dans la langue que parlent les Basques, désigne un pays couvert de bois & sauvage ; & par contraction on a dit *Sola*. Les *Sibyllates* étant ainsi renfermés dans les Pyrénées, je pense que c'est une raison de ne les point confondre avec les *Sibutzates*, qui sont nommés dans César entre les peuples qui se soumirent à Crassus son lieutenant, parce que ces peuples sont distingués de quelques autres, qui par leur éloignement, & par la difficulté de la saison, se crurent dispensés d'en venir-là : *paucæ ultimæ nationes, anni tempore confisæ, quod hiems suberat, id facere neglexerunt*. Or, ceux de la vallée de Soule pouvoient tirer cet avantage de leur situation, qui est resserrée entre la basse Navarre & la haute partie du Béarn.

Lib. IV, cap. 19.

Cap. 78.

Not. Vascon. p. 402.

Comment. ....

48°, 22°.

SIDOLOCUM. Ammien-Marcellin en fait mention au sujet d'une marche de Julien, partant d'Autun, & arrivant à Troies par Auxerre, sur quoi on peut voir l'article *Chora*. Cette route est marquée dans l'Itinéraire d'Antonin, & dans la Table Théodosienne. L'Itinéraire donne ainsi la distance à l'égard d'Autun : *M. P.* XXVII, *leugas* XVIII, ce qui est conforme à la proportion qui distingue le mille & la lieue. Le même nombre de lieues, sçavoir xviii, se voit dans la Table à la suite du nom de *Sidolocum*. Or, je remarque, que quoique l'espace, en ligne directe, de Saulieu, qui est *Sidolocum*, à Autun, ne soit que d'environ 19000 toises, qui ne renferment que 16 à 17 lieues gauloises; cependant la mesure itinéraire, par les circonstances locales qui font circuler la route, passe 20000 toises, & remplit le compte des 18 lieues, dont le calcul fournit 20400 toises. Quant à la distance, qui en suivant la même route, conduit de Saulieu à Avalon, voyez l'article *Aballo*. On lit dans le martyrologe attribué à S. Jérôme, au sujet de S. Andoche & de S. Thyrse; *in Augustodunensium vico Sidoloco.*

45°; 17°.

SIGMANUS FLUV. Ptolémée indique l'embouchure de cette rivière entre l'Adour & la Garonne. Dans la version latine le nom est *Igmanus*, dans Marcien d'Héraclée *Signatius*. Si l'on s'attache à ce qu'il y a de plus remarquable en cet intervalle, cette bouche doit désigner l'entrée du bassin d'Arcachon, sans que la distance de deux tiers de degré qu'on trouve dans Ptolémée entre l'embouchure & le promontoire *Curianum*, qui ne sçauroit être que le cap Ferret, par lequel l'entrée d'Arcachon est resserrée, y mette un empêchement dirimant. Car, on doit être prévenu que ces positions de Ptolémée ne sont pas en général d'une grande précision vis-à-vis du local; & un intervalle de 500 stades dans le périple de Marcien, n'y ajoute point d'autorité. Le Boucau de Mimisan, qui est à environ un demi degré au sud du cap Ferret, seroit plus convenable à cet écart que met Ptolémée entre *Sigmani ostia* & le *Curianum promontorium*. Mais, le Boucau de Mimisan seroit-il un objet qui méritât d'être distingué sur ce rivage, pour parvenir à la connoissance de Ptolémée, préférablement au bassin d'Arcachon ? La délicatesse de

NOTICE DE LA GAULE. 607

ceux qui argumentent fur les pofitions de Ptolémée, pour en faire rigidement le fondement de leurs opinions fur la fituation des lieux, oblige d'entrer dans cette difcuffion, dont on fe croiroit bien difpenfé fans cette raifon. En lifant dans Ptolémée *Bigmanus*, au lieu de *Sigmanus*, on pourroit y trouver du rapport avec le nom de Biganos, que porte un lieu fitué près de l'entrée de la rivière de Leire dans le baffin d'Arcachon.

45°, 21°.

AD SILANUM. Ce lieu eft marqué dans la Table Théodofienne entre *Segodunum*, ou Rodez, & *Anderitum*, capitale des *Gabali*. La diftance à l'égard de *Segodunum* eft indiqué xxIIII, à l'égard d'*Anderitum* XVIII. On ne peut former que des conjectures fur ce lieu, dont la dénomination femble défigner un fimple *diverforium*. Il me paroît très-convenable de le chercher aux confins du territoire des *Ruteni*, du côté des *Gabali*, vu la difpofition du local : & je remarque un lieu du Gevaudan en cette pofition dans la carte du Languedoc de Cavalier, fous le nom d'Eftables, *Stabula*, qui ayant été donné à divers lieux, notamment dans la Gaule, fur les grandes voies romaines, en indique précifément le paffage. L'indication des diftances n'y répugne pas, moyennant que l'on confidère, que dans un pays inégal & montueux, furtout dans ce qui eft du Gevaudan pour arriver à *Anderitum*, la mefure itinéraire doit être fenfiblement plus forte que l'efpace mefuré en droite-ligne.

50°, 21°.

SILVANECTES. Le nom de ce peuple ne fe lit correctement que dans la Notice des provinces de la Gaule, où leur capitale comprife dans la feconde Belgique, eft appellée *civitas Silvanectum* ; & dans la Notice de l'Empire, où l'on trouve *Silvanectas Belgicæ fecundæ*, en défignant la ville capitale du peuple, plutôt que le peuple même, felon l'ufage établi dans le tems qui convient à l'une & à l'autre de ces Notices. Je ne doute point qu'il ne faille rapporter aux *Silvanectes*, les Συμάνεκτοι, ou Συβάνεκτοι, qui dans quelques manuscrits de Ptolémée remplissent une lacune de quelques autres exemplaires, & dont le nom dans le texte latin est pareillement *Subanecti*. Celui de leur capitale, qui paroît être *Ratomagus* dans Ptolémée, nous est connu par l'Itinéraire d'Antonin, & par la Table Théodosienne, comme étant *Augustomagus*. On ne peut non plus faire une autre application du nom qui a été lu *Ulmanetes* dans les manuscrits de Pline, & qui dans l'édition d'Hermolaüs est *Ulbanectes*, compris dans le nombre des peuples de la Belgique. L'épithète de *liberi*, que Pline y joint, pourroit faire croire que les *Silvanectes* avoient été détachés de quelque autre cité plus ancienne & plus considérable ; & en ce cas il seroit vraisemblable, que ce fut un détachement de celle des *Bellovaci*, nation que l'on sçait avoir été puissante, & qui étoit à portée d'occuper le diocèse de Senlis, limitrophe de celui de Beauvais. Cette qualification de *liberi* ne s'entendroit pas de même de plusieurs autres peuples, comme des *Nervii*, des *Suessiones*, auxquels Pline l'attribue également, puisqu'ils jouissoient de l'indépendance avant l'établissement de la domination romaine dans la Gaule. On ne peut s'empêcher de remarquer, quoi qu'en dise M. de Valois, que la situation des environs de Senlis, presque enveloppés de tous côtés par de grandes forêts, n'ait un rapport singulier avec le nom de *Silvanectes* ou de *Silvanecti*.

44°, 23°.

Lib. XV.   SINUS AD GRADUS. Ammien-Marcellin parlant de l'entrée du Rhône dans la mer, s'explique ainsi : *spumeus Gallico mari concorporatur, per patulum sinum, quem vocant ad Gradus, ab Arelate octavo-decimo fermè lapide disparatum*. Les bouches du Rhône ont été appellées *Gradus*, & on les désigne encore par le terme de Gras. Mais, on ne sçauroit adopter la distance entre

Arles

NOTICE DE LA GAULE.

Arles & ces bouches, en la bornant à 18 milles ; & il conviendroit mieux de trouver dans Ammien, *octavo & vigesimo*, qu'*octavo decimo*. Que l'on ne hazarde point pour autoriser une faute qui est évidente, de s'en prendre à quelque grand changement dans le local. L'Itinéraire maritime témoigne que la distance est trop courte, en marquant 30 milles depuis l'entrée du Rhône jusqu'à Arles, comme il convient au local en remontant le Rhône : *à Gradu, per fluvium Rhodanum, Arelatum*, M. P. xxx.

48°, 17°.

SIPIA. La Table Théodosienne nous l'indique sur une route de *Condate*, ou de Rennes, à *Juliomagus*, qui est Angers. La distance marquée XVI entre *Condate* & *Sipia*, conduit au passage d'une petite rivière, nommée Seche, à l'endroit qui est appellé Vi-seche, ce qui désigne précisément le trajet, *vadum*, de cette rivière. De-là à un autre lieu nommé *Combaristum*, la même distance répétée dans la Table, convient à la position du lieu qui se nomme Combrée, en suivant la direction de la voie vers Angers. Voyez l'article *Combaristum*.

45°, 18°.

SIRIO. Les deux Itinéraires, & la Table Théodosienne se réunissent, pour nous donner connoissance de ce lieu. Dans l'Itinéraire d'Antonin & dans la Table, c'est sur une route qui conduit de Bourdeaux à Agen ; & la distance que l'Itinéraire marque XV, se trouvera plus correcte que dans la Table, où l'on ne trouve que X. On compte 16 dans l'Itinéraire de Bourdeaux à Jérusalem en deux distances ; *Stomatas* VII ; *Sirione* VIIII ; & de ce lieu la route que donne cet Itinéraire conduit à Bazas. Je trouve environ 17500 toises entre le point de Bourdeaux & le pont de Siron, près de l'embouchure d'une petite rivière de ce nom dans la Garonne. Or, le calcul de 15 lieues gauloises, selon l'évaluation de cette lieue à 1134 toises, est de 17010 toises ; & en comptant 16 lieues, le calcul monte à 18144. Le milieu est 17577.

47°, 22°.

SITILLIA. On trouve un lieu de ce nom dans la Table Théodosienne, entre *Aquæ Bormonis* & un autre lieu nommé *Pocrinium*. La distance est marquée XVI à l'égard d'*Aquæ Bormonis*, XIIII à l'égard de *Pocrinium* : & en-effet, ce qu'il y a d'intervalle entre Bourbon-l'Archembaut, & le lieu qui représente *Pocrinium* sous le nom de Perrigni, paroît convenable à la mesure itinéraire des 30 lieues gauloises que donnent ces indications, comme on peut voir dans l'article *Aquæ Bormonis*. Or, je crois reconnoître le nom de *Sitillia* dans celui de Tiel, & le passage de la route dans un lieu voisin nommé *le Passage*. Je soupçonne seulement par rapport aux nombres de la Table, que cette position n'est peut-être pas à une lieue près conforme à ces nombres, en s'éloignant de Bourbon pour s'approcher de Perrigni. Mais, c'est une de ces compensations qui résultent quelquefois de l'examen scrupuleux du local, rélativement à des positions sur lesquelles on ne forme d'ailleurs aucun doute : & j'abandonne volontiers ce qui est dit de *Sitillia* dans les Eclaircissemens sur l'ancienne Gaule, p. 418.

49°, 24°.

SOLIMARIACA. Ce lieu est placé dans l'Itinéraire d'Antonin sur la route d'*Andomatunum*, ou de Langres, à *Tullum Leucorum*, Toul, entre *Mosa* & *Tullum*. Distance à l'égard de *Mosa* XVI, à l'égard de *Tullum* XV. Ces deux distances en lieues gauloises fournissent un calcul de 35150 toises, ce qui convient à ce qu'il y a d'espace entre la position de *Mosa*, qui est Meuvi, & Toul. Car, cet espace fixé par des opérations sur les lieux passe 35000 toises. La position de *Solimariaca* se place dans le milieu de l'intervalle, un peu plus près néanmoins de Toul que de Meuvi, par convenance avec

NOTICE DE LA GAULE.

l'Itinéraire ; & le nom du lieu, qui est Souloffe, conserve quelque analogie avec l'ancienne dénomination. La trace de la voie romaine se fait encore remarquer en plusieurs endroits par son élévation, & en-deçà de Souloufe comme au-delà en tendant vers Toul.

43°, 21°.
SORDICEN STAGNUM. Dans Festus-Avienus (*in Orâ maritimâ*) on lit *Fordicen*. Mais, Isaac Vossius croit qu'il convient de lire *Sordicen*, & Hudson y est conforme dans l'édition des *Geographi minores*. Ce qui favorise cette leçon, c'est de voir que dans Avienus, l'issue de cet étang est appellée *Sordus amnis*, & que le *Sordicenæ glebæ solum*, selon les termes d'Avienus, renferme l'étang même. D'ailleurs, ce que désigne ainsi Avienus ne pouvant se rapporter qu'à l'étang de Leucate, comme venant immédiatement à la suite du fleuve *Roschinus*, ou *Ruscino*, qui est la Tet ; quand on considere que cet étang ne reçoit point de rivière, on voit que son débouchement dans la mer, auquel le terme d'*amnis* est assez impropre, ne peut avoir le nom de *Sordus* que par relation à l'étang même, qui doit ainsi être nommé *Sordicen*.

44°, 20°.
SOSTOMAGUS. Dans l'Itinéraire de Bourdeaux à Jérusalem, entre Touloufe & Carcassone ; à 38 milles de Touloufe, & 24 de Carcassone.

45°, 18°.
SOTIATES, & SOTIATUM OPPIDUM. Il est mention de ce peuple de l'Aquitaine dans le troisième livre des Commentaires, & de leur ville, qui fut assiégée par Crassus, que César avoit chargé d'une expédition dans cette partie de la Gaule. Fulvius-Ursinus a remarqué que la leçon des manuscrits étoit *Sotiates*, au lieu de *Sontiates* selon plusieurs éditions. On lit *Sottiates* dans Pline ; & Casaubon dans ses notes sur Athénée, témoigne que quelques manuscrits de César y

Notis in Comment. III.

Lib. VI, cap. 13.

font conformes. Nicolas de Damas, cité par Athénée, faifoit mention des *Sotiani* dans l'Aquitaine. Je ne fçaurois être d'une autre opinion que celle qu'ont embraffée deux fçavans hommes, Oihenart, & M. de Valois, qui rapportent les *Sotiates* au diftrict de Sos. La ville qui porte ce nom conferve quelque diftinction, comme étant le chef-lieu d'un archidiaconé du diocèfe d'Auch, dans lequel plufieurs peuples particuliers de l'ancienne Aquitaine font aujourd'hui confondus, ainfi que le territoire d'Eaufe, ou des *Elufates*, le fait connoître. Dans les écrits du moyen-âge, le nom de Sos eft *Sotia* ou *Sotium*, & ainfi très-analogue à celui des *Sotiates*. Cependant M. Lancelot a voulu les placer ailleurs, par la manière dont il conduit Craffus dans fon expédition, & en fuppofant que le pays de Foix, dans le canton le plus reculé vers les Pyrénées, a renfermé les *Sotiates*. Mais, on a peine à concilier une pareille pofition avec ce qu'on lit dans Céfar ; fçavoir, que Craffus, ayant fon quartier d'hiver dans l'Anjou, *in Andibus proximus Oceanum*, reçut ordre de fon général de fe rendre dans l'Aquitaine, pour que les cités gauloifes confédérées avec celle de Vennes, ne fuffent point fecourues par cette partie de la Gaule. Les renforts que Craffus tira de la Province romaine pour groffir le corps qu'il commandoit, ont dû le joindre dans fa route ; *auxiliis, equitatu, viris fortibus, Tolofâ, Carcafone, Narbone, evocatis* ; ce font les termes de Céfar, & celui d'*evocare* ne veut pas dire aller chercher, mais appeller à foi. Le Poitou, la Saintonge, ayant dans ces circonftances pris le parti de la tranquillité & de la foumiffion, *Pictonibus & Santonibus pacatis regionibus*, dit Céfar ; c'étoit la route que tenoit Craffus, fans obftacle & fans retardement, pour fe rendre dans l'Aquitaine ; & on ne voit point ce qui eût pu l'obliger, pour y arriver, de laiffer ce même pays derrière lui, en prolongeant fa mar-

Tome V. des Mém. de l'Acad. des Belles-lettr. p. 290.

NOTICE DE LA GAULE. 613
che jufqu'au pied des Pyrénées. Il eft bien plus vraifemblable, que Craffus ayant dû en fortant de la Saintonge, entamer l'Aquitaine par le côté feptentrional;
les *Sotiates* qui fe font préfentés les premiers, foient réputés convenir à la pofition de Sos, qui n'eft qu'à 7 ou 8
lieues au midi de la Garonne. J'ai des indices de la trace
d'une voie romaine très-directe, entre Sos & la Ciutat
d'Eaufe, ou *Elufa*; & je fuis comme perfuadé, que
cette voie fait une partie de la route que décrit l'Itinéraire de Bourdeaux à Jérufalem, entre *Vafatæ* &
Elufa. La diftance de Sos à Eaufe, que j'ai lieu d'eftimer de 9 à 10000 toifes, convient, à une fraction de
lieue près, au calcul de VIII lieues gauloifes, fçavoir
9072 toifes : & c'eft l'indication de l'Itinéraire entre
Elufa & un lieu dont le nom fe lit *Scittium*. Or, cette
convenance eft une raifon de croire, que comme on
connoît plus d'un nom peu correctement écrit dans cet
Itinéraire, *Scittium* y tient la place de *Sotium*, felon que
le nom de Sos s'eft confervé dans quelques titres d'un
tems poftérieur. Un O mal fermé a pu donner lieu d'en
faire les deux lettres CI, & d'écrire *Scitium* pour *Sotium*. Sos eft fur la Gélife, & dans une pofition moins
écartée de la direction d'Eaufe à Bazas, qu'il ne paroît
dans la carte méridionale de la Guienne par M. De-
lifle. Car, Eaufe eft le fommet d'un angle obtus, formé par les rayons qui tendent à Auch d'un côté, &
à Sos de l'autre, plutôt qu'un angle moins ouvert que
de 90 degrés. On doit fentir que je fuis obligé de faire
cette obfervation, qui prévient l'objection qu'on pourroit faire d'un trop grand détour dans la route de *Vafatæ* à *Elufa*, en fe fondant fur la carte que je viens
de citer. J'ajoute, que l'Itinéraire faifant compter 21
lieues gauloifes entre *Vafatæ* & *Sotium*, c'eft en effet
ce qui paroît convenir entre Sos & Bazas.

46°, 25°.

STABATIO. On trouve ce lieu dans la Table Théodosienne, sur une route qui de Vienne passant à *Cularo*, ou Grenoble, se rend à l'*Alpis Cottia*, ou au mont Genèvre ; & *Stabatio* est placé entre un lieu nommé *Durotincum*, & *Alpis Cottia*. On peut recourir à l'article *Catorissium*, pour connoître qu'en comparant les circonstances que donne la Table sur cette route avec le local, on y rencontre de la difficulté. Mais, comme le col du Lautaret est l'unique passage qui soit ouvert à cette voie, pour descendre à Briançon par la vallée du Monestier ; on se tient pour assuré, que la voie n'arrive point au mont Genèvre sans passer par Briançon, quoique la ligne tracée dans la Table paroisse conduite à l'*Alpis Cottia* directement. L'indication de distance, qui est VIII à la suite de *Stabatio* selon la Table, est même ce qui convient à peu de chose près entre le Monestier & Briançon ; & cela me persuade, que la position de *Stabatio* veut être placée au Monestier. Quant à la distance à l'égard de *Durotincum*, qui précède *Stabatio* dans le cours de la route, il faut être prévenu que l'emplacement de *Durotincum* prend celui de Villars d'Arenes, séparé de la vallée du Monestier par le col du Lautaret ; & cette distance peut s'estimer d'environ 12 milles, selon la grande carte des Alpes, levée par ordre du Roi dans le plus grand détail. Si la Table paroît marquer VII, au lieu de XII, c'est vraisemblablement par une méprise dans le chifre romain d'un V, pour un X.

48°, 26°.

STABULA. Dans l'Itinéraire d'Antonin la distance est marquée VI à l'égard de *Cambes*, XVIII d'*Argentovaria*. En partant du lieu le plus voisin, qui est Kembs, la mesure de 6 lieues gauloises se termine entre Otmars-heim & Bantz-heim, où Rhenanus dit qu'on trouve des vestiges d'antiquité, *ad publicam illam in campis viam, quam altam vocant*.

Rer. German.
lib. III.

43°, 21°.

AD STABULUM. Il eſt placé dans l'Itinéraire d'Antonin, entre *Salſulæ* & le *ſummus Pyrenæus*, c'eſt-à-dire Salſes, & le paſſage des Pyrénées à Bellegarde. Ce lieu conſerve ſon nom dans celui du Boulou, ſur la gauche du Tech, au-delà duquel la route eſt encore actuellement celle qui conduit à Bellegarde. Mais, les nombres de l'Itinéraire, XLVIII à l'égard de *Salſulæ*, & XVI à l'égard du *ſummus Pyrenæus*, ſont manifeſtement fautifs par un grand excès. Car, ſi l'Itinéraire & la Table ſont d'accord à marquer V ſur la même route, depuis le lieu nommé *Centuriones*, ou *ad Centenarium*, le *Stabulum* au Boulou n'en eſt guère plus éloigné que d'environ un mille: d'où il ſuit, que le chiffre romain X eſt de trop dans l'indication ſur le pied de XVI, & que cette indication doit ſe réduire à VI. L'Itinéraite eſt dans le même cas ſur la diſtance au-delà du *ſummus Pyrenæus*, en marquant également XVI juſqu'à *Juncaria*, bien que l'eſpace entre Bellegarde & Jonquière ſoit plutôt plus court que celui du Boulou à Bellegarde. A l'égard de *Salſulæ*, la route qui en combinant l'Itinéraire dans un autre endroit avec la Table, paſſe par *Ruſcino* & par *Illiberis*, pour arriver *ad Stabulum*, n'admet que XXVIII, au lieu de XLVIII.

44°, 22°.

STAGNA VOLCARUM. On lit dans Méla: *ultra*   *Lib. II, cap. 5.*
(*Rhodani oſtia*) *ſunt ſtagna Volcarum*. Sous cette dénomination générale il faut entendre cette longue ſuite de Lagunes, ou d'étangs, qui bordent la mer entre Aigues-morte & Agde, & qui ne ſont ſéparés du rivage que par une plage, ou langue de terre étroite & plate, à l'exception d'un endroit qui s'élargit davantage près de Sette, & où s'élève le *mons Setius*. Pline parle de ces étangs quand il dit: *oppida de cæterò rara, præ-*   *Lib. III, cap. 4.*
jacentibus ſtagnis. Ils prennent différens noms en différentes parties, de Tau, de Frontignan, de Mague-

lone, de Pérols, de Mauguio. Festus-Avienus indique en particulier *Tauri Stagnum*, & Pline *Stagnum Latera*.

44°, 22°.

Lib. IX, cap. 8. STAGNUM LATERA. Pline en parle ainsi : *est provinciæ Narbonensis, & in Nemausensi agro, Stagnum, Latera appellatum*. La conformité du nom de *Latera* avec celui de *Latara castellum* dans Méla, & qui est Lates près de l'étang de Maguelone & de Pérols, nous fait connoître le *Latera Stagnum* dont Pline fait mention, & qui est un de ceux que Méla comprend sous la dénomination générale de *Stagna Volcarum*.

49°, 13°.

STALIOCANUS PORTUS. C'est Ptolémée qui nous l'indique, près du *Gobæum promontorium*, & au delà de ce promontoire en suivant la côte depuis l'emchure de la Loire. J'ai trouvé sur un plan particulier & manuscrit de l'anse du Conquet, au nord du cap de S. Mahé, qui est le *Gobæum*, qu'un endroit du rivage dans le fond de la rade de Loo-Christ, se nomme *Port Sliocan*. D. Lobineau en a parlé au commencement de son histoire de Bretagne. Il dit que ce nom signifie la Tour blanche, & qu'on voit en ce lieu des vestiges d'un port construit en brique & en ciment.

43°, 24°.

Lib. IV, p. 184. STŒCHADES INSULÆ. Strabon les compte au nombre de cinq, dont trois, dit-il, méritent qu'on en fasse mention, les deux autres étant plus petites. Ptolémée connoît ces isles selon le même nombre, & les rassemble en un point, sur le même méridien que le promontoire *Citharistes*, qui doit être le cap Cicier, près de Toulon. Méla parle d'une manière fort vague des *Stœchades*, en disant qu'elles sont semées depuis la côte

Lib. III, cap. 5. des Ligures jusqu'à Marseille. Pline ne fait mention que de trois isles *Stœchades*, que les Marseillois auroient ainsi nommées, parce qu'elles sont rangées de suite,

propter

NOTICE DE LA GAULE.

propter ordinem, ce qui convient à la signification propre du grec ςοῖχος. Les noms que portent ces isles dans Pline, *Prote*, *Mese*, *Hypæa*, c'est-à-dire, la première, celle du milieu, & l'ultérieure ou plus éloignée, répondent à cet arrangement. L'abbréviateur d'Etienne de Byzance est d'accord avec Pline sur le nombre des *Stœchades*, ajoutant quelles sont aussi appellées Ligustiques, ce qu'il faut attribuer à leur situation vis-à-vis d'une terre dont les habitans étoient Ligures. Mais entre les anciens, Agathémer paroit mériter particulièrement, qu'on fasse attention à la manière dont il s'explique sur les *Stœchades*. Il en distingue trois grandes, & deux petites, comme Strabon : mais il sépare les petites d'avec les grandes, en disant que les petites sont voisines de Marseille, ce qui nous rend raison de ce que Pline ne met ensemble, & ne nomme que trois *Stœchades*. Quoique M. de Valois ait voulu rassembler toutes les *Stœchades* sans distinction vis-à-vis de Marseille, je pense, avec le plus grand nombre des modernes, qu'on ne sçauroit méconnoître les trois grandes *Stœchades* dans les isles d'Ières ; & elles ont chacune leur article particulier, sous les noms qui leur sont propres dans Pline.

44°, 23°.

STŒCHADES MINORES. Agathémer, cité dans l'article précédent, parlant des *Stœchades* en général, dit qu'elles sont situées vis-à-vis des villes qu'occupent les Marseillois, & on sçait que ces villes étoient répandues le long de la côte. Mais, lorsqu'il parle des deux petites *Stœchades* en particulier, il les fait voisines de Marseille même : δύο δὲ μικραὶ αὐτῆς ἐγγὺς Μασσαλίας. En-effet, on connoît à environ 2000 toises, c'est-à-dire moins d'une lieue Françoise, de la sortie du port de Marseille, l'isle de Ratoneau, à laquelle est adossée celle de Pomègue ; & quoique l'étendue de chacune de ces deux isles ne soit que d'environ 1300 toises, elles se distinguent de plusieurs autres beaucoup moindres vis-à-vis de la côte, & notamment de celle qui leur est très-voisine, & dont le plus grand espace ne va pas à 200 toises, n'étant aujourd'hui de quelque considération que par la petite forteresse appellée le château d'If. On est surpris des conjectures auxquelles se livre M. de Valois, pour rapporter les dénominations des trois grandes *Stœchades*, sçavoir, *Prote*, *Mese*, *Hypæa*, aux noms modernes des isles près de Marseille, voulant y placer ces *Stœchades*. Car, selon lui, Rotoneau, dont le nom par-tout ailleurs est Ratoneau, dérive de *Prote*. Il tire le nom d'If de celui d'*Hypæa*, nonobstant que cette dénomination désignant une position ultérieure, ne convienne point à un écueil qui est plus voisin du continent que les isles Ratoneau & Pomègue. Quant au nom de Pomègue, auquel M. de Valois applique une dénomination de *Pomponiana*, que Pline attribue à *Mese*, on peut voir à l'article *Pomponiana*, que ce nom convient moins à l'isle *Mese*, qu'à un endroit de la côte opposée aux *Stœchades*. D'ailleurs, la situation de Pomègue, la plus éloignée des trois isles adoptées par M. de Valois pour en faire les *Stœchades*, ne sçauroit être *Mese*, ou l'isle du milieu, qu'il ne distingue point de *Pomponiana*.

44°, 23°.

STOMA-LIMNA. Selon Strabon, au-dessus des bouches du Rhône est l'embouchure d'un lac, qui communique à ce lac le nom de *Stoma-limna*. Il reprend ceux qui confondent cette embouchure avec celles du Rhône, en étant séparée, dit-il, par une montagne. Cette circonstance est conforme au local, parce que ce lac ne pouvant être que l'étang de Martigues, il y a une suite de hauteurs, qui depuis le derriere d'Istres, situé peu loin de l'étang, règne jusque vers Fos, où le canal de Marius débouchoit dans la mer. Au-reste, il faut convenir, que l'application du nom de *Stoma-*

NOTICE DE LA GAULE.

Limna regarde plutôt l'ouverture de l'étang, que l'étang même, que l'on sçait d'ailleurs avoir été appelé *Maſtramela*. La tour de Bouc à l'entrée de cette ouverture, porte véritablement dans le nom de *Boca*, la signification du terme grec *Stoma*.

45°, 18°.

STOMATA. C'est la première des mansions que donne l'Itinéraire de Bourdeaux à Jérusalem ; & la distance est marquée LEUG. VII en partant de Bourdeaux, & VIIII en-deçà de *Sirione*, qui est le pont de Siron. On ne sçauroit dire si cette dénomination seroit analogue au *Stoma* de la langue grèque, le lieu dont il est question pouvant se rencontrer au débouchement d'un ruisseau dans la Garonne, dont la rive gauche est voisine de cette route.

44°, 24°.

SUELTERI. On lit dans Pline : *regio Camatullicorum : dein Suelteri, supraque Verrucini*. Il ne faut point les confondre avec un autre peuple, dont le nom de *Suetri* diffère peu du leur, parce que ceux-ci sont également cités dans Pline quelques lignes plus bas. Le nom de *Selteri* est écrit dans la Table Théodosienne au-dessus de *Forum Julii* ; ce qui est plutôt à remarquer pour distinguer ce peuple de quelques autres plus obscurs, que pour décider de son emplacement, parce-qu'il y a beaucoup de désordre dans la manière dont plusieurs noms de peuples & de pays sont répandus dans la Table. Je ne suis point de l'opinion que le nom de l'Esterel, qui est celui d'un mauvais passage entre Fréjus & Cannes, soit propre à nous indiquer les *Suelteri*. Je crois qu'il est plus convenable de les supposer placés vers le Luc & Brignole près de l'Argents ; & dans cette position, on voit du rapport à celle que l'on juge d'ailleurs convenir aux *Camatulici* & *Verrucini*, dans l'intervalle desquels les expressions de Pline veulent que les *Suelteri* fussent situés.

Lib. III, cap. 4.

50°, 22°.

SUESSIONES. Ce nom se lit aussi *Suessones* : mais la première leçon est préférée par M. de Valois, par Cellarius, & de même par Santon. Dans Ptolémée le nom qui y correspond est *Ouessones*, ce qu'on peut attribuer au peu de différence qu'il y a entre le *sigma* grec & l'*omicron*. Cependant, il est à remarquer, que la ville de Soissons paroît nommée *Uesona* par Radbert, abbé de Corbie, né dans le Soissonois, & qui écrivoit vers le milieu du neuvième siècle ; & cette dénomination a paru mériter une note de la part du P. Mabillon, dans les actes de l'ordre de S. Benoît. Les *Remi* parlent des *Suessiones* dans César, comme d'un peuple qui leur étoit allié par le sang, qui étoit gouverné par les mêmes loix & les mêmes magistrats, dont le territoire étoit vaste & très-fertile : *fratres consanguineosque suos, qui eodem jure, iisdemque legibus utantur ; unum imperium, unumque magistratum cum ipsis habeant. Suessiones suos esse finitimos ; latissimos, feracissimosque agros possidere.* Ce qui leur obéissoit contenoit XII villes, & ils promettoient d'armer 50000 hommes dans leur confédération avec les Belges. Selon Hirtius, qui a écrit les dernières années du gouvernement de César dans la Gaule, les *Suessiones* avoient été incorporés, ou soumis aux *Remi : Remis erant attributi.* Mais dans Pline, les *Suessiones* sont qualifiés *liberi*. On peut consulter l'article *Lucteri Cadurci* vers la fin, pour connoître ce qu'on doit penser du surnom d'*Eleutheri*, que l'on croiroit devoir appartenir aux *Suessiones*, selon quelques éditions des Commentaires de César.

Sæc. IV, P. II, p. 130.

44°, 25°.

SUETRI. Pline place les *Suetri* au-dessus des *Oxybii*, & ceux-ci étoient voisins de la mer, entre Fréjus & Antibe. Les *Suetri* sont aussi nommés dans l'inscription du Trophée des Alpes, où ils terminent l'énumération des peuples soumis par Auguste à l'obéissance du

Lib. III, cap. 4.

NOTICE DE LA GAULE.

peuple Romain, *à mari Supero ad Inferum*. Leur nom n'y est séparé que par un autre de celui des *Nerusi*, que l'on connoît par la position de Vence, qui leur est adjugée. Dans Ptolémée, ils suivent les *Nerusi*, sans intervalle & immédiatement. Or, la position que je crois être celle de *Salinæ*, que Ptolémée donne aux *Suetri*, détermine leur emplacement dans la partie septentrionale du diocèse de Fréjus.

48°, 18°.

SUINDINUM, *posteà* CENOMANI. Le nom de la capitale des *Cenomani*, qui est *Vindinum* selon les textes de Ptolémée, se lit *Subdinnum* dans la Table Théodosienne ; & j'adopte volontiers la conjecture de M. de Valois, qu'il convient de répéter le *sigma*, qui est la finale d'un terme grec qui précède le nom de ὀυίνδινον, pour qu'étant ajouté à cette dénomination, il en fasse la lettre initiale. Cette ville a depuis cessé d'être ainsi appellée, pour prendre le nom de *Cenomani*. Dans la Notice des provinces de la Gaule, *civitas Cenomannorum* suit immédiatement la métropole de la troisième Lionoise. On lit également *Cenomannos*, avec répétition de l'*n*, dans la Notice de l'Empire, ce qui a été suivi dans le tems du moyen-âge. Je découvre un indice de l'usage de la lieue gauloise, dans le nom, & dans la distance de l'endroit appellé Pont-lieue, près du Mans, sur une route qui tend vers le midi. Quant à la distance, elle paroît d'environ 1200 toises, sans pouvoir fixer son terme avec plus de rigueur. Le nom du lieu est *Ponti-leuva*, dans des actes qui remontent vers le commencement du septième siècle, & l'un de ces actes fournit un témoignage de la distance, *milliario ab urbe Cenomannicâ*. Car, le terme de milliaire a souvent été employé pour celui de lieue, quoiqu'improprement eu égard à l'étendue d'espace qui est propre à la mesure itinéraire, que le terme de *leuca* ou *leuva* distingue du mille. La rivière d'Huine, dont le nom est *Idonea*, s'é-

P. 64.

carte un peu davantage que la position distinguée par le nom de Pont-lieue. On peut voir dans l'article *Autricum*, que l'emplacement d'un lieu voisin de Chartres fait trouver la même chose que ce qu'on trouve ici auprès du Mans. Je remarque encore, rélativement au même objet, que le district des environs du Mans étant appellé la Quinte, *Quinta Cenomannica* dans les actes, quoique ce district ne soit pas dans un parfait arrondissement à la circonférence de cette ville, cependant la distance moyenne de ses limites entre le moindre éloignement de la ville & le plus grand, n'est à peu près que le quintuple de ce qu'il y a d'espace entre le Mans & Pont-lieue.

44°, 23°.

Lib. IV, p. 185. & 191.

Lib. III, cap. 2.

SULGAS FLUV. Strabon parlant de la victoire que Domitius-Ahenobarbus remporta sur les *Allobroges*, dit que ce fut près de la jonction de la rivière *Sulgas* ou *Sulga* avec le Rhône. Dans Florus, cette rivière est appellée *Vindalicus fluvius*, du nom de *Vindalium*, qui étoit celui du lieu où les *Allobroges* furent vaincus. C'est la Sorgue, qui prend sa source à Vau-cluse, que Pétrarque a célébrée dans ses vers.

48°, 15°.

SULIS. Ce lieu est placé dans la Table Théodosienne sur une route, qui de *Dartoritum*, ou comme il convient de lire, *Dariorigum*, capitale des *Veneti*, conduisoit à l'extrémité la plus reculée de la Bretagne vers le couchant. La distance à l'égard de cette capitale est marquée xx ; & en prenant la direction de la voie, cette distance vient aboutir à l'union qui se fait d'une petite rivière appellée Seuel avec celle de Blavet ; & ce nom de Seuel concourt avec la distance, à nous faire connoître *Sulis*. J'ajoute, que la distance ultérieure, qui porte à Karhez, n'est pas moins convenable, comme on peut voir à l'article qui traite de *Vorganium*, dont la position est celle de Karhez.

NOTICE DE LA GAULE.

43°, 21°.

SUMMUS PYRENÆUS. L'Itinéraire d'Antonin, & la Table Théodofienne, défignent ainfi le paffage des Pyrénées, fur la route qui conduit de Narbone en Efpagne. La diftance eft marquée v à l'égard du lieu, dont le nom eft *ad Centuriones* dans l'Itinéraire, *ad Centenarium* dans la Table, & ce lieu eft le fujet d'un article particulier. Celle qui paroît marquée xvi à l'égard d'un autre lieu nommé *ad Stabulum* dans l'Itinéraire, ne doit être prife que pour vi, comme je l'obferve dans l'article intitulé *ad Stabulum*. Il convient pareillement de réformer l'Itinéraire, fur la diftance qui du *fummus Pyrenæus* defcend à *Juncaria*, ou Jonquière, à l'entrée de la Catalogne, parce que l'indication qui eft répétée xvi, péche par le même excès. M. de Marca trouvant cette indication trop forte pour la pofition de Jonquière, veut que la diftance fe rapporte à Figuière, qui s'éloigne davantage du fommet des Pyrénées. Mais, ce fçavant homme ne fait pas attention, qu'il raccourcit d'autant la diftance ultérieure de *Juncaria* à *Gerunda*, ou Girone, que l'Itinéraire marque xxvii, & la Table de même en deux parties, xv & xii. Le paffage des Pyrénées fe nomme Col de Pertus; & il eft commandé par un château, compris dans les limites du Rouffillon, & nommé Bellegarde. Julien de Tolède, parlant d'une expédition du roi Wamba dans le feptième fiècle, nomme la place qui défend ce paffage, *caftrum Claufuras*. On trouve *Clufa*, comme faifant la borne du Rouffillon, dans le contrat de Marie, fille de Guillaume, feigneur de Montpellier, époufant en 1204. Pierre, roi d'Aragon, & comte de Barcelone: *totum comitatum de Roffillon, de fonte Salfis ufque ad Clufam*. C'eft d'ailleurs l'emplacement qui convient aux *Tropæa Pompeii*, qui m'ont paru mériter d'être traités féparément, ainfi que les *Tropæa Augufti* dans les Alpes.

Marca Hifpan. lib. I, cap. 19.

43°, 17°.

Un autre paſſage des Pyrénées eſt également appellé *ſummus Pyrenæus* dans l'Itinéraire d'Antonin, qui décrit une route de *Cæſarauguſta*, ou de Saragoce, à *Beneharnum*. Ce paſſage deſcend dans la vallée d'Aſpe, qui conduit à *Iluro*, ou Oloron : & ſi on rétrograde en partant d'*Iluro*, c'eſt par des lieux dont l'Itinéraire fait mention ſous les noms d'*Aſpaluca*, & de *Forum ligneum*, que l'on arrive *ad ſummum Pyrenæum*. Le cours du Gave d'Aſpe dans le fond de la vallée, détermine néceſſairement la direction de la route ; & quoique l'Itinéraire faſſe compter 24 entre *ſummus Pyræneus* & *Iluro*, où il convient d'employer la lieue gauloiſe plutôt que le mille, je penſe que l'eſpace en droite-ligne ne peut s'eſtimer qu'environ 20, à raiſon des circuits auxquels la diſpoſition du local aſſujettit cette route, & c'eſt la grande carte des Pyrénées, levée par ordre du Roi, qui m'en fait juger. Vers la ſource du Gave, on rencontre deux paſſages dans la montagne ; l'un ſur la droite, & qui ſe nomme le port de Bernère, conduit dans une vallée nommée Aragues, l'autre ſur la gauche, & nommé le port de Canfranc, deſcend à Jaca, ville d'Aragon. Le nom de Berner pourroit être dérivé de Pyrener, & il y a une vieille bâtiſſe à la droite du port de Canfranc, qui ſe nomme Peyraner. De ces deux paſſages qui donnent entrée en Eſpagne, c'eſt celui du port de Bernère & du val d'Aragues, qui doit répondre à la route que trace l'Itinéraire. Ce qui me l'indique, c'eſt le lieu d'*Ebellinum*, par lequel cet Itinéraire en partant de *Cæſarauguſta* tend au *ſummus Pyrenæus*, & que je retrouve dans la poſition actuelle de Baillo, dont le nom eſt tiré d'*Ebellinum*. On y arrive en deſcendant les Pyrénées, à l'iſſue des vallées d'Aragues & d'Echo, & après avoir traverſé la rivière d'Aragon à la puente de la Reyna, & les diſtances que marque l'Itinéraire, tant à l'égard de *Cæſarauguſta*, que

NOTICE DE LA GAULE.

du *summus Pyrenæus*, convenant à cette position, elle réunit par ce moyen tout ce qui peut servir à la fixer.

43°, 17°.

Nous avons un troisième passage des Pyrénées, sous la même dénomination de *summus Pyrenæus*, dans l'Itinéraire d'Antonin, entre *Pompelo* & *Aquæ Tarbellicæ*. Les lieux connus sur cette route dans l'étendue de la Gaule, sçavoir *imus Pyrenæus* & *Carasa*, se retrouvent, le premier dans la position de S. Jean surnommé Pied-de-Port, l'autre dans celle de Garris, & ils ont chacun leur article particulier. Mais, il est évident par ces positions, que le *summus Pyrenæus* dont il s'agit, est le port par lequel pour entrer en Espagne on descend à Roncevaux. Dans l'article *Lapurdum*, qui me fournit l'occasion de traiter des limites de la Gaule de ce côté-là, on voit que ce sommet des Pyrénées a été distingué par une croix, nommée *Crux Caroli*, qui rappelloit apparemment le souvenir de la défaite d'une partie de l'armée de Charlemagne à son retour de l'Espagne. Roger de Hoveden, historien Anglois, parlant sous l'an 1177, d'une expédition de Richard, comte de Poitiers, qui vouloit réduire à l'obéissance *Barclos* & *Navarrenses*, dit qu'il s'avança *usque ad portum Sizaræ, quæ porta Hispaniæ dicitur*. Je trouve M. de Marca cité par M. Wesseling, sur ce qu'il place le *summus Pyrenæus* au lieu nommé el Burguete, ce qui m'étonne, parce que ce lieu est plus bas que Roncevaux, qui est déja au pied de la montagne. L'Itinéraire indique une position sous le nom de *Turissa*, entre le *summus Pyrenæus* & *Pompelo*; & je crois la reconnoître sur la route dans le lieu nommé Osteriz, sur le bord d'une des rivières qui se joignent près de Pamplune. Mais, la distance qui est marquée XVIII, doit se réduire à VIII, ce qui est d'autant moins douteux, que l'espace actuel entre le passage de la montagne & Pamplune n'admet point le compte que fournit l'Itinéraire; qui est 40; au lieu que la sup-

Itiner. p. 455.

preſſion d'un x que demande la poſition de *Turiſſa*; le rend convenable ſur le pied de 30. Méla fait mention d'une ville d'*Ituriſſa*, qui comme il la place ſur le fleuve *Magrada*, ne ſçauroit être *Turiſſa* entre *Jummus Pyrenæus* & *Pompelo*. Il y a une poſition d'*Ituriſſa* dans Ptolémée, qui par rapport à celle qu'elle garde avec *Pompelo*, conviendroit mieux à *Turiſſa* de l'Itinéraire. On peut même inférer du nom d'Oſteriz, qui fait retrouver *Turiſſa*, que c'eſt un défaut dans l'Itinéraire de n'y pas lire *Ituriſſa*.

51°, 24°.

Hiſtor. lib. IV, 66.

SUNICI. Tacite en fait mention, diſant que Civilis ayant fait entrer ceux de Cologne dans ſa révolte, & armé les *Sunici*, fut arrêté par Labeon, qui avec du monde ramaſſé à la hâte chez les *Betaſii*, *Tungri*, & *Nervii*, l'avoit prévenu, en occupant le pont de la Meuſe; *pontem Moſæ fluminis anteceperat*. Il y a lieu de préſumer, que ce pont ſur la Meuſe étoit celui de *Trajectum Moſæ*, comme on peut voir à l'article *Coriovallum*; & que les *Sunici* devoient être ſitués entre la Meuſe & les *Agrippinenſes*, autrement appellés *Ubii*, au territoire deſquels Tacite adjuge *Marcodurum*, ou Duren ſur la Roer, & *Tolbiacum*, ou Zulpik.

Lib. IV, cap. 17.

Pline nomme les *Sunuci* (ainſi lit-on dans ſon texte) à la ſuite des *Tungri*; ce qui ſeroit propre à confirmer la poſition qui paroît leur convenir, ſi Pline gardoit toujours un ordre ſévèrement exact à cet égard, entre les peuples dont il fait l'énumération.

50°, 24°.

SURA FLUV. Auſone, dans ſon poëme ſur la Moſelle: *Namque & Proneæ, Nemeſaque adjuta meatu*
 Sura tuas properat non degener ire ſub undas.
Sour, rivière du pays de Luxembourg, & qui ayant reçu celles de Prum & de Nyms réunies enſemble, tombe dans la Moſelle, ſur ſa rive gauche, au-deſſus de Trèves.

T.

50°, 27°.

TABERNÆ. On trouve deux pofitions fous ce nom de *Tabernæ* dans l'Itinéraire d'Antonin, & dans la Table Théodofienne : l'une entre *Noviomagus* & *Saletio*, Spire & Seltz ; l'autre fur la route d'*Argentoratum* à *Divodurum*, ou Metz. La première étant près du Rhin, eft appellée Rhin-Zabern, pour la diftinguer d'un autre Zabern, qui fur la même ligne, ou à peu près, étant au pied des montagnes, porte le nom de Berg-Zabern. La diftance de *Tabernæ* à l'égard de *Noviomagus*, marquée xi dans l'Itinéraire, xii dans la Table, paroît d'environ 11 lieues gauloifes en droite-ligne fur le local, & la mefure affujettie à la route doit avoir quelque chofe de plus. A l'égard de *Saletio*, l'indication de l'Itinéraire, fçavoir xiii, eft préférable à celle de la Table, qui eft xi, parce que l'efpace approche de 15000 toifes. La Notice de l'Empire fait mention de *Tabernæ* entre *Saletio* & *Vicus Julius*, faifant l'énumération des garnifons romaines établies fur la frontière du Rhin, fous les ordres du général réfidant à Maïence.

49°, 26°.

L'autre pofition de *Tabernæ*, marquée également dans l'Itinéraire & dans la Table, fe diftingue de l'un & de l'autre Zabern de l'article précédent, en ce qu'elle eft appellée Elfaff-Zabern, étant renfermée dans la province d'Alface, & l'ufage a établi chez les François de l'appeller Saverne. L'indication de la diftance à l'égard d'*Argentoratum* paroît xiiii dans l'Itinéraire ; elle eft omife dans la Table. Ce qu'il y a d'efpace entre Strafbourg & Saverne eft plus confidérable qu'on ne le trouve dans quelques cartes, & il approche de 18000 toifes en droite-ligne ; ce qui donne lieu de préfumer que la mefure itinéraire eft de 16 lieues au moins, & que l'indication ne fuffifant pas, il conviendroit mieux d'y trouver XVII que XIIII. De *Tabernæ*, en tendant vers *Divo-durum*, la pofition qui fuit immédiatement eft *Pons Saravi* dans la Table, & la diftance marquée XII peut paroître convenable. L'intervalle en ligne directe eft d'environ 12000 toifes : mais, le paffage de la montagne qui fépare l'Alface d'avec la Lorraine, allongeant la mefure itinéraire, on ne doit point trouver étrange que le calcul de 12 lieues gauloifes fourniffe 13600 toifes. On lit dans Ammien-Marcellin, que Julien marchant contre les Alemans, qui étoient campés près d'*Argentoratum*, répara une place qu'il nomme *Tres Tabernæ*, ajoutant que ce pofte fermoit l'entrée de l'intérieur de la Gaule à l'énemi ; *quo ædificato, conftabat ad intima Galliarum, ut confueverant, adire Germanos arceri.* Cette circonftance *ad intima Galliarum*, défigne particulièrement les *Tabernæ* d'Alface, & non celles du Rhin ; d'autant plus précifément, qu'après la réparation des *Tres Tabernæ*, l'hiftorien décrivant la marche de Julien, dit qu'il rencontra les retranchemens de l'énemi qu'il alloit combattre, à 14 lieues, ou 21 milles : *à loco undè Romana promota funt figna, adufque vallum barbaricum, quarta leuca fignificatur & decima, id eft unum & viginti millia paffuum.* Il eft évident que cela ne peut s'appliquer à Rhin Zabern, dont la diftance à l'égard de Strafbourg, fait au moins le double de celle de Strafbourg à Saverne. Cluvier en a pourtant penfé autrement. Il y a longtems qu'en gliffant fur le *T* de *Tabernæ*, on lui a fubftitué un *Z*. Nithard, qui écrivoit dans le neuvième fiècle, parlant de Charle le Chauve, *Elifazam ad Zabernam introiit.*

Lib. XVI.

50°, 25°.

On trouve un autre lieu fous le nom de *Tabernæ*, dans le poëme d'Aufone intitulé *Mofella*, fur la route qu'il décrit entre *Bingium*, ou Bingen, & *Noviomagus*, ou Numagen. A la fuite de *Dumniffus*, dont il eft queftion dans un article particulier, Aufone ajoute,

NOTICE DE LA GAULE. 629

riguafque perenni fonte Tabernas. M. de Valois n'a pas pris garde, que c'étoit s'écarter étrangement de la route que de faire l'application de ce lieu à Berg-Zabern, qui remonte jufqu'au-deffus de Landau. Cluvier penfe qu'une belle fource près de Baldenau au paffage de la route, eft ici défignée. Marquard Fréher, dans fon commentaire fur le poëme d'Aufone, eft fort porté à croire qu'on trouve *Tabernæ* dans Bern-Caftel, fur la Mofelle, un peu au-deffous de Numagen, & où conduit une ancienne chauffée qui part des bords du Rhin. C'eft la pofition que j'adopte pour les *Tabernæ* d'Aufone, fans néanmoins vouloir la regarder comme bien certaine.

52°, 23°.

TABLÆ. Ce lieu eft marqué dans la Table Théodofienne, fur une route qui conduit de *Lugdunum* des *Batavi*, ou de Leyde, à *Noviomagus*, ou Nimègue. La diftance eft marquée XVIII au-delà de *Flenio*, & XII entre *Tablis* & *Cafpingio*. Je reconnois cette pofition dans celle d'Alblas & d'Alblaffer-dam, un peu au-deffus de l'union du Leck avec la Meufe, & vis-à-vis de Dordrect. La diftance de *Flenio* paroît convenable, comme on peut voir à l'article *Flenium*. Mais, elle eft défectueufe à l'égard de *Cafpingium*. Car, entre Afperen, qui eft *Cafpingium*, & Alblas, la longueur de l'efpace actuel eft d'environ 7800 verges du Rhin, qui font au moins 15000 toifes, par conféquent 20 milles romains, dont l'ufage paroît établi dans l'ancienne Batavie, plutôt que la lieue. Ainfi, ce qui paroît XII dans la Table tient la place de XX.

52°, 22°.

TABUDA FLUV. Ptolémée en marque l'embouchure dans l'intervalle de *Gefioriacum*, ou de Boulogne, à celle de la Meufe. Chercher une proportion de diftance dans cet intervalle, c'eft ne pas faire attention que les pofitions de Ptolémée dans la Gaule font fort éloignées de la précifion qui feroit néceffaire pour en tirer quelque avantage. Il fait encore mention de *Tabuda*, quand, après avoir placé les *Morini*, il place les *Tungri* de l'autre côté de cette rivière. On voit bien en général qu'il désigne l'Escaut, connu dans l'antiquité sous le nom de *Scaldis* qui lui est propre. Nous sçaurions gré à Ortelius d'avoir cité dans son Tréfor géographique les écrits du moyen-âge, où il dit à propos de *Tabuda*, qu'il a trouvé *Tabul* & *Tabula*.

46°, 17°.

TAMNUM. Ce lieu est placé dans l'Itinéraire d'Antonin, sur une route qui conduit de Bourdeaux à *Mediolanum Santonum*, Saintes. On le reconnoît aussi dans la Table Théodosienne, nonobstant qu'on lise *Lamnum*, au lieu de *Tamnum*. La distance à l'égard de *Blavium*, ou *Blavia*, marquée XVI dans l'Itinéraire, est indiquée XXII par la Table. M. de Valois veut que *Tamnum* soit Talmon ; & je ne crois pas qu'on puisse s'y méprendre, en reconnoissant que l'indication de la Table est préférable à celle de l'Itinéraire. Il me semble néanmoins qu'il faut distinguer un ancien emplacement de Talmon, dans l'endroit qui se nomme la vieille-ville, d'avec celui qui est aujourd'hui fort en avant sur une pointe étroite & resserrée par la Gironde, isolée même au montant de la marée. Or, ce qu'il y a d'espace entre la position de Blaye, & celle qui convient à *Tamnum*, me paroît d'environ 24000 toises en droite-ligne. Mais, parce que l'arc que décrit le rivage de la Gironde au-dessous de Blaye jusqu'à Talmon, doit allonger la mesure itinéraire ; les 22 lieues gauloises de la Table y satisfont, en fournissant au calcul près de 25000 toises. De *Tamnum* la Table conduit à *Mediolanum Santonum* sans position intermédiaire, en marquant XIII dans cet intervalle ; au lieu que l'Itinéraire paroît faire un détour par la position de *Novioregum*. Le calcul de 13 lieues gauloises est en rigueur de 14742 toises, & c'est à peu près ce que l'ouverture du compas me donne sur une carte manuscrite, entre l'ancien emplacement de *Tamnum*, & S. Eutrope de Saintes. Quant à la correspondance de *Tamnum* avec *Mediolanum*, en s'attachant à l'Itinéraire, consultez l'article *Novioregum*.

44°, 23°.

TARASCO. Strabon fait mention de Tarascon, en disant que de Nîmes on se rend à *Aquæ-Sextiæ*, par *Ugernum*, qui est Beaucaire, & par *Tarasco*. Ptolémée nomme la même ville chez les *Salyes*, & en premier lieu, parce qu'il croit que sa position en longitude d'occident en orient se présente avant toute autre du même district. Mais, il faut remarquer une erreur de chifre dans le texte de Strabon, ou accuser ce Géographe d'être mal informé en marquant la distance entre Nîmes & Aix, νγ, ou 53 milles. Car, entre Nîmes & *Ugernum* la distance indiquée de 15 milles étant convenable, ce qu'il y a d'espace depuis la position d'*Ugernum* ou de Beaucaire, jusqu'à Aix, s'étend en droite ligne à 36000 toises dont il résulte environ 48 milles, sans compter ce que la mesure itinéraire peut avoir de plus que la mesure directe en cet espace. *Lib. IV, p. 178.*

44°, 17°.

TARBELLI. Ils sont nommés les premiers entre les peuples de l'Aquitaine dont il est mention dans César, & on est prévenu que cette partie de la Gaule étoit alors resserrée entre la Garonne & les Pyrénées. Le territoire des *Tarbelli* s'étendoit le long du golfe Aquitanique, selon Strabon: & dans Lucain, la mer qui baigne ce rivage est appéllée *Tarbellicus æquor*, dans Ausone, *Tarbellus Oceanus*. Ce territoire n'étoit borné d'un autre côté que par les Pyrénées. Outre que Ptolémée le marque ainsi on peut l'inférer de ce que Tibulle appelle ces limites *Tarbella Pyrene*. Une preuve de cette extension des *Tarbelli* jusqu'à la chaîne de montagnes qui séparoit les Aquitains des nations Ibériennes, c'est que le pays de Soule, au pied des montagnes précisément, entre le Béarn & la basse Navarre, a fait partie du diocèse d'Aqs, capitale des *Tarbelli*, jusque dans l'onzième siècle bien avancé, & n'en a été détaché que parce qu'un évêque d'Oloron, appuyé d'un vicomte de Soule, dépouilla l'évêque d'Aqs de la jurisdiction spirituelle de cette vallée, qui borde le diocèse d'Oloron. Delà il est naturel de conclure, que la basse Navarre, & le pays de Labourd selon les anciennes limites du diocèse de Baïone, étoient du ressort des anciens *Tarbelli*, quoique les différens cantons d'un territoire de cette étendue pussent être distingués, & être le partage de quelques peuples de moindre considération comme pouvoient être les *Sibyllates*, cités dans Pline, & que l'on retrouve assez distinctement dans le nom de *Subola*, qui est celui de la vallée de Soule.

47°, 25°.

TARNADÆ. C'est ainsi que ce nom doit être écrit, selon quelques exemplaires de l'Itinéraire d'Antonin, quoique la leçon soit *Tarnaiæ* selon d'autres, & quoique dans la Table Théodosienne on lise *Tarnaias*. L'ancien lieu nommée *Agaunum*, où le monastère de S. Maurice fut fondé, ou renouvellé, par Sigismond, roi des Bourguignons, l'an 515, étoit contigu à un lieu plus considérable, nommé *Tarnates* ou *Tarnatæ*, & la regle observée dans ce monastère a été appellée *Tarnatensis*. L'Itinéraire & la Table sont d'accord à marquer XII entre *Octodurus* & *Tarnadæ*, & ce que je trouve d'espace dans les cartes entre ces positions, me fait voir que la mesure du mille romain y est employée, comme il convient chez les nations des Alpes, voisines de l'ancienne province romaine & de l'Italie.

45°, 21°.

TARNIS FLUV. Il est cité par Ausone, dans son poëme sur la Moselle, avec l'épithète d'*Aurifer*; & par Sidoine-Apollinaire, *in propemtico ad libellum*. Son

NOTICE DE LA GAULE.

nom s'est conservé pur dans celui de Tarn.

51°, 20°.

TARUENNA. Ptolémée en fait mention comme d'une ville des *Morini* dans l'intérieur de leur pays, & son nom y est *Taruanna*. On lit *Taruenna* dans l'Itinéraire d'Antonin, *Teruanna* dans la Table Théodosienne, avec la figure qui y désigne les villes capitales. Plusieurs routes se rapportent à cette position. La distance de *Taruenna* à *Nemetacum* est discutée dans l'article *Nemetacum*. L'Itinéraire marque XVIII de *Gesoriacum* à *Taruenna*, & VIIII de *Taruenna* à *Castellum*. Mais, ce qu'il y a d'espace entre Boulogne, ou *Gesoriacum*, & Térouenne, étant de 24 à 25000 toises en droite-ligne, ce qui renferme près de 22 lieues gauloises, il s'ensuit qu'il y a faute dans le nombre, & qu'il conviendroit mieux d'y voir XXIII que XVIII, le V du chifre romain tenant la place d'un X. La voie romaine paroît subsister entre Térouenne & l'entrée du Boulenois, sous Devre, où elle passe par un lieu nommé la Chaussée. L'indication entre Térouenne & le *Castellum Morinorum*, ou Cassel, ne suffit pas non plus, parce qu'un intervalle d'environ 12000 toises surpasse la mesure de 9 lieues gauloises, dont il ne résulte guère que 10000 toises. On sçait que Térouenne fut ruinée en 1553. par Charle-quint, qui se vengea sur cette ville du mauvais succès de son entreprise sur Metz. Le lieu n'est pourtant point demeuré sans habitans, & il y reste un bourg traversé par la Lys, & qui conserve le nom de Térouenne.

44°, 18°.

TARUSATES. Leur nom se trouve dans le troisième livre des Commentaires, entre celui de *Vocates* (ou plutôt *Vasates*) & celui d'*Elusates*, au nombre des peuples de l'Aquitaine, que l'expédition de Crassus, lieutenant de César, réduisit à se soumettre. On lit *Latusates* dans Pline, entre *Succasses*, qui sont inconnus, & *Basabocates* qu'on doit prendre pour les *Vocates*

Lib. IV, cap. 19.

des Commentaires, ou *Vafates*. M. de Valois ne doute point que ce nom de *Latufates* ne foit celui des *Tarufates*; & le P. Hardouin fubftitue même *Tarufates* à la leçon de *Latufates* dans Pline, fans paroître autorifé à le faire par les manufcrits. Comme il y a toute apparence, que le nom de *Tarufates* fe conferve dans une partie du diocèfe d'Aire fous le nom de Turfan, ou plutôt Teurfan, felon l'ufage du pays, qui eft plus conforme au nom de *Taurfanum* dont il dérive; il eft évident que la leçon de *Tarufates* dans Céfar eft préférable à celle de *Latufates* dans Pline.

43°, 20°.

TARUSCONIENSES. C'eft ainfi qu'on lit en marge dans l'édition de Pline par Daléchamp, & dans le texte de l'édition du P. Hardouin. Ce fçavant commentateur dit avoir lu dans cinq manufcrits *Taracunonienfes*. Nous avons dans la Narbonoife, qui eft l'objet de Pline en cet endroit, deux Tarafcon : l'un fur le bord du Rhône, & appellé *Tarafco* par Strabon; l'autre dans le pays de Foix, & connu dans les titres du moyen-âge fous le nom de *caftrum Tarafco*. J'avoue que j'aimerois mieux celui-ci que l'autre, pour connoître une pofition de plus dans notre Gaule. Mais, indépendamment de ce motif, la pofition de ce Tarafcon, renfermée dans une vallée au pied des Pyrénées, paroît plus convenable à défigner une communauté de peuple diftincte & particulière, que le Tarafcon du Rhône.

48°, 19°.

TASCIACA. Ce lieu eft marqué dans la Table Théodofienne entre *Cæfarodunum*, ou Tours, & *Gabris*, ou plutôt *Carobriæ*, Chabris, fur une route qui tend à *Avaricum*, ou Bourges. Le nom que porte Tezée fur le Cher, en fuivant la direction de la route, & entre Tours & Chabris, nous fait connoître *Tafciaca*. Mais, le nombre xxIIII qu'on voit dans la Table à la fuite du nom de *Tafciaca*, & qui devroit ainfi concerner la diftance de Tezée à Chabris, conviendroit mieux entre Tours & Tezée, dont l'intervalle paroît de 20 & quelques lieues gauloifes en ligne directe, étant beaucoup moindre entre Tezée & Chabris, c'eft-à-dire par eftime, d'environ 12 des mêmes lieues.

44°, 20°.

TASCONI. Ce nom fe lit ainfi dans l'édition de Pline du P. Hardouin, d'après cinq manufcrits qu'il cite. On retrouve le même nom dans celui d'une petite rivière, Tefcon ou Tefcou, qui en reçoit une autre nommée Tefconnet, & qui fe rend dans le Tarn près de Moutauban. Il en eft mention dans la vie de S. Théodard, archevêque de Narbone, que Catel a publiée, & où il eft dit en parlant de *Mons Aureolus*, qui eft Montauban; *ad cujus montis radices fluvius quidam decurrit, quem indigenæ regionis ipfius Tafconem vocant: hic fuo decurfu confinia Tolofani, Caturcenfifque ruris, liquido dirimit patenter influxu; qui à prædicto monte recedens, poft modicum terræ fpatium Tarno immergitur flumini.* Or, les *Tafconi* étant renfermés dans la defcription que Pline fait de la Narbonoife, & la rivière qui conferve leur nom ayant féparé les *Cadurci*, qui étoient de la premiere Aquitaine, d'avec les *Tolofani*; la place des *Tafconi* paroît devoir fe borner à la partie du diocèfe de Montauban, qui en formant ce diocèfe a été prife fur l'extenfion antérieure de ce qui dépendoit de Touloufe, au midi du Tefcon. On voit que les *Tafconi* font un de ces peuples du fecond ordre, qui ont été fubordonnés à des cités ou peuples plus confidérables. Sanfon n'a point connu leur pofition, en plaçant entre Touloufe & Carcaffone le nom de *Tarcodunitari*, comme il fe lit dans l'édition de Daléchamp.

Lib. III, cap. 4.

44°, 22°.

TAURI STAGNUM. Feftus-Avienus (*in Orâ maritimâ*) nous le fait connoître; & il eft à propos d'en rapporter quelques vers:

.... *Setius indè mons tumet*
Procerus arcem ; & pinifer Fecyi jugum
Radice fufâ, inufque Taurum pertinet.
Taurum paludem namque gentici vocant.

Isaac Vossius (*in Melam*) lit *Taphron*, au lieu de *Taurum*, n'étant point informé apparemment que le nom de cet étang est *Taur*, & vulgairement *Tau*. D'un côté est le *mons Setius*, & de l'autre une longue côte au-dessus de Frontignan, dont le nom de *Fecyi jugum* se dit actuellement *lou Pié Feguié*, comme je l'apprends de M. Astruc : & il remarque judicieusement que Vossius & M. de Marca, en voulant réformer le texte d'Aviénus, & lire *pinifer Setii jugum*, lui font ainsi répéter le nom du mont *Setius*. M. de Valois lit pareillement *Setii jugum* ; mais en le séparant par un point du mot *pinifer* qui précède, ce qui peut faire admettre la répétition.

Hist. natur. de Lang. p. 77.
Marca Hispan. lib. I, cap. 10.
Valef. p. 523.

44°, 24°.

TAUROENTUM. Dans le second livre *de bello civili*, le nom de ce lieu est *Tauroënta* au pluriel ; & il y est appellé *castellum Massiliensium*. Selon les plus anciens auteurs Grecs, comme on le voit par Scymnus de Chios, ce nom est *Tauroeis*. Il faut l'écrire *Tauroëntium* d'après Strabon, comme Casaubon l'a remarqué, & de même d'après Ptolémée. C'est bien mal-à-propos que plusieurs sçavans ont confondu cette position avec celle de Toulon, puisque *Telo Martius* & *Taurentum* sont placés séparément dans l'Itinéraire maritime. Mais, cet Itinéraire ne suit pas exactement l'ordre des lieux entre Toulon & Marseille, selon qu'ils sont indiqués par le local même. Quoiqu'il fasse succéder immédiatement *Taurentum* à *Telo Martius*, on peut voir à l'article *Æmines portus*, que ce port séparé de *Telo* dans l'Itinéraire, par *Taurentum*, *Carsici*, & *Citharista*, convient néanmoins à une position qui précède *Taurentum* en partant de Toulon. Nous avons un indice de la position de

NOTICE DE LA GAULE.

Tauroëntum, dans les vestiges qui subsistent sous le nom de Taurenti, à la droite de l'entrée de la baye de la Ciotat; & on prétend que ces vestiges seroient plus apparents, si la mer n'en couvroit pas une partie. Le déplacement des lieux dans l'Itinéraire maritime, nous dispense d'entrer dans un détail d'analyse des distances qui y sont marquées. Celle de XII entre *Telo Martius* & *Taurentum*, ne favoriseroit pas l'emplacement qu'ont pris Sanson & Honoré Bouche, sur le bord de la rade intérieure de Toulon, en ne s'écartant ainsi du port de cette ville que d'environ 1800 toises.

47°, 27°.

TAXGÆTIUM. Ptolémée place ce lieu vers les sources du Rhin; & quoiqu'il le comprenne dans la Rhétie, j'ai cru devoir en faire mention ici, parce que j'adopte l'opinion de Cluvier, & la position dans le Tavetscher-thal, en-deçà du Worder-Rhin, ou de la branche antérieure du Rhin.

46°, 23°.

TEGNA. Ce lieu est placé dans la Table Théodosienne, sur la route qui conduit de Vienne à Valence; & la distance à l'égard de Valence, dont la position succède immédiatement à *Tegna* sur cette route, est marquée XIII. On ne sçauroit douter que ce ne soit Tein sur le bord du Rhône, dont le nom dans les écrits des tems postérieurs est *Tinctum*. Or, ce qu'il y a d'intervalle de Tein à Valence s'estimant d'environ 9500 toises, l'indication de la Table, dont il résulte quelques 300 toises de plus en mesure itinéraire, paroît très-convenable.

44°, 24°.

TEGULATA. L'Itinéraire d'Antonin, & la Table Théodosienne, font mention de ce lieu. La distance à l'égard d'*Aquæ Sextiæ* est marquée XV dans la Table, XVI dans l'Itinéraire; & entre *Tegulata* & le lieu *ad Turrim*, dont le nom actuel est Tourves, XVI également dans la Table & dans l'Itinéraire. Or, ce qu'il y a d'espace en droite-ligne entre Aix & Tourves, ne peut guère s'eftimer que 21000 toifes, qui renferment 28 milles romains. Mais, les circonftances locales de la route, que je vois tracée fur une grande carte manufcrite, me font retrouver à peu-près 32 milles de mefure itinéraire, en fuivant les circuits de cette route, occafionnés principalement par les détours de la rivière dont le nom eft *Laris*, ou Lar. Le lieu que prend la pofition de *Tegulata*, en partant d'Aix, approche fort de celui qu'on nomme la grande Peigière, en-deçà du bourg de Porrières, & où Honoré Bouche juge que convient cette pofition de *Tegulata*. La tradition du pays veut, que d'anciens veftiges un peu au-delà de cet endroit, fur la droite de la voie Aurélienne, foient les reftes d'un monument que la victoire remportée par Marius fur les Cimbres avoit fait élever. Il eft conftant par le témoignage des hiftoriens, que le champ de bataille en cette fameufe journée, fut aux environs d'*Aquæ Sextiæ*.

Chorogr. de Prov. liv. III, chap. 4.

43°, 21°.

Lib. II, cap. 5.

TELIS FLUV. On lit dans Méla: *ora Sardonum, & parva flumina, Telis & Tichis*: la Tet, & le Tech; dont le cours eft renfermé dans le Rouffillon. Les écrivains Grecs ont appliqué à ces rivières les noms des villes dont elles traverfent le territoire. Ainfi, *Telis* eft défigné par le même nom que celui de *Rufcino*, dans Strabon, dans Ptolémée, dans Athénée, où ce nom eft *Rofcinus*. Avienus (*in Orâ maritimâ*) fait auffi mention de l'*amnis Rofchinus*.

Ath. Deipnofoph. lib. VII.

45°, 17°.

TELLONUM. Dans l'Itinéraire d'Antonin, fur la route *ab Aquis Tarbellicis Burdigalam*. J'ai lu *Tolomnum* dans un manufcrit de la Bibliothèque du Roi. Voyez l'article *Cocofa*.

44°, 24°.

Lib. III.

TELO MARTIUS. Plufieurs fçavans ont remarqué que dans la Pharfale de Lucain, *Telo* eft le nom d'un

NOTICE DE LA GAULE.

capitaine de navire Marseillois, qui se distingna dans un combat contre la flote de César. Silius-Italicus parlant d'Ischia près de Pouzoles, sous le nom d'*Inarime*, l'appelle *antiqui saxosa Telonis insula*. Mais, quant à la ville de Toulon, les anciens Géographes n'en font point mention; & on ne la connoit dans l'âge romain de la Gaule, que par l'Itinéraire maritime, & par la notice de l'Empire, dans laquelle on trouve *procurator Baphii Telonensis Galliarum*, ce qui désigne l'établissement d'une teinturerie. La Notice des provinces de la Gaule ne cite point Toulon, dans un tems où la ville d'Arles, comprise dans la Viennoise, n'étoit point encore métropole de province. Cependant, on connoît Toulon pour siége épiscopal dès le sixième siècle, par la souscription de plusieurs évêques à différens conciles.

Lib. XIV.

47°, 22°.

TELONNUM. Je tire ce lieu de la Table Théodosienne, & d'une route qui doit circuler entre *Aquæ Bormonis* & *Augustodunum*. Sa distance d'*Augustodunum* est omise : mais, elle est marquée XII à l'égard d'un lieu nommé *Pocrinium*, dont la position paroît exister dans celle de Perrigni sur le bord de la Loire. Or, en tendant de cette position à Autun, Toulon sur Arrou, qui se rencontre dans une distance convenable, & sur la direction de la route, doit être *Telonnum*. Car, quoiqu'on ne lise pas précisément *Telonnum* dans la Table, mais *Teionnum*, le nom actuel du lieu indique une leçon plus correcte. On pourroit ensuite estimer, pour suppléer à l'omission de la Table, que la route entre *Telonnum* & Autun vaudroit en mesure itinéraire environ 16 lieues gauloises : & je remarque que le lieu mentionné sous le nom de *Boxum* dans la Table en conduisant à *Aquæ Nesineii*, ou Bourbon-l'Anci, pouvoit être commun, vu l'emplacement qui lui convient, à cette route qui nous meine à Autun.

44°, 23°.

TERICIÆ. On trouve *Tericias* dans la Table Théodosienne à la suite de *Glanum*, en tendant vers *Aquæ Sextiæ*, & avant une position dont le nom est *Pisavæ*. La distance est marquée XI à l'égard de *Glanum*, & XV à l'égard de *Pisavæ*, en observant néanmoins que l'on trouve III au-dessus du V. Mais, ce que je vois n'être point équivoque, c'est que l'espace depuis S. Remi, qui est *Glanum*, jusqu'au passage de la petite rivière de Touloubre, où tombe la position de *Pisavæ*, comme on peut voir à l'article de ce nom, ne comporte qu'environ 24. milles. La position de *Tericiæ* peut ainsi se placer aux environs d'Aiguieres ou d'Aureille. Cette derniere dénomination semble même avoir du rapport à celle qui distingue cette voie, que l'Itinéraire d'Antonin décrit sous le nom de *Via Aurelia*, jusqu'à *Arelate*.

49°, 17°.

TETUS FLUV. Ptolémée en place l'embouchure en parcourant la côte, entre le *Staliocanus portus*, que l'on retrouve à l'extrémité de la Bretagne, près du Finisterre, & le fleuve *Argenus*, qui coule dans le diocèse de Baïeux. Je ne vois point d'endroit plus remarquable par quelque ouverture de rivière dans cet intervalle que l'enfoncement de mer près d'Avranches, qui reçoit les rivières de Sée & de Selune, & que l'on nomme le Seu.

51°, 21°.

TEUCERA. La Table Théodosienne trace une route d'Arras à Amiens : *Nemetaco* XIII *Teucera* XII *Samarobriva*. C'est donc compter 25 dans cet espace. En conséquence des opérations faites sur les lieux, la distance entre Amiens & Arras est de 28. à 29000 toises ; & le calcul de 25 lieues gauloises est de 28350 toises. La voie qui conduit d'Amiens à Arras, traverse l'Autie peu loin de sa source, dans un lieu nommé Tièvre,

NOTICE DE LA GAULE.

qui est évidemment *Teucera*. Sa position est d'autant plus convenable, qu'elle se rencontre à une distance presqu'égale d'Amiens, comme d'Arras; & ce qu'il y a d'inégalité fait l'éloignement un peu plus grand à l'égard d'Arras que d'Amiens, comme en effet les nombres de la Table le demandent, quoiqu'on ne veuille point s'arrêter à quelques fractions de lieue de plus ou de moins dans cette correspondance.

$52°, 24°$.

TEUDURUM. L'Itinéraire d'Antonin en fait mention, sur une route qui de *Colonia Trajana* se rend à *Colonia Agrippina*, par *Juliacum*, ou Juliers. Ce lieu existe sous le nom de Tudder; mais la distance marquée VIII à l'égard de *Coriovallum*, paroît un peu forte pour ce qu'il y a d'espace entre Tudder, & la position que l'on présume répondre à *Coriovallum*.

$45°, 24°$.

THEOPOLIS. Sous cette dénomination purement Grèque, il a existé un lieu dans la viguerie de Sisteron, sur la gauche de la Durance. C'est ce qu'on apprend d'une inscription au nom d'un Préfet du Prétoire de la Gaule, qui est connu en cette qualité sous Honorius vers l'an 409 & 410. Il parle conjointement avec sa mere dans cette inscription, gravée sur la pente d'un roc: & on y lit; *loco, cui nomen Theopoli est, viarum usum, cæsis utrimque montium lateribus, præstiterunt, muros & portas dederunt*. Je suis instruit par M. le Comte de Baschi, qui possède des terres en ce canton, que le lieu se nomme Théoux, quoique réduit actuellement à un simple hameau, dans l'étendue d'une paroisse du nom de saint Geniés.

$51°, 25°$.

TIBERIACUM. On trouve ce lieu dans l'Itinéraire d'Antonin, entre *Juliacum* & *Colonia Agrippina*. La distance à l'égard de *Juliacum* est marquée VIII, & à l'égard de *Colonia Agrippina* X. Cette position tombe sur Berghem, au passage d'une rivière nommée Erfft, entre Juliers & Cologne. On peut voir à l'article *Juliacum*, que l'intervalle entier de Juliers à Cologne, qui dans un endroit de l'Itinéraire n'est point coupé comme ici en deux distances particulières, mais marquée XVIII également comme dans la Table, convient à l'espace que donne le local. Mais, ce qui fixe invariablement le lieu intermédiaire, ou *Tiberiacum*, c'est que l'espace entre Juliers & Berghem, & celui qui sépare Berghem de Cologne, se trouvent en juste proportion des nombres de l'Itinéraire, VIII d'un côté & X de l'autre. Je remarque comme un indice de cette voie, qu'un lieu situé sur sa direction entre Juliers & Berghem, est appellé *stein-Stras*, c'est-à-dire *lapidea Strata*, de même que dans nos provinces on dit Chemin perré.

43°, 21°.

Lib. II, cap. 5. TICHIS FLUV. On lit dans Méla : *ora Sardonum, & parua flumina Telis & Tichis*: c'est-à-dire, la Tet & la Tech, qui traversent le Roussillon dans toute sa longueur d'occident en orient. Ces rivières prennent dans les écrivains Grecs, les noms des villes près desquelles elles ont leur cours : de sorte que c'est sous le nom d'*Illiberis* que Polybe, Strabon, Ptolémée, font mention de *Tichis*, en remarquant néanmoins quelque altération dans la manière dont on lit ce nom dans *Lib. III, cap. 4.* le texte de ces auteurs. Pline cite le Tech, qu'il nomme *Tecum*. Ce n'est pas que le nom de *Tichis* ne se trouve dans sa géographie : mais, c'est en parlant d'une rivière voisine d'*Emporiæ*, au-delà des Pyrénées.

47°, 27°.

TIGURINUS PAGUS. C'est un des quatre cantons entre lesquels la cité des *Helvetii* étoit partagée, selon César ; & l'un des deux dont César fait mention nommément. Le peuple de ce canton est aussi distingué par le nom de *Tigurini*, que l'on trouve dans Strabon, &

dans les historiens qui ont parlé de l'irruption des Cimbres & des Teutons, auxquels les *Tigurini* s'étoient joints. Il n'avoit presque point paru douteux jusqu'à nos jours, que le *pagus Tigurinus* ne dût se rapporter à Zurich. Outre plusieurs sçavans de la Suisse, & entre autres Guilliman, on voit la même opinion dans Cluvier, dans Cellarius, dans M. de Valois. Mais, il faut convénir que le nom de Zurich n'est point *Tigurum*, comme on l'a formé d'après cette opinion sur la situation du *pagus Tigurinus*. Dans les titres du moyen-âge, Zurich est appellé *Turicum* ou *Turegum*; & on n'avoit pas même de notion de ce nom qui fût antérieure aux neuvième & dixième siècle, lorsqu'en 1747, une inscription romaine, où on lit STA (ou *Statio*) TVRICEN, fut déterrée dans le quartier de la ville de Zurich appellé Kleine-stadt. Ce monument a fourni à M. Hagenbuch, citoyen de Zurich d'une grande érudition, la matière d'une lettre fort étendue, adressée à M. Gori, & dont je dois la connoissance à un sçavant confrère, M. le baron de Zurlauben. M. Hagenbuch ne veut point que le *pagus Tigurinus* ait aucun rapport à Zurich. Une autre inscription tirée d'un lieu peu distant d'Avenche, & dont le sujet est un vœu au Génie tutélaire du *pagus Tigurinus*, ne décide point que ce canton Helvétique s'étendît aux environs d'*Aventicum* : & M. Bochat a cité une pareille inscription, *Genio pagi Tigur.* trouvée avec plusieurs autres en 1724, dans un lieu qui n'est éloigné de Zurich que d'environ deux lieues. Rhenanus a cru voir les *Tigurini* dans le canton d'Uri, & la critique de Guilliman sur ce sujet a déplu à ceux de ce canton. Si nous ne sommes pas plus instruits, & que néanmoins on ait de la répugnance à ne faire aucune mention du *pagus Tigurinus* dans l'étendue de l'ancienne Helvétie ; ne pourroit on pas se prêter à trouver que le nom d'Uri paroît renfermé dans celui de *Tigurini*, qu'une préposition qu'il nous est permis de ne pas connoître, & que l'usage avoit incorporée à la dénomination même, comme il y en a une infinité d'exemples, distingue du nom actuel. Il ne s'ensuivroit pas de-là, que le *pagus Tigurinus*, la quatrième partie de l'Helvétie, fût réduit aux limites étroites dans lesquelles un des treize cantons est aujourd'hui contenu. Mais, ce canton pourroit du moins servir à indiquer, vers quelle partie du pays des *Helvetii* il convient mieux de jetter les yeux, pour inscrire sur une carte de l'ancienne Gaule le nom de *pagus Tigurinus*. C'est à quoi je borne ici toute conjecture, & si l'on découvre quelque chose de plus positif sur ce sujet, je l'adopterai bien volontiers.

48°, 23°.

TILE. La Table Théodosienne indique ce lieu sur la route d'*Andomatunum*, ou de Langres, à Challon sur Saône. Quoiqu'on lise *File* dans la Table, on reconnoît que le nom plus correct est *Tile*, parce que la route ne rencontre point d'autre position qui puisse convenir, que celle de Til-le château. La distance marquée XXVIII, souffre néanmoins quelque difficulté, parce que l'espace entre Langres & Til, déterminé par des opérations sur les lieux, n'est que de 21 à 22000 toises, dont on ne peut conclure que 19 lieues gauloises. Il est vrai, que de ce nombre de lieues gauloises, il résultera 28 milles romains & demi : mais, les indications de la Table, & spécialement celles qui font la continuation de la même route de *Tile* à Challon, ne sont convenables qu'en lieues gauloises, comme on peut voir dans l'article *Vidubia*, & il paroîtroit bizarre que les distances sur une même route fussent comptées diversement. J'avoue néanmoins, que comme il y a des exemples que des colomnes milliaires en place donnent des milles, lorsque les Itinéraires comptent les mêmes distances par lieues ; la colomne qui existe à quelques 3000 toises de Fontaine-Françoise vers nord-ouest, sur

NOTICE DE LA GAULE.

une route qui part également de Langres, se trouve de même en position relative à des milles, plutôt qu'à des lieues. Le numero qu'elle porte est XXII, & elle ne paroît distante de Langres que de 16 à 17000 toises, ce qui tombe dans le calcul des 22 milles, qui est en rigueur de 16632 toises. Etant mieux informé sur ce sujet que par le passé, je ne fais point difficulté de déroger à ce que j'ai dit de contraire dans un ouvrage précédent. Cette colomne est dans l'alignement d'une voie, qui ne tend point à Grai, comme l'a cru M. Mahudel; mais plutôt vers Mirebeau, où l'on trouve la continuation d'un ancien chemin romain conduisant à Pontailler, qui dans sa position sur la Saône, est au-dessous de Grai de quatre lieues Françoises pour le moins. Je reviens à *Tile*, pour dire, que si on l'appelle Til-le château, c'est que dans des actes du onzième siècle, il est nommé *Tile castrum*. Et comme on dit vulgairement Tré-château, de même on lit *Tricastrum*, & *Tricastel*, en d'autres actes qui n'étant guère moins anciens que les précédens, témoignent que l'altération de ce nom n'est pas de fraiche date.

Tome IX. de l'hist. de l'Acad. p. 138.

47°, 21°.

TINCONCIUM. Ce lieu est placé dans l'Itinéraire d'Antonin entre *Avaricum*, Bourges, & *Deccidæ* (ou *Decetia*) Decise. On le trouve de même dans la Table Théodosienne, quoique le nom y soit écrit *Tincollo* pour *Tinconcio*; & celui de Sancoins, qui est *Tincentium* dans quelques actes du moyen-âge, le représente actuellement. L'Itinéraire & la Table sont d'accord à marquer XX entre *Avaricum* & *Tinconcium*: & l'Itinéraire est préférable à la Table, en ne marquant que XXII au lieu de XXXII, entre *Tinconcium* & *Decetia*. Or, je trouve que ce qu'il y a d'espace entre Bourges & Sancoins peut s'estimer d'environ 24000 toises, ce qui admet au moins 21 lieues gauloises plutôt que 20. Pour ce qui est de l'intervalle de Sancoins à Decise, quoique l'espace en droite-ligne n'aille pas tout à fait si loin ; cependant, prévenu comme je le suis que la route fait un coude en passant à côté de S. Pierre-le Moutier, où la trace de l'ancienne voie est appellée chemin de Brunichou (*Brunichildis*, ou de Brunehaut) je juge que la mesure itinéraire en cet espace peut se comparer à la distance précédente. Ainsi, quoiqu'il paroisse quelque différence dans la distribution des distances indiquées, il en résulte un compte de 42 lieues gauloises entre *Avaricum* & *Decetia*, par *Tincancium*, conformément au total de ces distances dans l'Itinéraire.

47°, 23°.

TINURTIUM. Dans l'Itinéraire d'Antonin, la distance entre *Tinurtium* & *Cabillonum* est marquée M. P. XXI *Leugas* XIIII. La Table Théodosienne ne marque que XII. M. de Valois a cru qu'un lieu nommé *Ponte* dans la Table, & qui est le *Pons Dubis* sur la route de Challon à Besançon, étoit intermédiaire de Challon à *Tinurtium* : ce qui montre ce qu'il faut apporter d'attention à démêler les positions de la Table, qui ne sont pas partout si bien rangées, qu'on ne puisse s'y méprendre au premier coup-d'œil. L'espace en droite-ligne, & fixé par des opérations sur les lieux entre Challon & Tournus, qui est *Tinurtium*, se borne à environ 12500 toises. La mesure itinéraire, par un coude que fait la Saône au dessous de Challon immédiatement, & par quelques autres circonstances locales, peut être plus forte de quelques 7 ou 800 toises. Cette mesure ne suffit pas à l'indication de l'Itinéraire ; elle convient mieux à celle de la Table, qui n'est que XII au lieu de XIIII. Car le calcul de 12 lieues gauloises est de 13600 toises. Entre *Tinurtium* & *Matisco*, ou Mâcon, la Table marque XII, l'Itinéraire M. P. XIX, *Leugas* XIII. La distance actuelle, qui passe 14000 toises, paroît admettre ce qu'indique l'Itinéraire, parce que les 19 milles romains donnent en calculant 14364 toifes, & les 13 lieues gauloifes complettes 14742 : milieu 14563 ; & quand l'efpace en droite-ligne auroit quelque chofe de moins, c'eft à la mefure itinéraire que le calcul fe rapporte. Selon Spartien, Septime-Severe combattit Albin avec avantage dans une première action *apud Tinurtium*. L'Auteur d'une chronique de Tournus, que cite M. de Valois, prétend que *Trenorciense oppidum* (car le nom de *Tinurtium* eft *Trenorchium* dans le moyen-âge) *olim caftrenfe horreum fuiffe vocitatum*.

51°, 25°.

TOLBIACUM. Sur la route de Trèves à Cologne, la diftance de *Tolbiacum* à Cologne eft marquée XVI dans l'Itinéraite d'Antonin ; & en-effet on peut eftimer qu'elle paffe 15 lieues gauloifes en ligne directe. On connoît affez la pofition de *Tolbiacum* dans celle de Zulpick, dont le nom fe prononce auffi Zulk par contraction. Tacite place *Tolbiacum, in finibus Agrippinenfium*; & nous ignorons ce qu'il faut entendre dans l'Itinéraire par *vious Supenorum*, ou *Supernorum*, qu'on lit après le nom de *Tolbiacum*. La victoire de Clovis fur les *Alemanni* a rendu ce nom célebre.

Hiftor. lib. IV, 79.

44°, 20°.

TOLOSA. Ce qui témoigne que l'antiquité de cette ville précede le tems des auteurs qu'on peut citer les premiers pour l'avoir nommée, & entre autres Céfar, c'eft le temple dont parle Strabon, qui renfermoit de grandes richeffes, que la fuperftition des Gaulois y accumuloit depuis long-tems, lorfque Servilius-Cepion les enleva, environ cent ans avant l'Ere Chrétienne. On peut inférer même de Juftin, que Touloufe, qu'il appelle *antiquam Tectofagum patriam*, devoit exifter dès le tems que les Gaulois entrerent en Grece fous la conduite de Brennus, c'eft-à-dire près de deux fiècles au-delà de cette époque de Cépion. Méla femble défigner cette ville comme la principale des *Tectofages*,

Lib. IV, p. 188.

Lib. XXXII.

Lib. II, cap. 4.

en difant *Tolofa Tectofagum*. Ptolémée la qualifie de colonie : mais, on ne peut citer que lui fur ce fujet. Martial donne à Touloufe le furnom de *Palladia*, ce qu'Aufone & Sidoine-Apollinaire ont répété, & l'opinion la plus commune fur cette épithete eft de la rapporter aux lettres, comme ayant été cultivées avec fuccès dans cette ville. On peut juger de fon étendue par une autre epithete, qui eft celle de *quintuplex* dans Aufone. C'eft à jufte titre que *civitas Tolofatium* tient le rang immédiat à la métropole de la Narbonoife première dans la Notice des provinces de la Gaule.

Lib. IX, epigr. 101.

Epift. XXIV.

44°, 20°.

TOLOSATES. Il ne conviendroit pas de n'en faire aucune diftinction d'avec les *Volcæ Tectofages* : ils en font bien la partie principale, mais non pas la nation toute entière : & c'eft ainfi qu'il faut entendre Pline, qui entre plufieurs peuples nomme les *Tolofani Tectofagum, Aquitanis finitimi*. Il donne *Carcafum*, ou Carcaffone, aux *Tectofages* ; & néanmoins nous trouvons un lieu qui indique les limites du territoire des *Tolofates*, fous le nom de *Fines* entre Touloufe & Carcaffone. Ce lieu termine donc les *Tolofates*, fans fervir de bornes aux *Tectofages*. Les *Tolofates* paroîtroient encore bien moins fuffifans à répondre aux *Tectofages*, fi on attribuoit à cette nation Narbone, que Strabon donne aux *Arecomici* ; & au-delà de Narbone, *Bæterræ* & *Ceffero*, fur ce que les noms de ces villes font rangés dans Ptolémée fous le nom des *Tectofages*. Il y a un autre lieu de *Fines*, qui décide des limites du territoire des *Tolofates* du côté des *Cadurci*. D'un autre côté & en remontant la Garonne, il faut être prévenu que le dioçèfe de Rieux eft un démembrement de l'ancien diocèfe de Touloufe. Il en eft de même du diocèfe de Lombez, qui étoit compris dans celui de Touloufe, comme le témoigne Jean XXII dans une de fes conftitutions, & par lequel l'ancien territoire des *Tolofates*

Lib. III, cap. 4.

confinoit

confinoit à ceux des *Aufcii* & des *Lactorates* dans la Novempopulane. On fçait d'ailleurs, que la feigneurie de l'Ifle-Jourdain dans l'étendue du diocèfe de Toulouse, relevoit des comtes de Toulouse; & que ce qui ne fait point partie de la province de Languedoc, est néanmoins du reffort du Parlement de Toulouse.

44°, 18°.

TORNATES. Ils font cités par Pline entre les peu- *Lib. IV, cap. 19.* ples de l'Aquitaine, dans le nombre defquels on en voit plufieurs qui ne font pas du premier rang. Le nom de *Tornates* fubfifte dans celui de Tournai, petite ville que le diocèfe de Tarbe, capitale des *Bigerrones*, renferme.

52°, 23°.

TOXANDRI. Pline eft le premier qui en faffe *Lib. IV, cap. 17.* mention : *à Scaldi incolunt extera Toxandri, pluribus nominibus*. Pour entendre ce que veut dire cette expreffion *extera*, il faut être prévenu que l'Efcaut termine la Belgique, felon Pline; & qu'ainfi c'eft au dehors de ces limites qu'il place les *Toxandri*. L'opinion de Cluvier, qui les établit dans les terres marécageufes de la Zée-lande, a été combattue par plufieurs autres fçavans. Cette nation étoit apparamment divifée en plufieurs cantons, diftingués par des noms particuliers, *pluribus nominibus*. Elle paroît avoir enlevé aux *Menapii* une partie de leur ancien territoire, en occupant ce que l'on nomme la Campine, au nord du Brabant & de l'évêché de Liége. On ne doute point de cette position, en appliquant le *locus Toxiandria* dont parle Ammien-Marcellin, à celui qui porte le nom de Teffender-loo. Selon la vie de S. Lambert, évêque de Maftrict, citée par M. de Valois, *regio Taxandria* étoit peu éloignée de cette ville. Le partage des Etats du roi Lotaire, entre fes oncles Louis le Germanique & Charle le Chauve, où l'on trouve *comitatum Texandrum*, ne défigneroit pas avec autant de précifion la fituation de ce pays, parce que le dénombrement des lieux & des cantons dans ce partage, ne les range pas dans une situation immédiate les uns à l'égard des autres.

52°, 23°.

Lib. XVII. TOXIANDRIA LOCUS. Selon Ammien-Marcellin, Julien marcha contre les Francs, qui avoient formé un établissement dans cet endroit : *primos omnium petit Francos, eos videlicet quos consuetudo Salios vocitavit, aujos olim in romano solo, apud Toxiandriam locum, tentoria sibi figere prælibenter.* Brouwerus, Wendelinus, Mirœus, sont d'accord à reconnoître cette position dans celle de Tessender-loo, qui est un bourg dans la Campine au nord du Brabant : *minimè fallunt*, dit *Ad Fortunati,* Brouwerus, *qui in* Tessenderlo, *pago Leodicæ regionis Carm. lib. III.* extremo, ostendunt imaginem priscarum sedium ; aptèque lo particula quadrat, quæ loca alta & in palude sita, notat, ceu diceres Taxandrorum palustria.*

53°, 23°.

TRAJECTUM. Le seul monument romain qui en fasse mention est l'Itinéraire d'Antonin, en décrivant une route qui suit le bord du Rhin depuis *Lugdunum* des *Batavi*, & marquant *Trajectum* à XVII d'*Albiniana*, dont on connoît la position dans le lieu nommé Alfen. Mais, cette distance ne remplit pas tout l'espace que donne le local actuel. La Table fait compter 19 depuis *Albiniana* jusqu'au lieu nommé *Fletio*, & depuis la position de *Fletio*, aujourd'hui Vleuten, jusqu'à *Trajectum*, la distance demande encore environ 5 milles en droite-ligne. Il faut être prévenu, que dans l'étendue du territoire des *Batavi* les distances se rapportent au mille romain. On est instruit dans les tems postérieurs à la domination romaine, que ce passage du Rhin étoit couvert d'un château, situé sur la rive ultérieure ; & ce lieu étoit alors appellé *Vetus Trajectum*, & dans la langue vulgaire du pays, *Old-trecht*. L'usage de prononcer ce nom comme aujourd'hui remonte néanmoins fort haut, puisqu'on trouve le nom d'*Utrecht* dans les annales de S. Bertin sous l'an 870, en parlant du partage du royaume de Lothaire entre ses oncles, Louis le Germanique & Charle le Chauve.

45°, 19°.

TRAJECTUS. L'Itinéraire d'Antonin conduit d'*Aginnum* à *Vesunna*, capitale des *Petrocorii*, en passant par *Excisum*, & par *Trajectus*. La première de ces positions étant Ville-neuve d'Agénois, comme on peut voir dans l'article *Excisum*, le *Trajectus* que l'Itinéraire marque à xxi au-delà d'*Excisum*, & xviii en-deçà de *Vesunna*, désigne indubitablement le passage de la Dordogne sur cette route; & je reconnois précisément l'endroit de ce passage dans le nom de Pontous, que porte un lieu situé sur la Dordogne, ayant sur le bord opposé un autre lieu plus considérable qui se nomme la Linde. On trouve dans la Table Théodosienne la même indication de xxi, entre *Excisum* & une position sous le nom de *Diolindum*, qu'entre *Excisum* & *Trajectus*; ce qui fait voir que la position de *Trajectus* convient également bien à Pontoux, que celle de *Diolindum* à la Linde, qui conserve évidemment un reste de son ancienne dénomination. L'estime de la distance entre l'emplacement d'*Excisum* & Périgueux étant d'environ 44000 toises, les nombres de l'Itinéraire, dont la somme est 39, en tirent leur vérification, puisque le calcul de 39 lieues gauloises donne en rigueur 44226 toises.

45°, 18°.

TRES-ARBORES. L'Itinéraire de Bourdeaux à Jérusalem marque une mutation, ou un relais, sous ce nom, en tendant de *Vasata* à *Elusa*; & la distance est indiquée L. v, ou 5 lieues gauloises, à l'égard de *Vasata*. Il est permis de ne pas connoître précisément dans les landes qui environnent Bazas, le lieu actuel qui répond à celui de *Tres-arbores*.

50°, 25°.

TREVERI (*vel* TREVIRI). Les écrivains & les monumens font partagés entre ces deux manières d'écrire ce nom. Tacite & les Inscriptions difent *Treveri*, quoiqu'au fingulier on ait dit *Trevir*. Les *Treveri*, selon Tacite, tiroient vanité de fortir des Germains : *circà adfectationem Germanicæ originis ultro ambitiofi funt*. Ils occupoient un grand pays depuis la Meufe jufqu'au Rhin: *hæc civitas*, dit Céfar, *Rhenum tangit*: & le pont qu'il conftruifit fur le Rhin, étoit appuyé au rivage qui appartenoit à cette cité : *firmo in Treviris præfidio ad pontem relicto*. L'établiffement de plufieurs nations Germaniques en-deçà du Rhin fous Augufte, n'écarta point les *Treviri* ou *Treveri* des bords du fleuve : le *vicus Ambiatinus*, où Pline avoit écrit que Caligula étoit né, felon le témoignage de Suétone, & fitué *fuprà Confluentes*, au-deffus de Coblentz, étoit *in Treveris*. Ce n'eft pas qu'on ne voie quelque difficulté fur ce fujet. Les *Treveri* étant compris dans la Belgique première, puifque leur capitale en étoit la métropole; on voit néanmoins dans la Notice de l'Empire, que le général qui réfidoit à Maïence, métropole de la Germanie première ou fupérieure, commandoit à différens poftes en defcendant le long du Rhin, jufqu'à *Antunnacum*, ou Andernach, inclufivement, où fon département atteignoit les limites de la Germanie feconde ou inférieure, que le cours d'une rivière, nommée *Obringa*, féparoit de la première Germanie, felon Ptolémée. Mais, comme ces limites n'ont rien de commun avec ce qui conftitue jufqu'à nos jours le diftrict des fiéges de Maïence & de Trèves, & que celui de Trèves conferve fon extenfion fur le Rhin ; on peut croire que le commandement militaire du général de la frontière, n'avoit point privé la cité des *Treveri* de la poffeffion où elle étoit de pouffer fon territoire jufqu'au Rhin.

De more Germ. fect. 37.

NOTICE DE LA GAULE.

45°, 22°.

TREVIDON. Sidoine-Apollinaire, dans l'épître qu'il adresse au recueil de ses poësies, parle de *Trevidon* en ces termes :

Ibis Trevidon, & calumniosis
Vicinum nimis, heu! jugum Rutenis.

Il faut chercher ce lieu sur la frontière de Rouergue ; & on y rencontre Trève, sur une petite rivière nommée Trevesel, comme je le vois sur une carte en vélin, qui représente les Cévennes, & de la main de Jean Cavalier, auteur d'une carte de Languedoc, qui est gravée en 6 feuilles. Le mont Lesperou, où la rivière Trevesel prend sa source peu au-dessus de *Trevidon*, représente indubitablement le *jugum vicinum Rutenis* de Sidoine-Apollinaire.

49°, 26°.

TRIBOCI. Ce nom est écrit ainsi dans César, dans Tacite, & dans quelques inscriptions. Dans Pline on lit *Tribochi*, selon Strabon *Tribocchi*, & selon Ptolémée *Tribocci*. César fait mention des *Triboci* entre les nations Germaniques qui composoient l'armée d'Arioviste : & parcequ'en décrivant le cours du Rhin, il mêle le nom des *Triboci* à celui des nations de la Gaule établies sur les rives de ce fleuve, plusieurs en veulent conclure, que les *Triboci* avoient déja formé quelques établissemens en-deçà du Rhin. On a lieu d'être surpris que M. de Valois déplace les *Triboci*, en les transportant à Maïence : *Mogontiacum*, dit-il, *Tribocis adscribendum puto*. Quoique Ptolémée se soit trompé, en faisant les *Vangiones* plutôt que les *Nemetes*, limitrophes des *Triboci*; cependant la situation qu'il fait contiguë aux *Rauraci*, & la position des deux villes qu'il connoît chez les *Triboci*, sçavoir, *Brocomagus* & *Helcebus*, sont des circonstances qui semblent ne pas permettre de méconnoître l'emplacement de ce peuple. Je crois même qu'il ne faut point lui chercher d'autres limites que celles du

P. 3404

diocèse de Strasbourg. Car, de ce que la Notice de l'Empire place *Saletio* sous les ordres du général résidant à Maïence, par conséquent, hors de la dépendance d'un comte qui commandoit dans le *Tractus Argentoratensis*; on peut inférer que la cité des *Nemetes* s'étendoit jusque-là, comme en-effet Seltz est du diocèse de Spire, sur les confins de celui de Strasbourg. Du côté des *Rauraci*, un lieu nommé Markelsheim, qui est précisément sur cette marche ou frontière du diocèse de Strasbourg confinant à celui de Basle, & placé sur la voie romaine, désigne la même chose que le terme de *Fines* sur d'autres voies, & dans les provinces de la Gaule où la langue romaine domine, plutôt que la langue Tudesque. Le nom de *Triboci* ne paroît point dans la Notice des provinces, comme ceux de *Nemetes* & de *Vangiones*, y paroissent dans les villes capitales de ces peuples. *Civitas Argentoratensium* en tient la place, immédiatement après Maïence sa métropole.

49°, 27°.

TRIBUNCI. Ammien-Marcellin parlant de la fuite de Chnodomaire, roi des Alemans, vaincu près d'*Argentoratum* par Julien, s'explique ainsi : *rex Chnodomarius.... celeritate rapidâ properabat ad castra, quæ propè Tribuncos & Concordiam, munimenta Romana, fixit intrepidus, ut adscensis navigiis, dudùm paratis ad casus ancipites, in secretis secessibus evaderet.* La connoissance que l'on a de la position de *Concordia* sur la rivière de Lauter au-dessous de Weissenbourg, conduit à celle des *Tribunci*, & détermine le canton qui lui convient, puisque *castra Chnodomarii* étoient voisins de l'un & de l'autre de ces lieux. On juge même que *Tribunci* devoit être plus à portée du Rhin que ne paroît *Concordia*, vu que Chnodomaire tenoit, en proximité de son camp, des bâtimens tout prêts, pour pouvoir traverser le fleuve au besoin. Je crois donc qu'on peut fixer la position de *Tribunci* aux environs de l'embouchure du Lauter, & la position d'un lieu nommé Bergen, vis-à-vis de Lauterbourg, paroît y répondre. Un lieu qui en est voisin sous le nom de Neubourg, semble supposer qu'il y en avoit un plus ancien dans ce canton. M. Schœpflin préfere la leçon de *Tribuni* dans le manuscrit de Colbert de la Bibliothéque du Roi, à celle de *Tribunci*, sur laquelle les autres manuscrits d'Ammien sont d'accord.

49°, 22°.

TRICASSES. Ils ne sont point nommés dans César, ni dans Strabon. Pline & Ptolémée en font mention, comme d'un peuple de la Gaule Lionoise; & *civitas Tricassium* est une de celles de la Lionoise quatrième, ou Sénonoise, dans la Notice des provinces de la Gaule. Dans Ammien-Marcellin, & dans une inscription du recueil de Gruter, on lit *Tricassini*. Le silence de César sur la cité des *Tricasses*, fait présumer à Nicolas Sanson, que ce district de Troies étoit primitivement compris dans la cité de Sens très-puissante.

45°, 23°.

TRICASTINI. Il en est mention dès le tems du passage des Gaulois en Italie, sous la conduite de Bellovèse, qui selon Tite-live, *in Tricastinos venit*, en prenant sa route vers les Alpes. Car, l'historien ajoute, *Alpes indè oppositæ erant*. On trouve ensuite le nom des *Tricastini* dans la marche d'Annibal, qui ayant passé le Rhône plus bas que dans la position de ce peuple, prit sur la gauche; *ad lævam in Tricastinos flexit*, comme on lit dans Tite-live, pour raser ensuite les limites des *Vocontii*, dont le territoire étoit limitrophe; *inde per extremam oram Vocontiorum agri*. Pline fait mention des *Tricastini*, en citant leur capitale *Augusta*. On trouve *Tricasteni* dans Ptolémée; mais en position fort étrange, par une graduation qui les range à trois degrés & demi de longitude au-delà des *Segalauni*, & en même tems plus au nord de deux tiers de degré. On peut voir ce qui en est, en considérant la position respec-

Lib. V, sect. 34.

Lib. XXI, sect. 31.

tive de S. Paul-trois-châteaux & de Valence. Le nom des *Tricastini* s'est conservé pur dans celui du Tricastin.

52°, 25°.

TRICESIMÆ. Ammien-Marcellin cite ce poste au nombre de ceux, que Julien étant César, fit réparer sur la frontière du Rhin; & les nommant par ordre en remontant du bas Rhin vers le haut, il place *Tricesimæ* entre *Quadriburgium*, que l'on juge avoir été situé vers la séparation du Wahal d'avec le Rhin, & *Novesium*, qui est Neuss ou Nuis. Dans l'Itinéraire d'Antonin, on trouve *Legio* XXX *Ulpia*, à la suite de *Vetera*, sans distance intermédiaire. Ptolémée en fait aussi mention. Ce surnom d'*Ulpia* emprunté de Trajan, a pu induire à confondre ce lieu avec *Colonia Trajana*. Mais, plusieurs inscriptions qui portent LEG. XXX. V. V. dont les dernières lettres s'expliquent *Ulpia Victrix*, ayant été trouvées sur le bord du Rhin auprès de *Vetera*; il y a tout lieu de croire qu'il faut distinguer le camp romain établi par Trajan, d'avec la colonie fondée par lui, & dont l'emplacement connu près de Clève sous le nom de Koln, ne montre rien de semblable. On voit même par la proximité de ce camp à l'égard de *Vetera*, pourquoi l'Itinéraire faisant mention de l'un & de l'autre, ne les sépare point par une indication de distance.

44°, 21°.

AD TRICESIMUM. Les anciens Itinéraires ont beaucoup de positions sous des dénominations semblables, & tirées de la distance des lieux à l'égard des villes principales, qui de leur emplacement comptoient ainsi dans l'étendue du territoire de leur dépendance: & ce *Tricesimum* est relatif à Narbone, comme l'Itinéraire de Bourdeaux à Jérusalem le fait connoître, en marquant deux distances de XV milles chacune entre *Tricesimum* & Narbone. On est surpris qu'un très-sçavant commentateur de l'Itinéraire témoigne de l'incertitude

certitude fur le lieu duquel ce *Tricefimum* étoit compté.
45°, 24°.

TRICORII. L'emplacement de ce peuple dépendra de fuivre Annibal dans fa marche, depuis le paffage du Rhône pour arriver au pied des Alpes. On lit dans Tite-live, qu'ayant paffé le Rhône, Annibal prit fa route fur la gauche, par le pays des *Tricaſtini*, *ad lævam in Tricaſtinos flexit*; & que rafant l'extrémité du territoire des *Vocontii*, il entra chez les *Tricorii*. Polybe, & même Tite-live d'après lui, nous apprennent, que remontant le long du Rhône, il arriva le quatrième jour de marche, *quartis caſtris*, à la jonction d'une rivière avec le Rhône, aux confins des *Allobroges*, qui habitoient entre les deux rivières. Quoique le nom de cette rivière fût écrit Σκώρας dans le texte de Polybe, où l'on a fubftitué Άραρος, & qu'on life *Arar* dans Tite-live; cependant il faut convenir avec les plus judicieux d'entre les fçavans, que c'eſt de l'Iſère, *Iſar* ou *Iſara*, qu'il eſt queſtion. Pourquoi Annibal ne prenoit pas le plus droit chemin, & peut-être le plus commode pour arriver aux Alpes, les hiſtoriens nous en donnent la raiſon, qui étoit d'éviter une action par la rencontre d'une armée romaine, avant que d'être entré en Italie. C'eſt donc de ce point aux environs du confluent de l'Iſère & du Rhône, qu'il convient de partir pour arriver chez les *Tricorii*, après avoir traverſé l'extrémité du territoire des *Vocontii* : *per extremam oram Vocontiorum agri tetendit* (Annibal) *in Tricorios*, ſelon les termes de Tite-live. Or, du point dont on part, cette extrémité du pays des *Vocontii* ne ſçauroit s'entendre que de la partie ſeptentrionale du diocèſe de Die, qui eſt une ville de la dépendance des *Vocontii* : & les *Tricorii*, dont l'emplacement ſuccède ſans intervalle à cette partie du territoire des *Vocontii*, doivent avoir habité ſur le Drac, dans la partie méridionale du diocèſe de Grenoble, & en montant vers les ſources du

Lib. XXI, ſect. 31.

Pol. lib. III.

Drac dans le duché de Champſaur. Je me ſuis cru obligé d'entrer dans ce détail, pour être autoriſé à ne point embraſſer l'opinion de M. de Valois, qui prétend que la marche d'Annibal, & même les anciens Itinéraires, placent les *Tricorii* à *Vapincum*, ou Gap : *cùm Vapincum Tricoriis, Itineraria priſca, & via Hannibalis, adjudicare apertè videantur.* Si l'extrema *Vocontiorum* ora pouvoit auſſi-bien convenir à la partie inférieure des *Vocontii*, entre Vaiſon & Carpentras, qu'elle convient d'un autre côté, & à vingt lieues plus haut, en ce cas il ſeroit vraiſemblable qu'Annibal prenant une route directe vers l'orient d'été, ſans s'écarter vers le nord comme il fit juſqu'à l'Iſère, ſe ſeroit approché de Gap ; & il eſt à remarquer que ſur cette route il rencontroit les *Caturiges*, nation plus conſidérable & plus connue que celle des *Tricorii*. Quant aux anciens Itinéraires, dont M. de Valois employe ici le témoignage, qui ne croiroit ſur l'aſſertion d'un ſçavant du premier ordre, & ſans approfondir le fait, que ces Itinéraires doivent fournir quelque indice évident (*apertè*) de la route d'Annibal par *Vapincum*. Cependant, tout ce qu'on peut ſuppoſer que les Itinéraires ont de commun avec cette route ſe réduit à tendre au mont Génèvre : & comme Annibal deſcendant en Italie, rencontra d'abord les *Taurini*, cette circonſtance détermine en effet le paſſage d'Annibal par cet endroit des Alpes. Mais, j'obſerve que la marche du général Carthaginois depuis l'Iſère juſqu'aux Alpes, eſt évaluée par Polybe à 800. ſtades, ce qui répondra en-effet à l'emplacement des *Tricorii* ſur une route directe ; au lieu que par un détour qui conduiroit aux *Caturiges*, dont il n'eſt fait aucune mention ſur la route d'Annibal, cette route paſſeroit 1000 ſtades, & ne ſe réduiroit point à 800. On trouve les *Tricorii* cités dans Strabon, & comme il convient qu'ils le ſoient, pour les juger ſitués au-delà des *Vocontii*, en s'enfonçant dans les terres. Il en eſt

NOTICE DE LA GAULE.

auſſi mention dans Pline ; mais d'une manière qui n'eſt point propre à déſigner leur véritable poſition. Après avoir parlé des *Cavares* comme étant écartés de la mer, appliquant à leur ſituation le terme *intùs*, il ajoute : *rurſus à mari Tricoriûm (regio) & intùs Tricollorum, Vocontiorum, & Segovellaunorum*. Le P. Hardouin ne fait point difficulté de reconnoître ces *Tricorii* pour être ceux dont parle Strabon : & toutefois il les place *in orâ*, leur attibuant Marſeille, Aix & Apt par delà la Durance : *in Aptenſi (agro* dit-il *) fuêre ſaltus Tricorii, quos Hannibal, dùm peteret Italiam, ſuperavit*. Il ſera très-difficile de ſe perſuader, qu'Annibal s'étant avancé juſqu'à l'Iſère, comme on n'en ſçauroit douter, ait rétrogradé d'environ 25 lieues en revenant ſur ſes pas, pour trouver les *Tricorii* aux environs d'Apt. Il faut accuſer Pline de s'être mal expliqué ſur l'article de ces *Tricorii*, ou prendre le parti de les ſéparer en deux poſitions très-différentes. Ne ſeroit-il pas d'ailleurs permis de ſoupçonner, que le nom de *Tricollorum* qu'on lit ici dans Pline, & qui n'eſt connu ſous cette forme par aucun autre endroit, tient la place de *Tricoriorum*, par une répétition du nom de *Tricoriûm ?* Cette correction paroîtroit lever la difficulté ; & on ne trouveroit autre choſe à redire par grande délicateſſe, que de voir les *Tricorii* en place avant les *Vocontii* dans le paſſage de Pline.

Lib. III, cap. 4.

45°, 21°.

TRIOBRIS FLUVIUS. Sidoine-Apollinaire en fait mention dans le poëme qu'il adreſſe à ſon livre. Cette rivière ſe rend dans l'*Oltis*, ou l'Olt, & ſon nom actuel eſt Trueyre.

44°, 26°.

TROPÆA AUGUSTI. Ptolémée a connu ces Trophées dans le voiſinage de la mer, entre Nice & le port *Moncœus*. Quoiqu'il ſoit répréhenſible d'avoir fait diſtinction d'un port d'Hercule ſéparément du *Moncœus*, il n'en est pas moins constant qu'il a placé Τρόπαια Σεβαςῦ dans le canton qui convient à cette position. On a cru ne pouvoir élever ce monument en lieu plus apparent que le sommet de l'*Alpis Maritima*, dont la pente atteignant le bord de la mer, forme une pointe que l'on nomme cap d'Aglio. Ce lieu conserve le nom de *Tropæa* ; dans celui de Turbia, ou Torbia, quoiqu'altéré : & selon la grande carte topographique des Alpes levée dans le plus grand détail par ordre du Roi, la position de Turbia est distante en droite-ligne de Monaco de 12 à 1300 toises entre le nord & le couchant.

Lib. III, cap. 20. Pline ne parle point du Trophée des Alpes pour en indiquer la position, mais pour en rapporter l'inscription qui fait le dénombrement des peuples soumis par Auguste à l'obéissance du peuple Romain, dans tout ce que les Alpes ont d'étendue à *Mari supero ad inferum*; & on voit que c'est au terme final de cette étendue, & près de la dernière des deux mers, que le monument a été érigé. Plusieurs sçavans sont tombés dans une grande méprise, en confondant cette inscription avec celle de l'Arc de Suse. Le docte Lucas Holstenius est de ce nombre, comme il paroît dans ses Annotations sur l'Italie de Cluvier, p. 6. On peut aussi nommer l'historien de Provence, Honoré Bouche. Cependant, l'objet de l'inscription de l'Arc de Suse est très-différent, puisqu'il ne regarde que les peuples soumis au gouvernement de Cottius, dont l'Etat ne fut réuni à l'Empire que sous Néron. Pline témoigne précisément, que les peuples de ce gouvernement ne sont point compris dans l'inscription du Trophée, & il en donne la raison : *non sunt adjectæ Cottianæ civitates, quæ non fuerunt hostiles.* Je remarque que la puissance Tribunitienne d'Auguste est citée dans cette inscription du Trophée, sans que l'année en soit marquée dans le texte de Pline, quoiqu'on y trouve *Imp.* XIIII, ce qui signifie que jusque-là Auguste avoit été proclamé *Imperator* pour la quatorzième fois.

NOTICE DE LA GAULE. 661

Mais, suivant que l'inscription existe en partie à Turbia, comme je la trouve dans Cluvier, la date de la puissance Tribunitienne est XVII. On croit qu'Auguste n'accepta cette prérogative, que l'année de son onzième consulat, quoiqu'elle lui eût été offerte après la mort d'Antoine sept ans auparavant. Mais, en ne remontant qu'au onzième consulat d'Auguste, qui est l'an 23 avant l'Ere Chrétienne, l'année 17 de la puissance Tribunitienne, fixe la date de l'inscription à la septième des années antérieures à l'Ere Chrétienne. Cette année suivit immédiatement celle qui convient à la circonstance d'*Imp.* XIIII, & qui tombe à l'an de Rome 744, signalé par des succès en Germanie, où Auguste avoit confié le commandement à Tibère. L'inscription de l'Arc de Suse est de l'an XV de la puissance Tribunitienne, & elle diffère ainsi par cet endroit, comme par le fond de ce qu'elle contient, de l'inscription du Trophée des Alpes.

Ital. antiq. p. 64.

43°, 21°.
TROPÆA POMPEII. Pompée ayant terminé la guerre d'Espagne contre Sertorius, éleva au passage des Pyrénées un monument, sur lequel au rapport de Pline, il fit inscrire, que depuis les Alpes jusqu'à l'extrémité de l'Espagne ultérieure, il avoit soumis 876 villes. Ce monument étoit orné de dépouilles consacrées; & Strabon par cette raison, se sert du terme ἀναθήματα pour le désigner. Il indique précisément le lieu de ces Trophées, en disant qu'ils sont sur la voie qui donne entrée en Espagne par la plaine de *Juncaria*. Ce qui contribue encore à fixer cette position, c'est qu'il dit, que des Trophées de Pompée, qui séparent la Gaule d'avec l'Espagne, la distance jusqu'à Narbone est de LXIII milles. Or, voici le décompte des Itinéraires le plus circonstancié, & vérifié sur le local. De Narbone à *Vigesimum* XX, de *Vigesimum* à *Combusta* XIV, de *Combusta* à *Ruscino* VI, de *Ruscino* à *Illiberis* VIII, d'*Illiberis* à *Centuriones* XII, de *Centuriones* au *summus Pyrenæus* V. Total LXV; & s'il

Lib. III, cap. 3.

Lib. III, p. 156, & 160.

P. 160.

Lib. IV, p. 178.

surpasse de deux milles l'indication de Strabon ; c'est de la même manière que lorsqu'il ne compte que LXXXVIII milles entre Narbone & Nîmes, les Itinéraires par leur détail de position en position, font compter 91.

47°, 27°.

Lib. VI, & VII. TUGENI. Strabon fait mention des *Toygeni*, ou *Tugeni*, en deux endroits. Il les joint aux *Ambrones*, qui furent défaits près d'Aix par Marius ; & aux *Tigurini*, qui accompagnerent les Cimbres au passage des Alpes, pour entrer en Italie. On estime qu'ils formoient un des quatre cantons entre lesquels la cité Helvétique étoit partagée ; & que Zug, ou comme on prononce, Tzoug, en conserve le nom.

49°, 24°.

TULLUM. Ptolémée donne deux villes aux *Leuci*, *Tullum* & *Nasium* ; & l'une & l'autre de ces villes se rencontrent dans l'Itinéraire d'Antonin, & dans la Table Théodosienne. La Notice des provinces de la Gaule ajoute le nom de la capitale à celui des *Leuci* dans la première Belgique : *civitas Leucorum Tullo*. Quoique ce nom se soit conservé, lorsque la plûpart des capitales ont perdu celui qui leur étoit propre, pour avoir pris celui du peuple où elles tenoient le premier rang ; cependant il est mention de *Tullum* sous le nom de *Leuci* dans un diplôme de Dagobert I, & dans plusieurs autres des rois de la seconde race. M. Wesseling cite la vie de Léon IX, dont le pontificat est du onzième siècle, dans laquelle la ville de Toul est appellée *Leuca urbs*.

51°, 24°.

TUNGRI. On trouve les *Tungri* établis dans le pays où l'on connoît auparavant la nation des *Eburones*, que César avoit eu à cœur de détruire, pour venger le sang d'une légion romaine, qui avoit péri par les armes de *De mor. Germ.* cette nation. Selon Tacite, le nom de *Tungri* avoit pris *sect. 2.* la place de celui de *Germani*, par lequel les premiers des peuples d'au-delà du Rhin qui avoient enlevé des

NOTICE DE LA GAULE.   663

terres aux Gaulois, étoient désignés : *qui primi Rhenum transgressi, Gallos expulerint, ac nunc Tungri, tunc Germani vocati sint.* Il paroît que ce nom de *Tungri* s'est étendu à un grand pays, en comprenant le district de plusieurs peuples particuliers, puisque, selon la Notice des provinces de la Gaule, les *Tungri* partagent avec les *Agrippinenses* toute l'étendue de la seconde Germanie. S. Remi se plaint dans une lettre, que l'évêque de Tongres en voulant étendre sa jurisdiction sur Mouson, entreprend sur les limites du territoire de Reims ; ce qui fait connoître que les évêques de la cité de Tongres avoient un territoire qui confinoit à celui de Reims, & selon les limites actuelles du diocèse de Liége, où le siége de Tongres subsiste aujourd'hui, après avoir passé auparavant de Tongres à Mastrict. On sçait d'ailleurs, que le diocèse de Namur, dont le siége épiscopal est du pontificat de Paul IV, a été détaché du diocèse de Liége ; & que Malines, qui est une métropole du même tems, reconnoissoit la jurisdiction des évêques dont le siége primitif étoit Tongres.

44°, 18°.

TURBA. Dans la Notice des provinces de la Gaule, *civitas Turba, ubi castrum Bigorra* est une des cités de la Novempopulane. C'est la capitale des *Bigerrones* ou *Bigerri*, nommée *civitas Bigorra* par Grégoire de Tours, en parlant d'un accord fait entre les rois Childebert & Gontram. On a dit depuis *Tarvia* & *Tarba*, aujourd'hui Tarbe. Le siége épiscopal dans le lieu qui étoit *castrum Bigorra*, est nommé *la Sede*.

46°, 23°.

TURECIONICUM. La Table Théodosienne trace une route de Vienne à *Cularo*, ou Grenoble, & les lieux intermédiaires sur cette route sont *Turecionicum* & *Morginnum*. On ne sçauroit douter que ce dernier ne soit Moiran, dont la distance de Grenoble s'accorde à l'indication de la Table, qui est XIIII. Il faut donc trouver *Turecionicum* entre Vienne & Moiran. La distance à l'égard de Vienne est marquée xv, & à l'égard de *Morginnum* xIIII, comme elle est répétée entre *Morginnum* & *Cularo*. Mais, en considérant le local, je vois que les indications de la Table de Vienne à *Morginnum* ne remplissent pas ce qu'il y a d'espace de Vienne jusqu'à Moiran. Car, cet espace peut s'estimer de 29000 toises au moins, ce qui renferme 38 milles romains, sans compter ce que la mesure itinéraire dans un pays assez inégal doit avoir de plus que la mesure directe. Après avoir examiné sur le passage de la voie si quelque lieu n'auroit point quelque rapport à *Turecionicum*, je m'arrête à Ornacieu, près de la Côte de S. André; & la distance entre Ornacieu & Moiran est déterminée de 14 à 15000 toises, dont il résulte 19 milles romains. Or, entre cette position & Vienne il conviendra de compter 20. Ainsi, de Vienne à Moiran 39.

48°, 27°.

TURICUM. Une inscription trouvée à Zurich depuis quelques années, fait mention de cette ville sous le nom de *statio Turicensis*, & pour plus grand éclaircissement voyez l'article *Tigurinus pagus*.

51°, 22°.

TURNACUM. Les plus anciens monumens qui en fassent mention sont l'Itinéraire d'Antonin, & la Table Théodosienne. On trouve dans la Notice de l'Empire une milice romaine distinguée par le nom de cette ville, *numerus Turnacensium*. La Notice des provinces de la Gaule met *Turnacum* au rang des cités de la Belgique seconde. Et parce que le nom des *Nervii* ne paroît point dans cette Notice, comme celui de beaucoup d'autres peuples indiqués par le nom qu'avoit pris leur capitale; il y a apparence que l'ancien territoire de cette puissante nation s'y trouve partagé entre les deux cités de Cambrai & de Tournai. La ville de Tournai a mérité depuis d'être appellée *civitas regalis*, comme S. Ouen
s'en

NOTICE DE LA GAULE.

s'en exprime dans la vie de S. Eloi, ayant été la résidence de plusieurs de nos premiers rois. La jurisdiction spirituelle du siége épiscopal de Tournai s'étendoit sur ce qui compose actuellement les diocèses de Gand & de Bruges.

48°, 19°.

TURONES. Ce nom est quelquefois *Turoni*, de même que *Turones*. Les Commentaires varient ainsi dans sa terminaison. On lit *Turones* dans Pline, *Turonii* dans Tacite, *Turonos* à l'accusatif dans des vers de Lucain & de Sidoine-Apollinaire. Il faut corriger dans Ptolémée le nom de *Turupii*, & dans la version latine *Turogies*. Quoique leur capitale, & la plus grande & meilleure partie de leur pays fût au midi de la Loire, cependant l'aggrandissement de l'Aquitaine par Auguste, en s'étendant jusqu'à cette rivière, n'a pas empêché que les *Turones* ne fussent compris dans la Lionoise, où leur capitale a pris le rang de métropole, lorsque la Lionoise a été divisée en plusieurs provinces. On sçait que les limites ne sont pas en quelques endroits les mêmes entre le diocèse de Tours & la province de Touraine.

44°, 24°.

AD TURRIM. Ce lieu est placé dans l'Itinéraire d'Antonin, entre *Matavonium* & *Tegulata*; & la distance de *Matavonium* est marquée XIIII, & à l'égard de *Tegulata* XVI. La Table Théodosienne qui se trouve conforme dans cette dernière distance, doit être corrigée dans l'autre, en substituant XIII à XVII, comme je le remarque dans l'article concernant *Matavonium*. Or, ce lieu dont le nom est *Turris*, conserve sa dénomination dans celle de Tourves, qui se lit *Torrevez* dans l'ancien pouillé du diocèse d'Aix, rapporté par Honoré Bouche, & *Torvis* dans des bulles de Grégoire VII & d'Innocent III.

Chorogr. de Prov. liv. IV, chap. 2.

V & U.

52°, 24°.

Hist. V, 21. VADA. Il n'eſt mention de ce lieu que dans un endroit de Tacite. Civilis vaincu par Cerealis auprès de *Vetera*, s'étoit retiré dans l'iſle des Bataves, & les Romains ne s'y ſoutenoient que dans la partie ſupérieure, & plus reſſerrée entre le Wahal & le Rhin, ayant des légions à *Arenacum* & à *Batavodurum*, & des détachemens à deux autres poſtes, *Grinnes* & *Vada*. On a des indices de ces lieux par d'autres endroits, à l'exception de *Vada*, ſur lequel on ne peut que former des conjectures. Ce n'eſt donc que par ce moyen que je place *Vada* vis-à-vis de Rhéenen, ſur un ancien canal, qui pour cette raiſon eſt appellé *ouden Rhynſen graefft*, ou vieux foſſé du Rhin. Cette poſition, ainſi que celle de *Grinnes*, couvroit le front de ce que les Romains conſervoient alors dans l'iſle des Bataves; & la place que prend *Vada* paroîtra très-convenable par cette circonſtance rélativement à *Grinnes*, dont le lieu nous eſt indiqué ſur une voie romaine.

50°, 21°.

VADICASSES. Ptolémée fait mention d'un peuple ſous le nom de Οὐαδικάσσιοι, dans la Celtique ou Lionoiſe, à la ſuite des *Meldæ*, ou de ceux de Meaux, & ſur la frontière de la Belgique, comme il s'en explique poſitivement, πρὸς τῇ Βελγικῇ, *ad Belgicam* dans la verſion latine. On trouve dans les éditions de Pline, depuis celle d'Hermolaüs Barbarus en 1498, le nom de *Vad.caſſes*, qui toutefois dans les manuſcrits eſt *Bodiocaſſes*, comme le témoigné le P. Hardouin: & vû que Pline cite les *Bodiocaſſes* à la ſuite des *Viducaſſes*, dont on connoît l'emplacement dans le dioceſe de Baïeux; il ſeroit bien violent de tranſporter du fond des terres, & des confins de la Belgique, juſque dans la partie maritime de la Lionoiſe ſeconde, les *Vadicaſſes* de Ptolémée, en les con-

NOTICE DE LA GAULE. 667

fondant avec les *Bodiocasses*. M. de Valois, loin de s'écarter de la Belgique, veut donner aux *Vadicasses* qu'indique Ptolémée le territoire des *Catalauni*. Pour adopter cette opinion, il faudroit que les *Catalauni* n'eussent pas fait partie de la Belgique même, & être fondé à croire que leur district a été enlevé à la Lionoise, dans laquelle les *Vadicasses* sont compris. Sanson, & le P. Briet, ont fait un autre usage des *Vadicasses*, en les plaçant dans le Nivernois, quoique le territoire de Nevers, qui est une ancienne dépendance des *Ædui*, ne soit point contigu à la Belgique. Ils ont cru apparemment pouvoir confondre le nom de *Nœomagus*, qui dans Ptolémée est celui de la ville principale des *Vadicasses*, avec le nom de *Noviodunum*, que la ville de Nevers a porté avant que d'être appellée *Nevirnum*. Or, sur les indices que Ptolémée donne de la position des *Vadicasses*, sçavoir, qu'ils sont voisins des *Meldæ*, ou *Meldi*, & sur les confins de la Belgique ; il y a toute apparence que cette position se rapporte au Valois, dont le nom est *Vadisus* dans les capitulaires de Charle le Chauve, datés de *Silvacum* en Laonnois l'an 853, *Vadensis* dans des actes postérieurs. On ne sçauroit disconvenir, que ce qui distingue le nom de *Vadicasses* de plusieurs autres, en faisant abstraction de la finale, ne soit conservé dans le nom de *Vadisus*. La terminaison qui lui est commune avec d'autres dénominations, *Tricasses*, *Bajocasses*, *Viducasses*, n'est pas ce qui fait la partie propre & distinctive de chacune de ces dénominations : & cette terminaison est même tombée par un usage postérieur de dire *Trecæ*, *Bajocæ*, *Veocæ*. On ne découvrira point d'emplacement qui soit plus d'accord aux circonstances de celui des *Vadicasses* dans Ptolémée, que la situation du Valois, ayant Meaux d'un côté, & de l'autre Soissons, qui est de la Belgique. Pour ce qui est d'assigner des limites, c'est ce qu'on n'est point en état de faire. On peut présumer, qu'elles n'étoient pas aussi étendues que ce que les diverses châtellenies qui composent actuellement le duché de Valois, occupent de pays : & que ces limites fussent plus resserrées, c'est ce qui ne paroîtra pas plus extraordinaire, que de voir dans le voisinage un territoire aussi borné que celui des *Silvanectes*, nonobstant que les *Silvanectes* ayent conservé le rang de cité, que les *Vadicasses* ont perdu. Il est indispensable de croire, que ce qui appartenoit aux *Vadicasses* a été partagé entre les diocèses de Meaux & de Soissons, puisque ces diocèses sont contigus.

48°, 18°.

VAGORITUM. C'est le nom de la ville des *Arvii* dans Ptolémée. Les vestiges de cette ville sous le nom de cité d'Erve ou d'Arve dans le Maine, ont fait découvrir l'emplacement ci-devant inconnu d'un peuple de la Gaule, dont il n'est mention que dans Ptolémée. Voyez l'article *Arvii*. Il faut conclure même du nom d'Arve, qui a subsisté, que la ville des *Arvii*, ainsi que la plupart des autres capitales, avoit quitté le nom qui lui étoit propre, pour être désignée par celui du peuple.

52°, 23°.

VAHALIS. On sçait que c'est le bras du Rhin, qui s'en sépare le premier, pour former l'isle des Bataves, & qui se joint avec la Meuse. Quoiqu'il soit arrivé de grands changemens dans les circonstances locales du pays, je conjecture que la jonction du Wahal & de la Meuse se faisoit auprès de Dordrecht, avant que la mer couvrît un canton de pays appellé Bies-bos, ou bois de joncs, qui fut submergé en 1421. Je crois que César ne souffre pas que l'on descende cette jonction à environ vingt milles plus bas, comme a fait Cluvier, & après lui Menso Alting. Car après avoir dit, *Mosa parte quadam Rheni receptâ, quæ adpellatur Valis* (c'est ainsi qu'on lit dans le texte) ce qu'ajoute César, *insulam efficit Batavorum, neque longiùs ab eo* (nempè Rheno)

NOTICE DE LA GAULE.

millibus passuum LXXX *in Oceanum transit*, ne peut s'entendre de tout l'éloignement qu'il y a entre la séparation du Wahal d'avec le Rhin, & l'arrivée de la Meuse dans la mer. Il faut sçavoir que l'espace en ligne directe est de 100 milles, & que sans suivre scrupuleusement les replis d'un fleuve, on n'en comptera guère moins de 80 entre Skenk & Dordrecht. La longueur de 100 milles que Pline donne à l'isle des Bataves, & qui se trouve très-conforme au local, comme on peut voir dans l'article *Batavorum insula*, prouve bien que César n'applique pas 80 milles à un espace qui correspond à cette longueur de 100 milles, & qui même est censé la surpasser, vû qu'il s'agit d'un cours de rivière plutôt que d'une ligne directe. Je ne me suis point épargné cette discussion, qui indique le vrai sens d'un passage de César, & qui justifie en même tems l'idée qu'on doit avoir de l'endroit où le Wahal dans son premier cours a dû joindre la Meuse. On croit que les communications qui précèdent aujourd'hui celle-là, n'ont pas toujours existé, & qu'elles ont dérangé l'ancien cours de la Meuse, qui étoit plus direct au dessous de Batenbourg, & se rendoit au pied de *Mons littoris*, qui a pris le nom de Sainte Gertrude. Le nom du Wahal se lit *Vahalis* dans Tacite, qui dit se conformer aux gens du pays ; *Vahalem accolæ dicunt*. Sidoine-Apollinaire & Fortunat, voulant apparemment éviter la dureté de l'aspiration dans leurs poésies, ont dit *Vacalis*. La Table Théodosienne représente un cours de rivière, sous le nom de *Fl ? Patabus*, le long d'une route qui remonte depuis le voisinage de la mer jusqu'à *Noviomagus*, ou Nimègue ; ce qui paroît répondre au *Vahalis* ; & on pourroit se dispenser d'observer, vû l'évidence de la chose, qu'il faut lire *Batavus*, au lieu de *Patabus*.

$45°, 23°$.

VALENTIA. Il convient de corriger la ponctuation

dans les éditions de Pline, en cet endroit : *Araufio Secundanorum. In agro Cavarum Valentia.* Car, le point doit être déplacé, & tranfporté entre le nom des *Cavares* & *Valentia*, parce que *Valentia* n'eft point du territoire des *Cavares*, dont elle eft féparée par les terres des *Tricaftini* & des *Vocontii*, étant renfermée dans le diftrict des *Segalauni*, comme Ptolémée l'indique formellement. Il la qualifie en même tems de colonie; & Ammien-Marcellin nomme cette ville entre celles qui décorent la province Viennoife. Dans la Notice des provinces de la Gaule *civitas Valentinorum* eft dénommée entre celles de la Viennoife. Tout le monde connoît Valence, qui donne le nom au Valentinois.

Lib. III, cap. 4.

50°, 27°.

VALENTINIANI MUNIMENTUM. On apprend d'Ammien-Marcellin, que Valentinien fit fortifier un grand nombre de places le long du Rhin, dans toute l'étendue de fon cours; & il décrit particulièrement le travail par lequel ce prince voulut empêcher que le Nekre ne détruifit la forterefle qu'il avoit fait conftruire à fon embouchure; dans le lieu vraifemblablement que Manheim occupe aujourd'hui : *cum reputaret (Valentinianus) munimentum celfum & tutum, quod ipfe à primis fundarat aufpiciis, præterlabente Nicro nomine fluvio, paulatim fubverti poffe undarum pulfu immani, meatum ipfum aliorsùm vertere cogitavit. &c.*

Lib. XXVIII.

47°, 26°.

VALLIS PENNINA. C'eft ainfi que ce nom doit être écrit, quoique dans quelques infcriptions on life *Poenina*. Ce nom eft emprunté du Dieu *Peninus*, ou *Penninus*, & non des *Pœni*, comme on peut voir à l'article *Alpis Pennina*, fans oublier que dans la Notice des provinces de la Gaule, on lit *Alpium Penninarum*. Quoique les habitans de cette vallée fuffent compris fous le nom général de *Vallenfes*, que l'on trouve dans la même Notice, qui partage la province des Alpes Gréques & Pennines entre deux cités, dont l'une est *civitas Vallensium*; cependant on distingue quatre peuples dans ce que le Walais a d'étendue; sçavoir, *Nantuates*, *Veragri*, *Seduni*, *Viberi*; & ces derniers font une partie des *Lepontii*. M. Bochat rapporte une inscription trouvée à S. Maurice par M. Abauzit, où on lit.... IIII VALLIS POENINAE; & il est à présumer, que le terme de *civitates*, ou un équivalent, précédoit ce nombre IIII, qui s'accorde avec la connoissance que nous avons, que le Walais étoit autrefois divisé en autant de peuples. Quand le nom de *Vallis Pennina* a cessé d'être en usage, le Walais a été appellé simplement *pagus Vallensis*, comme il en est mention dans un titre que l'on prétend se rapporter à la fondation du monastère d'*Agaunum*, ou de S. Maurice, par Sigismond, roi des Bourguignons, au commencement du sixième siècle.

Tome I, p. 296.

44°, 19°.

VANESIA. Dans l'Itinéraire de Bourdeaux à Jerusalem, entre *Elusa* & la capitale des *Ausci* sous le nom d'*Auscius*, on trouve *Vanesia*: & la distance à l'égard d'*Elusa* est marquée XII, à l'égard d'*Auscius* VIII. La voie romaine paroît exister, & elle est tracée en droite-ligne sur une carte du diocèse d'Auch, publiée par Moullart-Sanson. Mais, l'échelle de cette carte est vicieuse par sa graduation. Car l'intervalle d'Euse ou d'Eause à Auch y est égal à 29 minutes & demie de la latitude, dont il résulteroit au moins 28000 toises; au lieu que par des opérations sur le local, cet espace est déterminé à environ 23000 toises, ou peu au-delà. Le calcul de 20 lieues gauloises donne 22680; & pour se rapprocher encore davantage, il faut avoir égard à ce que l'emplacement de l'ancienne *Elusa*, qui se distingue par le nom de la Ciutat, est plus près d'Auch que la position actuelle d'Eause, comme la carte que je cite s'y trouve conforme. Or, selon la proportion des distances entre Eause & Auch, on reconnoît que *Vanesia* est précisément le passage de la Baise, qui traverse la route, aux trois cinquièmes de l'intervalle d'Eause à Auch, selon que 12, comme il est marqué dans l'Itinéraire, est à cet intervalle sur le pied de 20; & le nom de Baise n'est pas sans analogie à celui de *Vanesia* que donne l'Itinéraire. La Table Théodosienne nous trace la même route, quoique le nom d'*Elusa* soit écrit *Clusa*, & qu'Auch y paroisse sous le nom de *Cliberre*, qui est *Climberris*, que cette ville a porté avant celui d'*Augusta*, remplacé finalement par celui d'*Ausci*. Un lieu intermédiaire est nommé *Besino*, à x d'*Elusa*, xiii de *Climberris*. On voit que la somme de ces distances ne convient point au local, comme ce que donne l'Itinéraire de Jérusalem, plus correct que la Table. Il a paru à M. Wesseling, que le lieu indiqué par la Table sous le nom de *Besino*, pourroit être le même que *Belsinum* dans l'Itinéraire d'Antonin, & la ressemblance des noms inviteroit à le croire, si *Belsinum* n'étoit placé sur la route qui tend de *Climberris* à *Lugdunum* des *Convenæ*, & par conséquent fort à l'écart de celle qui fait la communication d'Auch avec Eause. On peut être étonné que Vic-Fezenzac, qui a été le chef-lieu d'un comté dont on a connoissance dès le tems de Charlemagne, & fort étendu puisqu'il comprenoit l'Armagnac, & dont le nom vient de *Fidentia*, qui est une dénomination purement romaine, ne soit point cité sur la route d'Eause à Auch, puisque cette route y passe précisément.

Itiner. p. 462.

50°, 26°.

VANGIONES. Nation Germanique, dont il est parlé dans César comme étant troupe auxiliaire dans l'armée d'Arioviste, de même que les *Nemetes* & les *Triboci*, avec lesquels les *Vangiones* occuperent en-deçà du Rhin des terres, que l'on croit avoir fait partie du pays qui appartenoit aux *Mediomatrici*, sans qu'il soit aisé

de

NOTICE DE LA GAULE.

de décider si cette invasion, & l'établissement de ces nations ont précédé l'entrée de César dans la Gaule. Les *Vangiones* avoient les *Nemetes* pour voisins vers le midi, ou en remontant le Rhin ; & c'est par une transposition dans Ptolémée, qu'on y voit les *Nemetes* au nord des *Vangiones*, & ceux-ci limitrophes des *Triboci*, dont ils étoient séparés par les *Nemetes*. D'étendre les limites des *Vangiones* en descendant le Rhin juqu'aux *Treveri*, selon l'opinion de Cluvier & de plusieurs autres, c'est ce qui souffre difficulté, & sur ce sujet voyez l'article *Caracates*.

45°, 24°.

VAPINCUM. On n'en trouve point de mention qui soit antérieure à celle que l'on doit à l'Itinéraire d'Antonin, & à l'Itinéraire de Bourdeaux à Jérusalem : & quant aux distances qui ont rapport à cette position, on peut consulter les articles des lieux qui en sont immédiatement voisins. Dans la Notice des provinces de la Gaule, *civitas Vappincensium* est comprise dans la seconde Narbonoise. Son district paroît un démembrement des *Caturiges*, nonobstant que le chef-lieu de ce peuple, connu pour tel par le nom même de *Caturiges*, en paroisse séparé par les limites de deux provinces différentes, étant renfermé dans celle des Alpes Maritimes. Selon quelques écrits du moyen-âge, le nom de *Vapincum* est *Vappicum* & *Vappigum* : & il est arrivé de la première lettre de ce nom comme de l'W double, de le convertir en G, en disant Gap.

45°, 20°.

VARADETUM. Ce lieu est placé dans la Table Théodosienne sur la route de *Divona*, ou de Cahors, à *Segodunum*, ou Rodez : & la distance de *Divona*, comme il convient de lire, & non pas *Bibona*, est marquée XV. La carte du Querci, par Tarde, chanoine de Sarlat, indique précisément sur la direction de cette route, un lieu dont le nom de Varaie conserve la plus grande analogie à celui de *Varadetum*. Selon l'échelle de cette carte, l'intervalle de Cahors à Varaie n'est que de 3 lieues & demie : mais j'ai quelque raison d'estimer la mesure des lieues de cette échelle, de même que de la carte du diocèse de Sarlat du même auteur, sur un très-grand pied, & d'environ 15 au degré. Ainsi, les 3 lieues & demie s'évaluent à 13300 toises, ce qui ne pouvant néanmoins renfermer qu'environ 12 lieues gauloises, il en résulteroit que l'indication de la Table devroit être XII plutôt que XV. En rassemblant les distances que donne la Table entre *Divona* & *Segodunum*, la somme qui est 41, peut avoir quelque chose de trop vis-à-vis du local, où l'espace n'est que d'environ 45000 toises, ce qui ne renferme que 39 lieues gauloises. Il en résulre, que ce n'est pas sans raison que l'analyse de la distance particulière de *Divona* à *Varadetum* demande quelque rabais.

45°, 18°.

VARATEDUM. On lit ainsi dans la Table, & il seroit peut-être mieux de lire *Varadetum*, comme dans l'article précédent. Ce lieu est placé sur une route qui conduit de Bourdeaux à *Vesunna*, ou Périgueux. La distance est omise à l'égard de Bourdeaux ; elle paroît marquée XVIII à l'égard de *Corterate*, qui suit *Varatedum* sur cette route. *Corterate* étant incontestablement Coutras, la position intermédiaire, ou *Varatedum*, se retrouve dans celle d'un lieu nommé Vaires, sur la rive gauche de la Dordogne, & dans la direction de la voie précisément. Pour suppléer à l'omission de la distance, j'observerai que l'espace entre Bourdeaux & Vaires peut s'estimer d'environ 10000 toises, ce qui répond à 9 lieues gauloises. Il faut ajouter, que l'espace ultérieur de Vaires à Coutras, ne surpasse guère le précédent ; d'où l'on peut conclure le même nombre de lieues gauloises, en admettant si l'on veut, quelque fraction de lieue par delà. Ainsi, l'indication de la Table, sçavoir XVIII, ne convenant point entre *Varatedum* & *Corterate*, peut s'entendre de la distance entière de Bourdeaux à *Corterate*.

48°, 24°.

VARCIA. Ce lieu est placé dans l'Itinéraire d'Antonin, entre *Andomatunum*, ou Langres, & Besançon. La distance à l'égard de Langres est marquée XVIII, & à l'égard de Besançon XXIIII. On trouve aussi *Varcia* dans la Table Théodosienne, où la distance à partir de Langres diffère de l'Itinéraire, ne paroissant que X sur la ligne qui représente la voie en cet intervalle. Mais, la Table indiquant une position particulière entre *Varcia* & Besançon sous le nom de *Segobodium*, & la distance de *Varcia* à *Segobodium* étant marquée VI, & de *Segobodium* à Besançon XVIII ; l'union de ces distances s'accorde à l'indication de XXIIII de *Varcia* à Besançon dans l'Itinéraire. Quant à la distance antérieure, ou de Langres à *Varcia*, la différence qu'il y a entre l'Itinéraire & la Table est à l'avantage de l'Itinéraire. Car, l'espace absolu, & même direct, de Langres à Besançon étant d'environ 46000 toises, il peut bien en résulter sur la route à peu près 42 lieues gauloises, selon le compte que fournit l'Itinéraire ; & le compte de 34 dans la Table, dont le calcul n'est que de 38 à 39000 toises, est trop insuffisant pour cet espace. En faisant la recherche du lieu qui peut convenir à *Varcia*, je pars du point qui en est plus à portée, sçavoir *Segobodium*, que l'on retrouve sous le nom de Seveux dans l'endroit où la voie traverse la Saône : & la mesure des VI lieues gauloises, auxquelles se borne la distance entre *Segobodium* & *Varcia*, tombe sur un lieu nommé Larrets, parce qu'en suivant la trace même de la voie, on peut juger à une centaine de toises près, d'arriver au terme de ce nombre de lieue, dont le calcul en rigueur est de 6800 toises. Je remarque dans l'article *Segobodium*, que les 18 lieues indiquées entre *Segobodium* & Besançon, ne remplissent pas bien complettement ce qu'il y a d'espace sur le local. Mais, par une compensation que l'examen scrupuleux des Itinéraires donne quelquefois, je vois que la distance actuelle de Seveux à Langres peut avoir besoin du supplément que lui fournit ainsi un espace contigu.

44°, 23°.

Lib. IX, epist. 2. VARDO FLUV. Sidoine-Apollinaire cite le Gardon, *Vardonem, flavis rubrum glareis.* Dans le poëme adressé par Théodulfe, évêque d'Orléans, à ses juges, & qui est postérieur de trois à quatre cens ans, on lit *Wardo*. Le Gardon formé par deux rivières, que l'on nomme Gardon d'Alais, & Gardon d'Anduse, passe après leur union sous le fameux pont du Gard, qui soutenoit un aquéduc tendant à Nîmes, & construit du tems des Romains. Ce n'est pas précisément *apud Bellum-qua-*
P. 585. *drum*, comme M. de Valois s'en explique, que cette rivière se jette dans le Rhône, mais à quelques milles plus haut, & près d'un lieu dont le nom de Cons paroît venir de *Cuneus*.

45°, 25°.

VARUS FLUV. Ce qui distingue particulièrement cette rivière, c'est d'avoir été regardée comme faisant la séparation de la Gaule d'avec l'Italie : *Varus, quia Ita-*
Lib. II, cap. 4. *liam finit*, en me servant des termes de Méla. Strabon, Pline, Ptolémée, Vibius-Sequester, conviennent sur ce point ; & on croiroit n'avoir rien à opposer à un témoignage qui paroît universel. Cependant, c'est en reculant les limites de l'Italie au-delà de leur terme naturel, ou du sommet de l'*Alpis Maritima*, que le Var fera cette séparation : & dans ce vers de Lucain,

Finis & *Hesperiæ, promoto limite, Varus,*

le *promotus limes* ne peut s'entendre que de cette manière. On sçait que l'Italie a été appellée *Hesperia* par les Grecs ; & cette dénomination lui est restée, lors même qu'on connoissoit des pays plus reculés vers le côté du Monde appellé *Hesperus* ou *Vesperus*. Les poètes en fourniroient plusieurs exemples, & je me contenterai de citer Silius-Italicus, en deux mots; *Cannas, tumulum Hesperiæ.* Mais, ce qu'il y a de réel, c'est que la Gaule a conservé ce qui lui appartenoit. Les dépendances de la province des Alpes Maritimes ont embrassé *Cemenelium*, & son district, au-delà du Var. On lit dans la vie de S. Pons, publiée par Baluze: *Fines Italiæ transiens (Pontius) urbem sub Alpium jugo procul sitam petiit, nomine Cimelam.* Ainsi, pour arriver à *Cimela*, qui est la forme que prend le nom de *Cemenelium* dans les écrits du moyen-âge, S. Pons, qui selon Usuard, souffrit le martyre sous Valérien & Gallien, avoit en traversant les Alpes franchi les bornes de l'Italie. Il est à remarquer, que Nice, qui pendant un tems a reconnu pour évêques ceux de *Cemenelium*, ne borne pas précisément l'extension de son diocèse à l'*Alpis Maritima*. Dans Eginhard, sous l'an 813, il est mention de Nice comme étant *provinciæ Narbonensis*. Les comtes de Provence ont possédé Nice jusque vers l'an 1400. Cette ville par un cas de rébellion, s'étant donnée alors à Amédée VII, comte de Savoie, elle lui fut cédée en forme quelques années après par Iolande, mère de Louis d'Anjou, comte de Provence & roi de Sicile. J'ai cru qu'il étoit nécessaire d'entrer dans cette discussion, pour qu'on ne trouve point à redire, que dans notre carte les limites de la Gaule ne s'arrêtent point au Var, nonobstant ce qu'on lit dans les auteurs nommés ci-dessus.

Lib. I.

Miscell. T. I. cap. 15.

45°, 18°.

VASATES. Ils ont été connus de Ptolémée, quoique leur nom y soit *Vasarii*, au lieu de *Vasatii*, & que leur emplacement, qu'il fait plus septentrional que la position de Bourdeaux, & suivi immédiatement des *Gabali*, ne soit guère convenable. On trouve le nom de *Vasates*, comme il doit être écrit, dans Ausone; & la capitale de ce peuple est appellée *Vasatæ* par Ammien-

Lib. XV.

Marcellin, & par d'autres écrivains. Indépendamment de ce qu'il est ainsi mention des *Vasates*, il est très-vraisemblable, que le nom de *Vocates* qu'on trouve dans le troisième livre des Commentaires, est celui des *Vasates*. Crassus, lieutenant de César, ayant réduit à composition la ville des *Sotiates*, Sos, dans le nord du diocèse d'Auch, s'avance dans le territoire des *Vocates*, qui est en-effet limitrophe, & chez les *Tarusates*, qu'on croit avoir été compris dans le diocèse d'Aire, contigu à celui de Basas, qui représente les *Vasates*. Dans le dénombrement des peuples de l'Aquitaine qui se soumettent, on remarque de suite les noms de *Vocates*, *Tarusates*, *Elusates*. Ainsi, voilà les *Vocates* également adhérans aux *Elusates*, qu'à deux autres peuples nommés précédemment, ce qui ne convient pas moins au diocèse de Basas. Il ne paroît pas douteux, que le nom qui dans Pline se lit *Basabocates*, ne désigne les *Vasates*, quoique sous une forme qui paroît étrange par la confusion du nom de *Vasates* avec celui de *Vocates*. Le nom de *Latusates*, qui l'accompagne immédiatement, tenant la place de *Tarusates*, comme plusieurs critiques l'ont estimé; on voit qu'il en est de même pour la proximité, que dans les Commentaires sur les *Vocates* & les *Tarusates*. D'ailleurs, on ne connoît point de position qui convienne à des *Vocates*, qui soient différens des *Vasates*. Ainsi, quelque réserve qu'on doive garder pour n'être point trop libre en conjecture, M. l'abbé de Longuerue, dans sa description de la France, se rend trop difficile sur l'identité des *Vasates* avec les *Vocates* de César, & les *Basabocates* de Pline. Comme on peut dire en général, que les limites des diocèses représentent les cités des premiers tems, à moins que des faits particuliers d'union ou de démembrement de territoire n'y fasse déroger : en ce cas, le diocèse de Basas donne aux *Vasates* une portion de pays entre la Garonne & la Dordogne. Cependant, je ne sçai si cette portion de pays n'a

Lib. IV, cap. 19.

M. de Valois.
Le P. Hardouin.

Pr. Part. p. 186.

NOTICE DE LA GAULE.

pas fait partie d'un ancien comté d'Agénois. Elle a été possédée dans le dixième siécle par Guillaume-Sanche, duc de Gascogne, qui rétablit le monastère de Squirs sous le nom de *Regula*, ou de la Réole, de concert avec son frère Gombaud, évêque de Bafas, qui s'est intitulé *Vasconensis episcopus* dans un tems où les églises de la Gascogne manquoient de pasteurs. Or, delà on pourroit soupçonner, que cette extension du duché de Gascogne auroit donné lieu à celle du diocèse de Bafas dans cette partie. Elle est distinguée par le nom de *pagus Alliardensis* dans le titre du renouvellement de la Réole.

45°, 23°.

VASIO. Cette ville est citée par Méla entre les plus opulentes de la Narbonoise. On lit dans Pline : *Vocontiorum civitatis fœderatæ duo capita, Vasio, & Lucus Augusti.* Ptolémée ne nomme point d'autre ville que *Vasio* chez les *Vocontii*. Dans la Notice des provinces de la Gaule, *civitas Vasiensium* est une de celles de la Viennoise. Sidoine-Apollinaire l'appelle *Vasionense oppidum*. Cette ville en conservant son siége épiscopal, est réduite presque à rien ; & on distingue l'ancien Vaison, qui ne consiste que dans une église sur la rive droite d'une rivière appellée Ouvèse, d'avec le nouveau, qui est sur la gauche. Cependant, plusieurs vestiges des édifices qui décoroient la capitale des *Vocontii*, témoignent qu'elle existoit dans un état florissant, conformément à l'idée qu'en donne Méla. Une inscription consacrée *Marti & Vasione*, fait connoître que les *Vocontii*, ainsi que d'autres peuples, avoient divinisé leur ville principale. Par les inscriptions, l'ethnique de *Vasio* est *Vasienses*, comme on a pu remarquer qu'il est employé dans la Notice.

Lib. II, cap. 5.
Lib. III, cap. 4.

46°, 25°.

VATUSIUM. On ne connoît point cette dénomination par elle-même, & on n'en peut juger que par son ethnique, que l'on trouve dans Pline, en parlant des

Lib. XI, cap. 42.

pâturages des Alpes qui donnoient les fromages les plus eſtimés à Rome : *Centronicæ (Alpes) Vatuſicum (caſeum mittunt.)* Selon Daléchamp, dans ſon édition de Pline, ces fromages ſont ceux de Paſſi, & Paſſi eſt un lieu du Faucigni, près de Salanche. De *Vatuſium* peut dériver le nom de Paſſi, ſans qu'il ſoit néceſſaire de croire avec Daléchamp, que l'ethnique *Vatuſicus* ſoit altéré dans Pline, & qu'il faille lui ſubſtituer *Paſſiacus.*

P. 264.

51°, 25°.

UBII. Leur première demeure étoit au-delà du Rhin, n'étant ſéparés de la Gaule que par le cours du fleuve : *Ubii*, dit Céſar, *cæteris (Germanis) humaniores, propterea quod Rhenum attingunt... & ipſi, propter propinquitatem, Gallicis ſunt moribus adſuefacti.* Preſſés par les Suèves, ils eurent recours à Céſar, *ut ſibi auxilium ferret, quod graviter ab Suevis premerentur.* Enfin Agrippa, qui le premier des Romains après Céſar paſſa le Rhin, ſelon Dion-Caſſius, tranſporta les *Ubii* de la rive ultérieure du Rhin à la rive citérieure, comme on l'apprend de Strabon : & Tacite fait entendre qu'on les avoit ainſi établis, moins pour leur ſureté, que pour celle de cette frontière de l'Empire : *experimento fidei, ſuper ipſam Rheni ripam collocati, ut arcerent, non ut cuſtodirentur.* La Colonie Agrippine ayant été fondée chez eux ſous le regne de Claude, ils prirent volontiers le nom d'*Agrippinenſes* ; & leur attachement aux Romains anima particulièrement contre eux Civilis, dans les premiers mouvemens de ſa révolte, comme Tacite le témoigne : *infeſtiùs in Ubiis, quod gens Germanicæ originis, ejuratâ patriâ, Romanorum nomen Agrippinenſes vocarentur.* Ils s'étendoient le long du Rhin depuis les *Treveri*, juſqu'aux terres dont les *Gugerni*, qui étoient Germains comme eux, avoient été mis en poſſeſſion, & qui faiſoient auparavant partie de celles des *Menapii.*

Comment. IV.

Lib. IV.
De mor. German.

Hiſtor. lib. IV, 28.

46°, 21°.

46°, 21°.

UB.. UM. C'est ainsi qu'avec un vuide de quelques lettres, on lit dans la Table Théodosienne le nom d'un lieu, sur une route qui communique d'*Augustoritum*, ou de Limoges, à *Augustonemetum*, ou Clermont; & entre *Fines*, ou les confins des *Lemovices* & des *Arverni*, & *Augustonemetum*. La distance à l'égard de *Fines* est marquée x, à l'égard d'*Augustonemetum* viiii : & autant qu'on en peut juger par les cartes, ces distances paroissent convenables. Dans cet intervalle en partant de *Fines*, le passage de la rivière de Sioule se rencontre au Pont-armoi, au delà duquel un lieu nommé Olbie, pourroit être celui que désigne la Table, en lisant par conjecture *Ublium*, ou même *Ulbium*.

46°, 24°.

UCENI. L'inscription du Trophée des Alpes, rapportée dans Pline, place les *Uceni* à la suite des *Medulli*, & immédiatement avant les *Caturiges*. Or, l'emplacement qui convient aux premiers dans la partie inférieure de la Maurienne, sur la frontière des *Allobroges*, comme on peut voir à l'article *Medulli*, & la connoissance qu'on a des autres du côté d'Embrun, font juger, que la position des *Uceni* dans le quartier des montagnes qui renferment le Bourg d'Oisans, est très-convenable, selon l'opinion qu'en ont déja eu le président de Boissieu & Honoré Bouche. Sanson voudroit que les *Siconii* (ou *Iconii*) que l'on trouve dans Strabon, & qui ne sont point connus d'ailleurs, fussent les mêmes que les *Uceni*.

Lib. III, cap. 20.

45°, 23°.

UCETIA. Quoique les anciens Géographes & les Itinéraires n'en fassent point mention, cependant les monumens romains qu'on y a trouvés, & le nom d'VCETIAE sur un marbre déterré à Nîmes, & dont M. Ménard rapporte l'inscription, suppléent à d'autres témoignages sur l'antiquité d'Uzez. Dans la Notice des provin-

Histoire de Nîmes, T. I. notes, p. 22.

ces de la Gaule, *castrum Ucecienfe* termine la Narbonoife première. Cette ville étoit néanmoins un fiége épiscopal dès le milieu du cinquième fiècle, Conftantius fon évêque ayant foufcrit à la lettre des évêques de la Gaule au pape S. Léon. M. de Valois paroît affez perfuadé qu'*Ucetia* eft la même ville que *Vindomagus* dans Ptolémée, pour l'inférer felon l'ordre alphabétique de fa Notice, fous ce nom, plutôt que fous celui qui lui eft propre. Il y a toutefois des raifons pour ne point confondre *Vindomagus* avec *Ucetia*.

45°, 25°.

VEAMINI. Ils font cités dans l'infcription de l'Arc de Sufe, entre les peuples foumis à Cottius; & pareillement dans celle du Trophée des Alpes, que Pline rapporte. On peut conjecturer que le haut & le bas Toramenos, dont le nom eft *Toreamina*, ont du rapport aux *Veamini*. Ces lieux font fitués à la droite du Verdon, au-deffous de Colmars.

44°, 25°.

VEDIANTII. Pline en fait mention en ces termes: *oppidum civitatis Vediantiorum Cemelion*. Selon Ptolémée ce nom s'écriroit *Vefdiantii*: mais une infcription dans Honoré Bouche, & dans Spon, qui porte *matronis Vediantiabus*, affure la leçon de Pline. Les déeffes tutélaires d'un diftrict, & d'une ville ou d'un lieu en particulier, étoient appellées *Matronæ*, ou bien *Matres*. Ptolémée range en Italie le peuple dont il s'agit; & en établiffant les limites de la Narbonoife au Var, il en excluoit effectivement les *Vediantii*. Mais, outre que ces limites font équivoques, & que le fommet des Alpes y met une diftinction plus marquée, la ville de *Cemenelium*, que Ptolémée connoît chez les *Vediantii*, & qui étoit leur capitale, eft de la province des Alpes Maritimes dans la Notice des provinces de la Gaule. Il faut encore remarquer, que Ptolémée s'écarte fort de l'Italie, & même du territoire que pouvoient occuper les *Vediantii*, en leur attribuant *Sanitium*, ou Senez, indépendamment de *Cemenelium*, dont on connoît les vestiges à Cimies, près de Nice.

48°, 25°.

VELATODURUM. Selon les dénominations composées avec du rapport à celle-ci, il est plus conforme à l'usage d'écrire *Velatodurum*, que comme on lit dans l'Itinéraire d'Antonin *Velatudurum*. Ce lieu y est placé sur la route qui conduisoit de Besançon à *Epamanduodurum*, ou Mandeure. Les distances sont marquées XXII à l'égard de Besançon, XII à l'égard de Mandeure : mais pour être scrupuleux sur cet article, il faudroit en rabbattre quelque chose. Le total de Besançon à Mandeure est plutôt 32 que 34, comme ou peut voir dans l'article *Epamanduodurum*. Plusieurs ont rapporté la position de *Velatodurum* à un lieu nommé Vellerot, en prenant une route écartée du Doux sur la droite. Ils n'ont pas observé, qu'indépendamment de ce que la distance de Vellerot à Mandeure n'est pas suffisante, le terme de *durum* dans la dénomination de *Velato-durum*, indique presque par-tout où il se rencontre, un passage de rivière, qu'on ne trouve point à ce Vellerot. En combinant les distances sur la représentation topographique & très-circonstanciée du local, il me paroît que la position de *Velatodurum* veut se placer à l'endroit, où pour se rendre de Besançon à Mandeure, il faut traverser le Doux, aux environs de Clereval, & un lieu qui se nomme Pont-pierre indique peut-être ce passage. Au reste, cette route ne me paroît pas différente de celle qui est tracée dans la Table, & sur laquelle elle place en d'autres distances un lieu nommé *Lopofagium*, en omettant *Velatodurum*, de même que l'Itinéraire marque *Velatodurum* préférablement à *Lopofagium*. C'est mettre une dépense superflue (si l'on peut s'exprimer ainsi) sur le compte des peuples soumis à la domination romaine, que de doubler sans nécessité les voies qui tendent aux mêmes lieux ; & on auroit occafion de répéter ce point de critique fur plufieurs grands chemins de la Gaule.

45°, 25°.

Plin. lib. III, cap. 20.

VELAUNI. Ils font cités dans l'infcription du Trophée des Alpes, à la fuite des *Iverufii*, dont l'emplacement eft bien connu, parce que *Vintium*, ou Vence, étoit le chef-lieu de leur territoire. Honoré Bouche les établit avec quelque probabilité dans le comté de Beuil, dont le nom dans les archives de Provence à Aix, eft *Bellio*.

50°, 20°.

VELIOCASSES. Ce nom fe trouve écrit diverfement, *Velocaffes* dans Céfar, *Vellocaffes* dans Pline, & *Veneliocafii* felon Ptolémée. Céfar joint cette cité aux *Caleti*, & à d'autres peuples d'entre les Belges, que la Seine féparoit d'avec les Celtes. Mais, la divifion de la Gaule par Augufte fit entrer les *Veliocaffes*, ainfi que les *Caleti*, dans la Lionoife ; & ils font cités comme faifant partie de cette province, par Pline, & par Ptolémée. *Rotomagus* leur capitale devint même la métropole de la feconde des Lionoifes, lorfque la Lionoife d'Augufte fut divifée en deux provinces. Dans l'étendue de pays qu'ont occupé les *Veliocaffes*, la partie qui eft fituée entre la rivière d'Andelle & l'Oife, a confervé leur nom dans celui de *Vulcaffinus pagus*, divifé, comme l'on fçait, en Vexin Normand & Vexin François, par rapport aux limites du duché de Normandie, fixées à la rivière d'Epte, dont le cours fait la féparation d'un Vexin d'avec l'autre. Ce qui étoit compris dans le diftrict des *Veliocaffes* aux environs de Rouen, a été diftingué par le nom de *pagus Rotomagenfis*, ou *Rotomenfis*, dont il fubfifte un refte dans ce qu'on appelle le Roumois, quoique ce nom foit actuellement reftraint au canton qui eft au midi de la Seine, jufqu'au bord de la Rifle, où le diocèfe de Rouen confine au diocèfe de Lizieux.

46°, 22°.

VELLAVI. Cette leçon est préférable à celle de *Velauni*, que donnent quelques éditions des Commentaires, & à laquelle Ptolémée est conforme. Selon Strabon, *Vellaii*. La Notice des provinces de la Gaule, où la capitale des *Vellavi* est appellée *civitas Vellavorum*, & Grégoire de Tours, qui la nomme *Vellava urbs*, soutiennent la leçon de *Vellavi*. Du tems de César, les *Vellavi* étoient soumis aux *Arverni*, ainsi que les *Gabali* leurs voisins : *sub imperio Arvernorum esse consueverant*. Mais, affranchis vraisemblablement par Auguste, ils formoient, selon Strabon, une cité particulière. Le diocèse du Pui représente leur territoire ; ce qu'on ne sçauroit dire également de la petite province qui porte le nom de Vellai, annexée au gouvernement de Languedoc. Car, l'ancienne capitale des *Vellavi*, qui porte actuellement le nom de S. Paulien, ou Paulhan, comme on dit dans le pays, est enclavée dans la province d'Auvergne. C'est un étrange déplacement dans Ptolémée de faire les *Velauni*, ou *Vellavi*, voisins des *Auscii*, ὑπὸ τὸς Αὐσκίας.

49°, 21°.

VELLAUNODUNUM. César partant d'*Agedincum*, ou de Sens, & y laissant les bagages de son armée, pour se rendre en diligence à *Genabum*, ou Orléans, rencontre sur sa route, & le lendemain de son départ, *altero die*, une ville des *Senones*, nommée *Vellaunodunum* ; & après l'avoir reçue à composition, il arrive en deux jours à *Genabum*. Dans les Eclaircissemens géographiques sur l'ancienne Gaule, qui ont paru en 1741, la situation de *Vellaunodunum* est établie à Beaune en Gâtinois. On remarque en-effet, que cette position est comprise dans le diocèse de Sens, *oppidum Senonum Vellaudunum*, & qu'elle se rencontre sur la route directe de Sens à Orléans. Sa distance à l'égard de Sens de 40 & quelques milles romains, convient à deux jours de mar-

Comment. VII.

che d'une armée fans bagage, & qui faifoit diligence. Végéce dit précifément, que la marche commune du foldat romain en cinq heures d'été, qui valent environ fix & un quart de nos heures aftronomiques & égales en toute faifon, étoit de 20 milles, & en l'accélérant qu'elle étoit de 24. La diftance de Beaune à Orléans n'étant que d'environ 30 milles, la route en deux jours n'eft que plus facile à admettre. Le nom de *Belna*, fous lequel il eft fait mention de Beaune, *villa Belna, in pago Vaftinenfi fita*, dans les actes du concile tenu à Soiffons en 862, peut être regardé comme une abbréviation du nom de *Vellauna*, puifque l'altération la plus commune dans les dénominations a été de les réduire, ou de les tronquer. Je ne répéterai point ici ce qui eft dit dans l'ouvrage que j'ai cité, pour réfuter la pofition qu'un fçavant a voulu donner à *Vellaudunum*, auprès d'Auxerre, en déplaçant en même tems *Genabum* de fa pofition à Orléans. Mais, je ne terminerai point cet article fans remarquer, que l'on reconnoît la trace d'une ancienne voie, dont la direction à partir de Sens, fe fait remarquer par de grands veftiges entre le paffage du Loin, près du lieu nommé Dordive, & Beaune, & paroît vouloir en pouffant plus loin, croifer la route qui de *Lutecia* fe rend à *Genabum*, avant que cette route arrive à Orléans. On eft affez prévenu, que le local fait trouver ainfi de pareilles voies, fans qu'il en foit mention dans les anciens Itinéraires. Celle-ci n'eft pas précifément la même que dans la Table Théodofienne, entre *Genabum* & *Agedincum*, par des lieux nommés *Fines* & *Aquæ Segefte*, quoiqu'elle n'en paroiffe pas fort écartée.

48°, 15°.

VENETI. La cité de Vennes étoit plus puiffante fur mer qu'aucune autre, & les *Veneti* fe diftinguoient par leur habileté dans la marine, felon Céfar. Il emploie auffi pour défigner leur territoire le nom de *Venetia*,

Commentar. III.

NOTICE DE LA GAULE.

qui n'eſt pas la forme uſitée à l'égard des cités de la Gaule. Strabon a mal connu les *Veneti*, en les diſant Belges, ainſi que les *Oſiſmii*. Les *Veneti* ſont cités dans Pline, & les iſles adjacentes à leur continent ſont appellées par lui *Veneticæ inſulæ*. Le nom des *Veneti* eſt oublié dans le texte grec de Ptolémée, mais non pas dans la verſion latine, qui n'étant pas récente, eſt regardée à peu près comme un texte. *Lib. IV, p. 194.*

48°, 15°.

VENETICÆ INSULÆ. On lit dans Pline : *inſulæ* *Lib. IV, cap. 19.* *complures Venetorum, quæ & Veniticæ appellantur*. On voit bien que cette dénomination générale comprend Bell'iſle, Houat, Hedic, Groa ou Grouais, & même Quiberon, ou comme on lit dans les titres de pluſieurs ſiècles Keberoen, qui devient iſle dans les grandes marées. On ſçait que toutes ces iſles ſont oppoſées à la partie du continent qu'occupoient les *Veneti*, plus diſtingués dans la marine qu'aucun des autres peuples Armoriquains, au rapport de Céſar.

48°, 28°.

VENETUS LACUS, *vel* **BRIGANTINUS.** Méla *Lib. III, cap. 2.* parle de deux lacs formés par le Rhin deſcendu des Alpes : *Rhenus ab Alpibus decidens, propè à capite duos lacus efficit, Venetum & Acronium*. On ne trouve point ailleurs cette diſtinction de deux lacs, ni leurs dénominations. Le lac qui porte actuellement le nom de Boden-ſée, & qu'on appelle plus communément le lac de Conſtance, eſt appellé *Brigantinus* par Pline, & *Brigantia* par Ammien-Marcellin, en ces termes : *Rhe-* *Lib. XV.* *nus lacum invadit, quem Brigantiam accola Rhætus appellat.* Cet hiſtorien a mal connu la figure & l'étendue de ce lac ; en diſant *rotundum, perque quadringenta & ſexaginta ſtadia longum, parique penè ſpatio latè diffuſum*. Strabon, qui en fait mention ſans le diſtinguer par *Lib. VII, p. 292.* un nom particulier, ne lui donne que 300 ſtades de longueur, ſur 200 de largeur, ce qui péche encore par excès dans la largeur. Le nom actuel de Boden-sée est tiré d'un lieu nommé Bodman, situé à l'extrémité du lac opposée à celle où est Brégentz, dont le nom de *Brigantia* a fait celui de *lacus Brigantinus* dans Pline. Ce lieu de Bodman a été distingué par un palais sous les rois de Germanie du sang de Charlemagne. Il en est mention dans un diplome de Charles le Gros, de l'an 881, rapporté par Crusius, dans ses Annales de Souabe : & qui s'exprime ainsi : *ad lacum Podamicum, in arce & palatio Bodmen*. Et j'en prends occasion de remarquer, qu'une position admise dans notre carte, & que donne la Table Théodosienne, en traçant une route qui doit joindre les bords du Danube, se rencontre au passage d'une petite rivière qui se rend dans le lac peu loin de Bodmen. Je pense même que la Table étant peu correcte en beaucoup de dénominations, on seroit autorisé à lire *Brigo-Badme*, au lieu de *Brigobanne*. Mais, pour terminer ce qui concerne le lac dont il est question, l'isle dans laquelle Strabon rapporte que se retira Tibère, après avoir livré un combat naval aux *Vindelici*, pourroit s'entendre de la langue de terre presque entièrement isolée, entre les deux espèces de cornes, que l'extrémité du Boden-fée forme avec l'autre lac, qui se répand au dessous de Constance sous le nom d'Unter-sée, ou de lac inférieur. La source du Danube à Donesching (sans la rechercher plus haut) que Tibère alla voir à une journée de distance du lac, selon Strabon, en est éloignée d'environ 36 milles romains.

46°, 24°.

VENTIA. Dion-Cassius parlant d'une expédition, qu'il date de l'an de Rome 693, contre les *Allobroges* qui s'étoient révoltés, fait mention d'une ville sous le nom de *Ventia*, qui devoit être peu éloignée de l'Isère, selon quelques circonstances de cette expédition. Il y a lieu de croire avec M. de Valois, que c'est Vinai,

entre

NOTICE DE LA GAULE.

entre Moirenc ou Tullin, & S. Marcellin, à quelque distance de la rive droite de l'Isère. Dans le même mouvement de guerre, il est parlé d'une autre ville sous le nom de *Solonium*, ou *Solon*, comme on lit dans l'épitome du livre CIII de Tive-live ; mais dont la situation me paroît inconnue, & est peut-être cachée sous quelque nom de Saint, qui ayant succédé à une première dénomination, l'a fait oublier, comme il est arrivé à beaucoup d'autres lieux.

$47°, 25°.$

VERAGRI. César les place entre les *Nantuates* & les *Seduni*. Dion-Cassius, en disant, que les *Veragri* s'étendent depuis les *Allobroges* & le lac Léman jusqu'aux Alpes, n'a point trouvé la même chose dans César, qui au commencement du troisième livre des Commentaires décrit l'expédition de Sergius-Galba son lieutenant, dont il est question dans cet endroit de Dion. Ainsi, ce qu'on lit dans cet historien ne sçauroit nuire à ce qu'on connoît d'ailleurs, que les *Nantuates* séparent les *Veragri* des *Allobroges*. L'inscription du Trophée des Alpes nomme les *Veragri* entre les *Seduni*, ou le territoire de Sion, & les *Salassi*, qui habitoient la vallée d'Aouste, ce qui est très-convenable. Pline les désigne par l'ethnique de leur capitale, en les appellant *Octodurenses*. Voyez l'article *Octodurus*.

Lib. XXXIX.

$50°, 22°.$

VERBINUM. Ce lieu étant le plus remarquable de ceux qui se rencontrent sur la grande route de Bavai à Reims, je crois devoir discuter dans cet article ce qui concerne cette route par rapport à son étendue en général ; & il est à propos de combiner avec l'Itinéraire d'Antonin ce que repréfente la trace de la même route dans la Table Théodofienne. On trouve de *Bagacum* à *Duronum* XII dans l'Itinéraire, XI dans la Table. De *Duronum* à *Verbinum*, dont le nom dans la Table est *Vironum*, x également. De *Verbinum* à *Catusiacum* VI,

& de *Catufiacum* à *Minaticum* VII, dans l'Itinéraire. La Table comprend ces deux distances en une seule, qui est XIII. De *Minaticum* à *Auxuenna* IX, selon la Table. On lit *Muenna* dans l'Itinéraire, & la distance est marquée XVIII. Enfin, d'*Auxuenna* à *Durocortorum* il y a X d'un côté comme de l'autre. La somme de ces distances particulières, qui est 63 dans l'Itinéraire, n'est que 53 dans la Table ; & l'Itinéraire prononce contre lui-même, & dépose en faveur de la Table, dans l'intitulé de cette route : *iter à Bagaco Nerviorum, Durocortoro Remorum usque*, M. P. LIII. Mais, ce qui en décide souverainement, & fait voir en même tems que nonobstant que ces distances soient marquées M. P. il est question de lieues gauloises ; c'est que l'espace de Reims à Bavai, fixé par des opérations, est d'environ 61000 toises, dont il ne peut résulter qu'environ 54 lieues gauloises. Il faut en conclure, qu'à quelques fractions de lieues près, qui auront été négligées dans le détail des distances, la somme de 53 est celle qu'il convient d'adopter. Pour ce qui regarde la position de *Verbinum* en particulier, je remarque que sur la distance depuis Bavai jusqu'à Reims, celle de Bavai à Vervins y entre pour 23 lieues gauloises, & cet intervalle admet ce que l'évaluation du total de l'espace à 54 lieues prend d'excédent sur la somme de ci-dessus à 53. Entre Vervins & Reims, ce qu'il y a d'espace en droite-ligne ne paroît répondre qu'à environ 31 lieues. On peut consulter l'article qui concerne chacun des autres lieux mentionnés sur cette route, pour connoître le plus ou le moins de justesse des distances qui les séparent.

44°, 25°.

VERGUNI. On les trouve dans l'inscription du Trophée des Alpes, qui se lit dans Pline. Il paroît convenable d'en rapporter l'emplacement aux environs d'un lieu qui conserve le nom de Vergons, & qui est nommé *de Vergunnis* dans les actes du moyen-âge. Honoré

Lib. III, cap. 20.

NOTICE DE LA GAULE. 691

Bouche en a pensé de même : & une grande carte manuscrite de la Provence m'indique, que Vergons est situé entre Senez & Glandèves, sur une même ligne, & presque à égale distance.

43°, 21°.

VERNODUBRUM FLUMEN. Pline décrivant la partie maritime de la Narbonoise, à commencer par ce qui est plus voisin des Pyrénées, nomme deux rivières ; *flumina*, *Tecum*, *Vernodubrum*. Il est à remarquer, que Strabon applique aux rivières qui traversent le Roussillon dans toute sa longueur, les noms de *Ruscino* & d'*Illiberris*, qui sont proprement ceux des villes, près desquelles coulent ces rivières ; & on peut dire la même chose de Ptolémée, quoique les noms y soient altérés. Méla a connu les dénominations particulières de *Telis* & de *Tichis* ; & on voit bien que *Tichis* est la même chose que *Tecum* dans Pline, & que c'est la rivière qui conserve le nom de Tec. M. de Marca, & M. de Valois, ne voyant point l'autre rivière, qui est *Telis* dans Méla, *Ruscino* dans Strabon, ont opinion que c'est sous le nom de *Vernodubrum* que Pline en fait mention. Mais sur ce point, je suis de même avis que M. Astruc ; & le nom de Verdoubre, ou Verdouble, que porte une rivière qui grossit celle d'Agli, peu inférieure à la Tet, ou *Telis*, est trop conforme à celui de *Vernodubrum*, pour qu'il n'y ait pas la plus grande apparence que Pline passant par-dessus la Tet, fait mention de l'Agli sous le nom de *Vernodubrum*.

Lib. III, cap. 4.

Lib. IV, p. 182.

Lib. II, cap. 5.

Marca Hispan. lib. I, cap. 5. Valef. p. 491.

Hist. natur. de Lang. p. 44.

44°, 19°.

VERNOSOL. Ce lieu est marqué dans l'Itinéraire d'Antonin, sur une route qui partant de *Beneharnum*, & passant à *Lugdunum* des *Convenæ*, conduit à Toulouse ; & on reconnoît *Vernosol* sous le nom actuel de Vernose, ou le Vernose, entre la position de *Calagorris*, ou de Cazeres, mentionnée sur cette route, & Toulouse. Pour plus grand éclaircissement, voyez l'article *Aquæ siccæ*.

Sfff ij

50°, 24°.

VERODUNENSES. Il n'en eſt fait aucune mention avant la Notice des provinces de la Gaule, que l'on croit avoir été dreſſée au commencement du cinquième ſiècle. *Civitas Verodunenſium* y tient une place de capitale d'un peuple particulier, & eſt nommée la dernière dans la première des deux Belgiques. On trouve néanmoins *Virodunum*, ou Verdun, dans l'Itinéraire d'Antonin, ſur une route de *Durocortorum*, ou Reims, à *Divodurum*, ou Metz. M. de Valois confond des routes très-différentes, en prenant *Vironum* dans la Table Théodoſienne, & qui eſt Vervins ſur la route de Reims à Bavai, pour *Virodunum*. Il cite Pline, au livre IV, chap. 17, comme faiſant mention des *Veruni* entre les nations de la Belgique; & il reprend vivement Sanſon d'avoir eu l'opinion qu'il faut lire dans Pline *Veroduni*, au lieu de *Veruni*. Mais, je cherche en vain ces *Veruni* dans les éditions de Daléchamp & du P. Hardouin, que j'ai ſous la main. Ce qui déſigne préciſément un territoire particulier aux *Verodunenſes*, & ſéparé des *Mediomatrici*, c'eſt de trouver un lieu nommé *Fines* entre *Virodunum* & *Divodurum*, dans l'Itinéraire d'Antonin.

P. 597.

50°, 24°.

VERODUNUM. J'écris ainſi d'après le nom de *Verodunenſes* que donne la Notice des provinces. On lit *Virodunum* dans l'Itinéraire. Grégoire de Tours a écrit *Viredunum*, & d'autres écrivains du moyen-âge *Viridunum* & *Virdunum*. Les monumens Romains ne nous laiſſent rien à dire de plus ſur Verdun, comme ſur le Verdunois dans l'article précédent.

50°, 21°.

VEROMANDUI. Céſar les nomme entre les Belges, & comme limitrophes des *Nervii* & des *Atrebates*. Leur nom ſe lit auſſi *Viromandui*; & on peut citer des inſcriptions pour autoriſer cette leçon. Mais, c'eſt

NOTICE DE LA GAULE. 693
par altération qu'on trouve *Romandues* dans Ptolémée. Pline a connu les *Veromandui*. Dans la Notice des provinces de la Gaule, sous la métropole de la seconde Belgique, qui est Reims, *civitas Veromanduorum* suit immédiatement les cités de Soissons & de Châlons. On peut croire que les limites des *Veromandui* étoient les mêmes du côté des *Ambiani*, & des *Suessiones*, que ceux de l'ancien diocèse de leur capitale *Augusta Veromanduorum*, dont le siége a été transféré à Noyon. Un lieu nommé *Fins*, sur la frontière du diocèse de Cambrai, témoigne une extension de territoire qui n'a point changé de ce côté-là. Mais, j'ai peine à croire, qu'avant l'établissement d'un siége épiscopal à Laon par S. Remi, & la formation d'un nouveau diocèse, les *Veromandui*, que l'on juge avoir été puissants sur ce qu'en dit César dans ses Commentaires, fussent aussi resserrés du côté de leur ville principale, que le diocèse de Noyon l'est actuellement près de S. Quentin. Le grand crédit dont a joui S. Remi, sur-tout dans la province dont il étoit l'évêque métropolitain, a bien pu faire démembrer quelque partie de l'ancien Vermandois en faveur d'une église, à laquelle ce prélat s'affectionnoit assez pour la doter de ses propres fonds.

44°, 25°.

VERRUCINI. On lit dans Pline : *regio Camatullicorum, dein Suelteri, supraque Verrucini. In ora*, &c. Honoré Bouche pense qu'un lieu nommé Vérignon peut indiquer leur position. L'analogie est assez marquée ; & la situation du lieu entre Draguignan & Riez, paroît convenable à un emplacement qui soit au-dessus, *suprà*, de celui qu'on peut assigner aux *Suelteri*. *Lib. III, cap. 4.*

45°, 24°.

VERTACOMICORI. Pline leur attribue la fondation de Novare, dans la Gaule Cisalpine, & nous apprend qu'ils faisoient partie des *Vocontii : Novaria, ex Vertacomicoris, Vocontiorum hodieque pago, non (ut *Lib. III, cap. 17.*

Cato existimat) *Ligurum*. Ce *pagus* des *Vocontii* nous eft indiqué par le nom de Vercors, que conferve un canton dans la partie feptentrionale du diocèfe de Die, entre les diocèfes de Valence & de Grenoble. L'effet ordinaire de l'altération des anciennes dénominations eft de lés abréger ; & dans les titres du Daufiné ce canton eft appellé *Vercorium*. Je m'étonne que M. de Valois ait cru voir dans cette dénomination de Vercors celle des *Vocontii*.

P. 617.

48°, 24°.

VESONTIO. Céfar, qui dans la guerre contre Ariovifte, fit de Befançon fa place d'armes, décrit l'avantage de fa fituation, en difant qu'elle eft prefque entourée d'une rivière, & qu'à l'endroit où cette rivière ne l'enveloppe point, elle eft couverte d'une montagne efcarpée fur les flancs, & qui remplit tout l'efpace que le cours de la rivière laiffe vuide. Telles font en-effet les circonftances qui diftinguent le local de Befançon. Il y a cependant une obfervation à faire fur ce qu'on lit dans Céfar, que l'efpace occupé par la montagne n'a que DC pieds de largeur. Je remarque que la bafe de cette montagne eft d'environ 225 toifes, qui font l'équivalent d'environ 1500 pieds romains ; & fi l'on veut maintenir le nombre de DC, il faut conclure que Céfar a voulu parler de pas, & non de pieds, & fpécialement de pas communs, qui n'ayant que la moitié du pas géométrique, fe réduifent à deux pieds & demi. Car, les 1500 pieds conduifent à cette fuppofition, & le rapport de Céfar ne peut s'expliquer autrement ; à moins qu'il ne foit plus fimple de croire, que c'eft par faute de chiffre qu'on ne voit pas MD, plutôt que DC dans le texte des Commentaires. Quoi-qu'il en foit, il eft évident que dès-lors Befançon étoit la ville des *Sequani* la plus confidérable ; & depuis Céfar elle s'eft maintenue dans le premier rang, ce qui l'a élevée à la dignité de métropole, lorfque plufieurs cités unies à celle des *Sequani* ont

NOTICE DE LA GAULE. 695

formé une province sous le nom de *Maxima Sequanorum*. Ainsi, quand on trouve dans Ptolémée une ville qui précède *Vesontio* chez les *Sequani*, sous le nom de *Didattium*, ce ne peut être que par une position que Ptolémée a cru antérieure, en suivant la méthode de ranger les lieux dans un ordre de longitude & de latitude. On lit sur une médaille de Galba, dans le Trésor de Goltzius, *Mun. Visuntium*; & sur une colomne milliaire qui porte le nom de Trajan, & trouvée à Mandeure, on lit *Vesant*. Ammien-Marcellin, faisant énumération des villes les plus considérables de la Gaule; *apud Sequanos*, dit-il, *Bisontios videmus*, & *Rauracos*.

44°, 26°.
VESUBIANI. Le nom de ce peuple est tiré de l'inscription de l'Arc de Suse, qui fait mention des peuples dont le domaine de Cottius étoit composé; & on peut recourir à l'article *Esubiani*, pour connoître que c'est uniquement sur une parfaite ressemblance de dénomination, que le nom de *Vesubiani* est placé sur la carte dans la vallée que traverse un torrent nommé Vesubia.

46°, 19°.
VESUNNA, *posteà* PETROCORII. Ptolémée indique la capitale des *Petrocorii* sous le nom de *Vesuna*. Dans une inscription romaine on lit *Vesunna*. Cette ville se rencontre sur des voies que décrivent l'Itinéraire d'Antonin, & la Table Théodosienne. Quoique le nom du peuple soit devenu celui de la capitale, comme il est arrivé à la plûpart des autres; cependant les vestiges de l'ancienne ville qui subsistent à Périgueux, sont encore appellés la *Visone*. On ne sçauroit décider s'il soit question des *Petrocorii* en général, plutôt que des habitans de leur capitale en particulier, dans ces paroles de Sidoine-Apollinaire; *quid agunt Nitiobriges, quid Vesunici tui?* *Lib. VIII, epist. 11.*

52°, 25°.

VETERA. Ce poste avoit paru avantageux à Auguste pour resserrer les Germains : *quippè illis hibernis,* dit Tacite, *obsideri, premique Germanias, Augustus crediderat.* Ptolémée en fait mention. Mais, ce qui est plus propre à en déterminer la position, c'est la distance marquée XIII dans la Table Théodosienne, à l'égard d'*Asciburgium.* Car en partant des vestiges d'*Asciburgium*, ou d'Asburg, & en suivant la trace de la voie qui subsiste; cette distance conduit à Santen, qu'une église dédiée à de saints martyrs a fait ainsi nommer. On reconnoît dans un lieu élevé qui est auprès, & qu'on nomme Vorstenberg, la situation convenable à *Vetera*, parce qu'on lit dans Tacite, *pars castrorum in collem leniter adsurgens.* Au pied de cette élévation, une plaine humide, & inondée quelquefois par le Rhin, répond encore à ce que rapporte Tacite de la qualité du terrain auprès de *Vetera, latitudo camporum suopté ingenio humentium*; & à ce qu'il ajoute, que Civilis par une digue y fit refluer les eaux du Rhin : *addiderat Civilis obliquam in Rhenum molem, cujus objectu revolutus amnis, adjacentibus superfunderetur.* Ainsi, la position de *Vetera* est également déterminée par les circonstances du local, comme par la distance d'un lieu connu. Il y a même de quoi juger cette position convenable par une autre distance, qui est celle de *Colonia Trajana.* Le local qui la donne positivement de 11 lieues gauloises, fait voir que le nombre figuré de cette manière XI dans la Table, entre *Colonia Trajana* & *Vetera*, ne doit point être pris pour XL, mais pour XI, en rabaissant le chifre qui marque l'unité à la hauteur de celui qui marque la dixaine.

44°, 23°.

UGERNUM. Quoique ce nom dans le texte de Strabon soit *Gernum*, Casaubon lit *Ugernum, ut paullò antè habebant libri veteres*, comme il s'explique dans une note.

note. Ce lieu eſt cité avec Taraſcon, pour être ſur la voie de Nîmes à *Aquæ Sextiæ*, ou Aix. On lit VGERNI (au génit.) dans une inſcription trouvée à Nîmes, & rapportée par M. Ménard. Sidoine-Apollinaire parlant de l'élévation d'Avitus ſon beau-pere à la dignité impériale, fait mention d'*Ugernum : fragor atria complet Ugerni*. Hiſt. de Nîmes, T. I, notes, p. 22.

Dans Grégoire de Tours, *Ugernum* eſt appellé *Caſtrum Arelatenſe*; ce qui eſt remarquable en ce qu'il eſt à préſumer, qu'antérieurement ce lieu devoit être du nombre des vingt-quatre petites villes ou bourgades, qui, ſelon le témoignage uniforme de Strabon & de Pline, dépendoient de Nîmes. Car, les colomnes milliaires ſur la route de Nîmes à *Ugernum*, paroiſſent avoir été numerotées juſque-là à partir de Nîmes, comme on peut l'inférer de la colomne du numéro XIII à moins de 2 milles de Beaucaire, qui repréſente *Ugernum*. C'eſt donc par un démembrement, auquel l'élévation d'Arles à un rang ſupérieur aura donné lieu, qu'*Ugernum* a été annexé au territoire de cette ville, qui renferme Beaucaire dans ſon dioceſe. Ce qu'on lit dans l'anonyme de Ravenne, *Ugernon, quæ confinatur cum Arelaton*, peut avoir du rapport à ce que je viens d'obſerver. La poſition ſur le bord du Rhône eſt atteſtée par Jean, abbé de Biclar, qui écrivoit dans le ſixième ſiècle : *caſtrum Odjerno, tutiſſimum valdè, in ripâ Rhodani fluminis poſitum*. La diſtance de *Nemauſus* à *Ugernum* eſt marquée XV dans la Table Théodoſienne, & la colomne dont j'ai parlé ci-deſſus juſtifie aſſez préciſément cette indication, de même qu'un intervalle qui paſſe 11000 toiſes ſur le local peut y correſpondre. M. Ménard veut qu'il y ait une ville d'*Ugernum*, indépendamment du ſeul *Ugernum* dont il ſoit mention, ſe fondant ſur ce qu'on a trouvé quelques veſtiges d'antiquité à quelques milles en deçà de Beaucaire. On adoptera plus volontiers ce qui concerne une iſle ſous le Lib. VIII. Lib. IV, ſect. 26. Hiſt. de Nîmes, T. I, notes, p. 25.

P. 601.
Hift. nat. de
Lang. p. 117.

nom de *Gernica*, fituée *inter Belcaire & Tarafconem*, felon un titre de l'an 1125, cité par M. de Valois, ce nom de *Gernica* paroiffant tiré d'*Ugernum*. M. Aftruc a prouvé clairement, que cette ifle, par le defféchement du bras du Rhône qui l'enveloppoit du côté de la Provence, eft actuellement jointe à Tarafcon, dont la partie baffe fe nomme la Gernegue. On voit par le titre mentionné ci-deffus, que cette ifle confervoit un refte du nom d'*Ugernum* dans un tems, où le château adjacent l'avoit quitté, pour être appellé *Bellum-quadrum*. Dans la Table *Ugernum* eft entre *Nemaufus* & *Arelate*. Mais fi la diftance à l'égard de Nîmes a paru convenable, elle ne l'eft pas également à l'égard d'*Arelate*, étant marquée VIII, parce que 7 à 8000 toifes entre Beaucaire & Arles, renferment 10 milles romains.

50°, 19°.

UGGADE. On trouve un lieu fous cette dénomination dans l'Itinéraire d'Antonin, entre *Rotomagus* & *Mediolanum Aulercorum*, qui eft Evreux. La diftance de *Rotomagus* eft marquée IX, & d'*Uggade* à *Mediolanum* XIIII. Ce qu'il y a d'efpace en droite-ligne du point de l'églife métropolitaine de Rouen à la cathédrale d'Evreux étant de 23 à 24000 toifes, ne renferme que 21 à 22 lieues gauloifes ; mais il eft naturel que la mefure itinéraire furpaffe cette mefure directe, pour mieux répondre au compte de 23 lieues que donne l'Itinéraire. On ne voit point de pofition qui convienne à *Uggade* dans cet intervalle, que celle du Pont de l'Arche, qui eft précifément le lieu de paffer la Seine en tendant de Rouen à Evreux. C'eft s'écarter de la route, que d'aller prendre Elbeuf pour *Uggade*, comme a fait Sanfon. Le nom de Mi-voie, *Media-via*, en fuivant le bord de la Seine au-deffus de Rouen, indique le paffage de l'ancienne voie qui conduit au Pont de l'Arche : & fi on trouve que la mefure itinéraire ne remplit jufque-là qu'environ 8 lieues gauloifes, au lieu de 9 que marque l'Itinéraire; auffi trouve-t-on qu'entre le Pont de l'Arche & Evreux, la diftance eft à peu près de 15 lieues gauloifes, au lieu de 14. Cette compenfation des diftances particulières dans le total qui en réfulte, eft affez ordinaire en faifant l'application des anciens Itinéraires au local actuel. Il eft mention du Pont de l'Arche fous le nom d'*Archas* dans Guillaume de Jumiège, & dans Dudon de S. Quentin. C'eft qu'on a remplacé le terme d'*arcus* par celui d'*arca*, quoiqu'improprement. Les auteurs que je viens de citer y ajoutent un autre nom, qui eft *Hafdans*, ou fans afpiration *Afdans*; & on connoît à la diftance d'un mille au-deffus du Pont de l'Arche, un lieu nommé Ledans, dont l'églife eft une fuccurfale de celle qui eft paroiffiale au Pont de l'Arche.

Lib. II, cap. 10

47°, 26°.

VIBERI. Pline en fait mention, comme faifant partie des *Lepontii*, & les place aux fources du Rhône: *Lepontiorum qui Viberi vocantur, fontem Rhodani accolunt.* Ils occupoient donc la partie fupérieure du Walais; & un lieu qui eft nommé Pfin, au-deffus de Sion fur le bord du Rhône, paroît indiquer les limites qui les féparoient des *Seduni*. En remontant plus haut, un refte de retranchement, qui ferme le paffage entre la rive gauche du Rhône & la montagne, eft appellé *murus Vibericus*. Les *Viberi* font nommés à la fuite des *Lepontii* dans l'infcription du Trophée des Alpes.

Lib. III, cap. 20

44°, 18°.

VICUS JULI, *vel* ATURES. La plus ancienne mention qui foit faite de cette ville fe tire de la Notice des provinces de la Gaule, où *civitas Aturenfium* eft une de celles de la Novempopulane. On trouve le nom d'*Aturres*, ou *Atures*, dans Sidoine-Apollinaire: mais, M. de Valois veut que ce ne foit pas le même lieu que celui-ci. *Vicus Juli* eft un autre nom de la même ville. On trouve une foufcription de la part de l'évêque *de*

Lib. II, epift
Valef. p. 53

civitate Vico Juli, au concile d'Agde en 506 ; & le même nom de *Vicus Juli* est employé par Grégoire de Tours dans l'accord des rois Childébert & Gontram. Que *Vicus Juli* soit *Atures*, c'est ce que témoigne une Notice, où dans la Novempopulane on lit *civitas Adtorensium Vico Juli*. Il est évident que le nom d'*Atures*, ou celui d'*Adura*, selon l'usage des tems postérieurs, est tiré du fleuve *Atur*, ou Adour, sur lequel la ville d'Aire est située ; & ce nom d'*Atures*, ou *Aturenses*, pourroit avoir été celui d'un peuple, avant que d'être appliqué à la ville, dont le nom propre étoit *Vicus Juli*: mais, ce peuple nous est d'ailleurs inconnu. Tibulle, en félicitant Messala d'avoir réduit les Aquitains, semble néanmoins désigner un peuple par le nom d'*Atur*, dans ce vers : *Quem tremeret forti milite victus Atur.*
M. de Valois & Cellarius paroissent avoir la même opinion sur ce sujet.

50°, 27°.

VICUS JULIUS. Il n'en est mention que dans la Notice de l'Empire, comme d'un poste sous les ordres du général résidant à Maïence ; & il est placé entre *Tabernæ*, ou Rhin-Zabern, & *Nemetes*, ou Spire. Dans cet intervalle, on ne voit point de position plus convenable que celle de Germers-heim, à l'embouchure de la Queich dans le Rhin.

48°, 23°.

VIDUBIA. Ce lieu est tiré de la Table Théodosienne, & de la trace d'une voie entre Langres & Challon: *Andematunno* XXVIII *Filem* XIX *Vidubia* XX *Cabillione*. Il faut donc chercher *Vidubia* dans une position qui convienne entre *File*, ou pour mieux dire *Tile*, qui est indubitablement Til-le château, & Challon. On peut prendre confiance dans les nombres indiqués par la Table, sur ce que le total de 39 lieues gauloises entre Challon & Til, dont le calcul est de 44226 toises, quadre à la distance que des opérations sur le local fixent

NOTICE DE LA GAULE.

dans cet intervalle à environ 43300 toises, ce qui n'est au-dessous du calcul des lieues, qu'autant qu'il est naturel que la mesure itinéraire excéde un espace en ligne-directe & aérienne. Or, je remarque que les nombres de la Table, à partir de Challon d'un côté, & de l'autre à partir de Til, se rencontrent au passage d'une petite rivière, dont le nom est Vouge, à un endroit auquel on a donné le nom de S. Bernard dans les bois de Citeaux ; & je suis informé que les vestiges encore subsistans de cette voie passent par cet endroit. J'ajoute, que si on lit *Vidugia*, au lieu de *Vidùbia*, dans la Table, où l'on sçait que les dénominations sont souvent peu correctes, on découvre de l'analogie avec le nom actuel de la petite rivière de Vouge. Je consens même qu'en opinant ainsi actuellement, ce soit infirmer ce que j'ai mis en avant dans un ouvrage publié en 1741, sçavoir que *Vidubia* pourroit être Nui. Car, outre que les distances respectives de Challon & de Til s'y rapportent moins, la position de Nui s'écarte de la trace de l'ancienne voie d'environ une lieue commune d'aujourd'hui.

50°, 18°.

VIDUCASSES. L'inscription d'un marbre, qui est conservé dans le château de Torigni en basse Normandie, fait mention du sénat de la cité des *Viducasses* : ORDO CIVITATIS VIDVCAS : & la découverte qui a été faite au commencement de ce siècle de la capitale de ce peuple près de la rivière d'Orne, un peu au-dessus de Caën, fixe les *Viducasses* dans une partie de ce qui compose aujourd'hui le diocèse de Baïeux. La séparation des limites entre les *Viducasses* & les *Bajocasses*, dont le *pagus Bajocassinus*, ou le Bessin, a conservé le nom, m'est indiquée par un lieu nommé Fins, *Fines*, entre les paroisses de Villi & de S. Vaast, au nord de Villiers-le Bocage. J'en indique précisément la position, parce qu'elle n'est point marquée dans la carte du diocèfe de Baïeux qui a paru en 1736 : mais, une carte manufcrite que j'ai du même diocèfe, dreffée dans un plus grand détail par l'auteur de la carte du diocèfe de Coutances qui eft publique, me donne la connoiffance de cette pofition. Elle doit paroître très-remarquable, par la diftinction qu'elle donne lieu de conclure entre deux cités, qui font actuellement confondues dans le même diocèfe. Il eft mention des *Viducaffes* dans Pline, & leur nom y eft fuivi immédiatement de celui des *Bodiocaffes*, qu'il y a tout lieu de prendre pour les *Bajocaffes*, limitrophes des *Viducaffes*. Les *Biducefii* dont Ptolémée fait mention en décrivant le pays maritime de la Lionoife, paroiffent être les *Viducaffes*, par une grande affinité dans la dénomination ; nonobftant l'erreur de Ptolémée de les féparer des *Lexovii* par les *Ueneli*, puifque le déplacement de beaucoup d'autres pofitions dans Ptolémée donne fouvent matière à la critique.

Ce qui concerne la capitale des *Viducaffes* doit faire le fujet d'un article particulier. Le premier volume de l'Académie des Belles-lettres fournit un détail intéreffant fur les veftiges qui fubfiftent de cette ville dans la paroiffe de Vieux, à quelque diftance du rivage gauche de la rivière d'Orne ; & qui en donnent une autre idée que celle d'un fimple camp romain, felon l'opinion qu'en avoit M. Huet, évêque d'Avranches, comme il s'en explique dans fes antiquités de Caën. Ce lieu nommé Vieux étoit autrefois confidérable, & plufieurs paroiffes des environs, font des démembremens de fon ancien territoire. Les titres de l'abbaye de Fontenai, qui n'en eft féparée que par la rivière d'Orne, en font mention fous le nom de *Videocæ*, & de *Veocæ*. Ces dénominations devoient empêcher M. Huet de confondre le nom de Vieux avec le terme qui défigne un gué. Il eft évident, que comme de *Tricaffes* on a fait *Trecæ*, Troies, de *Durocaffes*, *Drocæ*, Dreux ; de même le nom de

Hiftoire, p. 290.

NOTICE DE LA GAULE.

Viducasses a été converti en *Veocæ*, Vieux. Quant au nom que portoit cette ville, avant que de prendre celui du peuple dont elle étoit la capitale, M. l'abbé Belley, dont je respecte les lumières & l'érudition, croit qu'il faut y rapporter le nom d'*Arægenus*, que l'on trouve dans la Table Théodosienne. J'avoue néanmoins, qu'après avoir balancé entre les raisons qui servent de fondement à son opinion, & quelques autres qui donnent la préférence à Baïeux, j'ai cru devoir me déterminer pour cette ville, plutôt que pour Vieux, comme on peut voir dans l'article qui a pour titre *Arægenus*. Quoi-qu'il en soit, entre les circonstances qui distinguent la position de Vieux, il faut remarquer qu'il en sort des voies romaines. La chaussée que l'on attribue mal-à-propos à Guillaume le conquérant, & que l'on appelle la Terre-levée, tend d'un côté vers Exme, ou Yesme, *Oximum*, qui a donné le nom à un *pagus* de grande étendue. Du côté opposé, les vestiges d'une pareille voie, à commencer au passage d'un ruisseau qui coule sous Vieux, indiquent la direction de cette voie vers Baïeux, selon la trace d'une partie de sa longueur, que je trouve sur la carte dont j'ai parlé dans l'article précédent. Je remarque encore, que la route qui conduit actuellement de Lizieux à Caën, passant près d'un lieu appellé Estrez, *Strata*, avant que d'arriver à la rivière de Dive, qui traverse cette route, tend par sa direction dans la plus grande partie de la distance, à Vieux; plutôt qu'à Caën. On juge bien que les capitales devoient ainsi communiquer les unes avec les autres; & par cette communication, la carte fait voir une suite de voies romaines non interrompue, depuis *Rotomagus*, la métropole de la seconde Lionoise, jusqu'à l'extrémité la plus reculée de cette province.

46°, 23°.

VIENNA. Le première mention qui en soit faite est au septième livre des Commentaires. Selon Strabon, les *Lib. IV, p. 186.*

plus considérables d'entre les *Allobroges*, en se rassemblant dans ce lieu comme le principal, avoient formé une ville, le reste de la nation étant dispersé dans des villages. Elle est mise au nombre des plus opulentes de la Narbonoise par Méla, & citée comme colonie dans Pline. Rien ne marque mieux la dignité de Vienne, que le discours de Claude au Sénat en faveur des Gaulois, pour leur accorder le droit de bourgeoisie romaine : *ornatissima colonia, valentissimaque Viennensium, quàm longo jam tempore senatores huic curiæ confert* ? Ptolémée n'indique que cette seule ville chez les *Allobryges* ; c'est ainsi qu'il écrit le nom de la nation. Par la première division de l'ancienne Narbonoise en plus d'une province, Vienne devint métropole de celle qui fut distinguée par le nom de Viennoise ; & cette province étoit formée au commencement du quatrième siècle, puisqu'il en est mention dans les actes du concile d'Arles tenu en 314. On peut croire qu'une ville aussi considérable se rencontre sur les voies romaines. Mais, il y a quelque difficulté à expliquer l'Itinéraire d'Antonin, sur ce qu'en marquant de *Vienna* à *Lugdunum* XXIII, il ajoute *aut per compendium* XVI. Ce nombre XVI se trouve également dans la Table Théodosienne ; & il est confirmé par Sénèque, qui dit en parlant de l'empereur Claude, *Lugduni natus est* ; ajoutant ensuite, *ad sextum-decimum lapidem à Viennâ natus est*. Or, qu'il y ait une route entre Lion & Vienne, qui soit assez détournée d'une voie directe, pour compter 23 au lieu de 16, c'est ce qui ne paroît guère vraisemblable, à moins que de supposer qu'au lieu de passer sur les terres du Daufiné, on chemine par la rive droite du Rhône, qui circule en creusant le Lionois, avant que de se rendre sous Vienne, ce qui décrit un arc, dont l'autre route est la corde, & il en pourroit résulter plus de 20 milles au lieu de 16. Je vois qu'en assujettissant l'échelle d'une grande carte manuscrite du

Daufiné

Lib. II, cap. 5.
Lib. III, cap. 5.

In Apocolocynthosi.

NOTICE DE LA GAULE.

Daufiné à des espaces déterminés en rigueur géométrique, la distance de Lion à Vienne approche de 14000 toises. Elle ne va pas tout-à-fait à 13000 toises, en consultant d'autres cartes sur ces positions : & il résulte delà environ 17 milles romains, ou environ 18. Il y a une observation à faire sur ce sujet, sçavoir que l'intervalle des milles sur cette route se comptoit en partant de Vienne, jusqu'aux confins de son territoire, & aux limites de Lion. Ces limites ne sont pas tellement bornées au Rhône, qu'il n'y ait une lisière de terrain au delà du Rhône à l'égard de Lion, ce qui peut donner lieu à l'excédent qui paroît sur le compte de 16 milles en cette distance, pour y avoir négligé un supplément jusqu'au point central de la position de *Lugdunum* précisément. C'est-là, ce me semble, tout ce qu'une grande délicatesse sur l'analyse des distances peut exiger : & il faut abandonner Strabon, dans le compte qu'il donne de 200 stades entre Vienne & Lion.

43°, 21°.

AD VIGESIMUM. Il est indiqué dans L'Itinéraire d'Antonin, sur la route qui conduit de Narbone en Espagne ; & la distance est marquée xx, comme la dénomination du lieu le désigne. M. de Marca porte cette position aux cabanes de Fitou. Mais, vu que Fitou s'écarte de Narbone d'environ 18000 toises, ce qui passe 22 milles romains, sans compter ce que la mesure itinéraire, qui tourne l'étang de Sigean, doit avoir de plus que la ligne directe ; j'estime que ce que l'on nomme les cabanes de la Palme, à environ 4 milles en deçà de Fitou, sont plus convenables au *Vigesimum*. Le même Itinéraire, qui dans un autre endroit conduit de Narbone à *Salsulæ* en marquant xxx, exigeroit que l'on trouvât 10 milles entre les cabanes de Fitou & Salses, si ces cabanes répondoient à la position de *Vigesimum*. Or, je ne vois qu'environ 5 milles entre les cabanes de Fitou & Salses, dans la grande carte des

Marca Hispan. lib. I, cap. 11.

Pyrénées, qui a été levée par ordre du Roi.
44°, 20°.

On trouve un autre lieu de même nom dans l'Itinéraire de Bourdeaux à Jérufalem, en partant de Touloufe : *ad Nonum Mil.* VIIII *ad Vigefimum Mil.* XI. Les lieux qui portent de pareilles dénominations font un témoignage du privilége des cités, de compter les diftances du point de la capitale jufqu'au terme du territoire.

44°, 23°.

VINDALIUM. On lit dans l'épitome du livre LXI de Tite-live, que Domitius, fur-nommé Ahenobarbus, *contra Allobroges ad oppidum Vindalium feliciter* *Lib. IV, p. 185.* *pugnavit.* Le nom qui fe lit *Undalum* dans Strabon, doit être corrigé, & lu *Vindalum*, felon Scaliger. L'épitome de Tite-live le veut ainfi, & il en eft de même de Paul-Orofe. Strabon parlant de la victoire remportée par Domitius, en indique le lieu au confluent de la rivière *Sulga* avec le Rhône ; & cette rivière eft appellée par Florus *Vindalicus fluvius*, en faifant allufion à cette victoire. Or, la Sorgue, qui eft *Sulgas*, fe joint au Rhône à quelques milles au-deffus d'Avignon, dans un endroit qu'on nomme la Traille. l'Itinéraire de Bourdeaux à Jérufalem, qui dans la route d'Avignon à Orange, paffe néceffairement près de l'embouchure de *Sulgas*, & qui même fait mention d'un lieu nommé *Cypreffeta*, dont l'emplacement peut convenir au pont de Sorgue, peu au-deffus de cette embouchure, ne connoît point *Vindalium*, quoiqu'il en foit queftion comme d'une ville, πόλις dans Strabon, ainfi qu'*oppidum* dans l'épitome. Je vois peu loin d'un bras de la Sorgue, car elle en forme plufieurs, qu'il exifte un lieu fous le nom de Vedene qui paroît tenir de *Vindalium* : & comme ce lieu n'eft diftant que d'environ une lieue de la jonction de la Sorgue avec le Rhône, l'indication d'un vafte champ de bataille ne déter-

NOTICE DE LA GAULE. 707

mine pas de pofition qui ne puiffe rouler dans un efpace de plufieurs milles.

48°, 15°.

VINDANA PORTUS. Ptolémée qui nous indique ce port, le place entre l'embouchure du fleuve *Erius*, qui eft la Vilaine, & le promontoire *Gobœum*, qui eft le cap de S. Mahé, ou Finifterre. Or, ce qu'on peut juger avoir été plus remarquable fur la côte méridionale de la Bretagne, pour parvenir à la connoiffance de Ptolémée, eft fans contredit le Mor-bihan, au fond duquel étoit fituée la capitale des *Veneti*, peuple diftingué par fa puiffance dans la marine. La dénomination de Mor-bihan, c'eft-à-dire petite mer dans la langue des Bretons, répond à l'idée qui fait préférer cet endroit maritime à tout autre, pour y placer le *Vindana portus*. L'ancien *navale*, felon le terme propre aux Romains, fe fait connoître à l'entrée du Mor-bihan : on l'appelle encore actuellement *Navalo*.

48°, 15°.

VINDILIS INSULA. L'Itinéraire maritime en fait mention, à la fuite d'*Uxantis*, & de *Sina*, ou de *Sena*. Les titres du moyen-âge nous apprennent, que celle qui porte le nom de Bell'ifle, avoit antérieurement un autre nom, qui eft *Guedel*. C'eft fous ce nom que Géofroi, comte de Bretagne, en fait don au monaftère de Rédon, & qu'Alain, fils de Géofroi, confirme cette donation en 1026. Il paroîtroit extraordinaire que la plus confidérable des ifles voifines de la côte de Bretagne fût oubliée dans l'Itinéraire, lorfqu'il en nomme plufieurs autres beaucoup moindres ; & on voit affez d'affinité entre le nom de *Guedel* & celui de *Vindilis*, pour reconnoître que c'eft Bell'ifle qui eft indiquée fous ce nom de *Vindilis*.

45°, 22°.

VINDOMAGUS. Ce lieu ne nous eft connu que par Ptolémée, qui donne deux villes aux *Volcæ Are-*

comici, sçavoir *Vindomagus* & *Nemausus*; nommant *Vindomagus* la première, parce qu'elle devance *Nemausus* en longitude. Il est assez difficile sur cette indication d'assigner une position certaine à *Vindomagus*. Mais, si faute d'être plus instruit, on se livre à quelques conjectures, les monumens d'antiquité trouvés au Vigan peuvent faire préférer sa position à plusieurs autres qui ont été proposées. Dire que le Vigan ne sçauroit être *Vindomagus*, parce que ce lieu est nommé *Vicanus* dans des écrits de six à sept cens ans, c'est ne vouloir point qu'*Ugernum*, compris dans la même contrée des *Arecomici*, soit Beaucaire, parce que le nom de Beaucaire est *Bellum-quadrum*, selon des écrits à peu-près du même âge. D'ailleurs, fixer précisément *Vindomagus* sur ce que la position marquée par Ptolémée est au même parallèle que Nîmes, & à un demi-degré seulement de différence en longitude, c'est accorder aux positions de Ptolémée plus d'autorité qu'elles n'en doivent avoir, & ne pas prendre garde à leur peu de justesse & de conformité au local actuel. Sans sortir de la Narbonoise, ne voit-on pas que Nîmes dans Ptolémée s'écarte de la mer d'un degré & deux tiers, bien que cette ville n'en soit distante que d'environ un tiers de degré? La différence de hauteur entre Narbone & Toulouse, que Ptolémée fait d'un degré & un quart, n'est que d'environ deux cinquièmes de degré; & la différence de longitude au lieu d'un demi-degré, passe un degré & demi. Encore est-il vrai de dire, que cette partie de la Narbonoise n'est pas ce qui montre le plus de désordre dans la Gaule de Ptolémée. M. de Valois, qui veut que *Vindomagus* soit *Ucetia*, auroit dû, ce semble, trouver quelque difficulté dans cette opinion, en considérant qu'*Ucetia* existe sous le nom qui lui est propre, avant que le tems de la domination romaine dans la Gaule soit expiré. Ce n'est point par convenance avec Ptolémée que M. de Valois s'est déterminé, puisqu'Uzez

NOTICE DE LA GAULE.

eſt directement au nord de Nîmes, & non pas au couchant. On pourroit s'autoriſer de Ptolémée, à quelque différence près, en faveur du Vigan.

48°, 27°.

VINDONISSA. Tacite en fait mention, & y fixe le quartier de la vingt & unième légion, ce qui eſt confirmé par une inſcription trouvée ſur les lieux. La poſition de *Vindoniſſa* eſt liée à pluſieurs voies romaines. La diſtance marquée XXII dans la Table Théodoſienne à l'égard d'*Auguſta Rauracorum*, paroît plus convenable que l'indication de XXVII dans l'Itinéraire d'Antonin. L'eſpace qui y répond en droite-ligne ſur le local, peut faire eſtimer la meſure itinéraire en traverſant le *Vocetius*, ou Boetz-berg, de 21 ou de 22 lieues gauloiſes, autrement d'environ 32 milles romains ; & le moyen d'y conformer l'Itinéraire eſt de ſubſtituer XXII à XXVII. Une route qui de *Vindoniſſa* ſe rendoit dans la Rhétie par *Arbor-felix*, eſt expliquée dans l'article *Vitodurum*. La Table donne la trace d'une autre voie, qui en nous écartant de notre ſujet, conduiroit ſur le Danube : elle nous feroit découvrir beaucoup de lieux, qui juſqu'à préſent n'ont point été fixés. Mais, il faut ſe borner ici à celui qui ſuit immédiatement *Vindoniſſa*, ſous le nom de *Tenedo* ; & la diſtance marquée VIII porte vers un lieu nommé Teïngen, ſur la rive ultérieure du Rhin, preſque vis-à-vis de Keyſerſtul, que l'on croit être *Forum Tiberii*. *Vindoniſſa* eſt nommée *Vindo* dans un panégyrique de Conſtantin par Eumène ; *caſtrum Vindoniſſenſe* dans la Notice des provinces de la Gaule, *in Maximâ Sequanorum*. Cette ville a été un ſiége épiſcopal : mais, ayant été ruinée vers la fin du ſixième ſiècle, ou le commencement du ſeptième, cet évêché eſt devenu celui de Conſtance, qui reconnoît Maïence pour métropole, quoique *Vindoniſſa* renfermée dans la Séquanoiſe, dût reconnoître Beſançon en cette qualité. Le lieu qu'elle occupoit ſur le bord de la Ruſſ, près

Hiſtor. lib. VI 61. & 70.

de fa jonction avec l'Aar, s'appelle Windifch.

$44°, 25°.$

VINTIUM. C'eft la ville des *Nerufii*, ou *Nerufi*, dans Ptolémée : & on connoît des infcriptions en l'honneur de Gordien & de Trajan-Déce, où on lit, CIVIT. VINT. Dans la Notice des provinces de la Gaule, *civitas Vintienfium* eft une de celle des Alpes Maritimes. On a écrit *Vincium* dans les tems poftérieurs, & ce nom fe conferve dans celui de Vence.

Spon, p. 202.

$51°, 21°.$

VIROVIACUM. Ce lieu eft placé dans l'Itinéraire d'Antonin entre *Caftellum* & *Turnacum*, Caffel & Tournai. La diftance eft également marquée XVI à l'égard de *Caftellum* comme de *Turnacum*. Dans la Table on trouve *Virovino* à XII de *Caftellum*, & de-là à *Turnacum* XI. La pofition de *Viroviacum* fubfiftant dans celle de Vervik, l'erreur des diftances ne fçauroit tirer à conféquence. La voie qui conduifoit de *Caftellum* à *Viroviacum* me paroît avoir été commune dans une partie de fa longueur, avec celle qui de Caffel conduifoit à *Minariacum*; & quoique la diftance en droite-ligne de Caffel à Vervik ne paffe guère 20000 toifes, la mefure itinéraire devoit être au moins de 18 lieues gauloifes. L'efpace de Vervik à Tournai étant de près de 17000 toifes, il en réfulte à peu près 15 lieues gauloifes. Ainfi, la route de Caffel à Tournai, en paffant par Vervik, fait compter 33 lieues gauloifes, & on peut remarquer que l'Itinéraire en approche par la fomme des diftances, qui eft 32.

$48°, 27°.$

VITODURUM. Une infcription que Guilliman & plufieurs autres fçavans ont rapportée, fait mention de ce lieu, où les empereurs Dioclétien & Maximien *murum Vitodurenfem à folo inftaurárunt*. L'Itinéraire d'Antonin en indique la pofition entre *Vindoniffa*, ou Windifch, & *Fines*, ou Pfin. Les diftances de *Fines* à *Vito-*

NOTICE DE LA GAULE.

durum XXII, & de *Vitodurum* à *Vindoniſſa* XXIIII, ſont à rejetter. L'étude que j'ai faite du local de la Suiſſe, me donne lieu d'eſtimer l'eſpace en droite-ligne de Windiſch à Pfin d'environ 27 lieues gauloiſes, ou de 41 milles romains, & la meſure itinéraire doit avoir quelques lieues ou quelques milles de plus, vu les circonſtances du terrain. Dans un autre endroit de l'Itinéraire, où ſans faire mention de *Vitodurum*, il paſſe de *Fines* à *Vindoniſſa*, la diſtance qui eſt indiquée *leugas* XXX (& remarquez cette qualification de meſure, *leugas*) paroît bien plus d'accord avec le local. Mais, pour connoître ce qui peut convenir à la poſition de *Vitodurum* en particulier, je remarque que dans une carte topographique & fort détaillée du canton de Zurich en 6 feuilles, la poſition de Wintertur eſt au tiers de la diſtance de Pfin à Windiſch. D'où l'on peut conclure, que cette diſtance étant eſtimée d'environ 30 lieues gauloiſes de meſure itinéraire entre *Fines* & *Vindoniſſa*, il faut compter 10 de *Fines* à *Vitodurum*, & 20 de *Vitodurum* à *Vindoniſſa*. On ne forme point de doute ſur la poſition de *Vitodurum* à Wintertur.

$$47°, 25°.$$

VIVISCUS. Ce nom écrit ainſi dans la Table Théodoſienne, ſemble plus conforme à la dénomination actuelle de Vevai, que *Bibiſcus* ſelon l'Itinéraire d'Antonin. Les diſtances qui ont rapport à cette poſition ſont diſcutées dans les artticles *Bromagus*, *Lacus Lauſonius*, & *Penni-lucus*, auxquels on peut avoir recours.

$$46°, 17°.$$

ULIARUS INSULA. Pline après avoir fait mention Lib. IV, cap. 19. des iſles des *Veneti*, ajoute, *& in Aquitanico ſinu Uliarus*. Sidoine-Apollnaire appellant les lièvres de cette iſle *Olarionenſes*, donne au même nom une forme différente, de laquelle eſt ſortie la dénomination actuelle d'Oléron. Il ne nous eſt pas permis de citer dans notre

Gaule l'isle de Ré, comme celle d'Oleron, parce qu'on ne trouve point le nom de *Radis* avant le milieu du huitième siècle. L'anonyme de Ravenne parlant de quelques isles, dont il désigne la situation en disant, *post Aquitaniam*, nomme de suite *Ollarione* & *Ratis*.

51°, 20°.

ULTERIOR PORTUS. César parle d'un port, dans lequel il tenoit une partie des bâtimens destinés à faire le trajet dans la Grande-Bretagne, & il le nomme ultérieur par rapport à celui d'*Itius*. La situation du port *Itius* à Wit-sand, semble désigner Calais, lorsqu'il est question d'un autre port situé au-delà. On peut même attribuer au nom de Calais la signification qui est propre au terme de *Cale*, pour désigner un endroit favorable à l'abord & au mouillage des bâtimens.

45°, 23°.

UMBENNUM. Ce lieu est placé dans l'Itinéraire de Bourdeaux à Jérusalem, entre *Batiana*, qui est Baix sur la rive droite ou occidentale du Rhône, & Valence. La distance à l'égard de *Batiana* est marquée XII, & à l'égard de *Valentia* VIIII. Mais, on peut voir à l'article *Batiana*, que l'indication de la Table entre *Batiana* & Valence, qui est XVIIII, excède moins ce qu'il y a d'intervalle de Baix à Valence, que le compte de 21 milles qui résulte de l'Itinéraire. D'ailleurs, le lieu, qui peut répondre à *Umbennum* précisément m'est inconnu. On peut le supposer vers le passage de l'Eirieu, en suivant le même bord du Rhône que celui de Baix, & à environ 9 milles de Valence, selon l'indication qui regarde cette distance dans l'Itinéraire.

44°, 20°.

UMBRANICI. Quand on voit le nom d'*Umbranicia* comme celui d'une contrée particulière, dans la Table Théodosienne, & répondant au nom des *Umbranici*, dont Pline fait mention en traitant de la Gaule Narbonoise; on est fort tenté de ne point omettre dans la carte

Lib. III, cap. 4.

NOTICE DE LA GAULE. 713

de la Gaule un article ainsi répété en plus d'un endroit. Il faut néanmoins convenir, qu'on est dépourvu d'indices, sur lesquels on puisse assigner aux *Umbranici* une place qui soit certaine. Pline en suivant l'ordre alphabétique dans une énumération de villes & de peuples de la Narbonoise, n'a pas eu pour objet de nous faire juger de leur position par un ordre géographique. D'un autre côté, il y a peu de sureté à se fonder sur la place que la Table donne à quelques noms de peuples & de pays, parce que la plupart sont manifestement hors du lieu qu'on leur connoît d'ailleurs. On pourroit dire néanmoins d'*Umbranicia*, que ce nom est moins déplacé dans la Table que beaucoup d'autres, parce qu'il y est renfermé dans un canton convenable à la Narbonoise, dans l'étendue de laquelle Pline comprend les *Umbranici*. Et si l'on considére que le nom d'*Umbranicia* dans la Table, suit immédiatement celui des *Volcæ Tectosages*, on peut conjecturer qu'*Umbranicia* étoit limitrophe, & plutôt vers les Cévennes, qu'en se tournant vers les Pyrénées. Quoique le diocèse d'Albi, & celui de Castres, qui en est un démembrement, ayent été rangés dans l'Aquitaine première; cependant, il y a grand lieu de présumer que ce canton, du moins en partie, étoit antérieurement annexé à la Province romaine, ou Narbonoise. Car, il n'y a point d'autre position que les *Ruteni*, distingués par le surnom de *Provinciales* dans César, ayent pu occuper, comme je le représente dans l'article qui les concerne en particulier. Or, les *Umbranici*, dont le nom ne paroît que depuis César, sont peut-être cachés sous ce nom des *Ruteni* de la Province, ou peuvent avoir été placés dans leur voisinage. Les recherches que j'ai faites sur ce sujet ne m'ont rien appris de plus positif. M. de Valois croit voir pareillement dans la Table, que les *Umbranici* étoient contigus aux *Tectosages*. Mais, on peut être étonné de ce qu'il soupçonne quelque affinité entre leur nom & celui

P. 616.

d'Auraguez. C'est ainsi qu'il écrit le nom du Lauraguez, qui est *Lauracensis*, dérivé de Laurac, lieu principal du canton ainsi appellé, & situé sur la frontière commune des diocèses de Mirepoix & de S. Papoul.

50°, 17°.

UNELLI, *vel* VENELI. César fait plus d'une fois mention des *Unelli*, avec d'autres peuples Armoriques, ou maritimes, les *Veneti*, *Osismii*, *Curiosolites*, *Redones*. Mais, il ne s'ensuit pas qu'il faille les placer dans la Bretagne, selon l'opinion du P. Hardouin, *minori Britanniæ accensendi*. Ptolémée, qui les nomme *Veneli*, décide de leur emplacement dans le Côtantin, en indiquant leur capitale sous le nom *Crociatonum*, dont la position est celle de Valognes. On trouve dans Pline le nom des *Unelli* à la suite de celui des *Bodiocasses*, qui sont limitrophes dans le Bessin. C'est par une faute de transposition, que Ptolémée place les *Veneli* entre les *Biducesii* (ou *Viducasses*) & les *Lexovii*. Dans la Notice des provinces de la Gaule, *civitas Constantia*, dont le nom de Côtantin est dérivé, figure comme capitale dans le canton qu'occupoient les *Unelli*.

Plin. in-fol. to. I. p. 225.

48°, 26°.

VOCETIUS MONS. Il en est mention dans Tacite, au sujet d'un mouvement de guerre dans l'Helvétie. Le nom de cette montagne est appliqué à une branche du mont Jura, qui s'approche du Rhin au-dessus d'*Augusta Rauracorum*, dans une carte de ce pays publiée en 1555 par Anton. Salamanca; & le nom actuel de Boetz-berg conserve de l'analogie avec l'ancienne dénomination. Je ne sçaurois donc adhérer à l'opinion d'Ortelius, qui veut substituer le nom de *Vogesus* à celui qu'on lit dans Tacite.

Histor. lib. I, 68.

45°, 23°.

VOCONTII. Ils sont cités dans Tite-live, en parlant de la route que tint Annibal, pour se rendre au passage des Alpes. Selon Strabon, ils s'étendoient jus-

Lib. XXI, 31.

Lib. IV, p. 203.

NOTICE DE LA GAULE. 715

qu'à la frontière des *Allobroges*, dans des vallées profondes & de difficile accès. On trouve leur nom dans Méla, en faifant mention de *Vafio* leur capitale. Pline témoigne qu'ils étoient puiffans, en leur attribuant, indépendamment de deux villes capitales, dix-neuf villes d'un ordre inférieur : & à ces deux capitales on pourroit ajouter *Dea Vocontiorum*, ou *Die*. Car, dans la Notice des provinces de la Gaule, *civitas Deenfium* y tient une place, comme *civitas Vafienfium*. Les *Vocontii* fe gouvernoient par leurs propres loix, au rapport de Strabon : & Pline les met au rang des peuples alliés, en difant, *Vocontiorum civitas fœderata*. Ptolémée n'a point oublié un peuple de cette confidération. Il paroît que les *Vocontii* occupoient, non-feulement les diocèfes de Vaifon & de Die; mais qu'une partie de l'extenfion qu'a pris le diocèfe de Gap, dans lequel on ne connoît point d'ancien peuple en particulier, eft un démembrement du domaine des *Vocontii*. On peut dire la même chofe d'un canton du diocèfe de Sifteron, qui eft détaché de ce qui compofe l'arrondiffement de ce diocèfe, & limitrophe de Vaifon, & dont le nom eft *Vallis Bodonenfis*, aujourd'hui Val-Benois.

Lib. II, cap. 5.
Lib. III, cap. 4.

51°, 22°.

VODGORIACUM. C'eft le premier lieu qui foit marqué dans l'Itinéraire d'Antonin, & dans la Table Théodofienne également, fur la voie romaine de Bavai à Tongres, qui eft très-remarquable dans le pays fous le nom de chauffée de Brunehaut, ou du Haut-chemin. L'Itinéraire & la Table font d'accord à marquer XII entre *Bagacum* & *Vodgoriacum*, dont on reconnoît le nom, quoique altéré, dans celui de Voudrei, petit lieu un peu en-deçà de Binche. Je trouve que l'efpace en cet intervalle paffe 14000 toifes; & quoique la voie foit très-directe en pays uni, on peut eftimer que la mefure itinéraire excéde les 12 lieues gauloifes, & roule entre 12 & 13.

VOGESUS MONS, *vel* VOSEGUS. 49°, 25°. La chaîne de montagnes qui porte ce nom, commence à s'élever sur les confins des *Lingones*, comme on lit dans César. Mais, on ne diftingue point la Vofge aux fources de la Meufe, que Céfar fait fortir *ex monte Vogefo, qui eft in finibus Lingonum.* Après avoir couvert la partie feptentrionale du pays des *Sequani*, la chaîne des Vofges fe prolonge vers le nord, entre les *Leuci* & les *Mediomatrici* d'un côté, les *Triboci* & les *Nemetes* de l'autre. Il eft conftant que le nom de Vofge s'eft étendu jufque-là, comme le témoigne une infcription en l'honneur du dieu *Vofegus*, trouvée à Berg-Zabern, fur les confins de l'Alface & du Palatinat, & rapportée par Gruter. Dans le moyen-âge, le nom qu'on lit *Vogefus* dans Céfar, eft *Vofagus*. La Table Théodofienne repréfente une longue forêt en-deçà du Rhin, fous le nom de *Silva Vofagus*; & dans les écrivains des tems poftérieurs à la domination romaine, la Vofge eft indifféremment appellée, *mons, filva, faltus, eremus, vaftitas*.

Comment. IV.

Infcript. p. 94.

VOLCÆ ARECOMICI. 44°, 22°. Deux peuples, auxquels le nom de *Volcæ* étoit commun, l'un diftingué par le nom d'*Arecomici*, l'autre par celui de *Tectofages*, occupoient dans la province Narbonoife, tout l'intervalle qu'il y a du Rhône à la Garonne. Les *Arecomici* étoient voifins du Rhône, & s'étendoient le long de la mer dans ce qu'on appelle aujourd'hui le bas Languedoc. Lorfqu'Annibal traverfa la partie méridionale de la Gaule, pour paffer en Italie, les *Arecomici* n'étant point bornés par le Rhône, poffédoient des terres au-delà de cette rivière. Car, c'eft d'eux qu'il faut entendre ce que dit Tite-live fous le nom de *Volcæ*, qu'ils étoient établis fur l'un & l'autre rive du Rhône : *in Volcarum pervenerat agrum (Annibal) gentis validæ. Colunt autem circà*

Lib. XXI, 26.

utramque ripam Rhodani. Alors apparemment, un peuple de moindre confidération, les *Anatilii*, que l'on juge avoir été placés fur le Rhône près de la mer, étoient compris fous le nom des *Arecomici*. Et ces *Anatilii* paroiffent prénommés *Narbonenfes Arecomici*, dans une infcription dont il eft parlé dans l'article concernant les *Anatilii*. La chaîne du *mons Cebenna* féparoit les *Arecomici* dans les terres, d'avec les *Ruteni* & les *Gabali*. Il eft beaucoup plus difficile de fçavoir à quoi s'en tenir fur leurs limites du côté des *Tectofages*. Selon Strabon, Narbone eft le port des *Arecomici*. Mais, Ptolémée donne une telle extenfion aux *Tectofages*, que non-feulement Narbone, mais encore Béziers, & *Ceffero* fur l'*Araur*, font des villes des *Tectofages*. Je penfe qu'en ceci il faut diftinguer les tems. Avant que les Romains euffent fait de Narbone la capitale de leur première province conquife dans la Gaule, cette ville pouvoit être des *Arecomici* plutôt que des *Tectofages*, comme on doit l'inférer de Strabon. Mais, élevée à cette dignité, Narbone a dû fe trouver indépendante du corps politique de l'un comme de l'autre des peuples *Volcæ*, & prendre un territoire diftinct & féparé. Je vois un indice non équivoque de ce territoire dans une pofition de *Fines*, entre Carcaffone & Touloufe. Mais, comme il ne fe diftingue point par un nom de peuple qui lui foit propre, Ptolémée qui n'eft point arrêté par cette diftinction, adjuge plutôt Narbone & quelques autres villes aux *Tectofages*, qui fe préfentent les premiers dans l'ordre de fa defcription, qu'aux *Arecomici* qui les fuivent, & dont le diftrict paroît ainfi réduit à celui de la capitale, ou de *Nemaufus* en particulier, & n'être point celui de la nation en général. Quand on confidère en même tems, que les limites du territoire de Narbone, en s'avançant vers Touloufe, felon cette pofition de *Fines* dont je viens de parler, ne font point vraifemblablement ceux des *Tectofages*, qui fe trouveroient ainfi extrèmement

Lib. IV, p. 186.

resserrés ; on est persuadé qu'une ligne de division entre les *Arecomici* & les *Tectosages*, seroit téméraire & trop hazardée sur une carte.

44°, 20°.

VOLCÆ TECTOSAGES. Dans l'article qui par l'ordre alphabétique précède celui-ci, il y a des circonstances par rapport aux *Tectosages*, que je ne répéterai point. Entre divers peuples de la Gaule qui se sont signalés par des expéditions au dehors, les *Tectosages* Comment. VI. méritent une distinction particulière. Selon César, ils avoient pénétré en Germanie ; & s'étant établis dans les meilleurs cantons aux environs de la forêt Hercynie, ils s'y maintenoient avec une grande réputation de justice, comme de courage dans la guerre : *quæ gens ad hoc tempus iis sedibus se continet, summamque habet* Lib. XXXII. *justitiæ & bellicæ laudis opinionem.* Justin rapporte, qu'un corps de *Tectosages* avoit pénétré dans l'Illyrie, & s'étoit fixé dans la Pannonie. Mais, leur plus célebre établissement est celui, qu'après s'être séparés de Brennus dans la Thrace, & ayant passé en Asie, ils firent dans une partie de la Phrygie, où en conservant le nom de *Tectosages*, ils occupoient *Ancyra*, la principale ville du pays qui prit le nom de Galatie, où S. Præf. inepist. II, ad Galatas. Jérôme dit avoir remarqué le même fond de langage que celui qu'on parloit à Trèves de son tems, quoique plus de six cens ans se fussent écoulés depuis l'entrée des Gaulois dans ce pays. Les *Tectosages* de la Narbo- Lib. IV, p. 187. noise, selon Strabon, approchent des Pyrénées, & ils atteignent par une extrémité le penchant du mont *Cemmenus*, ou *Cebenna*. En parlant des *Volcæ Arecomici*, j'ai eu occasion d'exposer les raisons de la difficulté qu'il y a de fixer des limites entr'eux & les *Tectosages*. Il m'a paru que le lieu de *Fines* qui pouvoit convenir entre les territoires de Narbone & de Toulouse, ne Lib. III, cap. 4. devoit point limiter les *Tectosages*. Pline le justifie, en leur attribuant Carcassone, *Carcasum Volcarum Tectosagum*.

NOTICE DE LA GAULE. 719

45°, 24°.

VOLOGATIS. L'Itinéraire de Bourdeaux à Jérusalem place ce lieu immédiatement à la suite de *Lucus*, Luc, au-dessus de Die, en s'avançant vers Gap par *Mons-Seleucus*. La distance à l'égard de *Lucus* est marquée ix: mais parce que je ne vois point de position qui puisse se rapporter à *Vologatis*, que celle d'un lieu qui se nomme Lèches, je crois l'indication trop forte, & qu'elle ne tient lieu que de vi, selon que le local paroît le prescrire. Le détail de l'Itinéraire faisant compter 25 milles entre *Lucus* & *Mons-Seleucus*, je suis assuré que ce compte peut souffrir quelque réduction, parce que l'intervalle actuel entre la position de *Lucus* & la Bastie Mont-faléon, qui est indubitablement *Mons-Seleucus*, ne s'évalue en droite-ligne qu'à environ 14000 toises, ou peu au-delà, ce qui ne répond qu'à 19 milles romains. Car, quoique la disposition du local soit de nature à rendre la mesure itinéraire plus longue; toutefois on a peine à croire que ce soit au point d'y ajouter un tiers en sus de la mesure directe. Or, cette considération leve tout scrupule sur ce qui concerne la distance particulière de *Lucus* à *Vologatis*, dont le nom n'est pas tellement altéré dans celui de Leches, qu'on ne le reconnoisse en le rencontrant au passage de la route, & immédiatement avant que de franchir une montagne, qui lui succède sous le nom de *Gavra* dans l'Itinéraire.

44°, 23°.

VORDENSES. J'emploie ici l'ethnique d'un lieu, comme je le trouve dans une inscription que Spon dit exister dans l'église cathédrale d'Apt. Les *Vordenses pagani* consacrent ce monument à leur protecteur, *patrono suo*, qui est désigné iiii *vir* de la colonie d'Apt. Or, il y a toute apparence que ce lieu est Gordes, contigu au diocèse d'Apt dans celui de Cavaillon. La différence entre Vord & Gord, n'est que celle que l'on voit par

Miscell. Erud. Antiq. p. 164.

la permutation de la lettre initiale, entre le terme de *vadum* & celui de *gué*, qui le remplace dans l'ufage actuel ; & comme de *Vardo* on a fait le nom du Gardon, & de *Vapincum* celui de Gap.

49°, 14°.

VORGANIUM, *posteà* OSISMII. Ptolémée nous apprend que le nom de la capitale des *Osismii* est *Vorganium*. Ce peuple occupoit la partie occidentale de la Bretagne dans toute fa largeur, comme on peut voir à l'article *Osismii*. La position de leur capitale nous est indiquée par la Table, où le nom est écrit *Vorgium*, par contraction apparemment de *Vorganium*. Cette position se rencontre sur une voie, qui traversant la Bretagne dans sa longueur depuis la capitale des *Namnetes*, & passant à celle des *Veneti*, vient aboutir sur le bord de la mer à un lieu dont le nom se lit *Gesocribate* dans la Table, & plus correctement *Gesobrivate*, paroissant le même lieu que *Brivates portus* dans Ptolémée, aujourd'hui Brest. Entre la capitale des *Veneti* & celle des *Osismii*, ce que la Table marque fous le nom de *Sulis*, se retrouve précisément dans le point d'union d'une petite rivière nommée Suel avec celle de Blavet, & ce qui concerne *Sulis* est le sujet d'un article particulier. De ce lieu, la Table conduit à *Vorgium*, ou *Vorganium*, & la distance marquée XXIIII, s'arrête à Karhez, en fuivant la même direction de voie. Cette ville de Karhez, ou comme on a dit autrefois Ker-ahez, a été la première en dignité dans la contrée, felon la tradition qui y subsiste ; & D. Lobineau, dans son histoire de Bretagne, affure qu'on y découvre tous les jours des restes de sa première splendeur. Outre la voie qui nous conduit à Karhez, je suis informé qu'il y a dans les environs de grands vestiges d'une voie romaine, qui à partir de cette ville est dirigée entre le nord & le levant. Sanson n'ayant aucun égard aux distances marquées par la Table, à laquelle néanmoins on doit l'unique moyen

qu'il

qu'il y ait de juger de l'emplacement de *Vorganium*, transporte cette capitale auprès de Tréguier, & dans l'endroit appellé Coz-guevded (le vieux gué) où il peut avoir existé une ville dans des tems reculés, & même épiscopale sous le nom de Lexobie, comme le prétendent les Bretons, sans que sa position trop écartée des lieux indiqués par la Table, convienne à *Vorganium*. En bornant les *Osismii* à quelques diocèses qui sont sur la côte septentrionale de la Bretagne, Sanson ne pouvoit reconnoître *Vorganium* dans Karhez, qui est hors des limites de ces diocèses, & dans celui de Kemper. Cette ville paroît avoir été désignée par le nom du peuple, ainsi que la plûpart des autres capitales. Car, c'est sous le nom du peuple qu'il en est mention dans la Notice de l'Empire, comme d'un lieu où le commandant d'une milice particulière avoit son poste: *in tractu Armoricano & Nervicano, præfectus militum Osismiacorum Osismiis.* Dans la Notice des provinces de la Gaule, *civitas Osismorum* est une de celles de la troisième Lionoise.

47°, 22°.

VOROGIUM. Ce lieu est placé dans la Table Théodosienne sur une route, qui d'*Augustonemetum*, ou Clermont, conduit par *Aquæ calidæ*, qui sont les eaux de Vichi, à un autre lieu sous le nom d'*Ariolica*, dont la position convient à celle d'Avrilli, sur la gauche de la Loire au-dessous de Rouanne, comme on peut voir au second des articles qui portent le nom d'*Ariolica*. La distance est marquée VIII à l'égard d'*Aquæ calidæ*, & de *Vorogium* à *Ariolica* XIIII. On trouve dans le dénombrement du Royaume, Genéralité de Moulins, Election de Gannat, le nom de Vouroux, qui est parfaitement analogue à celui de *Vorogium*. Mais, la situation de ce lieu m'a été inconnue, jusqu'à ce qu'une des cartes des grandes routes du Royaume, qui sont dressées par ordre du Roi, me l'ait indiqué à environ 200 toises plus près du rivage de l'Allier que la petite ville de Varennes, qui en est écartée d'environ un quart de lieue. Une carte manuscrite que j'ai du cours de l'Allier, me donne la distance des bains de Vichi à Varennes en droite-ligne d'environ 8600 toises ; & parce que le cours de l'Allier ne permet pas que la route soit tout-à-fait directe, on peut estimer la mesure itinéraire d'environ 9000 toises, ce qui répond à l'indication de la Table, puisque le calcul de 8 lieues gauloises sur le pied de 1134 toises, est de 9032 toises. Mais, il n'en est pas de même de Vouroux, ou Vorogium, à Ariolica, l'intervalle s'estimant de 21 à 22000 toises, sans ce que la mesure itinéraire doit avoir de plus que la mesure directe, en traversant un pays assez inégal. Et parce que les positions de Vorogium & d'Ariolica ne me paroissent aucunement douteuses, j'infère de la distance absolue qui les sépare, qu'il y a faute dans l'indication de la Table, & que le moyen de la corriger est de substituer XXI à XIIII.

51°, 26°.

VOSALIA. Quoiqu'on lise *Vosavia* dans la Table Théodosienne, où l'on sçait que les dénominations sont souvent peu correctes, je pense qu'il faut lire *Vosalia*, parce que ce nom est Wesel, & que Hrabanus qui vivoit il y a neuf cens ans, a écrit dans son martyrologe *Wasalia*. Pour distinguer ce lieu d'avec un autre Wesel, situé beaucoup plus bas à l'embouchure de la Lippe dans le Rhin ; on appelle celui-ci Ober-Wesel, ou haut-Wesel. Il est placé dans la Table entre *Bontobrice*, ou pour mieux dire *Baudobrica*, & *Bingium* ; & la distance est indiquée VIIII à l'égard de *Bingium* comme de *Baudobrica*, non pas XII, comme M. de Valois & Cellarius le marquent, en confondant apparemment cette distance avec celle que la Table indique XII entre *Bingium* & Maïence. Or, l'indication de la Table paroît très-convenable au local, sur-tout en partant de l'ancienne position de *Bingium*, & en convenant que le coude que fait le Rhin auprès de Bacarach doit allonger la mesure itinéraire.

47°, 25°.

URBA. C'est un lieu qui mérite considération, si l'opinion est bien fondée qu'il a donné le nom d'*Urbigenus* à un des *quatuor pagi*, qui partageoient primitivement tout le pays des *Helvetii*. L'Itinéraire d'Antonin fait mention d'*Urba*, entre *Lacus Lausonius* & *Ariorica*, & la distance est marquée XVIII à l'égard de *Lausone*, XXIIII à l'égard d'*Ariorica*. En examinant le local je suis convaincu que ces distances sont comptées en milles romains ; & que celle d'*Urba* à *Ariorica* ne remplit même 24 milles, que parce que les défilés du mont Jura, en passant par Jougne, & sous le château de Joux, font serpenter la voie entre Orbe & Pont-arlier. Il me paroît que ce qu'il y a d'espace en droite-ligne ne peut s'estimer qu'environ 12 lieues gauloises. M. de Valois cite un diplôme de Rodolfe, roi de Bourgogne, en date de l'an 1019, par lequel on apprend, que ce lieu situé au passage d'une ancienne voie romaine, s'appelloit *Tabernæ*, aussi-bien qu'*Urba* : *villa Tabernis, quæ alio nomine, propter fluvium ibidem defluentem, Urba appellatur*.

47°, 25°.

URBIGENUS PAGUS. Quoiqu'on lise *Verbigenus* dans le texte des Commentaires de César, plusieurs critiques ont pensé qu'il avoit été facile à des copistes de se méprendre sur ce nom, par la ressemblance qu'il a avec un terme latin très-familier. On a présumé en même tems, que ce *pagus* des *Helvetii* pouvoit devoir son nom à un lieu connu sous le nom d'*Urba* ; & quoique cette opinion n'ait pas été générale chez tous ceux qui ont travaillé sur l'état ancien de l'Helvétie, elle a gagné le plus grand nombre. Mais, on ne sçauroit douter, que le rang qu'*Aventicum* a tenu du tems de la domination romaine, n'ait absorbé dans son district une grande partie de ce canton, & que ce qu'il en reſtoit n'ait été ſous la dépendance de la Colonie Equeſtre.

46°, 23°.

URSOLI. On trouve ce lieu dans l'Itinéraire d'Antonin entre Valence & Vienne : la diſtance à l'égard de Valence eſt marquée XXII, & à l'égard de Vienne XXVI. Je crois pouvoir eſtimer que l'eſpace de Vienne à Valence eſt de 36 à 37000 toiſes, & le calcul de 48 milles romains, ou de la ſomme des deux diſtances indiquées par l'Itinéraire, eſt de 36300 toiſes ou environ. Or, en s'attachant à une proportion d'eſpace ſelon les diſtances qui partagent cet intervalle de Vienne à Valence, je ne vois point de poſition plus convenable à *Urſoli*, que celle de S. Valier, ſur la droite de la petite rivière de Galaure (*Galaber*) près de ſa chute dans le Rhône. Par une grande carte manuſcrite du Daufiné, la poſition de S. Valier répond aſſez préciſément au terme de 22 milles à l'égard de Valence, elle excède un peu celui de 26 milles à l'égard de Vienne. M. de Valois prenant le *caſtrum Roſſilionis*, ou Rouſſillon, pour *Urſoli*, ne tient aucun compte de ce que preſcrivent les diſtances, ni de cette proportion d'eſpace qui leur convient. Car, la poſition de Rouſſillon ne paroît s'éloigner de Vienne que d'environ 12 milles, au lieu de 26, & conſéquemment fera compter 36, au lieu de 22, à l'égard de Valence. Quelque légende de *ſanctus Valerius*, conſervée ſur le lieu, nous apprendroit peut-être un nom antérieur, parce qu'en beaucoup d'endroits des noms de Saints nous ont fait perdre les dénominations primitives, dont ils ont pris la place.

P. 624.

48°, 26°.

URUNCI. Ce lieu ſe rencontre en deux endroits de l'Itinéraire d'Antonin, en tendant également à *Mons Briſiacus*, ou Briſac. On peut voir à l'article *Larga*, comment l'indication de la diſtance XVIII de *Larga* à *Urunci*, & XXIIII d'*Urunci* à *Mons Briſiacus*, doit ſe rap-

NOTICE DE LA GAULE. 725

porter à la mesure du mille romain, plutôt qu'à la lieue gauloise, pour se trouver conforme à ce que le local contient d'espace. Dans un autre endroit de l'Itinéraire, où la position d'*Urunci* se trouve entre *Arialbinnum* & *Mons Brisiacus*, la distance à l'égard de *Mons Brisiacus* marquée M. P. XXIII, autrement *leugas* XV, est aussi exacte en proportion dans ces deux indications, qu'il est possible que cela soit en négligeant les fractions. Car en rigueur, 23 milles romains font 15 lieues gauloises & un tiers, & les 15 lieues font 22 milles & demi, le milieu est 23 milles. Quant à la position d'*Urunci*, je crois la retrouver dans celle d'un lieu nommé Rucsen ou Ricsen, sur la direction de la route qui tend de *Larga*, ou de Largitsen en Suntgau, à Brisac. La position de Ricsen a l'avantage de mettre de l'analogie dans les distances respectives, en sorte que ce qui est 18 du côté de Largitsen, est 23 à 24 du côté de Brisac. L'indication de l'Itinéraire pour la distance qui conduit d'*Arialbinnum* à *Urunci*, sçavoir M. P. XXII, *leugas* X, ne sçauroit être correcte, vu le défaut de proportion entre ces mesures. Car 22 milles demanderoient plus de 14 lieues, & 10 lieues ne fourniroient que 15 milles. Je trouve entre Binning près de Basle, ou *Arialbinnum*, & Ricsen, 16 à 17 milles, qui répondent à 11 lieues gauloises; & on peut en conclure, que ce qui paroît XXII dans l'Itinéraire tient lieu de XVII.

45°, 18°.

USSUBIUM. L'Itinéraire d'Antonin indique ce lieu sur la route de Bourdeaux à Agen, entre le lieu nommé *Sirione*, qui est le pont de Siron, & *Fines*. On trouve *Vesubio* dans la Table Théodosienne; & elle est d'accord avec l'Itinéraire à marquer XX entre *Serione* & *Vesubio*. La distance est la même de *Vesubio* à *Fines*, selon la Table; mais l'Itinéraire marque XXIIII. Au reste, ces indications doivent pécher par excès dans les nombres. Car, entre le pont de Siron & le lieu qui convient à *Fi-*

nes en-deçà d'Agen., l'espace s'estime à peine de 27000 toises, dont on ne peut conclure que 24 lieues gauloises au plus, autrement 36 milles romains. Je pense qu'*Ussubium* pourroit être un lieu nommé Urs, à quelque distance de la rive gauche de la Garonne, par le travers de la Réole, qui tient à la rive droite.

44°, 21°.

USUERVA. On lit ainsi dans la Table Théodosienne, & *Hosuerbas* dans l'Itinéraire de Bourdeaux à Jérusalem. La distance en-deçà de Narbone en venant de Toulouse & de Carcassone, est marquée xv dans cet Itinéraire, xvi dans la Table. A mesurer 15 à 16 milles d'un point pris dans le quartier de Narbone distingué par le nom de Cité, on se trouve conduit au passage d'un ruisseau ou torrent, dont le nom d'Iourre ou d'Iourve conserve de l'analogie avec l'ancienne dénomination.

50°, 23°.

VUNGUS VICUS. L'Itinéraire d'Antonin indique ce lieu sur la route de *Durocortorum*, ou de Reims, à Trèves, entre *Durocortorum*, & *Epoissum*, ou *Epusum*, qui est Ivois. La distance est marquée *Leugas* xxii à l'égard de *Durocortorum*, & elle est répétée de *Vungus* à *Epoissum*. L'espace actuel de Reims à Ivois peut s'estimer de 48 à 49000 toises; & le calcul de la somme des distances, ou de 44 lieues gauloises, étant de 49900 toises, ne surpasse la mesure directe que selon qu'il convient à la mesure itinéraire. La direction de cette voie, en tendant de Reims au passage de la Meuse à Mouson, avant que d'arriver à Ivois, conduit précisément à un lieu nommé Vonc, près de la rivière d'Aisne, un peu au dessus d'Attigni; & il est assez évident que l'ancienne dénomination n'a point souffert d'altération sensible. Flodoard, dans son histoire de Reims, fait mention du *municipium Vongum*, & du *pagus Vogensis*; & le nom qui s'y rapporte est incorrect si on le trouve écrit Von, & non pas Vonc, comme il est

NOTICE DE LA GAULE. 727

de fait qu'il subsiste, & comme une raison d'analogie le veut en même tems. On reconnoît la trace de la voie en plusieurs endroits, dans l'intervalle de Reims à Vonc, & le lieu nommé Vau d'Etré, *sive de strata*, au passage de la rivière de Suippe, en est un indice. Je ne ferai point difficulté de remarquer, que la distance particulière de Reims à Vonc se trouvant prolongée jusqu'à 27000 toises, elle demande 24 lieues gauloises plutôt que 22. Mais, vû que la distance ultérieure qui porte à Ivois, est foible de ce que l'autre a d'excédent, comme la convenance du total de Reims à Ivois, reconnue ci-dessus, le détermine; il se fait entre les distances particulières qui composent ce total, une compensation, que l'application rigoureuse des Itinéraires au local actuel fait rencontrer assez souvent. La position de *Melodunum*, qui ne souffre point de doute entre *Lutecia* & *Condate*, ou Montreau-faut-Ione, est dans le même cas que celui qui se présente sur la position de *Vongus*, y ayant également deux lieues gauloises de plus ou de moins dans l'indication des distances qui y ont rapport. Le *Noviomagus* placé dans la carte sur la route qui conduit à *Vungus*, est tiré de la Table Théodosienne, où ce lieu se trouve indiqué entre *Durocortorum* & *Mosa*, ou *Mosomagus*, qui est Mouson. M. de Valois s'écarte de la trace comme de la direction de la voie, en préférant à la position de Vonc celle de Vouzi (ou plutôt Vouzieres) qui est sur la droite de Vonc, éloignée de 4 à 5000 toises en remontant l'Aisne. P. 621.

49°, 13°.
UXANTIS INSULA. On doit lire *Uxantis* dans l'Itinéraire maritime. Le même nom dans Pline est *Axantos*; & c'est l'isle d'Ouessant. Il ne faut point douter que celle dont il est parlé dans Aimoin sous le nom d'*Osa*, ne soit la même. La distance qu'il marque de 26 milles de la côte de *Cornu Gallicæ*, & les écueils dont il dit que la mer est semée dans ce trajet, le prouvent suf- Lib. II de mirac. S. Bened.

fifamment. Dans la vie de S. Paul de Léon, & dans Guillaume le Breton, *Philippidor* VII, on lit *Offa*, & la double confone y met plus de conformité à l'ancienne dénomination d'*Uxantis*.

45°, 20°.

UXELLODUNUM. Le fiége de cette place, qui fut la dernière qui tint dans la Gaule contre Céfar, l'a rendue célebre. Sanfon fait les plus grands efforts (*multum fudat*, felon l'expreffion de M. de Valois) pour qu'*Uxellodunum*, qui étoit renfermé dans le territoire des *Cadurci*, foit Cahors. Plufieurs critiques ont déja obfervé, que la capitale des *Cadurci* étoit connue fous un autre nom, celui de *Divona*, qui n'eft pas moins Celtique qu'*Uxellodunum*, & ne doit pas être moins ancien. M. de Valois remarque, que comme il eft dit dans le huitième livre des Commentaires, qu'*Uxellodunum* avoit été fous la protection de Lucterius, homme à la vérité puiffant entre fes concitoyens, *in clientelâ fuiffe Lucterii Cadurci*; cette circonftance ne pouvoit convenir à la ville dominante chez la nation. On peut ajouter, que la pofition de Cahors ne répond pas autant que le prétend Sanfon, à la fituation d'*Uxellodunum*. On a donc cherché à fixer cette place en d'autres endroits; à Cadenac, fur les confins du Rouergue; à Luzets, qui eft également fur l'Olt, mais au-deffous de Cahors. Cadenac eft connu fous le nom de *Capdenacum* depuis cinq à fix cens ans, & nous ne fçavons point qu'il en ait porté d'autre. A l'égard de Luzets, fi *Uxellodunum* avoit occupé le terrain renfermé dans un contour de l'Olt, au midi de la pofition actuelle de Luzets, pour répondre à ce que rapporte Hirtius, auteur du huitième livre des Commentaires; fçavoir, que cette place étoit environnée d'une rivière, à un petit efpace près; je remarque, qu'elle n'eût pas été efcarpée de tous côtés, *præruptum undique oppidum Uxellodunum*; mais au contraire, dans un terrain plat, & dominé par les côteaux qui bordent

l'autre

NOTICE DE LA GAULE.

l'autre rive de l'Olt. L'élévation du terrain qu'occupe Luzets, ne s'étend pas au-delà de ce qui fait l'entrée d'une espece de péninsule, que forme l'Olt par un grand circuit : l'intérieur & le contenu en cette péninsule, qu'*Uxellodunum* devoit remplir, est uni & sans escarpement. Je suis instruit de cette disposition du local, par une carte manuscrite que j'ai du cours de l'Olt, dressée sur les lieux, pour marquer les écluses & les travaux qui ont servi à rendre cette rivière navigable, à la prendre à deux lieues au-dessus de Cahors, jusqu'à son embouchure dans la Garonne, près d'Aiguillon. La position d'*Uxellodunum* qui réunit le plus grand nombre de suffrages, est celle du *Puech d'Issolu* (*Podium Uxelli*) dans la partie septentrionale du Querci, vers la frontière du Limousin. Les sçavans conviennent, que dans la langue qu'ont parlé les Celtes, *Uxellum* désigne un lieu fort élevé ; & il ajoute ainsi dans le nom d'*Uxellodunum*, à l'idée que donne le terme de *dunum*. On voit en-effet dans la description du siége de cette place, que l'escarpement de la montagne en rendoit les approches très-difficiles. Le Puech d'Issolu, dominant sur les hauteurs voisines, est bordé au pied par une rivière, qui n'est pas précisément la Dordogne, quoiqu'elle n'en soit pas éloignée, & qu'Alta-ferra la désigne. Cette rivière, qui prend sa source un peu au-dessus de Turenne, se nomme la Tourmente, & va joindre la Dordogne, après avoir passé sous le Puech d'Issolu. Quelqu'un qui connoissoit le local m'a rapporté, que la fontaine qui sortoit de la montagne, & dont César priva les assiégés en la détournant, existoit : que ce qui paroissoit avoir été l'entrée de la place étoit appellé dans le pays le portail de Rome ; & qu'un côteau qui tenoit au Puech, se nommoit Bel-castel. Ces circonstances doivent faire désirer, d'avoir un plan exact & topographique du local, par le moyen duquel on puisse juger de ce qui convient précisément à ce qu'on lit du siége d'*Uxellodunum*. Cel-

Rer. Aquitanic. p. 36.

larius eſt excuſable comme étranger, de dire en parlant du Puech d'Iſſolu, qu'il eſt ſur l'Olt, de même que Cahors, & à trois lieues ſeulement de Cadenac. Selon la carte du Querci, par Tarde, chanoine de Sarlat, dont l'échelle donne des lieues d'environ 15 au degré, la diſtance entre Cadenac & pluſieurs poſitions voiſines du Puech, eſt d'environ ſept lieues, qui répondent preſque à un demi-degré, ce qui double l'eſpace marqué par Cellarius, même en lieues germaniques ou de ſa nation, & les plus fortes. L'ordre alphabétique dans cette Notice donne ainſi la dernière place à un lieu, qu'on pourra néanmoins vouloir y chercher avant beaucoup d'autres.

FIN.

De l'Imprimerie de GISSEY.

TABLE DES AUTEURS.

A.

Abauzit (M.), 671.
Adon de Vienne, 224.
Adrevald, 113.
Æthicus, 598.
Agathias, 439.
Agathémer, 617.
Aimoin, 75. 126. 226. 486. 727.
Alta-ferra (ou Haute-terre), 165. 251. 416. 421. 729.
Ambroife (S.), 512.
Ammien-Marcellin, 8. 9. 12. 13. 14. 16. 19. 21. 39. 54. 55. 86. 88. 96. 110. 114. 117. 120. 123. 125. 131. 132. 140. 161. 171. 174. 179. 183. 187. 198. 208. 210. 211. 226. 229. 231. 235. 240. 243. 253. 270. 271. 280. 335. 338. 344. 355. 372. 405. 406. 417. 427. 436. 447. 488. 493. 520. 535. 546. 551. 554. 558. 559. 567. 574. 575. 579. 587. 595. 598. 605. 608. 628. 649. 650. 654. 655. 656. 670. 677. 687. 695.
Analecta Mabill. 486.
Annales de S. Bertin, 95. 240. 406. 540. 651.
Annales des geftes de Pepin, 126.
Anonyme de Ravenne, 87. 116. 143. 352. 498. 501. 697. 712.
Appien, 27. 53. 111. 470. 573.
Ariftote, 2. 415. 573.
Arfius Lapurd. Ep. 899. 401.
Artemidore, 550.
Aftruc (M.), 222. 242. 319. 405. 413. 429. 459. 460. 478. 522. 524. 525. 636. 691. 698.
Athénée, 438. 612. 638.
Auguftin (S.), 257.
Aulu Gelle, 549.
Aurelius-Victor, 381.
Aufone, 41. 52. 83. 92. 120. 134. 163. 165. 182. 198. 238. 253. 271. 272. 273. 244. 275. 276. 341. 343. 364. 379. 405. 411. 443. 447. 449. 469. 474. 475. 479. 496. 499. 534. 571. 579. 581. 626. 628. 631. 632. 648. 677.

B.

Balufe (M.), 350.
la Barre (M. de), 13. 14. 15. 25. 359.
Barthelemi (M. l'abbé), Préf. xij 202. 339. 340.
Bafchi (M. le Comte de), 641.
la Bâtie (M. de), 257.
Baxter, 90.
Beda, 355.
Belley (M. l'Abbé), 123. 127. 518. 539. 540. 703.
Bénédictins (les PP.), hift. de Languedoc, 16. 65. 66. 108. 242. 319. 364. 477.
Benoit (le P.), 475. 588.
Bergier, 26. 122. 280. 328.
Bernard-Gui, 602.
Bertius, 126. 481.
le Beuf (M. l'Abbé), 132. 226. 346. 377.
Blondel, 25.
Bochat (M.), 115. 396. 643. 678.
Boiffieu (le Préf. de), 256. 257. 681.
Bollandiftes, 509.
Bonami (M.), 172. 385.
Bongars, 47.
Bouche (Honoré), 42. 48. 65. 91. 92. 109. 112. 113. 128. 174. 190. 202. 215. 217. 227. 260. 287. 325. 328. 334. 339. 362. 369. 370. 374. 378. 410. 435. 436. 441. 442. 449. 476. 504. 510. 519. 521. 525. 536. 551. 568. 575. 589. 637. 638. 660. 665. 681. 682. 691. 693.
Bouquet (D.), 25.
Briet (le), 37. 243. 667.
Brouwerus, 650.

C.

Cambden, 272. 390. 397.
Cange (M. du), 65. 390. 392. 551.
Capitulaires de Charle le Ch. 110. 251. 667.
Caraubon, 46. 76. 256. 272. 284. 611. 636. 696.
Caffiodore, 533.
Catel, 380. 459. 525. 561. 635.

Zzzz ij

TABLE DES AUTEURS.

Caylus (M. le Comte de), 298. 323. 430.

Cellarius., 37. 121. 137. 156. 193. 194. 219. 258. 284. 286. 434. 456. 473. 527. 583. 620. 642. 700. 722. 730.

César, 2. 5. 6. 9. 10. 27. 33. 34. 38. 47. 49. 53. 60. 61. 62. 67. 86. 89. 91. 103. 104. 110. 112. 118. 119. 129. 130. 131. 133. 142. 147. 148. 157. 159. 160. 162. 167. 168. 171. 187. 188. 192. 200. 203. 215. 219. 221. 230. 240. 242. 258. 262. 264. 266. 274. 280. 287. 288. 289. 335. 336. 340. 341. 342. 345. 347. 349. 351. 355. 357. 362. 366. 367. 368. 385. 390. 391. 394. 405. 407. 409. 411. 413. 415. 417. 420. 421. 422. 426. 431. 443. 447. 452. 453. 457. 466. 467. 468. 470. 471. 472. 480. 481. 482. 485. 489. 490. 491. 500. 501. 508. 511. 512. 516. 519. 540. 542. 544. 545. 546. 562. 563. 564. 565. 566. 574. 576. 585. 589. 591. 593. 594. 597. 599. 600. 604. 605. 611. 612. 620. 631. 633. 636. 642. 647. 652. 653. 655. 662. 665. 668. 671. 678. 680. 684. 685. 686. 689. 692. 693. 694. 703. 712. 713. 714. 716. 718. 723. 728.

Chifflet, 60. 527.

Chronique de Dijon, 257. 475.
       de Lauresheim, 180.
       de Nantes, 68. 240. 357. 359. 472. 540.
       des Normans, 450. 458.
       de Tournus, 647.

Ciacconius, 408. 565.

Ciceron, in epist. 95. 323. 327. 388. 526. 574. 590.
      pro Font. 320. 474.

Clark, 565.

Claudien, 289.

Cluvier, 30. 62. 143. 161. 176. 180. 185. 193. 198. 226. 247. 328. 353. 366. 367. 393. 432. 433. 434. 439. 445. 461. 468. 499. 500. 506. 513. 572. 575. 586. 628. 629. 637. 642. 649. 661. 668. 673.

Code Théodosien, 280.

Concile d'Agde, 151. 241. 382. 395. 429. 700.

Concile d'Aquilée, 14. 257.
      d'Arles, 16. 704.
      de Challon, 393.
      d'Epaone, 205.
      de Fimes, 310.
      de Narbone, 429.
      d'Orléans, 539.
      de Soissons, 686.
      de Tours, 103.

Cornelius Aurelii, 548.

Cornelius Fronto, 281.

Cornelius Nepos, 56.

Crusius, 688.

D.

Dalechamp, 139. 152. 194. 220. 221. 451. 510. 634. 680. 692.

Del'isle (M.), 145. 200. 376. 407. 613.

Denys d'Halicarnasse, 414.

Denys Periégete, 38.

Diodore de Sicile, 2. 49.

Dion-Cassius, 11. 33. 49. 53. 84. 107. 134. 208. 328. 335. 410. 415. 423. 466. 680. 688. 689.

Divœus, 155.

Ditmar de Mersbourg, 241.

Duchesne (André), 10. 169.

Dudon de S. Quentin, 159. 699.

Dumoulin (Charle), 346.

Dunod (M.), 74. 102. 274. 419. 528. 591.

Dupré (M.) de S. Maur, 79.

E.

Eberhard Rau, 86. 288.

Eginhard, 95. 197. 354. 484. 494. 677.

Eginhart (l'Abbé), 392.

Erasme, 10.

Erric d'Auxerre, 30. 50. 103. 431.

Etienne de Byzance, 37. 38. 41. 53. 104. 107. 108. 113. 136. 186. 265. 435. 439. 441. 511. 514. 549. 617.

Eumène (Panegyr. vet.), 35. 90. 142. 158. 159. 187. 440. 546. 586. 709.

Eustathe, 355. 390. 397.

Eutrope, 69. 212. 280. 355. 367. 368. 381. 463. 584.

F.

Falco, 545.

TABLE DES AUTEURS.

Fastes des Triomphes Rom. 573.
Festus, 345.
Festus-Avienus, 91. 164. 219. 260. 265. 405. 413. 414. 441. 459. 507. 580. 601. 611. 616. 635. 638.
Flodoard, 310. 356. 408. 726.
Florus, 3. 49. 50. 170. 337. 353. 469. 510. 573. 597. 622. 706.
Fortunat, 50. 340. 359. 463. 496. 574. 669.
Frédégaire, & son continuateur, 95. 114. 437. 475. 529. 567. 599. 605.
Freret (M.), 596.
Frontin, 417.
Fulvius-Ursinus, 392. 611.

G.

Gesta Consulum Andegav. 61.
Gigas (Jean), 170. 185.
Gipson (Edmond), 392.
Godefroi de Viterbe, 65. 66.
Goltzius, 45. 88. 695.
Gratius, 335.
Grégoire de Tours, 45. 48. 61. 66. 77. 96. 131. 136. 152. 178. 188. 241. 247. 267. 277. 359. 380. 397. 425. 445. 452. 523. 539. 545. 574. 591. 663. 685. 692. 697. 700.
Gruter, 11. 12. 66. 69. 84. 93. 114. 136. 155. 196. 347. 474. 595. 655. 716.
Guichenon, 231. 318. 406. 473. 501.
Guillaume de Jumiége, 392. 699.
Guillaume de Nangis, 338.
Guillaume de Poitiers, 392.
Guillaume de Westminster, 337.
Guilliman, 115. 339. 643. 710.

H.

Hadrianus Junius, 10. 322. 548.
Hagenbuch (M.), 643.
Hardouin (le P.), 39. 47. 65. 120. 136. 139. 152. 164. 166. 171. 174. 192. 194. 249. 285. 333. 341. 363. 380. 405. 435. 441. 460. 507. 511. 513. 516. 543. 553. 561. 565. 583. 588. 589. 634. 635. 659. 666. 692. 714.
Helgaud de Fleuri, 336.
Hemeré, 122.
Hermannus Contractus, 314.
Hermolaus Barb. 140. 285. 608. 666.

Hérodote, 2.
Hilaire (S.), 12.
Hirtius, 103. 147. 148. 620. 728.
Historia miscella, 89.
Hrabanus, 722.
Hudson, 611.
Huet (M.), 702.
Hugue de Cléris, 134.
Hugue de Flavigni, 432.
Hugue de Fleuri, 126. 491.

I.

Idace, 26. 136.
Jean de Biclar, 692.
Jérôme (S.), 190. 245. 391. 463. 606. 718.
Inscriptions de l'Arc de Suse & du Trophée des Alpes, 660. 661. (où leur date est fixée).
Jornandés, 298.
Jourdain (D.), 49.
Isidore de Séville, 26. 107.
Julien (l'Emper.), 426. 427. 428.
Julien de Tolède, 381. 580. 623.
Juste-Lipse, 85.
Justin, 47. 414. 438. 718.
Justiniani (Augustin), 220. 222.
Juvénal, 84.
Itinéraire d'Antonin, 29. 41. 43. 45. 48. 51. 57. 58. 60. 63. 68. 71. 72. 73. 76. 81. 88. 93. 95. 96. 97. 98. 100. 101. 104. 106. 107. 110. 114. 115. 116. 117. 118. 121. 123. 124. 127. 128. 130. 131. 132. 133. 134. 135. 136. 141. 144. 145. 146. 147. 148. 150. 152. 153. 157. 161. 165. 168. 169. 170. 171. 173. 174. 175. 176. 179. 180. 183. 184. 186. 187. 188. 189. 190. 193. 194. 199. 200. 204. 206. 208. 211. 212. 215. 216. 217. 218. 220. 221. 223. 224. 225. 228. 229. 231. 232. 233. 235. 236. 237. 240. 244. 246. 250. 252. 253. 259. 261. 262. 263. 264. 265. 269. 271. 278. 279. 280. 282. 285. 286. 288. 290. 291. 292. 295. 296. 297. 300. 301. 302. 303. 305. 307. 309. 310. 312. 315. 318. 319. 325. 327. 332. 335. 343. 344. 348. 353. 355. 356. 357. 358. 364. 372. 373. 374. 376. 379. 380. 381. 383. 388. 392. 393. 395. 396. 400. 401. 402. 403.

TABLE DES AUTEURS.

406. 417. 419. 422. 424. 425. 426.
428. 432. 434. 436. 437. 441. 442.
443. 445. 446. 453. 461. 462. 463.
464. 465. 466. 467. 468. 470. 475.
480. 489. 493. 494. 495. 496. 497.
498. 501. 505. 507. 513. 514. 515.
517. 519. 524. 527. 528. 535. 537.
538. 541. 555. 556. 557. 559. 561.
564. 567. 568. 570. 572. 574. 579.
587. 592. 593. 594. 595. 603. 605.
609. 610. 614. 615. 623. 624. 625.
627. 633. 637. 638. 640. 641. 645.
646. 647. 650. 651. 656. 658. 661.
662. 664. 665. 672. 673. 675. 683.
689. 690. 691. 692. 695. 698. 704.
705. 709. 710. 711. 715. 723. 724.
725. 726.

Itinéraire de Bourdeaux à Jérusalem, 31. 51. 55. 63. 87. 116. 117. 121. 131. 136. 143. 144. 148. 174. 181. 195. 201. 206. 216. 217. 220. 223. 224. 229. 253. 260. 262. 263. 285. 289. 292. 303. 304. 319. 341. 342. 352. 363. 375. 379. 386. 404. 418. 422. 436. 437. 464. 465. 488. 508. 524. 537. 538. 594. 595. 603. 609. 611. 613. 619. 651. 656. 658. 671. 673. 706. 712. 719. 726.

Itinéraire Maritime, 36. 47. 64. 69. 128. 188. 191. 202. 227. 269. 332. 335. 354. 369. 382. 383. 410. 411. 440. 459. 484. 503. 523. 554. 574. 582. 596. 604. 609. 636. 637. 639. 707. 727.

L.

Labbe (le P.), 217. 373. 460. 509.
Lacarri (le P.), 25.
Lactance, 12.
Lambert d'Arde, 433.
Lambert d'Aschaffenbourg, 314.
La Mure, 326.
Lancelot (M.), 45. 346. 349. 350. 351. 490. 612.
Légende de S. Austregesile, 336.
Légende de S. Menulfe, 509.
Légende de S. Porcaire, 109.
Légende de S. Quentin, 122.
Léon d'Ostie, 42. 217.
Lobineau (D.), 262. 277. 616. 720.
Longuerue (M. l'Abbé de), 156. 169. 678.

Lucain, 105. 405. 415. 448. 484. 631. 638. 665. 676.
Luitprand de Pavie, 464.

M.

Mabillon (le P.), 130. 224. 545. 620.
Maffei (le Marquis), 287. 536.
Magnon, 127. 137. 415.
Mahudel (M.), 645.
Malbranq, 389. 433.
Mamertin (Panegyr.), 372.
Manuce (Paul), 256.
Marca (M. de), 24. 149. 152. 222. 234. 242. 364. 531. 562. 623. 625. 636. 691. 705.
Marcianus-Capella, 163. 400. 523. 550.
Marcien d'Héraclée, 107. 199. 414. 446.
Mariana, 532.
Marlien (Raimond), 358. 457.
Marquard Freher, 52. 63. 161. 469. 567. 629.
Mela (Pomponius), 8. 20. 31. 34. 65. 70. 87. 91. 92. 107. 108. 109. 113. 117. 119. 120. 131. 136. 150. 158. 219. 224. 228. 229. 260. 265. 331. 332. 341. 342. 353. 380. 397. 399. 400. 403. 405. 406. 412. 431. 434. 439. 459. 466. 474. 476. 484. 502. 507. 508. 509. 513. 531. 546. 547. 552. 560. 561. 563. 572. 573. 579. 595. 596. 615. 616. 626. 638. 642. 647. 676. 679. 687. 691. 704. 715.
Menard (M.), 66. 69. 320. 524. 602. 681. 697.
Ménetrier (le P.), 65.
Menso Alting, 138. 143. 183. 196. 212. 226. 247. 313. 315. 321. 329. 362. 424. 585. 668.
Mercator (Gerard), 143. 193.
Mérula, 297.
le Métaphraste, 219. 408.
le Mire (Aubert), 461. 650.
Monet (le P.), 117.
Montfaucon (D. Bernard de), 158.
Morin (le P.), 78.
Moullart-Sanson, 671.

N.

Nicolas de Damas, 612.

TABLE DES AUTEURS.

Nithard, 96. 463. 628.
Notice des Dignités de l'Empire, 15.
16. 23. 69. 72. 73. 84. 88. 92. 96.
103. 110. 118. 120. 125. 131. 133.
144. 161. 164. 171. 187. 198. 227.
240. 244. 251. 257. 270. 271. 280.
282. 284. 285. 291. 295. 312. 344.
358. 360. 373. 384. 397. 417. 427.
433. 443. 458. 463. 476. 481. 482.
493. 496. 499. 503. 529. 536. 550.
564. 567. 574. 575. 579. 581. 584.
590. 607. 621. 627. 639. 652. 654.
664. 700. 721.
Notice des Provinces de la Gaule, 7.
9. 15. 17. 18. 19. 20. 22. 23. 24. 27.
38. 39. 41. 45. 59. 62. 67. 69. 72.
73. 84. 88. 93. 96. 97. 110. 113.
114. 117. 118. 121. 125. 128. 132.
133. 136. 139. 140. 151. 168. 182.
186. 187. 189. 194. 205. 212. 217.
220. 229. 231. 241. 243. 248. 253.
258. 261. 263. 267. 269. 271. 272.
283. 289. 318. 347. 348. 356. 379.
381. 384. 394. 395. 417. 425. 427.
429. 440. 443. 446. 447. 483. 486.
491. 493. 501. 506. 529. 537. 543.
545. 563. 564. 568. 574. 591. 595.
607. 621. 639. 648. 654. 655. 662.
663. 664. 670. 673. 679. 681. 682.
685. 692. 693. 699. 700. 709. 710.
714. 715. 721.

O.

Oihenart, 73. 82. 151. 398. 400. 605.
612.
Olympiodore, 355.
Ordéric-Vital, 243. 393.
Orose (Paul), 89. 337. 381. 706.
Ortelius, 172. 329. 378. 506. 536.
554. 630. 714.
Oudendorp, 421. 422. 565.
Ouen (S.), 138. 408. 483. 664.
Outhier (M. l'Abbé), 237.

P.

Pagi (le P.), 14. 16.
Papire-Masson, 9. 72. 273. 326. 565.
Pancirol, 26.
Paul-Diacre, 264. 587.
Paulin (S.), 51. 160. 168. 238. 253.
482. 581. 541.
Paradin, 423.

Pausanias, 2.
Pennot (Gabriel), 500.
Plutarque, 622.
Philastre, 25.
Picard (M.), 46.
Pierre-Damien, 56.
Plantade (M. de), 320.
Pline, 7. 9. 10. 11. 17. 23. 27. 30.
33. 34. 37. 38. 39. 41. 44. 47. 49.
50. 54. 57. 59. 62. 64. 65. 66. 67.
69. 72. 73. 81. 86. 87. 91. 92. 95.
104. 108. 109. 110. 111. 113. 117.
120. 126. 129. 130. 131. 136. 139.
142. 147. 148. 150. 152. 154. 159.
160. 162. 163. 166. 167. 171. 174.
176. 186. 188. 192. 194. 196. 201.
203. 205. 213. 215. 219. 220. 221.
230. 231. 234. 241. 242. 245. 258.
265. 266. 269. 285. 287. 288. 289.
293. 312. 317. 325. 332. 333. 334.
336. 337. 341. 342. 343. 354. 356.
363. 365. 368. 369. 370. 372. 375.
380. 384. 397. 400. 403. 405. 407.
409. 410. 411. 413. 414. 415. 417.
422. 423. 429. 435. 440. 441. 447.
450. 452. 457. 458. 460. 463. 468.
471. 473. 474. 475. 476. 477. 481.
482. 483. 484. 485. 501. 505. 507.
508. 510. 512. 513. 516. 520. 521.
522. 523. 531. 532. 534. 536. 540.
542. 543. 544. 546. 547. 549. 550.
553. 560. 561. 562. 565. 566. 573.
575. 576. 580. 583. 585. 588. 589.
590. 594. 596. 597. 605. 608. 611.
615. 616. 617. 618. 619. 620. 626.
632. 633. 634. 635. 642. 648. 649.
652. 653. 655. 659. 660. 661. 665.
666. 669. 670. 676. 678. 679. 680.
681. 682. 684. 687. 689. 690. 691.
693. 697. 699. 702. 704. 711. 712.
713. 714. 715. 718. 727.
Plutarque, 27. 49. 53. 203. 331. 622.
Polyœnus, 49.
Polybe, 2. 35. 53. 72. 108. 129. 265.
321. 386. 474. 510. 511. 550. 552.
561. 573. 642. 657. 658.
Pontanus, 329.
Porphyrion, 107.
Preuves de l'hist. de Languedoc, 66.
69. 459. 477. 601. 603.
Prosper Tyro, 26. 579.
Ptolémée, 2. 4. 7. 9. 10. 11. 17. 18.

23. 30. 32. 38. 39. 41. 44. 47. 53.
56. 65. 67. 68. 69. 72. 73. 81. 82.
83. 86. 87. 91. 93. 95. 96. 99. 100.
104. 105. 108. 110. 111. 113. 114.
117. 118. 119. 120. 121. 123. 125.
126. 129. 130. 131. 132. 133. 136.
137. 140. 142. 143. 148. 150. 159.
160. 162. 163. 164. 166. 170. 171.
174. 178. 179. 182. 186. 187. 188.
189. 192. 194. 199. 201. 203. 205.
208. 213. 216. 219. 220. 221. 224.
228. 229. 231. 234. 236. 239. 240.
243. 245. 253. 254. 255. 258. 260.
261. 262. 265. 266. 268. 269. 271.
273. 274. 278. 280. 285. 291. 317.
323. 325. 326. 327. 332. 335. 338.
339. 341. 345. 354. 356. 357. 364.
368. 369. 370. 372. 375. 384. 388.
389. 392. 393. 394. 395. 400. 405.
407. 409. 411. 413. 414. 415. 417.
423. 424. 425. 426. 429. 435. 438.
446. 450. 451. 452. 457. 463. 471.
474. 476. 481. 483. 484. 485. 486.
487. 489. 492. 493. 494. 498. 499.
500. 502. 503. 506. 507. 508. 510.
512. 513. 516. 519. 520. 531. 539.
540. 541. 542. 544. 545. 546. 550.
551. 559. 561. 562. 565. 566. 567.
570. 573. 574. 575. 576. 577. 578.
580. 585. 589. 590. 591. 597. 598.
601. 606. 607. 608. 616. 620. 621.
626. 629. 631. 633. 636. 637. 638.
640. 642. 648. 652. 653. 655. 656.
659. 662. 665. 666. 667. 668. 670.
673. 676. 677. 679. 682. 684. 685.
687. 691. 693. 695. 702. 704. 707.
708. 709. 710. 714. 715. 716. 720.
Pytheas, 245.

Q.

le Quien (le P.), 389.

R.

Radbert de Corbie, 620.
Reinesius, 35. 475.
Rhenanus, 99. 270. 327. 499. 503.
  575. 614. 643.
Rickius, 329. 330,
Robert d'Auxerre, 132. 491.
Robert du Mont S. Michel, 393. 408.
  472.
Roger de Hoveden, 73. 398. 413. 625.

Roftrenen (le P.), 249.
Rouaud (D.), 40.
Rupert de Deutz, 271.

S.

Saint-Julien (Pierre de), 61. 157.
Salvien, 120.
Sanson (Nicolas), 15. 30. 33. 41. 42.
  44. 52. 68. 73. 84. 148. 160. 172.
  176. 189. 205. 210. 227. 230. 243.
  246. 252. 267. 296. 333. 338. 340.
  352. 358. 360. 370. 373. 380. 384.
  389. 394. 405. 407. 408. 409. 416.
  421. 433. 453. 455. 461. 466. 471.
  491. 492. 500. 503. 505. 506. 518.
  522. 537. 539. 540. 543. 557. 563.
  566. 577. 591. 593. 620. 637. 655.
  667. 681. 692. 698. 720. 721. 728.
Savaron, 352.
Saumaise, 12.
Scaliger (Joseph), 9. 14. 15. 26. 81.
  114. 120. 151. 169. 172. 219. 382.
  408. 416. 436. 457. 485. 491. 517.
  706.
Schannat, 145. 241.
Schœpflin (M.), 118. 180. 464. 558.
  567. 655.
Scylax, 2. 414. 553.
Scymnus, 2. 38. 696.
Sénèque, 525. 535. 704.
Servius, 412.
Sextus-Rufus, 9. 12. 21.
Sidoine-Apollinaire, 26. 51. 76. 80.
  113. 123. 125. 131. 136. 177. 184.
  187. 191. 254. 276. 283. 288. 340.
  349. 382. 397. 409. 411. 425. 447.
  450. 474. 485. 504. 581. 632. 648.
  653. 659. 665. 669. 676. 679. 695.
  697. 699. 711.
Sigebert, 172.
Silius-Italicus, 107. 273. 639. 677.
Simeoni (Gabriel), 349.
Simler, 9. 180. 206. 515.
Sirmond (le P.), 9. 67. 120. 229.
  256.
Snellius, 46. 330.
Solin, 80. 332. 334. 335. 337. 397.
  549.
Spartien, 647.
Spon, 11. 65. 72. 91. 92. 217. 231.
  291. 339. 362. 475. 544. 567. 595.
  682. 719.

Strabon,

TABLE DES AUTEURS.

Strabon, 2. 3. 6. 7. 9. 32. 35. 37. 38. 46. 49. 53. 62. 69. 76. 81. 87. 91. 104. 108. 109. 113. 125. 131. 136. 148. 150. 157. 162. 163. 166. 167. 169. 174. 182. 186. 187. 188. 192. 203. 215. 219. 221. 245. 246. 256. 260. 265. 272. 274. 280. 285. 300. 304. 323. 332. 334. 335. 337. 341. 345. 355. 367. 369. 370. 371. 372. 378. 380. 388. 390. 392. 395. 397. 405. 406. 407. 409. 410. 411. 413. 414. 423. 425. 426. 431. 438. 439. 441. 446. 447. 450. 451. 452. 457. 468. 471. 472. 474. 476. 477. 478. 482. 484. 485. 492. 500. 502. 507. 508. 510. 511. 512. 516. 519. 531. 532. 543. 544. 550. 561. 562. 565. 573. 576. 588. 593. 596. 598. 601. 616. 618. 622. 631. 634. 635. 636. 638. 642. 647. 648. 653. 655. 658. 661. 662. 676. 680. 685. 687. 688. 691. 696. 697. 703. 705. 706. 714. 718.

Suétone, 62. 63. 91. 322. 330. 354. 362. 423. 652.

Sulpice-Sevère, 8. 25. 61. 331. 136. 160.

Surita, 44. 107. 200. 345. 515. 561.

le Syncelle, 428.

T.

Table Théodosienne, 29. 30. 31. 33. 39. 41. 42. 43. 45. 48. 52. 55. 56. 57. 58. 60. 63. 66. 68. 71. 72. 73. 74. 75. 77. 78. 80. 82. 83. 87. 88. 93. 94. 95. 96. 98. 100. 101. 102. 105. 110. 114. 115. 116. 117. 118. 120. 121. 123. 124. 125. 127. 128. 130. 131. 132. 133. 134. 135. 136. 137. 140. 143. 144. 146. 147. 149. 152. 153. 155. 156. 161. 163. 165. 168. 169. 170. 171. 173. 174. 175. 176. 178. 179. 180. 183. 184. 186. 187. 188. 189. 190. 191. 194. 195. 197. 199. 202. 206. 207. 208. 209. 211. 213. 214. 215. 216. 217. 220. 221. 222. 223. 224. 225. 228. 231. 232. 233. 236. 237. 238. 239. 240. 244. 246. 247. 250. 251. 252. 253. 254. 255. 257. 261. 262. 263. 264. 265. 270. 271. 274. 276. 277. 278. 279. 280. 281. 282. 283. 285. 286. 288. 290. 292. 294. 295. 297. 299. 300. 302. 303. 304. 305. 306. 307. 309. 311. 312. 313. 315. 318. 319. 321. 326. 227. 334. 336. 344. 345. 348. 352. 356. 357. 358. 360. 361. 364. 372. 373. 374. 375. 377. 379. 380. 381. 387. 392. 393. 394. 395. 396. 401. 402. 403. 404. 405. 406. 412. 416. 417. 418. 419. 422. 424. 425. 426. 429. 430. 432. 434. 436. 437. 441. 442. 444. 445. 446. 448. 449. 453. 462. 463. 465. 467. 468. 469. 480. 482. 485. 487. 489. 493. 494. 495. 496. 498. 501. 512. 513. 514. 515. 517. 519. 521. 522. 526. 527. 528. 532. 533. 535. 537. 538. 541. 542. 543. 545. 553. 555. 556. 557. 558. 559. 561. 567. 570. 571. 572. 574. 579. 582. 587. 590. 591. 592. 594. 595. 601. 602. 603. 605. 606. 607. 608. 609. 610. 614. 615. 619. 621. 622. 623. 627. 628. 629. 630. 632. 633. 634. 637. 639. 640. 642. 644. 645. 646. 650. 651. 661. 662. 663. 664. 665. 669. 672. 673. 674. 675. 681. 683. 686. 688. 689. 690. 695. 696. 697. 698. 700. 701. 704. 709. 710. 711. 712. 713. 715. 716. 720. 721. 722. 725. 726. 727.

Tacite, 5. 10. 11. 27. 34. 35. 56. 59. 67. 77. 85. 90. 93. 94. 105. 114. 115. 119. 141. 142. 143. 154. 157. 159. 161. 167. 170. 196. 197. 210. 231. 248. 271. 275. 323. 328. 330. 331. 335. 343. 361. 363. 365. 368. 422. 433. 439. 447. 463. 468. 469. 475. 481. 482. 488. 526. 546. 547. 548. 554. 591. 626. 647. 652. 653. 662. 665. 666. 669. 680. 696. 709. 714.

Théodulfe d'Orléans, 48. 305. 504. 602. 676.

Thomas de Walsingham, 337. 394.

Tibulle, 631. 700.

Tillemont (M. de), 55. 157.

Tite-live, 2. 35. 52. 57. 59. 62. 69. 80. 108. 129. 162. 166. 203. 216. 234. 235. 284. 337. 380. 384. 386. 388. 417. 438. 511. 561. 655. 657. 689. 706. 714. 716.

Titres du Daufiné, 116. 138. 153. 263. 465. 538. 694.

Aaaaa

TABLE DES AUTEURS.

Titres de Fleuri, ou S. Benoît sur Loire, 146.
   de Marmoutier, 40. 540.
   de S. Geri de Cambrai, 537.
Trogue-Pompée, 438.
Tzetzès, 107.

V.

Valois (Adrien de), 12. 20. 24. 31. 39. 44. 47. 54. 56. 71. 76. 81. 87. 99. 105. 106. 111. 112. 121. 122. 123. 126. 127. 128. 134. 136. 147. 152. 155. 156. 164. 169. 172. 183. 187. 188. 189. 191. 194. 195. 198. 205. 206. 213. 214. 217. 219. 226. 232. 234. 236. 239. 240. 241. 242. 243. 244. 245. 246. 248. 256. 258. 261. 262. 263. 267. 271. 272. 273. 284. 285. 286. 293. 300. 318. 319. 326. 336. 337. 338. 340. 342. 343. 344. 353. 357. 358. 359. 369. 370. 380. 388. 389. 393. 408. 412. 416. 427. 428. 433. 434. 443. 456. 457. 459. 460. 465. 466. 467. 468. 472. 473. 479. 490. 491. 493. 499. 500. 503. 504. 506. 509. 510. 515. 518. 527. 529. 531. 545. 548. 549. 554. 555. 559. 561. 564. 565. 566. 573. 574. 575. 590. 598. 604. 608. 612. 617. 618. 620. 621. 629. 630. 634. 636. 642. 646. 647. 649. 653. 658. 667. 676. 682. 688. 691. 692. 694. 698. 699. 700. 708. 713. 722. 723. 724. 726. 728.
Valois (Henri de), 355. 531.
Varron, 110. 123. 549.
Végèce, 184. 686.
Vertranius, 328.
Vibius Sequester, 87. 111. 388. 414. 676.
Vie de Sainte Adelgonde, 137.
   de S. Ambert, 71.
   de S. Bertrand, 182.
   de S. Césaire, 292.

Vie de S. Germain d'Aux, 50. 377.
   de S. Germain de Paris, 50.
   de S. Gildas, 408. 509.
   de S. Junien, 176.
   de S. Lambert, 649.
   de S. Liboire, 139.
   de Louis le Débon. 283.
   de S. Maïeul, 162.
   de S. Paul de Léon, 41. 726.
   de S. Pons, 220. 677.
   de S. Préject. 436.
   de S. Rupert, 161.
   de S. Théodard, 635.
Vincent de Salerne, 374. 411.
Vinet, 364.
Virgile, 413. 466.
Vopisque, 16.
Vossius (Isaac), 136. 224. 226. 405. 422. 459. 513. 531. 565. 611. 636.
Vredius, 475.
Usuard, 95. 221.
Wendelinus, 650.
Wesseling (M.), 68. 81. 88. 139. 149. 186. 190. 193. 200. 217. 278. 352. 392. 358. 425. 489. 535. 625. 662. 672.
Witikind de Corbie, 392.

X.

Xylander, 400.

Z.

Zosime, 381. 587.
Zurlauben (M. le Baron de), 643.
Zyllesius, 554.

En comprenant dans cette Table les écrits d'un temps postérieur aux monumens Romains, on s'est cru dispensé d'y faire entrer également tout ce que le moyen-âge fournit de titres & de pièces particulières dans le corps de l'ouvrage.

TABLE DES MATIÈRES.

GALLIA BRACCATA, *vel* PROVINCIA, 3.
GALLIA COMATA, 5.
  (*GALLIA TOGATA*,) 1.
CELTÆ, 2. *sive* GALLI, 5.
AQUITANI, 5. 7.
BELGÆ, 5.

Provinces de la Gaule.

NARBONENSIS PRIMA, 15.
VIENNENSIS, 16.
NARBONENSIS SECUNDA, 15.
ALPES MARITIMÆ, } 18.
ALPES GRAIÆ & PENNINÆ, } 18.
AQUITANIA PRIMA
      & SECUNDA, 19.
LUGDUNENSIS PRIMA,
        SECUNDA, } 22.
        TERTIA,
        QUARTA,
BELGICA PRIMA
    & SECUNDA, 22.
GERMANIA PRIMA
    & SECUNDA, 23.
MAXIMA SEQUANORUM, 24.

GALLIÆ (*Provinces sous ce nom*).
QUINQUE vel SEPTEM PROV. } 24. 25.
SEPTIMANIA, 26.

CIVITAS. *Signification primitive de ce terme, avant que de désigner des Villes ou Cités*, 27.
PAGI, *subordonnés aux Cités*, ibid.

Mesures itinéraires.

MILLE ROMAIN.
LIEUE GAULOISE.
STADE. } *Voyez la Préface*, IX & *suiv.*
Raste Germanique, ou Lieue
  Françoise.

Aaaaa ij

TABLE DES MATIERES.

A.

Aballo,	29
Abrincatui,	30
Acitodunum.	
Acronius lacus,	31
Acunum.	
Acusion,	32
Adlullia,	33
Aduatici.	
Aduaticorum oppidum.	
Ædui,	34
Ægitna,	35
Æmines portus,	36
Æria,	37
Agatha,	38
Agedincum, *postea* Senones.	
Agesinates,	39
Aginnum,	41
Agnotes.	
Alamons.	
Alauna,	42
Alaunium,	43
Alba-Augusta,	44
Albiga,	45
Albiniana.	
Albiœci, *vel* Reii,	46
Alconis,	47
Alduadubis fluv.	274
Alerea,	48
Alesia,	49
Aletum,	50
Alingo,	51
Alisincum.	
Alisontia fluv.	52
Allobroges.	
Allobroges trans Rhodanum,	53
Alonis,	439
Alpis Cottia,	54
Alpis Graïa,	56
Alpis Maritima (*vel* Summa)	57
Alpis Pennina,	58
Alta-ripa,	60
Amagetobria.	
Ambacia,	61
Ambarri.	
Ambiani,	62
Ambiatinus vicus.	
Ambibarii,	30. 409
Ambiliates,	30
Ambrones,	367
Anagnutes,	41
Ambrussum,	63
Anao portus;	64
Anatilii.	
Andecamulum,	66
Anderitum, *postea* Gabali,	67
Andes, *vel* Andecavi.	
Andethanna,	68
Andomatunum, *postea* Lingones.	
Andusia,	69
Antipolis.	
Antros insula,	70
Antunnacum,	71
Apros fluv.	72
Apta-Juliæ.	
Aquæ Augustæ Tarbellicæ.	
Aquæ Bormonis,	73
Aquæ Borvonis,	75
Aquæ calidæ.	
Aquæ Convenarum,	76
Aquæ Helveticæ.	
Aquæ Neræ,	77
Aquæ Nisineii.	
Aquæ Segeste,	78
Aquæ Segete,	80
Aquæ Sextiæ.	
Aquæ Siccæ,	81
Aquensis vicus,	82
Arægenus, *postea* Bajocasses.	
Ara Lugdunensis,	84
Ara Ubiorum.	
Arar fluv.	86
Arauris fluv.	87

TABLE DES MATIERES.

Arausio,	87
Arbor felix,	88
Arduenna silva,	89
Arebrignus pagus,	90
Arelate,	91
Arenatium,	93
Argenteis,	94
Argenteus fluv.	95
Argentomagus.	
Argentoratum.	
Argentovaria,	96
Argenus fluv.	99
Arialbinnum,	100
Ariola.	
Ariolica,	101
Ariolica,	102
Armoricanus tractus, vel Nervicanus,	102
Artiaca,	104
Arverni.	
Arvii,	105
Asciburgium.	
Aspaluca,	106
Assa Paulini,	107
Atacini.	
Atax fluv.	108
Athénopolis,	109
Atrebates,	110
Atuatuca, *posteà* Tungri.	
Atur fluv.	111
Avantici.	
Avaricum, *posteà* Bituriges,	112
Avatici,	113
Aucalo fluv.	
Avenio.	
Aventicum,	114
Augusta,	116
Augusta Rauracorum,	117
Augusta Suessionum, *posteà* Suessiones,	118
Augusta Treverorum, *posteà* Treveri,	119
Augusta Tricastinorum, *vel* Nœmagus,	120
Augusta Veromanduorum,	121
Augustobona, *posteà* Tricasses,	123
Augustodunum. *Voyez* Bibracte.	
Augustodurus,	123
Augustomagus, *posteà* Silvanectes,	124
Augustonemetum, *posteà* Arverni,	125
Augustoritum, *posteà* Lemovices,	126
Augustum,	128
Avisio portus.	
Aulerci Brannovices,	129
Aulerci Cenomani.	
Aulerci Diablintes. *Voyez* Diablintes.	
Aulerci Eburovices,	130
Aunedonacum.	
Ausava.	131
Ausci.	
Autissiodurum,	132
Autricum, *posteà* Carnutes.	
Axima,	133
Axona fluv.	
Axuenna,	134
Axuenna,	135
Azania,	439

B.

Badera,	135
Bæterræ,	136
Bagacum,	137
Bajocasses,	139
Basilia,	140
Basilia,	141
Batavi.	
Batavodurum,	142
Batavorum insula.	
Batavorum oppidum,	143

Batiana.	143	Brigantio (*duplex*),	174
Baudobrica,	144	Brigiofum,	175
Baudobrica,	145	Britanni,	176
Bautæ.		Briva Ifaræ.	
Bebryces,	107	Brivas,	177
Beda,	146	Brivates portus, *vel* Gefobriva-	
Belca.		te,	178
Belendi,	147	Brivodurum,	179
Belgica.		Brocomagus.	
Belginum.		Bromagus,	180
Belgium.		Bucconis,	181
Bellintum.	148	Burdigala,	182
Bellovaci.		Burginatium, *vel* Quadribur-	
Belfinum.		gium,	183
Beneharnum,	149	Burgus,	184
Bercorates,	152	Buruncus.	
Bergintrum.			
Bergufium,	153	**C.**	
Betafii,	154	Cabellio,	186
Bibe,	155	Cabillonum,	187
Bibracte, *deinde* Auguftodunum,		Cadetes,	192
	156	Cadurci,	187
Bibrax,	159	Cænus fluv.	332
Bigerrones,	160	Cærefi,	188
Bingium,	161	Cæfarea infula.	
Bituriges Cubi.		Cæfarodunum, *poftea* Turones.	
Bituriges Vivifci,	163	Cæfaromagus, *poftea* Bellovaci,	
Blariacum.			189
Blafcon infula.		Calagorris.	
Blavia,	164	Calagum,	190
Blavia,	165	Calcaria.	
Bodiontici,	166	Calentes-aquæ,	191
Boii,	166	Caleti,	192
Boii,	168	Calone,	193
Bonconica,	169	Camaracum.	
Bonna,	170	Camatullici,	194
Borbetomagus,	171	Cambes.	
Bormanni.		Cambiovicenfes,	195
Boxum.		Cambolectri,	39
Brannovii.		Cambonum,	195
Bratufpantium,	172	Camponi,	196
Breviodurum.		Caninefates.	

TABLE DES MATIERES.

Cantilia, 197
Ca...o.
Caracates.
Carantonus, *vel* Canentelus fluv. 198
Caranusca, 199
Carasa, 200
Carcaso.
Carcici, 202
Carentomagus.
Carilocus, 203
Carnutes.
Carocotinum, 204
Carpentoracte, 205
Carvo, 206
Casinomagus.
Caspingium, 207
Cassinomagus, 208
Castellum Drusi & Germanici, 210
Castellum Menapiorum, 208
Castellum Morinorum.
Castellum Trajani, 210
Castra Herculis, 211
Casuaria, 212
Catalauni.
Catorissium, 213
Catualium, 214
Catuiaca, 215
Caturiges.
Caturigis, 216
Catusiacum, 218
Cavares, 219
Cebenna mons.
ad Cedros, 220
Cema mons.
Cemenelium.
Cenomani. *Voyez* Aulerci Cenomani.
Centrones, 221
Centrones, 357
ad Centuriones, 222

Cerebelliaca, 223
Cervaria, 224
Cessero.
Cevelum, 225
Chora, 226
Citharista, 227
Charistes promont. 228
Clanum.
Climberris, *vel* Augusta, *posteà* Ausci.
Cocosa, 229
Cocosates, 230
Colonia Agrippina, 231
Colonia Equestris Noiodunum.
Colonia Trajana, 232
Combaristum.
Combusta, 233
Commoni, 234
Concordia, 235
Condate, *posteà* Redones.
Condate (*sept articles différens sous ce même nom*), 236. 237. 238.
Condatomagus, 239
Condivicnum, *posteà* Namnetes.
Condrusi, 240
Confluentes.
Conforanni, 241
Consuarani.
Constantia, 243
Contra Aginnum, 244
Convenæ.
Corbilo, 245
Coriallum, 246
Coriovallum.
Corisopiti, 248
Corobilium, 250
Corterate, 251
Cortoriacum.
Cosa.
Cosedia, 252
Cossio, *posteà* Vasates, 253

TABLE DES MATIERES.

Crociatonum, 254
Crufinie, 255
Cularo, *poftea* Gratianopolis, 256
Curianum promont. 258
Curiofolites.
Curmiliaca, 259
Cyneticum littus, 260
Cyprefleta.

D.

Darantafia, 261
Darentiacà, 262
Dariorigum, *poftea* Veneti.
Datii, 73
Davianum, 263
Dea Vocontiorum.
Decem-pagi.
Decetia, 264
Deciates, 265
Defuviates, 266
Diablintes.
Dibio, 267
Didattium, 268
Dilis, 269
Dinia.
Diodurum.
Diolindum, 270
Divitenfe munimentum.
Divodurum, *poftea* Mediomatrici & Mettis, 271
Divona, *poftea* Cadurci.
Drahonus fluv. 272
Druentia fluv.
Druna fluv. 273
Dubis fluv. 274
Dumniffus.
ad Duodecimum (*trois articles de ce nom*) 275, 276
Duranius fluv. 276
Durerie, 277
Durnomagus, 278
Durocaffes.

Duro-catalaunum, *poftea* Catalauni, 279
Duro-cortorum, *poftea* Remi, 280
Duroicoregum, 281
Duronum, 282
Durotincum.
Durvus Mons, 283

E.

Eborolacum, 283
Ebredunum.
Ebrodunum, 284
Eburobriga, 286
Eburones, *ubi poftea* Tungri, 287
Ectini.
Edenates, 288
Egorigium.
Elaver fluv.
Elufa, 289
Elufates.
Elufio.
Epamanduodurum, 290
Epotium, 291
Epufum.
Ernaginum.
Ernodurum, 292
Erubrus fluv. 293
Efubiani.
Etanna, 294
Excifum, 295

F.

Fanum Martis, 295
Fanum Martis, 296
Fanum Martis, 297
Fanum Minervæ.
Fanum Veneris, 299
Ferefne.
Figlinæ.
Filomufiacum, 300
Fines (15 *articles différens fous la*

TABLE DES MATIERES.

la même dénomination) 302.—312

Flenium,	312
Flevo,	331
Fletio,	315
Fons Tungrorum,	317
Fontes Mattiaci,	211
Forum Claudii,	317
Forum Domitii,	319
Forum Hadriani,	321
Forum Julii,	322
Forum ligneum,	325
Forum Neronis.	
Forum Segusianorum,	326
Forum Tiberii,	327
Forum Voconii.	
Fossa Corbulonis,	328
Fossa Drusiana,	330
Fossa Mariana,	331
Frudis (vel Phrudis) ostium,	335

G.

Gabali,	335
Gabris,	336
Gallicus sinus,	337
Ganodurum,	338. 572
Gargarius locus,	339
Garites,	340
Garoceli.	
Garumna fluv.	341
Garumni,	342
Gavra mons.	
Gelbis fluv.	343
Gelduba.	
Geminæ,	344
Geminiacum.	
Genabum, postea Aureliani,	345
Geneva,	347
Gerainæ,	348
Gergovia,	349
Gesdao,	352. 588
Gesonia,	353

Gesoriacum, postea Bononia.	
Gesoriacus pagus,	356
Glannativa.	
Glanum.	
Gobæum Promont.	357
Gorduni.	
Græcia,	358
Græcum Mare,	337
Gramatum,	358
Grannona.	
Grannonum,	360
Gravinum.	
Grinnes,	361
Griselum,	362
Grudii.	
Gugerni.	

H.

Hassi,	363
Hebromagus.	
Helcebus,	364
Helena, voyez Illiberis.	
Helice palus,	365
Helium ostium.	
Helvetii,	366
Helvii,	368
Heraclea Caccabaria,	369
Heraclea (Anatiliorum),	65
Herculis Monœci portus,	370
Herius fluv.	372
Hermonacum.	
Hornensis locus,	373
ad Horrea.	
Hungunuerro,	375
Hypœa.	

I.

Iatinum, postea Meldis,	375
Ibliodurum,	376
Icauna fluv.	377
Icidmagus.	
Iconii,	378

TABLE DES MATIERES.

Ictodurum, 379
Iculisna.
Illiberis, *posteà* Helena, 380
Iluro, 381
Immadra, 382
Imus Pyrenæus, 383
Incarus.
Ingena, *posteà* Abrincatui, 184
Insubres.
Insula Allobrogum, 386
   Internum Mare, 337
ad Jovem, 386
Isara, 387
Isara fluv. (*duplex*), 388
Itium promont.
Itius portus, 389
   Iturissa, 400
Juliacum, 392
Juliobona, 393
Juliomagus, *posteà* Andecavi, 394
   Juncaria, 623
Jura mons, 394

L.

Lactora, & Lactorates, 395
Lacus Lausonius, 395
Lacydon portus, 397
Lapidei campi.
Lapurdum.
Larga, 401
Latara, 403
Lavisco.
Lauri, 404
ad Lectoce.
Ledus fluv. 405
Legedia.
Lemanus Lacus.
Lemincum, 406
Lemovices, 407
Lepontii, 409
Lerina.

Lero, 410
Lesora mons, 411
Lesura fluvius.
Levaci.
Levæ fanum, 412
Leucata.
Lexovii, 413
Liger fluv.
Ligures, 114
Limonum, *posteà* Pictavi, 415
Lingones, 417
Litanobriga.
Liviana, 418
Lopofagium, 419
Losa.
Lotum.
   Lucretus pagus, 340
Lucteri Cadurci, 420
Lucus Augusti, 422
Lugdunum, 423
Lugdunum (Batavorum), 424
Lugdunum, *posteà* Convenæ.
Lunna, 425
Lutecia, *posteà* Parisii, 426
Luteva, *vel* Forum Neronis, 429
Luttomagus, 430
Luxovium.

M.

Magrada fluv. 431
Mandubii.
Mannaritium, 432
   Mannatias, 240
Mantala, 432
Marci, 433
Marcodurum.
Marcomagus, 434
Maritima.
Martialis, 436
ad Martis.
Massava, 437
Massilia, 438

TABLE DES MATIERES.

Maffilienfe oftium,	440
Maftramela ftagnum,	441
Matavonium.	
Matilo,	442
Matifco,	443
Matrona fluv.	
Mederiacum.	
Mediolanum,	444. 385
Mediolanum (duplex),	445
Mediolanum, *poftea* Eburovices,	446
Mediolanum, *poftea* Santones.	
Mediomatrici,	447
Meduana fluv.	448
Meduantum.	
Meduli,	449
Medulli,	450
Meldi, (*deux articles fous cette dénomination*),	452
Mellofedum,	453
Melodunum, *quod & Metiofedum.*	
Memini (*ou* Mimeni),	457
Menapii.	
Mefe,	458
Mefua,	459
Metapina infula,	460
Metapinum oftium.	
Metiofedum,	455
Minariacum,	461
Minaticum,	462
Minnodunum.	
Mogontiacum,	463
Monefi.	
Mons Brifiacus.	
Mons Seleucus,	464
Morginnum,	465
Morini,	466
Mofa.	
Mofa fluv.	467
Mofconnum,	468
Mofella fluv.	
Mofomagus,	469
Murus Cæfaris,	470

N.

Nabalia,	331
Namnetes,	471
Nantuates,	472
Narbo Martius,	473
Narbonites lacus,	108
Nafium,	474
Nava fluv.	475
Nehallenia Dea.	
Nemaloni.	
Nemaufus,	476
Nemefa fluv.	479
Nemetacum, *vel* Nemetocenna, *poftea* Atrebates,	479
Nemetes,	481
Nervicanus Tractus.	
Nervii,	482
Nerufi,	483
Nicœa,	484
Niger-pullus,	485
Nitiobriges.	
Nœodunum, *poftea* Diablintes,	486
Nœomagus,	487
ad Nonum,	488
Novem Craris.	
Novefium.	
Novimagus,	489
Noviodunum (*in Biturigibus*),	489
Noviodunum, *poftea* Nevirnum,	491
Noviomagus, *poftea* Lexovii,	492
Noviomagus, *poftea* Nemetes,	493
Noviomagus (*in Batavis*),	494
Noviomagus (*in Bitur. Viv.*).	
Noviomagus (*in Remis*),	495
Noviomagus (*in Treveris*).	

Bbbbb ij

TABLE DES MATIERES.

Noviomagus (*in Veromanduis*), 496
Novioregum, 497

O.

Obilunum, 498
Obringa fluv.
Ocelum, 500
Octodurus, 501
Oeaso promont. & oppidum, 399. 400
Olbia, 502
Olina fluv.
Olino.
Olivula portus.
Oltis fluv. 504
Onobusates.
Oppidum novum, 505
Origiacum, 506
Orobis fluv. 507
Orolaunum.
Oromarsaci.
Oscineium, 508
Osismii.
Osquidates (*montani & campestres*), 510
Oximum, 584. 703
Oxybii, 510

P.

Pæmani, 511
Palatium, 512
Parisii.
Paulon fluv. 513
Penni-lucus.
Pergantium, 514
Perniciacum.
Petinesca, 515
Petrocorii, 516
Petromantalum, 517
Petronii vicus, 519
Phrudis ostium, *voyez* Frudis.

Pictones *vel* Pictavi, 519
Pictonum promont. 520
Pisavæ, 521
Piscenæ.
Pleumosii, 357
Pocrinium ; 522
Pomponiana, 523
Pons Ærarius, 524
Pons Argenteus, 526
Pons Dubis.
Pons Mosæ.
Pons Saravi.
Pons Scaldis, 527
Pontes ; 528
Portus Abucini, 529
Portus Æpatiaci.
Portus Veneris & Fanum, 531
Prætorium, 533
Prætorium Agrippinæ.
Pronea fluv. 534
Prote.
ad Publicanos, 535

Q.

Quadriburgium, 535
Quariates, 536
Quartensis locus.

R.

Rama, 537
Ratiatum, 539
Rauraci, 540
Rauranum, 541
Redones, 542
Reginea.
Reii Apollinares, 543
Remi, 544
Revessio, *postea* Vellavi, 545
Rhenus fluv.
Rhodanus fluv. & Rhodani ostia, 549
Ricciacum, 553

TABLE DES MATIERES. 749

Riduna insula,	554	Sartals,	582
Rigodulum.		Sarunetes,	583
Rigomagus,	555	Savincates,	584
Riobe.		Saxonicum littus.	
Ritumagus,	556	Scaldis fluv.	585
Robrica;	557	Scarpona,	587
Robur,	558	Scingomagus,	588
Rodium.		Secor portus,	589
Rodumna,	559	Seduni.	
Rotomagus.		Segalauni,	590
Rubresus lacus,	560	Segessera.	
Rufiana,	561	Segni,	591
Ruscino.		Segobodium.	
Ruteni,	562	Segodunum, *posteà* Ruteni.	
Ruteni provinciales.		Segora,	592
		Segoregii,	438

S.

		Segosa,	592
Sabis fluv.	564	Segusiani,	593
Sablones.		Segusini,	594
Saii (*fortè & Essui*),	565	Segusio.	
Saletio,	567	Segustero,	595
Salinæ.		Sena insula.	
Salioclita,	568	Senones,	597
Salisso,	570	Sentii.	
Salmone fluv.	571	Sequana fluv.	
Salodurum,	572	Sequani,	599
Salomacum.		Sermanicomagus,	601
Salsulæ.		Setius mons.	
Salyes, *vel* Salluvii,	573	Setuci,	602
Samara fluv.	574	Sextantio.	
Sambracitanus sinus.		ad Sextum,	603
Sanctio,	575	Siata insula,	604
Sanitium.		Sibutzates.	
Santones,	576	Sibyllates,	605
Santonum portus,	577	Sidolocum.	
Santonum promont.	578	Sigmanus fluv.	606
Sapaudia.		ad Silanum,	607
Saravus fluv.	579	Silvanectes.	
Sardones.		Sinus ad Gradus,	608
Sarmatæ,	581	Sipia,	609
Sarnia insula,	582	Sirio.	
Sarrum.		Sitillia,	610

Solimariaca,	610	Tasta,	73
Solonium,	689	Taurus mons,	210
Sordicen stagnum,	611	Tauri stagnum,	635
Sostomagus.		Tauroentum,	636
Sotiates, & Sotiatum oppidum.		Taxgætium,	637
Stabatio,	613	Tegna.	
Stabula,	614	Tegulata.	
ad Stabulum,	615	Telis fluv.	638
Stagna Volcarum.		Tellonum.	
Stagnum Latera,	616	Telo Martius.	
Staliocanus portus.		Telonnum,	639
Stœchades insulæ.		Tericiæ,	640
Stœchades minores,	617	Tetus fluv.	
Stoma-limna,	618	Teucera.	
Stomata,	619	Teudurum,	641
Suelteri.		Theopolis.	
Suessiones,	620	Tiberiacum.	
Suetri.		Tichis fluv.	642
Suindinum, *posteà* Cenomani,		Tigurinus pagus.	
	621	Tile,	644
Sulgas fluv.	622	Tinconcium,	645
Sulis.		Tinurtium,	646
Summus Pyrenæus,	623. 399	Tolbiacum,	647
Summus Pyrenæus,	624	Tolosa.	
Summus Pyrenæus,	625	Tolosates,	648
Sunici,	626	Tornates,	649
Sura fluv.		Toxandri.	
T.		Toxiandria locus,	650
		Tractus Argentoratensis,	96.
Tabernæ (*triplices*) 627. & 628			654
Tablæ,	629	Trajectum,	650
Tabuda fluv.		Trajectum Mosæ,	247
Tamnum,	630	Trajectus,	651
Tarasco,	631	Tres-arbores.	
Tarbelli.		Treveri (*vel* Treviri),	652
Tarnadæ,	632	Trevidon,	653
Tarnis fluv.		Triboci.	
Taruenna,	633	Tribunci,	654
Tarusates.		Tricasses,	655
Tarusconienses,	634	Tricastini.	
Tasciaca.		Tricesimæ,	656
Tasconi.		ad Tricesimum.	

TABLE DES MATIERES.

Tricorii,	657	Veliocasses,	684
Triobris fluv.	659	Vellavi,	685
Trœzen,	439	Vellaunodunum.	
Tropæa Augusti,	659	Veneti,	686
Tropæa Pompeii,	661	Veneticæ insulæ,	687
Tugeni,	662	Venetus lacus, *vel* Brigantinus.	
Tullum.		Ventia,	688
Tungri.		Veragri,	689
Turba,	663	Verbinum.	
Turecionicum.		Verguni,	690
Turicum,	664	Vernodubrum flumen,	691
Turnacum.		Vernosol.	
Turones,	665	Verodunenses,	692
ad Turrim.		Verodunum.	
		Veromandui.	
V.		Verrucini,	693
Vada,	666	Vertacomicori.	
Vadicasses.		Vesontio,	694
Vagoritum,	668	Vesubiani,	695
Vahalis.		Vesunna, *posteà* Petrocoris.	
Valentia,	669	Vetera,	696
Valentiniani munimentum,	670	Ugernum.	
Vallis Pennina.		Uggade,	698
Vanesia,	671	Viberi,	699
Vangiones,	672	Vicus Juli, *vel* Atures.	
Vapincum,	673	Vicus Julius,	700
Varadetum.		Vidubia.	
Varatedum,	674	Viducasses,	701
Varcia,	675	Vienna,	703
Vardo,	676	ad Vigesimum (*duplex*)	705. 706
Varus fluv.			
Vasates,	677	Vindalium,	706
Vasio,	679	Vindana portus,	707
Vatusium.		Vindilis insula.	
Ubii,	680	Vindomagus.	
Ub...um,	681	Vindonissa,	709
Uceni.		Vintium,	710
Ucetia.		Viroviacum.	
Veamini,	682	Vitodurum.	
Vediantii.		Viviscus,	711
Velatodurum,	683	Uliarus insula.	
Velauni,	684	Ulterior portus,	712

TABLE DES MATIERES.

Umbennum, 712
Umbranici.
Unelli, *vel* Veneli, 714
Vocontii.
Vodgoriacum, 715
Vogesus mons, *vel* Vosegus, 716
Volcæ Arecomici.
Volcæ Tectosages, 718
Vologatis, 719
Vordenses.
Vorganium, *posteà* Osismii, 720

Vorogium, 721
Vosalia, 722
Urba, 723
Urbigenus pagus, 723. 368
Ursoli, 724
Urunci.
Ussubium, 725
Usuerva, 726
Vungus vicus.
Uxantis insula, 727
Uxellodunum, 728

TABLE

De quelques lieux principaux d'aujourd'hui, sous leur nom moderne.

Agde, *Agatha*, 38
Agen, *Aginnum*, 41
Aire, *Vicus Juli*, 699
Aix, *Aquæ Sextiæ*, 80
Albi, *Albiga*, 45
Amboise, *Ambacia*, 61
Andernach, *Antunnacum*, 71
Anduse, *Andusia*, 69
Angers, *Juliomagus*, 394
Angoulême, *Iculisna*, 379
Antibe, *Antipolis*, 69
Apt, *Apta Julia*, 72
Aqs (ou Dax), *Aquæ Tarbelli*, 72
Arles, *Arelate*, 91
Arras, *Nemetacum*, 479
Avalon, *Aballo*, 29
Avenche, *Aventicum*, 114
Avignon, *Avenio*, 113
Avranches, *Ingena*, 384
Autun, *Bibracte*, 156
Auxerre, *Autissiodurum*, 132
Baïeux, *Arægenus*, 82
Baïone, *Lapurdum*, 397

Basle, *Basilia*, 140. *Robur*, 558
Bavai, *Bagacum*, 137
Bazas, *Cossio*, 253
Beaucaire, *Ugernum*, 696
Beauvais, *Cæsaromagus*, 189
Bellisle, *Vindilis insula*, 707
S. Bertrand, *Lugdunum Conven.* 424
Besançon, *Vesontio*, 694
Beziers, *Bæterræ*, 136
Bingen, *Bingium*, 161
Blaye, *Blavia*, 165
Bonn, *Bonna*, 170. *Ara Ubior.* 84
Boulogne, *Gesoriacum*, 353
Bourbon, *Aquæ Bormonis*, 73
Bourdeaux, *Burdigala*, 182
Bourges, *Avaricum*, 112
Brest, *Brivates portus*, 178
Briançon, *Brigantio*, 174
Brisac, *Mons Brisiacus*, 463
Cahors. *Divona*, 271
Cambrai, *Camaracum*, 193
Carcassone,

TABLE DES NOMS MODERNES, &c.

Carcaſſone, *Carcaſo*,	200	S. Lizier, *Conſoranni*,	241
Carpentras, *Carpentoracte*,	205	Lizieux, *Noviomagus*,	492
Cavaillon, *Cabellio*,	186	Lodève, *Luteva*,	429
Challon, *Cabillonum*,	187	Mâcon, *Matiſco*,	443
Châlons, *Duro-Catalaunum*,	279	Maïence, *Mogontiacum*,	463
Chartres, *Autricum*,	132	S. Malo. V. *Aletum*,	50
Clermont, *Auguſtonemetum*,	125	le Mans, *Suindinum*,	621
Coblentz, *Confluentes*,	240	Marſeille, *Maſſilia*,	438
Cologne, *Colonia Agrippina*,	231	Maſtrict, *Pons Moſæ*, 626. &	647
Courtrai, *Cortoriacum*,	251	Meaux, *Iatinum*,	375
Coutances, *Conſtantia*,	243	Melun, *Melodunum*,	453
Die, *Dea Vocont.*	263	Mende. V. *Anderitum*,	67
Digne, *Dinia*,	269	Metz, *Divodurum*,	271
Dijon, *Dibio*,	267	Monaco, *Herculis Monæci portus*,	370
Dreux, *Durocaſſes*,	278		
Eauſe, *Eluſa*,	289	Monſtier en Tarent. *Darantaſia*,	261
Elne, *Illiberis*,	380		
Embrun, *Ebrodunum*,	284	Nantes, *Condivicnum*,	239
Evreux, *Mediolanum Eburov.*	446	Narboñe, *Narbo*,	473
		Nevers, *Noviodunum*,	491
Feur, *Forum Seguſian.*	326	Nice, *Nicæa*,	484
Fimes, *Fines*,	309	Nimègue, *Noviomagus*,	494
Forcalquier, *Forum Neronis*,	325	Nîmes, *Nemauſus*,	476
Fréjus, *Forum Julii*,	322	Noyon, *Noviomagus*,	496
Gap, *Vapincum*,	673	Oléron, *Uliarus inſula*,	711
Genève, *Geneva*,	347	Oloron, *Iluro*,	381
Grenoble, *Cularo*,	256	Orange, *Arauſio*,	87
Harfleur, *Carocotinum*,	204	Orléans, *Genabum*,	345
S. Jean pied-de-port, *Imus Pyrenæus*,	384	Paris, *Lutecia*,	416
		S. Paul Trois-Chât. *Auguſta-Tricaſt.*	120
Iſles d'Ières, *Stœchades inſulæ*,	616	Périgueux, *Veſunna*,	695
Juliers, *Juliacum*,	392	Perpignan. V. *Ruſcino*,	561
Karhez, *Vorganium*,	720	Poitiers, *Limonum*,	415
Kimper, *Coriſopiti*,	248	Pont-Audemer, *Breviodurum*,	172
Langres, *Andomatunum*,	68		
Lauſane, *Lacus Lauſonius*,	396	Pontoiſe, *Briva Iſaræ*,	176
Leitoure, *Lactora*,	295	le Pui. V. *Reveſſio*,	545
Leyde, *Lugdunum Batav.*	424	S. Quentin, *Auguſta Veromand.*	121
Limoges, *Auguſtoritum*,	126		
Lion, *Lugdunum*,	423	Reims, *Durocortorum*,	280

Rennes, *Condate*,	235	Tongres, *Atuatuca*,	110
Riez, *Reii*,	543	Toul, *Tullum*,	662
Rodez, *Segodunum*,	591	Toulon, *Telo Martius*,	638
Rouanne, *Rodumna*,	559	Toulouse, *Tolosa*,	647
Rouen, *Rotomagus*,	559	Tournai, *Turnacum*,	664
Saintes, *Mediolanum Sant.*	446	Tours, *Cæsarodunum*,	188
Sées, *Saii*,	565	Trèves, *Augusta Trever.*	119
Senez, *Sanitium*,	575	Troies, *Augustobona*,	123
Senlis, *Augustomagus*,	124	Vaison, *Vasio*,	679
Sens, *Agedincum*,	38	Valence, *Valentia*,	669
Seste, *Setius mons*,	601	Valognes, *Crociatonum*,	254
Sion, *Seduni*,	589	Vence, *Vintium*,	710
Sisteron, *Segustero*,	595	Vennes, *Dariorigum*,	262
Soissons, *Augusta Suess.*	118	Verdun, *Verodunum*,	692
Soleure, *Salodurum*,	572	Vienne, *Vienna*,	703
Spire, *Noviomagus*,	493	Viviers. V. *Alba-Augusta*,	44
Strasbourg, *Argentoratum*,	95	Utrecht, *Trajectum*,	650
Suse, *Segusio*,	594	Wlaerding, *Flenium*,	312
Tarascon, *Tarasco*,	631	Wormes, *Borbetomagus*,	171
Tarbe, *Turba*,	663	Uzès, *Ucetia*,	681
Terouenne, *Taruenna*,	633	Zurich, *Turicum*,	664

FIN DES TABLES.

www.ingramcontent.com/pod-product-compliance
Lightning Source LLC
Chambersburg PA
CBHW052035290426
44111CB00011B/1511